Die Gesellschafterfähigkeit von Gesamthandsgemeinschaften

Saarbrücker Studien
zum Privat- und Wirtschaftsrecht

Herausgegeben von Johann Paul Bauer,
Michael Martinek (geschäftsführender Herausgeber)
und Helmut Rüßmann

Band 54

PETER LANG
Frankfurt am Main · Berlin · Bern · Bruxelles · New York · Oxford · Wien

Thomas Paul

Die Gesellschafterfähigkeit von Gesamthands-gemeinschaften

PETER LANG
Europäischer Verlag der Wissenschaften

Bibliografische Information Der Deutschen Bibliothek
Die Deutsche Bibliothek verzeichnet diese Publikation in der Deutschen Nationalbibliografie; detaillierte bibliografische Daten sind im Internet über <http://dnb.ddb.de> abrufbar.

Zugl.: Saarbrücken, Univ., Diss., 2004

D 291
ISSN 1433-8866
ISBN 3-631-53787-5

www.peterlang.de

Meinem Vater

Vorwort

Die vorliegende Arbeit wurde im Wintersemester 2004 von der Rechts- und Wirtschaftswissenschaftlichen Fakultät der Universität des Saarlandes als Dissertation angenommen.

Zu großem Dank bin ich meinem verehrten Lehrer und Doktorvater Herrn Professor Dr. iur. Dr. rer. publ. Dr. h. c. Michael Martinek, M. C. J. (New York) für die Betreuung des Projekts verpflichtet.

Dank gebührt ebenfalls Herrn Professor Dr. iur. Johann Paul Bauer, der die Erstellung des Zweitgutachtens übernommen und zur zügigen Durchführung des Promotionsverfahrens beigetragen hat.

Treuenbrietzen, im April 2005

Thomas Paul

Inhaltsverzeichnis

§ 1 Einleitung

Sichtet man die rechtswissenschaftliche Literatur der letzten zehn Jahre, so wird man einem Thema immer wieder und mit vergleichsweiser Häufigkeit begegnen, nämlich der Frage, ob die Gesellschaft bürgerlichen Rechts rechtsfähig ist oder nicht. Die BGB-Gesellschaft ist wohl die Gesamthandsgemeinschaft, der seitens der Rechtswissenschaft in jüngerer Zeit am meisten Aufmerksamkeit zuteil geworden ist und weiterhin zuteil wird. Als der BGH 1980 über die Beteiligung der GbR an der Gründung einer GmbH positiv entschieden hat, stellte er sich noch die Frage, „ob mehrere Personen, die sich zu einer Gesellschaft bürgerlichen Rechts verbunden haben, bei der Gründung einer GmbH gemeinsam eine Stammeinlage ... übernehmen könnten“[1]. Der namentlich mit Beginn der neunziger Jahre[2] einsetzende Prozess zunehmender höchstrichterlicher Rechtsprechung zur GbR und deren Vorbereitung und Begleitung in der Rechtslehre mündeten schließlich 2001 in die Anerkennung der Rechts- und Parteifähigkeit der Außen-GbR.[3] Seitdem befassen sich gerichtliche Praxis und Schrifttum mit den daraus folgenden Einzelfragen, etwa für die Haftung[4] und auch die Beteiligungsfähigkeit.[5]
Eine andere Frage, die seit langer Zeit die Aufmerksamkeit der Gesellschafts- und Erbrechtler auf sich zieht, ist die erbrechtliche Nachfolge in die Mitgliedschaft von Personengesellschaften. Bereits das Reichsgericht hatte entschieden, dass bei Vorhandensein mehrerer Erben diese nicht als Erbengemeinschaft in die Gesellschaft einrücken, sondern einzeln, im Wege der Singularsukzession. In Frage gestellt wurde die Sondernachfolge noch einmal in den 70er Jahren. Nachdem sich die Rechtslehre recht intensiv und kontrovers damit auseinandergesetzt hatte, entschied dann der BGH, an seiner bisherigen Rechtsprechung festzuhalten. Seitdem richtet sich das Interesse und Bemühen auf die Klärung der sich daraus ergebenden Einzelfragen. Erst in jüngster Zeit sind wieder Stimmen gegen die Sondernachfolge laut geworden.

Nicht allen Fragen, die das Recht der Gesamthandsgemeinschaften betreffen, ist bisher soviel wissenschaftliche Aufmerksamkeit zuteil geworden. Zwar ist die Gesamthand schon seit der Zeit des Sachsenspiegels als Gegenstand theoretischen Denkens nachweisbar[6] und auch die mögliche Rechtsfähigkeit von Ge-

---

[1] BGHZ 78, 311 (313).
[2] BGHZ 116, 86 (GbR als Mitglied einer eG).
[3] NJW 2001, 1056.
[4] BGH, NJW 2002, 1642; BGH, NJW 2003, 1803; BGH, NJW 2003, 1445.
[5] BGH, NZG 2001, 1132, zur Beteiligung als Kommanditistin.
[6] Vgl. Buchda, Geschichte und Kritik der deutschen Gesamthandslehre, 1936, S. 18 ff.

samthandsgemeinschaften wurde schon im 19. Jahrhundert angesprochen.[7] Im Zentrum des Interesses standen jedoch die Frage nach dem Wesen der Gesamthand und die Einzelheiten der Vermögenszuordnung.[8]
Dagegen wurden die Gesamthandsgemeinschaften in ihrer Eigenschaft als Gesellschafter nur in Einzelfällen erörtert, fokussiert auf die Beteiligung von Gesamthands*gesellschaften* an anderen Gesamthands*gesellschaften*. So liegen z. B. Untersuchungen für die Mitgliedschaft offener Handelsgesellschaften in anderen offenen Handelsgesellschaften[9] und auch von BGB-Gesellschaften in offenen Handelsgesellschaften[10] vor. Auch der Erwerb von GmbH-Geschäftsanteilen durch eine Erbengemeinschaft wurde schon eingehend erörtert.[11] Eine thematisch etwas breiter angelegte Arbeit ist dagegen über 60 Jahre alt.[12]
Während einige dieser Untersuchungen auch heute noch uneingeschränkt dem Stand der Wissenschaft entsprechen, kann man das aufgrund der Rechtsentwicklung für andere Arbeiten nicht mehr sagen. So hat beispielsweise die schon angesprochene jüngste Entwicklung bei der GbR bisher berechtigte Bedenken gegen deren Gesellschaftsbeteiligung obsolet werden lassen.
Zu beobachten ist auch der umgekehrte Fall, dass nämlich aus einer neueren Rechtsentwicklung Schlussfolgerungen für die Gesellschafterfähigkeit gezogen werden, ohne die Frage ausreichend zu untersuchen. So wurde die Partenreederei früher als Gesellschaft auf der Grundlage von Bruchteilseigentum gedeutet. Nachdem sich in den letzten Jahrzehnten ein Wandel hin zum Verständnis als Gesamthandsgemeinschaft vollzogen hat, hat die Literatur die erbrechtliche Sondernachfolge auch auf die Partenreederei übertragen, was natürlich Folgen für die Mitreederfähigkeit der Erbengemeinschaft hat.

Von der Rechtslehre fast völlig unbeachtet sind bisher Beteiligungen von Gesamthandsgemeinschaften an Gesellschaftsformen, die im gesellschaftsrechtlichen Diskurs wenig präsent sind. Dazu gehört der VVaG, was übrigens im Kontrast zu seiner wirtschaftlichen Bedeutung steht. In die Kommentarliteratur und das übrige Schrifttum zum VVaG, einschließlich des versicherungsrechtlichen, haben die Gesamthandsgemeinschaften als Gesellschafter bisher keinen Eingang gefunden.

---

[7] Vgl. Buchda, Geschichte und Kritik der deutschen Gesamthandslehre, 1936, S. 172 ff., 200 ff., 217 ff.
[8] Vgl. Schulze-Osterloh, Das Prinzip der gesamthänderischen Bindung, 1972.
[9] Zemlin, Die Beteiligung einer OHG (KG) an einer anderen OHG (KG), 1971.
[10] Brodersen, Die Beteiligung der BGB-Gesellschaft an den Personenhandelsgesellschaften, 1988.
[11] Eichmanns, Erwerb und Verwaltung eines GmbH-Geschäftsanteils durch eine Erbengemeinschaft, 1982.
[12] Kölling, Gesamthandsgemeinschaften als Mitglieder von Personengesellschaften des Handelsrechts, 1938.

Das sind nur einige Beispiele, die illustrieren sollen, wie ungenügend die Gesellschaftsbeteiligung von Gesamthandsgemeinschaften bisher untersucht wurde.
Die vorliegende Arbeit möchte dazu beitragen, etwas mehr Licht in diesen Problemkreis zu bringen. Im Zentrum des Interesses steht die Frage nach der Gesellschafterfähigkeit von Gesamthandsgemeinschaften. Als Vorfrage wird bei den einzelnen Gesamthandsgemeinschaften auch deren Rechtsfähigkeit zu untersuchen sein, schon um zu klären, wessen Gesellschafterfähigkeit in Frage steht, die der Gesamthand als Rechtssubjekt oder diejenige der Gesamthänder als verbundene Rechtssubjekte.

Die Praxis wird den einzelnen Mitgliedschaften unterschiedliches Interesse entgegenbringen. Sicher führt der erste Gedanke nicht in die Irre, der die praktische Bedeutung vor allem bei der Gesellschafterfähigkeit von Gesamthands*gesellschaften* sieht. So mag in dem einen oder anderen Fall ein praktisches Bedürfnis für die Beteiligung anderer Gesamthandsgemeinschaften auf den ersten Blick nicht erkennbar sein. Wie die jüngste Rechtssprechung[13] zur Gütergemeinschaft zeigt, ist aber auch die Beteiligung anderer Gesamthandsgemeinschaften alles andere als abwegig.
Darüber hinaus ist die jeweils aktuelle Praxisrelevanz kein verlässlicher Leitfaden für wissenschaftliches Arbeiten. Wie der Rechtsgeschichte lehrt, können Änderungen der Steuergesetzgebung schnell zur Wiederbelebung totgeglaubter Rechtsformen führen[14] und auch zuvor indiskutable Beteiligungskonstellationen interessant werden lassen.
Solche Entwicklungen sind auch für das Beteiligungsinteresse von Gesamthandsgemeinschaften nicht auszuschließen, auch wenn sie vielleicht momentan fern liegen mögen. Aus diesen Gründen orientiert sich die vorliegende Untersuchung nicht daran, ob für die jeweilige Beteiligung ein praktisches Interesse erkennbar ist oder nicht.

Wenn hier darauf hingewiesen wurde, dass die Gesellschafterfähigkeit von Gesamthandsgemeinschaften bisher nur unzureichend untersucht ist, so heißt das freilich nicht, dass die Beteiligungsfragen sämtlichst schwierig oder ungelöst sind. Man muss sich vielmehr vergegenwärtigen, dass sich aus der Anzahl der Gesamthandsgemeinschaften und den aufnehmenden Gesellschaften eine Vielzahl möglicher Konstellationen ergibt. Es kann nicht verwundern, dass einige davon völlig unstrittig, unproblematisch oder durch Rechtsprechung und -lehre geklärt sind, und über deren Einzelheiten die einschlägigen Kommentare nahezu

[13] BayObLG, ZIP 2003, 480.
[14] So etwa die Wiederbelebung der Partenreederei aufgrund steuerlicher Abschreibungsmöglichkeiten nach dem 2. Weltkrieg, näher in Kapitel § 10; oder auch die Entwicklung der GmbH & Co. KG.

erschöpfend Auskunft geben. Das betrifft vor allem die Personenhandelsgesellschaften. Diese Fälle werden hier in angemessener Kürze behandelt. Der Schwerpunkt liegt da, wo die Gesellschafterfähigkeit zweifelhaft oder umstritten ist, oder überhaupt ohne Stellungnahme.

Das Interesse der Untersuchung richtet auf die Gesellschafterfähigkeit, also gewissermaßen auf das „Ob“. Die Einzelheiten der Mitgliedschaft, also das „Wie“, sind nur insoweit Erkenntnisziel und Darstellungsgegenstand, als sie Voraussetzung für die Mitgliedsfähigkeit sind. Die den Werken über die Mitgliedschaft *einer* Gesamthandsgemeinschaft in *einer* Gesellschaftsform geläufige[15] vollständige Untersuchung und Darstellung der Einzelheiten, die die gesamte Rechtsstellung als Gesellschafter mit sich bringt, würde den beabsichtigten Umfang der Arbeit sprengen.
Das gilt auch für die Art und Weise des Erwerbs der Gesellschafterstellung. Die Untersuchung bemüht sich nicht um die vollständige Darstellung aller Wege in die Gesellschaft. Freilich muss, um die Gesellschafterfähigkeit bejahen zu können, wenigstens ein Weg möglich sein.

Im Übrigen beschränkt sich die Untersuchung auf die Gesamthandsgemeinschaften und Gesellschaften, die ihre Entstehung deutschem Recht verdanken. Ausgeschlossen ist demzufolge die Mitgliedschaft von Gesamthandsgemeinschaften in der Europäischen Wirtschaftlichen Interessenvereinigung (EWIV) und die Gesellschafterfähigkeit der EWIV. Die EWIV ist eine europäische Rechtsform, die auf europäischen Rechtsquellen beruht[16] und auf die nationales Recht[17] nur ergänzend[18] Anwendung findet.[19]

---

[15] Z. B. bei Eichmanns, Erwerb und Verwaltung eines GmbH-Geschäftsanteils durch eine Erbengemeinschaft, 1982.
[16] EG-Verordnung Nr. 2137/ 85 des Rates der EG v. 25.7. 1985, ABlEG Nr. L 199 v. 31. 7. 1985 S. 1 ff. = BT-Drucks. 11/ 352 S. 12 ff.
[17] EWIV-Ausführungsgesetz, BGBl. I 1988, 514; §§ 105 ff. HGB.
[18] EWIV-Ausführungsgesetz, § 1 : „Soweit nicht die Verordnung ...gilt...“.
[19] Vgl. Ganske, Das Recht der Europäischen wirtschaftlichen Interessenvereinigung (EWIV), 1988, S. 17 ff.

§ 2 Gesamthandsgemeinschaften

Die realhistorische Existenz der Gesamthandsgemeinschaft beginnt mit der germanischen Hausgenossenschaft. Der Tod des Hausvaters hatte die Auflösung der bisherigen Wirtschaft nur ausnahmsweise zur Folge, regelmäßig führten die Kinder den gemeinschaftlichen Haushalt weiter. Die Gemeinschaft endete erst mit der Teilung, manchmal erst nach mehreren Geschlechterfolgen. Allmählich wurde es zulässig, auf vertragsmäßiger Grundlage auch Fremde in die Gemeinschaft aufzunehmen. So entwickelten sich bäuerlichen Gemeinderschaften, ritterliche Ganerbschaften, Erbverbrüderungen des hohen Adels und Erwerbs- und Handelsgesellschaften.[1]
Der Name „Gesamthand" entstammt dem alten Rechtsbrauch, die Verbundenheit der Gemeinschafter bei einer gemeinsamen Erwerbs-, Verfügungs- oder Verpflichtungshandlung durch das Sinnbild einer Verschlingung der Hände anschaulich zu machen.[2]

Die Anfänge der theoretischen Erfassung des Phänomens der Gesamthand lassen sich bis in die Zeit des Sachsenspiegels zurückverfolgen.[3] Die seitdem entwickelten Theorien sind Legion.[4] Das Verständnis der Gesamthand ist bis in die Gegenwart eine der umstrittensten Fragen der Zivilrechtsdogmatik geblieben. Der Streit rankt sich seit einiger Zeit um die Frage der Rechtsfähigkeit der Gesamthand.
Die als traditionell bezeichnete Auffassung[5] begreift die Gesamthand als ein Prinzip der Vermögenszuordnung.[6] Das Gesamthandsvermögen wird zu einem Sondervermögen verselbstständigt und den Gesamthändern zugewiesen.[7] Mit der gängigen Formulierung, Rechtsträger seien die Gesamthänder bzw. Gesellschafter in ihrer Verbundenheit,[8] wird nicht die rechtssubjektive Verselbstständigung der Gesamthand als solcher bezeichnet. Rechtsträger ist vielmehr jeder

---

[1] Ausführlich bei Gierke, Deutsches Privatrecht, Erster Band, 1895, S. 664 ff.
[2] Gierke, Deutsches Privatrecht, Erster Band, 1895, S. 664.
[3] Buchda, Geschichte und Kritik der deutschen Gesamthandlehre, 1936, S. 18 f.
[4] Vgl. Buchda, Geschichte und Kritik der deutschen Gesamthandlehre, 1936; aus neuerer Zeit z. B.: Schulze-Osterloh, Das Prinzip der gesamthänderischen Bindung, 1972; Flume, ZHR 136 (1972), S. 177 ff.; Schünemann, Grundprobleme der Gesamthandsgesellschaft unter besonderer Berücksichtigung des Vollstreckungsrechts, 1975; Hennecke, Das Sondervermögen der Gesamthand: Beispiel einer Vermögenssonderung im Zivil- und Handelsrecht, 1976.
[5] Vgl. etwa K. Schmidt, Gesellschaftsrecht, S. 199.
[6] Wiedemann, Gesellschaftsrecht, S. 246; Huber, Vermögensanteil, Kapitalanteil und Gesellschaftsanteil an Personengesellschaften des Handelsrechts, 1970, S. 61 ff.
[7] Z. B. Wiedemann, Gesellschaftsrecht, S. 248; Schulze-Osterloh, Das Prinzip der gesamthänderischen Bindung, 1972, S. 8 ff., 163 ff.; Weber-Grellet, AcP 182 (1982) 316 (328); Kübler, Gesellschaftsrecht, S. 25 f., 29.
[8] Vgl. BGHZ 34, 293 (296); BGH, BB 1990, 516 (517).

einzelne Gesamthänder. Für die Zuordnung des Gesamthandvermögens zu den einzelnen Gesamthändern hat die traditionelle Lehre eine ganze Reihe von Modellen entwickelt. Hier seien nur die beiden heute noch vertretenen genannt.[9]
Da ist zum einen die Lehre von der geteilten Mitberechtigung. Diese führt die Gesamthand auf die gleiche Grundstruktur zurück wie die Bruchteilsgemeinschaft. Die Gesamthänder haben danach je einen Anteil an den zum Gesamthandsvermögen gehörenden Gegenständen, sie können über diese Anteile nur nicht selbstständig verfügen. [10]
Dagegen erkennt die Theorie von der ungeteilten Gesamtberechtigung, die heute von den Anhängern der traditionellen Lehre überwiegend vertreten wird, solche Anteile nicht an. Vielmehr gilt jeder Gesamthänder als Vollrechtsinhaber, die Verfügungsbefugnis über die Gegenstände des Gesamthandvermögens steht aber nur allen Gesamthändern gemeinschaftlich zu. Die Berechtigung jedes Gesamthänders ist somit durch die Mitberechtigung der jeweils anderen Gesamthänder beschränkt.[11]

Anteile der Gesamthänder an den einzelnen Gegenständen und am Gesamthandsvermögen überhaupt erkennt auch nicht an, wer die Gesamthand selbst als Rechtssubjekt, d. h. als Träger dieses Vermögens, begreift.[12]
Die Ansicht, dass es sich bei der Gesamthand um ein bis zur Rechtsfähigkeit verselbstständigtes Gebilde handelt, ist nicht neu. Auffassungen, die dies in verschiedenen Variationen und mit unterschiedlichen Begründungen vertreten haben, sind spätestens seit dem Ausgang des 19. Jahrhunderts nachweisbar.[13]
Einer von jenen, die sich dem Phänomen der Gesamthand von der Subjektseite her näherten, war Otto von Gierke. Für Gierke steckte der „Wesenskern der gesammten Hand" in der personenrechtlichen Verbindung der Subjekte.[14] Für ihn

---

[9] Zu weiteren Theorien vgl. Buchda, Geschichte und Kritik der deutschen Gesamthandslehre, 1936, S. 193 ff.

[10] Z. B. Joerges, Zur Lehre vom Miteigenthum und der gesammten Hand nach deutschem Reichsrecht, ZHR 49 (1900), 140, 172 ff.; weitere Nachweise und eine differenzierende Darstellung der im einzelnen variierenden Auffassungen der Vertreter der älteren Literatur bei Buchda, Geschichte und Kritik der deutschen Gesamthandslehre, 1936, S. 200 ff.; BayObLG, FamRZ 1968, 206 (207) (speziell zur Erbengemeinschaft); Schulze-Osterloh, Das Prinzip der gesamthänderischen Bindung, 1972, S. 14 ff., 30 ff., 83, 131f., 278; Weber-Grellet, AcP 182 (1982), 316 (325); wohl auch Wächter, Die Aufnahme der Gesamthandsgemeinschaften in das Bürgerliche Gesetzbuch, 2002, S. 286 ff.

[11] Nachweise und Darstellung der Unterschiede bei den einzelnen Vertretern der älteren Literatur bei Buchda, Geschichte und Kritik der deutschen Gesamthandslehre, 1936, S. 193 ff.; RGZ 65, 227 (235); BFH, NJW 1986, 608 (zur Erbengemeinschaft); RGRK/ v. Gamm, § 718 Rn 1; Staudinger/ Keßler, 12. Aufl., Vorbem. zu § 705 Rn 61 ff.

[12] Vgl. z. B. Flume, ZHR 136 (1972), 177 (196 f.); Staudinger/ Habermeier, § 719 Rn 1 f.

[13] Vgl. Buchda, Geschichte und Kritik der deutschen Gesamthandslehre, 1936, S. 172 ff., 200 ff., 217 ff.

[14] Gierke, Deutsches Privatrecht, Bd. I, 1895, S. 669.

war die Gesamthand zuvörderst eine „personenrechtliche Gemeinschaft“[15]. Die durch das Gesamthandsprinzip zu einer „Personeneinheit“[16] verbundenen Gesamthänder waren nach dieser Auffassung „als solche rechtsfähig“[17], sie konnten „Rechte und Pflichten haben“.[18] Wegen des personenrechtlichen Charakters ordnete Gierke die allgemeinen Ausführungen über die Gemeinschaft zur gesamten Hand systematisch in das Personenrecht ein.[19]
Auf die Entstehung des BGB, d. h. auch der dort geregelten Gesamthandsgemeinschaften, hatte Gierke keinen Einfluss. Zum einen wurde er nicht zum Mitglied einer der beiden BGB-Kommissionen berufen.[20] Darüber hinaus fanden auch seine Gesamthandsvorstellungen bei den Kommissionen keine Berücksichtigung.[21]

An die Arbeiten Gierkes knüpfte rund 70 Jahre später Flume[22] an und entwickelte die sog. Gruppenlehre. Danach soll der Gesamthand als Personengruppe selbst Rechtssubjektivität zukommen. Soweit das Gesamthandsprinzip gelte, ende „die unmittelbare Handlungszuständigkeit und Rechtszuständigkeit bei der Gesamthand als der Gruppe der Gesamthänder.“[23] Die Rechtsstellung des einzelnen bestehe darin, Mitglied der Gesamthand zu sein.[24] Gelten sollte das wohl wenigstens für alle Gesamthandsgemeinschaften des BGB, entwickelt hat Flume seine Theorie aber nur am Beispiel der Gesellschaft bürgerlichen Rechts. Die GbR hielt er für besonders geeignet. Während die Gütergemeinschaft und die Erbengemeinschaft durch Besonderheiten des Familien- und Erbrechts geprägt seien, wäre die GbR nicht auf besondere Zwecke beschränkt. Das Recht der Gesellschaft als Gesamthand sei paradigmatisch für die Gesamthand an sich.[25]

In der Folge von Flumes ZHR-Aufsatz entwickelte sich eine lebhafte Diskussion über die (Teil-) Rechtsfähigkeit der Gesellschaft bürgerlichen Rechts, die – rund 30 Jahre später – schließlich zur höchstrichterlichen Anerkennung der Rechts- und Parteifähigkeit der Außen-GbR führte.[26] Damit wurde die Außen-GbR den

---

[15] So Gierke, Deutsches Privatrecht, Bd. I, 1895, S. 664, unter der Überschrift „Wesen“.
[16] Gierke, Deutsches Privatrecht I, 1895, S. 676.
[17] Gierke, Deutsches Privatrecht I, 1895, S. 682.
[18] Gierke, Deutsches Privatrecht I, 1895, S. 682.
[19] Vgl. Gierke, Deutsches Privatrecht I, 1895, S. 660 ff.
[20] Wächter, Die Aufnahme der Gesamthandsgemeinschaften in das Bürgerliche Gesetzbuch, 2002, S. 241.
[21] Wächter, Die Aufnahme der Gesamthandsgemeinschaften in das Bürgerliche Gesetzbuch, 2002, S. 213 f., 294, 306 f.
[22] So ausdrücklich Flume, ZHR 136 (1972), 177 (188).
[23] Flume, ZHR 136 (1972), 177 (190).
[24] Flume, ZHR 136 (1972), 177 (190).
[25] Flume, ZHR 136 (1972), 177 (179).
[26] BGH, NJW 2001, 1056.

Personenhandelsgesellschaften angenähert. Deren weitgehende rechtliche Verselbstständigung war aufgrund der positivrechtlichen Regelung des § 124 HGB seit längerem überwiegend akzeptiert.[27]
Weiterhin umstritten ist die Frage, ob auch der Erbengemeinschaft und Gütergemeinschaft Rechtsfähigkeit zukommen soll. Insbesondere für die Erbengemeinschaft wird dies von einer wachsenden Zahl von Vertretern der Literatur gefordert.[28] Aber auch für die Anerkennung der ehelichen Gütergemeinschaft sind in jüngerer Zeit Stimmen laut geworden.[29]
Das ist, wie im Zusammenhang mit der Untersuchung der jeweiligen Gesamthandsgemeinschaft zu zeigen sein wird, abzulehnen. Es ist vielmehr so, dass im Hinblick auf die rechtssubjektive Verselbstständigung kein für alle Gesamthandsgemeinschaften geltender Grundsatz besteht.

Gemeinsames Kennzeichen der Gesamthandsgemeinschaften ist die Zusammenfassung von Vermögensgegenständen zu einem einheitlichen Sondervermögen, dessen Bestand aus unterschiedlichen Gründen gesichert werden soll. So dient etwa das Vermögen gesellschaftsrechtlicher Gesamthandsgemeinschaften der Verwirklichung des jeweiligen Gesellschaftszwecks.[30] Bei der ehelichen Gütergemeinschaft ist bezweckt, „die vollständige Lebensgemeinschaft, welche die Ehe unter den Ehegatten begründet, auch in vermögensrechtlicher Hinsicht zur Geltung zu bringen".[31] Und der Nachlass ist als Gesamthandsgut ausgestaltet worden, damit das Vermögen des Erblassers den Nachlassgläubigern bis zur Auseinandersetzung erhalten und reserviert bleibt. Außerdem sollen die Ausgleichsansprüche, die den Miterben untereinander zustehen, gesichert werden.[32]

Der Erhaltung des Sondervermögens dient vor allem die Regelung, dass kein Gesamthänder über seinen Anteil an den einzelnen Gegenständen verfügen kann (§§ 719 Abs. 1, 1419 Abs. 1, 2033 Abs.2)[33] und dass die Gesamthänder über einzelne Vermögensgegenstände nur gemeinsam verfügen können (§ 2040 I BGB).[34]

---

[27] Vgl. K. Schmidt, Gesellschaftsrecht, S. 202, 1362 f., auch mit Nachweisen noch heute abweichender Auffassungen.
[28] Siehe Kapitel § 4 I.
[29] Siehe Kapitel § 5 I 1 (2).
[30] Wiedemann, Gesellschaftsrecht, S. 252.
[31] Denkschrift zum Entwurf eines Bürgerlichen Gesetzbuchs nebst drei Anlagen, 4. Aufl., 1896, S. 290.
[32] Denkschrift zum Entwurf eines Bürgerlichen Gesetzbuchs nebst drei Anlagen, 4. Aufl., 1896, S. 403.
[33] Freilich ist die Existenz solcher Anteile umstritten.
[34] Vgl. die Kapitel zu den einzelnen Gesamthandsgemeinschaften.

In dieser Beschränkung in der Verfügungsfreiheit des einzelnen Gesamthänders sah der historische Gesetzgeber[35] und sieht das Schrifttum[36] die zentrale Regelung des Gesamthandsprinzips.

Keine völlige Homogenität aller Gesamthandsgemeinschaften besteht hinsichtlich der Verfügungsbefugnis des einzelnen Gesamthänders über seinen Anteil am Gesamtvermögen bzw. seine Mitgliedschaft. Hier spannt sich der Bogen vom völligen Ausschluss jeglicher Verfügung bei der ehelichen Gütergemeinschaft (§ 1419 I BGB), über das Erfordernis des Einverständnisses der anderen Gesamthänder bei Personenhandelsgesellschaften bis zur freien Übertragbarkeit bei der Erbengemeinschaft (§ 2033 I 1 BGB) und der Partenreederei (§ 503 I HGB).

Ein weiteres Merkmal von Gesamthandsgemeinschaften, das häufig zu den „Basisregeln" des Gesamthandsprinzips gezählt wird,[37] ist das Prinzip der An- und Abwachsung (§§ 738 I 1, 2094 BGB, § 501 III HGB, § 8 IV UrhG). Die Funktion dieses Prinzips wird in der Sicherung der Kontinuität des Sondervermögens gesehen. Dieses erhält dadurch Unabhängigkeit von einem Wechsel im Personenbestand der Gemeinschaft.[38]
Die theoretische Deutung dieser Vorgänge richtet sich danach, ob die Gesamthand selbst als Rechtssubjekt angesehen wird oder nur die Gesamthänder. Eine wirkliche Änderung der dinglichen Zuordnung kann nur bei nichtrechtsfähigen Gesamthandsgemeinschaften eintreten, denn nur in diesem Fall ereignet sich mit dem Gemeinschafterwechsel auch ein – partieller – Rechtsträgerwechsel.[39] Ist die Gesamthand dagegen rechtssubjektiv verselbstständigt, so ist nur sie Vermögensträger und somit allein dinglich berechtigt. Der Aus- oder Eintritt bleibt für die dingliche Zuordnung des Gesamthandvermögens ohne Folgen.[40]

---

[35] Denkschrift zum Entwurf eines Bürgerlichen Gesetzbuchs nebst drei Anlagen, 4. Aufl., 1896, S. 131; Wächter, Die Aufnahme der Gesamthandsgemeinschaften in das Bürgerliche Gesetzbuch, 2002, S. 295.

[36] Vgl. Weber-Grellet, ZHR 182 (1982), 316 (321 ff.); Huber, Vermögensanteil, Kapitalanteil und Gesellschaftsanteil an Personalgesellschaften des Handelsrechts, 1970, S. 61; MünchKomm/ Kanzleiter, § 1416 Rn 3.

[37] Vgl. Wiedemann, Gesellschaftsrecht, S. 249, 254; MünchKomm/ Ulmer, § 718 Rn 5. Nach RGZ 65, 227 (235) ist der Vorgang der Anwachsung „einfache Konsequenz des Prinzips der gesamten Hand".

[38] Huber, Vermögensanteil, Kapitalanteil und Gesellschaftsanteil an Personalgesellschaften des Handelsrechts, 1970, S. 62, 64, der darin „eine der wichtigsten rechtstechnischen Leistungen des Gesamthandsprinzips" sieht; Wiedemann, Gesellschaftsrecht, S. 249; K. Schmidt, Gesellschaftsrecht, S. 1319.

[39] Vgl. Huber, Vermögensanteil, Kapitalanteil und Gesellschaftsanteil an Personalgesellschaften des Handelsrechts, 1970, S. 64 f.

[40] So schon Hennecke, Das Sondervermögen der Gesamthand, 1976, S. 138; ebenso K. Schmidt, Gesellschaftsrecht, S. 207 f., 1319; Staudinger/ Habermeier, § 738 Rn 4; aA wohl

In der langen Geschichte der Gesamthandsgemeinschaften und ihrer theoretischen Erfassung gab es immer mal wieder Ansätze, die Gesamthand als juristische Person zu deuten.[41] Nachdem dieser Gedanke zwischendurch ad acta gelegt worden war[42], sind neue Vorstöße in diese Richtung – wohl teilweise durch die Reform des Umwandlungsrechts[43] veranlasst[44] – in jüngerer Zeit unternommen worden.[45]
Für die rechtsfähigen Gesamthandsgemeinschaften ist dieser Auffassung Plausibilität dann nicht abzusprechen, wenn man die Rechtsfähigkeit als entscheidendes Merkmal juristischer Personen begreift[46] und im Hinblick auf die Haftungsverfassung bedenkt, dass auch die KGaA eine juristische Person ist, eine persönliche Gesellschafterhaftung für Verbindlichkeiten des Verbandes also auch den juristischen Personen nicht fremd ist. Auf der anderen Seite ist z. B. eine Einmann-Personengesellschaft mit deren Sozietätskonstruktion schwer vereinbar.[47]

Es ist nicht Aufgabe dieser Arbeit, den zahlreichen Gesamthandstheorien eine weitere hinzuzufügen. Die vorliegende Untersuchung orientiert sich in der Wahl ihres Gegenstandes an der herrschenden Meinung. Demzufolge wird auch die Beteiligungsfähigkeit jener Gesamthandsgemeinschaften geprüft, die überwiegend als rechtsfähig anerkannt sind.

Bamberger/ Roth/ Timm/ Schöne, BGB, § 738 Rn 6, wo eine dingliche Rechtsänderung auf Grund der Anwachsung angenommen wird, obwohl in § 718 Rn 2 von der GbR als alleiniger Eigentümerin des Gesellschaftsvermögens die Rede ist.

[41] Vgl. Buchda, Geschichte und Kritik der deutschen Gesamthandslehre, 1936, S. 152 ff.

[42] Bei Heusler, Institutionen des Deutschen Privatrechts, 1885, S. 248, kann man lesen: „Den Charakter einer juristischen Person legt ihr (sc. der Gesamthand) eigentlich heutzutage niemand mehr ernsthaft bei...".

[43] Gesetz zur Bereinigung v. 5. 10. 1994, BGBl. I S. 2866. Dadurch hat sich die Gesetzeslage dahingehend geändert, dass die – zuvor unmögliche – identitätswahrende Umwandlung einer Personengesellschaft in eine juristische Person zulässig geworden ist (§§ 190, 191, 202 UmwG), vgl. K. Schmidt, Gesellschaftsrecht, S. 340 ff.

[44] Vgl. Raiser, AcP 194 (1994), 495 (503 ff., 510).

[45] Z. B. Raiser, AcP 194 (1994), 495 (503 ff., 510); AcP 199 (1999), 104 (107 f.); Hadding, FS-Kraft, 1998, 137 (146); ders., ZGR 2001, 712 (718 ff.).

[46] Vgl. Hadding, ZGR 2001, 712 (718 f.).

[47] Gegen die Einordnung der rechtsfähigen Gesamthandsgesellschaften als juristische Person z. B.: BGHZ, NJW 2001, 1056 (1056); MünchKomm/ Ulmer, § 705 Rn 307 ff.; Gesmann-Nuissl, WM 2001, 973; Huber, FS-Lutter, 2000, 107 (109 f.); Wiedemann, JZ 2001, 661 (663); Grunewald, Gesellschaftsrecht, S. 50.

§ 3 Vertragsfreiheit im Gesellschaftsrecht

Ausdrücklich ist die Frage, wer Gesellschafter sein kann, im Gesetz nur ausnahmsweise geregelt.[1] Sieht man von den Sonderwegen der erbrechtlichen (§ 1922 BGB) oder familienrechtlichen (§ 1416 BGB) Universalsukzession ab[2], so wird die Gesellschafterstellung durch Vertragsschluss begründet. Das erfolgt durch Beteiligung an der Gründung einer Gesellschaft oder den späteren Beitritt (originärer Erwerb). Möglich ist auch die Übernahme einer schon bestehenden Mitgliedschaft durch einen Vertrag mit einem ausscheidenden Gesellschafter (derivativer Erwerb).
Es kommt demnach darauf an, wer Vertragspartner eines Gesellschaftsvertrages sein kann. Dies hinwieder wird entscheidend bestimmt vom Prinzip der Vertragsfreiheit. Das Gesellschaftsrecht ist wie das Privatrecht generell beherrscht vom Grundsatz der Privatautonomie.[3] Daraus folgt, dass eine Beteiligung an einer Gesellschaft zulässig ist, sofern nicht begründete Einwände dagegen stehen. Solche Einwände können sich aus zwingendem Recht ergeben. Unabdingbare Normen dienen vor allem dem Verkehrsschutz, teilweise auch dem Mitgliederschutz.[4] Konkret ist etwa an Haftungsvorschriften zu denken und, im Hinblick auf das Erkenntnisziel dieser Arbeit, insbesondere an die Frage, inwiefern das Recht der einzelnen Gesamthandsgemeinschaften mit den zwingenden Haftungsanforderungen des Personengesellschaftsrecht harmoniert.

Weitere Einschränkungen des Grundsatzes der Privatautonomie folgen aus gesetzlichen Verboten (§ 134 BGB) und den guten Sitten (§ 138 BGB).[5] Soweit Anlass besteht, wird auch darauf einzugehen sein.

Nicht dem Belieben des privatautonomen Gestaltungswillens überlassen ist die Rechtsform, in der die potentiellen Gesellschafter die verabredeten Ziele verfolgen. Im Gesellschaftsrecht gilt ein Numerus clausus der möglichen Gesellschaftsformen, d. h., Rechtssubjekte können nicht ohne weiteres neue Gesell-

---

[1] Vgl. die Beschränkung der Gesellschafter einer Partnerschaftsgesellschaft auf natürliche Personen in § 1 Abs. 1 S. 3 PartGG.
[2] Auch diese beruhen letztlich auf privatautonomer Entscheidung, nämlich auf dem Ehevertrag und der Nachfolgeregelung des Erblassers. Außerdem kommt es seitens der Gesellschaft zu rechtsgeschäftlichem Handeln, etwa durch Übertragbar- oder Vererblichstellung der Mitgliedschaft.
[3] BGHZ 45, 204; K. Schmidt, Gesellschaftsrecht, S. 119 f.; H.P. Westermann, Vertragsfreiheit und Typengesetzlichkeit im Recht der Personengesellschaften, 1970, bes. S. 112 ff.; Eisenhardt, Gesellschaftsrecht, S. 18 f.
[4] K. Schmidt, Gesellschaftsrecht, S. 110. Kübler, Gesellschaftsrecht, S. 281 f., nennt etwa auch den Funktionsschutz und den Schutz der Privatautonomie selbst, vor ihrer eigenen Aufhebung durch die Organisation.
[5] K. Schmidt, Gesellschaftsrecht, S. 119.

schaftsformen schaffen, sondern haben insofern lediglich eine Auswahlmöglichkeit unter den vom Gesetz bereitgestellten Rechtsformen. Die Gesellschaftsform kann sich auch gegen den Willen der Beteiligten durchsetzen, dann spricht man vom sog. Rechtsformzwang.[6]

Davon zu unterscheiden ist der unter dem Stichwort der gesellschaftsrechtlichen Typengesetzlichkeit[7] diskutierte Problemkreis. Dabei geht es um die Frage, ob sich, über die zwingenden Vorschriften hinaus, nicht auch aus den dispositiven Vorgaben des Gesetzes Schranken ergeben, die dem Abweichen vom gesetzlichen Leitbild entgegenstehen können.
Der in diesem Zusammenhang wohl meistdiskutierteste Fall war die Bildung einer Kommanditgesellschaft, nicht – wie es den Vorstellungen des Gesetzgebers entsprach – zwischen natürlichen Personen, sondern mit einer juristischen Person als persönlich unbeschränkt haftendem Gesellschafter (GmbH & Co. KG)[8].
Durchgesetzt hat sich die Auffassung, dass im Gesellschaftsrecht Typenfreiheit herrscht. Vertragsfreiheit ist die Regel und jede Beschränkung bedarf einer überzeugenden Begründung.[9]

Im Schrifttum liest man gelegentlich, eine Gemeinschaft sei als Gesellschafter „nicht geeignet".[10] Die Eignung ist eine zu allgemeine Kategorie, als dass sie zur Bestimmung der Gesellschafterfähigkeit taugen würde. Es ist vielmehr klar zu unterscheiden zwischen Ungeeignetheit und Unzulässigkeit. So kann etwa eine Erbengemeinschaft zur Geschäftsführung einer offenen Handelsgesellschaft ungeeignet sein, weil die Miterben Entscheidungen grundsätzlich einstimmig fällen. Sofern daraus folgende Beeinträchtigungen aber nur die anderen Gesellschafter treffen, unterfällt das dem Grundsatz der Privatautonomie. Die Gesellschafter entscheiden, mit wem sie sich zur gemeinsamen Zweckverfolgung verbinden und wie sie ihre Gesellschaft organisieren. Diese Freiheit zu gewähren, bezweckt das Gesetz, indem es für das Innenverhältnis von Personengesellschaf-

---

[6] Vgl. K. Schmidt, Gesellschaftsrecht, S. 102 ff.
[7] Einen kursorischen Überblick über die verschiedenen Strömungen zur Frage des Typenzwangs gibt K. Schmidt, Gesellschaftsrecht, S. 114 ff.
[8] Anerkennung durch Beschluss RGZ 105, 101 ff. vom 4.7. 1922; heute durch zahlreiche gesetzliche Vorschriften geregelt (vgl. nur §§ 19 II, 125a, 130a HGB).
[9] K. Schmidt, Gesellschaftsrecht, S. 120; H. Westermann, Personengesellschaftsrecht, 1978, S. 8; Flume, Die Personengesellschaft, 1977, S. 189; Kübler, Gesellschaftsrecht, 1998, S. 284, will die Organisationsautonomie durch maßgebliche Strukturprinzipien begrenzt wissen, die aber nur im Einzelfall anhand von konkreten Regelungszwecken des geltenden Rechts zu entnehmen seien.
[10] Z. B. Kübler, Gesellschaftsrecht, S. 90 Fn 51; auch die Kapitelüberschrift bei Hueck/ Windbichler, Gesellschaftsrecht, S. 128.; auch BayObLG, DB 1991, 33, bezogen auf die Erbengemeinschaft.

ten nur dispositive Regeln aufstellt. Erst wenn schützenswerte Interessen Dritter betroffen sind oder andere Gesichtspunkte hinzukommen, kann die Ungeeignetheit auch zur Unzulässigkeit führen. Dann wird die Mitgliedschaft regelmäßig aber schon am zwingenden Recht scheitern, das die Interessen des Rechtsverkehrs schützt.

Von diesen Maßstäben, namentlich aber vom Grundsatz der Privatautonomie, lässt sich die vorliegende Untersuchung leiten.

§ 4 Die Gesellschafterfähigkeit von Erbengemeinschaften

I. Keine Rechtsfähigkeit der Erbengemeinschaft

Die Frage nach der Gesellschafterfähigkeit der Erbengemeinschaft setzt Klarheit darüber voraus, um wessen Mitgliedschaft es hier geht, die der Miterben in ihrer gesamthänderischen Verbundenheit oder die der Erbengemeinschaft als solcher. Mit anderen Worten: Am Anfang steht die Frage nach der Rechtssubjektivität der Erbengemeinschaft.
Diese ist im Einklang mit der ganz herrschenden Meinung in Rechtsprechung[1] und Literatur[2] zu verneinen. Träger von Rechten und Pflichten kann nicht die Erbengemeinschaft als solche sein, sondern nur die einzelnen Miterben. Gerade in neuerer Zeit, gewissermaßen im Fahrwasser der Diskussion um die Rechtsfähigkeit der BGB-Gesellschaft, mehren sich jedoch die Stimmen[3] für eine Anerkennung der Rechtsfähigkeit auch der Erbengemeinschaft. Wie im Folgenden gezeigt wird, können auch die neu vorgetragenen Argumente keine andere Sichtweise begründen.

1. Gesetzeslage

Das Recht der Erbengemeinschaft ist in den §§ 2032 ff. BGB geregelt.

---

[1] BGHZ 30, 391 (397 f.); BGH, NJW 1989, 2133; BGH, NJW 1995, 2551 (2552); BGH, ZEV 2002, 504 (505).

[2] Lange/ Kuchinke, Erbrecht, S. 119; Canaris, Handelsrecht, S. 201 f.; MünchKomm/ Dütz, § 2032 Rn 44; Staudinger/ Werner, § 2032 Rn 18 f.; Erman/ Schlüter, § 2032 Rn 4; Brox, Erbrecht, S. 449; Hahn, Mehrere Erben als Rechtsträger des einzelkaufmännischen Unternehmens, 1992, S. 36, 86 f., 201; Olzen, Erbrecht, S. 322 ; AK/ Pardey, § 2032 Rn 13; Hüffer, ZGR 1986, 603 (618 f.); Fischer, ZGR 1979, 251 (257 ff.); RGRK/ Kregel, § 2032 Rn 9 ; Palandt/ Edenhofer, Einf. v. § 2032 Rn 1; Ulmer, AcP 198 (1998), 113 (124 ff.); Coester-Waltjen, Jura 1990, 471 (473); Habersack, JuS 1990, 179 (181 f. Fn 41); Ebenroth, Erbrecht, Rn 719; Michalski, Erbrecht, 2001, S. 333; Leipold, Erbrecht, 2002, S. 269; aA: Fabricius, Relativität der Rechtsfähigkeit, 1963, S. 145 ff.; Flume, Die Personengesellschaft, 1977, S. 59 Fn 48; Hennecke, Das Sondervermögen der Gesamthand: Beispiel einer Vermögenssonderung im Zivil- und Handelsrecht, 1976, S. 119 ff.; Soergel/ M. Wolf, Vor § 2032, Rn 4; Haas, Erbengemeinschaft (Gesamthand) und Mitgliedschaft in Personengesellschaften, 1962, S. 14 ff.; Teichmann, AcP 179 (1979), 475 (480 f.); GroßKommHGB/ Brüggemann, § 1 Rn 41; beschränkt auf unternehmenstragende Erbengemeinschaft: K. Schmidt, NJW 1985, 2785, 2788 ff.; MünchKomm/ Lieb, HGB, § 27 Rn 83.

[3] Jaschke, Gesamthand und Grundbuchrecht, 1991; Hohensee, Die unternehmenstragende Erbengemeinschaft, 1994, S. 187 ff.; Grunewald, AcP 197 (1997), 305 ff ; Eberl-Borges, Die Erbauseinandersetzung, 2000, S. 30 ff.; dies., ZEV 2002, 125 (127 ff.); Ann, Die Erbengemeinschaft, 2001, S. 398 ff.; Weipert, ZEV 2002, 300 (301).

Die Normen selbst lassen eine Neigung zur Rechtssubjektivität der Erbengemeinschaft nicht erkennen.[4] Vielmehr sind nach dem Gesetzeswortlaut eindeutig die Miterben die Träger des Nachlasses.[5]

§ 2032 I BGB spricht vom Nachlass als dem gemeinschaftlichen Vermögen der Erben, nicht der Erbengemeinschaft. Ebenso muss nach § 2039 BGB eine Nachlassforderung durch Leistung an alle Miterben gemeinschaftlich erfüllt werden, von einer Leistung an die Erbengemeinschaft ist nicht die Rede. Entsprechendes gilt für § 2040 I BGB, der von einer gemeinsamen Verfügung der Miterben, nicht von einer Verfügung der Erbengemeinschaft handelt. Auch § 2058 BGB spricht von gemeinschaftlichen Nachlassverbindlichkeiten der Erben und nicht von Verbindlichkeiten der Erbengemeinschaft.
In dieselbe Richtung weisen § 747 ZPO, demzufolge für die Zwangsvollstreckung in einen einer Erbengemeinschaft gehörenden Nachlass ein Titel gegen alle Miterben erforderlich ist und § 47 GBO, wonach die Eintragung der einer Gesamthandsgemeinschaft zustehenden Grundstücksrechte durch Eintragung der Gesamthänder unter Bezeichnung des für die Gemeinschaft maßgebenden Rechtsverhältnisses erfolgt.
Auch das Gesellschaftsrecht deutet auf die Rechtsträgerschaft der Miterben hin. So gehen § 69 I AktG und § 18 GmbHG – worauf der Wortlaut hinweist und was völlig unstrittig ist[6] – davon aus, dass die Erbengemeinschaft nicht rechtsfähig ist.

2. Die Gesetzesmaterialien und die Auffassung von Jaschke

Der Standpunkt des historischen Gesetzgebers folgt ähnlich wie bei der gesellschaftsrechtlichen Gesamthand aus den Protokollen der II. Kommission.[7] Der erste Entwurf zum BGB von 1888 sah noch eine Bruchteilslösung vor, erst der zweite Entwurf entschied sich dann für die Ausgestaltung als Gesamthandsgemeinschaft.[8]

---

[4] Ebenso: Hüffer, ZGR 1986, 603 (619); Bork, 100 Jahre BGB – 100 Jahre Staudinger, 2000, S. 183; Heil, ZEV 2002, 296.

[5] Unverständlich ist die Einschätzung Eberl-Borges', nach der gesetzlichen Regelung sei die Einordnung der Erbengemeinschaft "durchaus offen"; vgl. Eberl-Borges, ZEV 2002, 125 (127).

[6] Statt vieler: Michalski, GmbHG, § 18 Rn 24; Geßler/ Hefermehl/ Eckardt/ Kropff, AktG, § 69 Rn 6, 7.

[7] Mugdan, Protokolle, Bd. V, S. 495 ff.

[8] Ausführlich dazu Hoffmann, JURA, 1995, 125 f.; Wächter, Die Aufnahme der Gesamthandsgemeinschaften in das Bürgerliche Gesetzbuch, 2002, S. 141 ff., 258 ff.

Eine Stütze findet die These von der Rechtsfähigkeit in den Gesetzesmaterialien nicht. Die Mindermeinung[9] beruft sich u. a. auf die Äußerung der II. Kommission, man wolle zum Wesen der Gesamthand nicht Stellung nehmen.[10]
Daraus ist für die Rechtsfähigkeit der Erbengemeinschaft jedoch nichts herzuleiten.
Die Diskussion im Gesetzgebungsverfahren drehte sich weder um die Rechtsfähigkeit der Gesamthand im allgemeinen noch die der Erbengemeinschaft im besonderen. Diese Möglichkeit wurde von der Kommission überhaupt nicht ins Kalkül gezogen.[11]
Vielmehr ging es bei der rechtlichen Ausgestaltung der Erbengemeinschaft um den Ausschluss der nach § 747 S.1 BGB möglichen Verfügung über einzelne Anteile und damit um die dingliche Bindung eines Sondervermögens, das vorrangig der Befriedigung der Nachlassgläubiger dienen sollte.[12] Das wesentliche Motiv für die Entscheidung gegen die Bruchteilsgemeinschaft bestand darin, den Gläubigern die Durchsetzung ihrer Ansprüche zu erleichtern.[13]

Unter besonderer, ja fast ausschließlicher[14], Berücksichtigung der Gesetzesmaterialien hat in neuerer Zeit Jaschke[15] den Versuch unternommen, die Rechtsfähigkeit der Erbengemeinschaft zu begründen.

---

[9] Jaschke, Gesamthand und Grundbuchrecht, 1991, S. 35; Hohensee, Die unternehmenstragende Erbengemeinschaft, 1994, S. 190. Das erfüllt in der Argumentationsstrategie die Funktion, den gegen die Rechtsfähigkeit sprechenden Gesetzeswortlaut zu neutralisieren. Zwar bezog sich die Aussage der Kommission unmittelbar auf die BGB-Gesellschaft, über den Argumentationsbaustein von der Gesamthand als einheitlicher Rechtsfigur will man sie auch für die Erbengemeinschaft fruchtbar machen. In ähnlicher Weise wird die selbstverordnete Zurückhaltung des Gesetzgebers auch für die Rechtsfähigkeit der BGB - Gesellschaft in Anspruch genommen. Vgl. BGH, NJW 2001, 1056 (1057); Breuninger, Die BGB-Gesellschaft als Rechtssubjekt im Wirtschaftsverkehr, 1991, S. 5; Flume, Die Personengesellschaft, 1977, S. 3.

[10] Mugdan, Protok. Bd 2, S. 990: "Die Kom. war der Ansicht, dass eine Stellungnahme zu der wissenschaftlichen Streitfrage über das Wesen der gesamten Hand zu vermeiden sei. Es handle sich vielmehr darum, zu entscheiden, welche Bestimmungen sachlich den Vorzug verdienten."

[11] So auch: K. Schmidt, NJW 2001, 993 (996); Ann, Die Erbengemeinschaft, 2001, S. 410; vgl.insbesondere Mugdan, Protok. Bd. 2, S. 990 ff., Bd. IV, S. 800 ff., Bd. V, S. 495 ff. Im Kontext um die absichtliche Enthaltung zum Wesen der Gesamthand ging es um die Frage, ob der einzelne Gesamthänder einen Anteil an den einzelnen Gegenständen des gebundenen Vermögens hat oder nicht. Darüber war man sich nicht einig. Vgl. dazu: Mugdan, Protok. Bd. II, S. 990.

[12] Mugdan, Protok., Bd V, S. 495.

[13] Mugdan, Protok., Bd. V, S. 495.

[14] Kritik hat Jaschkes Methode, seine Thesen auf die Entstehungsgeschichte des Gesetzes als ganz dominierendes Auslegungskriterium zu stützen, von Grunsky erfahren. Vgl. Grunsky, AcP 192 (1992), 571 (573).

[15] Jaschke, Gesamthand und Grundbuchrecht, 1991.

Argumentationsstrategischer Ausgangspunkt ist die verbreitete[16] Anerkennung der Rechtsfähigkeit der GbR. Dafür hatte Flume mit seiner Gruppentheorie[17] die dogmatischen Grundlagen entwickelt. Er hatte sich ausführlicher aber nur mit Personengesellschaften befasst, die anderen Gesamthandsgemeinschaften hingegen ausdrücklich ausgeklammert.[18] Diese „Lücke“ zu füllen, unternimmt nun Jaschke, indem er die Gruppenlehre auf die Erbengemeinschaft anwendet.[19] Wesentlichen Raum nimmt dabei das Bemühen ein, mit Hilfe der Materialien den Nachweis zu führen, dass der Gesetzgeber von einem einheitlichen Gesamthandsprinzip ausgegangen ist. Jaschke kommt zu dem Ergebnis, dass der Anteil am jeweiligen Gesamthandsvermögen im Verständnis des historischen Gesetzgebers Mitgliedschaft in einem Verband bedeutete. Der Gesetzgeber habe die Stellung der Miterben nicht vermögensrechtlich[20], sondern, wie bei der Gesellschaft bürgerlichen Rechts, als Mitgliedschaft in einem Verband aufgefasst.[21] Die These von der Verbandsmitgliedschaft stößt freilich bei der Gütergemeinschaft an ihre Grenzen. Deswegen geht Jaschke über Flume hinaus und will die Gesamthand nicht nur als rechtsfähige Gruppe ansehen, sondern als "eine Person" deuten.[22] Nach seiner Auffassung sind alle Gesamthandsgemeinschaften rechtsfähig.[23]

Der These ist nicht zu folgen. Eine neuere Studie zur Entstehungsgeschichte des BGB legt eindrucksvoll dar, dass der Gesetzgeber keineswegs ein verbandsrechtliches Verständnis von der Gesamthand hatte. Das personenrechtliche Verhältnis, das für die Germanisten[24], namentlich für O. v. Gierke[25], die Grundlage

---

[16] Bis zum Grundsatzurteil BGH, NJW 2001, 1056, also auch zur Entstehungszeit der Arbeit (1991), hatte die Auffassung von der Rechtsfähigkeit der Außen-GbR noch mit erheblichen Widerständen zu kämpfen und war noch nicht hM; vgl. nur Zöllner, FS-Kraft, 1998, S. 701 ff.

[17] Flume, ZHR 136 (1972), S. 177 ff.; Die Personengesellschaft, 1977.

[18] Wegen der Besonderheiten der ehegüterrechtlichen und erbrechtlichen Problematik hält er eine Behandlung gemeinsam mit der Gesellschaft bürgerlichen Rechts im Allgemeinen Teil des bürgerlichen Rechts für wenig sinnvoll. Vgl. Flume, Die Personengesellschaft, 1977, S. 1 f. ; ZHR 136 (1972), 177 (179).

[19] Jaschke, Gesamthand und Grundbuchrecht, 1991, S. 45 ff.

[20] Bei Jaschke, Gesamthand und Grundbuchrecht, 1991, S. 41, heißt es: "Denn die II. Kommission versteht die Rechtsfigur der Gesamthand nicht vermögens-, sondern ausschließlich personenrechtlich." Das ist zweifelhaft, denn zu einer Gesamthand gehört per definitionem gesamthänderisch gebundenes Vermögen, sie trägt also immer auch vermögensrechtlichen Charakter.

[21] Jaschke, Gesamthand und Grundbuchrecht, 1991, S. 43.

[22] Jaschke, Gesamthand und Grundbuchrecht, 1991, S. 46.

[23] Jaschke, Gesamthand und Grundbuchrecht, S. 45. Zur Kritik an der von Jaschke auf Grund dieser These gezogenen Schlussfolgerungen für die konkrete Anwendung im Grundbuchrecht vgl. Hager, ZHR 156 (1992), 272 ff.

[24] Zur Gesamthandslehre der Germanisten vgl. Wächter, Die Aufnahme der Gesamthandsgemeinschaften in das Bürgerliche Gesetzbuch, 2002, S. 37 ff.

für die Entstehung der Gesamthand und die Begründung für den Ausschluss der Verfügungsbefugnis darstellte, und an das auch Flumes Gruppenlehre anknüpft, wurde bei der Gesetzgebung nicht berücksichtigt, weder von der ersten BGB-Kommission, noch von der zweiten.[26] Als charakteristisches Merkmal der Gesamthand galt eher die Beschränkung der Verfügungsfreiheit, also das, was nach der germanistischen Gesamthandslehre eigentlich nur die Folge aus dem Personenverhältnis sein sollte.[27] Auch dafür, dass den Kommissionen der Gedanke an die Rechtsfähigkeit der Gesamthand in den Sinn kam, gibt es keinerlei Anhaltspunkte.[28]

Auch wenn man davon ausgeht, dass nach dem Verständnis des historischen Gesetzgebers alle Gesamthandsgemeinschaften des BGB einem einheitlichen Prinzip folgen, lässt sich für die Rechtsfähigkeit der Erbengemeinschaft daraus überhaupt nichts ableiten.
Der Wille des Gesetzgebers, die Gesamthandsgemeinschaften prinzipiell gleich zu behandeln, kann keine hinreichende Rechtfertigung sein, die Rechtsfähigkeit der Außen-GbR auf andere Gesamthandsgemeinschaften zu übertragen. Die Anerkennung der Rechtsfähigkeit der BGB-Gesellschaft ist schließlich nicht Ausdruck des gesetzgeberischen Willens, sondern Ergebnis der Rechtsfortbildung.[29] Eine rechtssubjektive Verselbstständigung der Erbengemeinschaft kommt nur dann in Betracht, wenn ausreichende Gründe für eine Rechtsfortbildung auch bei ihr erkennbar sind.

3. Rechtsfortbildung

Da sich die Rechtsfähigkeit der Erbengemeinschaft nicht aus dem Gesetz ergibt, bleibt die Frage, ob ein Bedürfnis nach Rechtsfortbildung besteht. Zur Begrün-

---

[25] S. o. Kapitel § 2.
[26] Wächter, Die Aufnahme der Gesamthandsgemeinschaften in das Bürgerliche Gesetzbuch, 2002, S. 213 f., 278, 294 f.
[27] Wächter, Die Aufnahme der Gesamthandsgemeinschaften in das Bürgerliche Gesetzbuch, 2002, S. 213 f., 295.
[28] Vgl. Mugdan, Protok. Bd. II, S. 990 ff., Bd. IV, S. 800 ff., Bd. V, S. 495 ff. Ebenso Ulmer, AcP 198 (1998), 113 (130); Wächter, Die Aufnahme der Gesamthandsgemeinschaften in das Bürgerliche Gesetzbuch, 2002, S. 290.
[29] Es besteht weitgehende Einigkeit besteht darüber, dass die Anerkennung der Rechtsfähigkeit der GbR ein Akt der Rechtsfortbildung ist. Vgl. Westermann, NZG 2001, 289; K. Schmidt, NJW 2001, 993 (995); Peifer, NZG 2001, 296 (300); Dauner-Lieb, Unternehmen in Sondervermögen, 1998, S. 543; Wiedemann, JZ 2001, 661; Hueck/ Windbichler, Gesellschaftsrecht, S. 23; aA: wohl Mülbert, , AcP 199 (1999), 38 (64), der dies angesichts des neuen Umwandlungsgesetzes als Entscheidung des Gesetzgebers sieht.

dung eines solchen Bedürfnisses sind gerade in jüngster Zeit Anstrengungen unternommen worden.

(1) Auffassung von Grunewald

Grunewald[30] hat Grundzüge der Rechtslage vorgestellt, wie sie sich unter der Voraussetzung der Rechtsfähigkeit der Erbengemeinschaft darstellen würde. Sie hat dies mit der These verbunden, damit ließen sich weitgehend bekannte Erkenntnisse in klarere Worte fassen und offene Rechtsfragen sachgerecht lösen. Der Sache nach findet sich diese Argumentation schon bei Hohensee[31] und im Ansatz auch bei Ann[32].
Bork[33] und Ulmer[34] haben sich ausführlich mit der Arbeit Grunewalds auseinandergesetzt, weniger eingehend auch Heil[35]. Darauf kann hier verwiesen werden. Sie kommen zu dem Ergebnis, dass sich die als sachgerecht anerkannten Lösungen grundsätzlich auch widerspruchsfrei erklären lassen, ohne die Erbengemeinschaft zum Rechtssubjekt fortzubilden. Der unwesentliche Begründungsvorteil, der sich hinsichtlich der analogen Anwendung des § 31 BGB auf die Erbengemeinschaft[36] ergebe, lasse die Übertragung der "Gruppen"-Lehre unverhältnismäßig erscheinen.[37]

(2) Auffassung von Eberl-Borges

a. Vergleichbarkeit von Erbengemeinschaft und Personengesellschaft

Für die Anerkennung der Rechtsfähigkeit hat sich in jüngster Zeit auch Eberl-Borges stark gemacht.[38] Sie stellt in erster Linie auf Übereinstimmungen von

---

[30] Grunewald, AcP 197 (1997), 305 ff.
[31] Hohensee, Die unternehmenstragende Erbengemeinschaft, 1994, S. 196 ff.
[32] Nach Ann ermöglicht nur die Rechtssubjektivierung widerspruchsfrei die analoge Anwendung des § 31 BGB auf die Erbengemeinschaft. Vgl. Ann, Die Erbengemeinschaft, 2001, S. 411.
[33] Bork, 100 Jahre BGB - 100 Jahre Staudinger, 2000, 181 (184 ff.).
[34] Ulmer, AcP 198 (1998), 113 (129 ff.).
[35] Heil, Die ordnungsmäßige Verwaltung eines Unternehmens im Vor- und Miterbenrecht, 1998, S. 161 ff. Heil wendet sich insbesondere wegen der haftungsrechtlichen Folgen gegen Grunewalds Vorschläge (S. 163 ff.).
[36] Für die analoge Anwendung des § 31 BGB: Soergel/ Wolf, § 2038 Rn 25; MünchKomm/ Reuter, § 31 Rn 16; Ann, Die Erbengemeinschaft, 2001, S. 411; aA : Lange/ Kuchinke, Erbrecht, S. 1123; MünchKomm/ Dütz, § 2038 Rn 52; Soergel/ Hadding, § 31 Rn 8.
[37] Ulmer, AcP 198 (1998), 113 (132).
[38] Eberl-Borges, Die Erbauseinandersetzung, 2000, S. 30 ff.; dies., ZEV 2002, 125 (127 ff.).

Erbengemeinschaft und Personengesellschaften ab, die sie durch einen Vergleich von Erbengemeinschaft und Bruchteilsgemeinschaft auf der einen und den der Erbengemeinschaft mit den Personengesellschaften auf der anderen Seite gewinnt. Vorausgesetzt wird freilich die Rechtsfähigkeit der Personengesellschaften.[39]

Eberl-Borges vergleicht das *Tätigkeitsfeld* der Erbengemeinschaft mit dem der Bruchteilsgemeinschaft und kommt zu dem Ergebnis, dass die Erbengemeinschaft der Personengesellschaft näher stehe als der Bruchteilsgemeinschaft. So könne sich die Verwaltungstätigkeit der Erbengemeinschaft auf eine Sach- und Rechtsgesamtheit beziehen, während sich die der Bruchteilsgemeinschaft auf einzelne Vermögensgegenstände beschränke. Daraus ergebe sich auch, dass das Tätigkeitsfeld der Erbengemeinschaft erheblich breiter sei und dem der Personengesellschaft entspreche. Am deutlichsten zeige sich die Ähnlichkeit von Erbengemeinschaft und Personengesellschaft hinsichtlich der Tätigkeitsbereiche bei der Fortführung eines Handelsgeschäfts.[40]

Übereinstimmung zwischen Erbengemeinschaft und Personengesellschaft sieht Eberl-Borges auch für die jeweils *verfolgbaren Zwecke*. Während der Bruchteilsgemeinschaft jeder Zweck fremd sei, der darüber hinausgehe, den Teilhabern eine gemeinsame Berechtigung an dem betreffenden Vermögensgegenstand zu verschaffen, verfolge die Verwaltung des Nachlasses darüber hinausgehende Zwecke.

Anfangs verfolge die Nachlassverwaltung auch die Interessen der Nachlassgläubiger. Nach und nach würden dann alle Nachlassgläubiger befriedigt, so dass dieser Zweck entfalle und es nur noch um die Verwaltung an sich gehe. Dann sei Zweck nur noch die Verwaltung eines im Nachlass verbliebenen Mietshauses oder die Führung eines Handelsgeschäfts. Hinsichtlich des Zwecks unterscheide sich die Erbengemeinschaft dann nicht mehr von einer Personengesellschaft.[41]

Eine größere Nähe zur Personengesellschaft ergibt sich für Eberl-Borges auch aus der *Mitwirkungspflicht.*

Bei der Erbengemeinschaft seien die Miterben zur Mitwirkung bei der Verwaltung des Nachlasses verpflichtet, was unter Umständen nicht nur Zustimmung, sondern auch tätiges Handeln erfordere. Dies nähere die Erbengemeinschaft der GbR an, bei der die Gesellschafter zur Förderung des gemeinsamen Zwecks

[39] Eberl-Borges, Die Erbauseinandersetzung, 2000, S. 18 ff.
[40] Eberl-Borges, Die Erbauseinandersetzung, 2000, S. 41 ff.; dies., ZEV 2002, 125 (127).
[41] Eberl-Borges, Die Erbauseinandersetzung, 2000, S. 44 ff.; dies., ZEV 2002, 125 (127 f.).

verpflichtet seien.[42] Dagegen sei bei der Bruchteilsgemeinschaft eine solche Pflicht nicht vorgesehen.

b. Stellungnahme

Die vorgebrachten Argumente können die Notwendigkeit einer rechtsfortbildenden Anerkennung der Rechtsfähigkeit nicht begründen.
Dass die Erbengemeinschaft der Personengesellschaft in vielem näher steht als der Bruchteilsgemeinschaft kann nicht verwundern.[43] Schließlich handelt es sich bei beiden um Gesamthandsgemeinschaften.[44]
Auch die Tatsache, dass die Tätigkeitsfelder von GbR und Erbengemeinschaft übereinstimmen können, überrascht nicht. Das ergibt sich schon daraus, dass die GbR eine Art "Rechtsform für alle Fälle" und in den unterschiedlichsten Tätigkeitsfeldern einsetzbar ist.[45] Überschneidungen sind da kaum zu verhindern. Zum anderen hängen die Aktivitäten der Miterben von dem Inhalt des Nachlasses ab, und der kann eben auch sehr verschieden sein.
Sicher können die Miterben nach Befriedigung der Nachlassgläubiger ebensolche Zwecke verfolgen wie die BGB-Gesellschaft. Sie sind rechtlich auch nicht gehindert, die Gemeinschaft unbegrenzt aufrechtzuerhalten. Das Gesetz räumt dem Erblasser sogar die Macht ein, dies für einen Zeitraum von bis zu dreißig Jahren zu verfügen (§ 2044 BGB).

Trotzdem unterscheiden sich Erbengemeinschaft und Gesellschaft in ihrer Grundtendenz. Eine Gesellschaft wird ins Leben gerufen, um etwas aufzubauen. Dagegen entsteht eine Erbengemeinschaft in der Regel, um etwas abzubauen, die Schulden und den Nachlass. So sah es der historische Gesetzgeber[46], so sieht es die ganz herrschende Meinung[47] und so wird man es – ohne unrealistische Mutmaßungen anzustellen – für den statistischen Regelfall annehmen dürfen.

---

[42] Eberl-Borges, Die Erbauseinandersetzung, 2000, S. 32 ff., insbesondere S. 35; dies., ZEV 2002, 125 (128).
[43] Anzumerken ist jedoch, dass § 18 GmbHG und § 69 I AktG die Erbengemeinschaft und Bruchteilsgemeinschaft gleich behandeln, die Personengesellschaften aber anders.
[44] Eine weitgehende strukturelle Übereinstimmung von Bruchteilsgemeinschaft und Gesamthandsgemeinschaft vertritt in neuerer Zeit nur Schulze-Osterloh, Das Prinzip der gesamthänderischen Bindung, 1972, S. 131 ff.
[45] Vgl. nur die Beispiele bei MünchKomm/ Ulmer, vor § 705 Rn 34 ff.
[46] In Protokolle, Mugdan, Bd. V, S. 497 heißt es:"Die Gemeinschaft sei hier nicht, wie bei der Gesellschaft und der GG., auf die Dauer bestimmt, sondern vorübergehend ...". Im Gesetz drückt sich das z. B. in der beschränkten Erwerbsfähigkeit der Erbengemeinschaft aus (§ 2041 BGB).
[47] Statt vieler: Lange/ Kuchinke, Erbrecht, S. 1086; Habersack, JuS 1990, 179 (182 Fn 41; BGH, NJW 1955, 1227 (1227).

Unabhängig von der Zeitdauer der Abwicklung und den Fällen, in denen die Miterben dauerhaft als Erbengemeinschaft auftreten, befindet diese sich grundsätzlich von Anfang an im Liquidationsstadium.[48] In dem auf Auseinandersetzung gerichteten Zweck besteht ein wesentlicher Unterschied zur Gesellschaft.[49]

Erheblich unterscheiden sich Erbengemeinschaft und Personengesellschaften auch im Entstehungsgrund. Gesellschaften verdanken ihre Existenz dem Willen der Gesellschafter, sie beruhen auf gemeinsamem Vertrag (§ 705 BGB). Die enge persönliche Beziehung verbietet es, dass ein Gesellschafter seine Mitgliedschaft ohne Einverständnis der anderen auf einen Dritten überträgt.
Völlig anders stellt sich die Lage bei der Erbengemeinschaft dar. Diese entsteht nicht durch Vertrag[50] der Miterben, sondern kraft Gesetzes[51] oder der Willensentscheidung eines Dritten, nämlich des Erblassers. Ihr hängt der Makel der "Zwangsgemeinschaft"[52] an. Genau aus diesem Grund hat der Gesetzgeber auch die Bindung der Gemeinschafter weniger eng[53] als bei der GbR gestaltet. Die Miterben können über ihren Anteil am Nachlass unabhängig vom Willen der anderen Miterben verfügen (§ 2033 I BGB).

Als "nahezu unüberwindlich" gelten die Gräben zwischen der BGB-Außengesellschaft und der Miterbengemeinschaft bezüglich der Haftung für alte und neue Verbindlichkeiten sowie hinsichtlich der Abgrenzung der Neuschuldenhaftung von der Altschuldenhaftung und der jeweils in Betracht kommenden Vermögensmassen.[54] Das ist zumindest insofern richtig, als die Haftungsregelung der Erbengemeinschaft weit komplizierter ist, als die der BGB-

---

[48] BGHZ 17, 299 (302); Lange/ Kuchinke, Erbrecht, S. 1086; Erman/ Schlüter, Vor § 2032 Rn 5; Soergel/ Wolf, Vor § 2032 Rn 4; MünchKomm/ Dütz, Vor § 2032 Rn 4; Erman/ Schlüter, Vor § 2032 Rn 5.
[49] Statt vieler: Lange/ Kuchinke, Erbrecht, S. 1086; Habersack, JuS 1990, 179 (182 Fn 41).
[50] U.a. deswegen lehnt Ulmer die Anwendung der Gruppenlehre auf die Erbengemeinschaft ab. Entscheidend sei nämlich das Zusammentreffen von Gesellschaftsvertrag als Organisationsvertrag und Gesamthandsprinzip. Vgl. Ulmer, AcP 198 (1998), 113 (125); auf die Entstehung abstellend auch Habersack, JuS 1990, 179 (181 Fn 41); ebenso BGH, ZEV 2002, 504 (505).
[51] Eberl-Borges müsste aufgrund ihres methodischen Ansatzes konzedieren, das insofern Gemeinsamkeiten zwischen Erbengemeinschaft und Bruchteilsgemeinschaft bestehen, die sie beide von den Personengesellschaften unterscheiden. Denn auch die Bruchteilsgemeinschaft entsteht vorwiegend kraft Gesetzes (§§ 947, 948, 953 ff., 984, 2087 ff. BGB) Vgl. RGRK/ v. Gamm, § 741 Rn 3.
[52] Lange/ Kuchinke, Erbrecht, S. 1086.
[53] Habersack, JuS 1990, 179 (182 Fn 41), spricht von einer Stärkung der Individualrechte und begründet damit die Charakterisierung der Erbengemeinschaft als schlichtes Sondervermögen.
[54] So Marotzke, ZEV 2002, 506 (507), der empfiehlt, allen Versuchen, die Erbengemeinschaft als rechts- und parteifähig hinzustellen, mit größter Skepsis zu begegnen; ähnlich auch Heil, ZEV 2002, 296 (299); aA: Eberl-Borges, ZEV 2002, 125 (131 f.).

Außengesellschaft. Augenfällig wird der Unterschied bei der Nachfolge in die Mitgliedschaft einer Personengesellschaft.[55]

Ein wichtiges Argument für die rechtsfortbildende Anerkennung der Rechtsfähigkeit der BGB-Gesellschaft ist die Möglichkeit des identitätswahrenden Rechtsformwechsels.[56]
Die Annahme der Rechtsfähigkeit der GbR ist geeignet, die identitätswahrenden Umwandlungen von Gesellschaften bürgerlichen Rechts in andere Rechtsformen und aus anderen Rechtsformen zu erklären. Betreibt eine GbR ein Gewerbe, dann wird sie von Gesetzes wegen ohne jeden Publizitätsakt zu einer personen- und strukturgleichen oHG, der Rechtssubjektivität zukommt (§ 124 HGB), sobald das Unternehmen nach Art und Umfang einen in kaufmännischer Weise eingerichteten Geschäftsbetrieb erfordert (§ 105 I i.V.m. § 1 HGB). Auch der Umstand, dass nach dem neuen Umwandlungsrecht (§§ 190 ff., 226 ff. UmwG) Kapitalgesellschaften im Wege des identitätswahrenden Formwechsels in Personengesellschaften - auch in Gesellschaften bürgerlichen Rechts (§ 191 II Nr. 1 UmwG) – umgewandelt werden können, lässt sich so ohne weiteres erklären.[57]

Anders ist die Rechtslage bei der Erbengemeinschaft. Eine identitätswahrende formwechselnde Umwandlung aus der Erbengemeinschaft in eine Personengesellschaft wird ganz überwiegend abgelehnt.[58] Der Argumentation, das UmwG sei analog auf die Erbengemeinschaft anwendbar, weil der Gesetzgeber den Fall der Erbengemeinschaft bei der Enumeration der Umwandlungsfälle nicht bedacht habe[59], dürfte mit der teilweisen Neufassung des UmwG[60], die nicht zu einer Korrektur des vermeintlichen Versehens geführt hat, der Boden entzogen sein. Wollen die Miterben den Nachlass in eine andere Rechtsform, etwa eine oHG, überführen, so müssen sie sich auseinandersetzen und die Gegenstände etwa in Vollzug einer Sachgründung auf den neuen Rechtsträger übertragen.[61] Die Anerkennung der Rechtsfähigkeit hat somit nicht das Argument größerer systematischer Stimmigkeit für sich.

---

[55] Siehe Kapitel § 4 III 1.
[56] BGH, NJW 2001, 1056 (1057).
[57] BGH, NJW 2001, 1056 (1057); K. Schmidt, NJW 2001, 993 (996); ausführlich Timm, NJW 1995, 3209 ff. und Mülbert, AcP 199 (1999), 38 ff. (64), der in dem neuen UmwG aber schon eine gesetzgeberische Entscheidung für die Rechtsfähigkeit sieht, so dass für ihn eine Rechtsfortbildung wohl nicht mehr erforderlich ist.
[58] Statt vieler: Schlegelberger/ K. Schmidt, § 105 Rn 95; ders.: NJW 1985, 2785 (2786); vgl. auch § 191 UmwG.
[59] Damrau, NJW 1985, 2236 (2239).
[60] Gesetz zur Änderung des Umwandlungsgesetzes, des Partnerschaftsgesellschaftsgesetzes und anderer Gesetze, v. 22.7. 1998, BGBl. I 1878.
[61] Vgl. Goldstein, Die Miterbengemeinschaft als Organisationsform zur Fortführung des ererbten Handelsunternehmens eines Einzelkaufmannes, 1972, S. 97 ff.

Es kann festgehalten werden, dass es zwischen Personengesellschaften und Erbengemeinschaften sowohl Parallelen als auch Differenzen gibt. Den Übereinstimmungen kann nicht die Notwendigkeit entnommen werden, auch die Erbengemeinschaft zum Rechtssubjekt fortzubilden.

(3) Auffassung von Ann

a. Anpassung an gewandelte Wirtschaftsbedingungen

Jüngst hat Ann[62] in seiner Habilitationsschrift ein neues Konzept der Erbengemeinschaft vorgelegt, das deren Dynamisierung intendiert. Es geht um den Ausbau der Erbengemeinschaft zu einer – vor allem im Wirtschaftsleben – handlungsfähigeren Einheit. Teil dieses Konzepts ist die Zuerkennung der Rechtsfähigkeit. Erforderlich ist die Fortbildung der Erbengemeinschaft im Allgemeinen und die Zuerkennung der Rechtsfähigkeit im Besonderen nach Ansicht Anns aus der seit den Zeiten der Gesetzesentstehung gewandelten Realität, insbesondere den veränderten Wirtschaftsbedingungen.

Für Anns Vorstellung von der Gegenwart ist folgende Passage charakteristisch[63]: "Anders als im letzten Drittel des 19. Jahrhunderts liegt heute der sicherste Weg zum Erhalt eines Vermögens nicht mehr darin, es zu sistieren, Veränderungen also möglichst zu verhindern. In einer inflationsgeprägten, deregulierten Wirtschaft, in der Märkte und kaum noch Administrationen die Preise von Waren und Dienstleistungen bestimmen und in dem volatile Wechselkursrelationen binnen Wochen die Wettbewerbsfähigkeit ganzer Volkswirtschaften in Frage stellen können, ist die Fähigkeit zur raschen Reaktion auf geänderte Marktverhältnisse von zentraler Bedeutung. Die Unfähigkeit, ein Portfolio rasch umzuschichten oder eine Unternehmensführung gestalten zu können, bringt das Risiko von Wertverlusten oder gar des Marktaustritts."[64]

Die Realitätsbeschreibung, mit der Ann die praktische Notwendigkeit der Fortentwicklung der Erbengemeinschaft zum handlungsstarken Rechtssubjekt begründet, mag einiges für sich haben, wenn man davon ausgeht, dass Erblasser

---

[62] Ann, Die Erbengemeinschaft, 2001.

[63] Ähnlich gelagerte Realitätsbeschreibungen finden sich an vielen Stellen, so etwa bei Ann, Die Erbengemeinschaft, 2001, S. 80, wo von einem Umfeld die Rede ist, "...das Marktpositionen täglich neu verteilt."

[64] Ann, Die Erbengemeinschaft, 2001, S. 121 f.

mehrheitlich an der Börse spekulieren[65] oder wenigstens unternehmerisch tätig sind. Das ist allerdings – wenigstens für den überwiegenden Teil der Bevölkerung – zweifelhaft und vom Autor auch nicht mit statistischem Material belegt.
Problematisch ist weiterhin die Behauptung, gegenwärtig handele es sich um eine "inflationsgeprägte" Wirtschaft, was der historische Gesetzgeber nicht bedacht und deswegen nicht einkalkuliert habe. Dem widersprechen die Tatsachen: Die Verbraucherpreise[66] stiegen von 1985 – 1994 im Jahr durchschnittlich um etwas mehr als 2 %[67] und von 1995 – 2000 jährlich um etwa 1,2 % [68].
Ob man bei durchschnittlich 1 – 2 % Inflation im Jahr von einer "inflationsgeprägten" Wirtschaft sprechen und darin eine wesentliche, vom Gesetzgeber nicht bedachte, Änderung der Verhältnisse seit 1900 sehen kann, ist zweifelhaft. Im Übrigen würden von einer erhöhten Inflation naturgemäß vor allem die vergleichsweise leicht auseinandersetzbaren Geldvermögen betroffen sein.
Die Volatilität an den Börsen dürfte sich wohl auch kaum auf den Wert des Immobiliareigentums auswirken, das Ann aber gerade – und vollkommen zu Recht – als Beispiel für werthaltigen Nachlass, der für längere oder lange Zeit in Erbengemeinschaft gehalten wird, anführt.[69]

Freilich ist Ann darin Recht zu geben, dass sich die wirtschaftlichen Verhältnisse seit Erscheinen des BGB gewandelt haben und dass heute höhere Anforderungen an Flexibilität und Entscheidungsgeschwindigkeit gestellt werden. Die Notwendigkeit der rechtsfortbildenden Anerkennung der Rechtsfähigkeit lässt sich damit aber nicht begründen.
Betroffen davon sind in geringerem Maße diejenigen Erbengemeinschaften, die Privatpersonen nachfolgen[70], als solche, die das Erbe unternehmerisch tätiger Personen antreten. Zu denken ist an den Fall, dass der Erblasser Gesellschafter oder Einzelkaufmann war.
War der Erblasser Gesellschafter einer Personengesellschaft, so kann die Erbengemeinschaft nur in wenigen Fällen an dessen Stelle treten.[71] Anders ist die Lage bei Kapitalgesellschaften. War der Erblasser etwa Gesellschafter einer GmbH oder Aktionär, so kann die Erbengemeinschaft im Erbgang nachrücken.[72] In die-

[65] Die Arbeit verströmt an verschiedenen Stellen die Atmosphäre des Börsenbooms, in dessen Zeit es auch entstanden ist (Endredaktion Dezember 2000).
[66] Lebenshaltungskosten aller privaten Haushalte in Deutschland
[67] Statistisches Jahrbuch für die Bundesrepublik Deutschland 1995, S. 636.
[68] Statistisches Jahrbuch für die Bundesrepublik Deutschland 2001, S. 636.
[69] Ann, Die Erbengemeinschaft, 2001, S. 400 f. Schon Goldstein weist darauf hin, dass Grundstücke gelegentlich nicht ohne Werteinbuße verkauft werden können, weil sich so rasch kein passender Käufer findet, Goldstein, Die Miterbengemeinschaft als Organisationsform zur Fortführung des ererbten Handelsunternehmens eines Einzelkaufmannes, 1972, S. 27.
[70] Und somit die ganz überwiegende Zahl der Erbfälle überhaupt.
[71] Vgl. dazu die einzelnen Kapitel zu den Gesellschaften.
[72] Siehe Kapitel § 4 VIII, IX.

sen Fällen ist die Handlungsfähigkeit der Gesellschafter, also auch der Erbengemeinschaft, kaum gefordert. Die Kapitalgesellschaften werden von Organen (Vorstand, Geschäftsführer) geleitet, die nach dem Prinzip der Fremdorganschaft mit Nichtgesellschaftern besetzt werden können.
Außerdem treten sowohl Personengesellschaften als auch Kapitalgesellschaften als rechtsfähige Einheiten auf dem Markt auf, vertreten durch ihre Organe. Auf die Rechtsfähigkeit der Erbengemeinschaft als Gesellschafter kommt es insofern nicht an.

Relevant werden die veränderten Wirtschaftsbedingungen somit vor allem für unternehmenstragende Erbengemeinschaften, also jene Miterben, die in ein einzelkaufmännisches Unternehmen nachfolgen. Anerkanntermaßen [73] ist die Erbengemeinschaft eine zulässige Rechtsform für das Betreiben des ererbten Unternehmens. Nach verbreiteter Auffassung[74] eignet sich die am gesetzgeberischen Bild von der Auseinandersetzungsgemeinschaft[75] orientierte Handlungsorganisation nicht für die dauerhafte Unternehmensführung.
Das Defizit mag durch die von Ann beobachteten geänderten Marktverhältnissen stärker zutage treten, hat aber grundsätzlich von Beginn an bestanden. Die Rechsprechung[76] hat die mangelnde Eignung der Erbengemeinschaft zur Unternehmensfortführung schon zu einer Zeit konstatiert, als man von den Stichworten "Informations- und Wissensgesellschaft" und "Globalisierung" noch keine Vorstellung hatte. Diese Defizite sind auch schon vor den wirtschaftlichen Veränderungen der letzten Jahrzehnte eingehend untersucht worden[77] und haben nicht erst in letzter Zeit Anpassungsvorschläge[78] veranlasst. Einige dieser – überwiegend sehr weitgehenden[79] – Vorschläge enthalten auch die Fortbildung der unternehmenstragenden Erbengemeinschaft zum Rechtssubjekt.[80] Es kann

[73] Statt vieler: BGHZ 92, 259; Staudinger/ Werner, § 2032 Rn 18.
[74] Statt vieler: BGHZ 92, 259, (264); Hüffer, ZGR 1986, 603, (605).
[75] Motive zum BGB, Bd. V, S. 497.
[76] So hat schon das preußische Kammergericht festgestellt, dass die Erbengemeinschaft zum Auftreten im Handelsverkehr ungeeignet und ihre Zulassung zur Fortführung eines ererbten Handelsgeschäfts nur ein Notbehelf sei. KG JW 1939, 565, 566.
[77] Vgl. nur die ausführliche Analyse bei Goldstein, Die Miterbengemeinschaft als Organisationsform zur Fortführung des ererbten Handelsunternehmens eines Einzelkaufmannes, 1972, S. 41 ff.
[78] Vgl. nur: M. Wolf, AcP 181 (1981), 480 ff.; Hüffer, ZGR 1986, 603 ff.; K. Schmidt, NJW 1985, 2785 ff.; Hohensee, Die unternehmenstragende Erbengemeinschaft, 1994, S. 175 ff.
[79] K. Schmidt, NJW 1985, 2785 (2789 ff.), etwa auch für Parteifähigkeit der Erbengemeinschaft, organschaftliche Vertretungsmacht (§ 125 HGB analog), analoge Anwendung des § 128 HGB. Dauner-Lieb identifiziert die so weit fortgebildete Erbengemeinschaft gar nicht mehr als solche, sondern als "unternehmenstragende Gesamthand eigener Art". Vgl. Dauner-Lieb, Unternehmen in Sondervermögen, 1998, S. 331.
[80] K. Schmidt, NJW 1985, 2785, 2789; Hohensee, Die unternehmenstragende Erbengemeinschaft, 1994, S. 187 ff.

hier nicht der Ort sein, sich mit diesen Konzeptionen auseinander zu setzen. Ausreichend ist die Feststellung, dass für eine so weitgehende Rechtsfortbildung kein Bedürfnis besteht. Gerade Rechtsfortbildungsprogramme jüngeren Datums[81] zeigen, dass die unternehmenstragende Erbengemeinschaft auch ohne Rechtssubjektivierung zur tauglichen Teilnehmerin am unternehmerischen Verkehr fortgebildet werden kann.

b. Ermöglichung der Nachfolge in Personengesellschaftsbeteiligungen

Die Rechtsfortbildung wird auch damit begründet, dass der Erbengemeinschaft als Rechtssubjekt die Nachfolge in Beteiligungen leichter fiele. Sie könnte dann Komplementärin einer Personenhandelsgesellschaft sein.[82]

Dem ist zu widersprechen. Wie weiter unten noch zu zeigen sein wird, ist die Erbengemeinschaft nicht durch die mangelnde Rechtsfähigkeit an der erbrechtlichen Gesamtrechtsnachfolge in den Personengesellschaftsanteil gehindert. Das entscheidende Handikap der Erbengemeinschaft besteht in der mangelnden persönlichen Haftung der Miterben, d. h. den erbrechtlichen Haftungsbeschränkungsmöglichkeiten.

c. Ausscheiden der Handlungsunfähigkeit als Auseinandersetzungsgrund

Als weiteres Argument für die Anerkennung der Rechtsfähigkeit wird vorgebracht, dass die Auseinandersetzung und Teilung dann weniger bedeutsam wäre als bisher. Die Handlungsunfähigkeit der Erbengemeinschaft würde als Grund für eine rasche Auseinandersetzung ausscheiden.[83]

Auch das kann die Anerkennung der Rechtsfähigkeit nicht begründen. Abgesehen von der Frage, ob es überhaupt empfehlenswert ist, der Erbengemeinschaft

---

[81] Hahn, Mehrere Erben als Rechtsträger des einzelkaufmännischen Unternehmens, 1992, kommt unter der Voraussetzung, dass die Erbengemeinschaft nicht rechtsfähig ist (S. 36 f.), in seiner Untersuchung zum Ergebnis, dass sie durchaus ein ererbtes einzelkaufmännisches Unternehmen ohne zeitliche Beschränkung fortführen kann und macht Anpassungsvorschläge hinsichtlich der Vertretungsregelung u.a.m. (insbesondere S. 111 ff., 298 ff.); ebenso Heil, Die ordnungsmäßige Verwaltung eines Unternehmens im Vor- und Miterbenrecht, 1998, S. 214 ff.

[82] Ann, Die Erbengemeinschaft, 2001, S. 414, der aber einräumt, dass die Frage judikativ entschieden und ein Paradigmenwechsel nicht zu erwarten sei.

[83] Ann, Die Erbengemeinschaft, 2001, S. 414. Einen Zusammenhang zwischen Rechtsfähigkeit und Handlungsfähigkeit setzt Ann hier offenbar voraus. Eine Erläuterung ist ihm das nicht wert.

die Abwicklungstendenz zu nehmen, indem man sie über das dispositive Recht hinaus den Handlungsbedürfnissen des Wirtschaftslebens anpasst[84], besteht jedenfalls keine Notwendigkeit zur Fortbildung zum Rechtssubjekt. Die Rechtsfortbildungsprogramme, die für die unternehmenstragende Erbengemeinschaft entwickelt wurden, zeigen dies.

d. Erfüllung der Personifikationskriterien nach Uwe John

Schließlich bemüht sich Ann um den Nachweis, dass die Erbengemeinschaft, jedenfalls in der nach seinen Vorstellungen bereits dynamisierten Form, den von Uwe John[85] für Personifikationen entwickelten Kriterien genügt.[86]
Wie sich im Folgenden erweisen wird, ist John hier der falsche Gewährsmann. Weder tritt er selbst für die Rechtsfähigkeit der Erbengemeinschaft ein, noch ist deren Rechtsfähigkeit aus seiner Elementelehre herzuleiten. Auch für ein Bedürfnis zur rechtsfortbildenden Gewährung der Rechtsfähigkeit ergibt sich daraus nichts.

aa. Johns Vorbehalte gegen den Begriff der Rechtsfähigkeit

Uwe John hat in den 70er Jahren eine Theorie der organisierten Rechtsperson[87] entwickelt, die in der Auseinandersetzung um Rechtsfähigkeit der BGB-Gesellschaft eine Rolle gespielt hat. Namentlich von Breuninger[88] wurde sie aufgegriffen und für eine Differenzierung innerhalb der BGB-Außengesellschaften fruchtbar gemacht. Rechtsfähigkeit sollte danach denjenigen BGB-Gesellschaften zuerkannt werden, die die von John aufgestellten Personifikationsmerkmale erfüllten.[89] Ulmer[90] hat die Johnsche Elementelehre dann

[84] Dagegen etwa Dauner-Lieb, Unternehmen in Sondervermögen, 1998, S. 564, die von einem rechtsfortbildenden Ausbau zu einer Dauererbengemeinschaft abrät.
[85] John, Die organisierte Rechtsperson, 1977.
[86] Ann, Die Erbengemeinschaft, 2001, S. 404 ff. Veranlasst ist dies durch die Kritik Ulmers an Grunewald.
Ulmer hat seine Kritik an der Stellungnahme Grunewalds für die Rechtsfähigkeit der Erbengemeinschaft u.a. damit begründet, die Erbengemeinschaft erfülle die Johnschen Kriterien – mit Ausnahme des Haftungsverbandes – nicht. Vgl. Grunewald, AcP 197 (1997), 305 ff.; Ulmer, AcP 198 (1998), 113 (126 ff.).
[87] John, Die organisierte Rechtsperson, 1977.
[88] Breuninger, Die BGB-Gesellschaft als Rechtssubjekt im Wirtschaftsverkehr, 1991.
[89] Breuninger, Die BGB-Gesellschaft als Rechtssubjekt im Wirtschaftsverkehr, 1991, S. 15 ff., 34 ff.
[90] Ulmer, AcP 198 (1998), 113 (126 ff.).

auch in die Auseinandersetzung um die Rechtsfähigkeit der Erbengemeinschaft eingebracht.

John steht dem herrschenden Begriff der Rechtsfähigkeit, im Sinne der Fähigkeit, Träger von Rechten und Pflichten zu sein, skeptisch gegenüber. Die undifferenzierte Frage nach der Rechtsfähigkeit und die Einordnung nach dem Gegensatz Person – Nichtperson sei wenig ergiebig.[91] So sei z.B. die Konkursmasse, die auch Personifikationselemente enthalte, im herrschenden Personifikationsmodell nicht unterzubringen.[92]
Auch die Ausweitung dieses Schemas durch die Hinzufügung der Teilrechtsfähigkeit für Gesamthandsgesellschaften, wie sie Flume vorgenommen habe, verlasse diese traditionelle Sichtweise nicht. Auch er beschreibe die Rechtsperson als Träger von Rechten und Pflichten. Flume habe nur die Zweiheit des "Personen (außen) rechts"[93] zu einer Dreiheit weiterentwickelt, nicht zu einer Vielheit,[94] wie es nach Johns Auffassung angemessen wäre.
Demgegenüber löst John die Rechtsfähigkeit in ihre einzelnen Funktionen auf.[95] Danach ist die organisierte Rechtsperson[96] aus drei Strukturelementen konstituiert, nämlich einer Handlungsorganisation, einem Haftungsverband und einer Identitätsausstattung. An Hand dieser Kriterien untersucht John Personifikationen, und zwar auch solche, die unterhalb der vollen Rechtsperson stehen, weil sie einen geringeren Organisationsgrad als diese haben, wie Gesamthandsgemeinschaften, Bruchteilsgemeinschaft, Konkursverwaltung und Verwaltungstreuhand. Das ermöglicht die Feststellung, wie weit die drei Strukturelemente bei den einzelnen Personifikationen ausgebildet sind. Es entsteht eine Stufenfolge unterschiedlich stark verselbstständigter Organisationen mit der juristischen Person – als vollkommenem Rechtssubjekt – an der Spitze.[97]

---

[91] John, Die organisierte Rechtsperson, 1977, S. 150.
[92] John, Die organisierte Rechtsperson, 1977, S. 197.
[93] Diesen Begriff verwendet John synonym zum traditionellen Begriff der Rechtsfähigkeit. Er setzt den Begriff der "Rechtsfähigkeit" immer in Anführungsstriche, sowohl in dem Werk "Die organisierte Rechtsperson" als auch in Aufsätzen. Nach dem Kriterium der Verselbstständigung beschreibt der herrschende Rechtfähigkeitsbegriff nach John die Verselbstständigung nach außen. John, AcP 185 (1985), 209 (215).
[94] John, AcP 185 (1985), 209 (218).
[95] John, Die organisierte Rechtsperson, 1977, S. 222.
[96] John unterscheidet zwischen der rechtsfähigen natürlichen Person und der organisierten Rechtsperson. Während erstere selbst handeln kann, benötigt die zweite eine Handlungsorganisation und wird deswegen als "organisierte" Rechtsperson bezeichnet.
[97] John, Die organisierte Rechtsperson, 1977, S. 95 f.

bb. Personifikationsgrad der Erbengemeinschaft

Ebenso wie am Begriff der Rechtsfähigkeit zweifelt John auch am Darstellungswert des Begriffs "Gesamthandsgesellschaft" bzw. des "Gesamthandsprinzips". Mit diesen beiden Begriffen ließen sich Gradabstufungen der Organisation, die je nach dem einzelnen Strukturelement variieren, nicht darstellen.[98] So komme das Gesamthandsprinzip bei recht verschiedenen Graden der Verselbstständigung einer Organisation vor.[99]
Für die Erbengemeinschaft führt die Strukturanalyse zu dem Ergebnis, dass diese mit einem Haftungsverband, dem Nachlass, ausgestattet ist.[100] Des Weiteren verfügt sie über eine Handlungsorganisation[101] und eine unselbstständige Identitätsausstattung[102]. Als unselbstständig bezeichnet John die Identitätsausstattung der Erbengemeinschaft deswegen, weil sie unter Aufzählung der Namen ihrer Mitglieder mit dem Hinweis auf ihr Rechtsverhältnis auftritt und weil die Erbengemeinschaft auch keinen eigenen Sitz als lokale Zuordnung hat.[103]
Damit verfügt die Erbengemeinschaft zwar über jene Strukturmerkmale, die auch den Gesamthandsgesellschaften eigen sind. In den Einzelheiten macht John jedoch erhebliche Differenzen aus. Diese führt er auf spezielle Erfordernisse der erbrechtlichen Situation zurück, die für die Gemeinschaft eine Fülle von Sonderproblemen bei der Gestaltung der Handlungsorganisation und des Haftungsverbandes mit sich brächten.
Das führt ihn zu dem Urteil, dass die subtilen Verselbstständigungstendenzen in der Organisation der Erbengemeinschaft sich schwerlich mit dem Begriff der "Rechtsfähigkeit"[104] beschreiben ließen.[105]

Damit zeigt sich: Wer für die Rechtsfähigkeit der Erbengemeinschaft streitet, kann sich schwerlich auf John berufen. Möglicherweise erlaubt die Ausstattung der Erbengemeinschaft deren Fortbildung zum Rechtssubjekt, für ein Bedürfnis zu einer solchen ergibt sich daraus jedoch nichts.

---

[98] John, Die organisierte Rechtsperson, 1977, S. 161 f.; ähnlich auch S. 188.
[99] John, BB 1982, 505 (506).
[100] John, Die organisierte Rechtsperson, 1977, S. 181 ff.
[101] John, Die organisierte Rechtsperson, 1977, S. 178 ff.
[102] John, Die organisierte Rechtsperson, 1977, S. 183 f.
[103] John, Die organisierte Rechtsperson, 1977, S. 184.
[104] Anführungszeichen werden von John gesetzt.
[105] John, Die organisierte Rechtsperson, 1977, S. 188. Wegen der bestehenden Unterschiede lehnte – zeitgleich – auch Flume die gemeinsame Behandlung der BGB-Gesellschaft, Erbengemeinschaft und Gütergemeinschaft im AT des bürgerlichen Rechts ab. Vgl. Flume, Die Personengesellschaft, 1977, S. 1 f.

(4) Auffassung von Weipert

Weipert hat jüngst die Auffassung vertreten, Erbengemeinschaft und Gütergemeinschaft seien rechtsfähig, "weil ihre Mitglieder in Hinsicht auf die gemeinsamen vermögensrechtlichen Verhältnisse gesamthänderisch miteinander verbunden sind und weil dieses Gesamthandsvermögen im Vergleich zu dem für ihn frei disponiblen Vermögen jedes Gesamthänders eine rechtliche Sonderbehandlung erfordert."[106] Was der BGH der GbR zugebilligt habe[107], gelte mit denselben Erwägungen und in demselben Umfang auch für diese beiden Gesamthandsgemeinschaften.[108]

Dem ist nicht zu folgen. Zum einen ist dem Urteil[109] des BGH zur Rechtsfähigkeit der BGB-Außengesellschaft für die Rechtsfähigkeit der Erbengemeinschaft nichts zu entnehmen.[110] Des Weiteren ist die Rechtssubjektivierung nicht mit einer vermeintlichen Vergleichbarkeit zwischen Erbengemeinschaft und Gesellschaft bürgerlichen Rechts zu begründen.[111] Vor allem ist nicht ersichtlich, welchen Begründungswert die gesamthänderische Bindung der Miterben für die Rechtsfähigkeit der Erbengemeinschaft haben soll, insbesondere in Anbetracht des entgegenstehenden Gesetzeswortlautes.[112] Aus der gesamthänderischen Verbundenheit (Gesamthandsprinzip) an sich, ist die Rechtsfähigkeit nicht herzuleiten.[113]
Völlig ignoriert wird das Gesetz vom zweiten Argument Weiperts, dem Verlangen nach einer – gegenüber dem frei disponiblen Vermögen jedes Gesamthänders – besonderen Behandlung des Gesamthandvermögens. Der von Weipert vermissten Sonderbehandlung sind die §§ 2032 ff. BGB gewidmet. Die Notwendigkeit einer weitergehenden Verselbstständigung des Nachlasses ist nicht ersichtlich.[114]

---

[106] Weipert, ZEV 2002, 300 (3001).
[107] Vgl. BGH, NJW 2001, 1056.
[108] Weipert, ZEV 2002, 300 (3001).
[109] Vgl. BGH, NJW 2001, 1056.
[110] Ebenso BGH, Urt. v. 11.9. 2002, Az.: XII ZR 187/ 00, ZEV 2002, 504 (505).
[111] S. o. Kapitel § 4 I 3 (2).
[112] Interessanterweise unterläuft Weipert der kleine "Schönheitsfehler", rein vermögensrechtlich zu argumentieren, wohingegen Flume die Rechtsfähigkeit der BGB-Gesellschaft gerade personenrechtlich begründet. Vgl. Flume, Die Personengesellschaft, 1977, S 54 ff.
[113] Ebenso für die BGB-Gesellschaft Wiedemann, WM 1994 Sonderbeil. 4, S. 5.
[114] Eine Begründung oder wenigstens eine nähere Erläuterung bietet auch Weipert nicht an. Vgl. ZEV 2002, S. 300 f.

4. Ergebnis

Zusammenfassend ist festzustellen, dass die Rechtsfähigkeit der Erbengemeinschaft vom Gesetz nicht vorgesehen ist. Für eine rechtsfortbildende Anerkennung der Rechtsfähigkeit sind hinreichende Gründe nicht erkennbar.[115]
Es ist der traditionellen Sicht zuzustimmen: Die Erbengemeinschaft ist eine Personenmehrheit, bei der Rechtssubjekte allein die Miterben sind. Der Nachlass bildet ein vom Privatvermögen der einzelnen Miterben getrenntes, dinglich gebundenes Sondervermögen. Die Miterben sind – gesamthänderisch gebunden – Träger des Sondervermögens. Die Erbengemeinschaft als solche ist nicht rechts- oder teilrechtsfähig. Gegen die Erbengemeinschaft "als solche" kann daher weder prozessiert noch vollstreckt werden. Zur Vollstreckung in den Nachlass verlangt § 747 ZPO einen Titel gegen die Miterben.
Daraus folgt, dass die Miterben Vertragspartner sind, wenn für die Erbengemeinschaft Verträge abgeschlossen werden. Nur die Miterben werden berechtigt und verpflichtet.[116]
Wenn im weiteren Verlauf der Untersuchung von der Erbengemeinschaft oder der Erbengemeinschaft "als solcher" die Rede ist, bezieht sich das immer auf die Miterben in ihrer gesamthänderischen Bindung, als einzige Rechtsträger.

II. Als Gesellschafterin einer BGB-Gesellschaft

Die Mitgliedschaft einer Erbengemeinschaft in einer BGB-Gesellschaft wird überwiegend und ohne Differenzierung[117] abgelehnt.[118]

---

[115] Ebenso: Hüffer, ZGR 1986, 603 (619); Bork, 100 Jahre BGB - 100 Jahre Staudinger, 2000, 183 (194 f.); Ulmer, AcP 198 (1998), 113 (124 ff.,133); Marotzke, ZEV 2002, 506 (507 f.); Heil, ZEV 2002, 296 (301).

[116] BGH, ZEV 2002, 504.

[117] Drei Ausnahmen sind zu nennen: Siegmann, Personengesellschaftsanteil und Erbrecht, 1991, S. 184: für Mitgliedschaft in allen GbR außer den Mitunternehmer - BGB - Gesellschaften; Schröder, ZGR 1978, 578 (600 ff.), für die Mitgliedschaft in Stimmrechtskonsortien (Innen-GbR); K. Schmidt, Gesellschaftsrecht, S. 1741, für die Mitgliedschaft in rein schuldrechtlich strukturierten Innen-GbR.

[118] BGH, NJW 1981, 749 (750),); BayObLG, NJW-RR 1986, 629 (630); Kraft/ Kreutz, Gesellschaftsrecht, S. 99; Soergel/ Wolf, § 2032 Rn 20; MünchKomm/ Ulmer, § 705 Rn 81, § 727 Rn 33; Soergel/ Hadding, 11. Aufl., § 705 Rn 25, § 727 Rn 20; Soergel-Siebert/ Schultze-v.Lasaulx, 10. Aufl., § 727 Rn 20; RGRK/ von Gamm, § 727 Rn 9; Michalski, Erbrecht, S. 468,Kipp-Coing, Erbrecht, S. 510; Erman/ Westermann, § 705 Rn 22; § 727 Rn 8; Palandt/ Edenhofer, § 2032 Rn 10; Palandt/ Sprau, § 705 Rn 10, § 727 Rn 3; K. Schmidt, Gesellschaftsrecht, S. 1742; Wiedemann, FS-Großfeld, 1999, S. 1309 (313 f.); Staudinger/ Habermeier, § 727 Rn 15; Bamberger/ Roth/ Timm/ Schöne, BGB, § 705 Rn 55, § 727 Rn 16; aA: Grunewald, Gesellschaftsrecht, 5. Aufl., S. 72; Flume, Die Personengesellschaft, 1977, S. 65 und S. 395 f.; AK/ Pardey, § 2032 Rn 15; Lange/ Kuchinke, Erbrecht, S. 143; Ann, Die Er-

Die Frage nach der Gesellschafterfähigkeit der Erbengemeinschaft kann pauschal, d. h. einheitlich für „die" BGB-Gesellschaft, nicht beantwortet werden. Die strukturellen Unterschiede zwischen Außen- und Innen-GbR, namentlich im Haftungsrecht, machen eine differenzierende Betrachtung erforderlich. Darüber hinaus lassen es die erbrechtlichen Haftungsregeln angezeigt sein, die Frage für die verschiedenen Wege in die Gesellschaft getrennt zu untersuchen. Die folgenden Ausführungen widmen sich zunächst der Frage, ob die Erbengemeinschaft im Erbgang Gesellschafter einer Außen-GbR werden kann. Dem schließt sich die Untersuchung des rechtsgeschäftlichen Erwerbs der Mitgliedschaft an. Schließlich ist die Gesellschafterfähigkeit der Erbengemeinschaft für die Innen-GbR zu prüfen.

III. Als Gesellschafterin einer Außen-GbR

1. Kein Erwerb der Mitgliedschaft im Erbgang

(1) Sondernachfolge in die Mitgliedschaft von Personengesellschaften

Der Erwerb der Mitgliedschaft in einer Gesellschaft ist einer Erbengemeinschaft grundsätzlich auf drei Wegen möglich, durch die Beteiligung an der Gründung, durch den rechtsgeschäftlichen Erwerb der Mitgliedschaft einer schon bestehenden Gesellschaft und im Wege der Universalsukzession nach dem Tod eines Gesellschafters. Die größte praktische Relevanz hat die letztgenannte Möglichkeit, die Nachfolge in die Gesellschafterposition des Erblassers.

Nach der gesetzlichen Regelung ist die Mitgliedschaft in einer BGB-Gesellschaft nicht vererblich. Vielmehr führt der Tod eines Gesellschafters zur Auflösung der Gesellschaft (§ 727 I BGB). Dies können die Gesellschafter durch eine entsprechende Vereinbarung im Gesellschaftsvertrag verhindern. Das Fortbestehen der Gesellschaft ohne die Erben kann mittels einer sog. Fortsetzungsklausel gesichert werden, die Fortführung mit den Erben des Gesellschafters durch eine sog. einfache Nachfolgeklausel. Möglich ist auch eine gesellschaftsvertragliche Regelung, die bestimmt, dass nur einer oder einige aus einem

bengemeinschaft, 2001, S. 358 f., für die rechtsfähige GbR; Weipert, FS- Bezzenberger, 2000, S. 439 (443 f.); ders., ZEV 2002, S. 300 (302 f.); Bletz, Die Mitgliedschaft einer Erbengemeinschaft in einer oHG, 1983, S. 95; Köbler, Erbrecht und Gesellschaftsrecht, 1974, S. 116; Knieper/ Fromm, NJW 1980, 2677 (2681); Erman/ Schlüter, § 2032 Rn 4, hält die Gründungsbeteiligung für möglich und stützt sich auf RG 136, 240, wo aber über die Beteiligung einer GbR an einer anderen entschieden wurde.

größeren Erbenkreis in die Gesellschaft einrücken (qualifizierte Nachfolgeklausel).[119]
Dasselbe galt bis 1998 für den Fall des Ablebens eines oHG-Gesellschafters oder Komplementärs (§§ 131 Nr. 4 a. F., 161 II HGB). Seit dem Handelsrechtsreformgesetz[120] stellt der Tod eines unbeschränkt haftenden Gesellschafters regelmäßig keinen Auflösungsgrund mehr dar, sondern führt zum Ausscheiden des Gesellschafters (§ 131 III Nr. 1 HGB).[121] Soll die Gesellschaft mit den Erben fortgesetzt werden, so bedarf es auch hier einer Nachfolgeklausel.[122]
War der Erblasser Gesellschafter einer Personengesellschaft und sind durch letztwillige Verfügung oder gesetzliche Erbfolge mehrere Erben berufen, die Mitgliedschaft des Erblassers fortzusetzen, so müsste der Gesellschaftsanteil nach den §§ 1922 I, 2032 ff. BGB gemeinsam mit dem übrigen Nachlass der Erbengemeinschaft zufallen. Diese würde dann Gesellschafterin.
Dies ist jedoch nach seit langem ganz herrschender Meinung nicht der Fall. Es hat sich die mittlerweile vielfach als Gewohnheitsrecht[123] qualifizierte Auffassung herausgebildet, dass die Erbengemeinschaft dem Erblasser nicht in die Gesellschafterstellung einer werbenden Personengesellschaft nachfolgen kann, sondern dass die einzelnen Miterben im Wege der Singularsukzession[124] selbstständig Gesellschafter werden. Das bedeutet den Zerfall des ererbten Gesellschaftsanteils in so viele Anteile, wie Erben für die Nachfolge vorgesehen sind. Die Größe des jeweiligen Anteils richtet sich nach der Erbquote. Gesellschafter werden dann nicht die Miterben in gesamthänderischer Verbundenheit (Erbengemeinschaft), sondern unverbunden, als Einzelne.[125]

---

[119] Vgl. zu weiteren Möglichkeiten, K. Schmidt, Gesellschaftsrecht, S. 1333 f.
[120] HRefG v. 22.6. 1998 (BgBl. I S. 1474).
[121] Gleiches gilt für die Partnerschaftsgesellschaft, vgl. § 9 III 1 PartGG.
[122] Auch ohne Vertragsklausel vererblich ist der Kommanditanteil, vgl. § 177 HGB.
[123] Wiedemann, Die Übertragung und Vererbung von Mitgliedschaftsrechten bei Handelsgesellschaften, 1965, S. 196; ders., FS-Großfeld, 1999, S. 1309 ff. (1313); Ulmer/ Schäfer, ZHR 160 (1996), 413 (414); Säcker, Gesellschaftsvertragliche und erbrechtliche Nachfolge in Gesamthandsmitgliedschaften, 1970, S. 24 f.; Brox, Erbrecht, S. 457.
[124] Die Terminologie ist nicht einheitlich. In der Rechtsprechung und im Schrifttum werden die Begriffe Sondererbfolge, Sonderzuordnung, Sonderrechtsnachfolge, Singularsukzession, Einzelrechtsnachfolge und Einzelnachfolge teils synonym teils mit unterschiedlicher Bedeutung verwendet, manchmal stehen dahinter auch unterschiedliche dogmatische Erklärungen für dieselben Rechtsfolgen. Im Folgenden werden die Begriffe Singularsukzession, Einzelnachfolge und Sondernachfolge für die Nachfolge aller Erben benutzt. Die Nachfolge nur eines oder einzelner Erben aus einer Erbengesamtheit wird für die Untersuchung keine Rolle spielen.
[125] Zu den teilweise voneinander abweichenden rechtsdogmatischen Begründungen vgl. K. Schmidt, Gesellschaftsrecht, S. 1338 ff.; Lange/ Kuchinke, Erbrecht, S. 127 ff.

Die Rechtsprechung[126] zur Singularsukzession kann sich auf eine mehr als hundertjährige Tradition stützen. Die Grundsatzentscheidung für die Einzelnachfolge fiel bereits 1886[127], sie betraf die Nachfolge in die Stellung eines OHG-Gesellschafters. Auch die folgenden Entscheidungen des Reichsgerichts[128] und des BGH[129], nun unter Herrschaft von BGB und HGB, hatten sich mit der Mitgliedschaft in der OHG bzw. als Komplementär zu befassen. Später wurde im gleichen Sinne über die Kommanditistenstellung[130] der Erbengemeinschaft und die Mitgliedschaft in der BGB-Gesellschaft[131] befunden.
Schließlich hat der BGH auch deutlich gemacht, dass er für die Vererbung von Mitgliedschaftsrechten an einer Personengesellschaft das Prinzip der Einzelrechtsnachfolge "mangels zwingender gegenteiliger Argumente schon im Hinblick auf die notwendige Kontinuität einer revisionsrichterlichen Rechtsprechung nicht mehr in Frage" stellen will.[132] Die Entscheidung hat in der Literatur Zustimmung gefunden.[133] Auch diese sieht in großer Mehrheit keinen Grund, das Rad der Rechtsentwicklung zurückzudrehen.[134]

(2) Sondernachfolge in die Mitgliedschaft einer Außen-GbR

a. Begründung durch Rechtsprechung und Literatur

Auf das Kernproblem war schon das Reichsgericht in jener Entscheidung[135] gestoßen, die die bis heute andauernde Rechtsprechung begründet hat.
Das Gericht hatte darüber zu entscheiden, ob die drei Erben eines OHG-Gesellschafters als Erbengemeinschaft in dessen Gesellschafterposition einrücken konnten. Dies wurde mit der Begründung verneint, dass es sich nicht um eine erbrechtliche Nachfolge, sondern um eine gesetzliche handele. Demzufolge

---

[126] St. Rspr. seit dem 17.3. 1886, RGZ 16, 40 (58).
[127] RGZ 16, 40 (58) (noch zu Art. 123 Nr. 2 ADHGB). Die Vorschrift lautete: „Die Gesellschaft wird aufgelöst durch den Tod eines der Gesellschafter, wenn nicht der Vertrag bestimmt, daß die Gesellschaft mit den Erben des Verstorbenen fortbestehen soll". Eine eingehende Analyse der Entscheidung findet sich bei Siegmann, Personengesellschaftsanteil und Erbrecht, 1991, S. 41 ff. Für eine Zusammenfassung der reichsgerichtlichen Rechtsprechung zur Frage des Nachfolgevorganges siehe a. a. O. S. 65 f.
[128] RG, DR 1943, 1224.
[129] BGHZ 22, 186; 68, 225 (237).
[130] BGH, NJW 1983, 2376 (2377); anders noch RGZ 123, 366 (370).
[131] BGH, NJW 1981, 749 (750); BayObLG, NJW-RR 1986, 629 (630).
[132] II. Zivilsenat, BGHZ 68, 225 (237); ebenso der IVa-Senat, BGH, NJW 1983, 2376 (2377).
[133] Flume, Der Betrieb - 40 Jahre, 1988, S. 181 ff. (183) : "Für die Rechtsprechung hinsichtlich der Singularsukzession gemäß § 139 HGB bestehen solche Gründe in der Tat nicht."
[134] Ulmer, ZGR 1972, S. 195 ff. (203); Schröder, ZGR 1978, S. 578 ff. (600 f. Fn 76); Wiedemann, FS-Großfeld, 1999, S. 1309 ff. (1314).
[135] RGZ 16, 40.

kämen erbrechtliche Prinzipien nicht zur Anwendung, so dass die Erbengemeinschaft nicht in die Gesellschafterposition nachfolgen könne. Im Grunde ging es dem Gericht dabei um die Vermeidung der erbrechtlichen Haftungsbeschränkung, die der unbeschränkten Haftung des OHG-Gesellschafters[136] widersprach.[137]

Unter Geltung von BGB und HGB begründete das Reichsgericht[138] die Singularsukzession damit, dass die Erbengemeinschaft der "notwendigen Eigenschaften eines Gesellschafters" entbehre.
Vom BGH[139] wurde die Begründung durch den in diesem Zusammenhang viel zitierten Satz "erweitert", die Erbengemeinschaft könne in einer OHG mit Rücksicht darauf nicht Mitglied sein, "dass sie in der Regel eine persönlichkeitsbezogene Arbeitsgemeinschaft und stets eine persönlichkeitsbezogene Haftungsgemeinschaft" sei. Ähnlich heißt es später[140], dass die Einzelrechtsnachfolge als sachgerechte Lösung erscheine, "weil sich die Erbengemeinschaft weder für eine Betätigung als Gesellschafter noch für die Gesellschafterhaftung eignet". Darauf bezog sich der BGH in seiner späteren Entscheidung zur Sondernachfolge in die Stellung des Gesellschafters bürgerlichen Rechts.[141]

Das Schrifttum unterstützt die Rechtsprechung mit folgenden Argumenten:
* Gegen die Mitgliedsfähigkeit spreche die – wenig flexible – Handlungs- und Entscheidungsstruktur der Erbengemeinschaft[142]
* Darüber hinaus stehe das Recht eines jeden Miterben entgegen, jederzeit die Auseinandersetzung verlangen zu können (§ 2040 BGB).[143]
* Ein weiteres Hindernis bestehe in dem Recht jedes einzelnen Miterben, über seinen Anteil am Gesamthandsvermögen insgesamt zu verfügen.[144]
* Die Erbengemeinschaft könne im Rechtsverkehr nicht als geschlossene Einheit auftreten und deswegen nicht Mitglied einer GbR sein.[145]

---

136 Auch unter Geltung des ADHGB hafteten die Gesellschafter einer oHG, einschließlich der neu eintretenden, persönlich, solidarisch und mit ihrem ganzen Vermögen für die Gesellschaftsschulden, vgl. Art. 112 f. ADHGB.
137 RGZ 16, 40 (57 f.).
138 RG DR 1943, 1224 (1225). Außerdem stützte sich das Gericht, das über die Mitgliedschaft in einer OHG zu entscheiden hatte, auf § 139 HGB.
139 BGHZ 22, 186 (192).
140 BGHZ 68, 225 (237).
141 BGH, NJW 1981, 749 (750).
142 Erman/ Westermann, § 727 Rn 8; Soergel/ Schultze-v. Lasaulx, § 727 Rn 20; Soergel/ Hadding, 11. Aufl., § 727 Rn 20; Bamberger/ Roth/ Timm/ Schöne, BGB, § 727 Rn 16.
143 MünchKomm/ Ulmer, § 705 Rn 81; Erman/ Westermann, § 705 Rn 22 und § 727 Rn 8; Soergel/ Hadding, 11. Aufl., § 727 Rn 20; Bamberger/ Roth/ Timm/ Schöne, BGB, § 705 Rn 55; 727 Rn 16.
144 MünchKomm/ Ulmer, § 705 Rn 81; Soergel/ Hadding, 11. Aufl., § 727 Rn 20; H. P. Westermann, JuS 1979, 765 (766).

* Außerdem seien die Haftungsordnungen von Erbengemeinschaft und GbR unvereinbar.[146]

Wirklich überzeugen kann nur das letzte Argument. Nur dieses soll hier näher untersucht werden. Die anderen Einwände werden im folgenden Kapitel, in dem es um den Erwerb der Mitgliedschaft außerhalb des Erbgangs geht, diskutiert.

b. Unvereinbarkeit der Haftungsordnungen

Als entscheidendes Hindernis für den Eintritt der Erbengemeinschaft im Wege der erbrechtlichen Universalsukzession muss das Recht der Miterben gelten, ihre Haftung auf den Nachlass zu beschränken.[147]
Die Gesellschafter einer Außen-GbR haften für die Verbindlichkeiten der Gesellschaft persönlich und unbeschränkt (§ 128 HGB analog). Ebenso hat ein neu eintretender Gesellschafter für die zu diesem Zeitpunkt bereits bestehenden Gesellschaftsverbindlichkeiten einzustehen (§ 130 HGB analog).[148] Eintritt im Sinne des § 130 HGB ist nicht im technischen Sinne zu verstehen, als Aufnahme eines Gesellschafters unter Schaffung eines neuen Gesellschaftsanteils. Vielmehr gilt als Eintritt auch die erbrechtliche Nachfolge in die Mitgliedschaft des Erblassers.[149]
Diesen Haftungsanforderungen steht die Haftungsordnung der Erbengemeinschaft entgegen. Das soll im Folgenden näher ausgeführt werden. Dafür und auch für die weitere Untersuchung der erbengemeinschaftlichen Mitgliedsfähigkeit ist es angebracht, an dieser Stelle einen groben Überblick über die Haftung der Miterben zu geben.

aa. Überblick über die Erbenhaftung

Die Gesamtrechtsnachfolge (§§ 1922, 1967 BGB) eines Alleinerben oder mehrerer Miterben zieht die Haftung für Nachlassverbindlichkeiten nach sich. Diese

---

[145] Soergel/ Hadding, 11. Aufl., § 727 Rn 20; MünchKomm/ Ulmer, § 705 Rn 81.
[146] Soergel/ Schultze v. Lasaulx, 10. Aufl., § 727 Rn 20; Soergel/ Hadding, 11. Aufl., § 727 Rn 20; Bamberger/ Roth/ Timm/ Schöne, BGB, § 727 Rn 16; MünchKomm/ Ulmer, § 705 Rn 81; Erman/ Westermann, § 727 Rn 8, spricht von schwieriger Vereinbarkeit beider Haftungsverfassungen; MünchKomm/ Leipold, § 1922 Rn 37; zweifelnd Staudinger/ Habermeier, § 705 Rn 31.
[147] So zu Recht H. Westermann, Personengesellschaftsrecht, S. 352, allerdings für die Mitgliedschaft in der OHG bzw. KG; für die GbR: Soergel/ Schultze v. Lasaulx, 10. Aufl., § 727 Rn 20; Soergel/ Hadding, 11. Aufl., § 727 Rn 20.
[148] Siehe Kapitel § 7 II 2.
[149] Koller/ Roth/ Morck, HGB, § 130 Rn 1; Schlegelberger/ K. Schmidt, § 130 Rn 12.

Verbindlichkeiten werden eingeteilt in Erblasserschulden, Erbfallschulden, Nachlasskostenschulden und Nachlasserbenschulden.

Zu den *Erblasserschulden* gehören die Verbindlichkeiten, die im Zeitpunkt des Erbfalls schon in der Person des Erblassers begründet waren, ihre Vererblichkeit vorausgesetzt.[150]
War der Erblasser Gesellschafter einer Außen-GbR, so sind seine Sozialverpflichtungen (etwa noch offene Beitragsverpflichtungen) sowie Schulden der Gesellschaft gegenüber Dritten, für die der Erblasser entsprechend § 128 HGB haftet, in dem Umfang, in dem sie im Zeitpunkt des Erbfalls bestanden, Erblasserschulden.

Die zweite Gruppe der Nachlassverbindlichkeiten bilden die sog. *Erbfallschulden.* Darunter werden Kosten verstanden, die erst mit dem Erbfall, aber auch notwendig mit ihm, in der Person des Erben als Träger des Nachlasses entstehen. Dazu werden etwa die durch Verfügung von Todes wegen begründeten Verbindlichkeiten gezählt, und auch Bestattungskosten.[151]

Zu den Nachlassverbindlichkeiten gehören weiterhin die sog. *Nachlasskosten- und Nachlassverwaltungsschulden.*[152] Dazu zählt man Verbindlichkeiten, die erst nach dem Erbfall entstehen und deshalb weder Erblasser- noch Erbfallschulden sind. Als Beispiel seien etwa Kosten der Nachlasspflegschaft (§ 1961 BGB) oder der Inventarerrichtung (§§ 1993 ff. BGB) genannt.[153]

Als vierte Gruppe sind die *Nachlasserbenschulden*[154] zu nennen. Das sind Verbindlichkeiten, die einerseits als Nachlassverbindlichkeiten den Nachlass erfassen, die aber zugleich den Erben persönlich und damit dessen Eigenvermögen treffen. Die Gläubiger des Nachlasserbenschuldners können als Nachlassgläubiger den Nachlass und als Eigengläubiger des Erben dessen Vermögen in Anspruch nehmen. Im Ergebnis besteht bei den Nachlasserbenschulden eine unbeschränkte Haftung des Erben, ähnlich der bei sonstigen Nachlassverbindlichkeiten, bei denen der Erbe die Beschränkungsmöglichkeit verloren hat. Dabei ist ein solcher Erbe noch schlechter gestellt als der unbeschränkt haftende, weil er

---

[150] MünchKomm/ Siegmann, § 1967 Rn 5.
[151] Lange/ Kuchinke, Erbrecht, S. 1198 f.
[152] Die Einteilung ist nicht ganz einheitlich. MünchKomm/ Siegmann, § 1967 Rn 13, ordnet diese Kosten als Untergruppe der Erbfallschulden ein. Das ist für die vorliegende Arbeit ohne Bedeutung.
[153] Lange/ Kuchinke, Erbrecht, S. 1202 f.
[154] Synonym verwendet das Schrifttum den Begriff der Nachlasseigenschuld.

sich gegenüber einer Forderung, die auch Eigenverbindlichkeit ist, nicht einmal auf § 2013 BGB berufen kann.[155]
Nachlasserbenschulden sind alle Verpflichtungen der Erben aus Verträgen, die diese in ordnungsgemäßer Verwaltung des Nachlasses abgeschlossen haben, wobei es gleichgültig ist, ob dem Vertragspartner bekannt war, dass der Erbe für den Nachlass handelt.[156] Auch Schadensersatzpflichten aus deliktischem Handeln[157] oder Vertragsverletzungen[158] kommen als Nachlasserbenschulden in Betracht.

Keine Nachlassverbindlichkeiten sind die *Eigenschulden* des Erben. Für diese haftet der Erbe nicht als solcher. Es handelt sich um Verbindlichkeiten, die vor oder nach dem Erbfall in der Person des Erben entstanden sind und ihn als Träger seines Eigenvermögens berühren. Allerdings wird nicht vorausgesetzt, dass es an jedem Zusammenhang mit dem Nachlass fehlt.[159] Da es sich nicht um Nachlassverbindlichkeiten handelt, kommen selbstverständlich auch keine erbrechtlichen Haftungsbeschränkungsmöglichkeiten in Betracht.

bb. Haftungssituation bei Nachfolge der Erbengemeinschaft in die Mitgliedschaft

aaa. Neuschulden

Über die Einordnung der Verbindlichkeiten, die nach dem Eintritt in die Gesellschaft begründet werden, besteht Uneinigkeit.
Auszugehen ist von der anerkannten Tatsache, dass der Personengesellschaftsanteil Teil des Nachlasses ist.[160] Nach verbreiteter Auffassung dienen Verbindlichkeiten, die bei der Fortführung einer GbR entstehen, auch der Nachlassverwaltung und sind folglich als Nachlassverbindlichkeiten zu klassifizieren.[161]

---

[155] Lange/ Kuchinke, Erbrecht, S. 1204; MünchKomm/ Siegmann, § 1967 Rn 26.
[156] MünchKomm/ Siegmann, § 1967 Rn 27.
[157] MünchKomm/ Siegmann, § 1967 Rn 29.
[158] Brox, Erbrecht, S. 381.
[159] MünchKomm/ Siegmann, § 1967 Rn 35.
[160] BGHZ 98, 48 (52); 108, 187 (192).
[161] Ernst, Haftung des Erben für neue Geschäftsverbindlichkeiten, 1992, S. 129; Eiselt, AcP 158 (1958), S. 319 ff. (324); Ulmer, NJW 1984, 1496 (1499), unter der Voraussetzung, dass der Gesellschaftsanteil zum Nachlass gehört, was Ulmer damals noch bestritt, was aber inzwischen anerkannt ist; Siegmann, Personengesellschaftsanteil und Erbrecht, 1991, S. 212 f.; Erman/ Westermann, § 727 Rn5, für die in der Abwicklungsgesellschaft entstehenden Verbindlichkeiten.

Nach anderer Auffassung handelt es sich um reine Eigenschulden[162] des[163] Erben.
Die Bestimmung dieser Verbindlichkeiten als Nachlasserbenschulden hat zur Folge, dass dafür neben dem Eigenvermögen der Erben auch der Nachlass haftet. Beide Auffassungen stimmen darin überein, dass der Erbe jedenfalls mit seinem sonstigen Vermögen, persönlich und ohne erbrechtliche Haftungsbeschränkungsmöglichkeiten haftet.

Dasselbe muss für Miterben gelten, wenn diese als Erbengemeinschaft Mitglied einer GbR wären. Würde die Erbengemeinschaft im Wege der Gesamtrechtsnachfolge Gesellschafter, so gelangte der Gesellschaftsanteil in das Gesamthandsvermögen, wie das im Falle der Auflösung der GbR (§ 727 BGB) infolge Todesfalls und Umwandlung in eine Abwicklungsgesellschaft anerkannt ist.[164] Ebenso wie für den Alleinerben wären die nunmehr entstehenden Verbindlichkeiten Nachlasserbenschulden oder Eigenschulden der Miterben, wofür diese persönlich haften müssten, ohne Möglichkeit der erbrechtlichen Haftungsbeschränkung (namentlich § 2059 I 1 BGB).

Dem steht auch nicht entgegen, dass die Haftung nach § 128 HGB eine gesetzliche ist. Zwar wird es sich bei Nachlasserbenschulden üblicherweise um Verbindlichkeiten aus Rechtsgeschäften handeln, die die Miterben bei der Nachlassverwaltung getätigt haben[165], erfasst werden aber ebenso gesetzlich begründete Verbindlichkeiten.[166]

Auch aus dogmatisch-konstruktiver Sicht ist ein solcher „Durchgriff" auf die einzelnen Miterben problemlos. Jene[167], die von der Rechtssubjektivität der Er-

---

[162] MünchKomm/ Siegmann, § 1967 Rn 74; Ebenroth, Erbrecht, S. 732; Raddatz, Die Nachlasszugehörigkeit vererbter Gesellschaftsanteile, 1991, S. 49 - 55; Kick, Die Haftung des Erben eines Personenhandelsgesellschafters, 1996, S. 77, ab der Entscheidung, in der Gesellschaft zu verbleiben (für die OHG); Grashoff, Die Nachfolge von Miterben in den Anteil an einer Personengesellschaft, 1997, S. 24.
[163] Da die ganz hM von der Sondererbfolge ausgeht, beziehen sich die Aussagen auf den Alleinerben oder die einzelnen Miterben. Für die gesamthänderisch gebundenen Miterben würde das Gleiche gelten.
[164] Staudinger/ Habermeier, § 727 Rn 10.
[165] Vgl. nur MünchKomm/ Siegmann, § 1967 Rn 29; Brox, Erbrecht, S. 381.
[166] MünchKomm/ Siegmann, § 1967 Rn 29; Brox, Erbrecht, S. 381.
[167] S. o. Kapitel § 4 I.

bengemeinschaft hen, müssten zu einer Haftung der Erbengemeinschaft als Rechtssubjekt koı ı und bräuchten eine Zurechnungsnorm, um die persönliche Haftung der ben konstruktiv begründen zu können.[168] Nach der hier vertretenen Auffa ; von der ausschließlichen Rechtsfähigkeit der Miterben, ist deren Haftung

Wertungsgesichts te stehen ebenfalls nicht dagegen. Denn es ist kein Grund ersichtlich, die g händerisch verbundenen Miterben anders zu behandeln, als unverbundene rben im Falle der Sondernachfolge oder als jene Miterben, die sonst als ngemeinschaft im Rechtsverkehr auftreten und dann für Nachlasserbensch ı unbeschränkt persönlich haften.

Zusammenfassen n festgehalten werden, dass die Miterben entsprechend § 128 HGB für d uverbindlichkeiten haften, wenn die Erbengemeinschaft im Wege der erbı chen Gesamtrechtsnachfolge an die Stelle des verstorbenen Gesellschaft ner GbR tritt. Der gesellschaftsrechtlichen Haftung aus § 128 HGB analc ht keine Haftungsbeschränkung nach Erbrecht entgegen. Insbesondere kön lie Miterben nicht die Einrede aus § 2059 I 1 BGB erheben.[169] Probleme, die Anwendung einer Sondernachfolge notwendig machen, entstehen fi Neuschulden also nicht.

bbb. Altschulder

Der in eine GbR tende Gesellschafter hat für die vor seinem Eintritt begründeten Verbin keiten der Gesellschaft auch persönlich und als Gesamtschuldner mit de gesellschaftern einzustehen (entsprechend §§ 128, 130 HGB).[170] Nach hM Eintritt in diesem Sinne auch der Erwerb der Gesellschafterstellung im Erl ,[171], so dass auch der Erbe entsprechend § 130 HGB für die Altschulden d sellschaft haftet.[172]

---

[168] So z. B. Hohense unternehmenstragende Erbengemeinschaft, 1994, S, 144 f., für die Mitgliedsch Erbengemeinschaft in einer oHG. Primär soll die Erbengemeinschaft als Rechtssubj ch § 128 HGB haften und dann die Miterben persönlich nach § 128 HGB analog.

[169] Staudinger/ Habe , § 705 Rn 31; ebenso für die oHG: Rokas, Die Teilhaberschaft an der Offenen Handels schaft und ihre Vererbung, 1965, S. 60. Für Eigenverbindlichkeiten gilt § 2059 BGB ohn icht; vgl. Staudinger/ Marotzke, 2002, § 2059 Rn 4.

[170] Siehe Kapitel § 7

[171] Koller/ Roth/ Mo GB, § 130 Rn 1; Schlegelberger/ K. Schmidt, § 130 Rn 12.

[172] Gegen eine Anw g des § 130 HGB auf den Erben jetzt Habermeier in Staudinger/ Habermeier, Vorben § 705 - 740, Rn 45 und § 727 Rn 17 mit der Begründung, dass die §§ 130 und 139 HG untrennbare regulatorische Einheit bildeten und die Anwendung des § 139 HGB auf bR mangels Umwandlungsmöglichkeit in eine KG insgesamt aus-

Für die Miterben, die in gesamthänderischer Bindung im Wege der erbrechtlichen Universalsukzession in die Stellung des Erblassers einrücken, würde das die persönliche und unbeschränkbare Haftung für die bereits entstandenen Gesellschaftsschulden bedeuten. Jeder Altgläubiger der Außen-GbR könnte grundsätzlich auf das Privatvermögen eines jeden Miterben zugreifen (§ 130 HGB analog).

Das verträgt sich nicht mit den Haftungsregeln des Erbrechts.
Für die zum Zeitpunkt des Erbfalls begründeten Gesellschaftsschulden hatte der Erblasser entsprechend § 128 HGB einzustehen. Mit dem Erbfall sind sie nach § 1967 BGB auf die Miterben übergegangen, d. h., es handelt sich um Erblasserschulden.[173] Dafür haften die Miterben grundsätzlich als Gesamtschuldner (§ 2058 BGB), mit dem Nachlass und dem Eigenvermögen.[174] Wie dem Alleinerben so stehen auch den Miterben verschiedene Möglichkeiten der Haftungsbeschränkung zur Verfügung (§§ 1975 ff. BGB). Anders als im Fall des Alleinerben kommt es bei einer Mehrheit von Erben mit dem Erbfall nicht zu einer Vermischung von Nachlass und Eigenvermögen. Vielmehr entsteht mit dem Nachlass ein vom Privatvermögen der Miterben getrenntes, gesamthänderisch gebundenes Vermögen. Daraus ergibt sich eine besondere Interessenkonstellation, der die Vorschrift des § 2059 Abs. 1 S. 1 BGB gilt.[175] Danach kann jeder Miterbe bis zur Teilung des Nachlasses die Berichtigung der Nachlassverbindlichkeiten aus seinem Privatvermögen verweigern.
Praktisch heißt das: Nach Gesellschaftsrecht können die Altgläubiger der Außen-GbR die Miterben persönlich mit ihrem gesamten Vermögen in Anspruch nehmen (§ 130 HGB analog). Nach Erbrecht dagegen kann der Miterbe die Einrede nach § 2059 I 1 BGB erheben und den Zugriff auf das Eigenvermögen verhindern.[176]

---

scheide. Andernfalls unterläge der in die GbR Eintretende einem strengeren Haftungsregime als eine in eine oHG aufgenommene Person. – Das ist nicht zwingend. § 139 HGB soll den Erben davor bewahren, die gesamte Erbschaft ausschlagen zu müssen, um dem unbegrenzten Haftungsrisiko aus §§ 128, 130 HGB zu entkommen. Einen Anspruch auf die Einräumung einer Kommanditistenstellung gewährt die Vorschrift nicht. Eine solche zu gewähren, liegt in der freien Entscheidung der übrigen Gesellschafter. Vorzugswürdig erscheint die von MünchKomm/ Ulmer § 727 Rn 46 ff. und zuvor schon von Lange/ Kuchinke, Erbrecht, S. 1212, vorgeschlagene entsprechende Anwendung des § 139 HGB.

[173] S. o. Kapitel § 4 III b aa.

[174] Brox, Erbrecht, S. 414 f.

[175] Vgl. MünchKomm/ Dütz, § 2059 Rn 1 ff.

[176] Hat der Miterbe das Recht der Haftungsbeschränkung verloren, so haftet er auch mit dem Eigenvermögen. Allerdings haftet er nicht für die gesamte Verbindlichkeit, wie § 130 HGB fordert, sondern nur entsprechend der Erbquote (§ 2059 I 2 BGB).

In dieser Kollision zwischen der erbrechtlichen Möglichkeit der Haftungsbeschränkung für Altschulden und der von § 130 HGB angeordneten unbeschränkten persönlichen Haftung liegt das eigentliche Hindernis[177] für die Nachfolge der Erbengemeinschaft in die Mitgliedschaft des Erblassers.

cc. Lösungsvorschläge der Literatur

In der Literatur hat man sich bemüht, diese Hürde zu überwinden. Dabei werden zwei unterschiedliche Wege gegangen.
Der ältere[178] Argumentationsstrang findet sich im Rahmen der Diskussion um die Nachfolge der Erbengemeinschaft in die Rechtsstellung des Gesellschafters einer offenen Handelsgesellschaft[179], wo § 130 HGB unmittelbar anwendbar ist. Vorgeschlagen wurde, den Miterben das Recht auf Haftungsbeschränkung aus § 2059 I 1 BGB zu nehmen.[180] Rechtsdogmatisch begründet wurde das mit Artikel 2 I EGHGB, nach dem in Handelssachen die Vorschriften des BGB nur insoweit zur Anwendung kommen, als nicht im HGB oder EGHGB ein anderes bestimmt ist.[181] In der Literatur[182] und der Rechsprechung[183] ist dies auf Ablehnung gestoßen.

---

[177] So auch H. Westermann, Personengesellschaftsrecht, S. 352, für die OHG und KG.

[178] Für den Fall der OHG-Mitgliedschaft einer Erbengemeinschaft: Börner, AcP 166 (1966), 426 (436 f.); Köbler, Erbrecht und Gesellschaftsrecht, 1974, S. 107; Rokas, Die Teilhaberschaft an der Offenen Handelsgesellschaft und ihre Vererbung, 1965, S. 60.

[179] Zu einem früheren Stand der Rechtsentwicklung hafteten die in eine GbR Eintretenden nicht entsprechend §§ 130, 128 HGB, sondern nur bei Übernahme der Altschulden. Demzufolge stellte sich die Haftungsfrage für den Eintritt in die GbR nicht, jedenfalls nicht so wie heute. Beispielhaft zeigt sich das bei Köbler. Für ihn ergeben sich beim Eintritt einer Erbengemeinschaft in eine GbR im Wege der Gesamtrechtsnachfolge keine haftungsrechtlichen Probleme. Die Haftungsbeschränkungsmöglichkeit nach § 2059 I 1 BGB kollidiert mit keiner gesellschaftsrechtlichen Haftungsforderung. Vgl. Köbler, Erbrecht und Gesellschaftsrecht, 1974, S. 113 f.

[180] So jüngst auch Staudinger/ Habermeier, § 705 Rn 31, für die GbR, der die gesellschaftsrechtlich begründete Haftung nach § 130 HGB "einfach aus dem Anwendungsbereich des § 2059 Abs. 1 herausnehmen" will.

[181] Börner, AcP 166 (1966), 426 (436 f.); Köbler, Erbrecht und Gesellschaftsrecht, 1974, S. 107; Bletz, Die Mitgliedschaft der Erbengemeinschaft in der OHG, 1983, S. 24 f. Rokas, Die Teilhaberschaft an der Offenen Handelsgesellschaft und ihre Vererbung, 1965, S. 60, begründet die Ausschaltung des § 2059 I BGB damit, dass die gesellschaftsrechtliche Haftung als lex specialis vorgehe.

[182] H. Westermann, Personengesellschaftsrecht, S. 353, u. a. mit dem Argument, dass man das Institut der Erbengemeinschaft aufgebe, wenn man die gesetzlich angeordnete Haftungsregelung fortargumentiere; Ulmer, ZGR 1972, 195 (202 ff.); H. P. Westermann, JuS 1979, 765 (766).

[183] BGHZ 68, 225 (237). Der BGH führt die hier zitierten Stimmen auf und erkennt darin keine zwingenden Argumente, von der ständigen Rechtsprechung abzuweichen.

Eine zweite, in jüngster Zeit von verschiedener Seite vertretene Auffassung, lässt den Miterben das Recht der Haftungsbeschränkung. Mit verschiedenen Argumenten bemüht man sich um den Nachweis, dass die Beschränkung der Haftung auf den Nachlass (§ 2059 I 1 BGB) der Nachfolge der Erbengemeinschaft nicht entgegensteht. Da sich bisher – soweit ersichtlich – weder Rechtsprechung noch Literatur mit dieser neuen Argumentationslinie auseinandergesetzt haben, soll im Folgenden näher darauf eingegangen werden.

aaa. Argumentation von Weipert und Kick

Für die Mitgliedschaft der Erbengemeinschaft in der GbR und gegen die Singularsukzession wird mit dem Argument gestritten, dass es auf die persönliche Haftung der Miterben nicht ankomme, da es ja um die Mitgliedschaft der "Erbengemeinschaft als solcher" gehe. Diese sei im selben Umfang wie die GbR rechtsfähig und hafte mit dem ungeteilten Nachlass, d. h. mit allem, was sie habe. Mehr könne man von keinem Gesellschafter verlangen. Die Möglichkeit der Haftungsbeschränkung nach § 2059 I BGB stehe der Mitgliedsfähigkeit nicht entgegen.[184]
Mit ähnlicher Argumentation diskutiert Kick[185] die Frage der Mitgliedsfähigkeit in einer oHG. Eine unbeschränkte Haftung könne nur von der Erbengemeinschaft verlangt werden und die hafte ja mit dem ganzen Nachlass. Die Gesellschaftsgläubiger könnten schließlich nicht erwarten, auf das Privatvermögen von Nichtmitgliedern, d. h. der Miterben, zugreifen zu können. – Anzumerken ist, dass Kick, im Unterschied zu Weipert, nicht von der Rechtssubjektivität der Erbengemeinschaft ausgeht.[186]

Dem ist nicht zu folgen. Weiperts Argumentation steht schon die hier vertretene Auffassung entgegen, dass die Erbengemeinschaft kein Rechtssubjekt ist. Mitglied kann danach nicht die "Erbengemeinschaft als solche" sein, sondern allenfalls die Miterben in gesamthänderischer Verbundenheit, so dass es auch auf deren Haftung ankommt.

Dogmatisch unbefriedigend ist Kicks Argumentation. Unterstellte man die Rechtssubjektivität der Erbengemeinschaft, so wäre diese Gesellschafter. Sie

---

[184] Weipert, FS - Bezzenberger, 2000, S. 439 ff. (444); ders., ZEV 2002, S. 300 ff. (301).
[185] Kick, Die Haftung des Erben eines Personengesellschafters, 1996, S. 96 f., 102. Kick lehnt die Mitgliedsfähigkeit der Erbengemeinschaft in einer oHG schließlich aus anderen Gründen ab.
[186] Kick, Die Haftung des Erben eines Personengesellschafters, 1996, S. 93 u. 101.

würde mit ihrem eigenen Vermögen haften und eine Haftung der Miterben wäre – rechtsdogmatisch – begründungsbedürftig.
Völlig anders liegt der Fall, wenn man – mit Kick[187] – davon ausgeht, dass der Erbengemeinschaft selbst keine Rechtssubjektivität zukommt, sondern nur den Miterben. Dann sind diese selbst die Träger der mit der Gesellschafterposition verbundenen Rechte und Pflichten. Dann ist es auch selbstverständlich, dass sie haften. Dann bedarf nicht die Haftung, sondern die Haftungsfreistellung einer besonderen Begründung.

bbb. Argumentation von Ann

Für die Mitgliedschaft der Erbengemeinschaft hat sich jüngst auch Ann[188] ausgesprochen. Auch er will den Miterben das Recht aus § 2059 I 1 BGB belassen und hält dies aus folgenden Gründen für unschädlich:
Die Möglichkeit der Haftungsbeschränkung auf den Nachlass stelle die Gläubiger nicht schlechter, sondern wahre die haftungsrechtliche Indifferenz des Erbfalls.[189] Zwar könnten die Gläubiger einer Gesellschaft, zu der eine Erbengemeinschaft gehört, neben dem Vermögen der übrigen Gesellschafter nur auf den Nachlass und nicht auf die Eigenvermögen der Miterben zugreifen. Darin liege jedoch kein Nachteil. Der Erbfall berühre den Haftungsstatus der Gläubiger nicht, denn das Vermögen des verstorbenen Gesellschafters bestehe als Nachlass fort. Die Gesellschaftsgläubiger könnten also auf denselben Wert zugreifen wie bisher. Der Nachlass sei auch nicht minderwertig, weil er nur noch abnehme. Gegen eine schleichende Minderung spreche das Interesse der Miterben, die nur den Rest erhalten, der nach der Gläubigerbefriedigung verbleibt, und die sich selbst schaden würden, wenn sie einen Wertverfall duldeten. Doch selbst wenn man eine Nachlassentwertung wegen der funktionellen Defizite der §§ 2038, 2040 BGB als unvermeidlich ansehen sollte, greife der Gesichtspunkt wegen der von ihm vorgeschlagenen Fortentwicklung der Nachlassverwaltung von einem statisch-liquidationsorientierten Modell hin zu einem dynamischen Modell[190] nicht durch, denn diese Fortentwicklung beuge Nachlassentwertungen vor.[191]

Die Argumentation Anns kann nicht überzeugen.
Zweifel bestehen schon an der These, dass der Wert des Nachlasses stabil bleibt. So wird in der Literatur die Auffassung vertreten, dass die Haftungsmasse nach

[187] Kick, Die Haftung des Erben eines Personengesellschafters, 1996, S. 93 u. 101.
[188] Ann, Die Erbengemeinschaft, 2001, S. 358 f.
[189] Ann, Die Erbengemeinschaft, 2001, S. 359.
[190] Vgl. Ann, Die Erbengemeinschaft, 2001, S. 384 ff.
[191] Ann, Die Erbengemeinschaft, 2001, S. 355.

dem Erbfall stetig abnehmen würde.[192] Nach Wiedemann wird das Vermögen im günstigsten Fall den Gläubigern konserviert, während die persönliche Haftung das Einstehen der Person für eine Schuld mit Verantwortungsbewusstsein und Fähigkeiten, Vermögensgütern und Gewinnchancen bedeute.[193]
Aber auch wenn man Ann darin zustimmt, dass sich die Haftungslage durch den Erbfall insofern nicht geändert hat, als den Gläubigern dieselbe Haftungsmasse wie zuvor zur Befriedigung zur Verfügung steht, ist damit nichts für die Mitgliedsfähigkeit der Erbengemeinschaft gewonnen. Denn die bloße Orientierung am Wert der Haftungsmasse scheint eine rein erbrechtliche Sicht zu offenbaren, die jedenfalls die gesellschaftsrechtliche Perspektive vermissen lässt.
Die Gesellschaftsgläubiger sind nicht nur Nachlassgläubiger. Ihre Interessen sind auch unter dem Blickpunkt zu betrachten, was sie als Eigengläubiger des Erben fordern können, der durch seine Nachfolge in die Mitgliedsstellung einen neuen Haftungstatbestand verwirklicht hat, kraft dessen er sein Vermögen zur Verfügung stellen muss (§ 130 HGB). Diese – gesellschaftsrechtliche – Haftung des Erben bringt eine Besserstellung der Gläubiger mit sich, die ist aber vom Gesetz gewollt.[194]
Im Übrigen wird die reine Fixierung auf den Wert der Haftungsmasse auch nicht der mit der Vorschrift verfolgten Intention gerecht, Unsicherheit und Streit über die Frage zu vermeiden, welcher der Gesellschafter denn nun möglicherweise für eine bestimmte Forderung haftet.[195] Dieser Normzweck würde unterlaufen, wenn zwar klar wäre, dass der Erbe dem Gläubiger als Gesellschafter auch für eine bestimmte Altforderung haftet, aber eben nur beschränkt.

ccc. Argumentation von Grunewald

Auch Grunewald tritt für eine Aufgabe der Singularsukzession ein. Die Haftungsbeschränkungsmöglichkeit nach § 2059 I 1 BGB soll kein Hindernis für die Nachfolge der Erbengemeinschaft sein. Der Gläubiger einer GbR habe nie eine Garantie dafür, dass die Gesellschafter zahlungsfähig seien. Unstreitig könne ja auch eine GmbH Gesellschafterin einer BGB-Gesellschaft sein.[196]

---

[192] Kick, Die Haftung des Erben eines Personengesellschafters, 1996, S. 102 Fn 548.
[193] Wiedemann, Die Übertragung und Vererbung von Mitgliedschaftsrechten bei Handelsgesellschaften, 1965, S. 228.
[194] So schon Wiedemann, Die Übertragung und Vererbung von Mitgliedschaftsrechten bei Handelsgesellschaften, 1965, S. 228; Börner, AcP 166 (1966), 426 (434).
[195] K. Schmidt, Gesellschaftsrecht, S.1432 f., 1798.
[196] Grunewald, Gesellschaftsrecht, 5. Auflage, 2002, S. 72.

Das führt im Ergebnis dazu, dass die von § 130 HGB[197] angeordnete Haftung zu Gunsten der Haftungsbegrenzungsmöglichkeit nach § 2059 I 1 BGB eingeschränkt wird.
Grunewald ist zuzugeben, dass der Gläubiger einer GbR nicht auf die Zahlungsfähigkeit der Gesellschafter vertrauen kann. Aber nach den §§ 128,130 HGB kann er auf deren unbeschränkte Haftung vertrauen. Darauf beruht der Kredit von Personengesellschaften.[198]
Unter der hier vertretenen Voraussetzung, dass die Erbengemeinschaft kein Rechtssubjekt ist, kann auch der Vergleich mit der GmbH nicht überzeugen. So wie diese unbeschränkt entsprechend 130 HGB haftet, wenn sie in eine schon bestehende GbR eintritt, so müssen auch die Miterben haften. Das hat mit der Zahlungsfähigkeit der GmbH oder der Miterben nichts zu tun.[199]

c. Ergebnis:

Es hat sich gezeigt, dass auch die neuerlichen Vorschläge zur Auflösung des Konflikts der Haftungsordnungen von Erbengemeinschaft und Außen-GbR nicht überzeugen. Eine Harmonie könnte nur auf Kosten des jeweils anderen Haftungsregimes hergestellt werden. Der geringere Eingriff scheint die, vom älteren Schrifttum für die oHG[200] und jüngst von Habermeier für die GbR[201] vorgeschlagene, Zurückdrängung der Anwendung des § 2059 I BGB für den Sonderfall der erbrechtlichen Nachfolge in eine Personengesellschaft zu sein. Das lehnt die ständige Rechtsprechung aber seit langem ab.[202] Den Gerichten ist darin zuzustimmen, dass es guter Gründe bedarf, von einer gefestigten Rechtsprechung abzuweichen. Gegen einen Wechsel spricht auch die mittlerweile vollzogene

---

197 Auch Grunewald will den § 130 HGB analog auf die GbR anwenden. Vgl. Grunewald, Gesellschaftsrecht, 5. Auflage, 2002, S. 64.
198 Baumbach/ Hopt/ Merkt, HGB, § 128 Rn 1.
199 Selbst wenn man von der Rechtsfähigkeit der Erbengemeinschaft ausginge, wie Grunewald das an anderer Stelle getan hat (vgl. AcP 197 [1997], 305 ff.), könnte der Vergleich mit der GmbH und der daraus gezogene Schluss für die Unschädlichkeit der Haftungsbeschränkung nach § 2059 I 1 BGB nicht recht überzeugen. Denn die Erbengemeinschaft verfügt – im Unterschied zur GmbH – über kein durch Kapitalaufbringungs- und erhaltungsvorschriften gesichertes Vermögen. Dieses Defizit wird bei der Erbengemeinschaft auch nicht durch eine unbeschränkte Haftung der Miterben ausgeglichen, wenn man – mit Grunewald – die Haftungsbeschränkung nach § 2059 I 1 BGB zulässt. Das scheint zumindest für den Fall, dass die Nachfolge in eine Erwerbsgesellschaft in Frage steht, nicht unproblematisch.
200 Börner, AcP 166 (1966), 426 (436 f.); Köbler, Erbrecht und Gesellschaftsrecht, 1974, S. 107; Rokas, Die Teilhaberschaft an der Offenen Handelsgesellschaft und ihre Vererbung, 1965, S. 60.
201 Staudinger/ Habermeier, § 705 Rn 31.
202 Vgl. BGHZ 68, 225 (237).

Rechtsentwicklung hinsichtlich der Rechtsfolgen, die sich aus der Singularsukzession ergeben.
Außerdem ist die in den letzten Jahren erfolgte Annäherung der Außen-GbR an das Recht der Personenhandelsgesellschaften zu berücksichtigen. Die Abweichung von der bisherigen Rechtsprechung würde dieser Entwicklung gerade zuwiderlaufen und könnte, unter dem Gesichtspunkt des Aufsteigens einer Außen-GbR zu einer OHG durch Ausweitung des Gewerbes bzw. des Absteigens von der OHG zur GbR durch Schrumpfung des Geschäfts, zu erheblicher Rechtsunsicherheit führen. Der Schritt müsste dann also wohl auch für die OHG und KG gegangen werden, wogegen hinwieder die Vorschrift des § 139 Abs.1 HGB steht, die ganz überwiegend als Indiz für die vom Gesetz gewollte Einzelnachfolge bei der offenen Handelsgesellschaft gedeutet wird.[203]
Nach alledem ist daran festzuhalten, dass die Erbengemeinschaft die Stellung eines Gesellschafters bürgerlichen Rechts nicht im Erbgang erwerben kann.

2. Mitgliedschaft während des Liquidationsstadiums

Der Tod eines GbR-Gesellschafters führt mangels einer Fortsetzungsklausel zur Auflösung der Gesellschaft (§ 727 I BGB). Verfügt sie über Vermögen, was bei Außengesellschaften typischerweise der Fall ist, so geht sie ins Abwicklungsstadium über.[204] An die Stelle des werbenden, auf die Verwirklichung der mit der Gesellschaft verfolgten gemeinsamen Ziele gerichteten, Zwecks, tritt der Abwicklungszweck.[205] Damit einher geht die Änderung der innergesellschaftlichen Rechte und Pflichten sowie des Aufgabenkreises der Gesellschafter als Abwickler (§§ 730 ff. BGB).[206] Im Außenverhältnis konzentriert sich Tätigkeit der Abwickler auf die Beendigung schwebender Geschäfte (§ 730 BGB) und auf Schuldentilgung (§ 733 BGB).
Wegen dieses beschränkten Wirkungskreises und des nur transitorischen Charakters der Abwicklungsgesellschaft gilt die Mitgliedschaft der Erbengemeinschaft, anders als in der werbenden Gesellschaft, als hinnehmbar.[207] Nach fast einhelliger Meinung[208] kann die Erbengemeinschaft Mitglied einer Liquidati-

---

[203] Statt vieler: MünchKommHGB/ K. Schmidt, § 139 Rn 13.
[204] Im Unterschied dazu findet bei Innengesellschaften mit der Auflösung auch die sofortige Vollbeendigung statt, da diese nicht über Gesamthandsvermögen verfügen. Vgl. Staudinger/ Habermeier, Vorbem zu §§ 723 ff., Rn 21.
[205] Staudinger/ Habermeier, Vorbem zu §§ 723 ff., Rn 17.
[206] Abwickler sind sämtliche Gesellschafter gemeinschaftlich, einschließlich der Erben im Falle des § 727 BGB. Vgl. Erman/ Westermann, § 730 Rn 7.
[207] MünchKomm/ Leipold, § 1922 Rn 32.
[208] BGH, NJW 1982, 170 (171); Erman/ Westermann, § 727 Rn 3; Lange/ Kuchinke, Erbrecht, S. 143; Soergel/ Wolf, § 2032 Rn 13; Soergel/ Hadding, § 727 Rn 4; MünchKomm/ Leipold, § 1922 Rn 32; Soergel/ Stein, § 1922 Rn 62; MünchKomm/ Ulmer, § 727 Rn 14;

onsgesellschaft sein. Das gilt für den Fall, dass sich die werbende Gesellschaft mit dem Tod des Erblassers zur Abwicklungsgesellschaft wandelt[209], als auch dann, wenn der Erblasser bereits Gesellschafter einer Personengesellschaft in Liquidation war.[210]

Entscheidend ist, dass, im Unterschied zur werbenden Gesellschaft, die Haftungsbeschränkungsmöglichkeiten der Miterben (§ 2059 I 1 BGB) nicht entgegenstehen. Führt der Tod eines Gesellschafters zur Auflösung der Gesellschaft oder entsteht der Erbfall erst nach dem Auflösungsbeschluss, so haftet der Erbe nach allgemeiner Meinung ausschließlich nach Erbrecht, mit den entsprechenden Haftungsbeschränkungsmöglichkeiten (§§ 1975 ff. BGB). Eine unbeschränkte persönliche Haftung aus Gesellschaftsrecht besteht daneben nicht.[211] Daraus ergibt sich, dass auch die Möglichkeit der Miterben, die Gläubiger zunächst auf den Nachlass zu verweisen (§ 2059 I 1 BGB), nicht schadet.[212]

Im Übrigen lässt § 146 Abs.1 S. 2 HGB erkennen, dass die Erbengemeinschaft Mitglied einer Personenhandelsgesellschaft i. L. sein kann. Die Vorschrift ist auf die GbR i. L entsprechend anwendbar. [213]

3. Rechtsformübergreifende Einwände gegen den Erwerb der Mitgliedschaft durch Gründungsbeteiligung

Dass die Erbengemeinschaft nicht im Erbgang in eine Außen-GbR eintreten kann, lässt nicht den Schluss auf die Unfähigkeit zur Mitgliedschaft überhaupt zu. Denkbar und zu prüfen ist, ob die Erbengemeinschaft den Gesellschaftsanteil nicht auf anderem Wege erwerben kann. In Betracht kommt zunächst die Beteiligung an der Gründung einer Außen-GbR.
Nun wird die Gründerfähigkeit der Erbengemeinschaft vielfach bestritten, nicht nur bezogen auf Personengesellschaften, sondern grundsätzlich, rechtsformunabhängig. So wird z. B. der Einwand der mangelnden Rechtsfähigkeit sowohl

---

Staudinger/ Habermeier, § 727 Rn 10; Michalski, Erbrecht, S. 469; Olzen, Erbrecht, S. 423; aA RGRK/ v. Gamm, § 727 Rn 5, der sich ohne eigene Argumentation auf BGHZ 22, 186 (192) beruft, wo aber nur über Mitgliedschaft in einer werbenden OHG entschieden wurde.

[209] BGH, NJW 1981, 749 (750); BGH, NJW 1982, 170 (171).

[210] BGH, NJW 1995, 3314 (3315).

[211] MünchKomm/ Ulmer, § 727 Rn 21; Staudinger/ Habermeier, § 727 Rn 8; für die vergleichbare Lage bei der OHG, Schlegelberger/ Schmidt, § 131 Rn 25; Koller/ Roth/ Morck/ Koller, HGB, § 131 Rn 20; BGH, NJW 1995, 3315, für Erbfolge nach Auflösung; BGH, NJW 1982, 46, für Geschäfte in der Abwicklungsphase.

[212] MünchKomm/ Leipold, § 1922 Rn 32.

[213] Staudinger/ Habermeier, § 730 Rn 14.

gegen die Beteiligung an der Gründung von Personengesellschaften[214]als auch von juristischen Personen[215] vorgebracht. Gleiches gilt für die Frage, ob die erbrechtliche Gesamthand als nicht werbende Gemeinschaft überhaupt eine Mitgliedschaft außerhalb des Erbgangs, also durch Rechtsgeschäft, erwerben kann.[216] Denn ihre Hinzuerwerbsfähigkeit ist – verglichen mit einer werbenden Gemeinschaft – begrenzt.
Schließlich wird auch die Auflösungsneigung der Erbengemeinschaft als rechtsformübergreifendes Hindernis für die Gründungsbeteiligung[217] beziehungsweise die Mitgliedschaft überhaupt angesehen.[218]

Diese übergreifenden Fragen sollen hier zunächst beantwortet werden. Soweit sich für einzelne Rechtsformen noch spezielle – nur für diese geltende – Probleme für die Gründungsbeteiligung ergeben, wird darauf im Zusammenhang mit der Mitgliedschaft in der jeweiligen Rechtsform eingegangen

(1) Einwand der fehlenden Rechtsfähigkeit

Nach mehrheitlich und auch hier vertretener Auffassung ist die Erbengemeinschaft kein Rechtssubjekt. Daraus schließt eine verbreitete Meinung, dass sich die Erbengemeinschaft, d. h. die Miterben in gesamthänderischer Verbundenheit, nicht an der Gründung von Gesellschaften beteiligen kann.[219] Diese Auffassung geht fehl.

Die Gründung einer Gesellschaft erfolgt durch Abschluss eines Gesellschaftsvertrages.[220] Der Vertrag einer Außengesellschaft enthält sowohl schuldrechtliche als auch organisationsrechtliche Elemente. Das gilt für Personengesellschaftsverträge ebenso wie für Satzungen[221] bzw. Statuten[222]. Nur Innengesell-

---

[214] Kick, Die Haftung des Erben eines Personenhandelsgesellschafters, 1996, S. 92, 100; Soergel-Siebert/ Schultze-v. Lasaulx, 10. Aufl., § 727 Rn 20; MünchKomm/ Dütz, § 2032 Rn 14 f.; RGRK/ v. Gamm, 12. Aufl., § 705 Rn 12; H. Westermann, Gesellschaftsrecht I, S. 87.
[215] Für GmbH: Staudinger/ Werner, § 2032 Rn 23; Erman/ Schlüter, § 2032 Rn 4; Scholz, GmbH-Rdsch. 1956, 17 ff. (17); für AG: Erman/ Schlüter, § 2032 Rn 4 ; v. Godin/ Wilhelmi/ Wilhelmi, AktG, § 2 Anm 5; GroßkommAktG/ Meyer-Landrut, 3. Aufl., § 2 Anm. 10; für eG: Erman/ Schlüter, § 2032 Rn 4.
[216] Michalski, OHG-Recht, § 105 Rn 57.
[217] Kraft/ Kreutz, Gesellschaftsrecht, 11. Aufl., S. 36.
[218] Für die GbR: z. B. Bamberger/ Roth/ Timm/ Schöne, BGB, § 705 Rn 55; für die oHG: Koller/ Roth/ Morck, HGB, § 105 Rn 19.
[219] Vgl. Fn 214 und 215.
[220] Das Entstehen juristischer Personen erfordert darüber hinaus noch die Registrierung. Vgl. etwa §§ 10, 13 GenG.
[221] Roth/ Altmeppen, GmbHG, § 2 Rn 9.
[222] Steding, Genossenschaftsrecht, S. 85.

schaften kommen ohne organisationsrechtliche Bestandteile aus, sie können sich in einer schuldrechtlichen Sonderverbindung erschöpfen.[223]

Die Gründung einer Gesellschaft ist als Rechtsgeschäft zu qualifizieren[224], im Falle einer Einpersonengründung als einseitiges Rechtsgeschäft.[225] Voraussetzung ist die Fähigkeit zu rechtsgeschäftlichem Handeln. Diese Voraussetzung erfüllen die Miterben in gesamthänderischer Verbundenheit. Sie können als Gesamthand Verpflichtungen eingehen (§ 2038 I S. 1 BGB) und im Rahmen des § 2041 BGB auch Rechte erwerben.
Der Abschluss von Schuldverträgen ist tägliche Praxis. Gehört zum Nachlass ein Grundstück, so sind die Miterben als Gesamthand rechtlich in der Lage, Mietverträge abzuschließen.[226] Insofern ist schon die Gründung von Innen-Gesellschaften, soweit die sich in schuldrechtlicher Sonderverbindung erschöpfen, möglich.
Es ist aber auch nicht ersichtlich, warum ein Vertrag, der organisationsrechtliche Elemente enthält, durch die Gesamthand nicht abgeschlossen werden können soll. Eine völlig andere Frage ist dann, ob die Erbengemeinschaft in der Lage ist, die ihr zugedachten Kompetenzen auszufüllen. Wenn ihr etwa die Geschäftsführung übertragen würde, hätte sie möglicherweise Schwierigkeiten bei der sachgerechten Ausfüllung dieser Funktion. Das ist jedoch eine Frage des konkreten Vertragsinhalts und steht dem Vertragsschluss nicht grundsätzlich entgegen.

Dass die mangelnde Rechtsfähigkeit von Gesamthandsgemeinschaften der Beteiligung an der Gründung von Gesellschaften nicht entgegensteht, hat auch die Rechtsprechung anerkannt. So ging schon das Reichsgericht in seinem Urteil vom 20. Dezember 1929[227] von der wirksamen Gründung einer stillen Gesellschaft aus, die von einer oHG und einer Erbengemeinschaft als stillem Gesellschafter[228] vereinbart worden war.

[223] K. Schmidt, Gesellschaftsrecht, S. 170 f. Freilich können auch Innengesellschaften als Verband organisiert sein. Dann ist der Gesellschaftsvertrag auch Organisationsvertrag. Vgl. K. Schmidt, Gesellschaftsrecht, ebenda und S. 78.
[224] Die Errichtung einer Satzung und der Abschluss von Gesellschaftsverträgen sind als Rechtsgeschäfte bzw. rechtsgeschäftliches Handeln einzuordnen; vgl. K. Schmidt, Gesellschaftsrecht, S. 76.
[225] Roth/ Altmeppen, GmbHG, § 2 Rn 10.
[226] Vgl. nur: BGH WM 1969, 298; BGH ZEV 2002, 504. Gar nicht zu reden von der Fortführung eines einzelkaufmännischen Unternehmens.
[227] RGZ 126, 386.
[228] Ebenso hat der Bundesfinanzhof die Beteiligung Dritter als stille Gesellschafter an einer unternehmenstragenden Erbengemeinschaft anerkannt. Vgl. BFH, NJW 1988, 1343.

Auch für die Beteiligung an der Gründung einer GmbH stellt die mangelnde Rechtsfähigkeit kein entscheidendes Hindernis dar. Dies ergibt sich aus dem Beschluss des BGH vom 3. November 1980.[229] Das Gericht hatte über das Eintragungsbegehren dreier Arbeitsgemeinschaften in der Rechtsform der Gesellschaft bürgerlichen Rechts, die eine GmbH errichtet hatten, zu entscheiden. In der Begründung nimmt das Gericht gegen den Einwand Stellung, die BGB-Gesellschaft könne mangels Partei- und Rechtsfähigkeit nicht als Gründer auftreten.[230] Es stellt ausdrücklich klar, dass es auf die fehlende Partei- und Rechtsfähigkeit nicht ankomme. Mehrere Personen, die sich zu einer Gesellschaft bürgerlichen Rechts verbunden haben, könnten bei der Gründung einer GmbH gemeinsam eine Stammeinlage mit der Folge übernehmen, dass der Geschäftsanteil Gesamthandsvermögen wird.[231]

Kein Hindernis stellt die mangelnde Rechtsfähigkeit nach einem Beschluss des OLG Hamm[232] auch für die Übernahme einer weiteren Stammeinlage dar. Das Gericht hatte über die Frage zu befinden, ob eine im Wege der Universalsukzession in die GmbH eingetretene Erbengemeinschaft im Rahmen einer Kapitalerhöhung eine weitere Stammeinlage übernehmen kann. Namentlich in der fehlenden Rechtsfähigkeit der Erbengemeinschaft erkennt das OLG kein Hindernis. Die mangelnde Rechtsfähigkeit der Erbengemeinschaft sei bei der Übernahme der Stammeinlage wie bei jedem anderen Rechtserwerb kein entscheidender Gesichtspunkt.[233]

(2) Einwand der auf Auflösung gerichteten Zwangsgemeinschaft

Kraft/ Kreutz verneinen grundsätzlich die Gründerfähigkeit der Erbengemeinschaft mit dem Argument, sie sei keine organisierte Personengemeinschaft, sondern eine auf Auflösung gerichtete Zwangsgemeinschaft.[234]

a. Argument des Organisationsmangels

Daran ist richtig, dass die Erbengemeinschaft nicht auf Vertrag beruht und insofern keine organisierte Personengemeinschaft darstellt. Das heißt jedoch nicht,

---

[229] BGHZ 78, 311.
[230] Die mögliche Rechtsfähigkeit der BGB-Gesellschaft wurde, trotzdem acht Jahre seit Erscheinen des grundlegenden Aufsatzes zur Gruppenlehre (Flume, ZHR 136 [1972] S. 177 ff.) vergangen waren, nicht angesprochen.
[231] BGHZ 78, 311 (313).
[232] OLG Hamm, OLGZ 1975, 164 (168 f.).
[233] OLG Hamm, OLGZ 1975, 164 (169).
[234] Kraft/ Kreutz, Gesellschaftsrecht, 11. Aufl., S. 36; Kölner KommAktG/ Kraft, § 2 Rn 27.

dass die Erbengemeinschaft in einem Maße organisatorischer Regeln entsagt, dass dies zur Entscheidungs- und Handlungsunfähigkeit führt. Vielmehr zeigt die Praxis, das die Erbengemeinschaft sogar ausreichend aktionsfähig ist, um ein einzelkaufmännisches Handelsunternehmen zu führen.
Für Kapitalgesellschaften ist die Mitgliedsfähigkeit gesetzlich anerkannt.[235] Das Gesetz geht also davon aus, dass der Organisationsgrad einer Erbengemeinschaft ausreicht, um Rechte und Pflichten in der Gesellschaft wahrzunehmen. Wo das Gesetz daran zweifelt, erlegt es – zum Schutz der Gesellschaft[236] – der Erbengemeinschaft die Bestellung eines Vertreters auf (§ 69 I AktG; § 77 I 3 GenG).
Auch für die zur Gründung einer Gesellschaft notwendigen Handlungen ist die Erbengemeinschaft ausreichend gerüstet. Neben dem Vertragsschluss ist vielfach die Anmeldung bei einem Register erforderlich (z. B. §§ 106, 108 HGB). Dies hat durch alle Gesellschafter zu erfolgen (§ 108 HGB).
Dabei müssen dann die Miterben persönlich erscheinen, sie können aber auch einen Vertreter[237] schicken. Warum sollten die Miterben dazu nicht fähig sein? Wenn sie als Einzelpersonen eine Gesellschaft gründen wollten, müsste jeder Gründergesellschafter dieselben Handlungen vornehmen.
An einem Mangel an Organisation kann also die Gründerfähigkeit nicht scheitern. Besondere – rechtsformspezifische – Einwände werden insofern gegen die Beteiligung an Personengesellschaften erhoben. Für die dafür erforderliche eingehendere Auseinandersetzung sei auf die Ausführungen im Zusammenhang mit der Mitgliedschaft in der jeweiligen Gesellschaft verwiesen.

b. Argument der Zwangsgemeinschaft

Auch dass die Erbengemeinschaft ihre Existenz und personelle Zusammensetzung nicht dem freiwilligen Entschluss der Miterben, sondern der Entscheidung des Erblassers oder den gesetzlichen Bestimmungen zu verdanken hat, ist kein Grund, ihr die Gründerfähigkeit abzusprechen. Das Gesetz geht von der Gesellschafterfähigkeit solcher "Zwangsgemeinschaften" aus, wie den §§ 18 GmbH, 69 AktG zu entnehmen ist, und lässt darüber hinaus nicht erkennen, dass der "Zwangscharakter" der Gründungsbeteiligung entgegensteht. Davon abgesehen entscheiden sich die Miterben mit dem Abschluss des Gesellschaftsvertrages dafür, als Gemeinschaft Gesellschafter zu werden. Indem sie nicht von der Möglichkeit der sofortigen Trennung (§ 2042 I BGB) Gebrauch machen, lassen sie erkennen, dass sie – "zwanglos" – verbunden bleiben wollen.

---

[235] Vgl. nur § 18 GmbHG.
[236] MünchKommAktG/ Bayer, § 69 Rn 2.
[237] Koller/ Roth/ Morck, HGB, § 109 Rn 1.

c. Argument der Auflösungstendenz

Nach Kraft/ Kreutz steht der Gründerfähigkeit – rechtsformübergreifend – entgegen, dass die Erbengemeinschaft auf Auflösung gerichtet ist. Im Personengesellschaftsrecht ist dieser Einwand geradezu zum Standardargument gegen die Mitgliedsfähigkeit der Erbengemeinschaft avanciert.[238] Dass die grundsätzliche Auflösungstendenz die Gründungsbeteiligung nicht hindert, wird im Folgenden zu zeigen sein.

aa. Grundsätzliche Auflösungstendenz

Nach ganz herrschender Meinung[239] ist die Erbengemeinschaft nicht auf Dauerhaftigkeit angelegt, sondern neigt zur Liquidation. Diese grundsätzliche Tendenz zur baldigen Auflösung spricht aber nicht per se gegen die Gründerfähigkeit der Erbengemeinschaft.

aaa. Erbrechtliche Perspektive

Das Erbrecht steht der Gründungsbeteiligung nicht entgegen. Es stellt zwar die gesetzlichen Voraussetzungen für die kurzfristige Auseinandersetzung zur Verfügung (§ 2042 I BGB). Auch mögen die Beschränkung des Hinzuerwerbs zum Nachlass (§ 2041 BGB) und die grundsätzliche Verpflichtung zum Konsens (§§ 2038 Abs. 1 S. 1, 2040 Abs. 1 BGB) einem dauerhaften Bestand nicht eben förderlich sein.

Doch ist die kurzfristige Auseinandersetzung nicht zwangsläufige Folge des Erbfalls. Vielmehr steht es den Miterben frei, wenn es ihnen opportun erscheint, die Liquidation beliebig hinauszuschieben. Zu denken ist etwa an die Fälle[240], in denen sich vermiet- oder verpachtbare Grundstücke im Nachlass befinden oder ein gewerbliches Unternehmen von der Erbengemeinschaft weitergeführt wird.

---

238 Vgl. nur: H. P. Westermann, JuS 1979, S. 765 ff. (766); Hueck/ Windbichler, Gesellschaftsrecht, S. 128 f.; MünchKomm/ Ulmer, § 705 Rn 81; Erman/ Westermann, § 705 Rn 22 und § 727 Rn 8; Soergel/ Hadding, 11. Aufl., § 727 Rn 20; Bamberger/ Roth/ Timm/ Schöne, BGB, § 705 Rn 55.

239 Vgl. nur BGHZ 17, 299 (302); Staudinger/ Werner, § 2032 Rn 9; MünchKomm/ Dütz, Vor § 2032 Rn 4 f.; AK/ Pardey, § 2032 Rn 6; auch schon der historische Gesetzgeber in Mugdan, Protok., Bd. V, S. 497 ; aA Hahn, Mehrere Erben als Rechtsträger des einzelkaufmännischen Unternehmens, 1992, S. 82 ff.; Ann, Die Erbengemeinschaft, 2001, S. 120 u. S. 359; die die – möglicherweise durchaus zutreffend beschriebene – Lage bei unternehmenstragenden Erbengemeinschaften unangemessen verallgemeinern.

240 Sachlagen, die die – zumindest teilweise – Erhaltung der Gemeinschaft fordern, sind "nicht selten". Vgl. Staudinger/ Werner, Vorbem. zu §§ 2032-2057a Rn 3.

Das Gesetz eröffnet den Miterben ausdrücklich die Möglichkeit, die Auseinandersetzung dauerhaft auszuschließen (§ 2042 II i. V. m. § 749 II BGB). Darüber hinaus führt auch der Wunsch einzelner Miterben nach Versilberung des Erbteils nicht mit Notwendigkeit zur Auflösung der Gemeinschaft. Es ist den übrigen Miterben unbenommen, den Erbteil des Ausscheidungswilligen zu erwerben (§§ 2034, 2035 BGB) oder eine persönliche Teilauseinandersetzung im Wege der Abschichtung[241] vorzunehmen. Eine zuvor vorgenommene gegenständliche Auseinandersetzung über andere Nachlassgegenstände würde im letzteren Fall die Abfindungskosten reduzieren.[242]

bbb. Gesellschaftsrechtliche Perspektive

Auch aus gesellschaftsrechtlicher Sicht ergeben sich insofern keine durchgreifenden Bedenken gegen die Gründungsbeteiligung.
Nach dem Gesetz verbinden sich die Gesellschafter zu Verfolgung eines gemeinsamen Zwecks (§ 705 BGB). Eine Mindestdauer für den Bestand der Verbindung schreibt das Gesetz nicht vor. Die Entscheidung darüber liegt allein bei den Gesellschaftern (z B. § 131 Abs. 1 Nr. 2 HGB). Folgerichtig wird zu Recht vertreten, dass auch eine Liquidationsgesellschaft sich an der Gründung einer Gesellschaft beteiligen kann.[243]
Dem Gesetz ist auch nicht zu entnehmen, dass existenzgefährdete Personen oder juristische Einheiten an einer Gesellschaftsgründung gehindert werden sollen. Vielmehr obliegt es der privatautonomen Entscheidung der künftigen Gesellschafter, mit wem sie sich verbinden wollen.[244]
Hinzu kommt, dass sich der Wegfall einzelner Gesellschafter seit der Reform des Handelsrechts[245] regelmäßig[246] nur noch auf den Bestand der Gesellschaft bürgerlichen Rechts auswirkt.

---

[241] Rechtsfolge der Abschichtung ist, dass der Erbteil des ausscheidenden Erben kraft Gesetzes den übrigen Miterben anwächst. Vgl. Lange/ Kuchinke, Erbrecht, S. 1145 f.
[242] Zu den diversen Auseinandersetzungsmöglichkeiten vgl. Lange/ Kuchinke, Erbrecht, S. 1144 ff.
[243] Z. B. Schlegelberger/ K. Schmidt, § 335 (§ 230 n. F.) Rn 27, für die stille Gesellschaft; nach Müller, GenG, § 15 Rn 12, können auch aufgelöste Personengesellschaften einer eG betreten, wenn § 77a GenG statutarisch abbedungen ist; für die Gründerfähigkeit von Liquidationsgesellschaften auch Kropf/ Semler/ Heider, AktG, § 2 Rn 14, 16; Kölner KommAktG/ Kraft, § 2 Rn 21.
[244] Es steht auch 90jährigen frei, eine Gesellschaft zu gründen, auch wenn ihre statistische Lebenserwartung bereits weit im Negativbereich liegt.
[245] HRefG v. 22.6. 1998 (BGBl. I S. 1474).
[246] Anders liegt der Fall, wenn nur ein einziger Personengesellschafter übrig bleibt. Vgl. K. Schmidt, Gesellschaftsrecht, S. 1304 f.

Wenn die Erbengemeinschaft Gesellschafter ist und sich zur Auseinandersetzung entschließt, erstreben die Miterben die Verwertung des Gesellschaftsanteils. Möglich ist dies etwa durch die Veräußerung des Anteils, soweit der Gesellschaftsvertrag und andere Hindernisse nicht entgegenstehen. Auf den Bestand der Gesellschaft hätte das unmittelbar keinen Einfluss.
Denkbar ist aber auch, dass die Miterben die Mitgliedschaft kündigen, um den möglichen Abfindungsanspruch (z. B. § 738 I 2 BGB) zu erlangen. Für Personenhandelsgesellschaften[247] führt das lediglich zum Ausscheiden der Erbengemeinschaft, nicht – mehr – zur Auflösung der Gesellschaft (§ 131 III Nr. 3 HGB).[248] Nur für die BGB-Gesellschaft führt die Kündigung zur Auflösung der Gesellschaft (§ 723 Abs. I S. 1 BGB), sofern der Vertrag keine Fortsetzungsklausel (§ 736 I BGB) enthält.

bb. Geringe Auflösungstendenz der Gründererbengemeinschaft

Es hat sich gezeigt, dass selbst unter der Voraussetzung einer überdurchschnittlichen Auflösungsneigung der Erbengemeinschaft die Ablehnung der Gründerfähigkeit kaum überzeugend zu begründen ist. Im Folgenden wird sich erweisen, dass schon die Annahme einer erhöhten Auflösungstendenz zu undifferenziert und für den vorliegenden Fall unzutreffend ist.
Methodisch bietet sich ein Vergleich mit der BGB-Gesellschaft an, denn deren Gründerfähigkeit ist weitgehend unbestritten.[249] Es wird sich zeigen, dass die Auflösungsneigung der Gründererbengemeinschaft nicht wesentlich höher als die einer GbR zu veranschlagen ist.

aaa. Vergleich der Rechtslage bei der Erbengemeinschaft und der GbR

Grundsätzlich kann jeder Miterbe jederzeit die Auseinandersetzung verlangen (§ 2042 I BGB). Die Auseinandersetzung kann sowohl durch den Erblasser als auch die Miterben hinausgeschoben werden. Der Erblasser kann die Auseinandersetzung durch letztwillige Verfügung für einen Zeitraum von bis zu 30 Jahren ausschließen (§ 2044 BGB), allerdings nur mit schuldrechtlicher Wirkung. Die Miterben haben die Möglichkeit, die Auseinandersetzung einstimmig auf Zeit oder dauerhaft auszuschließen (§§ 2042 II, 749 II BGB). Unberührt davon bleibt das Recht, die Auseinandersetzung aus wichtigem Grund zu fordern (§

[247] Gleiches gilt für die – nach hM nicht als Handelsgesellschaft zu behandelnde – Partenreederei und Juristische Personen.
[248] Nach § 131 HGB a. F. war Kündigung der Gesellschaft noch eine Auflösungskündigung.
[249] Siehe Kapitel § 7.

749 II BGB). Damit hängt die Auseinandersetzung letztlich von der Entscheidung jedes einzelnen Miterben ab.

Kaum schwächer ist die Rechtsstellung eines GbR-Gesellschafters. Auch diesem steht – mangels einer anderweitigen vertraglichen Regelung – ein jederzeitiges Kündigungsrecht zu (§ 723 I 1 BGB).[250] Zwar darf die Kündigung nicht zu Unzeit erfolgen (§ 723 II BGB), doch hindert das deren Wirksamkeit nicht.[251] Eine vergleichbare Regelung fehlt zwar im Recht der Erbengemeinschaft, doch führt die Anwendung des § 242 BGB zu vergleichbaren Ergebnissen.[252]

bbb. Vergleich der Motivationslage bei der Erbengemeinschaft und der GbR

Da die Rechte der einzelnen Gesamthänder, Miterben wie GbR-Gesellschafter, Auflösung zu verlangen, sich weitgehend gleichen, kommt es letztlich darauf an, inwiefern eine Wahrscheinlichkeit besteht, dass von diesem Recht auch Gebrauch gemacht wird. Auch insofern wird sich zeigen, dass keine wesentlichen Unterschiede zwischen dem Gesellschafter einer GbR und einem Miterben bestehen.

Die Personengesellschaft entsteht durch Vertrag (§ 705 BGB). Hier kommen in der Regel Personen zusammen, die sich kennen, ihre Persönlichkeiten und Fähigkeiten kalkulieren, einander vertrauen und beabsichtigen, ein gemeinsames Projekt zu verwirklichen. Schon allein die Tatsache, dass hier Partner bewusst ausgewählt werden, sorgt für eine Begrenzung künftig erwartbarer Konflikte. Darüber hinaus befördert die Intention, ein gemeinsames Projekt durchzuführen oder zu Ende zu bringen, tendenziell auch die Konfliktbewältigung und wirkt vorzeitigem Scheitern entgegen.

Einen völlig anderen Entstehungstatbestand weist eine Erbengemeinschaft auf. Sie entsteht unabhängig vom Willen der Miterben, entweder aufgrund Gesetzes (§§ 1924 ff. BGB) oder des Willens eines Dritten, des Erblassers (§§ 1937 ff., 2087 ff. BGB).[253] Die Miterben haben sich ihre Gemeinschafter nicht ausge-

---

[250] Darauf weisen auch hin: Köbler, Erbrecht und Gesellschaftsrecht, 1974, S. 112; Weipert, FS-Bezzenberger, 2000, S. 439 ff. (444).

[251] Vgl. Staudinger/ Habermeier, § 723 Rn 16.

[252] Lange/ Kuchinke, Erbrecht, S. 1139.

[253] Die Erbengemeinschaft kann weder durch Vertrag der Beteiligten geschaffen werden noch vertraglich wiedereingeführt werden, wenn sich die Miterben rechtsgültig auseinandergesetzt haben. Vgl. RGRK/ Kregel, § 2032 Rn 8.

sucht, weshalb die Erbengemeinschaft auch anschaulich als "Zwangsgemeinschaft"[254] bezeichnet wird.

Vor dem Hintergrund dieser unterschiedlichen Entstehungstatbestände ist die weitere Entwicklung zu sehen. Die Gesellschafter haben *vor* dem Eingehen der Verbindung ihre Interessen definiert und in der Konsequenz die Gesellschaft gegründet. Anders die Miterben: Sie definieren ihre Interessen erst *nach* Entstehen der Gemeinschaft. Diese richten sich dann in der Regel auf Auseinandersetzung.
Vergleicht man also die GbR mit einer Erbengemeinschaft, wie sie sich unmittelbar nach dem Erbfall darstellt, so wird man letzterer unzweifelhaft eine höhere Auseinandersetzungstendenz bescheinigen können.
Davon zu unterscheiden ist jedoch die Lage, *nachdem* sich die Miterben für die Beteiligung an der Gründung einer Gesellschaft entschieden haben.
Entscheidungstechnisch befinden sich die Miterben *unmittelbar nach dem Erbfall* in derselben Situation wie die potentiellen Gesellschafter *vor* der Gründung einer Gesellschaft. Sie definieren ihre Interessen und Ziele und sie kalkulieren, ob sie sich auseinandersetzen wollen oder ob sie miteinander, als Gemeinschaft und mit Dritten[255], ein gemeinsames Projekt verwirklichen wollen. Ist letzteres der Fall, so gründen sie, als Gesamthand, in Konsequenz dieses Entscheidungsprozesses eine Gesellschaft. Unter voluntativen Gesichtspunkten handelt es sich bei der Erbengemeinschaft nun nicht mehr um eine Zwangsgemeinschaft. Dem Fortbestand der Gemeinschaft liegt vielmehr die freiwillige Entscheidung der Miterben zugrunde.

Es ist festzuhalten, dass die Erbengemeinschaft, so wie sie sich unmittelbar nach dem Erbfall darstellt, vermutlich eine vergleichsweise höhere Neigung zur Auflösung hat, als eine Gesellschaft bürgerlichen Rechts.[256] Dagegen ist zu bezweifeln, dass auch denjenigen Erbengemeinschaften, die sich an der Gründung einer Gesellschaft beteiligen, eine erhöhte Auseinandersetzungstendenz inhärent ist. Wenn aber die Gründererbengemeinschaft keine signifikant höhere Auflösungsneigung als eine GbR hat und für letztere die Gründerfähigkeit anerkannt ist,

---

[254] Lange/ Kuchinke, Erbrecht, S. 1086.
[255] Denkbar ist auch die Gründung einer Einmann-Gesellschaft (GmbH o. AG), mithin ohne Beteiligung Dritter.
[256] Insofern hat Westermanns Befürchtung etwas für sich, dass die im Erbgang in die oHG/ KG eintretende Erbengemeinschaft angesichts der Rechte jedes einzelnen Miterben aus § 2033 und §§ 2042 ff. BGB sowie § 139 HGB vor dem Zerfall nicht bewahrt werden kann; vgl. H. P. Westermann, JuS 1979, 765 (766). Nach dem Ablauf der dreimonatigen Frist, die § 139 Abs. 3 Satz 1 HGB jedem Miterben einräumt, stellt sich die Situation für den Fortbestand der Gesamthand freilich schon etwas freundlicher dar.

dann ist nicht einzusehen, warum für die Erbengemeinschaft etwas anderes gelten soll.[257]

ccc. Gründungsaufwand versus Auflösungstendenz

Gegen eine überdurchschnittliche Auflösungsneigung der Gründererbengemeinschaft spricht auch der – für einige Gesellschaftsformen nicht unerhebliche – Gründungsaufwand.

Ist die Mitgliedschaft vererblich[258], so fällt sie an die Erben, ohne dass diese größere Aktivitäten entfalten müssten. So rückt etwa der Erbe eines Kommanditisten mit dem Erbfall automatisch in die Gesellschafterstellung ein, ohne dass es dazu einer besonderen Erklärung des Erben bedarf.[259]

Unvergleichlich mehr Anstrengungen erfordert dagegen häufig die Gründung einer Gesellschaft. Diese ist vielfach mit einem nicht unerheblichen finanziellen und organisatorischen Aufwand verbunden. Einige Gesellschaftsformen müssen schon von Gesetzes wegen mit Kapital ausgerüstet (z. B. § 5 GmbHG) und angemeldet werden (z. B. § 106 HGB), betriebswirtschaftliche Vorkehrungen müssen getroffen werden usw.
Wer diese Mühen auf sich nimmt, entscheidet sich ganz bewusst für eine dauerhafte Existenz und neigt nicht zur schnellen Auflösung.

(3) Erwerb des Gesellschaftsanteils durch Surrogation

Zu bedenken ist, dass die Erbengemeinschaft grundsätzlich auf Beendigung, auf Abwicklung, gerichtet und keine werbende Gemeinschaft ist.[260] Es ist den Miterben nicht möglich, das Gesamthandsvermögen beliebig durch Hinzuerwerb neuer Gegenstände zu vermehren. Ein Hinzuerwerb ist nur im Rahmen der gesetzlichen Regeln möglich, das heißt durch Surrogation (§ 2041 BGB).

---

[257] Nach Ann, Die Erbengemeinschaft, 2001, S. 359, ist die Erbengemeinschaft überhaupt nicht auf Abwicklung orientiert, eine Auseinandersetzungsmöglichkeit bestehe nur theoretisch. Deswegen steht nach seiner Auffassung § 2042 BGB der Mitgliedschaft in einer BGB-Gesellschaft nicht entgegen.
[258] Die Voraussetzungen unterscheiden sich je nach Rechtsform der Gesellschaft. Personengesellschaften regeln das etwa durch die Aufnahme einer Nachfolgeklausel in den Gesellschaftsvertrag. Vgl. K. Schmidt, Gesellschaftsrecht, S. 1333.
[259] BGHZ 101, 123 (125).
[260] Soergel/ Wolf, § 2041 Rn 1.

Die ganz hM[261] hält den Erwerb von Gesellschaftsanteilen, auch solchen von Personengesellschaften, kraft Surrogation für möglich. Handelt es sich um mehrere Erben, so sollen freilich die surrogationsbegünstigten Miterben im Wege der Sondernachfolge einzeln Gesellschafter[262] von Personengesellschaften werden.[263]

Martinek[264] hat am Beispiel der Kommanditbeteiligung eine differenzierende Auffassung entwickelt. Während dem derivativen[265] Erwerb einer Kommanditbeteiligung kraft Surrogation keine Hindernisse entgegenstünden, sei beim originären[266] Erwerb zu unterscheiden. Handele es sich um eine rein kapitalistisch ausgestaltete Kommanditistenstellung, so sei Surrogation möglich. Anders sei die Lage bei der personalistischen KG des gesetzlichen Leitbildes der §§ 161 ff. HGB, bei der die Stellung des Kommanditisten zumindest in Teilbereichen eine individuell-personenbezogene Ausprägung erfahren habe.[267] Die vom Prinzip der dinglichen Surrogation nach §§ 2019, 2111 BGB vorausgesetzte wirtschaftliche Austauschverknüpfung[268] sei hier nicht gegeben. In keinem Sinne könne man den Komplex der Gesellschafterrechte und -pflichten als Preis oder Gegenleistung für die vereinbarte Einlageleistung ansehen.[269]
Flume[270] hält zwar den Erwerb einer Kommanditistenstellung kraft Surrogation aufgrund wirtschaftlicher Betrachtungsweise für möglich, lehnt aber den Erwerb einer OHG-Beteiligung[271] bzw. Komplementärsposition nach §§ 2111, 2019 BGB ab, weil diese von der Person nicht zu trennen seien. Gleiches gelte für die Gesellschaft bürgerlichen Rechts. Zwar könne man an eine Unterscheidung zwischen Erwerbsgesellschaften und solchen, die nach dem wirtschaftlichen Zweck bloße Vermögensgemeinschaft seien, denken, doch sei im Interesse der Sicher-

---

261 BGHZ 109, 214; OLG Düsseldorf, FamRZ 1992, 600; OLG Hamm, OLGZ 1975, 164; Heymann/ Emmerich, HGB, § 139 Rn 20; Soergel/ Wolf, § 2041 Rn 10; Staudinger/ Werner, § 2041 Rn 7; Palandt/ Edenhofer, § 2111 Rn 5; Lange/ Kuchinke, Erbrecht, S. 1072; Brox, Erbrecht, S. 346.

262 Auch beim Erwerb kraft Surrogation soll es also zum Splitting der Personengesellschaftsanteile kommen, wenn mehrere Miterben in die Gesellschaft eintreten.

263 Soergel/ Wolf, § 2041 Rn 10.

264 Martinek, ZGR 1991, 74 ff.

265 Also dem Erwerb schon existenter Gesellschaftsanteile, etwa durch Übertragung oder im Erbgang.

266 Zur Unterscheidung zwischen derivativem und originärem Erwerb der Mitgliedschaft vgl. K. Schmidt, Gesellschaftsrecht, S. 551.

267 Martinek, ZGR 1991, 74 (85).

268 Vgl. Brox, Erbrecht, S. 347.

269 Martinek, ZGR 1991, 74 (86).

270 Flume, ZHR 155 (1991), 501 ff. (512 f.).

271 Dagegen hat die Rechtsprechung nun auch den Erwerb einer OHG-Beteiligung nach § 2019 BGB bejaht. OLG Düsseldorf, FamRZ 1992, 600.

heit des Rechtsverkehrs für die GbR einheitlich zu entscheiden und die Anwendung der Surrogationsnormen abzulehnen.

Die genannten Auffassungen stehen dem Anteilserwerb durch die Erbengemeinschaft nicht entgegen.[272]
Flumes Argumentation betrifft den Fall des originären Erwerbs der Mitgliedschaft nicht, denn dabei findet kein Austausch der Gesellschafter statt. Vielmehr wird ja die Mitgliedschaft durch die Gründung erst geschaffen.

Der Hinzuerwerb zum Gesamthandsvermögen der Erbengemeinschaft vollzieht sich nach § 2041 BGB.
§ 2041 BGB kennt drei Arten der Surrogation, die Rechtssurrogation, die Ersatzsurrogation und die Beziehungssurrogation. Insofern erfasst die Norm die gleichen Surrogationsarten wie §§ 2019, 2111 BGB. Jedoch geht § 2041 S. 1 Var. 3 BGB über diese hinaus, indem nicht auf die Herkunft der Mittel, mit denen der Erwerb erfolgt, abgestellt wird. § 2019 Abs. 1 und § 2111 Abs.1 BGB verlangen den Erwerb mit Mitteln der Erbschaft (sog. Mittelsurrogation). Demgemäß muss zwischen dem Erwerb und der Aufwendung von Nachlassmitteln ein Zusammenhang bestehen, wenigstens eine enge wirtschaftliche Beziehung.[273]

Weniger strenge Anforderungen stellt § 2041 S.1 Var. 3 BGB. Nach herrschender Meinung[274] kommt es auf die Herkunft der aufgewendeten Mittel nicht an; diese müssen nicht dem Nachlass entstammen. Auch wenn z. B. private Mittel der Miterben aufgewendet werden oder es sich um eine unentgeltliche Zuwendung Dritter handelt[275], kann das Erworbene in das Gesamthandsvermögen gelangen. Erfolgt der Erwerb mit nachlassfremden Mitteln, so ist der subjektive Wille, für den Nachlass zu erwerben, und ein objektiver innerer Zusammenhang erforderlich. Letzterer ist grundsätzlich gegeben, wenn das Geschäft der Erhaltung und Verwaltung des Nachlasses dient. Darüber hinaus können andere

---

[272] Das wird natürlich von Martinek auch nicht behauptet. Anlass für die Untersuchung ist die Entscheidung BGHZ 109, 214, und Aufgabe der Position von BGH NJW 1977, 433. In den Urteilen ging es um die Surrogation bei Schein- bzw. Vorerben, nicht um den Surrogationserwerb einer Erbengemeinschaft. Flume, ZHR 155 (1991),501 (513), dagegen lehnt die Anwendung der Surrogation nach § 2041 BGB auf die Kommanditbeteiligung ab, ohne das zu begründen, was aber wohl nur an der ganz hM von der Singularsukzession bei Kommanditbeteiligungen liegt und kein surrogationsspezifisches Problem ist.
[273] Brox, Erbrecht, S. 347; Staudinger/ Gursky, § 2019 Rn 13.
[274] RGRK/ Kregel, § 2041 Rn 1; Staudinger/ Werner, § 2041 Rn 6; Erman/ Schlüter, § 2041 Rn 4; Soergel/ Wolf, § 2041 Rn 11; Michalski, BGB-Erbrecht, S. 336; aA MünchKomm/ Dütz, § 2041 Rn 25, nach dessen Auffassung, dies der Abwicklungsfunktion der Erbengemeinschaft zuwider läuft.
[275] KG, NJW 1962, 54.

Gründe, insbesondere solche der wirtschaftlichen Zweckmäßigkeit, den objektiven inneren Zusammenhang begründen.[276]

Wenn es aber auf eine Austauschverknüpfung zwischen Nachlassmitteln und erworbenem Gegenstand überhaupt nicht ankommt[277], auch nicht im "nur" wirtschaftlichen Sinne, sondern die Herkunft der Mittel irrelevant ist und lediglich wirtschaftliche Zweckmäßigkeit und ein entsprechender Erwerbswille vorausgesetzt werden, dann ist auch der Erwerb von personalistisch geprägten Gesellschaftsanteilen in toto möglich.

Zusammenfassend ist festzustellen, dass die Surrogationsvorschriften dem Erwerb von Gesellschaftsanteilen nicht entgegenstehen. Vielmehr ermöglichen sie sowohl den originären als auch den derivativen Anteilserwerb.

4. Beteiligung an der Gründung einer Außen-GbR

Wie sich gezeigt hat, kann eine Erbengemeinschaft nicht im Erbgang Gesellschafter einer Außen-GbR werden. Im Folgenden ist zu untersuchen, ob sie dies durch Beteiligung an der Gründung erreichen kann. Dabei werden auch jene Argumente auf Stichhaltigkeit geprüft, die von der herrschenden Meinung gegen die Mitgliedschaft der Erbengemeinschaft in einer GbR vorgebracht werden.

(1) Haftungseinwand

Anders als bei dem Eintritt kraft Erbrechts verursacht eine Gründungsbeteiligung keine Haftungsprobleme. Soweit sich die Miterben als Erbengemeinschaft im Gesellschaftsvertrag zu Beitragsleistungen verpflichten, entstehen Nachlasserbenschulden[278], für die eine erbrechtliche Haftungsbeschränkung nach § 2059 I BGB nicht in Betracht kommt.
Gleiches gilt für Verpflichtungen der neu gegründeten Außen-GbR, für die sie entsprechend §§ 128 ff. HGB haften. Altschulden, für welche die Haftung nach § 2059 I 1 BGB auf den Nachlass beschränkt werden könnte, gibt es nicht.

---

[276] Soergel/ Wolf, § 2041 Rn 11.
[277] Im Fall der Schenkung (KG, NJW 1962, 54) gibt es nicht einmal einen Austausch.
[278] Ebenso MünchKomm/ Dütz, § 2032 Rn 16, für die Gründungsverbindlichkeiten bei Gründung einer GmbH.

(2) Die Personengesellschaft als persönlichkeitsbezogene Arbeitsgemeinschaft

Die Rechtsprechung zur Singularsukzession lehnt die Nachfolge der Erbengemeinschaft im Erbgang u. a. mit dem Argument ab, bei einer Personengesellschaft handele es sich in der Regel um eine persönlichkeitsbezogene Arbeitsgemeinschaft.[279]

Dieses Bild hatte für den Regelfall auch der Gesetzgeber vor Augen: ein von der Persönlichkeit und Individualität der Mitglieder geprägter Zusammenschluss, der auch auf den kaufmännischen, technischen oder organisatorischen Fähigkeiten der Gesellschafter beruht[280], die gemeinsam einen ideellen oder wirtschaftlichen Zweck verfolgen und dabei auch auf die gegenseitige Unterstützung vertrauen.[281]
Im Gesetz drückt sich das u. a. in der Beteiligung aller an der Geschäftsführung und Vertretung der Gesellschaft aus (§§ 709, 714 BGB; §§ 114, 125 HGB).

Davon hat man sich in der heutigen Praxis in vielen Fällen weit entfernt. Das eklatanteste Beispiel stellen die Publikumspersonengesellschaften dar.[282] Dabei handelt es sich um den, meist steuerrechtlich motivierten, Zusammenschluss besonders vieler Gesellschafter. Diese Zusammenschlüsse sind dadurch gekennzeichnet, dass die kapitalmäßige Beteiligung ganz im Vordergrund steht. Insbesondere wird eine persönliche Mitarbeit gerade nicht erwartet. Vielmehr wird von den Gesellschaftern nur die Leistung der Einlagen gefordert, zu mehr brauchen sie nicht in der Lage zu sein. Die weitgehende Dispositivität des Personengesellschaftsrechts ermöglicht auch den Ausschluss der Anlegergesellschafter von Geschäftsführung und Vertretung (§§ 710, 714 BGB). Von einer persönlichkeitsbezogenen Arbeitsgemeinschaft kann bei solchen Gestaltungen nicht die Rede sein.
Publikumspersonengesellschaften werden häufig in der Rechtsform einer Kommanditgesellschaft, die schon nach ihrer gesetzestypischen Ausgestaltung weni-

---

[279] BGHZ 22, 186 (192). In dem Urteil wurde zwar über die Nachfolge in die Mitgliedschaft eines oHG-Gesellschafters entschieden, in den nachfolgenden Entscheidungen zur KG und GbR nahm das Gericht aber immer darauf Bezug. Vgl. BGH, NJW 1981, 749 (750) zur BGB-Gesellschaft.
[280] Wiedemann, Die Übertragung und Vererbung von Mitgliedschaftsrechten bei Handelsgesellschaften, 1965, S. 58.
[281] Wiedemann, Gesellschaftsrecht I, S. 89.
[282] Zu den Publikumspersonengesellschaften vgl. K. Schmidt, Gesellschaftsrecht, S. 1665 ff.

ger personalistisch angelegt ist[283], betrieben, vor allem als GmbH & Co. KG. Nicht selten findet man aber auch BGB-Publikumsgesellschaften.[284]
Wenn aber Personengesellschaften, einschließlich der hier interessierenden Außen-GbR, auch ohne jede persönliche Mitarbeit von Gesellschaftern betrieben werden können und tatsächlich betrieben werden, dann ist nicht ersichtlich, warum gerade der Erbengemeinschaft die Beteiligung verwehrt werden soll.

In Betracht zu ziehen ist auch noch ein zweiter Aspekt: Hier steht die rechtsgeschäftliche Beteiligung der Erbengemeinschaft zur Diskussion, nicht die Nachfolge im Erbgang. Den Fall, dass eine gesetzestypische BGB-Gesellschaft, d. h. eine tatsächlich persönlichkeitsbezogene Arbeitsgemeinschaft, durch eine unerwartet eintretende (§§ 1922, 2032 ff. BGB), arbeitsunwillige oder –unfähige Erbengemeinschaft gestört würde, kann es bei der Gründungsbeteiligung nicht geben. Vielmehr kennen die anderen Gesellschafter die Vertragspartner, die gesamthänderisch verbundenen Miterben.[285] Wenn der Gesellschaftszweck im konkreten Fall das Engagement befähigter Gesellschafter benötigt, so kann man das beim Vertragsschluss berücksichtigen und die Kompetenzen entsprechend verteilen oder eben keine Verbindung eingehen. Jedenfalls besteht kein Grund, den Grundsatz der Vertragsfreiheit einzuschränken, indem man der Erbengemeinschaft das Recht, sich an der Gründung zu beteiligen, verweigert.

(3) Einwand der mangelnden Beweglichkeit

Als schwer verträglich mit der Stellung als Gesellschafterin einer GbR gilt die Handlungs- und Entscheidungsstruktur der Erbengemeinschaft.[286] Insbesondere wird auf das Einstimmigkeitsprinzip (§ 2038 I BGB) und die notwendig gemeinschaftliche Verfügung über Nachlassgegenstände (§ 2040 BGB)[287] verwiesen. Nach H. P. Westermann ist die Ungeeignetheit der Erbengemeinschaft für die Geschäftsführung sogar der wichtigste Grund für die Singularsukzession.[288]

---

[283] Vererblichkeit der Kommanditbeteiligung (§ 177 HGB) ; weniger Mitverwaltungsrechte des Kommanditisten (§ 164 HGB) etc.
[284] Vgl. BGHZ 148, 201; OLG Köln, NJW-RR 1994, 491; K. Schmidt, Gesellschaftsrecht, S. 1668.
[285] Wenn die Gesellschafter eine Nachfolgeklausel in den Gesellschaftsvertrag aufnehmen, werden sie häufig nicht wissen, welche Personen im Erbfall nachfolgen, d. h., mit wem die übrigen Gesellschafter dann konfrontiert sind und ob sie mit deren Mitarbeit rechnen können.
[286] Erman/ Westermann, § 727 Rn 8; Soergel-Siebert/ Schultze-v. Lasaulx, 10. Aufl., § 727 Rn 20; Soergel/ Hadding, 11. Aufl., § 727 Rn 20.
[287] Soergel/ Hadding, 11. Aufl., § 727 Rn 20. H. P. Westermann fasst diese beiden Regelungen unter den Einwand, die Erbengemeinschaft könne nicht als geschlossene Einheit auftreten. H. P. Westermann, JuS 1979, 765 (766).
[288] H. P. Westermann, JuS 1979, 765 (766).

Dem ist zuzugeben, dass die Entscheidungs- und Handlungsfähigkeit der Erbengemeinschaft geringer ist als die einer einzelnen natürlichen Person. Es liegt in der Natur der Sache, dass kollektive Meinungsbildung und -umsetzung langwieriger ist als die von Einzelpersonen. Das ist kein besonderes Handikap der Erbengemeinschaft, es macht sie freilich schwerfälliger als eine nach dem Prinzip der Einzelgeschäftsführung und -vertretung geführte Gesellschaft. Den Vergleich mit einer gesetzestypischen BGB-Gesellschaft (Gesamtgeschäftsführung, § 709 I; Gesamtvertretung, § 714 BGB) braucht die Erbengemeinschaft allerdings nicht scheuen.

a. Handlungsorganisation der Erbengemeinschaft

Anders als im Gesellschaftsrecht differenziert das Gesetz in den Regeln zur Nachlassverwaltung nicht zwischen dem Innen- und Außenverhältnis, zwischen Geschäftsführung und Vertretung. Das Gesetz spricht schlicht von Verwaltung und benennt die Erfordernisse einzelner Außenhandlungen, wie Verfügungen, der Geltendmachung von Ansprüchen und der Vornahme von Nothandlungen.

Nach § 2038 Abs. 1 S. 1 BGB steht den Miterben die Verwaltung grundsätzlich gemeinschaftlich zu. Demnach muss im Innenverhältnis über jede Verwaltungsmaßnahme Konsens erzielt werden und auch Geschäfte mit Außenwirkung erfordern die einstimmige Vornahme. Im Außenverhältnis genügt das Handeln eines Miterben mit Zustimmung der anderen (§§ 182 ff. BGB).[289]
Das gibt jedem Miterben die Macht, die in Frage stehende Maßnahme zu verhindern und insoweit die Verwaltung zu blockieren. Dass eine solche Regelung die Handlungsfähigkeit der Erbengemeinschaft nicht unbedingt befördert, liegt auf der Hand. Das Gesetz sieht deswegen daneben die ordnungsmäßige Verwaltung vor (§§ 2038 Abs. 2, 745 Abs. 1 BGB). Diese erlaubt im Innenverhältnis Entscheidungen mit einfacher Stimmenmehrheit, wobei sich das Stimmgewicht nach dem Verhältnis der Erbquoten richtet (§§ 2038 II, 745 I S. 2 BGB).[290]
Im Außenverhältnis wirkt sich die Mehrheitsverwaltung dahin aus, dass nach § 2038 Abs. 1 S. 2 Hs. 1 BGB eine Mitwirkungspflicht eines jeden Miterben besteht, die auch im Prozesswege durchgesetzt werden kann. Da eine klageweise Durchsetzung aber zu langwierigen und mit einer ordnungsgemäßen Verwaltung praktisch unvereinbaren Verzögerungen führt, berechtigt der Beschluss die Mehrheit, für die Erbengemeinschaft Rechtsgeschäfte mit Dritten abzuschließen. Das ist jedenfalls für die Verpflichtungsebene anerkannt.[291]

---

[289] Staudinger/ Werner, § 2038 Rn 9.
[290] Staudinger/ Werner, § 2038 Rn 36.
[291] Ganz hM: BGHZ 56, 47; Staudinger/ Werner, § 2038 Rn 40; MünchKomm/ Dütz, § 2038 Rn 51; Soergel/ Wolf, § 2038 Rn 11.

Anderes soll nach verbreiteter Meinung[292] für Verfügungen über Nachlassgegenstände gelten. Wegen § 2040 I BGB, der § 2038 BGB als speziellere Norm vorgehe, ist im Außenverhältnis stets die Mitwirkung aller Miterben erforderlich. Dies gilt auch dann, wenn es sich bei der Verfügung um eine Maßnahme der ordnungsmäßigen Verwaltung handelt, deren Vornahme zuvor mit Mehrheit beschlossen worden ist. Der Beschluss berechtigt die Mehrheit nicht, die Überstimmten im Rahmen des Verfügungsgeschäftes dem Dritten gegenüber zu vertreten. Sie ist auf die Mitwirkung der Abstimmungsverlierer angewiesen. Weigern sich diese, ihrer Pflicht aus § 2038 Abs. 1 S. 2 HS 1 BGB nachzukommen, so bleibt der Mehrheit nur der Klageweg.[293]
Dieses Verfahren ist umständlich und kann der Erbengemeinschaft die Handlungsfähigkeit, die sie dem Mehrheitsprinzip auf Verpflichtungsebene verdankt, auf der Verfügungsebene u. U. wieder nehmen. Deswegen plädiert ein erheblicher Teil der Literatur[294] dafür, das Mehrheitsprinzip mit Außenwirkung auch auf jene Verfügungen anzuwenden, die im Rahmen der ordnungsmäßigen Verwaltung vorgenommen werden.

Wann Ordnungsmäßigkeit vorliegt, richtet sich gemäß § 2038 II S.1 BGB nach § 745 BGB. Danach muss die Verwaltung der Beschaffenheit des Gegenstandes und dem Interesse aller Miterben nach billigem Ermessen entsprechen. Maßgebend ist die wirtschaftliche Beurteilung einer verständigen Person.[295]Insbesondere liegt dann keine ordnungsmäßige Verwaltung vor, wenn es zur wesentlichen Veränderung des Nachlasses kommt (§ 745 Abs. 3 BGB). Dabei ist nicht auf einzelne Nachlassgegenstände abzustellen, sondern auf den Gesamtnachlass (§§ 2038 Abs. 1 S. 1, S. 2, Abs. 2 S. 1 i. V. m. 745 BGB).[296]

---

[292] Staudinger/ Werner, § 2038 Rn 40; Brox, Erbrecht, S. 289; Lange/ Kuchinke, Erbrecht, S. 1129 f.; Palandt/ Edenhofer, § 2038 Rn 4; MünchKomm/ Dütz, § 2038 Rn 11; Michalski, BGB-Erbrecht, S. 346.
[293] Staudinger/ Werner, § 2040 Rn 18.
[294] Soergel/ Wolf, § 2038 Rn 5; Heil, Die ordnungsmäßige Verwaltung eines Unternehmens im Vor- und Miterbenrecht, 1998, S. 210 f.; Jauernig/ Stürner, § 2038 Rn 1, § 2040 Rn 2; Ebenroth, Erbrecht, Rn 765; Ann, Die Erbengemeinschaft, 2001, S. 412 f.; Kipp/ Coing, Erbrecht, S. 614 u. 618; Leipold, Erbrecht, S. 274; Lange, JuS 1967, 453 (456) m. w. N. aus dem älteren Schrifttum; Wiedemann, GmbHR 1969, 247 (248 f.); Hohensee, Die unternehmenstragende Erbengemeinschaft, 1994, S. 132, der zu Recht darauf hinweist (S. 130), dass die häufig gegen diese Auffassung zitierte Entscheidung BGHZ 56, 47, die Frage bewusst offen lässt. Nach BGHZ 108, 21 (30 f.) geht zumindest § 2038 Abs. 1 S. 2 HS. 2 BGB (Vornahme notwendiger Erhaltungsmaßnahmen) der Regelung in § 2040 BGB vor.
[295] MünchKomm/ Dütz, § 2038 Rn 30.
[296] Palandt/ Edenhofer, § 2038 Rn 6; MünchKomm/ Dütz, § 2038 Rn 30; Lange/ Kuchinke, Erbrecht, S. 1109; Brox, Erbrecht, S. 282; Ebenroth, Erbrecht, Rn 752; Hohensee, Die unternehmenstragende Erbengemeinschaft, 1994, S. 128; dagegen auf den einzelnen Nachlassge-

Nach dem Gesetz ist die Gemeinschaftsverwaltung der Grundsatz, die Mehrheitsverwaltung die Ausnahme. In der Praxis ist es umgekehrt. Hier ist die ordnungsmäßige Verwaltung die Regel.[297] Führt die Erbengemeinschaft ein Handelsunternehmen, so unterfallen die laufenden Geschäfte regelmäßig der Mehrheitsverwaltung.[298]

Für den Notfall, d. h., wenn erhaltungsnotwendige Maßnahmen erforderlich werden, sieht das Gesetz als dritte Stufe die Einzelverwaltung vor (§§ 2038 Abs. 1 S. 2 Hs. 2 BGB). Der Miterbe kann durch sein alleiniges Handeln die Gemeinschaft berechtigen und verpflichten.[299] Darüber hinaus besitzt der handelnde Miterbe nach hM[300] auch Verfügungsmacht, um notwendige Verfügungsgeschäfte zur Erhaltung des Nachlasses vorzunehmen.

b. Folgen für die Mitgliedschaft

aa. Verpflichtungsebene

Die Verwaltung umfasst alle tatsächlichen und rechtlichen Maßnahmen, die auf die Erhaltung, Verwahrung, Sicherung oder Nutzung und Vermehrung des Nachlassvermögens gerichtet sind.[301] In gegenständlicher Hinsicht erstreckt sich die Verwaltung auf alle zum Nachlass gehörenden Gegenstände, einschließlich der Surrogate.[302]

Beteiligt sich die Erbengemeinschaft an der Gründung einer GbR oder erwirbt sie rechtsgeschäftlich die Mitgliedschaft, so gelangt der Gesellschaftsanteil kraft Beziehungssurrogation in den Nachlass (§ 2041 3. Var. BGB).[303]
Da der Gesellschaftsanteil Teil des Nachlasses ist, sind Handlungen der Miterben als Gesellschafter auch als Verwaltung des Nachlasses zu qualifizieren. Sie richten sich nach den §§ 2038 ff. BGB. Somit stellt sich die Frage, ob die Miter-

---

genstand abstellend: Soergel/ Wolf, § 2038 Rn 9; Erman/ Schlüter, § 2038 Rn 5; Staudinger/ Werner, § 2038 Rn 13.

[297] Nach Ann, Die Erbengemeinschaft, 2001, S. 23, der die vorliegende Judikatur gesichtet hat, ist der Anwendungsbereich der Gemeinschaftsverwaltung kaum je als eröffnet angesehen worden; Mehrheitsverwaltung sei faktisch die Regel; ähnlich auch Hohensee, Die unternehmenstragende Erbengemeinschaft, 1994, S. 126 f.

[298] Heil, Die ordnungsmäßige Verwaltung eines Unternehmens im Vor- und Miterbenrecht, 1998, S. 239.

[299] Zum Merkmal der Notwendigkeit vgl. Staudinger/ Werner, § 2038 Rn 27 f.

[300] BGHZ 108, 21 (30); MünchKomm/ Dütz, § 2038 Rn 62; Brox, Erbrecht, S. 289.

[301] BGH, FamRZ 1965, 267 (269); Soergel/ Wolf, § 2038 Rn 2.

[302] Soergel/ Wolf, § 2038 Rn 2.

[303] S. o. Kapitel § 4 III 3 (3).

ben über die Wahrnehmung ihrer Gesellschafterrechte und -pflichten Konsens erzielen müssen oder ob diese der Mehrheitsverwaltung unterliegt.
Dies richtet sich vor allem danach, ob die konkrete Maßnahme zu einer wesentlichen Veränderung des Nachlasses führt (§ 745 III BGB). Das wird nur dann der Fall sein, wenn der Gesellschaftsanteil selbst sich wesentlich ändert. Zu denken ist hier z. B. an gesellschaftliche Grundlagengeschäfte.
Als außerhalb der ordnungsgemäßen Verwaltung sieht die Literatur die Entscheidung über die Umwandlung eines Gewerbes, das im Wesentlichen den Nachlass ausmacht, in ein Unternehmen einer anderen Branche.[304] Darüber müssten die Miterben Einigkeit herstellen. Würde das Kleingewerbe von einer GbR betrieben, so bedeutete der Branchenwechsel eine Änderung des Gesellschaftszwecks, also Grundlagengeschäft[305]. Das kann dann u. U. auch zu einer wesentlichen Änderung des Gesellschaftsanteils der Erbengemeinschaft führen. Zwingende Folge ist das nicht. Auch eine Maßnahme, die zur wesentlichen Veränderung des Gesellschaftsanteils führt, kann der ordnungsmäßigen Verwaltung (§§ 2038 Abs. 2, 745 Abs. 1 BGB) unterfallen. Da sich das Kriterium der wesentlichen Veränderung auf den Gesamtnachlass bezieht, kommt es entscheidend auch auf das Gewicht des Gesellschaftsanteils im Gesamtnachlass an. Macht die Mitgliedschaft nur einen geringen Teil des Nachlasses aus, so wird deren wesentliche Veränderung den Gesamtnachlass vermutlich nur unwesentlich beeinflussen. Auch in diesem Fall ist dann der Weg in die Mehrheitsentscheidung eröffnet. Für das oben genannte Beispiel hätte das zur Folge, dass die interne Willensbildung der Erbengemeinschaft über die Frage des Branchenwechsels der GbR mehrheitlich erfolgen kann.

Für die Praxis wird man annehmen können, dass die Erbengemeinschaft den Gesellschaftsanteil ganz überwiegend nach dem Mehrheitsprinzip verwaltet.[306] Die Mehrheit darf namentlich über die Ausübung des Stimmrechts entscheiden und es für die Erbengemeinschaft auch wahrnehmen.
Dafür spricht ein Vergleich mit der Führung eines einzelkaufmännischen Unternehmens, dessen laufende Geschäfte ebenfalls regelmäßig der Mehrheitsverwaltung unterfallen.[307] Dies gilt um so mehr, als die in Fortführung des Handelsunternehmens vorgenommenen Maßnahmen sich auf den Nachlass unmittelbar auswirken, mithin eher dessen wesentliche Änderung bewirken. Dagegen haben

---

304 Brox, Erbrecht, S. 282 f.; MünchKomm/ Dütz, § 2038 Rn 33.
305 Zu Grundlagengeschäften im Recht der BGB-Gesellschaften und Beispielen, vgl. MünchKomm/ Ulmer, § 709 Rn 10 f.
306 Ebenso Wiedemann, GmbH-Rdsch. 1969, 247 (249), für die Mitgliedschaft der Erbengemeinschaft in einer GmbH: die Erbengemeinschaft verwalte den GmbH-Anteil grundsätzlich mit Mehrheitsbeschluss; ebenso Eichmann, Erwerb und Verwaltung eines GmbH-Geschäftsanteils durch eine Erbengemeinschaft, 1982, S. 155.
307 Heil, Die ordnungsmäßige Verwaltung eines Unternehmens im Vor- und Miterbenrecht, 1998, S. 239.

Maßnahmen der BGB-Gesellschaft, deren Mitglied die Erbengemeinschaft ist, dafür nur mittelbare Bedeutung.

bb. Verfügungsebene

Folgt man der Auffassung[308], dass auch Verfügungen, soweit sie zur ordnungsmäßigen Verwaltung erforderlich sind, dem Mehrheitsprinzip unterfallen, so ergeben sich keine wesentlichen Unterschiede zur Verpflichtungsebene. Die Mehrheit kann mit Außenwirkung über einzelne Nachlassgegenstände verfügen. Verlangt man dagegen für Verfügungen über Nachlassgegenstände in jedem Fall Einstimmigkeit (§ 2040 I BGB)[309], so sind auf den ersten Blick erhebliche Einschränkungen der Handlungsfähigkeit nicht auszuschließen. Weigern sich die überstimmten Miterben, in die fragliche Verfügung einzuwilligen, so muss die Einwilligung (§ 2038 Abs. 1 S. 2 HS 1 BGB) erst im Klagewege durchgesetzt und bei siegreichem Urteil nach § 894 ZPO ersetzt werden.[310]

Trotzdem sind signifikante Nachteile für die GbR – jedenfalls im Tagesgeschäft – nicht zu befürchten. Denn die Fälle, in denen die Einwilligung in Verfügungen klageweise durchgesetzt werden müssen, dürften für den Problemkreis der Mitgliedschaft nicht allzu häufig auftreten. Das hat seinen Grund darin, dass die Gesellschafterstellung der Erbengemeinschaft eine Verfügung über Nachlassgegenstände, jedenfalls im laufenden Geschäft, nicht so häufig erfordert:

Nachlassbestandteil ist die Mitgliedschaft insgesamt. Soll diese auf einen Dritten übertragen oder sonst darüber verfügt werden, so ist dafür Konsens aller Miterben erforderlich (§ 2040 I BGB). Außerdem muss die Zustimmung der anderen Gesellschafter eingeholt werden. Die laufenden Geschäfte der Gesellschaft sind davon nicht betroffen.

Gleiches gilt für den Fall, dass über Verfügungen der GbR zu entscheiden ist. Die Außen-GbR ist selbst Rechtssubjekt und als solches Vermögensträger. Verfügungen über einzelne Gegenstände betreffen das Gesellschaftsvermögen. So-

---

[308] Soergel/ Wolf, § 2038 Rn 5; Heil, Die ordnungsmäßige Verwaltung eines Unternehmens im Vor- und Miterbenrecht, 1998, S. 210 f.; Jauernig/ Stürner, § 2038 Rn 1, § 2040 Rn 2; Ebenroth, Erbrecht, Rn 765; Ann, Die Erbengemeinschaft, 2001, S. 412 f.; Kipp/ Coing, Erbrecht, S. 614 u. 618; Leipold, Erbrecht, S. 274; Lange, JuS 1967, 453 (456) m. w. N. aus dem älteren Schrifttum; Wiedemann, GmbHR 1969, 247 (248 f.); Hohensee, Die unternehmenstragende Erbengemeinschaft, 1994, S. 132.

[309] Staudinger/ Werner, § 2038 Rn 40; Brox, Erbrecht, S. 289; Lange/ Kuchinke, Erbrecht, S. 1129 f.; Palandt/ Edenhofer, § 2038 Rn 4; MünchKomm/ Dütz, § 2038 Rn 11; Michalski, BGB-Erbrecht, S. 346.

[310] Staudinger/ Werner, § 2040 Rn 18.

weit die Miterben darüber mitzuentscheiden haben, ist darin keine Verfügung über Nachlassgegenstände zu sehen, so dass § 2040 I BGB nicht eingreift.[311]
Eine Verfügung über Nachlassgegenstände kommt dann in Betracht, wenn es um die Leistung von Beiträgen an die Gesellschaft geht (§ 705 BGB). Beteiligt sich die Erbengemeinschaft an der Gründung einer GbR und verpflichten sich die Miterben zu bestimmten Beiträgen, so wird in der Leistung regelmäßig eine Verfügung über Nachlassgegenstände zu sehen sein, so dass die Zustimmung aller Miterben erforderlich ist. Voraussetzung ist freilich, dass die Leistung mit Nachlassmitteln erfolgen soll und nicht aus dem Privatvermögen der einzelnen Miterben. Sollte dennoch ein Miterbe seine Einwilligung verweigern, so bleibt nur der Prozessweg. Derartige Unbilden drohen der GbR wohl vor allem in der Anfangsphase und weniger danach. Denn zu Nachschüssen sind die Gesellschafter nicht verpflichtet (§ 707 BGB). Die laufenden Geschäfte der GbR sind davon nicht berührt.

Als Ergebnis kann festgehalten werden, dass die meisten Entscheidungen und Handlungen, die von der Erbengemeinschaft als Gesellschafter einer Außen-GbR gefordert sind, der Mehrheitsverwaltung unterliegen. Die Miterben können im Innenverhältnis mit Mehrheit entscheiden und die Mehrheit kann die Entscheidung im Außenverhältnis auch umsetzen.

c. Vergleich mit der Handlungsverfassung der GbR

Damit ist die Erbengemeinschaft als Gesellschafter einer GbR kaum weniger geeignet als eine gesetzestypische GbR selbst.[312] Diese wird von der Gesellschaftergesamtheit regiert (Gesamtgeschäftsführung, § 709 I BGB, und Gesamtvertretung, §§ 714, 709 I BGB) und ist damit sogar noch schwerfälliger als die Erbengemeinschaft. Freilich können die Gesellschafter Mehrheitsentscheidungen vereinbaren (§ 709 II BGB) und die Gesellschaftsstruktur auch sonst abweichend von den gesetzlichen Regelungen gestalten.
Dieser Weg steht aber auch den Miterben offen. Es ist ihnen unbenommen, die Handlungsfähigkeit der Gemeinschaft zu erhöhen, indem sie etwa einen von ihnen oder einen Dritten mit der Verwaltung des Nachlasses beauftragen.[313]

---

[311] Ähnlich Wiedemann, GmbH-Rdsch. 1969, 247 (249), für die Mitgliedschaft der Erbengemeinschaft in einer GmbH.
[312] So auch Köbler, Erbrecht und Gesellschaftsrecht, 1974, S. 109 u. 112 f.
[313] BGHZ 56, 47 (51); Palandt/ Edenhofer, § 2038 Rn 2. Zu weiteren Möglichkeiten, die Verwaltung, also Vertretung und Geschäftsführung, dynamischer zu gestalten, ohne bestehende Normen zu ändern oder neu zu interpretieren, vgl. Goldstein, Die Miterbengemeinschaft als Organisationsform zur Fortführung des ererbten Handelsunternehmens eines Einzelkaufmannes, 1972, S. 49 ff. Eiselt, AcP 158 (1958), 319 (323), will § 146 I 2 HGB anwenden, ebenso Börner, AcP 166 (1966), 426 (441).

Eine Anpassung kann auch im Gesellschaftsvertrag vereinbart werden, z. B. kann dieser die Bestellung eines gemeinschaftlichen Vertreters durch die Miterben vorsehen.[314] Es ist den Gesellschaftern auch unbenommen, die Erbengemeinschaft von der Geschäftsführung und Vertretung auszuschließen (§§ 710, 714 BGB).

Wenn die Erbengemeinschaft sich an der Gründung einer GbR beteiligt, so kann es den Gesellschaftern überlassen bleiben, wie sie diese im einzelnen ausgestalten. Gerade die ganz überwiegend dispositiven Vorschriften der §§ 705 ff. BGB bieten ausreichend Gestaltungsspielraum.
Wollte man stattdessen die Gesellschafterfähigkeit jedes Mal dann verneinen, wenn die gesetzlich vorgegebenen, dispositiven Regeln die Handlungsfähigkeit der Gesellschaft erschweren, dann hätte man dies konsequenterweise auch für die BGB-Gesellschaft tun müssen. Die Mitgliedsfähigkeit einer GbR in einer anderen ist aber seit den Zeiten des Reichsgerichts anerkannt.[315]
Denn im Falle der Beteiligung einer gesetzestypischen GbR (Gesamtgeschäftsführung, Gesamtvertretung) an einer anderen gesetzestypischen GbR kann jeder dissentierende Gesellschafter der Mitgliedsgesellschaft die Obergesellschaft leicht blockieren. Über jede Frage muss der Konsens aller Gesellschafter beider Gesellschaften herbeigeführt werden.
Vernünftigerweise überlässt man die Lösung dieser Fragen den Gesellschaftern. Warum sollte man für die Erbengemeinschaft anders verfahren ?

d. Ergebnis

Im Ergebnis kann man feststellen, dass die Verwaltungsregelung der Erbengemeinschaft diese für die Gesellschafterstellung in einer nach dem gesetzlichen Leitbild organisierten Gesellschaft bürgerlichen Rechts sicher nicht empfiehlt.[316] Das gilt jedoch nicht weniger für die gesetzestypisch organisierte GbR selbst. Und ebenso wie dort kann man es auch hier dem Gestaltungswillen der Gesellschafter überlassen, die dispositiven Vorschriften den jeweiligen Erfordernissen anzupassen. Dadurch kann – auch mit einer Erbengemeinschaft als Gesellschafter – eine "normal funktionierende" BGB-Gesellschaft entstehen. Im Übrigen ist kaum anzunehmen, dass die Mitgliedschaft in einer GbR der Erbengemeinschaft mehr Aktionsfähigkeit abfordert, als die Führung eines einzelkaufmännischen

---

[314] Schröder, ZGR 1978, S. 578 ff. (602). Die Zulässigkeit einer entsprechenden gesellschaftsvertraglichen Bestimmung für Kommanditisten-Erben bejaht BGHZ 46, 291 (294-297).
[315] RGZ 136, 236, (240 f.).
[316] Nach Grunewald, Gesellschaftsrecht, S. 72, ist die Erbengemeinschaft nur als geschäftsführende Gesellschafterin einer GbR ungeeignet.

Unternehmens, wozu die Erbengemeinschaft anerkanntermaßen[317] fähig sein soll.[318]

(4) Einwand der permanenten Auseinandersetzungsmöglichkeit

Ein weiteres Hindernis für die Mitgliedschaft in einer GbR sieht die hM[319] in dem Recht eines jeden Miterben, jederzeit Auseinandersetzung verlangen zu können (§ 2042 BGB).
Dass diese Auffassung jedenfalls für die Gründungsbeteiligung einer Erbengengemeinschaft nicht überzeugen kann, wurde schon dargelegt. Darauf kann hier verwiesen werden.[320]

(5) Verfügungsrecht der Miterben

Die Erbengemeinschaft unterscheidet sich von anderen Gesamthandsgemeinschaften dadurch, dass der einzelne Miterbe über seinen Anteil am Nachlass verfügen kann, und zwar unabhängig vom Willen der anderen Miterben (§ 2033 I 1 BGB).[321] Dieses Recht soll nach herrschender Meinung mit der Mitgliedschaft in einer GbR unvereinbar sein.[322] Dahinter steht der Gedanke, dass der GbR und damit den anderen Gesellschaftern unbestimmte Dritte als Gesellschafter aufgezwungen werden könnten.

---

[317] Vgl. nur: Staudinger/ Werner, § 2032 Rn 18. Zwar will K. Schmidt, NJW 1985, 2785 (2789), §§ 125, 126 HGB analog anwenden, aber Wolf, AcP 181 (1981), 480 (495 ff.), Hüffer, ZGR 1986, 603 (625 ff.) und Goldstein, Die Miterbengemeinschaft als Organisationsform zur Fortführung des ererbten Handelsunternehmens eines Einzelkaufmannes, 1972, S. 49 ff. halten die Verwaltungsordnung der Erbengemeinschaft offensichtlich für ausreichend.

[318] Ebenso Kruse, FS - Laufke, 1979, S. 179 ff. (187), und Eiselt, AcP 158 (1958), 319 (322), argumentierend für die Mitgliedsfähigkeit in der OHG. Auf diesen Widerspruch in der Argumentation der hM weist auch Dauner-Lieb, Unternehmen in Sondervermögen, 1998, S. 472 f., hin.

[319] MünchKomm/ Ulmer, § 705 Rn 81; Erman/ Westermann, § 705 Rn 22 und § 727 Rn 8; Soergel/ Hadding, 11. Aufl., § 727 Rn 20; Bamberger/ Roth/ Timm/ Schöne, BGB, § 705 Rn 55; aA Ann, Die Erbengemeinschaft, 2001, S. 359.

[320] Kapitel § 4 III 3.

[321] Die Gesellschafter einer GbR können wegen des höchstpersönlichen Charakters des Zusammenschlusses nur mit Zustimmung der Mitgesellschafter über ihre Mitgliedschaft verfügen; vgl. MünchKomm/ Ulmer, § 719 Rn 27 ff.

[322] MünchKomm/ Ulmer, § 705 Rn 81; Soergel/ Hadding, 11. Aufl., § 727 Rn 20; H. P. Westermann, JuS 1979, 765 (766).

Dem hat man in der Literatur[323] mit dem Hinweis widersprochen, dass die Erbengemeinschaft zwar nicht rechtsfähig sei, aber doch insofern den einzelnen Miterben gegenüber verselbstständigt, dass der Miterbenwechsel ihre Identität nicht berühre.[324]

Im Grunde handelt es sich hier nicht um den Ausfluss einer spezifischen Konfliktlage zwischen Erbrecht und Personengesellschaftsrecht. Das zeigt schon die Tatsache, dass mit demselben Argument zu einem früheren Stand der Rechtsentwicklung gegen die Mitgliedschaft einer oHG in einer anderen oHG gestritten wurde.[325]
Dahinter steht das allgemeinere Phänomen, dass Vinkulierungsinteressen der Gesellschafter beeinträchtigt sein können, wenn Anteile einer beteiligten Gesellschaft auf Dritte übertragen werden. Zwar ändert sich dann an der Mitgliedschaft formal nichts, doch kann auf diesem Wege der Dritte Einfluss in der Gesellschaft mit den vinkulierten Anteilen erlangen. Das ist auch kein rechtsformspezifisches, nur auf Personengesellschaften beschränktes Problem, auch wenn es dort, wegen des – typischerweise – engen Gemeinschaftsverhältnisses, besonders gewichtig ist. Vielmehr tritt es besonders dort auf, wo der Gesellschafter, hier also die Beteiligungsgesellschaft, Einfluss auf die Geschäftsführung der Gesellschaft nehmen kann. Dieser Einfluss muss bei einer GmbH aufgrund der Weisungsgebundenheit des Geschäftsführers[326] nicht unbedingt geringer sein als bei Personengesellschaften. Dem Gesetz ist auch nicht zu entnehmen[327], dass so ein faktischer Gesellschafterwechsel ausgeschlossen sein soll.[328] Es ist vielmehr grundsätzlich dem privatautonomen Gestaltungswillen der Gesellschafter überlassen, durch entsprechende Vereinbarungen Vorkehrungen zu treffen.

Betrachtet man beispielsweise den Fall der Beteiligung einer GmbH an einer Außen-GbR, so sind die einzelnen GmbH-Gesellschafter nicht gehindert, ihre GmbH-Anteile auch ohne Zustimmung der übrigen GbR-Gesellschafter an Dritte zu übertragen. Damit ändert sich formell nichts an der Mitgliedschaft der

---

[323] So Köbler, Erbrecht und Gesellschaftsrecht, 1974, S. 103; Bletz, Die Mitgliedschaft der Erbengemeinschaft in der oHG, 1983, S. 67.
[324] Folge der Anteilsübertragung nach § 2033 I BGB ist, dass der Erwerber mit allen Rechten und Pflichten an die Stelle des verfügenden Miterben tritt. Vgl. MünchKomm/ Dütz, § 2033 Rn 26; Lange/ Kuchinke, Erbrecht, S. 1089.
[325] KGJ 11, 17 (21); Schlegelberger/ Geßler, HGB, 4. Aufl., § 105 Rn 27.
[326] Vgl. §§ 6 III, 37 I, 38 I, 46 Nr. 5 u. 6 GmbHG.
[327] So kann eine Satzung z. B. nur die Anteile an ihrer GmbH mit dinglicher Wirkung vinkulieren, nicht Anteile an anderen Gesellschaften, also auch nicht die an der Beteiligungsgesellschaft. Vgl. Roth/ Altmeppen, GmbHG, § 15 Rn 113 f.
[328] Zu den Voraussetzungen für die Einordnung solcher Anteilsveräußerungen als Umgehungsgeschäft und den daraus folgenden rechtlichen Konsequenzen, vgl. Asmus, Die vinkulierte Mitgliedschaft, 2002, S. 144 f.

GmbH, aber de facto können die Verschiebungen innerhalb der GmbH so gravierend sein, dass diese dann in der GbR eine ganz andere Geschäftspolitik betreibt. In der Literatur sieht man darin eine materielle Mitgliedschaftsänderung. Im Einzelfall sollen die übrigen GbR-Gesellschafter dann zur Ausschließung der GmbH nach § 737 BGB oder zur Kündigung aus wichtigem Grund berechtigt sein.[329]
Jedenfalls wird die Mitgliedsfähigkeit einer GmbH und anderer Kapital - oder Personengesellschaften in einer Außen-GbR heute nicht mehr bestritten, obwohl die anderen GbR-Gesellschafter keinen Einfluss auf den Gesellschafterwechsel in der jeweiligen Beteiligungsgesellschaft haben.

Vergleicht man die faktische Situation mit dem Fall der Mitgliedschaft einer Erbengemeinschaft, so sind keine wesentlichen Unterschiede festzustellen.
Ebenso wenig wie die anderen Gesellschafter der GbR einen Gesellschafter der Mitglieds-GmbH an der Anteilsveräußerung hindern können, gelingt ihnen dies bezüglich des Nachlassanteils eines Miterben. Das Verfügungsrecht des einzelnen Miterben (§ 2033 I BGB) wird durch gesellschaftsrechtliche Anteilsvinkulierungen nicht ausgeschlossen.[330]

Nun kann man darauf verweisen, dass die Gesellschaften als rechtsfähige Verbände selbst Träger der Mitgliedschaft sind und sich daran durch den Gesellschafterwechsel nichts ändert.[331]
Der Einwand kann den rechtsdogmatisch zutreffenden Gedanken für sich reklamieren, dass – wegen der mangelnden Rechtsfähigkeit der Erbengemeinschaft – die Miterben die wahren Träger der Mitgliedschaftsrechte und -pflichten sind. Insofern schlägt jede Änderung der personellen Zusammensetzung der Erbengemeinschaft auf die GbR durch. Hier liegt ein Unterschied zur Mitgliedschaft von rechtsfähigen Gesamthandsgemeinschaften.

Zu bedenken ist aber auch, dass der tatsächliche Einfluss des einzelnen Miterben in der Gesellschaft nicht unmittelbar ist. Direkte Auswirkung auf die GbR hat erst das Ergebnis des innerhalb der Erbengemeinschaft stattfindenden Willensbildungsprozesses. Dieser erfolgt für die ordnungsmäßige Verwaltung nach dem Mehrheitsprinzip (§§ 2038, 745 I BGB), so dass es vom Einzelfall abhängt, ob sich ein – möglicherweise quertreibender – Erwerber durchsetzen und dann auch Einfluss auf die Willensbildung in der BGB-Gesellschaft nehmen kann.

---

329 MünchKomm/ Ulmer, § 719 Rn 31, für den Fall, dass sämtliche Anteile oder eine Anteilsmehrheit übertragen wird und dadurch mittelbar ein Gesellschafterwechsel in der GbR eintritt; Staudinger/ Habermeier, § 719 Rn 10.
330 BGHZ 92, 386 (393 f.) bezüglich § 15 V GmbHG; Palandt/ Edenhofer, § 2033 Rn 12, im Hinblick auf § 719 BGB.
331 So z. B. Schlegelberger/ Geßler, HGB, 4. Aufl., § 105 Rn 27.

Im Übrigen ist es den Gesellschaftern einer GbR möglich und zumutbar, ein Aufdrängen Dritter durch entsprechende Vertragsgestaltung zu verhindern. Darauf werden die Gesellschafter schließlich auch im Falle der – allgemein anerkannten[332] – Beteiligung von oHG und KG an einer GbR verwiesen.[333]
Zu denken ist etwa daran, im Gesellschaftsvertrag das Ausscheiden der gesamten Erbengemeinschaft für den Fall zu vereinbaren, dass ein Miterbe seinen Anteil am Nachlass veräußert. Eine entsprechende Fortsetzungsklausel sichert dann den Fortbestand der Gesellschaft (§ 736 I BGB).[334]
Ist eine GmbH Gesellschafterin einer BGB-Gesellschaft, so ist ihre Identität als Inhaberin der Mitgliedschaft auch bei Übertragung von GmbH-Anteilen formell nicht berührt. Die Literatur sieht darin aber immerhin eine materielle Mitgliedschaftsänderung, die im Einzelfall zur Ausschließung der GmbH oder zur Kündigung aus wichtigem Grund berechtigen kann.[335]
Diese Rechte müssen der Gesellschaft auch dann zustehen, wenn einer der Miterben einer Gesellschafter-Erbengemeinschaft seinen Gesamthandsanteil veräußert. Angesichts des möglicherweise unerwünschten Kapitalabflusses (§ 738 I 2 BGB) kann auch eine Vereinbarung opportun sein, die die anderen Miterben zur Ausübung des ihnen gesetzlich zustehenden Vorkaufsrechts (§ 2034 I BGB) verpflichtet.

Der Gestaltungsmöglichkeiten gibt es viele, so dass für eine "Zwangsführsorge" zum Schutze der übrigen Gesellschafter kein Grund besteht. Das Verfügungsrecht der Miterben (§ 2033 I BGB) kann eine Ablehnung der Beteiligungsfähigkeit nicht rechtfertigen.

(6) Einwand des Mangels an geschlossenem Auftreten

Ein sowohl gegen die Gesellschafterfähigkeit der Gesellschaft bürgerlichen Rechts[336] als auch die Mitgliedsfähigkeit der ehelichen Gütergemeinschaft[337]

---

[332] Siehe Kapitel § 8.
[333] Z. B. MünchKomm/ Ulmer, § 705 Rn 78.
[334] § 736 I BGB benennt nur eine kleine Anzahl möglicher Ausscheidungsgründe. Es ist den Gesellschaftern unbenommen, weitere festzulegen, etwa den Verlust maßgeblicher persönlicher Eigenschaften. Vgl. Staudinger/ Habermeier, § 736 Rn 9; Kübler, Gesellschaftsrecht, S. 62.
[335] Staudinger/ Habermeier, § 719 Rn 10, nicht nur für GmbH; MünchKomm/ Ulmer, § 719 Rn 31, für den Fall, dass eine Anteilsmehrheit übertragen wird und dadurch mittelbar ein Gesellschafterwechsel in der GbR eintritt.
[336] Z. B. Großkommentar/ Fischer, HGB, 3. Aufl., § 105 Anm. 28.
[337] Z. B. BayObLG, ZIP 2003, 480.

und der Erbengemeinschaft[338] vorgebrachtes Argument lautet, dass die jeweilige Gesamthandsgemeinschaft im Rechtsverkehr nicht als geschlossene Einheit auftreten könne. Mit diesem Einwand wird auch die Mitgliedschaft der Erbengemeinschaft in einer GbR abgelehnt.[339]
Inhaltlich ist nicht immer dasselbe gemeint. Verbreitet wird damit auf die mangelnde Rechtsfähigkeit der jeweiligen Gesamthandsgemeinschaft Bezug genommen.[340] Die Wahl der Terminologie beruht wohl auf dem überholten dogmatischen Verständnis, dass nur natürliche und juristische Personen rechtsfähig seien. Dagegen sollen Personenhandelsgesellschaften nicht rechtsfähig sein, aber – dank der Vorschrift des § 124 HGB und der Firmenfähigkeit – als Einheit auftreten können.[341]
Gelegentlich meint man nicht mangelnde Rechtsfähigkeit, sondern mangelnde Organisation[342] oder Identitätsausstattung[343].

Der Einwand kann aus folgenden Gründen nicht überzeugen:
Die mangelnde Rechtsfähigkeit hindert die Mitgliedschaft der Erbengemeinschaft in einer GbR nicht.[344] Insofern kann auf die an anderer Stelle gemachten Ausführungen verwiesen werden.[345]

Sofern gemeint ist, die Erbengemeinschaft könne ihre Identität nach außen nicht sichtbar machen, ist das zu bestreiten. Die Erbengemeinschaft kann im Rechtsverkehr unter Nennung der Miterbennamen, evtl. des Erblassers und der Kennzeichnung des Gemeinschaftsverhältnisses auftreten.[346] Auch im Grundbuch wird das Gemeinschaftsverhältnis durch den Zusatz "in ungeteilter Erbengemeinschaft" (§ 47 GBO) gekennzeichnet.[347] Dadurch dürfte für den Rechtsver-

---

338 Z. B. Soergel/ Hadding, 11. Aufl., § 727 Rn 20; Kölling, Gesamthandsgemeinschaften als Mitglieder von Personalgesellschaften des Handelsrechts, 1938, mit diesem Argument die Mitgliedschaft der GbR (S. 49), der Erbengemeinschaft (S. 54 f.) und der Gütergemeinschaft (S. 78) in einer OHG ablehnend.

339 Soergel/ Hadding, 11. Aufl., § 727 Rn 20; Kraft/ Kreutz, Gesellschaftsrecht, S. 99; Hueck/ Windbichler, Gesellschaftsrecht, S. 56, deswegen gegen die Beteiligung an der Gründung einer GbR.

340 Deutlich: BayObLG, ZIP 2003, 480.

341 Beispielhaft A. Hueck, Das Recht der OHG, 1971, S. 18 f.: „Mitglieder einer OHG können grundsätzlich alle natürlichen und juristischen Personen sein sowie solche Personengesamtheiten ohne Rechtsfähigkeit, die im Verkehr als selbstständige Einheit auftreten und eine selbständige Haftung übernehmen können.".

342 H. P. Westermann, JuS 1979, 765 (766).

343 Breuninger, Die BGB-Gesellschaft als Rechtssubjekt im Wirtschaftsverkehr, 1991, S. 62 f.

344 AA: MünchKomm/ Dütz, § 2032 Rn 14; RGRK/ v. Gamm, 12. Aufl., § 705 Rn 12.

345 S. o. Kapitel § 4 III 3.

346 AK/ Pardey, § 2032 Rn 14; z. B. BGH, WM 1997, 1673: "Erbengemeinschaft nach Emil St., deren Mitglied ...".

347 AK/ Pardey, § 2032 Rn 14.

kehr ausreichend deutlich werden, dass die Miterben nicht als Privatpersonen handeln, sondern als Gesamthänder. Darüber hinaus ist es nicht einleuchtend, warum etwa "Müller, Meier & Schulze in Gesellschaft bürgerlichen Rechts" als Einheit hinreichend identifizierbar sein sollen, um Gesellschafter einer anderen GbR zu sein, "Müller, Meier und Schulze in Erbengemeinschaft" aber nicht.

Nicht überzeugend ist auch jene Auffassung, die der Erbengemeinschaft deswegen die Fähigkeit zum Auftreten als geschlossene Einheit abspricht, weil für die Verwaltung und die Verfügung über Nachlassgegenstände grundsätzlich Einstimmigkeit (§ 2038 I 1 und § 2040 BGB) erforderlich ist.[348]
Das Argument zielt ersichtlich nicht auf das Kriterium der Geschlossenheit des Auftretens, sondern auf die Handlungsfähigkeit als Gemeinschaft. Zugrunde liegt der Gedankengang, dass die Miterben sich stets einigen müssen, dies aber nicht können und folglich am Auftritt als Gemeinschaft gehindert sind.
Wäre tatsächlich für jede Entscheidung und jede Handlung Konsens und Beteiligung aller Miterben zwingend erforderlich, so hätte das Argument einiges für sich.
Die Gesetzeslage ist aber anders. Nach §§ 2038 II 1, 745 I BGB entscheiden die Miterben Maßnahmen der ordnungsmäßigen Verwaltung mit Stimmenmehrheit. Die Mehrheit kann auch im Außenverhältnis wirksam für die gesamte Gemeinschaft Handlungen vornehmen.
In der Praxis beweist die Erbengemeinschaft ihre Handlungsfähigkeit selbst bei so anspruchsvollen Tätigkeiten wie der Führung eines kaufmännischen Unternehmens.

In der Literatur sieht man die Erbengemeinschaft auch gerade wegen der angeblichen Unfähigkeit, am Rechtsverkehr als geschlossene Einheit teilzunehmen, daran gehindert, sich am Abschluss eines Gesellschaftsvertrages zur Gründung einer BGB-Gesellschaft zu beteiligen.[349]
Auch das kann nicht überzeugen. Grundsätzlich erfordert die Verwaltung des Nachlasses das gemeinsame Handeln aller Miterben (§ 2038 Abs. 1 S. 1 BGB). Dementsprechend treten den Vertragspartnern des Gesellschaftsvertrages alle Miterben gegenüber. Wollen sie nicht einzeln Gesellschafter werden, sondern in gesamthänderischer Verbundenheit, weil etwa Nachlassgegenstände ins Gesellschaftsvermögen eingebracht werden sollen, so werden sie dies deutlich machen. Ist der Abschluss des Gesellschaftsvertrages als ordnungsmäßige Verwal-

---

[348] H. P. Westermann, JuS 1979, 765 (766), bezieht sich im konkreten Fall auf die Mitgliedschaft in der OHG, meint im Kontext aber die Beteiligungen an Personengesellschaften insgesamt.
[349] Hueck/ Windbichler, Gesellschaftsrecht, S. 56.

tung i. S. d. § 2038 BGB[350] einzuordnen, so ist es ausreichend, wenn die Mehrheit der Mitglieder (§§ 2038 II, 745 I BGB)[351] den Vertrag schließt, freilich im Namen aller Miterben. Ausreichend ist auch, wenn die Miterben einen Vertreter bestimmen, der die entsprechenden Vereinbarungen im Namen der Miterben als Gesamthänder schließt.
Ein solcher Vertragsabschluss scheitert auch nicht an einer etwaigen Konturenlosigkeit der Erbengemeinschaft. Die gesamthänderisch gebundenen Miterben verfügen als solche über ein gesondertes Vermögen, den Nachlass (§ 2032 I BGB). Sie sind in der Verwaltung des Vermögens gesetzlich bestimmten Regeln unterworfen (§§ 2038 ff.) und sie treten nach außen unter einem gemeinsamen Namen auf[352], der sie als Gemeinschaft identifizierbar macht. Somit bilden die Miterben eine Einheit, für die – dem Vertragspartner erkennbar – gehandelt werden kann, also der Gesellschaftsvertrag abgeschlossen werden kann.

(7) Ergebnis:

Zusammenfassend kann festgehalten werden, dass keine durchgreifenden Einwände gegen die Beteiligung einer Erbengemeinschaft an der Gründung einer Außen-GbR bestehen.

5. Erwerb der Mitgliedschaft durch Eintritt in eine Außen-GbR

Eine weitere Möglichkeit, Gesellschafter bürgerlichen Rechts zu werden, ist der Beitritt zu einer bereits bestehenden BGB-Gesellschaft oder der Erwerb der Mitgliedschaft durch Übertragung. Im ersten Fall entsteht eine neue Mitgliedschaft, im zweiten erwirbt die Erbengemeinschaft eine bereits bestehende Mitgliedschaft im Wege der Rechtsnachfolge. Unter den Voraussetzungen des § 2041 BGB gelangt der Gesellschaftsanteil in das Gesamthandsvermögen der Miterben.[353] Durchgreifende Einwände gegen diese Wege des Mitgliedschaftserwerbs sind nicht ersichtlich.

Für einen Beitritt der Erbengemeinschaft bedarf es eines Aufnahmevertrages zwischen den Miterben und allen Gesellschaftern der GbR, soweit im Gesell-

[350] Zum Begriff der ordnungsmäßigen Verwaltung vgl. Heil, Die ordnungsmäßige Verwaltung eines Unternehmens im Vor- und Miterbenrecht, 1998, S. 102 ff.
[351] Nachlassgegenstände können freilich nur mit Zustimmung aller Miterben ins Gesellschaftsvermögen eingebracht werden Vgl. § 2040 Abs. 1 BGB.
[352] Etwa: „Müller, Meier .. in Erbengemeinschaft".
[353] S. o. Kapitel § 4 III 3 (3).

schaftsvertrag keine andere Regelung getroffen ist.[354] Die auf Miterbenseite erforderlichen Mehrheitsverhältnisse ergeben sich aus den §§ 2038 ff. BGB, sie können je nach der konkreten Bedingungen variieren.[355]
Aus der Übertragung der handelsrechtlichen Haftungsnormen auf das Recht der Außen-GbR (§§ 128 ff. HGB analog) folgt, dass der in die Gesellschaft Eintretende auch für die bereits zuvor begründeten Verbindlichkeiten der GbR haftet (§ 130 HGB analog).[356]
Für die eintretende Erbengemeinschaft bedeutet das die persönliche unbeschränkte Haftung der Miterben auch für die Schulden der Gesellschaft gegenüber Dritten, die vor dem Beitritt begründet wurden. Zu einer Kollision mit dem erbrechtlichen Haftungssystem, wie beim „Eintritt“ im Erbwege, kommt es hier nicht. Die Gesellschaftsschulden, für die hier die Haftung in Frage steht, sind keine Erblasserschulden. Geschah der Beitritt in Verwaltung des Nachlasses, dann handelt es sich um Nachlasserbenschulden andernfalls um Eigenschulden der Erben. In jedem Fall resultieren sie aus dem von den Miterben abgeschlossenen Rechtsgeschäft, dem Beitrittsvertrag. Die erbrechtlichen Haftungsbeschränkungsvorschriften, namentlich § 2059 I 1 BGB, sind darauf nicht anwendbar.

6. Erwerb der Mitgliedschaft infolge Anteilsübertragung

Anerkannt ist auch der Erwerb der Mitgliedschaft in einer BGB-Gesellschaft durch Anteilsübertragung (§ 413 BGB).[357] Wegen des persönlichen Charakters des Zusammenschlusses in der Personengesellschaft ist auch hier die Zustimmung der übrigen Gesellschafter zum Verfügungsvertrag erforderlich. Vertragsparteien sind jedoch nur der veräußernde Gesellschafter und der Erwerber.[358] Erforderlich ist ein Vertrag zwischen den Miterben in gesamthänderischer Verbundenheit und dem ausscheidenden Gesellschafter.
Wie beim Eintritt in die Gesellschaft so haftet der Neugesellschafter auch bei der Anteilsübertragung für die Altschulden der Gesellschaft.
Der Begriff "Eintritt" in § 130 HGB ist nach allgemeiner Meinung[359] nicht im technischen Sinne zu verstehen. Auch wer die Mitgliedschaft durch Anteilsübertragung erwirbt, haftet als Neugesellschafter entsprechend § 130 HGB für die vorgefundenen Schulden der Gesellschaft.

---

[354] K. Schmidt, Gesellschaftsrecht, S. 1739.
[355] S. o. Kapitel § 4 III 4 (3).
[356] Siehe Kapitel § 7 II 2.
[357] Staudinger/ Habermeier, § 719 Rn 12.
[358] MünchKomm/ Ulmer, § 719 Rn 25 ff.
[359] Vgl. nur K. Schmidt, Gesellschaftsrecht, S. 1434; Koller/ Roth/ Morck, HGB, § 105 Rn 51, § 130 Rn 1.

Wie im Falle des Eintritts so können die Miterben auch beim Erwerb durch Übertragung nicht die erbrechtlichen Möglichkeiten der Haftungsbeschränkung in Anspruch nehmen. Bestehen bei der Anteilsübertragung Sozialverpflichtungen, etwa noch offene Einlageverpflichtungen, so haftet der Neugesellschafter dafür im Falle einer Schuldübernahme (§ 415 BGB).[360] Auch das sind Nachlasserbenschulden oder Eigenschulden der Miterben, für die die Miterben mangels anderweitiger Abrede persönlich haften.
Es kann also festgestellt werden, dass die Erbengemeinschaft die Mitgliedschaft auch durch Eintritt oder Anteilsübertragung erwerben kann.

IV. Als Gesellschafterin einer Innen-GbR

Im Allgemeinen wird die Mitgliedschaft der Erbengemeinschaft in der GbR entweder generell abgelehnt oder generell befürwortet, differenzierte Auffassungen sind seltene Ausnahmen[361]. Das wird den zwischen Außen- und Innengesellschaften bestehenden Unterschieden nicht gerecht. Zwar verdient der Erwerb der Mitgliedschaft außerhalb des Erbgangs keine andere Behandlung. Vielmehr kann sich die Erbengemeinschaft auch an der Gründung einer Innen-GbR beteiligen oder die Mitgliedschaft durch Eintritt oder Übertragung erwerben. Darüber hinaus ist ihr jedoch, und insoweit abweichend von der Rechtslage bei der Außengesellschaft, auch das Einrücken in die Gesellschaft im Erbgang zu gestatten.
Aufgrund der unterschiedlichen Gesellschafterstruktur ist es darüber hinaus sachgerecht, zwischen Unterbeteiligungsgesellschaften und sonstigen BGB-Innengesellschaften zu unterscheiden.

1. Erwerb der Gesellschafterstellung im Erbgang

(1) "Normale" Innengesellschaft

a. Kein Haftungsproblem

Definitorische Besonderheit der Innen-Gesellschaft ist, dass sie – jedenfalls nach der gesellschaftsvertraglichen Ausgestaltung – nicht nach außen in Er-

---

[360] Staudinger/ Habermeier, § 719 Rn 16.

[361] Zu nennen sind: Siegmann, Personengesellschaftsanteil und Erbrecht, 1991, S. 184: für Mitgliedschaft in allen GbR außer den Mitunternehmer - BGB - Gesellschaften; Schröder, ZGR 1978, 578 (600 ff.), für die Mitgliedschaft in Stimmrechtskonsortien (Innen-GbR); K. Schmidt, Gesellschaftsrecht, S. 1741, jedenfalls für die Mitgliedschaft in rein schuldrechtlich strukturierten Innen-GbR.

scheinung tritt. Die Gesellschafter treten Dritten gegenüber im eigenen Namen auf. Nicht die Gesellschaft[362] wird rechtsgeschäftlich vertreten, mithin auch nicht berechtigt und verpflichtet, sondern die jeweils handelnden Gesellschafter selbst.[363]
Da die Gesellschaft selbst nicht haftet, kann es auch eine Haftung der Gesellschafter für Gesellschaftsschulden nicht geben, die §§ 128, 130 HGB sind nicht anwendbar. Somit kann es für den Erben des Gesellschafters einer Innen-GbR auch keine gesellschaftsrechtliche Haftung (§ 130 HGB) geben. Er haftet nur nach Erbrecht (§§ 1967 ff. BGB), das heißt mit allen erbrechtlichen Haftungsbeschränkungsmöglichkeiten. Daraus folgt, dass es im Falle mehrerer Erben auch zu keiner Kollision zwischen der Beschränkungsmöglichkeit nach § 2059 I 1 BGB und einer unbeschränkbaren[364] gesellschaftsrechtlichen Haftung kommen kann. Haftungsrechtliche Gesichtspunkte stehen der Nachfolge einer Erbengemeinschaft in die Mitgliedschaft des Erblassers (§§ 1922, 2032 ff. BGB) nicht entgegen.

b. Keine anderen Einwände

Einwände, die generell gegen die Mitgliedschaft der Erbengemeinschaft in der GbR vorgetragen werden[365], stehen auch hier nicht entgegen. Insbesondere überzeugt der Einwand, die Handlungs- und Entscheidungsstruktur der Erbengemeinschaft sei untauglich, hier noch weniger als bei der Außen-GbR.

Zwar sind auch auf Innengesellschaften die §§ 709 – 713 BGB anwendbar[366], so dass die Erbengemeinschaft als Gesellschafterin im gesetzlichen Regelfall an der Geschäftsführung beteiligt wäre. Keine Anwendung finden jedoch die Vorschriften der §§ 714, 715 BGB.[367] Denn die Gesellschafter einer Innengesellschaft wollen ihren Zusammenschluss vertraglich auf die Innenbeziehungen beschränken, sie treten nur im eigenen Namen auf. Eine Vertretung der Gesellschaft findet nicht statt, so dass es auch keine Gesamtvertretung geben kann. Schon von daher sind auch die Anforderungen an die Aktionsfähigkeit der Gesellschafter geringer als in der Außen-GbR.

---

362 Mangels eigener Rechtsfähigkeit nicht als solche, aber auch nicht die Gesellschafter in gesamthänderischer Bindung.
363 MünchKomm/ Ulmer, § 705 Rn 284.
364 D. h., die Haftung ist nur durch Individualabrede mit dem Gläubiger beschränkbar.
365 S. o. Kapitel § 4 III 3.
366 MünchKomm/ Ulmer, § 705 Rn 284.
367 MünchKomm/ Ulmer, § 705 Rn 284, § 714 Rn 23.

Durchgreifende Einwände stehen also der Nachfolge in die Rechtsstellung eines verstorbenen BGB-Innengesellschafters nicht entgegen. Voraussetzung ist freilich eine Nachfolgeklausel, denn andernfalls führt der Tod des Gesellschafters zur Auflösung der Gesellschaft (§ 727 BGB). Anderes kann sich für die der stillen Gesellschaft (§§ 230 ff. HGB) vergleichbaren Form des bürgerlichen Rechts[368] ergeben, also etwa der stillen Beteiligung an dem freiberuflichen, kleingewerblichen oder auch land- und forstwirtschaftlichen Unternehmen eines anderen. Diese Form der BGB-Innengesellschaft ist der stillen Gesellschaft des HGB so weit angenähert, dass deren Vorschriften weitgehend entsprechend anzuwenden sind. Dazu gehört auch die Regelung, dass der Tod des stillen Gesellschafters nicht zur Auflösung der Gesellschaft führt (§ 234 II HGB analog).[369] Vielmehr rückt dann die Erbengemeinschaft auch ohne Nachfolgeklausel in die Gesellschafterstellung des Erblassers ein.

Auch ein Erwerb der Mitgliedschaft außerhalb des Erbgangs trifft nicht auf Hindernisse. Insbesondere steht das Fehlen von Gesamthandsvermögen der Übertragung der Mitgliedschaft nicht entgegen.[370]

(2) Unterbeteiligungsgesellschaft

Eine besondere "Spielart" der BGB-Innengesellschaft ist die Unterbeteiligungsgesellschaft.[371] Von einer solchen spricht man, wenn der Gesellschafter einer sog. Hauptgesellschaft anderen Personen mittels eines Unterbeteiligungsvertrages eine Beteiligung an seinem Gesellschaftsanteil einräumt. Zwischen den Parteien kann dann eine Unterbeteiligungsinnengesellschaft als Innen-GbR entstehen.[372] Der gemeinsame Zweck besteht in der Regel darin, den Anteil zu halten und gewinnbringend zu nutzen.[373] Kennzeichnend für die Unterbeteiligungsgesellschaft ist, dass der Gesellschafter in der Hauptgesellschaft sämtliche gesellschaftlichen Handlungen im eigenen Namen vornimmt.[374]

Soweit es um die erbrechtliche Nachfolge in die Stellung des Unterbeteiligten geht, ergeben sich gegenüber anderen BGB-Innengesellschaften keine Beson-

[368] Vgl. zur stillen Gesellschaft des bürgerlichen Rechts, MünchKomm/ Ulmer, § 705 Rn 286 f.
[369] MünchKomm/ Ulmer, § 705 Rn 288; Staudinger/ Habermeier, § 705 Rn 60.
[370] MünchKomm/ Ulmer, § 719 Rn 32; Flume, Die Personengesellschaft, 1977, S. 351.
[371] BGHZ 50, 316 (320); MünchKomm/ Ulmer, Vor § 705 Rn 92 ff.
[372] Die Unterbeteiligungsgesellschaft kann aus zwei Partnern bestehen, sie kann aber auch mehrgliedrig sein. Vgl. Blaurock, Unterbeteiligung und Treuhand an Gesellschaftsanteilen, 1982, S. 100 ff.
[373] Blaurock, Unterbeteiligung und Treuhand an Gesellschaftsanteilen, 1982, S. 109 f.
[374] Blaurock, Unterbeteiligung und Treuhand an Gesellschaftsanteilen, 1982, S. 119.

derheiten. Der Unterbeteiligte ist weder unmittelbar noch mittelbar Mitglied der Hauptgesellschaft.[375] Der Tod des stillen Gesellschafters führt im Zweifel nicht zur Auflösung (§ 234 II HGB analog)[376], vielmehr folgt die Erbengemeinschaft in die Rechtsstellung des Erblassers; die Miterben werden als Gesamthänder Unterbeteiligte, d.h. Gesellschafter der Innengesellschaft.

Anders kann für die Nachfolge in die Rechtsstellung des Hauptgesellschafters zu entscheiden sein. War der Erblasser Mitglied einer Gesellschaft, in die eine Erbengemeinschaft im Erbgang eintreten kann, etwa einer GmbH (§ 18 GmbHG), so steht auch hier der Nachfolge durch die Erbengemeinschaft nichts entgegen. Diese wird dann Gesellschafter der Hauptgesellschaft und gleichzeitig der BGB-Innengesellschaft.[377]
Das gilt nicht, wenn der Hauptgesellschafter Mitglied einer Personengesellschaft war, die den Grundsätzen der Singularsukzession unterliegt. Hier kann die Erbengemeinschaft nicht Gesellschafter der Personengesellschaft werden und folglich auch nicht Hauptgesellschafter der Unterbeteiligungsgesellschaft. Denn dann hält die Erbengemeinschaft keinen Anteil, an dem sich Dritte beteiligen könnten. In einem solchen Fall ist – je nach dem Gesellschaftsvertrag und den Umständen – entweder an eine Auflösung der Innen-GbR nach § 723 I BGB zu denken oder an eine Singularsukzession auch in die Rechtsstellung in der Unterbeteiligungsgesellschaft. Als Beispiel wäre etwa die nicht seltene[378] Unterbeteiligung an oHG-Anteilen zu nennen. Stirbt der oHG-Gesellschafter, der zugleich Hauptgesellschafter der Unterbeteiligungsgesellschaft ist, so können dessen Erben als Erbengemeinschaft weder Mitglied der oHG[379] noch der Innen-GbR werden.

2. Erwerb der Mitgliedschaft außerhalb des Erbgangs

Möglich ist der Erwerb der Rechtsstellung in einer Innen-GbR auch durch Beteiligung an deren Gründung, durch späteren Beitritt oder Übertragung.
Innengesellschaften können sich in einer schuldrechtlichen Sonderverbindung erschöpfen. Sie können aber auch als Verbände organisiert sein und den Ein- und Austritt von Gesellschaftern zulassen, ohne selbst zu Außengesellschaften

---

[375] MünchKomm/ Ulmer, Vor § 705 Rn 94.
[376] Soergel/ Hadding, Vor § 705 Rn 36; MünchKomm/ Ulmer, Vor § 705 Rn 102.
[377] Nach MünchKomm/ Ulmer, Vor § 705 Rn 102, ist auch in diesem Fall keine Nachfolgeklausel erforderlich, sondern die Innen-GbR wird im Zweifel entsprechend § 234 II HGB nicht aufgelöst.
[378] MünchKomm/ Ulmer, Vor § 705 Rn 93.
[379] Siehe Kapitel § 4 V. Anderes gilt z. B., wenn der Hauptgesellschafter Mitreeder war; siehe Kapitel § 4 VII.

zu werden.[380] Ebenso ist es möglich, dass sie die rechtsgeschäftliche Übertragung der Mitgliedschaft zulassen.[381]
Für die Erbengemeinschaft ergeben sich für den Mitgliedschaftserwerb durch Rechtsgeschäft keine Bedenken, die in der besonderen Charakteristik der Gesellschaft als Innengesellschaft ihren Grund haben. Einwände, wie etwa die mangelnde Rechtsfähigkeit der Erbengemeinschaft[382], finden freilich auch hier einen Ansatzpunkt. Überzeugen können sie nicht.[383]

3. Ergebnis

Die Erbengemeinschaft kann die Mitgliedschaft in BGB-Innengesellschaften innerhalb und außerhalb des Erbgangs erwerben. Eine Einschränkung ist für den Fall der erbrechtlichen Nachfolge in die Stellung des Hauptgesellschafters einer Unterbeteiligungsgesellschaft zu machen, wenn der Hauptgesellschafter einer Personengesellschaft angehörte, die eine erbrechtliche Nachfolge der Erbengemeinschaft nicht zulässt. Das Hindernis rührt nicht vom Recht der BGB-Innengesellschaft her, sondern vom Recht der Gesellschaft, der der Hauptgesellschafter angehört.

V. Als Gesellschafterin einer oHG und KG

1. Sondernachfolge in die Mitgliedschaft eines oHG-Gesellschafters bzw. Komplementärs

Bei der offenen Handelsgesellschaft hat die Rechtsprechung[384] zur Singularsukzession ihren Anfang genommen. Noch überwiegender[385] als für die Nachfolge

---

380 Vgl. K. Schmidt, Gesellschaftsrecht, S. 170 f.
381 Dazu, dass auch die Mitgliedschaft in einer Innen-GbR ohne Gesamthandsvermögen übertragbar ist, vgl. MünchKomm/ Ulmer, § 719 Rn 32.
382 Kick, Die Haftung des Erben eines Personenhandelsgesellschafters, 1996, S. 92, 100.
383 S. o. Kapitel § 4 III 3.
384 RGZ 16, 40 (56); DR 1943, 1224.
385 RGZ 16, 40 (56); DR 1943, 1224; BGHZ 22, 186 (192); 68, 225 (237); 91, 132 (135); 98, 48 (50 f.); 108, 187 (192); Rokas, Die Teilhaberschaft an der Offenen Handelsgesellschaft und ihre Vererbung, 1965, S. 57 ff.; Hohensee, Die unternehmenstragende Erbengemeinschaft, 1994, S. 151, allerdings aus erbrechtlichen Gründen; Wiedemann, FS-Großfeld, 1999, 1309 (1314); Baumbach/ Hopt/ Merkt, HGB, § 105 Rn 29; Koller/ Roth/ Morck, HGB, § 139 Rn 5; Eisenhardt, Gesellschaftsrecht, S. 114; Flume, Personengesellschaft, 1977, S. 395; Michalski, OHG-Recht, 2000, § 105 Rn 57; K. Schmidt, Gesellschaftsrecht, S. 1339 f.; Kübler, Gesellschaftsrecht, 1998, S. 66; Soergel/ Stein, § 1922 Rn 65; MünchKomm/ Leipold, § 1922 Rn 37; MünchKomm/ Dütz, § 2032 Rn 52; Staudinger/ Werner, Vorbem. zu §§ 2032 ff. Rn 24; RGRK/ Kregel, § 2032 Rn 11; Ulmer, ZGR 1972, 195 (202 ff.); ders., GroßkommHGB,

in die Rechtsstellung des Gesellschafters bürgerlichen Rechts wird die Einzelnachfolge für die oHG und KG vertreten. Angesichts der großen strukturellen Ähnlichkeit der Rechtsformen verwundert es nicht, dass die Argumente gegen die Gesellschafterstellung der Erbengemeinschaft sich weitgehend decken. So wird auch hier vorgetragen, dass die Erbengemeinschaft nicht als geschlossene Einheit auftreten könne[386], auf Auseinandersetzung gerichtet sei[387], für Geschäftsführung und Vertretung ungeeignet sei[388], ihr die selbstständige Verpflichtungsfähigkeit als Partner des Gesellschaftsvertrages fehle[389] und es schließlich an der unbeschränkten persönlichen Haftung der Mitglieder mangele[390]. Grundsätzlich wird auch hier eingewandt, die oHG sei eine persönlichkeitsbezogene Arbeits- und Haftungsgemeinschaft, in welcher Rechte und Pflichten in der Regel nur von voll verantwortlichen und selbst handlungsfähigen Personen wahrgenommen werden könnten.[391]
Dagegen kann eine Erbengemeinschaft nach allgemeiner Meinung[392] an einer oHG i. L. und KG i. L. beteiligt sein. Der Vorschrift des § 146 Abs. 1 S. 2 HGB lässt sich entnehmen, dass dies vom Gesetz vorausgesetzt wird.

Die Frage der Nachfolge mehrerer Erben in die Mitgliedschaft eines verstorbenen Personenhandelsgesellschafters ist in der Literatur ausführlich diskutiert

---

§ 105 Rn 98; H. Westermann, Personengesellschaftsrecht, 1978, S. 350 ff.; Hueck/ Windbichler, Gesellschaftsrecht, S. 128 f.; Brox, Erbrecht, S. 456 f., findet die Argumente der hM zwar nicht überzeugend, die Einzelnachfolge habe aber inzwischen gewohnheitsrechtliche Geltung; aA: Bletz, Die Mitgliedschaft der Erbengemeinschaft in der OHG, 1983, S. 6 ff., 83 f., 203 ff.; Börner, AcP 166 (1966), 426 ff.; Buchwald, AcP 154 (1955), 22 (26 Fn. 10); ders., JR 1955, 174; Eiselt, AcP 158 (1958), 319 (322 f.); Haas, Erbengemeinschaft (Gesamthand) und Mitgliedschaft in Personengesellschaften, 1962, S. 23 ff.; Kruse, FS-Laufke, 1971, 179 (184 ff.); Stötter, DB 1970, 525 (528); Weipert, FS - Bezzenberger, 2000, 439 (444); ders., ZEV 2002, 300 (304).

386 A. Hueck, Das Recht der offenen Handelsgesellschaft, 1971, S. 24; H. Westermann, Gesellschaftsrecht I, 1978, S. 87, der von fehlender Selbstständigkeit spricht.

387 Koller/ Roth/ Morck, § 105 Rn 19; Hueck/ Windbichler, Gesellschaftsrecht, S. 128 f.

388 Kübler,Gesellschaftsrecht, S. 66; deswegen letztlich auch Rokas, Die Teilhaberschaft an der Offenen Handelsgesellschaft und ihre Vererbung, 1965, S. 63 f.; wohl auch Flume, Die Personengesellschaft, 1977, S. 65, mit der Kritik an der Handlungsfähigkeit der Erbengemeinschaft.

389 Großkommentar HGB/ Fischer, 3. Aufl., § 105 Anm. 28 a.

390 A. Hueck, Das Recht der offenen Handelsgesellschaft, 1971, S. 24; H. Westermann, Personengesellschaftsrecht, 1978, S. 87, 352 f.; Fabricius, Relativität der Rechtsfähigkeit, 1963, S. 149 f.; Flume, Die Personengesellschaft, 1977, S. 65.

391 BGHZ 68, 186 (192); Soergel/ Stein, § 1922, Rn 65; Wiedemann, FS-Großfeld, 1999, 1309 (1313 f.).

392 RGZ 106, 63 (65); BGH, NJW 1995, 3314; OLG Düsseldorf, NJW-RR 1987, 732 (733); Koller/ Roth/ Morck, HGB, § 131 Rn 20; H. Westermann, Personengesellschaftsrecht, S. 83.

worden.[393] Der Bundesgerichtshof hat sich mit den Argumenten auseinandergesetzt und in seiner zweiten Grundsatzentscheidung zur qualifizierten Nachfolgeklausel im Jahre 1977[394] Stellung bezogen. In den Urteilsgründen heißt es dazu: „Mit dieser Auffassung hält der Senat für die Vererbung von Mitgliedschaftsrechten an einer Personengesellschaft am Prinzip der Einzelrechtsnachfolge fest. Das entspricht seinen bisherigen Entscheidungen (...) und einer Rechtsentwicklung, die seit dem Urteil des Reichsgerichts RGZ 16, 40 ff. von der ständigen Rechtsprechung der Gerichte und der überwiegenden Meinung im Schrifttum getragen wird; diese kann vom Bundesgerichtshof, obwohl eine Anzahl gegenläufiger Stimmen im neueren Schrifttum (...) nicht zu übersehen ist, mangels zwingender gegenteiliger Argumente schon im Hinblick auf die notwendige Kontinuität einer revisionsrechtlichen Rechsprechung nicht mehr in Frage gestellt werden. Die Einzelrechtsnachfolge erscheint dem Senat im übrigen nach wie vor als sachgerechte Lösung ...".[395] Seitdem sind die Stimmen gegen die Singularsukzession fast völlig verstummt.[396]
Es soll hier nicht das Für und Wider erneut aufgewärmt werden. Auch eine ausführliche Darstellung des Streits und seiner Entwicklung ist bereits geleistet.[397] Erwähnenswert ist das – soweit ersichtlich – seit 30 Jahren erste Votum für den „Abschied von der Sondererbfolge"[398]. Der Neuheitswert des Beitrages besteht in der – in jüngerer Zeit häufiger geäußerten[399] – Annahme, dass die Erbengemeinschaft rechtsfähig sei. Auf die von Weipert aus dieser Prämisse gezogenen Schlussfolgerungen für die Miterbenhaftung wurde schon eingegangen.[400]

Ebenso wie im Fall der Außen-GbR bezieht die Singularsukzession ihre Legitimation auch hier aus den haftungsrechtlichen Disparitäten zwischen Gesellschaftsrecht und Erbrecht. Das Recht der offenen Handelsgesellschaft bzw. des Komplementärs verlangt die unbeschränkte persönliche Haftung des in die Gesellschaft neu aufgenommenen Gesellschafters auch für zuvor begründete Verbindlichkeiten (§ 130 bzw. §§ 161 II, 130 HGB). Das Erbrecht dagegen offeriert den Miterben die Möglichkeit, die Haftung mit ihrem Eigenvermögen bis zur Auseinandersetzung auszuschließen (§ 2059 I 1 BGB). Auch dann, wenn ein

---

[393] Für eine eingehende Auseinandersetzung mit den in Fn 385 genannten Gegnern der Singularsukzession vgl. z. B. Ulmer, ZGR 1972, 195 (202 ff.); H. P. Westermann, JuS 1979, 765 ff.
[394] BGHZ 68, 225.
[395] BGHZ 68, 225 (237).
[396] Danach haben sich gegen die Singularsukzession in die Stellung des OHG-Gesellschafters bzw. Komplementärs zu Wort gemeldet: Bletz, Die Mitgliedschaft der Erbengemeinschaft in der OHG, 1983, S. 6 ff., 83 ff., 203 ff.; Weipert, ZEV 2002, 300 (302 f.).
[397] Vgl. Siegmann, Personengesellschaftsanteil und Erbrecht: ein Beitrag zu Grundlagen und Einzelfragen des Rechts der Anteilsvererbung, 1992, S. 41 ff.
[398] Weipert, ZEV 2002, 300 (302).
[399] S. o. Kapitel § 4 I.
[400] S. o. Kapitel § 4 III 1 (2).

Miterbe seine Haftungsbeschränkungsmöglichkeit verloren hat, haftet er nur entsprechend seiner Erbquote (§ 2059 I 2 BGB).

Darüber hinaus findet die Sondernachfolge einen Anhalt im Wortlaut des § 139 I HGB[401], wenn es dort heißt, dass "jeder Erbe" sein Verbleiben in der Gesellschaft von der Einräumung einer Kommanditistenstellung abhängig machen kann.
Im Ergebnis ist an der ganz herrschenden Meinung festzuhalten, dass eine Erbengemeinschaft nicht in die Mitgliedsstellung des Erblasser nachfolgen kann.

2. Sondernachfolge in die Mitgliedschaft des Kommanditisten

Stirbt der Kommanditist, so geht der Kommanditanteil mangels abweichender vertraglicher Bestimmungen auf die Erben über (§ 177 HGB). Nach ganz herrschender Meinung[402] kommt es auch hier zum Splitting der Mitgliedschaft, also zur Singularsukzession. Jeder einzelne Erbe wird unmittelbar mit einem der Größe seines Erbteils entsprechenden Gesellschaftsanteil Kommanditist der Gesellschaft. Begründet wird das von der hM mit denselben Argumenten wie für die Nachfolge in die Mitgliedschaft des Komplementärs oder oHG-Gesellschafters.[403]

---

[401] RG, DR 1943, 1224 (1225); BGHZ 68, 225 (237); Säcker, Gesellschaftsvertragliche und erbrechtliche Nachfolge in Gesamthandsmitgliedschaften, 1970, S. 25; Koller/ Roth/ Morck, HGB, § 139 Rn 5; K. Schmidt, Gesellschaftsrecht, S. 1340; Soergel/ Stein, § 1922 Rn 65; H. Westermann, Personengesellschaftsrecht I, 1978, S. 354; Fabricius, Relativität der Rechtsfähigkeit, 1963, S. 149 f.; Ulmer, ZGR 1972, S. 195 ff. (202). Die von den Gegnern der Singularsukzession dagegen vorgebrachten Einwände sind von Siegmann, Personengesellschaftsanteil und Erbrecht: ein Beitrag zu Grundlagen und Einzelfragen des Rechts der Anteilsvererbung, 1992, S. 45 ff., insbesondere im Wege einer historischen Auslegung des § 139 HGB, widerlegt worden.

[402] RG, DR 1943, 1228 (1229);BGH, NJW 1983, 2376; Wiedemann, FS-Großfeld, 1999, 1309 (1314); Kübler, Gesellschaftsrecht, S. 89 f.; Schlegelberger/ Martens, § 161 Rn 34; Koller/ Roth/ Morck, HGB, § 177 Rn 3; Heymann/ Horn, § 177 Rn 11; Hopt/ Baumbach/ Merkt, HGB, § 161 Rn 4; K. Schmidt, Gesellschaftsrecht, S. 1339 f.; Hueck/ Windbichler, Gesellschaftsrecht, S. 211; Soergel/ Wolf, § 2032 Rn 20; Staudinger/ Werner, Vor § 2032 Rn 25; Erman/ Schlüter, § 2032 Rn 4; RGRK/ Kregel, § 2032 Rn 8 u. 11; Palandt/ Edenhofer, Vor 2032 Rn 9; aA: RGZ 123, 366 (369 f.); Köbler, Erbrecht und Gesellschaftsrecht, 1974, S. 20 ff.; ders., DB 1972, 2241 (2243); Haas, Erbengemeinschaft (Gesamthand) und Mitgliedschaft in Personengesellschaften, 1962, S. 36 f.; Grunewald, Gesellschaftsrecht, S. 144; Brox, Erbrecht, S. 460; Knieper/ Fromm, NJW 1980, 2677 (2681); Soergel/ Stein, § 1922 Rn 72 Fn. 441; zweifelnd Heymann/ Emmerich, § 139 Rn 11; leicht zweifelnd auch Ulmer, NJW 1990, 73 (75).

[403] BGH, NJW 1983, 2376.

Dem ist für den Eintritt im Erbgang zuzustimmen. Die Singularsukzession ist auch hier die Konsequenz aus der Unverträglichkeit erbrechtlicher und gesellschaftsrechtlicher Haftungsbestimmungen.

Den Gläubigern der Kommanditgesellschaft steht es frei, wen sie für die Schulden der Gesellschaft in Anspruch nehmen. Sie können auf die Gesellschaft selbst, den Komplementär und auch unmittelbar auf die Kommanditisten zugreifen.[404] Ebenso wie der Komplementär haftet der Kommanditist mit seinem gesamten Vermögen, also gegenständlich unbeschränkt. Im Unterschied zu den beiden Erstgenannten ist die Haftung grundsätzlich[405] summenmäßig beschränkt. Sie richtet sich nach der in das Handelsregister eingetragenen Haftsumme.
Hat der Erblasser seine Hafteinlage nicht oder nicht vollständig geleistet oder hat er sie zurückerhalten (§§ 171 I, 172 IV HGB), so haftet für den offenstehenden Betrag der Erbe. Eine summenmäßig unbeschränkte Haftung kann dann entstehen, wenn der Erblasser noch nicht im Handelsregister als Kommanditist eingetragen war (§ 176 I HGB).[406]

Für die Nachfolge der Erbengemeinschaft in die Mitgliedschaft des Kommanditisten können sich folgende Konstellationen ergeben:
Der Erbe eines Kommanditisten haftet nach Erbrecht für die Verpflichtungen des Erblassers (§§ 1967 BGB, 171 I, 172 IV HGB; 176 HGB) beschränkbar.[407] Insofern würden sich auch keine Probleme bei der Nachfolge durch die Erbengemeinschaft ergeben. Die Miterben können die Einrede aus § 2059 I 1 BGB erheben.

Wer als Kommanditist in die Gesellschaft eintritt, haftet nach § 173 HGB für die vor seinem Eintritt begründeten Verbindlichkeiten der Gesellschaft. Als Eintritt in diesem Sinne gilt auch die erbrechtliche Rechtsnachfolge, so dass auch der Erbe nach §§ 173, 171 I, 172 IV HGB haftet.[408] War der Erblasser nicht als Kommanditist eingetragen, so haftet der Erbe nach §§ 173, 176 I HGB.[409]

---

[404] MünchKommGesR/ K. Schmidt, §§ 171, 712 Rn 15.
[405] Eine summenmäßig unbeschränkte Haftung kann sich aus § 276 HGB ergeben.
[406] Eine Haftung aus § 176 II HGB lehnt die ganz hM ab; vgl. BGH NJW 1989, 3152 (3155); Schlegelberger/ K. Schmidt, § 176 Rn 22; ders., GmbHR 2002, 341 (347); Grunewald, Gesellschaftsrecht, S. 144.
[407] MünchKommGesR/ K. Schmidt, § 173 Rn 44; Hopt/ Baumbach/ Merkt, § 173 Rn 15.
[408] RGZ 123, 366 (370) ; OLG Hamburg, NJW-RR 1994, 809 (810 f.); Schlegelberger/ K. Schmidt, § 173 Rn 8 u. 39, 43; Großkommentar/ Schilling, § 173 Rn 17; Baumbach/ Hopt/ Merkt, § 173 Rn 15; Ebenroth/ Boujong/ Joost/ Strohn, HGB, § 173 Rn 25; aA: Heymann/ Horn, § 173 Rn 8; Grunewald, Gesellschaftsrecht, S. 144.
[409] MünchKommGesR/ K. Schmidt, § 173 Rn 44.

Hatte der Erblasser seine Haftsumme noch nicht oder nicht vollständig eingezahlt oder zurückerhalten, so haftet der eintretende Erbe persönlich. Gläubiger der Gesellschaft können unmittelbar auf ihn zugreifen. Dem stünde das Recht der Miterben, ihre Haftung auf den Nachlass zu beschränken (§ 2059 I 1 BGB), entgegen. Somit entsteht hier derselbe Konflikt wie beim Komplementär, mag er wegen der grundsätzlich summenmäßigen Begrenzung der Kommanditistenhaftung auch weniger gravierend sein. Das ist die Konsequenz aus der uneingeschränkten Anwendung des § 2059 I BGB.[410]

Somit ist an der Sondernachfolge festzuhalten.[411] Die Erbengemeinschaft kann auch die Kommanditbeteiligung nicht im Erbgang erwerben.

3. Erwerb der Mitgliedschaft außerhalb des Erbgangs

(1) Die Erbengemeinschaft als Gesellschafter einer oHG bzw. als Komplementär

Die Anforderungen an die Mitgliedsfähigkeit in der oHG bzw. KG entsprechen weitgehend jenen in der Außen-GbR. Insbesondere in der Haftungsfrage besteht Übereinstimmung[412], so dass auf die Darlegungen im Zusammenhang mit der Mitgliedschaft in der Außen-GbR verwiesen werden kann.[413] Im Ergebnis ergeben sich aus den Haftungsregeln der Erbengemeinschaft weder für die Beteiligung an der Gründung noch für den späteren Beitritt oder den rechtsgeschäftlichen Erwerb der Mitgliedschaft durch Übertragung Schwierigkeiten. Das Erbrecht ermöglicht den Miterben nicht, ihre Haftung zu begrenzen. Insofern wird in der Literatur[414] nicht ausreichend unterschieden, zwischen dem Erwerb der Mitgliedschaft innerhalb und dem außerhalb des Erbgangs. Der Einwand,

---

[410] Das übersehen Knieper/ Fromm, NJW 1980, S. 2677 ff., wenn sie sich ausschließlich an der Geschäftsführungsbefugnis orientieren und aus § 139 HGB entnehmen, dass die Singularsukzession nur für die Nachfolge in die Komplementärsstellung gelten kann.

[411] So unter Hinweis auf haftungsrechtliche Probleme in jüngerer Zeit auch ausdrücklich: Stodolkowitz, FS-Kellermann, 1990, 439 (449). Wiedemann, FS-Großfeld, 1999, 1309 (1314) hält, ohne die Haftungsproblematik zu erwähnen, die Nachfolge der Erbengemeinschaft für „diskutabel", will aber die Entwicklung nicht rückgängig machen.

[412] Haftung des Gesellschafters der Außen-GbR nach §§ 128 ff. HGB analog = Haftung des OHG-Gesellschafters nach §§ 128 HGB.

[413] S. o. Kapitel § 4 III 4.

[414] Nach Schlegelberger/ K. Schmidt, § 105 Rn 78, scheidet die Erbengemeinschaft als Gründerin einer OHG und KG aus, weil sie nach hM aufgrund ihrer Organisations- und Haftungsverfassung kein taugliches Mitglied einer werbend tätigen Personengesellschaft sein könne.

dass es an der unbeschränkten persönlichen Haftung der Mitglieder mangele[415], ist richtig nur für die Nachfolge der Erbengemeinschaft im Erbgang.

Die Berufung auf die Unbeweglichkeit und Schwerfälligkeit der Erbengemeinschaft[416] überzeugt hier eher noch weniger, als das bei der GbR der Fall ist.
In der gesetzestypischen BGB-Gesellschaft erfolgt die Geschäftsführung und Vertretung durch alle Gesellschafter gemeinschaftlich (§ 709 I BGB; §§ 714, 709 I BGB). Insofern kann ein einziger entscheidungs- oder aktionsschwacher Gesellschafter für die Handlungsfähigkeit der Gesellschaft schon hinderlich sein, weshalb dann eine abweichende Regelung im Gesellschaftsvertrag ratsam und – dank der Dispositivität dieser Vorschriften – möglich ist.

Weniger anfällig ist die Handlungsorganisation der offenen Handelsgesellschaft bzw. Kommanditgesellschaft. Hier ist jeder Gesellschafter allein geschäftsführungsbefugt (§ 115 I HGB) und vertretungsberechtigt (125 I HGB). Die Funktionsfähigkeit der Gesellschaft hängt, zumindest in der laufenden Verwaltung[417], grundsätzlich nicht von dem Handlungsvermögen einzelner Gesellschafter ab. Die weitgehende Dispositivität des Rechts der oHG und KG[418] gestattet außerdem die Anpassung an konkrete Bedürfnisse. Dies kann um so mehr den Gesellschaftern überlassen werden, als das Handelsrecht auf eine gewisse kaufmännische Gewandtheit vertraut.
Im Übrigen ist der im Gesetz vorgesehenen Möglichkeit, Gesellschafter von der Geschäftsführung auszuschließen (§ 114 II HGB bzw. § 161 II i. V. m. § 114 II HGB), zu entnehmen, dass die Fähigkeit zur persönlichen Geschäftsführung keine wesentliche Voraussetzung für die Mitgliedschaft ist.[419]
Für die Seite der Erbengemeinschaft ist anzumerken, dass die Miterben zwar grundsätzlich gemeinschaftlich entscheiden und nach außen handeln (§ 2038 I 1 BGB). Die als Gesellschafter einer oHG bzw. KG zu treffenden Entscheidungen sind aber regelmäßig der ordnungsmäßigen Verwaltung zuzuordnen, so dass die Miterben darüber mit Mehrheit entscheiden (§§ 2038 II 1, 745 I BGB).[420]

---

415 A. Hueck, Das Recht der offenen Handelsgesellschaft, 1971, S. 24; H. Westermann, Personengesellschaftsrecht, S. 87, 352 f.; Fabricius, Relativität der Rechtsfähigkeit, 1963, S. 149 f.; Flume, Die Personengesellschaft, 1977, S. 65.
416 Kübler,Gesellschaftsrecht, S. 66; deswegen letztlich auch Rokas, Die Teilhaberschaft an der Offenen Handelsgesellschaft und ihre Vererbung, 1965, S. 63 f.; wohl auch Flume, Die Personengesellschaft, 1977, S. 65, mit der Kritik an der Handlungsfähigkeit der Erbengemeinschaft.
417 Vgl. § 116 HGB.
418 Gerade die hier in Frage stehenden Vorschriften der Geschäftsführung und Vertretung sind weitgehend dispositiv; vgl. Koller/ Roth/ Morck, HGB, §§ 114 ff., 125 ff. HGB.
419 Börner, AcP 166 (1966), 426 (440 Fn 51).
420 Ausführlich dazu: Bletz, Die Mitgliedschaft der Erbengemeinschaft in der OHG, 1983, S. 52 ff.; Börner, AcP 166 (1966), S. 439 ff.

Nach Michalski kann eine Erbengemeinschaft nicht durch eigene unternehmerische Tätigkeit mit den Mitteln des Nachlasses einen OHG-Anteil erwerben.[421] Dem ist zu widersprechen. Nach der Rechtsprechung und überwiegender Lehre ist die Erbengemeinschaft grundsätzlich fähig, Gesellschaftsanteile zu erwerben.[422] Es kann durchaus im Interesse der Erhaltung oder Mehrung des Nachlasses sein, Barmittel oder Sachgegenstände in eine OHG einzubringen, etwa ein ererbtes Unternehmen. Wie sich bereits gezeigt hat, kann die Mitgliedschaft dann auch im Wege der Surrogation (§ 2041 I 1 Var. 3 BGB) in das Vermögen der Erbengemeinschaft gelangen.[423]

Dass die Einwände, die Erbengemeinschaft könne nicht als Einheit auftreten[424] und ihr fehle die selbstständige Verpflichtungsfähigkeit als Partner des Gesellschaftsvertrages[425], nicht durchgreifen, hat sich ebenfalls schon erwiesen.[426] Dasselbe gilt für das Argument, die Erbengemeinschaft sei auf Auseinandersetzung gerichtet.[427] Westermanns[428] Einwand, dass angesichts der Rechte eines jeden einzelnen Miterben aus § 2033 und § 2042 BGB sowie § 139 HGB sowieso mit dem Zerfall der Erbengemeinschaft zu rechnen sei, stimmt allenfalls für das Einrücken im Erbgang. Für den rechtsgeschäftlichen Erwerb besteht eine andere Motivationslage, die derartige Annahmen unwahrscheinlich macht.[429]

Dem Erwerb der Mitgliedschaft außerhalb des Erbgangs steht auch nicht § 139 HGB entgegen. Die Vorschrift regelt schon nach ihrem Wortlaut nur die Rechtsfolgen im Falle des Todes eines Gesellschafters.

Ein praktisches Problem, das nicht die Beteiligungsfähigkeit der Erbengemeinschaft an sich betrifft, sondern nur deren Eintragung als Gesellschafterin[430], folgt aus der mangelnden Registerpublizität der Erbengemeinschaft. Von der Ausnahme derjenigen Erbengemeinschaft, die ein ererbtes Handelsunternehmen unter einer Firma fortführt, abgesehen, ist weder die personelle Zusammensetzung noch die Vertretungsregelung einer Erbengemeinschaft dem Handelsregister zu

---

421 Michalski, OHG-Recht, § 105 Rn 57.
422 S. o. Kapitel III 3 und VIII.
423 S. o. Kapitel III 3 (3).
424 A. Hueck, Das Recht der offenen Handelsgesellschaft, 1971, S. 24; H. Westermann, Gesellschaftsrecht I, S. 87, der von fehlender Selbstständigkeit spricht.
425 Großkommentar HGB/ Fischer, § 105 Anm. 28 a; Kölling, Gesamthandsgemeinschaften als Mitglieder von Personalgesellschaften des Handelsrechts, 1938, S. 54 f., 66.
426 S. o. Kapitel § 4 III 3.
427 Koller/ Roth/ Morck, § 105 Rn 19; Hueck/ Windbichler, Gesellschaftsrecht, S. 128 f.
428 H. P. Westermann, JuS 1979, 765 (766).
429 S. o. Kapitel § 4 III 3 (2).
430 So auch K. Schmidt, Gesellschaftsrecht, S. 1356, für die BGB-Gesellschaft.

entnehmen. Dieses Defizit teilt sie mit anderen Gesamthandsgemeinschaften, wie etwa der GbR[431] und dem nichtrechtsfähigen Verein.
Für die Beteiligung einer Erbengemeinschaft an einer oHG folgt daraus, dass als Gesellschafter die einzelnen Miterben mit dem Zusatz „in Erbengemeinschaft" einzutragen sind (§§ 106, 107 HGB).[432] Ebenso einzutragen sind Veränderungen in der Zusammensetzung der Erbengemeinschaft (entsprechend § 143 II bzw. § 107 HGB).[433] Damit ist für den Rechtsverkehr die jeweilige Zusammensetzung der Erbengemeinschaft erkennbar.
Das ist auch dogmatisch einsichtig, denn mangels Rechtsfähigkeit der Erbengemeinschaft als solcher sind die Miterben die eigentlichen Träger der Mitgliedschaft. Veräußert ein Miterbe seinen Anteil (§ 2033 I BGB), so ändert sich damit nicht nur die Zusammensetzung der Erbengemeinschaft, sondern in gewissem Sinne auch die der oHG.

Für den Fall der Beteiligung einer Erbengemeinschaft kann sich für den Rechtsverkehr die Frage nach der Vertretungsmacht stellen, wenn die Erbengemeinschaft die oHG nach außen vertritt.
Im Schrifttum wird hierzu die Auffassung vertreten, dass ein Dritter, der dem Handelsregister die Mitgliedschaft einer Erbengemeinschaft entnehmen kann, von gemeinschaftlicher Verwaltung und damit auch gemeinschaftlicher Vertretung ausgehen muss (§ 2038 I 1 BGB). Tut er das nicht, so handelt er auf eigenes Risiko.[434]
Das mag unter dem Gesichtspunkt der Rechtssicherheit akzeptabel sein, ob eine solche Regelung aber dem Willen des Gesetzes entspricht, erscheint doch zweifelhaft. Dem neu geregelten § 106 Abs. 2 Nr. 4 HGB ist zu entnehmen, dass die Vertretungsregelung im Register erkennbar sein soll. Dem wird wohl mit der Eintragung der gemeinschaftlichen Vertretungsbefugnis der Miterben eher entsprochen.
Im Ergebnis kann jedenfalls festgestellt werden, dass dem Beteiligungserwerb außerhalb des Erbgangs keine unüberwindbaren Hindernisse entgegenstehen.

---

431 Zu der ähnlichen Situation für Mitgliedschaft der GbR in der oHG siehe Kapitel § 7 IV.
432 Diese Eintragungsform ist für die Mitgliedschaft in einer GmbH anerkannt, vgl. OLG Hamm, GmbHR 1975, 83 (85); Michalski/ Heyder, GmbHG, § 8 Rn 10.
433 Ebenso Brodersen, Die Beteiligung der BGB-Gesellschaft an den Personenhandelsgesellschaften, 1988, S. 89 ff. für die Beteiligung einer GbR an einer oHG; für entsprechende Anwendung der Publizitätsvorschriften auf die GbR als Gesellschafterin einer KG auch BGH, NZG 2001, 1132; LG Berlin, GmbHR 2003, 720.
434 Bletz, Die Mitgliedschaft der Erbengemeinschaft in der OHG, 1983, S. 69; ähnlich auch Börner, AcP 166 (1966), 426 (442).

(2) Die Erbengemeinschaft als Kommanditist

In der Literatur wird die Fähigkeit der Erbengemeinschaft, sich als Kommanditist zu betätigen, mit dem Einwand der mangelnden Rechtsfähigkeit[435] und Instabilität (§ 2033 I ; § 2042 I BGB)[436] bestritten. Dass dem nicht zu folgen ist, hat die vorliegende Untersuchung schon ergeben. Das braucht hier nicht erneut begründet werden.[437]

Aus der Haftungsordnung der Erbengemeinschaft ergeben sich – entgegen der Auffassung des Kammergerichts[438] – keine Bedenken. Tritt die Erbengemeinschaft als Kommanditist einer Gesellschaft bei, so haften die Miterben für alle vor ihrem Eintritt begründeten Gesellschaftsschulden persönlich, beschränkt auf den Betrag ihrer Haftsumme (§§ 173, 171, 172 HGB). Gehört der Anteilserwerb zur ordentlichen Verwaltung des Nachlasses, so handelt es sich dabei um Nachlasserbenschulden, was zur Haftung der Miterben mit dem Nachlass und dem Eigenvermögen führt. Die Möglichkeit der Haftungsbeschränkung auf den Nachlass (§ 2059 I 1 BGB) oder einer Teilhaftung (§ 2059 I 2 BGB) steht den Miterben nicht zur Verfügung.[439] Deswegen kommt es zu keiner Kollision zwischen erbrechtlichen und gesellschaftsrechtlichen Haftungsvorschriften.

Auch sonst bestehen keine Hindernisse. Insbesondere überzeugt hier der Einwand der "persönlichkeitsbezogenen Arbeitsgemeinschaft"[440] nicht. Denn gerade an der "Arbeit" beteiligt sich der typische Kommanditist nicht.
Nach dem gesetzlichen Leitbild ist er von der Geschäftsführung wie von der Vertretung ausgeschlossen (§§ 164 S. 1, 170 HGB), von letzter sogar zwingend.[441] Der Kommanditist erscheint vielmehr passiv und nur kapitalmäßig beteiligt. Insofern kann von mangelnder Eignung der Erbengemeinschaft nicht die Rede sein.[442] Im Übrigen kommt auch hier eine Anpassung des dispositiven Rechts in Betracht. Für den Fall, dass mehrere Erben in Singularsukzession als Kommanditisten eintreten, hat der BGH die Zulässigkeit einer gesellschaftsver-

---

435 RGRK/ Kregel, § 2032 Rn 11; Kölling, Gesamthandsgemeinschaften als Mitglieder von Personalgesellschaften des Handelsrechts, 1938, S. 67.
436 Schlegelberger/ Martens, § 161 Rn 34.
437 S. o. Kapitel § 4 III 3.
438 Das Kammergericht lehnt die Beteiligung einer Erbengemeinschaft als Kommanditist mit der Begründung ab, der Kommanditist müsse unmittelbar und mit seinem ganzen Vermögen haften. Dem laufe die Beschränkung der Haftung auf den Nachlass zuwider. Vgl. KGJ 37, A 145, 146 f.
439 S. o. Kapitel § 4 III 4, 5, 6.
440 BGHZ 22, 186 (192), für die oHG.
441 Jedenfalls was die organschaftliche Vertretung anbelangt. Vgl. Koller/ Roth/ Morck, HGB, § 170 Rn 1.
442 Im gleichen Sinne Ulmer, NJW 1990, 73 (75).

traglichen Bestimmung anerkannt, den Miterben die Bestellung eines gemeinsamen Vertreters aufzugeben.[443] Das kann gegebenenfalls auch den gesamthänderisch gebundenen Miterben abverlangt werden.

4. Ergebnis

Für die Nachfolge in die Mitgliedschaft des Erblassers ist an der Singularsukzession festzuhalten, unabhängig davon, ob dieser persönlich haftender Gesellschafter oder Kommanditist war. Dagegen kann eine Erbengemeinschaft durch Beteiligung an der Gründung, Beitritt oder derivativen Anteilserwerb kraft Rechtsgeschäfts Gesellschafter einer oHG und KG werden.

VI. Erbengemeinschaft als Gesellschafterin einer stillen Gesellschaft

1. Erbengemeinschaft als Geschäftsinhaber

Die stille Gesellschaft ist eine Innengesellschaft, bei der jemand gegen einen Anteil am Gewinn mit einer Einlage an dem Handelsgewerbe eines anderen beteiligt ist (§§ 230, 231 II HGB).[444]
Die gesetzestypische stille Gesellschaft ist zweigliedrig, d. h., der Inhaber des Handelsgeschäfts und der stille Gesellschafter bilden ein Gesellschaftsverhältnis. Hat sich der Geschäftsinhaber noch mit weiteren Stillen verbunden, so entstehen so viele voneinander unabhängige stille Gesellschaften, wie stille Beteiligte vorhanden sind.
Die Gesellschaft selbst ist nicht rechtsfähig und kann infolgedessen auch nicht Vermögensträger sein. Es gibt kein Gesellschaftsvermögen. Vielmehr ist der stille Gesellschafter mit einer Einlage am Vermögen des Geschäftsinhabers beteiligt. Die vom Stillen geleistete Einlage geht in dessen Vermögen über (§ 230 I HGB).
Mangels Rechtsfähigkeit kann die Gesellschaft auch nicht berechtigt und verpflichtet werden. Sie ist reine Innengesellschaft, nach außen tritt der Geschäftsinhaber auf, im eigenen Namen. Er allein wird berechtigt und verpflichtet, nicht der stille Gesellschafter.[445]

---

[443] BGHZ 46, 291 (294-297).
[444] Umstritten ist, ob dazu eine Einlageleistung des Stillen erforderlich ist oder ob auch ein Beteiligungserwerb durch "Einbuchung" auf Kosten des Geschäftsinhabers ausreicht. Vgl. Schlegelberger/ K. Schmidt, HGB, § 335 (§ 230 n. F.) Rn 33.
[445] MünchKommGesR/ K. Schmidt, § 230 Rn 12 f.; Heymann/ Horn, HGB, § 230 Rn 2 f.

Auch die Geschäftsführung obliegt typischerweise allein dem Geschäftsinhaber. Anders als der Kommanditist[446], hat der Stille selbst bei ungewöhnlichen Geschäften kein Widerspruchsrecht.[447] Ihm verbleiben im Wesentlichen nur Kontroll- und Informationsrechte (§ 233 HGB).

Stirbt der Inhaber des Handelsgeschäfts[448], so führt das zur Auflösung der stillen Gesellschaft (§ 727 Abs. 1 BGB).[449] Der Grund für die Regelung liegt in der Abhängigkeit des Gedeihens des Handelsgewerbes von der Person und persönlichen Tüchtigkeit des Inhabers und entspricht den Interessen des stillen Gesellschafters.[450] Die Vorschrift ist nicht zwingend. Enthält der Gesellschaftsvertrag eine Fortsetzungsklausel, so kann die Gesellschaft mit den Erben fortgeführt werden.[451]
Führt die Erbengemeinschaft das kaufmännische Handelsgeschäft des Erblassers weiter und ist im Gesellschaftsvertrag eine entsprechende Vereinbarung getroffen, so wird die Erbengemeinschaft im Wege der erbrechtlichen Universalsukzession Gesellschafterin der stillen Gesellschaft. Eine Singularsukzession findet nach einhelliger Meinung nicht statt.[452]

2. Erbengemeinschaft als stiller Gesellschafter

(1) Gesetzestypische stille Gesellschaft

Die Erbengemeinschaft ist nach ganz herrschender Meinung[453] taugliche stille Gesellschafterin. Eine Ausnahme soll nur für atypisch ausgestaltete stille Gesellschaften gelten.[454]

---

446 Vgl. § 164 HGB.
447 Koller/ Roth/ Morck, HGB, § 230 Rn 16.
448 Als Unternehmensträger kommen neben natürlichen Personen z. B. auch juristische Personen und Personengesellschaften in Betracht. Vgl. MünchKommGesR/ K. Schmidt, § 230 Rn 27 ff.
449 Paulick/ Blaurock, Handbuch der Stillen Gesellschaft, 1998, S. 329; MünchKommGesR/ K. Schmidt, § 234 Rn 7.
450 Paulick/ Blaurock, Handbuch der Stillen Gesellschaft, 1998, S. 329.
451 Paulick/ Blaurock, Handbuch der Stillen Gesellschaft, 1998, S. 330; MünchKommGesR/ K. Schmidt, § 234 Rn 9.
452 MünchKommGesR/ K. Schmidt, § 230 Rn 30; Röhricht/ v. Westphalen/ v. Gerkan, HGB, § 230 Rn 24; Ebenroth/ Boujong/ Joost/ Gehrlein, HGB, § 234 Rn 12.
453 Statt vieler:RGZ 126, 386 (390); Saenger, Die stille Gesellschaft, 1924, S. 60 ff.; Koenigs, Die stille Gesellschaft, 1961, S. 15; MünchKommGesR/ K. Schmidt, § 230 Rn 34; aA Baumann/ Schulze zur Wiesche, Handbuch der Vermögensnachfolge, S. 329 f., ohne Unterscheidung zwischen typischer und atypischer stiller Gesellschaft.
454 Dazu das folgende Kapitel.

Verstirbt der stille Gesellschafter und sind mehrere Personen zu Erben berufen, so kann die Erbengemeinschaft durch erbrechtliche Gesamtrechtsnachfolge an die Stelle des Erblassers treten. Für die Annahme einer Singularsukzession besteht kein Grund.[455] Die stille Gesellschaft ist als reine Innengesellschaft kein Verpflichtungssubjekt, so dass keine Gesellschaftsverbindlichkeiten entstehen können, für welche die Gesellschafter einstehen müssten. Nach außen tritt nur der Inhaber des Handelsgeschäfts in Erscheinung. Er allein wird aus den im Rahmen seines Handelsgeschäfts abgeschlossenen Geschäften berechtigt und verpflichtet. Er allein haftet demzufolge den Geschäftsgläubigern mit seinem gesamten Vermögen (§ 230 II HGB).[456]
Der stille Gesellschafter dagegen ist den Gläubigern gegenüber von jeder Verantwortung und Haftung frei, im Unterschied zum Kommanditisten[457] auch dann, wenn er mit seiner Vermögenseinlage im Rückstand ist.[458] Da es keine Haftung des Stillen für Gesellschaftsschulden gibt[459], droht auch kein Haftungskonflikt zwischen Gesellschafts- und Erbrecht, der eine Singularsukzession begründen könnte.

(2) Die atypische stille Gesellschaft

Der Gesetzgeber ist von der zweigliedrigen stillen Gesellschaft ausgegangen, mit einer Regelung, wie sie oben skizziert wurde. Zwingend ist das nicht. Im Recht der stillen Gesellschaft als einer Innengesellschaft herrscht im Grundsatz Vertragsfreiheit.[460] Die wenigen zwingenden Vorschriften[461] eröffnen einen weiten Gestaltungsspielraum. Davon hat die Praxis reichlich Gebrauch gemacht, mit der Folge, dass sich eine breite Typenvielfalt entwickelt hat.[462]
Trotz großer Variationsbreite[463] bleibt die stille Gesellschaft im Kern unverändert: eine nichtrechtsfähige Innengesellschaft ohne eigenes Vermögen.[464]

---

[455] Soergel/ Wolf, § 2032 Rn 12; MünchKomm/ Leipold, § 1922 Rn 43; Soergel/ Stein, § 1922 Rn 73.
[456] MünchKommGesR/ K. Schmidt, § 230 Rn 12 f.; Paulick/ Blaurock, Handbuch der Stillen Gesellschaft, 1998, S. 11.
[457] Vgl. § 171 I HGB.
[458] Paulick/ Blaurock, Handbuch der Stillen Gesellschaft, 1998, S. 11.
[459] Paulick/ Blaurock, Handbuch der Stillen Gesellschaft, 1998, S. 67.
[460] BGH, WM 1961, 574.
[461] Unabdingbar sind: die Beteiligung des stillen Gesellschafters am Gewinn (§ 231 II HGB), das außerordentliche Kündigungsrecht (§ 234 I 2 HGB), das außerordentliche Informationsrecht (§ 233 III HGB), das Kündigungsrecht des Gläubigers (§ 234 I 2 HGB) und § 236 II HGB. Vgl. Schlegelberger/ K. Schmidt, § 335 (§ 230 n. F.) Rn 65.
[462] Beispiele finden sich bei: Paulick/ Blaurock, Handbuch der Stillen Gesellschaft, 1998, S. 63 ff., 82 ff.; Schlegelberger/ K. Schmidt, § 335 (§ 230 n. F.) Rn 65 ff.
[463] Schlegelberger/ K. Schmidt, § 335 (§ 230 n. F.) Rn 66, spricht von einem "Bild vielfältig variierter Gestaltungstypen".

Der Stille kann im Innenverhältnis zwar am Unternehmensvermögen derart beteiligt werden, dass er bei der Gewinnermittlung und bei der Auseinandersetzung rechnerisch wie ein Kommanditist gestellt ist. Damit entsteht jedoch nur eine schuldrechtliche Beteiligung am Unternehmensvermögen. Die Abrede schafft kein Gesellschaftsvermögen der stillen Gesellschaft und führt zu keiner dinglichen Beteiligung des stillen Gesellschafters am Vermögen des Geschäftsinhabers. Dritten gegenüber ist sie ohne Wirkung.[465]
Auch die atypische stille Gesellschaft ist nicht Träger von Rechten und Pflichten, mithin nicht verpflichtungsfähig. Zulässig ist die Beteiligung des stillen Gesellschafters an der Geschäftsführung und zulässig ist auch die Einräumung von Vertretungsmacht. Dann kann der Stille Dritten gegenüber den Geschäftsinhaber vertreten, nicht aber die stille Gesellschaft.[466]
Daraus ergibt sich, dass auch für die atypische Gesellschaft in keinem Fall Gesellschaftsschulden entstehen können. Rechtsgeschäftlich verpflichtet wird jeweils der Geschäftsinhaber und nur dieser muss dafür einstehen, nicht der stille Gesellschafter.[467]

Es kann hier nicht überprüft werden, inwiefern jede Abweichung von der gesetzlichen Regel[468] mit der Gesellschafterfähigkeit der Erbengemeinschaft verträglich ist. Auf der anderen Seite wird für einige atypische Gestaltungen die erbrechtliche Gesamtrechtsnachfolge bestritten. Vielmehr soll die Rechtsstellung des stillen Gesellschafters[469]– wie auch sonst bei den meisten Personengesellschaften – im Wege der Singularsukzession auf die einzelnen Miterben übergehen.
Vertreten wird die Singularsukzession für jede verbandsmäßig organisierte stille Gesellschaft[470], für die stille Publikumspersonengesellschaft[471], für den Fall, dass der Erblasser an der Geschäftsführung beteiligt war[472] und für den Fall der

---

[464] K. Schmidt, Gesellschaftsrecht, S. 1839 f.
[465] Schlegelberger/ K. Schmidt, § 335 (§ 230 n. F.) Rn 9 u. 68 f.
[466] Schlegelberger/ K. Schmidt, § 335 (§ 230 n. F.) Rn 70 f.
[467] Unberührt bleiben freilich die Haftung aus Rechtsscheinsgesichtspunkten, vgl. Schlegelberger/ K. Schmidt, § 335 (§ 230 n. F.) Rn 176.
[468] Zum Begriff der atypischen stillen Gesellschaft vgl. Schlegelberger/ K. Schmidt, § 335 (§ 230 n. F.) Rn 67.
[469] Für den Geschäftsinhaber wird das – soweit ersichtlich – auch für atypisch ausgestaltete stille Gesellschaften nirgends vertreten.
[470] MünchHdBGesR/ Polzer, Bd. 2 § 27 StG Rn 22.
[471] Reusch, Die stille Gesellschaft als Publikumspersonengesellschaft, 1988, S. 252 ff.
[472] Knieper/ Fromm, NJW 1980, 2677 (2678); MünchHdBGesR/ Polzer, Bd. 2 § 27 StG Rn 22; ebenfalls auf die Geschäftsführungsbefugnis abstellend, aber noch darüber hinausgehend für alle stillen Gesellschaften die Singularsukzession fordernd Baumann/ Schulze zur Wiesche, Handbuch der Vermögensnachfolge, 2001, S. 329 f.

gesplitteten Einlage[473]. Diese Gestaltungen sind im Folgenden daraufhin zu untersuchen, ob sich eine Abweichung von der erbrechtlichen Gesamtrechtsnachfolge tatsächlich ausreichend begründen lässt.

a. Keine Sondernachfolge in die Mitgliedschaft[474] des verbandsmäßig eingebundenen stillen Gesellschafters

Als Innengesellschaft stellt die stille Gesellschaft so, wie sie im Handelsgesetzbuch konzipiert ist, in erster Linie ein Schuldverhältnis dar, nicht eine Organisation. Das HGB stellt den vermögensrechtlichen Aspekt ganz in den Vordergrund. Der stille Gesellschafter verbindet sich mit dem Träger des Unternehmens zu einem Schuldverhältnis, leistet eine Vermögenseinlage und bezieht Gewinne.

Schließt der Geschäftsinhaber mit mehreren Kapitalgebern stille Gesellschaftsverträge ab, dann entstehen ebenso viele stille Gesellschaften. Die stillen Gesellschafter können sich untereinander organisieren, etwa in Form einer BGB-Innengesellschaft, um ihre – parallel laufenden – Interessen gegenüber dem Geschäftsinhaber gemeinsam wahrzunehmen. Dann bleibt es bei zweigliedrigen Beziehungen zwischen dem Unternehmensträger und den einzelnen Stillen.[475]

Anerkannt ist inzwischen aber auch, dass sich der Geschäftsinhaber mit mehreren stillen Gesellschaftern zu einer mehrgliedrigen stillen Gesellschaft verbinden kann. Damit entsteht ein Verband, unter Einschluss des Geschäftsinhabers und der Stillen, in dem Zuständigkeiten und Rechte abweichend von §§ 230 ff. BGB geregelt werden können.[476] Die Ausgestaltung kann im Einzelnen höchst unterschiedlich ausfallen. Als Beispiel sei hier nur die GmbH & Still genannt, die im Innenverhältnis wie eine Kommanditgesellschaft geregelt ist. K. Schmidt spricht von einer „virtuellen Kommanditgesellschaft".[477] Rechte und Pflichten aller Beteiligten decken sich hier, soweit nicht die Vermögenszuordnung in Rede steht, mit denen bei einer GmbH & Co. KG. Namentlich geht es dabei um die Beziehung zwischen den stillen Gesellschaftern und der GmbH.[478]

Mögen aber die stillen Gesellschaften noch so sehr vom Grundtyp abweichen, an der Rechtsträgerschaft ändert sich nichts. Es bleibt beim Geschäftsinhaber als

---

[473] Schlegelberger/ K. Schmidt, § 339 (§ 234 n. F.) Rn 6.

[474] Der Terminus "Mitgliedschaft" passt genau genommen nur hier, für die mehrgliedrige stille Gesellschaft, denn nur diese ist verbandsmäßig organisiert.

[475] Eine Auswertung und Zusammenfassung der Gesetzgebung zu dieser Gestaltungsform findet sich bei K. Schmidt, FS-Bezzenberger, 2000, 401 (404 f.).

[476] Zur Unterscheidung zwischen dem – auch hier – zweigliedrigen stillen Einlageverhältnis und dem mehrgliedrigen stillen Gesellschaftsverhältnis vgl. Schlegelberger/ K. Schmidt, § 335 (§ 230 n. F.) Rn 73.

[477] K. Schmidt, FS-Bezzenberger, 2000, 401 (406).

[478] Für Einzelheiten vgl. K. Schmidt, FS-Bezzenberger, 2000, 401 (406 ff.).

dem alleinigen Verpflichtungssubjekt. Der Verband selbst ist nicht rechtsfähig und es besteht keine Außenhaftung des stillen Gesellschafters.[479]

In der Literatur wird die Auffassung vertreten, dass die Erbengemeinschaft in die Stellung des stillen Gesellschafters einer verbandsmäßig organisierten stillen Gesellschaft nicht nachfolgen kann, sondern die einzelnen Erben in Singularsukzession eintreten. Begründet wird das damit, dass das Eintreten der Erbengemeinschaft zu jenen Schwierigkeiten führen würde, die man bei der offenen Handelsgesellschaft und Kommanditgesellschaft zu vermeiden suche.[480]

Diese Auffassung kann nicht überzeugen. Auch für die verbandsmäßig organisierte stille Gesellschaft gilt das oben für die atypische stille Gesellschaft Gesagte: Es entstehen keine Gesellschaftsverbindlichkeiten, für welche die stillen Gesellschafter Dritten gegenüber haften müssten. Demnach entsteht auch kein Haftungskonflikt zwischen Erbrecht und Gesellschaftsrecht, mithin fehlt nach hier vertretener Auffassung der entscheidende Grund für die Singularsukzession.[481]
Nicht zu rechtfertigen ist die Abweichung von der erbrechtlichen Gesamtrechtsnachfolge mit der besonderen Binnenstruktur der verbandsmäßig organisierten stillen Gesellschaft. Die wohl wesentlichste Aufgabe, die ein stiller Gesellschafter im Verband übernehmen kann, ist die Geschäftsführung. Dieser Frage ist weiter unten ein gesonderter Abschnitt gewidmet.
Im Übrigen wird von der herrschenden Meinung für die Singularsukzession im Personengesellschaftsrecht auf das Recht der Miterben, jederzeit die Auseinandersetzung verlangen zu können (2042 I BGB) und das Verfügungsrecht nach § 2033 Abs. 1 BGB hingewiesen. Insofern gilt es aber zu bedenken, dass die atypische stille Gesellschaft ein Produkt kautelarjuristischer Anstrengungen ist, üblicherweise unter besonderer Berücksichtigung des Steuerrechts. Wer sich aber so weit von der gesetzlichen Regelung entfernt, dem kann es auch überlassen bleiben, vertragliche Vorkehrungen zu treffen, um möglicherweise unwillkommene Folgen einer erbrechtlichen Universalsukzession zu vermeiden.

b. Keine Sondernachfolge in die Mitgliedschaft des stillen Gesellschafters einer stillen Publikumspersonengesellschaft

Ähnlich wie die Kommanditgesellschaft nutzt die Praxis auch die Rechtsform der – mehrgliedrigen – stillen Gesellschaft als Publikumsgesellschaft. Als

---

479 Zum Ganzen: Paulick/ Blaurock, Handbuch der Stillen Gesellschaft, 1998, S. 82 ff.; Schlegelberger/ K. Schmidt, § 335 (§ 230 n. F.) Rn 65 ff., Rn 173 f.
480 MünchHdBGesR/ Polzer, Bd. 2 § 27 StG Rn 22.
481 S. o. Kapitel § 4 III.

Kaufmann dient dann typischerweise eine GmbH (GmbH & Still) oder eine Aktiengesellschaft (AG & Still).[482]
Für diese spezielle Form der stillen Gesellschaft soll – wie auch sonst bei der Mehrzahl der Personengesellschaften – die Singularsukzession gelten, so jedenfalls Peter Reusch[483]. War der Erblasser stiller Gesellschafter einer stillen Publikumspersonengesellschaft, so kann danach nicht die Erbengemeinschaft im Wege der erbrechtlichen Universalsukzession in die Mitgliedschaft nachfolgen, sondern Gesellschafter werden die einzelnen Miterben, jeder für sich. Im Blick hat Reusch dabei insbesondere die Nähe zur Kommanditgesellschaft in der spezifischen Erscheinungsform als Publikums-KG.[484]
Im Einzelnen wird die Ablehnung der Gesamtrechtsnachfolge mit denselben Argumenten begründet, die von der herrschenden Meinung im Personengesellschaftsrecht auch sonst vorgebracht werden, der Schwerfälligkeit des Instituts der Erbengemeinschaft und dem Recht der Miterben, die jederzeitige Auseinandersetzung verlangen zu können.[485]

Dem ist nicht zu folgen. Das entscheidende Hindernis für die erbrechtliche Universalsukzession im Personengesellschaftsrecht besteht in den konfligierenden Haftungssystemen von Erb- und Gesellschaftsrecht. Dieser Umstand ist aber für die Stellung des stillen Gesellschafters nicht gegeben, auch nicht in einer atypischen stillen Gesellschaft. Denn auch dort gibt es keine Gesellschaftsverbindlichkeiten, für die der stille Gesellschafter Dritten gegenüber einzustehen hat.
Die von Reusch vorgetragenen Argumente können die Abweichung von der erbrechtlichen Universalsukzession nicht tragen, wie sich im Folgenden erweisen wird. Dazu soll zunächst die Struktur der stillen Publikumspersonengesellschaft dargestellt werden.

aa. Merkmale der stillen Publikumspersonengesellschaft

Dem Recht der Personengesellschaften liegt die Vorstellung einer überschaubaren Zahl von Mitgliedern zugrunde. Im Vordergrund steht die Persönlichkeit des Gesellschafters, mit dessen Wegfall durch Kündigung oder Tod oder im Falle der Insolvenz die Gesellschaft grundsätzlich aufgelöst wird.[486] Alle Gesellschaf-

---

482 Paulick/ Blaurock, Handbuch der Stillen Gesellschaft, 1998, S. 30 f.
483 Reusch, Die stille Gesellschaft als Publikumspersonengesellschaft, 1988, S. 252 ff. Reusch beschränkt seine Untersuchung auf die GmbH & Still. Für die hier in Frage stehende Form der erbrechtlichen Nachfolge ist der Unterschied zwischen einer GmbH & Still und einer AG & Still aber nicht erheblich.
484 Reusch, Die stille Gesellschaft als Publikumspersonengesellschaft, 1988, S. 252.
485 Reusch, Die stille Gesellschaft als Publikumspersonengesellschaft, 1988, S. 254.
486 §§ 723, 727, 728 BGB.

ter sind an der Führung der Geschäfte beteiligt und die Willensbildung erfolgt grundsätzlich einstimmig.[487]

Dank der weitgehenden Gestaltungsfreiheit im Personengesellschaftsrecht konnten sich die Publikumsgesellschaften, meist in der Rechtsform der Kommanditgesellschaft vor allem in Gestalt der GmbH & Co. KG, weit von diesem Idealbild entfernen. Häufig wird von einer kleinen Gruppe von Gründern oder Initiatoren ein Gesellschaftsvertrag ausgearbeitet, der auf den Eintritt einer Vielzahl von Personen ausgerichtet ist. Er schafft körperschaftliche Strukturen ähnlich denen von Kapitalgesellschaften. Der Bestand der Gesellschaft ist auf wechselnde Mitglieder angelegt und bleibt vom Ausscheiden, Tod und Insolvenz des Gesellschafters unberührt.
Personenbezogene Merkmale spielen bei der Aufnahme neuer Gesellschafter keine Rolle. Entscheidend ist die Fähigkeit zur Kapitalaufbringung, der Gesellschafter beteiligt sich rein kapitalistisch. Eine Mitarbeit bei der Geschäftsführung wird von ihm nicht erwartet. Diese obliegt – wenn man vom Modellfall der Publikums-KG ausgeht – dem Komplementär. Daneben gibt es häufig besondere Kontrollorgane, sog. Beiräte oder Verwaltungsräte. Die Anleger nehmen ihre Rechte in der Gesellschafterversammlung wahr, wobei nicht das Einstimmigkeitsprinzip, sondern das Mehrheitsprinzip die Regel ist.[488]

Diese für Publikumspersonengesellschaften typischen Merkmale sind auch bei der atypischen stillen Gesellschaft zu finden, etwa der AG & Still oder der GmbH & Still. Gesellschaftsverträge von Publikumspersonengesellschaften schließen typischerweise die stillen Gesellschafter von jeglicher Geschäftsführungstätigkeit aus und bestimmen die Geschäftsführung zur alleinigen und ausschließlichen Aufgabe der Handelsgesellschaft. Die Vorschriften der §§ 709 ff. BGB sind auch nicht entsprechend anwendbar.[489]
So ist es auch bei der als Publikumsgesellschaft organisierten GmbH & Still. Die Geschäftsführung liegt ausschließlich bei der GmbH. Diese führt das Unternehmen im eigenen Namen für gemeinsame Rechnung. Die stillen Gesellschafter sind von einer Einflussnahme auf die Geschäftsführung und die Unternehmenspolitik praktisch ausgeschlossen.[490] Da der Geschäftsinhaber die Geschäftsführung seines eigenen Handelsgewerbes betreibt, leitet er die Gesellschaft in eigener Verantwortung. Es besteht keine Weisungsabhängigkeit des Geschäftsinhabers gegenüber den stillen Gesellschaftern, auch nicht gegenüber einem ge-

---

[487] § 709 I BGB.
[488] Zum Ganzen: K. Schmidt, Gesellschaftsrecht, S. 1665 ff.; Kübler, Gesellschaftsrecht, S. 290 ff.
[489] Schlegelberger/ K. Schmidt, HGB, § 335 Rn 132; Koenigs, Die stille Gesellschaft, 1961, S. 157.
[490] Reusch, Die stille Gesellschaft als Publikumspersonengesellschaft, 1989, S. 108.

bildeten Beirat, obwohl die Geschäftsführungstätigkeit im Interesse der Anleger erfolgt. Weisungsbefugt sind nur die GmbH-Gesellschafter.[491] Insoweit befindet sich ein stiller Gesellschafter in der Situation, die mit derjenigen eines Aktionärs vergleichbar ist.[492]
Nach § 233 HGB stehen den stillen Gesellschaftern Informations- und Kontrollrechte zu.[493] Da diese Regelung auf die zweigliedrige stille Gesellschaft zugeschnitten und für den Schutz der Stillen einer Publikumspersonengesellschaft unzureichend ist, soll diesen – im Wege der Rechtsfortbildung – außerdem ein Zustimmungsrecht nach dem Vorbild des § 164 S. 1 HGB zuzuerkennen sein.[494]
Im gesetzestypischen Fall der zweigliedrigen stillen Gesellschaft wird man noch eine persönliche Wahrnehmung dieser Rechte durch den stillen Gesellschafter annehmen können. In einer Publikumspersonengesellschaft ist die individuelle Wahrnehmung wegen der mangelnden Sachkenntnis und Unternehmensnähe undurchführbar. Auch würde das ständige Geltendmachen von Informationsrechten durch eine Vielzahl von Gesellschaftern eine ordnungsgemäße Geschäfts- und Unternehmensführung beeinträchtigen.

Die Praxis reagiert auf das Problem mit der Bildung von Beiräten. Ebenso wie bei der Publikums-KG enthalten alle Gesellschaftsverträge von stillen Publikumspersonengesellschaften Regelungen über die Errichtung eines Beirates. Seine Zuständigkeiten sind in den Gesellschaftsverträgen uneinheitlich geregelt. Im Wesentlichen hat er zwei Aufgaben: Er soll die Informations- und Kontrollrechte im Interesse der Anleger wahrnehmen und bestimmten, im Gesellschaftsvertrag genannten Geschäften nach Prüfung die erforderliche Zustimmung erteilen.[495]
Soweit die stillen Gesellschafter ihre Rechte nicht auf den Beirat übertragen haben, nehmen sie diese in der Gesellschafterversammlung wahr. Dazu gehört auch die Wahl und Abberufung der Beiratsmitglieder, sowie deren Kontrolle.[496]
Im Übrigen enthalten die Gesellschaftsverträge mehr oder weniger detaillierte Regelungen über Beschlussgegenstände.

In der Praxis sind die Gesellschafterversammlungen ähnlich wie Hauptversammlungen einer Aktiengesellschaft organisiert, d. h. stark formalisiert. Die Beschlussfassung erfolgt nach dem Mehrheitsprinzip, wobei die geleistete Einlage als Maßstab gilt. Auch über Änderungen des Gesellschaftsvertrags in Grundlagenfragen und Strukturangelegenheiten wird

---

[491] Vgl. §§ 6 III, 37 I, 38 I, 46 Nr. 5 u. 6 GmbHG.
[492] Reusch, Die stille Gesellschaft als Publikumspersonengesellschaft, 1989, S. 152 f.
[493] In der Praxis werden die Rechte oft bis auf das außerordentliche Kontrollrecht des § 233 Abs. 3 HGB reduziert. Vgl. Reusch, ebenda, S. 154.
[494] Reusch, ebenda, S. 152 ff.
[495] Reusch, ebenda, S. 196 ff.
[496] Reusch, ebenda, S. 204.

Grundlagenfragen und Strukturangelegenheiten wird mit Mehrheit entschieden.[497]

bb. Nachfolge der Erbengemeinschaft in die Rechtsposition des stillen Gesellschafters

aaa. Einwand der Schwerfälligkeit der Erbengemeinschaft

Reusch begründet die Sondernachfolge mit der "Schwerfälligkeit dieses Instituts"[498], womit auf die §§ 2038, 2040 BGB Bezug genommen wird.
Es ist nicht ersichtlich, warum die Verwaltungsregeln der Erbengemeinschaft (§§ 2038 ff. BGB) deren Mitgliedschaft entgegenstehen sollten. Wie oben dargestellt wurde, sind die stillen Gesellschafter an der Geschäftsführung des Unternehmens nicht beteiligt. Diese liegt allein bei der GmbH bzw. deren Geschäftsführern.[499] Folglich kommt auch eine Mitwirkung des stillen Gesellschafters "Erbengemeinschaft" nicht in Betracht. Die Entscheidungs- und Handlungsfähigkeit der Erbengemeinschaft hat hierfür also überhaupt keine Bedeutung.

Sofern der Gesellschafterversammlung Kompetenzen zugewiesen sind, kann auch die Erbengemeinschaft Einfluss nehmen. Die Aktivitäten erschöpfen sich insofern aber in der Teilnahme an der Versammlung und an der Beschlussfassung. Die Frage, ob sich die Miterben über ihr Abstimmungsverhalten einigen müssen oder ob sie intern mehrheitlich entscheiden können, richtet sich vor allem nach der Einstufung als Maßnahme der ordnungsmäßigen Verwaltung (§§ 2038 II, 745 I BGB). Das hinwieder hängt von dem konkreten Beschlussgegenstand ab.[500]
Müssen die Miterben intern einen Konsens erzielen (§ 2038 Abs.1 S. 1 oder § 2040 Abs. 1 BGB) und sind sie darin erfolglos, so werden sie in der Gesellschafterversammlung nicht abstimmen können. Da aber die Gesellschafterversammlung Beschlüsse nach dem Mehrheitsprinzip fasst, und das auch für Grundlagenentscheidungen[501], ist eine Lähmung durch eine unentschiedene Erbengemeinschaft nicht zu gewärtigen.

Es ist auch nicht zu befürchten, dass die Erbengemeinschaft unfähig ist, ihre Kontroll- und Informationsrechte wahrzunehmen. Zum einen wird deren Wahr-

---

[497] Reusch, ebenda, S. 129 ff. Dort findet sich auch ein beispielhafter Katalog möglicher Beschlussgegenstände.
[498] Reusch, ebenda, S. 254.
[499] Im Fall der AG & Still freilich bei der AG bzw. deren Vorstand (§§ 76 ff. AktG).
[500] S. o. Kapitel § 4 III 4 (3).
[501] Reusch, Die stille Gesellschaft als Publikumspersonengesellschaft, 1988, S. 129 ff.

nehmung in aller Regel nach billigem Ermessen dem Interesse aller Miterben entsprechen und auch nicht zu einer wesentlichen Veränderung des Nachlasses führen[502], so dass es sich um Maßnahmen der ordnungsmäßigen Verwaltung handelt. Die Miterben entscheiden darüber mit Stimmenmehrheit (§§ 2038 II, 745 I BGB). Zum anderen ist die Chance, dass die Erbengemeinschaft überhaupt in die Verlegenheit kommt, diese Rechte wahrnehmen zu müssen, eher gering ist. Denn üblicherweise sind die Informations- und Kontrollrechte einem Beirat übertragen und werden von diesem wahrgenommen.

bbb. Einwand des Rechts der Miterben auf jederzeitige Auseinandersetzung

Ein zweites Argument, auf das die Annahme einer Singularsukzession gestützt wird, ist das Recht der Miterben, jederzeit die Auseinandersetzung verlangen zu können (§ 2042 BGB).[503]
Um die Stichhaltigkeit dieses Arguments beurteilen zu können, empfiehlt sich ein Blick auf die Auswirkungen, die eine Auseinandersetzung der Miterben auf die Gesellschaft hat. Sodann stellt sich die Frage, ob diese Auswirkungen eine Abweichung von der erbrechtlichen Universalsukzession begründen können.

Der Gesellschafterwechsel in einer mehrgliedrigen stillen Gesellschaft vollzieht sich im wesentlichen auf zwei Wegen, durch Kündigung und durch Übertragung der Mitgliedschaft.
Nach §§ 234 I 1, 132 HGB kann der stille Gesellschafter zum Ende des Geschäftsjahres unter Einhaltung einer Frist von sechs Monaten kündigen (ordentliche Kündigung). Daneben bleibt ihm die Möglichkeit der fristlosen Kündigung aus wichtigem Grund (§ 234 I 2 HGB, § 723 BGB).[504]
Bei einer gesetzestypischen stillen Gesellschaft führt die Kündigung des stillen Gesellschafters stets zur Auflösung der Gesellschaft. Bei einer mehrgliedrigen stillen Gesellschaft dagegen ist der Bestand der Gesellschaft selbst nicht betroffen, vielmehr scheidet der Gesellschafter aus dem Verband aus.[505]
Trotzdem ist eine Kündigung der Gesellschaft in der Regel nicht willkommen. Das Unternehmen der stillen Publikumspersonengesellschaft ist auf die Einlagen der stillen Gesellschafter angewiesen. Ein ständiger Kapitalabzug könnte den Bestand und die Funktionsfähigkeit der Gesellschaft gefährden. Folglich besteht ein Interesse, die Anleger für einen längeren Zeitraum zu binden. Nahe liegt etwa der vertragliche Ausschluss der ordentlichen Kündigung. Dem steht aber

---

[502] S. o. Kapitel § 4 III 4 (3).
[503] Reusch, Die stille Gesellschaft als Publikumspersonengesellschaft, 1989, S. 254.
[504] Schlegelberger/ K. Schmidt, § 339 (§ 234 n. F.) Rn 34 ff.
[505] Schlegelberger/ K. Schmidt, § 339 (§ 234 n.F.) Rn 32.

§ 723 III BGB entgegen, jedenfalls für die auf unbestimmte Zeit eingegangene Gesellschaft.[506] Die Praxis weicht deshalb auf Vertragsregelungen aus, nach denen die Gesellschaft auf bestimmte Zeit eingegangen ist und macht von der in diesem Fall gegebenen Möglichkeit Gebrauch, die ordentliche Kündigung auszuschließen.[507] Das Gesellschaftsverhältnis endet dann mit Zeitablauf, ohne dass es einer Kündigung bedarf. Alle Gesellschaftsverträge von stillen Publikumspersonengesellschaften sind daher zeitlich befristet. Die Spanne reicht von 5 bis 30 Jahren.[508]

Möchte ein stiller Gesellschafter vor dem Beendigungstermin aus der Gesellschaft ausscheiden, so kann er seine Mitgliedschaft übertragen. Erforderlich ist die Zustimmung des Geschäftsinhabers und der anderen stillen Gesellschafter. Aus Praktikabilitätsgründen wird letztere der Kompetenz des Beirates überantwortet, nur selten der Gesellschafterversammlung. Da die stille Beteiligung in einer Publikumspersonengesellschaft kapitalistischen Charakter hat und die Personenbezogenheit fehlt, sind Geschäftsinhaber und Beirat in der Regel schon nach § 242 BGB verpflichtet, ihre Zustimmung zu erteilen.[509] Vertragliche Beschränkungen der Übertragbarkeit sind nur dann möglich, wenn die Zustimmung lediglich bei Vorliegen eines wichtigen Grundes verweigert werden darf.[510]

Für die Mitgliedschaft der Erbengemeinschaft hat das folgende Konsequenzen: Im Weg der erbrechtlichen Gesamtrechtsnachfolge folgt die Erbengemeinschaft in die Rechtsstellung des Erblassers (§§1922, 2032 I BGB). Damit werden auch die gesellschaftsvertraglichen Vereinbarungen für die Erbengemeinschaft verbindlich. Wenn die Gesellschaft in der eben beschriebenen Weise auf bestimmte Zeit eingegangen und das ordentliche Kündigungsrecht ausgeschlossen ist, so hat das Auswirkungen auf die Auseinandersetzung der Erbengemeinschaft. Sollte zu irgendeinem Zeitpunkt ein Miterbe die Auseinandersetzung verlangen (§ 2042 BGB), so werden die Miterben den Gesellschaftsanteil nicht dadurch versilbern können, dass sie die Mitgliedschaft kündigen und die ihnen – je nach Vertragsgestaltung – zustehenden vermögensrechtlichen Ansprüche geltend machen.[511] Die übrigen Gesellschafter brauchen somit einen Kapitalentzug nicht befürchten.

---

[506] Schlegelberger/ K. Schmidt, § 339 (§ 234 n. F.) Rn 37.
[507] Schlegelberger/ K. Schmidt, § 339 (§ 234 n. F.) Rn 37; Koenigs, Die stille Gesellschaft, 1961, S. 265 f.
[508] Reusch, Die stille Gesellschaft als Publikumspersonengesellschaft, 1989, S. 241.
[509] Koenigs, Die stille Gesellschaft, 1961, S. 260 f.; Schlegelberger/ K. Schmidt, HGB, § 335 Rn 160; Reusch, Die stille Gesellschaft als Publikumspersonengesellschaft, 1989, S.239.
[510] Reusch, Die stille Gesellschaft als Publikumspersonengesellschaft, 1989, S. 239.
[511] Anders wäre es, wenn ausnahmsweise ein wichtiger Grund vorliegt, der die außerordentliche Kündigung erlaubt (§ 234 I 2 HGB, § 723 BGB).

Freilich müssen die Miterben nicht abwarten, bis die vertragliche Bindung vereinbarungsgemäß endet. Wie alle anderen Gesellschafter können sie ihren Gesellschaftsanteil veräußern und dann den Erlös der Erbquote entsprechend verteilen. In diesem Fall sind aber ernsthafte Nachteile für die stille Gesellschaft nicht zu erwarten.

Zum einen ist der Bestand der mehrgliedrigen stillen Gesellschaft selbst durch den Gesellschafterwechsel nicht berührt.

Zum anderen sind auch vermögensrechtliche Nachteile nicht zu befürchten, insbesondere kommt es zu keinem Kapitalabfluss. Denn die Einlagen der Erbengemeinschaft bleiben im Vermögen des Unternehmensträgers. Den Erlös erhalten die Miterben vom Erwerber.

Auch die Tatsache, dass damit andere Personen Eingang in die Gesellschaft finden, verdient keine negative Bewertung. Denn nach der Kompetenzstruktur der stillen Publikumspersonengesellschaft kommt es auf die Persönlichkeit der Stillen nicht an. Ganz im Vordergrund steht die kapitalmäßige Beteiligung. Somit ist es auch völlig egal, wer ausscheidet und wer eintritt, wenn nur das Kapital bleibt.

Grundsätzlich gegen die Anwendung der Singularsukzession auf die stille Publikumspersonengesellschaft spricht auch der Vergleich mit dem Recht der Kapitalgesellschaften. Sowohl die Nachfolge in die Mitgliedschaft des verstorbenen GmbH-Gesellschafters als auch des Aktionärs vollzieht sich im Wege der erbrechtlichen Universalsukzession.[512]

Die Stellung des stillen Gesellschafters der stillen Publikumspersonengesellschaft ist der des Aktionärs nicht unähnlich.[513] Beide haften nicht für die Schulden der Gesellschaft. Die jeweiligen Mitgliedschaften sind kapitalistisch ausgestaltet und der Persönlichkeit des Mitglieds kommt keine Bedeutung zu. Das Stimmgewicht richtet sich jeweils nach dem Wert der Einlagen. Der Einfluss des stillen Gesellschafters auf die Geschäftsführung ist noch geringer als der eines GmbH-Gesellschafters, denn im Unterschied zu diesem[514] hat der Stille gegenüber der Geschäftsführung kein Weisungsrecht.

Auf der anderen Seite unterscheidet sich die Stellung des Stillen bezüglich der Haftung deutlich von der des Kommanditisten. Das verkennt Reusch, wenn er die Brücke zur Singularsukzession über die – vermeintliche – Nähe zum Kommanditisten der Publikums-KG bauen will.[515] Auch der Kommanditist der

---

[512] Siehe Kapitel § 4 VIII, IX.

[513] So auch Reusch, Die stille Gesellschaft als Publikumspersonengesellschaft, 1989, S. 153. und 155.

[514] Zur Weisungskompetenz des GmbH-Gesellschafters vgl. §§ 6 III, 37 I, 38 I, 46 Nr. 5 u. 6 GmbHG; Roth/ Altmeppen, § 37 Rn 3; keine Weisungskompetenz dagegen beim Aktionär, vgl. §§ 76 ff. AktG.

[515] Reusch, Die stille Gesellschaft als Publikumspersonengesellschaft, 1989, S. 252.

Publikums-KG haftet für Gesellschaftsschulden persönlich, wenn auch summenmäßig beschränkt (§§ 171 f. HGB). Daraus folgt der im Recht der Kommanditgesellschaft auftretende Haftungskonflikt zwischen Erb- und Gesellschaftsrecht.[516]
Dagegen haftet der stille Gesellschafter in keinem Fall für Gesellschaftsschulden, weil es solche nicht gibt. Das gilt sowohl für die gesetzestypische stille Gesellschaft als auch für die stille Publikumspersonengesellschaft. Der die Singularsukzession begründende Konflikt zwischen Erb- und Gesellschaftsrecht tritt hier nicht auf.

Zusammenfassend kann festgestellt werden, dass es keinen überzeugenden Grund gibt, die Erbengemeinschaft daran zu hindern, im Erbgang in die Mitgliedstellung des Erblassers einzurücken.

c. Keine Sondernachfolge in die Stellung eines geschäftsführungsbefugten stillen Gesellschafters

Die Geschäftsführung liegt grundsätzlich in den Händen des Geschäftsinhabers. Selbst bei ungewöhnlichen Geschäften hat der typische stille Gesellschafter kein Widerspruchsrecht.[517] Es steht den Parteien aber frei, anderes zu vereinbaren und den stillen Gesellschafter an der Geschäftsführung zu beteiligen.[518]
War für den Erblasser eine solche Vereinbarung getroffen, war er also stiller Gesellschafter und trotzdem an der Geschäftsführung beteiligt, so sollen nach verbreiteter Auffassung[519] die einzelnen Erben im Wege der Singularsukzession in die – nunmehr gesplittete – Mitgliedschaft einrücken.

Dem ist nicht zu folgen. Oblag dem Erblasser die Geschäftsführung, so wird diese – mangels einer gesellschaftsvertraglich vorgesehenen Regelung – nicht automatisch auf die Erben übergehen, sondern eine erneute Festlegung der Aufgaben und Befugnisse erforderlich sein.[520] Eine Neuverteilung der Kompetenzen steht dann unabhängig davon an, ob die Erbengemeinschaft oder die Erben ein-

---

[516] S. o. Kapitel § 4 V 2.
[517] K. Schmidt, Gesellschaftsrecht, S. 1856.
[518] MünchKommGesR/ K. Schmidt, § 230 Rn 77; Blaurock, Handbuch der Stillen Gesellschaft, 1998, S. 66. Keine Rolle spielt diese Variante für die gerade behandelte stille Publikumsgesellschaft, vgl. Reusch, Die stille Gesellschaft als Publikumspersonengesellschaft, 1989, S. 21 Fn 13.
[519] Knieper/ Fromm, NJW 1980, 2677 (2678); MünchHdBGesR/ Polzer, Bd. 2 § 27 StG Rn 22; Baumann/ Schulze zur Wiesche, Handbuch der Vermögensnachfolge, 2001, S. 329 f.
[520] Im Zweifel geht die Geschäftsführungsbefugnis nicht auf den Erben über. Vgl. dazu: Großkommentar/ Schilling, § 177 Rn 11; Koller/ Roth/ Morck, HGB, § 177 Rn 3; Großkommentar zum HGB/ Ulmer, 3. Aufl., § 139 Rn 62 ff.

zeln in die Mitgliedschaft nachfolgen. Es ist auch nicht ersichtlich, dass die im Wege der Singularsukzession eintretenden Erben erfolgreicher darin sind, diese Koordinationsaufgabe zu bewältigen. Dabei wird es wesentlich auf die Persönlichkeit der einzelnen Erben ankommen. Diese besteht aber unabhängig von der gesamthänderischen Verbundenheit.

Man darf sich die Geschäftsführungsbefugnis auch nicht als einen monolithischen Block von Kompetenzen und Aufgaben vorstellen. Fest steht nur soviel, dass die Geschäftsführungsbefugnis für sein Handelsgeschäft stets unentziehbar dem Inhaber des Handelsgeschäfts zusteht.[521] Das Maß der Beteiligung des Stillen kann höchst unterschiedlich geregelt sein. Gerade für die stille Gesellschaft besteht eine ganz erhebliche Gestaltungsfreiheit, die sich in der Praxis in breiter Vielfalt realisiert. Insbesondere kann sich die Beteiligung an der Geschäftsführung auf unterschiedlichen Stufen vollziehen. Dem Stillen können Widerspruchsrechte, Zustimmungsrechte, Stimmrechte und Weisungsrechte eingeräumt werden. Es kann eine Geschäftsführung durch den stillen Gesellschafter und den Geschäftsinhaber vereinbart werden, und zwar als Einzelgeschäftsführung oder als Gesamtgeschäftsführung. Möglich ist auch eine Arbeitsteilung in dem Sinne, dass der stille Gesellschafter nur für einen bestimmten Geschäftsführungsbereich zuständig ist. Schließlich kann auch eine Alleingeschäftsführung durch den stillen Gesellschafter vereinbart werden.[522]
Diese Vielfalt würde die Entscheidung notwendig machen, ab welchem Umfang der Geschäftsführungsbeteiligung die Singularsukzession gelten soll. Jede Zuständigkeitsänderung würde dann möglicherweise über die Art des erbrechtlichen Mitgliedschaftserwerbs entscheiden. Die Orientierung an der Geschäftsführungsbefugnis des Erblassers könnte damit zu erheblicher Rechtsunsicherheit führen.

Dass die Geschäftsführungsbefugnis des Erblassers der erbrechtlichen Gesamtrechtsnachfolge nicht entgegensteht, zeigt die anerkannte Fähigkeit der Erbengemeinschaft, das Handelsgeschäft des Unternehmensträgers weiterzuführen. Im Falle einer Fortsetzungsklausel wird dann auch die gesetzestypische stille Gesellschaft nicht aufgelöst.[523] Es wäre nicht frei von Widersprüchen, die Erbengemeinschaft an die Stelle des – typischerweise – geschäftsführenden Unternehmensinhabers der stillen Gesellschaft treten zu lassen, ihr aber die Nachfolge in die Rechtsstellung eines – ausnahmsweise – geschäftsführenden stillen Gesellschafters zu verweigern.

---

[521] Koller/ Roth/ Morck, HGB, § 230 Rn 20.
[522] Zu den diversen Gestaltungsmöglichkeiten vgl. MünchKommGesR/ K. Schmidt, § 230 Rn 77.
[523] S. o. Kapitel § 4 VI 1.

Nicht begründen lässt sich die Abweichung von der erbrechtlichen Universalsukzession damit, dass man die Unterschiede zwischen Außen-GbR und stiller Gesellschaft zu nivellieren sucht. In diesem Sinne wird aber in der Literatur die stille Gesellschaft, in welcher der Stille im Innenverhältnis mit Geschäftsführungs- und Mitgliedschaftsrechten ausgestattet ist, weitgehend einer Außen-GbR gleichgestellt, um dann folgerichtig auch auf die Mitgliedschaft des Stillen die Singularsukzession anzuwenden. Nach dieser Auffassung "...reduzieren sich die Unterschiede zur Außengesellschaft – dinglich fehlendes Gesamthandsvermögen, Außenhaftungsfragen – auf ein theoretisches Minimum."[524]
Ob ein Gesellschafter Dritten gegenüber persönlich und unbeschränkt haftet (§ 128 HGB) oder möglicherweise im Innenverhältnis dem eigenen Unternehmensträger einen Ausgleich schuldet, ist, wenigstens aus Sicht des Geschäftsverkehrs und jedenfalls für die hier zu behandelnde Frage der erbrechtlichen Rechtsnachfolge, mehr als ein "theoretisches Minimum". Die Außenhaftung (§§ 128, 130 HGB) des Gesellschafters der Außen-GbR ist der entscheidende Grund für die Singularsukzession, und dieser Grund ist bei dem stillen Gesellschafter nicht gegeben. Mag er auch noch so sehr in die Unternehmensführung involviert sein.

d. Keine Sondernachfolge in die Stellung eines stillen Gesellschafters, der zusätzlich Kommanditist ist

Im Rechtsleben[525] trifft man auch das Phänomen, dass der Kommanditist einer Kommanditgesellschaft, vor allem in der Form einer Publikumsgesellschaft, an derselben Gesellschaft auch noch mit einem Darlehen oder als stiller Gesellschafter beteiligt ist (sog. gesplittete Einlage). Meist liegt dann eine mehrgliedrige Organisation vor. Regelmäßig sind die Verträge so ausgestaltet, dass die stillen Beteiligungen mit der Mitgliedschaft in der Kommanditgesellschaft koordiniert sind.[526]
Für diese Fälle liegt es nach K. Schmidt nahe, eine Singularsukzession nach dem Muster der oHG und KG anzunehmen, weil dann Kommanditbeteiligung und die stille Beteiligung nicht unterschiedlichen Regeln unterlägen.[527]

Dem ist insoweit zuzustimmen, dass die Anwendung der Singularsukzession in diesem Fall Praktikabilitätsvorteile mit sich bringen kann. Die Singularsukzessi-

[524] Baumann/ Schulze zur Wiesche, Handbuch der Vermögensnachfolge, 2001, S. 330.
[525] Vgl. BGHZ 69, 160.
[526] Schlegelberger/ K. Schmidt, § 335 (§ 230 n. F.) Rn 77; ders., Gesellschaftsrecht, S. 1670 u. 1678.
[527] Schlegelberger/ K. Schmidt, § 339 (§ 234 n. F.) Rn 6; ihm folgend wohl auch Reusch, Die stille Gesellschaft als Publikumspersonengesellschaft, 1988, S. 254; MünchHdBGesR/ Polzer, Bd. 2 § 27 StG Rn 22.

on stellt aber eine Ausnahme von dem Grundsatz der erbrechtlichen Universalsukzession dar. Einfache Zweckmäßigkeitserwägungen reichen nicht aus, um von diesem tragenden Grundsatz abzuweichen.[528] Bei der stillen Gesellschaft und der Kommanditgesellschaft handelt es sich um unterschiedliche Rechtsformen, für die unterschiedliche Regeln gelten. Während gegen die – erbrechtliche – Nachfolge der Erbengemeinschaft in die Stellung des Kommanditisten haftungsrechtliche Überlegungen sprechen, bestehen für die Nachfolge in die Stellung des stillen Gesellschafters keine Bedenken.
Die Erbengemeinschaft kann deshalb auch im Fall der "gesplitteten Einlage" im Erbgang in die Stellung des stillen Gesellschafters einrücken.[529]

3. Rechtsgeschäftlicher Erwerb der Gesellschafterstellung

Die Fähigkeit einer Erbengemeinschaft, auch auf rechtsgeschäftlichem Wege zur Gesellschafterin einer stillen Gesellschaft zu werden, ist seit langem anerkannt. So ging schon das Reichsgericht in seinem Urteil vom 20. Dezember 1929[530] von der wirksamen Beteiligung einer Erbengemeinschaft mit einer stillen Einlage an einer oHG aus.
Konsens besteht auch darüber, dass sich Dritte als stille Gesellschafter an einer Erbengemeinschaft, die das Handelsgeschäft des Erblassers fortführt, mit einer Einlage beteiligen, d. h. mit dieser einen Gesellschaftsvertrag abschließen können.[531]
Möglich ist auch, dass die Erbengemeinschaft durch Rechtsgeschäft eine bereits existente stille Beteiligung erwirbt. Nach der gesetzlichen Regel sind zwar nur die Einzelansprüche auf Gewinnauszahlung und auf Auszahlung der stillen Einlage im Auseinandersetzungsfall (§ 717 S. 2 BGB) übertragbar, besteht unter den Beteiligten aber Einvernehmen darüber, so kann auch die stille Beteiligung übertragen werden[532], und zwar unter den Voraussetzungen des § 2041 S.1 Var. 3 BGB auch auf eine Erbengemeinschaft.
Wenn die Erbengemeinschaft Beteiligte einer stillen Gesellschaft sein und eine solche auch originär begründen kann, dann ist nicht ersichtlich, was dem rechtsgeschäftlichen Erwerb im Wege der Übertragung[533] entgegenstehen sollte.

---

[528] So zu Recht Paulick/ Blaurock, Handbuch der Stillen Gesellschaft, 1998, S. 332.
[529] Im Ergebnis ebenso: Koller/ Roth/ Morck, HGB, § 234 Rn 9; Paulick/ Blaurock, Handbuch der Stillen Gesellschaft, 1998, S. 332.
[530] RGZ 126, 386.
[531] Statt vieler: BFH, NJW 1988, 1343; Koenigs, Die stille Gesellschaft, 1961, S. 14; Heymann/ Horn, HGB § 230 Rn 4; Schlegelberger/ K. Schmidt, § 335 (§ 230 n. F.) Rn 26.
[532] BGH, WM 1998, 555 (557); Koenigs, Die stille Gesellschaft, 1961, S. 257; Koller/ Roth/ Morck, HGB, § 250 Rn 25; MünchKommGesR/ K. Schmidt, § 230 Rn 174 f.
[533] Bei der gesetzestypischen stillen Gesellschaft erfolgt der Erwerb nicht durch Übertragung im technischen Sinne, sondern durch Vertragsübernahme. Bezüglich der unterschiedlichen

4. Ergebnis

Die Untersuchung hat gezeigt, dass die Erbengemeinschaft Gesellschafter einer stillen Gesellschaft sein kann, und zwar sowohl als Geschäftsinhaber als auch als stiller Gesellschafter. Das gilt auch für eine atypisch organisierte stille Gesellschaft. Für die Annahme einer Sondernachfolge besteht kein Grund.

VII. Mitgliedschaft in einer Partenreederei

1. Meinungsstand

Die §§ 489 ff. HGB enthalten keine Norm, die die Vererblichkeit der Mitgliedschaft ausdrücklich bestimmt. Gemäß § 505 Abs. 2 HGB wird die Partenreederei durch den Tod eines Mitreeders nicht aufgelöst. Damit enthält diese Vorschrift einen wesentlichen Unterschied zur Gesellschaft bürgerlichen Rechts, bei der der Tod eines Gesellschafters mangels anderweitiger gesellschaftsvertraglicher Vereinbarung die Auflösung der Gesellschaft zur Folge hat (§ 727 I BGB). Daraus leitet die einhellige Meinung ab, dass die Schiffspart vererblich ist.[534] Hat der verstorbene Mitreeder nur einen Erben, so tritt dieser im Wege der Gesamtrechtsnachfolge in die Partenreederei ein (§ 1922 I BGB)[535], sofern die Vererblichkeit nicht im Gesellschaftsvertrag ausgeschlossen ist.[536]

Streit besteht für den Fall, dass der verstorbene Mitreeder mehrere Erben hinterlässt.
Traditionell[537] ging man davon aus, dass in diesem Fall die Part in das Gesamthandseigentum der Miterben fällt und die Erbengemeinschaft Mitreeder wird. Das galt wohl als so selbstverständlich und unproblematisch, dass es keiner näheren Betrachtung bedurfte.

---

konstruktiven Wege und Zustimmungserfordernisse nach Maßgabe der konkreten typischen oder atypischen Ausgestaltung der stillen Gesellschaft, vgl. MünchKommGesR/ K. Schmidt, § 230 Rn 175.

534 Statt aller: Prüssmann/ Rabe, Seehandelsrecht, § 505 Rn 3.

535 Prüssmann/ Rabe, Seehandelsrecht, § 505 Rn 3.

536 In diesem Fall wächst der Anteil des verstorbenen Mitreeders wie beim Abandon den verbleibenden Mitreedern nach dem Verhältnis ihrer Parten an. Vgl. MünchHdB GesR I/ Bote, § 92 Rn 19.

537 Schaps-Abraham, Das Seerecht, § 505 Anm. 2; Köbler, Erbrecht und Gesellschaftsrecht, S. 19, der sich auf Schaps-Abraham beruft; Wüstendörfer, Neuzeitliches Seehandelsrecht mit besonderer Berücksichtigung des angloamerikanischen und des internationalen Rechts, S. 149 u. 168; Schlegelberger/ Liesecke, § 505; auch noch Ruhwedel, Die Partenreederei, S. 396; MünchKomm/ Leipold, § 1922 Rn 46, sich auf Ruhwedel stützend; Soergel/ Stein, § 1922 Rn 75, unter Berufung auf eine angeblich herrschende Lehre.

Nachdem sich weitgehend die Auffassung durchgesetzt hat, dass das Schiff und die übrigen Gegenstände den Mitreedern nicht als Bruchteilseigentum zustehen, sondern die Partenreederei als Gesamthandsgesellschaft zu identifizieren ist, lehnt das neuere Schrifttum[538] die Mitgliedschaft der Erbengemeinschaft in der Reederei ab. Rabe[539] zufolge beruht die Anerkennung Mitreederfähigkeit der Erbengemeinschaft auf der überholten Vorstellung von der Partenreederei als Bruchteilsgemeinschaft.[540]
Begründet wird das wie folgt: Die Erbengemeinschaft könne anerkanntermaßen nicht Mitglied einer werbenden Personengesellschaft sein. Da die Partenreederei Personengesellschaft sei, komme die Mitgliedschaft der Erbengemeinschaft auch in dieser nicht in Betracht.[541]
Aus der Rechtsnatur der Partenreederei als Gesamthandsgemeinschaft folge die Anwendung der allgemeinen gesellschaftsrechtlichen Grundsätze, die eben die Nachfolge der Miterbengemeinschaft nicht zulasse.[542] Insbesondere sei die Möglichkeit der Haftungsbeschränkung für Erben mit der zwar nur proratarischen, aber der Höhe nach unbeschränkten Haftung der Mitreeder nicht vereinbar.[543]
Daraus wird der Schluss gezogen, dass die Mitgliedschaft in der Partenreederei im Wege der Singularsukzession nach Maßgabe der Erbquote auf die einzelnen Miterben übergeht. Die Part des verstorbenen Mitreeders spalte sich daher in so viele Teile auf, wie Erben vorhanden seien.[544]

Im Folgenden ist zu prüfen, ob auch hier – ebenso wie bei anderen Personengesellschaften – die Singularsukzession anzuwenden ist oder ob die Erbengemeinschaft im Wege der Universalsukzession Mitreeder werden kann.

---

[538] MünchHdB GesR I/ Bote, § 92 Rn 16 ff.; Dißars, TranspR 1997, 143; Prüssmann/ Rabe, § 505 Rn 3. Letzter ging in der Vorauflage noch – völlig selbstverständlich – von der Mitreederstellung der Erbengemeinschaft aus, vgl. Prüssmann/ Rabe, 3. Aufl., § 505 B 1b. Gegen die Mitgliedschaft wohl auch Herber, Seehandelsrecht, 1999, S. 144, der bezüglich der Vererblichkeit pauschal auf Dißars verweist. Nach Wiedemann, FS-Großfeld, 1999, S. 1309 ff. (1314), gilt die Sondernachfolge für alle Personengesellschaften. Knieper/ Fromm, NJW 1980, S. 2677 ff., (2681), halten die Anwendung der Singularsukzession auf den Korrespondentreeder für möglich.

[539] Prüssmann/ Rabe, Seehandelsrecht, § 505 Rn 3. Auch Rabe hat in der Vorauflage (§ 505 B 1 b) noch der Auffassung von der Erbengemeinschaft als Mitreeder angehangen, ohne dies zu problematisieren.

[540] Was, von Ruhwedel abgesehen, zutrifft. Vgl. Nachweise unter Fn 537.

[541] Prüssmann/ Rabe, Seehandelsrecht, § 505 Rn 3; MünchHdB GesR I/ Bote, § 92 Rn 16 ff.; Dißars, TranspR 1997, 143 (144).

[542] Dißars, TranspR 1997, 134 (144).

[543] MünchHdB GesR I/ Bote, § 92 Rn 17 f.; Dißars, TranspR 1997, 134 (144).

[544] Prüssmann/ Rabe, Seehandelsrecht, § 505 Rn 3; MünchHdB GesR I/ Bote, § 92 Rn 17 f.; Dißars, TranspR 1997, 143 (144).

2. Einwand der Personengesellschaft als personenbezogener Arbeitsgemeinschaft

Die Rechtsprechung[545] lehnt die Mitgliedschaft der Erbengemeinschaft in einer Personengesellschaft mit der Begründung ab, dass es sich bei Personengesellschaften um persönlichkeitsbezogene Arbeits- und Haftungsgemeinschaften handele.
Dem liegt die Vorstellung eines Zusammenschlusses zugrunde, der von dem besonderen gegenseitigen Vertrauen und speziellen kaufmännischen, technischen oder organisatorischen Fähigkeiten der einzelnen Gesellschafter geprägt ist.[546]
Diesem Bild entsprach die Partenreederei weder in historischer Zeit noch tut sie das heute. Auch das gesetzliche Modell der Partenreederei spiegelt nicht die Idee einer persönlichkeitsbezogenen Arbeitsgemeinschaft wider.

Im Mittelalter war die Partenreederei Teil kleingewerblicher Schifffahrt holzerbauter Segler in freier Frachtfahrt. Ihrer Gründung lagen im Wesentlichen zwei Motive zugrunde: Erstens fehlten die Mittel, um als Einzelreeder ein Schiff bauen zu lassen bzw. zu erwerben, was die Zusammenführung von Kapital notwendig machte. Die Gründung von Partenreedereien wurde mithin durch die Notwendigkeit der Kapitalsammlung für das Schiff veranlasst.[547]
Aufgrund des materiellen Wertes des Schiffes waren viele Gesellschafter beteiligt.[548] So dass dies schon damals nicht zu dem Idealbild einer engen Arbeitsgemeinschaft, bei der mit den Fähigkeiten und der Persönlichkeit den Einzelnen gerechnet wird, passt.
Die Einstellung der Gesellschafter war ganz überwiegend eine kapitalistische. Es ging um die Investition von Vermögen, das auch nach der erfolgten Investition frei verfügbar bleiben sollte, in Gestalt des Surrogats.[549]
Der zweite Grund für die Beteiligung an einer Partenreederei bestand im Fehlen einer Kaskoversicherung. Selbst wer die Mittel zur Verfügung hatte, um als Einzelreeder Schifffahrt zu betreiben, scheute häufig das Risiko des Schiffsverlusts und zog es vor, sich als Mitreeder an mehreren Partenreedereien zu beteiligen und so das Risiko zu verkleinern.

---

545 BGHZ 22, 186 (192).
546 Vgl. Wiedemann, Die Übertragung und Vererbung von Mitgliedschaftsrechten bei Handelsgesellschaften, 1965, S. 58; Kübler, Gesellschaftsrecht, S. 21 f.
547 Schulz, Die Entstehung des Seerechts des Allgemeinen Deutschen Handelsgesetzbuches unter besonderer Berücksichtigung der Bestimmungen über die Reederei, den Schiffer und die Schiffsmannschaft, 1987, S. 68; Wüstendörfer, Neuzeitliches Seehandelsrecht mit besonderer Berücksichtigung des angloamerikanischen und des internationalen Rechts, S. 148.
548 Wüstendörfer, Neuzeitliches Seehandelsrecht mit besonderer Berücksichtigung des angloamerikanischen und des internationalen Rechts, S. 148.
549 Ruhwedel, Die Partenreederei, 1973, S. 71.

Dieses Bild bot die Partenreederei bis zur ersten Hälfte des 19. Jahrhunderts. Es lag dem ADHGB von 1861 zu Grunde, dessen Vorschriften über die Partenreederei (Art. 456 ff. ADHGB) vom Gesetzgeber des HGB im wesentlichen unverändert übernommen und bis heute nur in Details verändert wurden.[550]

Nachdem die Partenreederei infolge der technischen Entwicklung im Schiffbau und der zunehmenden Verbreitung der Linienfahrt seit Mitte des 19. Jahrhunderts ihre frühere Bedeutung weitgehend verloren hatte, erlebte sie nach dem zweiten Weltkrieg eine kleine Renaissance. Steuerliche Anreize haben die Kapitalsammelfunktion der Partenreederei wiederbelebt.[551] Sie fungiert ganz überwiegend als Abschreibungsgesellschaft. Die Mitreeder engagieren sich auch heute nicht als Mitunternehmergesellschafter in der Reederei, sondern sind in der Regel reine Kapitalgeber.[552] Die mangelnde Mitwirkung an dem Reedereigeschäft ist Folge fehlender Motivation und Kompetenz der Mitreeder. Weder Abschreibungs- noch Großanleger verstehen normalerweise genug von der Seefahrt.[553]

Mit dem arbeitsgemeinschaftlichen Modell kontrastiert nicht nur das tatsächliche Erscheinungsbild der Partenreederei. Wie anhand von Einzelregelungen zu zeigen sein wird, ist diese Rechtsform gesetzlich auch anders konzipiert als etwa die BGB-Gesellschaft und die oHG. Dafür soll insbesondere untersucht werden, inwiefern die von der hM gegen die Nachfolge der Erbengemeinschaft vorgetragenen Einwände auf die Partenreederei passen.

3. Einwand der freien Übertragbarkeit nach § 2033 Abs. 1 BGB

Zu einem früheren Stand der Rechtsentwicklung galt die dic Mitgliedschaft in Personengesellschaften als unübertragbar.[554] Heute kann als gesichert gelten, dass die Mitgliedschaft in Personengesellschaften übertragbar ist. Als Folge des höchstpersönlichen Charakters des Zusammenschlusses setzt die Anteilsübertragung die Zulassung im Gesellschaftsvertrag oder die Zustimmung aller Gesellschafter voraus. Die Mitgesellschafter sollen gegen die Gefahr geschützt wer-

[550] MünchHdb GesR I/ Bote, § 87 Rn 6 f., der auch einen Überblick über die bis heute erfolgten Anpassungen gibt.
[551] MünchHdB GesR I/ Bote, § 87 Rn 32; Herber, Seehandelsrecht. Systematische Darstellung, 1999, S. 140.
[552] Die Zahl der Mitreeder kann beträchtlich sein. Vgl. etwa BGH WM 1991, 384 (386): 715 Mitreeder.
[553] Puttfarken, Seehandelsrecht, 1997, S. 220.
[554] Habersack, Die Mitgliedschaft – subjektives und „sonstiges" Recht, 1996, S. 16 f., 29 ff.

den, dass ohne ihren Willen ein gewollter Gesellschafter gegen einen ungewollten Gesellschafter ausgewechselt wird.[555]
Miterben dagegen können über ihren Anteil am Nachlass unabhängig von der Zustimmung der anderen Miterben verfügen (§ 2033 I BGB). Darin sieht die herrschende Meinung ein Hindernis für die Mitgliedschaft der Erbengemeinschaft in Personengesellschaften.[556]
Dass diese Auffassung grundsätzlich zweifelhaft ist, wurde schon an anderer Stelle erläutert.[557] Im Folgenden gilt es zu untersuchen, ob der Einwand hier nicht schon deswegen verfehlt ist, weil die Partenreederei anders strukturiert ist als die gesetzestypische BGB-Gesellschaft und oHG.

Seit frühester Zeit[558] konnten die Miteigentumsanteile am Schiff[559] wie selbstständige Vermögensobjekte frei genutzt, insbesondere uneingeschränkt veräußert werden.[560] Erst im 16. Jahrhundert entwickelte sich das Vorkaufsrecht der Mitreeder zu einer allgemeinen Rechtsregel und wurde im preußischen Allgemeinen Landrecht verankert. Damit hatten die Mitreeder die Möglichkeit erlangt, das unerwünschte Eindringen Fremder in die Reederei zu verhindern. Wegen fehlenden Bedarfs wurde dem Vorkaufsrecht mit dem Inkrafttreten des Allgemeinen Deutschen Handelsgesetzbuchs die gesetzliche Grundlage jedoch wieder entzogen.[561] Die Mitreeder waren sich in aller Regel zu fremd, als dass der Individualität ihrer Gemeinschaft jetzt noch durch ein Vorkaufsrecht Rechnung getragen werden musste. Nur ein bestimmt fixiertes Vermögensinteresse band sie an das Unternehmen. Der Person des Mitgesellschafters schenkte im allgemeinen kein Mitreeder Aufmerksamkeit.[562] Da die einzelnen Mitreeder sich

---

[555] K. Schmidt, Gesellschaftsrecht, S. 1321 ff. m. w. N.
[556] MünchKomm/ Ulmer, § 705 Rn 81; Soergel/ Hadding, § 727 Rn 20; H. P. Westermann, JuS 1979, 765 (766).
[557] S. o. Kapitel § 4 III 4 (5).
[558] Neben weiteren Beispielen findet sich der Nachweis für den Verkauf einer Viertelpart an einer Kogge im Jahre 1358 bei Ruhwedel, Die Partenreederei, 1973, S. 75.
[559] Zum ursprünglichen Verständnis, dass jeder Mitreeder einen festen Eigentumsanteil am Schiff hat, vgl. Ruhwedel, Die Partenreederei, 1973, S. 70 f.
[560] Ruhwedel, Die Partenreederei, 1973, S. 75.
[561] In Art. 470 ADHGB heißt es ausdrücklich: „Jeder Mitrheder kann seine Schiffspart jederzeit und ohne Einwilligung der übrigen Mitrheder ganz oder theilweise veräußern.
Ein gesetzliches Vorkaufsrecht steht den Mitrhedern nicht zu. ..."
[562] Ruhwedel, Die Partenreederei, 1973, S. 77; Schulz, Die Entstehung des Seerechts des Allgemeinen Deutschen Handelsgesetzbuches unter besonderer Berücksichtigung der Bestimmungen über die Reederei, den Schiffer und die Schiffsmannschaft, 1987, S. 79. Das Übergewicht der vermögensmäßigen Beteiligung zeigen u.a. die Protokolle:" Die Versammlung habe sich dafür entschieden, daß bei der Rhederei das Eigenthumsverhältnis der Mitrheder das vorwiegende, das Societätsverhältnis aber das untergeordnete sei. Deshalb habe die freie Veräußerung der Parten für die Rhederei recht wohl anerkannt werden können..." Lutz, Protokolle, Bd. IV, S. 1646.

kaum an der Geschäftsführung beteiligten und diese in der Regel einem Korrespondentreeder übertrugen, spielten unternehmerische oder sonstige Fähigkeiten der Mitreeder nur eine untergeordnete Rolle.[563] Diese Interessenlage spiegelt sich im Gesetz wider: Nach § 503 Abs. 1 HGB kann jeder Mitreeder seine Mitgliedschaft übertragen. Die Zustimmung der anderen Gesellschafter benötigt er dazu grundsätzlich nicht. Eine Ausnahme besteht nur für den Fall, dass das Recht zur Führung der Bundesflagge verloren geht (§ 503 Abs.2 HGB).Das ist nur dann der Fall, wenn durch die Veräußerung der Part keine der Parten mehr im Eigentum von Deutschen stehen würde.[564]
Das Gesetz lässt erkennen, dass das zwischen den Mitreedern bestehende Band weniger eng geknüpft ist, als das in anderen Personengesellschaften der Fall ist. Wenn aber sowieso jeder Gesellschafter grundsätzlich allein über die Übertragung seiner Mitgliedschaft entscheiden kann und die übrigen Gesellschafter nach dem Willen des Gesetzes nicht gegen das Eindringen Dritter geschützt sind, so kann auch die freie Übertragbarkeit der Miterbenanteile (§ 2033 I BGB) der Mitgliedschaft der Erbengemeinschaft nicht entgegenstehen.
Die Richtigkeit dieses Gedankens wird deutlich, wenn man einen Blick auf die Kapitalgesellschaften wirft. Bei GmbH und Aktiengesellschaft steht die kapitalmäßige Beteiligung ebenfalls im Vordergrund. Deswegen ist nach der gesetzlichen Regelung auch die freie Übertragbarkeit der Mitgliedschaft zugelassen.[565] Folgerichtig geht das Gesetz dort auch davon aus, dass nach dem Tod eines Gesellschafters dessen Erben in gesamthänderischer Bindung nachfolgen, also die Erbengemeinschaft. Eine Singularsukzession gibt es nicht.[566]

4. Einwand der permanenten Auseinandersetzungsgefahr (§ 2042 I BGB)

Ein weiteres Argument, mit dem die Nachfolge der Erbengemeinschaft in Personengesellschaftsanteile abgelehnt wird, ist das Recht eines jeden Miterben, jederzeit die Auseinandersetzung verlangen zu können (§ 2042 I BGB).[567]

Die Singularsukzession in die Mitgliedschaft in der Partenreederei lässt sich damit nicht begründen. Denn, anders als die gesetzestypische BGB-Gesellschaft (§§ 723 ff. BGB), ist das Ausscheiden einzelner Mitreeder für die Reederei kein

---

[563] Schulz, Die Entstehung des Seerechts des Allgemeinen Deutschen Handelsgesetzbuches unter besonderer Berücksichtigung der Bestimmungen über die Reederei, den Schiffer und die Schiffsmannschaft, 1987, S. 68; Wüstendörfer, Neuzeitliches Seehandelsrecht mit besonderer Berücksichtigung des angloamerikanischen und des internationalen Rechts, 1950, S. 79.
[564] § 2 IIa FlagRG. Prüssmann/ Rabe, § 503 Rn 4.
[565] Vgl. nur § 15 I GmbHG, § 68 AktG.
[566] Vgl. § 69 AktG, § 18 GmbHG sowie Kapitel § 4 VIII, IX.
[567] MünchKomm/ Ulmer, § 705 Rn 81; Erman/ Westermann, § 705 Rn 22; Soergel/ Hadding, § 727 Rn 20.

existentielles Problem (§ 505 HGB)[568]. Die Veräußerung der Part im Rahmen der Nachlassauseinandersetzung wird sich auf den Bestand der Reederei in der Regel nicht auswirken. Angesichts der untergeordneten Bedeutung, die der Persönlichkeit der einzelnen Mitreeder zukommt, fällt der Verlust auch insofern nicht ins Gewicht.
Auch ein Kapitalabfluss ist durch die Auseinandersetzung nicht zu befürchten. Das Recht der Partenreederei kennt keinen Gesellschafteraustritt, der mit einem Recht auf Abfindung verbunden ist.[569]
Ein Ausscheiden ist durch Ausübung des Abandonrechts möglich (§ 501 HGB). Davon abgesehen, dass dies an enge Voraussetzungen[570] geknüpft ist, hat die Aufgabe der Part für den Abandonierenden den Verlust der Mitgliedschaft zur Folge. Er wird dadurch zwar von seiner Beitragspflicht für den kurz zuvor beschlossenen Nachschuss befreit, ein Entgelt erhält er jedoch nicht.[571]

Ruhwedel konstatiert eine deutliche Parallele zum Recht der Aktiengesellschaft und der GmbH. Ähnlich wie bei diesen komme es auch bei der Partenreederei weniger auf die persönlichen Fähigkeiten und Eigenschaften des einzelnen Gesellschafters als vielmehr darauf an, dass der Reederei ungeachtet der personellen Veränderungen das von den Mitreedern eingelegte Kapital erhalten bleibe.[572]

5. Einwand der Schwerfälligkeit der Erbengemeinschaft

Der Mitgliedschaft der Erbengemeinschaft in Personengesellschaften steht nach herrschender Ansicht deren – auf schwerfälliger Handlungs- und Entscheidungsstruktur beruhende (§§ 2038 ff. BGB) – Ungeeignetheit zur Mitarbeit, insbesondere an Geschäftsführung und Vertretung, entgegen.[573]

---

568 § 505 HGB: (1) Eine Änderung in den Personen der Mitreeder ist ohne Einfluß au den Fortbestand der Reederei.
(2) Stirbt ein Mitreeder oder wird das Insolvenzverfahren über das Vermögen eines Mitreeders eröffnet, so hat dies die Auflösung der Reederei nicht zur Folge.
(3) Eine Aufkündigung von seiten eines Mitreeders oder eine Ausschließung eines Mitreeders findet nicht statt.
569 Vgl. § 505 III HGB.
570 § 501 Abs. 1 HGB: Wenn eine neue Reise oder wenn nach Beendigung einer Reise die Reparatur des Schiffes oder wenn die volle Befriedigung eines Gläubigers beschlossen worden ist, für dessen Anspruch die Reederei ihre Haftung beschränkt hat oder beschränken kann, so kann jeder Mitreeder, welcher dem Beschluß nicht zugestimmt hat, sich von der Leistung der zur Ausführung des Beschlusses erforderlichen Einzahlungen dadurch befreien, daß er seine Schiffspart ohne Anspruch auf Entgelt aufgibt.
571 § 501 Abs. 1 a. E. HGB; Prüssmann/ Rabe, Seehandelsrecht, § 501 Rn 15.
572 Ruhwedel, Die Partenreederei, 1973, S. 430.
573 Erman/ Westermann, § 727 Rn 8; Soergel/ Hadding, § 727 Rn 20; Kübler, Gesellschaftsrecht, S. 66.

Auch dieser Einwand entwickelt für die Mitgliedschaft in der Partenreederei noch weniger Überzeugungskraft als bei anderen Personengesellschaften. Der Grund dafür ist, dass die Mitarbeit der Mitreeder in der Reederei nach dem gesetzlichen Modell überhaupt nicht gefordert wird. Das ist an Hand der Organisationsstruktur der Partenreederei nachzuweisen.

(1) Geschäftsführung

Für die Frage der Zuständigkeit für die Geschäftsführung innerhalb der Partenreederei sind drei verschiedene Träger zu unterscheiden.
Zur Geschäftsführung immer und überall legitimiert ist die Gemeinschaft der Mitreeder (§ 491 HGB). Daneben besteht eine sachlich und örtlich beschränkte Geschäftsführungsbefugnis auch auf Seiten des Kapitäns (§ 534 HGB). Und kraft seiner zu diesem Zweck erfolgten Einsetzung ist außerdem der Korrespondentreeder (§ 492 HGB) zur Geschäftsführung berufen.

a. Geschäftsführung durch die Mitreeder

Einem allgemeinen personengesellschaftsrechtlichen Prinzip folgend, obliegt die Geschäftsführung auch in der Partenreederei immer den Gesellschaftern. Die Mitreeder sind schlechthin die "geborenen" Geschäftsführer ihrer Gesellschaft. Sie verfügen über eine Allzuständigkeit. Selbst dort, wo das Gesetz (§ 534 HGB) zu Gunsten des Kapitäns eine Geschäftsführungsbefugnis bestimmten Umfangs vermutet, können sie gemäß § 534 Abs. 1 HGB jederzeit sämtliche Zuständigkeiten an sich ziehen.[574] Diese Regelung entspricht dem geläufigen Konzept des Personengesellschaftsrechts, das vom Standardmodell des Selbsthandelns der Gesamthand durch alle Gesamthänder ausgeht (§§ 709 BGB, 114 HGB).[575]
Die Geschäftsführungsbefugnis steht der Gesamtheit der Mitreeder zu.[576] Das Gesetz mildert diese für das Erwerbsleben unzweckmäßige Schwerfälligkeit dahingehend ab, dass es in allen normalen Reedereiangelegenheiten die Willensbildung nach dem Mehrheitsgrundsatz gestattet (§ 491 Abs. 1 HGB).
Nur zu Beschlüssen, die eine Abänderung des Reedereivertrages bezwecken, den Bestimmungen dieses Vertrages widersprechen oder dem Zweck der Reederei fremd sind, ist Einstimmigkeit sämtlicher Mitreeder erforderlich (§ 491 Abs. 2 HGB).

---

[574] Ruhwedel, Die Partenreederei, 1973, S. 219 f.
[575] K. Schmidt, Die Partenreederei als Handelsgesellschaft, 1995, S. 34.
[576] Ruhwedel, Die Partenreederei, 1973, S. 220.

b. Geschäftsführung durch den Kapitän

Der Kapitän ist innerhalb seines Sachbereichs der §§ 526 ff. HGB neben der Mitreedergemeinschaft immer zwingend vorhanden.[577]
Stark eingeengt ist seine Geschäftsführungsbefugnis solange, wie das Schiff sich im Heimathafen befindet. Die §§ 534, 526 HGB gestatten ihm unter diesen Umständen außer der Annahme der Schiffsmannschaft keine anderen Rechtshandlungen. Mit Verlassen des Heimathafens wächst dem Kapitän die Kompetenz zu, für die Reederei alle Geschäfte und Rechtshandlungen vorzunehmen, welche die Ausrüstung, die Bemannung, die Verproviantierung und die Erhaltung des Schiffes sowie überhaupt die Ausführung der Reise mit sich bringen (§ 534, 527 I HGB). Selbst die Eingehung von Frachtverträgen sowie die Erhebung von Klagen innerhalb seines Wirkungskreises sind dem Kapitän erlaubt (§§ 534, 527 II HGB).

c. Geschäftsführung durch den Korrespondentreeder

aa. Rechtstatsächliche Verbreitung und Voraussetzungen

Nach dem bisher gesagten stellt sich die Geschäftsführung bei der Partenreederei im Prinzip also zweigleisig dar. Sie steht immer der Mitreedergemeinschaft zu. Daneben erwächst dem Kapitän nach dem Auslaufen des Schiffes aus dem Heimathafen zusätzlich noch eine eigene Befugnis zur Geschäftsführung.
Daneben besteht die Möglichkeit, einen Korrespondentreeder (§ 492 HGB) zu bestellen. In den kleinkapitalistischen und schifffahrtsnahen Kreisen, aus denen die Partenreederei als Gesellschaftsform hervorgegangen ist, genügte jenes in den Händen des Kapitäns vereinigte Maß an Geschäftsführung vollkommen für einen ordnungsgemäßen Betrieb der Reederei. Alle verbliebenen Geschäftsführungsmaßnahmen, so insbesondere diejenigen im Heimathafen, konnte die Mitreedergemeinschaft auf Grund eigener Sachkunde selbst vornehmen.
Mit der immer stärkeren Beteiligung weit verstreut wohnender und dazu oft schifffahrtsfremder Kapitalgeber an der Partenreederei konnte die Gemeinschaft der Mitreeder den auf sie entfallenden Teil der Geschäftsführung praktisch oft nicht mehr wahrnehmen.
Büßte die Mitreedergemeinschaft auf diese Weise ihre Fähigkeit zur Geschäftsführung ein, so verlor sich beim Kapitän andererseits alsbald die Notwendigkeit einer eigenen Geschäftsführungsbefugnis. Die Entwicklung der Nachrichtentechnik und auch die Einrichtung ständiger Auslandsagenturen durch Reedereien

---

[577] Ruhwedel, Die Partenreederei, 1973, S. 221.

machten ein eigenes rechtsgeschäftliches Tätigwerden des Kapitäns außerhalb des Heimathafen zusehends überflüssig.[578]
Damit zeichneten sich das Bedürfnis und zugleich auch die Möglichkeit ab, die Geschäftsführung für das gesamte Reedereiunternehmen in die Zuständigkeit einer einzelnen Person zu geben. Auf diese Weise ließ sich nunmehr eine einheitliche und stetig fortlaufende Verwaltung aller Geschäfte sichern, die der Reedereibetrieb mit sich bringt. Diese Person bezeichnet das Gesetz als Korrespondentreeder.
Rechte und Pflichten des Korrespondentreeders sind in §§ 492 ff. HGB geregelt. Seine Bestellung[579] erfolgt durch Beschluss der Mitreeder. Wird ein Mitreeder zum Korrespondentreeder bestellt, so ist ein Mehrheitsbeschluss ausreichend (§ 492 I 1 HGB).
Der Organwalter[580] muss nicht aus den Reihen der Mitreeder kommen. Die Bestellung Außenstehender ist ohne weiteres zulässig (Fremdorganschaft)[581], allerdings verlangt das Gesetz dafür einen einstimmigen Beschluss (§ 492 I 2 HGB). Auch muss es sich nicht um eine natürliche Person handeln. Zum Korrespondentreeder können ebenso juristische Personen oder Personengesellschaften[582] bestellt werden. Die Wahrnehmung der Korrespondentreedertätigkeit durch Kapitalgesellschaften ist im täglichen Leben sogar verhältnismäßig häufig zu beobachten. Bei etwa 10 Prozent der heutigen Partenreedereien ist Korrespondentreeder entweder eine Aktiengesellschaft oder eine GmbH.[583]
In der Praxis hat sich die Gepflogenheit der mehrfachen Korrespondentreederschaft herausgebildet. 40 % aller Korrespondentreeder etwa betreuen zwei oder mehr Partenreedereien zugleich, vereinzelt bis zu 15.[584]

---

578 Ruhwedel, Die Partenreederei, 1973, S. 222 f.
579 Ebenso wie bei anderen körperschaftlich organisierten Verbänden ist hier zwischen Bestellung und Anstellung zu unterscheiden. Häufig werden Rechte und Pflichten des Korrespondentreeders in einer gesonderten Urkunde, dem sog. Korrespondentreedervertrag, festgehalten. Vgl. Ruhwedel, Die Partenreederei, 1973, S. 144.
580 Zur Unterscheidung zwischen dem Organ als abstraktes "Amt" und der dieses Amt ausfüllenden konkreten Person, dem Organwalter, vgl. K. Schmidt, Gesellschaftsrecht, S. 415.
581 Fast regelmäßig ist der Korrespondentreeder jedoch selbst Mitreeder. Die Mitreeder haben ein Interesse daran, ihn an den Haftungsrisiken zu beteiligen und ihn dadurch zu größerer Sorgfalt im geschäftlichen Verkehr zu motivieren, er zieht daraus den Vorteil, bei Beschlussfassungen aufgrund eigenen Stimmrechts teilnehmen zu können. Vgl. Ruhwedel, Die Partenreederei, 1973, S. 148 f.
582 RGZ 82, 131; Ruhwedel, Die Partenreederei, 1973, S. 229 m.w.N.
583 Ruhwedel, Die Partenreederei, 1973, S. 228.
584 Ruhwedel, Die Partenreederei, 1973, S. 230.

bb. Umfang der Geschäftsführungsbefugnis

Der Korrespondentreeder ist das Leitungsorgan der Reederei, ihr Geschäftsführer.[585] Die Geschäftsführungsbefugnis richtet sich zum einen prinzipiell nach dem Maß der dem Korrespondentreeder zukommenden gesetzlichen Vertretungsmacht (§ 496 I i. v. m. § 493 HGB) und teilt daher mit ihr die für diese bestehenden Beschränkungen. Zum anderen unterliegt die Geschäftsführungsbefugnis noch der gesonderten Begrenzung des § 496 II HGB[586], d. h. einem Beschlussvorbehalt zugunsten der Mitreedergemeinschaft für bestimmte Einzelfälle der Unternehmensleitung. Und schließlich können die Mitreeder den Umfang der Geschäftsführung auch noch vertraglich oder auf der Grundlage späterer Beschlüsse einengen.

Nach den Vorstellungen des Gesetzes erstreckt sich die Geschäftsführungsbefugnis auf Handlungen, die der Geschäftsbetrieb einer Reederei gewöhnlich mit sich bringt (§ 496 I i. V. m. § 493 I HGB). Zu neuen Reisen und Unternehmungen, zu außergewöhnlichen Reparaturen sowie zur Anstellung und Entlassung des Kapitäns hat er vorher die Beschlüsse der Reederei einzuholen (§ 496 II HGB). Ebenso wenig hat der die Befugnis, Wechselverbindlichkeiten einzugehen oder Darlehen aufzunehmen (§ 496 I i. V. m. § 493 V HGB).

Diese Bestimmungen entsprechen weitgehend nicht mehr den heutigen Bedürfnissen, weshalb sie entweder von Rechtsprechung[587] und Literatur[588] weit ausgelegt werden oder durch die Mitreeder abbedungen werden.
Zur Frage, welche Handlungen im Sinne des § 493 I HGB "gewöhnlich" sind, hat schon das Reichsgericht[589] ausgeführt, der Korrespondentreeder dürfe alles dasjenige tun, was im Geschäftsbetrieb einer Reederei bei der Lage, in der sie sich tatsächlich befinde, normalerweise geschehe, möge dergleichen oft oder selten vorkommen, wichtig oder unwichtig sein, hohe oder niedrige Kosten verursachen.
Diese Begriffsbestimmung trägt dem Umstand Rechnung, dass der Korrespondentreeder in Fragen der Geschäftsführung bei der Mitreedergemeinschaft ohnehin kaum noch auf eine sachgerechte Mitwirkung rechnen kann. Insofern ist eine

---

585 K. Schmidt, Die Partenreederei als Handelsgesellschaft, 1995, S. 34.

586 § 496 HGB (1) ....
(2) Im übrigen ist der Umfang seiner Befugnisse auch der Reederei gegenüber nach den Vorschriften des § 493 mit der Maßgabe zu beurteilen, daß er zu neuen Reisen und Unternehmungen, zu außergewöhnlichen Reparaturen sowie zur Anstellung oder zur Entlassung des Kapitäns vorher die Beschlüsse der Reederei einzuholen hat.

587 RGZ 42, 69 (73).

588 Ruhwedel, Die Partenreederei, 1973, S. 234; Prüssmann/ Rabe, Seehandelsrecht, § 493 Rn 3.

589 RGZ 42, 69 (73).

weite Auslegung des Begriffes "gewöhnlich" nur die notwendige Konsequenz aus den tatsächlichen Entwicklungen und Gegebenheiten im Reedereiwesen.[590]

Was die Einschränkungen der Geschäftsführungsbefugnis nach § 496 II HGB sowie § 496 I i. V. m. § 493 V HGB anbetrifft, so entsprechen diese kaum noch den heutigen Bedürfnissen an die Handlungsfähigkeit des Korrespondentreeders. Moderne Reedereiverträge räumen dem Korrespondentreeder in aller Regel die Befugnis ein, Darlehens- und Wechselverbindlichkeiten[591] zumindest bis zu einem bestimmten Betrag in eigener Verantwortung einzugehen. Nach seinem Anstellungsvertrag ist der Korrespondentreeder heute zumeist nicht nur berechtigt[592], sondern sogar ausdrücklich verpflichtet, das Schiff und die damit zusammenhängenden Interessen gegen alle einschlägigen Risiken zu versichern.[593] Auch von der Notwendigkeit, für neue Reisen oder Unternehmungen sowie die Anstellung und Entlassung des Kapitäns einen vorherigen Beschluss der Mitreedergemeinschaft einzuholen, ist der Korrespondenzreeder im Anstellungsvertrag meist befreit.[594] In der Praxis verzichten die Mitreeder heute regelmäßig von vornherein auf den Beschlussvorbehalt des § 496 Abs. 2 HGB. Der Vorschrift kommt daher kaum mehr praktische Bedeutung zu.[595]

Festzuhalten bleibt, dass das Gesetz die Geschäftsführung in die Hände der Mitreeder und außerhalb des Heimathafens teilweise in die des Kapitäns legt. Daneben sieht das Gesetz die Möglichkeit der Einsetzung eines Korrespondentreeders ausdrücklich vor.

Die Schifffahrtspraxis stellt sich so dar, dass regelmäßig ein Korrespondentreeder eingesetzt wird, dem die Geschäftsführung obliegt, und zwar in einem größeren Umfang, als dies vom Gesetz vorgesehen ist. Der Mitreeder, der typischerweise Anlegergesellschafter und nicht Mitunternehmergesellschafter ist, hat kein Interesse an der Führung der Reedereigeschäfte. Hinzu kommt, dass es ihm – als branchenfremden Geldanleger – in aller Regel auch an der nötigen Kompetenz mangelt.[596]

---

590 Ruhwedel, Die Partenreederei, 1973, S. 234.
591 Abweichend von § 493 Abs. 5 HGB. Nach Ruhwedel, S. 236, ist § 493 Abs. 5 HGB "geradezu ein Musterbeispiel für die Überalterung des Reedereirechts".
592 Ebenfalls von § 493 Abs. 5 HGB abweichend.
593 Schaps/ Abraham, Das Seerecht, Bd. II, § 493 Anm. 25; Wüstendörfer, Neuzeitliches Seehandelsrecht mit besonderer Berücksichtigung des angloamerikanischen und des internationalen Rechts, S. 165; Ruhwedel, Die Partenreederei, 1973, S. 237.
594 Ruhwedel, Die Partenreederei, 1973, S. 239 f.
595 Prüssmann/ Rabe, Seehandelsrecht, § 496 Rn 8.
596 Puttfarken, Seehandelsrecht, 1997, S. 220.

(2) Vertretung

Die Befugnis, die Partenreederei unter ihrem Namen Dritten gegenüber zu berechtigen und zu verpflichten, deckt sich nach Person und Umfang weitgehend mit der internen Geschäftsführungsbefugnis. Ebenso wie im Rahmen der Geschäftsführung können folglich auch bei der Vertretung der Reederei drei verschiedene Personengruppen unterschieden werden: die nach dem Umfang ihrer Gesellschaftsanteile (Schiffsparten) berechnete Mehrheit der Mitreeder, der Kapitän und der Korrespondentreeder.

a. Vertretung durch die Mehrheit der Mitreeder

Der im Innenverhältnis stets bestehenden Geschäftsführungsbefugnis aller Mitreeder entspricht im Außenverhältnis deckungsgleich eine vom Mehrheitsprinzip getragene Vertretungsbefugnis. Die Mitreeder brauchen keinen Korrespondentreeder zu bestellen, sondern können alle anfallenden Vertretungsakte immer auch selbst vornehmen. Die Reederei kann nach außen stets von der jeweiligen, nach dem Umfang ihrer Gesellschaftsanteile bemessenen Majorität vertreten werden.[597]
Praktisch sinnvoll wird eine derartige Vertretungsregelung indessen meist nur sein, wenn die Anteilsmehrheit bei einigen wenigen Mitreedern vereinigt ist. In der Rechtswirklichkeit spielt diese Form der Stellvertretung heute kaum noch eine Rolle. Fast alle Partenreedereien verfügen über einen Korrespondentreeder.[598]

b. Vertretung durch den Kapitän

Solange sich das Schiff im Heimathafen befindet, hat der Kapitän grundsätzlich keine Vertretungsmacht[599], mit bindender Wirkung für die Reederei rechtsgeschäftlich zu handeln (§ 526 I HGB). Erst wenn das Schiff den Heimathafen verlassen hat, tritt die Vertretungsmacht des Kapitäns neben die Vertretungsbefugnis der Mitreedermehrheit (§§ 527 ff. HGB). Nach der Vorstellung des Gesetzgebers sollten sich die Befugnisse von Mitreedermehrheit und Kapitän geogra-

---

[597] Schaps/ Abraham, Das Seerecht, Bd. II, § 489 Anm. 27; Wüstendörfer, Neuzeitliches Seehandelsrecht mit besonderer Berücksichtigung des angloamerikanischen und des internationalen Rechts, S. 167; Ruhwedel, Die Partenreederei, 1973, S. 326; K. Schmidt, Die Partenreederei als Handelsgesellschaft, 1995, S. 36.
[598] Ruhwedel, Die Partenreederei, 1973, S. 327.
[599] Die Kapitänsvertretungsmacht ist gesetzlich umschriebene Vertretungsmacht, vergleichbar der Prokura (§ 49 f. HGB). Vgl. K. Schmidt, ZHR 141 (1977), S. 209 ff. (212 f.).

phisch ergänzen.[600] Die praktische Notwendigkeit ergab sich aus den damaligen beschränkten und zeitraubenden Nachrichtenmitteln.[601] Aufgrund der gewandelten Verhältnisse, insbesondere der modernen Kommunikationsmittel und eines dichten Agentennetzes, hat die Bedeutung abgenommen. Ein praktisches Bedürfnis besteht nur noch in Krisenzeiten, insbesondere nach Ausbruch eines Krieges.[602]

c. Vertretung durch den Korrespondentreeder

Hat eine Partenreederei – wie heute allgemein üblich – einen Korrespondentreeder eingesetzt, so ist dieser kraft seiner Bestellung immer zugleich berechtigt, die Reederei Dritten gegenüber zu vertreten. Er darf alle Geschäfte und Rechtshandlungen vornehmen, die der Geschäftsbetrieb einer Reederei gewöhnlich mit sich bringt (§ 493 I HGB). Der Umfang der Vertretungsbefugnis wird in den Abs. II - V genauer geregelt, allerdings nicht abschließend.[603]
Die im Gesetz aufgeführten Beispiele sowie die Einschränkungen in Abs. V entsprechen den heutigen Bedürfnissen nicht mehr. Dementsprechend wird die Vertretungsmacht in Reedereiverträgen zeitgemäß gestaltet, d. h., dem Korrespondentreeder wird eine über das Gesetz hinaus gehende Vertretungsmacht eingeräumt.[604] Insofern kann auf das schon zur Geschäftsführung Ausgeführte verwiesen werden.

(3) Folgerungen für die Mitgliedsfähigkeit der Erbengemeinschaft

Zusammenfassend kann festgestellt werden: Geschäftsführung und Vertretung liegen nach dem gesetzlichen Leitbild in den Händen der Mitreeder. Für die nautischen Aufgaben ist der Kapitän verantwortlich. Als fakultatives Organ ist im Gesetz der Korrespondentreeder vorgesehen.
Die Praxis sieht so aus, dass die Partenreederei heute überwiegend als Kapitalanlagegesellschaft betrieben wird. Die Beteiligung als Mitreeder ist ganz wesentlich durch steuerliche Abschreibungsmöglichkeiten[605] motiviert.[606] Sie sind in erster Linie Investoren und nicht Schifffahrtsunternehmer und sie sind

[600] Ruhwedel, Die Partenreederei, 1973, S. 327.
[601] Prüssmann/ Rabe, Seehandelsrecht, Vor § 526 Rn 1. Allerdings bestand schon um die Jahrhundertwende für die gesetzliche Vertretungsmacht des Kapitäns wegen des Aufkommens der modernen Nachrichtenmittel nur noch ein beschränktes Bedürfnis. Vgl. ebenda, Rn 2.
[602] Prüssmann/ Rabe, Seehandelsrecht, Vor § 526 Rn 2.
[603] § 493 II HGB: "Diese Befugnis erstreckt sich insbesondere ...".
[604] Prüssmann/ Rabe, Seehandelsrecht, § 493 Rn 3 und 10.
[605] Zur steuerrechtlichen Behandlung der Partenreederei vgl. K. Schmidt, Die Partenreederei als Handelsgesellschaft, 1995, S. 109 ff.

in erster Linie Investoren und nicht Schifffahrtsunternehmer und sie sind häufig branchenfremd.
Aus dem mangelnden Interesse am Reedereibetrieb sowie der mangelnden Kompetenz erklärt sich, dass die – gesetzlich nur fakultativ vorgesehene – Bestellung eines Korrespondentreeders die Regel ist. Partenreedereien ohne Korrespondentreeder sind überaus selten.[607] Die Bereederung, d. h. die Wahrnehmung der Aufgaben des Reedereibetriebs, durch alle Mitreeder gemeinsam kommt in der Praxis nie vor.[608] Der Korrespondentreeder ist regelmäßig professioneller Seefahrtsunternehmer und – unter anderem. aufgrund seines Kompetenzvorsprungs – häufig der "wahre Herr des Unternehmens"[609].

Aus dieser Aufgabenverteilung ergibt sich, dass der Mitreeder keine besonderen qualifikatorischen Anforderungen erfüllen muss. Seine Mitarbeit beschränkt sich im Wesentlichen auf die Bereitstellung von Kapital. Es ist nicht einsichtig, dass die Erbengemeinschaft dem nicht gewachsen sein soll. Das Argument, die Erbengemeinschaft sei aufgrund eingeschränkter Handlungsfähigkeit ungeeignet, kann hier überhaupt keine Überzeugungskraft für sich reklamieren. Wenn Geschäftsführung und Vertretung dem Korrespondentreeder überantwortet sind, dann beschränkt sich Beteiligung der Mitreeder am gesellschaftlichen Leben auf wenige Bereiche. Das Gesetz nennt die Entscheidung über neue Reisen und Unternehmungen, die Vornahme außergewöhnlicher Reparaturen und die Anstellung des Kapitäns (§ 496 II HGB). In der Praxis verzichten die Mitreeder heute von vornherein auf den Beschlussvorbehalt der Vorschrift.[610] Sofern die Mitreeder zur Beschlussfassung berufen sind, erfolgt diese ganz überwiegend nach dem Mehrheitsprinzip, nach Maßgabe der Beteiligungsquote (§ 491 I HGB). Können sich die Miterben nicht einigen, in welcher Weise sie von ihrem Stimmrecht Gebrauch machen wollen, so bleibt die Stimme unberücksichtigt.[611] Aus Sicht der Reederei wird das durch den Mehrheitsgrundsatz ausgeglichen, so dass Nachteile für die Gesellschaft nicht zu erwarten sind. Die Entscheidungs- und Handlungsregeln der Erbengemeinschaft stehen deren Beteiligung an einer Partenreederei folglich nicht entgegen.

---

606 Puttfarken, Seehandelsrecht, 1997, S. 218. Mit dem gleichen Motiv wird heute zum Betrieb eines Schiffes häufiger die Rechtsform der Kommanditgesellschaft gewählt, als die der Partenreederei. Vgl. Puttfarken, Seehandelsrecht, 1997, S. 222 f.
607 Ruhwedel, Die Partenreederei, 1973, S. 224.
608 Puttfarken, Seehandelsrecht, 1997, S. 220.
609 Puttfarken, Seehandelsrecht, 1997, S. 220.
610 Prüssmann/ Rabe, Seehandelsrecht, § 496 Rn 8.
611 So für die GmbH: Rowedder/ Schmidt-Leithoff/ Pentz, GmbHG, § 18 Rn 9.

6. Haftungseinwand

Die Singularsukzession in Personengesellschaftsanteile hat – nach hier vertretener Auffassung – ihren nahezu[612] alleinigen Grund in der Unverträglichkeit erbrechtlicher und gesellschaftsrechtlicher Haftungsvorschriften.

Auch für die Einzelnachfolge in die Schiffspart wird geltend gemacht, dass die Möglichkeit der Haftungsbeschränkung für Erben mit der unbeschränkten Haftung der Mitreeder nicht vereinbar sei.[613] Der Wahrheitsgehalt dieser Behauptung ist zu prüfen.

(1) Innenhaftung der Mitreeder und Folgerungen für die Erbengemeinschaft

Hatte der Erblasser die im Reedereivertrag vereinbarten Einlagen noch nicht vollständig erbracht oder waren noch Nachschußschulden (§ 500 HGB) unbeglichen, so haftet der Alleinerbe dafür nach Erbrecht (§§ 1922, 1967 BGB) mit den entsprechenden Haftungsbeschränkungsmöglichkeiten (§§ 1975 ff. BGB). Hinterlässt der Mitreeder mehrere Erben, so haften diese nach § 2058 BGB als Gesamtschuldner, ebenfalls mit den erbrechtlichen Haftungsbeschränkungsmöglichkeiten (§§ 1975 ff., 2059 I BGB).[614] Eine unbeschränkbare Haftung auf gesellschaftsrechtlicher Grundlage gibt es daneben nicht.[615]

(2) Außenhaftung der Mitreeder und Folgerungen für die Erbengemeinschaft

a. Altschulden

Nach dem Recht der oHG/ KG haftet der in die Gesellschaft Eintretende gem. §§ 130, 128 HGB für die bis dahin entstandenen Verpflichtungen Dritten gegenüber persönlich unbeschränkt. Diese Haftung für Altverbindlichkeiten ohne Rücksicht auf den Zeitpunkt ihrer Begründung dient der Sicherung der Gesell-

---

[612] Für die Singularsukzession in die OHG- und KG-Mitgliedschaft spricht außerdem § 139 HGB.

[613] MünchHdB GesR I/ Bote, § 92 Rn 17 f.; Dißars, TranspR 1997, 134 (144).

[614] Ruhwedel, Die Partenreederei, 1973, S. 397.

[615] So auch die ganz herrschende Meinung für den Eintritt des Erben bzw. der Erbengemeinschaft im Wege der Gesamtrechtsnachfolge in die GmbH. Vgl. dazu: Hachenburg/ Zutt, GmbHG, Anh § 15 Rn 103; Michalski/ Ebbing, GmbHG, § 15 Rn 19; Wiedemann, Die Übertragung und Vererbung von Mitgliedschaftsrechten bei Handelsgesellschaften, 1965, S. 239; Rowedder/ Schmidt-Leithoff/ Pentz, GmbHG, § 18 Rn 20.

schaftsgläubiger, denen es oft weder möglich noch zumutbar ist, den derzeit aktuellen Gesellschafterbestand zu ermitteln. Sie sollen bei der Inanspruchnahme eines Gesellschafters nicht dem Einwand ausgesetzt werden, er sei zum fraglichen Zeitpunkt noch gar nicht Gesellschafter gewesen.[616]
Eintritt[617] im technischen Sinne ist die Aufnahme in die Gesellschaft durch Aufnahmevertrag, also durch Schaffung eines neuen Anteils durch Vertrag. Aber nach dem Normzweck ist jeder Fall erfasst, in dem ein neuer Gesellschafter vorhanden ist. Unter § 130 HGB fällt deshalb auch der Anteilserwerb durch Gesamtrechtsnachfolge als Erbe.[618]
Auch der Erbe haftet für die vorgefundenen Gesellschaftsschulden ohne erbrechtliche Beschränkungsmöglichkeit (§ 130 HGB). Daneben haftet er nach §§ 1922, 1967 BGB, wobei er die Haftung nach §§ 1975 ff. BGB erbrechtlich beschränken kann. Verglichen mit dem Alleinerben steht den Miterben zusätzlich[619] die Möglichkeit der vorläufigen Haftungsbeschränkung auf den gesamthänderisch gebundenen Nachlass zu (§ 2059 I 1 BGB). Gerade in dem Konflikt zwischen dem Normbefehl des 130 HGB und dem Privileg des § 2059 I 1 BGB besteht das entscheidende Hindernis für die Nachfolge der Erbengemeinschaft (§§ 1922 I, 2032 ff. BGB).

Eine dem § 130 HGB vergleichbare Vorschrift enthält das Recht der Partenreederei nicht. Veräußert ein Mitreeder seine Schiffspart, so ist dies ins Schiffsregister einzutragen (§ 503 HGB)[620] und den Mitreedern oder dem Korrespondentreeder anzuzeigen (§ 504 I HGB)[621]. Für die während des Zwischenstadiums zwischen Veräußerung und Anzeige entstandenen Reedereischulden haften Veräußerer und Erwerber Dritten gegenüber gesamtschuldnerisch (§ 507 II HGB).[622] Daraus schließt die ganz herrschende Meinung, dass der Erwerber einer Schiffspart nicht für die vor der Veräußerung begründeten Altschulden der

---

616 Ebenroth/ Boujong/ Joost/ Hillmann, HGB, § 130 Rn 1.
617 Vgl. § 130 I HGB: "Wer in die bestehende Gesellschaft eintritt,...".
618 Schlegelberger/ K. Schmidt, HGB, § 130 Rn 12.
619 Neben den §§ 1967 ff. BGB.
620 Die Eintragung ist Wirksamkeitsvoraussetzung, wenn das Schiff bereits im Schiffsregister eingetragen ist. Andernfalls genügt die bloße Einigung. Vgl. Prüssmann/ Rabe, Seehandelsrecht, § 503 Rn 3.
621 Die Anzeige ist nicht Wirksamkeitsvoraussetzung und erfolgt von Amts wegen (§§ 58, 57 SchRegO). Die Anzeige durch Veräußerer und Erwerber hat dann Bedeutung, wenn sie vor der amtlichen Mitteilung zugeht oder das Schiff nicht im Schiffsregister eingetragen ist. Vgl. Prüssmann/ Rabe, Seehandelsrecht, § 504 Rn 2.
622 Strittig ist, ob eine Enthaftung des ausscheidenden Mitreeders vergleichbar der Rechtslage bei der OHG nach fünf Jahren eintritt. Befürwortet wird das von K. Schmidt, Die Partenreederei als Handelsgesellschaft, 1995 S. 79 f.; Dißars, TransportR 98, 79; dagegen: Prüssmann/ Rabe, § 507 Rn 7.

Reederei einzustehen hat.[623] Anderes gilt nur, wenn der Erwerber insoweit einen Schuldbeitritt erklärt hat.[624]
Wenn derjenige, der eine Schiffspart rechtsgeschäftlich erwirbt, nicht für Altverbindlichkeiten der Partenreederei haftet, so muss das auch für den Erben gelten. Es ist kein Grund ersichtlich, warum der Erbe strenger haften sollte.[625] Freilich unterliegt er der erbrechtlichen Haftung nach § 1922, 1967 BGB.

Somit bleibt festzustellen, dass der Erbe für die Altverbindlichkeiten der Partenreederei, soweit der Erblasser dafür einstehen musste, also entsprechend seiner Beteiligungsquote, nur mit den erbrechtlichen Beschränkungsmöglichkeiten (§§ 1975 ff.) haftet. Einer daneben bestehenden unbeschränkten Haftung aus Gesellschaftsrecht ist der Erbe nicht unterworfen.
Wenn aber keine gesellschaftsrechtliche Haftung für Altschulden besteht und auch der Alleinerbe seine Haftung nach Erbrecht beschränken kann, dann stört auch die Beschränkungsmöglichkeit der Miterben nach § 2059 I 1 BGB nicht. Denn es kommt zu keiner Kollision zwischen erbrechtlicher Haftungsbeschränkungsoption (§ 2059 I 1 BGB) und gesellschaftsrechtlich angeordneter unbeschränkter und unbeschränkbarer persönlicher Haftung.
Die Haftungsbeschränkungsmöglichkeiten der Miterben für die Altschulden stehen einer Mitreederstellung der Erbengemeinschaft nicht entgegen.

---

[623] BGH, NJW 1991, 3148; Prüssmann/ Rabe, Seehandelsrecht, § 507 Rn 1 u. 6 f.; Ruhwedel, Die Partenreederei, 1973, S. 347; Schaps-Abraham, Das Seerecht, § 507 Anm. 6; Wüstendörfer, Neuzeitliches Seehandelsrecht mit besonderer Berücksichtigung des angloamerikanischen und des internationalen Rechts, S. 160; aA K. Schmidt, der § 130 HGB den allgemeinen Rechtsgedanken entnimmt, dass der Neugesellschafter für Altschulden haftet; in: Gesellschaftsrecht, S. 1899; ders., Die Partenreederei als Handelsgesellschaft, 1995, S. 73 f.; ausdrücklich gegen Schmidt Ruhwedel, DZWir 1996, 393 (395), mit dem Argument, dass die Partenreederei per se stets über das Gesellschaftsvermögen "Schiff" verfüge und damit ihren Gläubigern eine im Grundsatz ausreichende Haftungssubstanz anzubieten habe.
[624] Prüssmann/ Rabe, Seehandelsrecht, § 507 Rn 6; BGH, NJW 1991, 3148.
[625] Ob K. Schmidt den Rechtsgedanken des § 130 HGB auch auf den Erben anwenden will, ist unklar. Er spricht vom "gesellschaftsrechtlich erklärbaren Fall des Hinzutritts eines Mitreeders" und vom "Übertragungsfall" (Die Partenreederei als Handelsgesellschaft, S. 76), womit wohl der rechtsgeschäftliche Erwerb gemeint sein dürfte. Jedenfalls steht der Anwendung auf den Erben u.a. entgegen, dass dieser summenmäßig unbeschränkt haften oder die gesamte Erbschaft ausschlagen müsste. Das Recht der Partenreederei enthält weder eine dem § 139 HGB vergleichbare Vorschrift, noch ein Kündigungsrecht (wie in § 131 III Nr. 3 HGB für den oHG-Gesellschafter). Dem Mitreeder steht nur das Abandonrecht (§ 501 HGB) zur Verfügung, das aber nur von einer kurz zuvor beschlossenen Nachschusspflicht befreit. Andere zuvor begründete Rechte und Pflichten im Innen- und Außenverhältnis sind davon nicht betroffen. Vgl. Prüssmann/ Rabe, Seehandelsrecht, § 501 Rn 1.

b. Neuschulden

Nach dem Erbfall entstandene Verbindlichkeiten sind Nachlasserbenschulden oder Eigenschulden des Alleinerben bzw. der Miterben[626]. Das gilt für Verpflichtungen gegenüber der Reederei zur Leistung von Nachschüssen (§ 500 HGB) und auch für die Haftung für Verbindlichkeiten der Reederei gegenüber Dritten (§ 507 I HGB). Auf diese Schulden ist § 2059 BGB nicht anwendbar. Insofern besteht Übereinstimmung mit anderen Personengesellschaften.[627]

7. Keine Sondernachfolge, wenn der Erblasser Mitreeder und gleichzeitig Korrespondentreeder war

Im Schrifttum[628] wird vorgeschlagen, das Prinzip der Einzelnachfolge auf den Korrespondentreeder anzuwenden. Dem liegt folgender Gedankengang zu Grunde: Nach der hM sei die Ungeeignetheit der Erbengemeinschaft für die Geschäftsführung der wichtigste Grund für die Singularsukzession.[629] Da der Korrespondentreeder per definitionem die Geschäftsführung inne hat, muss folglich verhindert werden, dass die Erbengemeinschaft als dessen Nachfolger in diese Funktion nachrückt. Knieper/ Fromm setzen dabei stillschweigend die praktisch häufige Tatsache voraus, dass der Korrespondentreeder gleichzeitig Gesellschafter derselben Partenreederei ist.[630]
Dem ist zu widersprechen. Eine Abweichung von der erbrechtlichen Universalsukzession zu Gunsten der Einzelnachfolge wäre nur gerechtfertigt, wenn es zwingende Gründe dafür gäbe. Daran fehlt es hier. Die Bestellung eines Korrespondentreeder erfolgt regelmäßig im Reedereivertrag, da derjenige, der die Gründung einer Reederei betreibt, dies meist von vornherein mit dem erklärten Ziel tut, die Reederei als Korrespondentreeder zu betreuen. Sonst wird der Korrespondentreeder durch Beschluss bestellt.[631] Kommt der Korrespondentreeder aus dem Kreis der Mitreeder – nur dieser Fall interessiert hier, denn nur unter dieser Voraussetzung geht es um Fragen der Mitgliedschaft – dann genügt ein Mehrheitsbeschluss (§ 492 I HGB). Dogmatisch handelt es sich um einen körperschaftlichen Rechtsakt.[632] Daneben wird mit dem Korrespondentreeder ein

[626] Nach Ruhwedel wird es sich meist um Eigenverbindlichkeiten der Miterben handeln. Ruhwedel, Die Partenreederei, 1973, S. 397.
[627] S. o. Kapitel § 4 III 4 (1).
[628] Knieper/ Fromm, NJW 1980, 2677 (2681).
[629] So Knieper/ Fromm, NJW 1980, 2677 (2678 Fn 13), mit zutreffendem Hinweis auf H. P. Westermann, JuS 1979, 765 (766).
[630] S. o. Kapitel § 4 VII 5 (1) a aa.
[631] Prüssmann/ Rabe, Seehandelsrecht, § 492 Rn 3.
[632] Näher dazu: K. Schmidt, Gesellschaftsrecht, S. 415 f.

Anstellungsvertrag geschlossen, in der Regel ein entgeltlicher Dienstvertrag, der eine Geschäftsbesorgung zum Gegenstand hat (§ 675 BGB).[633]
Dieses Anstellungsverhältnis endet im Zweifel mit dem Tod des Korrespondentreeders (§§ 673, 675 BGB).[634] Weder der Alleinerbe noch die Miterbengemeinschaft tritt in dieses Rechtsverhältnis ein. Dasselbe gilt für die Organstellung, auch insofern führt der Tod zur Amtsbeendigung.[635]

Angesichts dieses Befundes ist nicht ersichtlich, warum von der normalen erbrechtlichen Nachfolge abgewichen werden sollte. Auf das Amt ist es unmittelbar ohne Einfluss, ob eine Mehrzahl von Erben einzeln oder als Erbengemeinschaft in die Partenreederei einrückt. Der Tod des Korrespondentreeders wird in der Regel eine Neubestellung erforderlich machen.[636] Besteht das Bedürfnis, einen der Miterben für dieses Amt zu bestimmen, so bestehen dagegen keine Bedenken. Es ist völlig egal, ob der Betreffende als Einzelner Mitreeder ist oder gemeinschaftlich mit den anderen Miterben.
Das gilt auch dann, wenn man mit einer Mindermeinung[637] von der Rechtsfähigkeit der Erbengemeinschaft ausginge und auf dieser Grundlage die Mitreedereigenschaft der einzelnen Miterben wohl verneinen müsste, weil nur die Erbengemeinschaft selbst Mitreeder wäre. Auch in diesem Fall wäre man nicht daran gehindert, einzelne Miterben zum Korrespondentreeder zu bestellen. Denn das – aus Sicht des Personengesellschaftsrechts – besondere Organ des Korrespondentreeders folgt dem Prinzip der Fremdorganschaft, d. h., der Organwalter muss nicht aus dem Kreis der Mitreeder kommen (§ 492 I HGB).

Im Ergebnis ist festzustellen, dass entgegen der hM die Singularsukzession nicht auf die Partenreederei anzuwenden ist. Im Erbfall folgen nicht – wie bei anderen Personengesellschaften – die Erben einzeln in die Mitgliedschaft nach. Vielmehr fällt die Schiffspart an die Erbengemeinschaft, diese wird zum Mitreeder. Die Partenreederei ist – anders als andere gesetzestypische Personengesellschaften – körperschaftlich strukturiert. Schon aus diesem Grund greifen die Argumente der hM nicht. Entscheidend jedoch ist die andersartige Haftung, nämlich die fehlende – gesellschaftsrechtlich basierte – Haftung der Erben für Altverbindlichkeiten.
Anders als im Recht anderer Personengesellschaften, kann die hM auch richterliches Gewohnheitsrecht nicht für sich beanspruchen. Reedereistatuten

---

[633] Prüssmann/ Rabe, Seehandelsrecht, § 492 Rn 5.
[634] Prüssmann/ Rabe, Seehandelsrecht, § 492 Rn 13.
[635] Baumbach/ Hueck/ Zöllner, GmbHG, § 38 Rn 38 für den GmbH-Geschäftsführer.
[636] Zwingend ist das nicht, denn anders als eine GmbH oder AG, ist die Partenreederei auch durch die Gesamtheit der Mitreeder handlungsfähig (§ 491HGB).
[637] S. o. Kapitel § 4 I.

enthalten häufig Schiedsabreden, so dass Rechtsprechung nur in geringem Umfang vorliegt.[638]

8. Erwerb der Mitgliedschaft außerhalb des Erbgangs

Der – auch im Wortsinne – natürliche Weg der Miterben in die Mitgliedschaft der Partenreederei ist die Gesamtrechtsnachfolge (§§ 1922, 2032 ff. BGB). Denkbar und möglich ist aber auch die Beteiligung der Erbengemeinschaft an der Gründung einer Partenreederei oder der spätere rechtsgeschäftliche Erwerb einer Schiffspart.

Die Gründung der Partenreederei erfolgt durch Abschluss eines Gesellschaftsvertrages, in dem vereinbart wird, ein bestimmtes Seeschiff zum Erwerb durch die Seefahrt für gemeinschaftliche Rechnung zu verwenden (§ 489 I HGB). Vielfach[639] wird zunächst der Zusammenschluss für den Bau und den Erwerb eines Schiffes vereinbart (Baureedereivertrag), wodurch die Baureederei entsteht. Gleichzeitig enthält der Vertrag bereits das Statut für die künftige Partenreederei (Reedereivertrag). Der Reedereivertrag wird aufschiebend bedingt abgeschlossen, er tritt mit Ablieferung des Schiffes (§ 509 I HGB) in Kraft. Es bestehen weder Formvorschriften noch erfolgt die Eintragung der Partenreederei in das Handelsregister.[640]

Bedenken hinsichtlich der Beteiligung einer Erbengemeinschaft bestehen nicht. Wie jeder andere Gesellschaftsvertrag ist der Abschluss eines Reedereivertrages ein Rechtsgeschäft, setzt also die Fähigkeit zu rechtsgeschäftlichem Handeln voraus. Dass die gesamthänderisch gebundenen Miterben – entgegen vielfach geäußerter Einwände – dazu in der Lage sind, hat sich schon erwiesen.[641] Seehandelsrechtliche Besonderheiten bestehen nicht.

Dasselbe gilt für den rechtsgeschäftlichen Erwerb einer Schiffspart. Erforderlich dafür ist eine Einigung zwischen den Miterben und dem veräußernden Mitreeder über den Eigentumsübergang an der Part (§§ 413, 398 BGB).[642] Da die Schiffs-

---

638 Vgl. Herber, Seehandelsrecht. Systematische Darstellung, 1999, S. 145.

639 Das ist dann nicht der Fall, wenn ein Mitreeder ausnahmsweise ein einsatzfähiges Schiff in die Reederei einbringt. Vgl. MünchHdBGesR I/ Bote, § 88 Rn 12.

640 Prüssmann/ Rabe, Seehandelsrecht, § 489 Rn 3; § 490 Rn 4 ff.

641 S. o. Kapitel § 4 III 3.

642 Unter bestimmten Voraussetzungen ist auch die Eintragung in das Schiffsregister erforderlich, vgl. Prüssmann/ Rabe, § 503 Rn 3.

part frei veräußerlich ist, bedarf es keiner Zustimmung der übrigen Mitreeder (§ 503 HGB).[643]
Haftungsprobleme entstehen nicht, denn der Erwerber haftet nicht für die bereits begründeten Schulden der Reederei.[644] Mit der Veräußerung scheidet der Veräußerer als Mitreeder aus der Reederei aus, die Erbengemeinschaft wird neuer Mitreeder.

9. Mitgliedschaft in der Partenreederei i. L.

Wie bei anderen Gesamthandsgesellschaften so führt auch die Auflösung der Partenreederei nicht sofort zur Vollbeendigung, sondern leitet ins Liquidationsstadium über. Verstirbt ein Partenreeder während der Liquidationsphase, so stellt sich die Frage, ob die Erben als gesamthänderisch gebundene Gemeinschaft seinen Platz in der Abwicklungsgesellschaft Gesellschaft einnehmen können.

Die Partenreederei besteht als Rechtsträgerin bis zur Vollbeendigung fort. Die Regelungen für Geschäftsführung und Vertretung der Partenreederei gelten auch im Liquidationsstadium. Lag die Unternehmensleitung in den Händen eines Korrespondentreeders, wie das in der Praxis die Regel ist, so bleibt dieser weiterhin zuständig. Nur beschränkt sich dessen Aufgabenbereich nun auf die Abwicklung der Reederei.[645]
Die organisatorische Schwerfälligkeit der Erbengemeinschaft steht somit auch hier nicht der Mitgliedschaft entgegen.[646]
Einige Besonderheiten ergeben sich im Liquidationsstadium für die Haftung:

(1) Haftung für Altschulden

Verstirbt ein Mitreeder in der Liquidationsphase, so sind dessen Verpflichtungen als Nachlaßschulden – genauer: Erblasserschulden[647] – einzuordnen. Für diese haben die Miterben als Gesamtschuldner (§§ 1922, 1967, 2058 BGB) einzuste-

---

643 Mit der bereits erwähnten Ausnahme, dass als Folge der Übertragung kein Partenreeder mehr Deutscher ist und das Schiff das Recht zur Führung der Bundesflagge verliert (§ 503 II HGB).
644 S. o. Kapitel § 4 VII 6 (2).
645 RGZ 11, 192 (197); 123, 108 (109); Ruhwedel, Die Partenreederei, 1973, S. 437 f.; MünchHdB GesR I/ Bote, § 93 Rn 11.
646 Selbst wenn ausnahmsweise kein Korrespondentreeder bestellt ist, wird sich die Mitreederschaft einer Erbengemeinschaft kaum behindernd auswirken. Denn die in der Abwicklungsphase erforderlichen Maßnahmen sind ja vergleichsweise begrenzt.
647 S. o. Kapitel § 4 III 1 (2) b aa.

hen, mit den erbrechtlichen Beschränkungsmöglichkeiten (§§ 1975 ff., 2059 I 1 BGB). Aus Gesellschaftsrecht haften die Erben mangels einer entsprechenden Vorschrift nicht. Insofern besteht Übereinstimmung mit der Haftung in anderen Personengesellschaften i. L.[648]

(2) Haftung für Neuschulden

War der Erblasser Partenreeder einer werbenden Partenreederei, so haften die Miterben für die nach dem Eintritt entstehenden Verbindlichkeiten persönlich und summenmäßig unbeschränkt, wenn auch pro rata.[649] Verbindlichkeiten kann eine Gesellschaft aber nicht nur in der werbenden Phase eingehen, sondern sie können noch nach dem Auflösungsbeschluss entstehen.[650] Damit stellt sich die Frage, wie die Erben für diese Schulden haften.

Anerkanntermaßen sind für die Liquidationsphase einer Partenreederei die allgemeinen gesellschaftsrechtlichen Regeln heranzuziehen, soweit sich aus den §§ 489 ff. HGB nichts Gegenteiliges ergibt.[651] Die Haftung des Mitreedererben im Liquidationsstadium ist im Reedereirecht nicht gesondert geregelt. Damit ist der Weg frei für eine Lösung nach dem allgemeinen Gesellschaftsrecht.
War der Erblasser Gesellschafter einer GbR i. L. oder einer OHG i. L., so haften die in die Abwicklungsgesellschaft eintretenden Erben für die nun begründeten Verbindlichkeiten nach einhelliger Meinung ausschließlich nach Erbrecht, d. h., sie können also von den erbrechtlichen Haftungsbeschränkungsmöglichkeiten Gebrauch machen. Eine unbeschränkte persönliche Haftung auf gesellschaftsrechtlicher Grundlage besteht daneben nicht.[652]
Dem liegt der allgemeine Rechtsgedanke zu Grunde, dass die Rechtsstellung des Erblassers sich nicht mit dem Tod abbrechen lässt, sondern Nachwirkungen hat, zu deren Beendigung der Rechtsverkehr ein gewisses Übergangsstadium benötigt. Derartige Liquidationsschulden trägt der Nachlass.[653] Eine gesellschaftsrechtlich begründete Haftung des Erben, der nur kurzfristig und ohne eigene Gesellschafterambitionen an einer Gesellschaft beteiligt ist, wird als unbillig empfunden.[654]

---

648 Vgl. z. B. MünchKomm/ Ulmer, § 727 Rn 21.
649 S. o. Kapitel § 4 VII 6.
650 Vgl. nur: § 49 I 2 BGB, § 149 S. 1 2. Hs. HGB, § 70 S. 2 GmbHG.
651 BGH, NJW 1991, 3148.
652 Vgl. nur BGH, NJW 1995, 3314.
653 Wiedemann, Die Übertragung und Vererbung von Mitgliedschaftsrechten bei Handelsgesellschaften, 1965, S. 241.
654 Kick, Die Haftung des Erben eines Personenhandelsgesellschafters, 1996, S. 31, für die oHG i. L., die diese Verbindlichkeiten als Nachlasskostenschulden betrachtet, weil die ver-

Dieser Gedanke passt auch für die Partenreederei i. L. Auch in diesem Fall verfolgt die Erbengemeinschaft kein dauerhaftes Engagement als Mitreeder. Vielmehr ist die Mitgliedschaft notwendiger Bestandteil des erbrechtlichen Auseinandersetzungsverfahrens. Die ererbte Mitreederposition kann nicht abrupt beendet werden, sondern nur im geordneten Verfahren. Es ist mithin sachgerecht, auch die Erben eines „Mitreeders i. L." für Neuverbindlichkeiten der Partenreederei i. L. ausschließlich nach Erbrecht haften zu lassen.

10. Mitgliedschaft in der Baureederei

Die Existenz einer Partenreederei setzt das Eigentum an einem grundsätzlich einsatzbereiten Schiff voraus. Wenn die Mitreeder ein fertiges Schiff erwerben, entsteht die Partenreederei sofort. Üblicherweise jedoch vereinigen sich zwei oder mehr Personen, um für gemeinschaftliche Rechnung ein Schiff zu erbauen und dieses anschließend zum Erwerb durch Seefahrt zu verwenden. Dann entsteht eine Baureederei (§ 509 I HGB). Diese ist mit der späteren Partenreederei identisch. Es handelt sich bei ihr lediglich um ein Frühstadium ein und derselben Reederei. Wie diese ist sie rechtsfähige Gesamthandsgesellschaft.[655] Die Vorschriften für die Partenreederei sind stufenweise – je nach Entwicklungsstadium – auf die Baureederei anwendbar (§ 509 HGB).
Zu den vom Zeitpunkt des Vertragsschlusses an geltenden Vorschriften gehört nach § 509 Abs.1 HGB auch § 505 HGB[656]. Daraus folgt, dass auch die Mitgliedschaft in der Baureederei grundsätzlich vererblich ist. Es stellt sich die Frage, ob im Erbfall die Erbengemeinschaft Mitbaureeder werden kann. Dies ist zu bejahen. Die Baureederei stimmt in wesentlichen Strukturen mit der späteren Partenreederei überein. Die Differenzen bieten keinen Anlass, vom erbrechtlichen Prinzip der Universalsukzession abzuweichen. Das ist im Folgenden zu zeigen.

(1) Haftung

Keine Unterschiede zur Partenreederei bestehen in der Haftungsverfassung. Die Baureederei haftet mit ihrem Gesamthandsvermögen, zu dem noch kein Schiff,

---

mögensrechtliche Abwicklung der Gesellschaft auch für die Verwaltung und Auseinandersetzung des Nachlasses, zu der der Gesellschaftsanteil gehört, erforderlich sei.

[655] Ruhwedel, Die Partenreederei, 1973, S. 446 f.; K. Schmidt, Die Partenreederei als Handelsgesellschaft, 1995, S. 104, 106 f.

[656] Für den Wortlaut des § 505 HGB s. o. Kapitel § 4 VII 4.

sondern allenfalls ein wachsendes Schiffsbauwerk gehört. Daneben haften die Baumitreeder entsprechend ihrer Beteiligungsquote persönlich.[657]
Eine Haftungsbeschränkung nach dem Londoner Haftungsbeschränkungsübereinkommen (§ 486 HGB i. V. m. London HBÜ 1976)[658] kommt nicht in Betracht, da noch kein Schiff für die Reederei im Einsatz ist.[659]

(2) Geschäftsführung und Vertretung

Auch hinsichtlich der Geschäftsführung und Vertretung herrscht weitgehende Übereinstimmung mit der späteren Partenreederei. Zuständig sind sämtliche Baumitreeder. Außerdem sieht das Gesetz vom Zeitpunkt des Vertragsabschlusses an die – fakultative – Bestellung eines Korrespondentreeders vor (§ 492 HGB).
Das Gesetz begrenzt allerdings die Befugnisse des Korrespondentreeders in der Phase der Baureederei auf solche Rechtsgeschäfte und Rechtshandlungen, die dem künftigen Reedereibetrieb dienen (§ 509 II HGB). Er ist zwar von Anfang an befähigt, sämtliche den späteren Reedereibetrieb betreffende Rechtshandlungen in dem üblichen Umfang wahrzunehmen. Will der Korrespondentreeder aber für die Baureederei tätig werden, so bedarf er dafür einer Vollmacht (§ 509 II S. 3 HGB).
In der Praxis wird der Korrespondentreeder heute von der Mitreedergemeinschaft üblicherweise bevollmächtigt, für die Partenreederei auch schon während ihres Stadiums als Baureederei rechtlich tätig zu werden, namentlich Schiffsfinanzierungsverträge mit Banken abzuschließen sowie alle erforderlichen Vertragsabsprachen mit der Werft im Namen und für Rechnung der Baureederei zu treffen.[660]
Anlass, der Erbengemeinschaft die Nachfolge in die Mitgliedschaft des Erblassers zu verweigern besteht nicht. Da die anfallenden Arbeiten in der Regel von den Korrespondentreedern wahrgenommen werden, kann die Unzulänglichkeit der erbengemeinschaftlichen Handlungsorganisation keinen hinreichenden Grund für ein Abgehen von dem Prinzip der Universalsukzession bieten. Für den Fall, dass die Befugnisse des Korrespondentreeders ausnahmsweise nicht über das gesetzliche Maß hinaus erweitert wurden, ist zu bedenken, dass die anfallenden Geschäftsführungs- und Vertretungsaufgaben noch von geringem Um-

---

657 Ruhwedel, Die Partenreederei, 1973, S. 453 f.; Prüssmann/ Rabe, Seehandelsrecht, § 509 Rn 10.
658 Für den Wortlaut des LondonHBÜ, soweit relevant, siehe Kapitel § 10 III.
659 Aus Art. 1 und 2 LondonHBÜ folgt, dass die beschränkbaren Ansprüche im unmittelbaren Zusammenhang mit dem Betrieb des Schiffes entstanden sein müssen.
660 Ruhwedel, Die Partenreederei, 1973, S. 450 f.

fang sein werden. Denn das Schiff ist noch in der Werft im Bau und der Geschäftsbetrieb insofern noch nicht im Gange.

(3) Vinkulierung der Mitgliedschaft

Die Mitreeder können über ihre Parten grundsätzlich frei verfügen (§ 503 I HGB). Anderes gilt für die Baureederei: Aus § 509 Abs. 1 HGB ergibt sich, dass diese Vorschrift[661] erst nach Ablieferung des vollendeten Neubaus anwendbar ist. Bis zur Ablieferung kann kein Baumitreeder seine Part ohne Zustimmung der übrigen Baumitreeder übertragen.[662]
Der Baureedereivertrag kann die Vorschrift des § 509 Abs.1 HGB auf der Grundlage des dort in Bezug genommenen § 490 HGB ohne weiteres modifizieren und statt dessen schon die Regelung des § 503 I HGB in Kraft setzen.[663]
Dogmatisch entspricht die Regelung dem im Personengesellschaftsrecht geltenden Grundsatz, dass ein Personengesellschaftsanteil mangels entgegenstehender Vertragsabrede vinkuliert ist.[664]

Im Recht der GbR, oHG und KG bestreitet die hM die Mitgliedsfähigkeit der Erbengemeinschaft u. a. mit dem Argument, dass jeder Miterbe frei über seinen Nachlassanteil verfügen könne (§ 2033 I BGB).[665] Man sieht darin das Problem, dass in einem solchen Fall den übrigen Gesellschaftern ein Fremder, möglicherweise Ungewollter, aufgedrängt werden könnte. Wegen der im Hinblick auf die Unübertragbarkeit vergleichbaren Lage bei der Baureederei könnte man daran denken, diesen Einwand auch hier gegen die Gesellschafterfähigkeit der Erbengemeinschaft vorzubringen.

Nach hier vertretener Auffassung steht die Vinkulierung von Gesellschaftsanteilen der Gesellschafterfähigkeit der Miterbengemeinschaft in den Personengesellschaften grundsätzlich nicht entgegen. Aber auch wenn man mit der hM darin ein Hindernis sieht, sollte man für die Baureederei eine Ausnahme machen:

Die Vinkulierung von Mitgliedschaften kann den Schutz ganz unterschiedlicher Interessen verfolgen.[666] So ist sie ein Instrument, Beteiligungsverhältnisse innerhalb des Gesellschafterkreises zu kontrollieren. Es kann verhindert werden,

---

661 § 503 I HGB.
662 Ruhwedel, Die Partenreederei, 1973, S. 453; Schaps/ Abraham, Seehandelsrecht, § 509 Rn 5; Schlegelberger/ Liesecke, § 509 Rn 1.
663 Ruhwedel, Die Partenreederei, 1973, S. 453.
664 K. Schmidt, Die Partenreederei als Handelsgesellschaft, 1995, S. 105.
665 S. o. Kapitel § 4 III 4 (5).
666 Vgl. Asmus, Die vinkulierte Mitgliedschaft, 2002, S. 43 ff.

dass Mitgesellschafter durch Hinzuerwerb von Geschäftsanteilen eine Mehrheitsposition erlangen und die Unternehmenspolitik nach eigenen Vorstellungen gestalten.
Die Vinkulierung von Mitgliedschaften dient auch dazu, das Eindringen Dritter in die Gesellschaft zu verhindern. Dem hinwieder können unterschiedliche Motive zugrunde liegen. In Kapitalgesellschaften soll die Einführung der Vinkulierung die Gesellschafter vor dem Beteiligungsaufkauf durch Wettbewerber schützen, bei der AG ist sie ein Mittel gegen die im globalen Wettbewerb zunehmend drohenden „feindlichen Übernahmen".
Die Übertragung von Personengesellschaftsanteilen gilt deshalb als zustimmungspflichtig, weil es sich dabei um eine Arbeits- und Haftungsgemeinschaft handele.[667] Der Zusammenschluss beruhe auf den kaufmännischen, technischen oder organisatorischen Fähigkeiten der Gesellschafter und setze persönliches Vertrauen voraus.[668]

Dagegen ist die Vinkulierung der Mitgliedschaft in der Baureederei nicht in dem persönlichen Charakter der Verbindung begründet.
Als Ausnahme von einem sonst im Gesellschaftsrecht geltenden Prinzip[669] kennt das Recht der Partenreederei eine Nachschusspflicht der Mitreeder. Jeder Gesellschafter hat nach dem Verhältnis seiner Beteiligung zu den Ausgaben der Reederei beizutragen (§ 500 I HGB). Das Gesetz geht offensichtlich davon aus, dass Nachschüsse besonders in der Entstehungsphase der Reederei erforderlich sein können, wenn es in § 509 I a. E. HGB[670] ausdrücklich bestimmt, dass die Nachschusspflicht auch für die Baukosten gilt. Damit im Zusammenhang steht auch die Vinkulierung der Mitgliedschaft. Der zugrunde liegende gesetzgeberische Gedanke ist der, dass während der finanziell meist sehr angespannten Aufbauzeit der Gesellschaft, kein Mitbaureeder seinen Mitgesellschaftern einen kapitalschwachen Nachfolger aufdrängen soll.[671]

---

[667] BGHZ 22, 187 (192).
[668] Wiedemann, Die Übertragung und Vererbung von Mitgliedschaftsrechten bei Handelsgesellschaften, 1965, S. 58.
[669] K. Schmidt, Gesellschaftsrecht, S. 473, spricht von einem allgemeinen Institut des Gesellschaftsrechts.
[670] § 509 HGB ist die einzige Vorschrift, die unmittelbare Regelungen für die Baureederei enthält.
[671] Ruhwedel, Die Partenreederei, 1973, S. 453; Schulz, Die Entstehung des Seerechts des Allgemeinen Deutschen Handelsgesetzbuches unter besonderer Berücksichtigung der Bestimmungen über die Reederei, den Schiffer und die Schiffsmannschaft, 1987, S. 96. In den Protokollen heißt es: "Während der Bauzeit liege demnach das Hauptgewicht in der Obligation der Betheiligten, zum Zustandekommen eines Schiffes, einer Rhederei mitzuwirken. Dieses Zustandekommen von Schiff und Rhederei werde gehindert, wenn ein Betheiligter willkührlich ausscheiden und einen Zahlungsunfähigen substituieren dürfte." Lutz, Protokolle, Band IV, S. 1646 f.

Dieser Regelungszweck wird aber nicht unterlaufen, wenn ein Miterbe seinen Nachlassanteil auf einen Dritten überträgt (§ 2033 I BGB). Das zeigt ein Vergleich der Finanzlage, wie sie sich vor und nach dem Erbfall darstellt. Ursprünglich konnten die anderen Mitreeder für die Erfüllung von Nachschusspflichten mit dem Vermögen des Erblassers kalkulieren. Nach dem Erbfall ändert sich an diesem Vermögen grundsätzlich nichts. Es ist jetzt nur gesamthänderisch gebunden und steht den Miterben zu. Für künftige Nachschussverbindlichkeiten stehen aber nun außerdem die Privatvermögen der Miterben zur Verfügung. Die potentielle Kapitalbasis der Baureederei hat sich durch den Erbfall also verbreitert. Veräußert ein Miterbe seinen Nachlassanteil, so ändert sich an der Werthaltigkeit des Nachlasses auch nichts. Denkbar ist nur, dass der Erwerber selbst, d. h. hinsichtlich seines sonstigen Vermögens, weniger kapitalkräftig ist als der veräußernde Miterbe. Das könnte sich im Hinblick auf künftig erforderliche Nachschüsse in das Baureedereivermögen für die Gesellschaft als nachteilig erweisen. Die Verschlechterung tritt jedoch nur relativ zu dem Zustand vor der Veräußerung ein, nicht im Vergleich zu dem Finanzierungspotential vor dem Erbfall. Gemessen an jener Lage, steht die Baureederei finanziell immer noch besser da.

11. Ergebnis

Zusammenfassend ist zu sagen, dass die Erbengemeinschaft Gesellschafter einer Partenreederei sein kann. Dasselbe gilt für das Stadium der Baureederei als auch für die Abwicklungsphase. Gründe, die bei anderen Personengesellschaften die Anwendung der Singularsukzession stützen, liegen bei der Partenreederei nicht vor. Die gesamthänderisch gebundenen Miterben können deshalb im Erbgang zum Mitreeder werden. Möglich ist aber auch die Beteiligung an der Gründung einer Partenreederei bzw. Baureederei als auch der derivative Erwerb einer Schiffspart durch Rechtsgeschäft.

VIII. Die Erbengemeinschaft als Gesellschafterin einer GmbH

Über die Mitgliedsfähigkeit der Erbengemeinschaft in einer GmbH besteht Konsens.[672] Die unter Juristen nicht so häufig anzutreffende Einmütigkeit hat seinen Grund in der eindeutigen Gesetzeslage. Zu nennen ist hier vor allem[673] § 18 GmbHG. Die Vorschrift trifft Regelungen für den Fall, dass ein Geschäftsanteil mehreren Mitberechtigten ungeteilt zusteht. Die Mitberechtigung mehrerer kann

[672] Statt aller: BGH, NJW 1959, 1820; Roth/ Altmeppen, GmbHG, § 18 Rn 2; Soergel/ Wolf, § 2032 Rn 35; RGRK/ Kregel, § 2032 Rn 11.
[673] Daneben bestimmt § 15 I GmbHG, dass die Mitgliedschaft überhaupt vererblich ist.

dabei in Form einer Berechtigung nach Bruchteilen oder auch in Form einer Gesamthandberechtigung bestehen.[674] § 18 Abs. 3 GmbHG regelt die Vornahme von Rechtshandlungen, die die Gesellschaft gegenüber dem Inhaber des Anteils vorzunehmen hat und setzt in Satz 2 unmissverständlich die Mitgliedschaft der Erbengemeinschaft voraus.

Unstrittig ist, dass die Erbengemeinschaft den Geschäftsanteil durch erbrechtliche Universalsukzession erwerben kann.[675] Ausreichend geklärt sind auch die Folgefragen, nämlich die Einzelheiten der Verwaltung der Mitgliedschaft durch die Miterben.[676] In diesem Zusammenhang ist anzumerken, dass die in § 18 Abs. 1 GmbHG geforderte gemeinschaftliche Rechtsausübung nicht für die Rechtsbeziehungen innerhalb der Erbengemeinschaft gelten. Normzweck der Vorschrift ist der Schutz der Gesellschaft vor Nachteilen und Erschwernissen, die damit verbunden sein können, dass mehreren Rechtssubjekten ein Geschäftsanteil gemeinschaftlich zusteht.[677] In diesem Sinne soll sichergestellt werden, dass die Mitberechtigten die Gesellschafterrechte einheitlich ausüben.[678]
Die Meinungsbildung innerhalb der Erbengemeinschaft vollzieht sich nach deren Recht. Ob die Miterben über die Wahrnehmung ihrer Gesellschafterrechte im Einzelfall Einstimmigkeit erzielen müssen oder nicht, bestimmt sich also nach §§ 2038 ff. BGB.[679]

Keine Einigkeit besteht aber darüber, ob die Erbengemeinschaft einen Geschäftsanteil auch rechtsgeschäftlich erwerben kann, durch Beteiligung an der Gründung einer GmbH oder durch den derivativen Erwerb eines Anteils.
Während der Erwerb durch Gesamtrechtsnachfolge der für die Gesamthand "Erbengemeinschaft" typische Weg ist, Mitglied einer Gesellschaft zu werden, kann doch auch ein Bedürfnis für den Erwerb mittels Rechtsgeschäfts bestehen. Gerade der Vorteil der Haftungsbeschränkung kann für eine Erbengemeinschaft Grund zu der Überlegung sein, ob sie z. B. ein vom Erblasser betriebenes Einzelhandelsgeschäft als GmbH fortführen will oder vom Erblasser gehaltene Ak-

---

[674] Roth/Altmeppen, GmbHG, § 18 Rn 2.
[675] Statt aller: Roth/ Altmeppen, GmbHG, § 18 Rn 2.
[676] Vgl. Wiedemann, GmbH-Rundschau 1969, S. 247 ff.; Eichmanns, Erwerb und Verwaltung eines GmbH-Geschäftsanteils durch eine Erbengemeinschaft, 1982, S. 85 ff.
[677] Roth/ Altmeppen, GmbHG, § 18 Rn 1.
[678] Roth/ Altmeppen, GmbHG, § 18 Rn 12 f.
[679] Eichmanns, Erwerb und Verwaltung eines GmbH-Geschäftsanteils durch eine Erbengemeinschaft, 1982, S. 143 ff. Umstritten ist, ob die Miterbenmehrheit im Falle von Mehrheitsbeschlüssen das Votum gegenüber der Gesellschaft auch ohne Mitwirkung oder wenigstens Genehmigung (§ 184 BGB) der Überstimmten abgeben kann. Vgl., ablehnend: Scholz/ Winter, GmbHG, § 18 Rn 20; bejahend: Roth/ Altmeppen, GmbHG, § 18 Rn 12 f., OLG Karlsruhe, GmbHR 1995, 824.

tien in einer GmbH als Holding zusammenfassen will oder ob sie die vom Erblasser ererbten Grundstücksobjekte in eine GmbH einbringt.[680]

Für die Fähigkeit der Erbengemeinschaft, sich an der Gründung einer GmbH zu beteiligen, hat sich das Meinungsbild in den letzten Jahrzehnten radikal gewandelt. Scholz konnte 1956 noch schreiben: "Ebenso wird allgemein gelehrt, dass eine bürgerl. - rechtl. Gesellschaft, ein nicht-rechtsfähiger Verein und eine Erbengemeinschaft nicht als Gründer auftreten können, da diese Gemeinschaften weder rechts- noch parteifähig sind."[681]
Heute wird die Gründerfähigkeit der Erbengemeinschaft dagegen ganz überwiegend bejaht.[682] Widerstand leisten einige Stimmen der Erbrechtsliteratur.[683] Sie stützen ihre Ablehnung, wie seinerzeit Scholz, auf die mangelnde Rechtsfähigkeit der Erbengemeinschaft. [684] Außerdem lehnen Kraft/ Kreutz grundsätzlich die Gründerfähigkeit der Erbengemeinschaft ab.[685]
Auch diese Einwände haben sich als nicht stichhaltig erwiesen, darauf braucht hier nicht erneut eingegangen werden.[686]

Als weiterer Weg, Mitglied einer GmbH zu werden, steht der Erbengemeinschaft der Erwerb eines bereits bestehenden Geschäftsanteils offen.[687]
Die Geschäftsanteile einer GmbH sind – mangels anderweitiger statutarischer Regelung (§ 15 Abs. 5 GmbHG) – frei veräußerlich (§ 15 Abs. 1 GmbHG)[688], so dass sich aus Sicht des Rechts der GmbH grundsätzlich keine Hindernisse ergeben.
Auf Seiten des bürgerlichen Rechts ergibt sich eine Einschränkung dadurch, dass die Erbengemeinschaft nicht beliebig erwerbsfähig ist. Ein Erwerb der Mitgliedschaft ist an die Voraussetzungen des § 2041 S.1 Fall 3 BGB gebunden.[689]

---

[680] Wolf, FS-Schippel, 1996, S. 533.
[681] Scholz, GmbH-Rdsch., 1956, 17 (17).
[682] Soergel/ Wolf, § 2032 Rn 36; ders., FS-Hippel, 1996, S. 533 ff.; Rowedder/ Schmidt-Leithoff, GmbHG, § 2 Rn 24; Michalski, GmbHG, § 2 Rn 98 f.; Michalski/ Ebbing, GmbHG, § 18 Rn 24; Baumbach/ Hueck/ Fastrich, GmbHG, § 1 Rn 35; Hachenburg/ Ulmer, GmbHG, § 2 Rn 81; Lutter/ Hommelhoff, GmbHG, § 2 Rn 5; Eichmanns, Erwerb und Verwaltung eines GmbH-Geschäftsanteils durch eine Erbengemeinschaft, 1982, S. 62 ff.; für die Übernahme einer Stammeinlage bei einer Kapitalerhöhung, OLG Hamm, OLGZ 1975, 164.
[683] Staudinger/ Werner, § 2032 Rn 23; Erman/ Schlüter, § 2032 Rn 4.
[684] Staudinger/ Werner, § 2032 Rn 23; Erman/ Schlüter, § 2032 Rn 4.
[685] Kraft/ Kreutz, Gesellschaftsrecht, S. 36.
[686] S. o. Kapitel § 4 III 3.
[687] Soergel/ Wolf, § 2032 Rn 36; ders., FS - Schippel, 1996, S. 533 (534); Baumbach/ Hueck/ Fastrich, GmbHG, § 1 Rn 35; KG, NJW 62, 54; Scholz, GmbH-Rdsch. 1956, 17 (19); Hachenburg/ Zutt, GmbHG, § 18 Rn 7;
[688] Nach § 15 III, IV GmbHG hat dies in notarieller Form zu geschehen.
[689] S. o. Kapitel § 4 III 2 (3).

Zusammenfassend kann festgestellt werden, dass die Erbengemeinschaft die Mitgliedschaft in einer GmbH sowohl im Erbgang als auch rechtsgeschäftlich erlangen kann.

IX. Mitgliedschaft in einer Aktiengesellschaft

Die Rechtslage im Hinblick auf die Mitgliedsfähigkeit der Erbengemeinschaft ist für die Aktiengesellschaft ganz ähnlich wie für die GmbH. Mit § 69 AktG enthält das Aktienrecht eine Parallelnorm zu § 18 GmbHG. § 69 AktG regelt die Wahrnehmung der Rechte aus der Aktie für den Fall, dass diese mehreren Berechtigten zusteht. Zu den "mehreren Berechtigten" können nach einhelliger Meinung[690] auch die gesamthänderisch gebundenen Miterben gehören. § 69 Abs. 3 S. 2 AktG ist zu entnehmen, dass die Erbengemeinschaft die Aktie jedenfalls im Wege der erbrechtlichen Gesamtrechtsnachfolge erwerben kann.
Ebenso wie für die GmbH und mit denselben Argumenten wird auch hier die Gründerfähigkeit der Erbengemeinschaft bestritten. Diese könne sich nicht an der Gründung einer Aktiengesellschaft beteiligen, weil sie nicht rechtsfähig sei[691] und weil sie keine organisierte Personenverbindung sei, sondern eine vermögensrechtliche Zwangsgemeinschaft, deren Zweck auf Auseinandersetzung gerichtet sei.[692]
Dass diesen Argumenten hier nicht gefolgt wird, wurde schon dargelegt.[693] Vielmehr ist mit der wohl überwiegenden Literatur[694] die Gründerfähigkeit der Erbengemeinschaft auch für die Aktiengesellschaft zu bejahen.

Ebenso wie § 18 GmbHG verfolgt auch § 69 AktG das Ziel, die Gesellschaft vor den Nachteilen und Erschwernissen zu schützen, die sich aus der Existenz mehrere Berechtigter ergeben können.[695] Weitergehend als das Recht der GmbH lässt § 69 Abs. 1 AktG die Ausübung der Mitgliedschaftsrechte nur durch einen gemeinsamen Vertreter zu. Dabei handelt es sich nicht um eine Pflicht der Rechtsgemeinschaft, sondern um eine Obliegenheit.[696] Die Miterben brauchen keinen gemeinschaftlichen Vertreter bestellen, können dann aber auch ihre

---

[690] Statt aller: AktG/ Hüffer, § 69 Rn 3; Kölner KommAktG/ Kraft, § 2 Rn 28; MünchKommAktG/ Bayer, § 69 Rn 5.
[691] Erman/ Schlüter, § 2032 Rn 4; Godin/ H. Wilhelmi/ S. Wilhelmi, AktG, § 2 Anm 5.
[692] Kölner KommAktG/ Kraft, § 2 Rn 27.
[693] S. o. Kapitel § 4 III 3.
[694] GroßkommAktG/ Brändel, AktG, § 2 Rn 29; Hüffer/ AktG § 2, Rn 11; MünchKomm/ Heider, AktG, § 2 Rn 18; Hueck/ Windbichler, Gesellschaftsrecht, S. 263; MünchKomm/ Dütz, § 2032 Rn 16; Grunewald, AcP 197 (1997), 305 (310 f.); MünchHdBGesR IV/ Hoffmann-Becking, § 3 Rn 4.
[695] MünchKomm/ Bayer, AktG, § 69 Rn 2.
[696] MünchKomm/ Bayer, AktG, § 69 Rn 19.

Rechte nicht wahrnehmen. Ob die Bevollmächtigung mit Stimmeneinheit oder Stimmenmehrheit erfolgen kann, richtet sich nach dem Innenrecht der Erbengemeinschaft (§§ 2038 ff. BGB).[697]

X. Mitgliedschaft in einer KGaA

Die Kommanditgesellschaft auf Aktien ist eine Mischform zwischen Aktiengesellschaft und Kommanditgesellschaft, die aber der Aktiengesellschaft wesentlich näher steht.[698] Mindestens ein Gesellschafter haftet den Gläubigern der KGaA unbeschränkt (persönlich haftender Gesellschafter), die übrigen Gesellschafter sind an dem in Aktien zerlegten Grundkapital beteiligt, ohne persönlich für die Verbindlichkeiten der Gesellschaft zu haften (Kommanditaktionäre) (§ 278 AktG).
Die rechtliche Stellung der beiden Arten von Gesellschaftern entspricht in den für die Mitgliedsfähigkeit der Erbengemeinschaft entscheidenden Merkmalen der ihrer Pendants in der Kommanditgesellschaft bzw. der Aktiengesellschaft. Es stellen sich demzufolge dieselben Fragen wie bei der KG und AG, die im Ergebnis auch zu denselben Antworten führen. Dazu passt es auch, dass die aktienrechtliche Kommentarliteratur diesbezüglich auf die Kommentierungen bei den Personengesellschaften verweist.[699]
Eine ausführliche Erörterung derselben Fragen an dieser Stelle erübrigt sich deshalb; es sei insofern auf die Kapitel zur KG und AG verwiesen. Einige Bemerkungen sollen hier ausreichen.

1. Erbengemeinschaft als Kommanditaktionär

Die Kommanditaktionäre stehen im Wesentlichen den Aktionären einer Aktiengesellschaft gleich; das folgt aus der Verweisung in das Recht der Aktiengesellschaft (§ 278 Abs. 3 AktG).[700] Insbesondere für die – im Hinblick auf die Mitgliedsfähigkeit der Erbengemeinschaft interessierende – Haftungsfrage, besteht Gleichklang zwischen Aktionärs- und Kommanditaktionärshaftung. Im Gegensatz zu den Kommanditisten einer gewöhnlichen Kommanditgesellschaft, die den Gläubigern der Gesellschaft persönlich in Höhe der registrierten Einlage haften, wenn sie noch nicht geleistet oder zurückerhalten wurde[701], gilt dies für

---

697 MünchKomm/ Bayer, AktG, § 69 Rn 20.
698 Hüffer, AktG, § 278 Rn 3.
699 Vgl. MünchKommAktG/ Semler/ Perlitt, § 278 Rn 38; Geßler/ Hefermehl/ Eckardt/ Kropff/ Semler, AktG, § 278 Rn 38; GroßkommAktG/ Assmann/ Sethe, § 278 Rn 42.
700 Vgl. GroßkommAktG/ Assmann/ Sethe, § 278 Rn 82 ff.
701 Vgl. §§ 171 ff. HGB.

die Kommanditaktionäre nicht. Wie ein Aktionär sind sie lediglich der Gesellschaft gegenüber zur Einlage verpflichtet.[702] Daraus folgt, dass die erbrechtlichen Haftungsbeschränkungsmöglichkeiten der Miterben hier der Mitgliedschaft der Erbengemeinschaft genauso wenig entgegenstehen, wie bei der Aktiengesellschaft.

Auch unter dem Gesichtspunkt der Mitverwaltung bestehen keine Bedenken gegen die Mitgliedschaft einer Erbengemeinschaft. Die Kommanditaktionäre nehmen ihre Mitverwaltungsrechte in der Hauptversammlung wahr. Der einzelne Kommanditaktionär hat alle Rechte, die das Gesetz auch einem einzelnen Aktionär zur Verfügung stellt.[703] Die Rechtsstellung entspricht also auch insofern im Wesentlichen derjenigen eines Aktionärs.[704] Als gemeinschaftlich Berechtigte können die Miterben die Rechte aus der Aktie nur durch einen gemeinschaftlichen Vertreter ausüben (§§ 278 III, 69 I AktG). Haben die Miterben keinen gemeinsamen Vertreter benannt, was zulässig ist und nur die Unmöglichkeit zur Wahrnehmung der Aktionärsrechte zur Konsequenz hat[705], ist – nach Ablauf eines Monats seit Anfall der Erbschaft – jeder einzelne Miterbe für Willenerklärungen empfangsberechtigt, die gegenüber der Erbengemeinschaft abzugeben sind (§§ 278 III, 69 III AktG).

Aus der übereinstimmenden Rechtsstellung von Kommanditaktionär und Aktionär zieht die Literatur den Schluss, dass jeder, der Aktionär sein kann, auch Kommanditaktionär sein kann.[706] Das gilt auch für die Erbengemeinschaft. Wenn ein Kommanditaktionär verstirbt, so kann die Erbengemeinschaft nach §§ 1922, 2032 ff. BGB in dessen Stellung in der KGaA nachfolgen.[707]
In Betracht kommen auch andere Wege des Mitgliedschaftserwerbs. Nach hier vertretener Auffassung kann sich eine Erbengemeinschaft an der Gründung eine Aktiengesellschaft beteiligen.[708] Für die KGaA gilt nichts Anderes, denn deren Gründung richtet sich nach dem Recht der Aktiengesellschaft, das nur durch einige Sondervorschriften an die Beteiligung von persönlich haftenden Gesellschaftern angepasst ist (§§ 278 III, 279-282 AktG).[709] Eine Erbengemeinschaft kann sich in ihrer Eigenschaft als Kommanditaktionärin an der Gründung einer

---

702 MünchKommAktG/ Semler/ Perlitt, § 278 Rn 96 ff.
703 MünchKommAktG/ Semler/ Perlitt, § 278 Rn 118 ff.
704 Zum größeren oder geringeren Einfluss der Kommanditaktionäre aufgrund unterschiedlicher Satzungsgestaltung vgl. MünchKommAktG/ Semler/ Perlitt, vor § 278 Rn 31 ff.; § 278 Rn 117, 129 ff.
705 MünchKommAktG/ Bayer, § 69 Rn 19.
706 MünchKommAktG/ Semler/ Perlitt, § 278 Rn 94; MünchHdBGesR IV/ Herfs, § 76 Rn 42.
707 MünchKomm/ Leipold, § 1922 Rn 31.
708 Siehe Kapitel § 4 IX.
709 GroßkommAktG/ Assmann/ Sethe, § 280 Rn 3 ff.

KGaA beteiligen.[710] Unbedenklich ist auch der spätere rechtsgeschäftliche Erwerb von Aktien durch die Erbengemeinschaft.

2. Erbengemeinschaft als persönlich haftender Gesellschafter

Voraussetzung für die Entstehung einer KGaA ist die Beteiligung mindestens eines persönlich haftenden Gesellschafters (§ 278 I AktG), der üblicherweise als Komplementär bezeichnet wird.[711] Das Rechtsverhältnis der Komplementäre untereinander, gegenüber der Gesamtheit der Kommanditaktionäre sowie gegenüber Dritten bestimmt sich nach den Vorschriften über die Kommanditgesellschaft (§ 278 Abs. 2 AktG). Daraus folgt die Beurteilung des Verhältnisses der Komplementäre zu Dritten nach den §§ 125 ff., 128 ff., 159 f. HGB.[712] Es besteht dieselbe Haftungslage wie bei der KG, die Komplementäre haften den Gläubigern der KGaA gem. §§ 128 ff. HGB i. V. m. § 161 II HGB zwingend unmittelbar, unbeschränkt und persönlich.[713] Daraus folgt für die Frage der Mitgliedsfähigkeit der Erbengemeinschaft derselbe Haftungskonflikt, wie bei der OHG und KG. Neu in eine bestehende KGaA eintretende Komplementäre haften nach § 278 II AktG i. V. m. §§ 161 II, 130 HGB für bestehende Verbindlichkeiten der Gesellschaft[714], während die Miterben ihre persönliche Haftung bis zur Auseinandersetzung ausschließen können (§ 2059 I 1 BGB).
Für die Erbengemeinschaft hat dies die Unmöglichkeit zur Konsequenz, im Erbgang Komplementär einer KGaA zu werden.[715]

Die gänzliche Absage an die Fähigkeit der Erbengemeinschaft, persönlich haftende Gesellschafterin einer KGaA zu sein[716], geht freilich nach hier vertretener Auffassung zu weit. Ebenso wie die Erbengemeinschaft Gesellschafter einer OHG/ KG durch Beteiligung an der Gründung oder durch späteren rechtsgeschäftlichen Erwerb werden kann, ist ihr dies auch bei der KGaA möglich.
Nach Assmann/ Sethe[717] kann jeder Komplementär einer KGaA sein, der bereit ist, die nach außen hin nicht beschränkbare persönliche Haftung für die Verbind-

---

[710] Ebenso GroßkommAktG/ Assmann/ Sethe, § 280 Rn 18 unter Verweis auf GroßkommAktG/ Brändel, § 2 Rn 29 ff.
[711] Vgl. nur KölnerKommAktG/ Mertens, § 278.
[712] Hüffer, AktG, § 278 Rn 6.
[713] Hüffer, AktG, § 278 Rn 10.
[714] GroßkommAktG/ Assmann/ Sethe, § 278 Rn 67.
[715] MünchKommAktG/ Semler/ Perlitt, § 278 Rn 38; MünchKomm/ Leipold, § 1922 Rn 45; Soergel/ Stein, § 1922 Rn 76.
[716] MünchKommAktG/ Semler/ Perlitt, § 278 Rn 38; Geßler/ Hefermehl/ Eckardt/ Kropff/ Semler, AktG, § 278 Rn 38; GroßkommAktG/ Assmann/ Sethe, § 278 Rn 42; jeweils unter Verweis auf den Meinungsstand im Recht der KG.
[717] GroßkommAktG/ Assmann/ Sethe, § 278 Rn 21.

lichkeiten der Gesellschaft zu übernehmen. Wie sich an anderer Stelle herausgestellt hat, ist dies beim Erwerb der Beteiligung außerhalb des Erbgangs der Fall.[718]

Auch die Handlungsverfassung der Erbengemeinschaft steht nicht entgegen. Aufgabe der Komplementäre ist es, die Geschäfte zu führen und die KGaA zu vertreten.[719] Für die Handlungsfähigkeit der Gesellschaft ist das Vorhandensein wenigstens eines geschäftsführungs- und vertretungsberechtigten Komplementärs unabdingbar.[720] Im Übrigen steht die Organisationsstruktur der KGaA im Gegensatz zu derjenigen der AG (§ 23 V AktG, Prinzip der Satzungsstrenge) aufgrund der Verweisung in das Personengesellschaftsrecht weitgehend zur Disposition des Satzungsgebers. So können z. B. neben dem geschäftsführungs- und vertretungsberechtigten Komplementär weitere persönlich haftende Gesellschafter vorhanden sein, die – wie in Personenhandelsgesellschaften – von der Geschäftsführung und Vertretung ausgeschlossen sind (§ 278 II AktG, §§ 161 II, 125 I, 114 II HGB).[721] Daraus folgt u. a., dass Geschäftsfähigkeit keine notwendige Voraussetzung für die Stellung als Komplementär einer KGaA ist.[722] So kommen anerkanntermaßen auch Minderjährige als Komplementär in Betracht.[723]
Für die Erbengemeinschaft folgt daraus: Die generelle Unfähigkeit der Erbengemeinschaft zur Geschäftsführung und Vertretung wird man nicht annehmen können, wiewohl sie wegen des grundsätzlich erforderlichen Konsenses der Miterben (§ 2038 I 1 BGB) nicht sonderlich geeignet ist. Das wird aber vom Einzelfall abhängen, namentlich der Anzahl der Miterben.[724] Jedenfalls besteht kein Grund, ihr die Stellung eines nicht vertretungs- und geschäftsführungsberechtigten Komplementärs vorzuenthalten.

3. Ergebnis

Als Ergebnis kann festgehalten werden, dass die Erbengemeinschaft ohne weiteres Kommanditaktionär sein und diese Rechtsstellung sowohl durch Erbrechtsnachfolge als auch durch Beteiligung an der Gründung oder späteren Aktienerwerb erlangen kann. Dagegen ist ihr der erbrechtliche Weg in die Rechtsstellung eines Komplementärs aus haftungsrechtlichen Gründen versperrt. Möglich ist

---

[718] S. o. Kapitel § 4 V 3.
[719] Hüffer, AktG, § 278 Rn 6.
[720] MünchKommAktG/ Semler/ Perlitt, § 278 Rn 26, 32.
[721] MünchKommAktG/ Semler/ Perlitt, § 278 Rn 26 ff.; Hüffer, AktG, § 278 Rn 18 f.
[722] Hüffer, AktG, § 278 Rn 7; MünchKommAktG/ Semler/ Perlitt, § 278 Rn 26 ff.
[723] Hüffer, AktG, § 278 Rn 19.
[724] S. o. Kapitel § 4 III 4 (3).

aber auch hier die Beteiligung an der Gründung einer KGaA oder der spätere rechtsgeschäftliche Erwerb der Mitgliedschaft.

XI. Mitgliedschaft in einem eingetragenen Verein

Die Fähigkeit der Erbengemeinschaft, als Mitglied einem rechtsfähigen Verein (§§ 21 ff. BGB) anzugehören, ist umstritten. Befürworter und Gegner halten sich in etwa die Waage.[725] Wie sich im Folgenden erweisen wird, stehen der Mitgliedschaft keine grundsätzlichen[726] Einwände entgegen.

1. Erwerb im Erbgang

Nach § 38 S.1 BGB ist die Mitgliedschaft im Verein nicht vererblich. Verstirbt ein Mitglied, so haben die Erben allenfalls vermögensrechtliche Ansprüche gegen den Verein.[727] Diese Regelung ist jedoch nicht zwingend (§ 40 BGB). In der Satzung kann bestimmt werden, dass die Mitgliedschaft vererblich ist. Dann geht sie im Erbfall durch Gesamtrechtsnachfolge (§§ 1922 I, 1967 I BGB) auf den Erben des Mitglieds über.[728] Ungeklärt ist die Nachfolge, wenn das Mitglied mehrere Erben hat. Dann stellt sich die Frage, ob die Miterben in gesamthänderischer Bindung die Nachfolge antreten oder ob sie nur einzeln, im Wege der Singularsukzession, Mitglied werden können.

Hadding zufolge kommt nur eine Singularsukzession in Betracht, "entsprechend HGB § 139 Abs. 1 ".[729] Im Übrigen lehnt er die Mitgliedschaft der Erbengemeinschaft wegen deren mangelnder Rechtssubjektivität ab.[730]

---

[725] Die Mitgliedsfähigkeit bejahend: MünchKomm/ Reuter, § 38 Rn 23; Köbler, Erbrecht und Gesellschaftsrecht, 1974, S. 9; Reichert, Handbuch des Vereins- und Verbandsrechts, 9. Aufl. 2003, Rn 485, beschränkend auf den erbrechtlichen Erwerb; Bamberger/ Roth/ Schwarz, § 38 Rn 35; ablehnend: Reichert/ Dannecker/ Kühr, Handbuch des Vereins- und Verbandsrechts, 3. Aufl. 1984, Rn 318; Sauter/ Schweyer/ Waldner, Der eingetragene Verein, 1997, S. 6; Soergel/ Hadding, § 38 Rn 5; Stöber, Handbuch zum Vereinsrecht, 1997, S. 11 u. 96; jedenfalls gegen Beteiligung an einer Vereinsgründung und ohne Stellungnahme zum Erwerb im Wege der Gesamtrechtsnachfolge: Erman/ Schlüter, § 2032 Rn 4.

[726] Freilich steht es dem Verein nach dem Grundsatz der Vereinsautonomie frei, die Mitgliedschaft einer Erbengemeinschaft in der Satzung auszuschließen.

[727] Falls solche ausnahmsweise bestehen. Vgl. Soergel/ Hadding, § 38 Rn 32 f.

[728] Soergel/ Hadding, § 38 Rn 32.

[729] Soergel/ Hadding, § 38 Rn 32 : Jeder Miterbe soll einzeln (entsprechend HGB § 139 Abs. 1) Mitglied werden.

[730] Soergel/ Hadding, § 38 Rn 5.

Reuter dagegen hält die Nachfolge der Erbengemeinschaft in die Mitgliedschaft des Erblassers für möglich. Es finde keine Singularsukzession statt. Das Hindernis für die Universalsukzession in Gesellschaftsanteile – die Unvereinbarkeit der Mitgliedschaft einer Erbengemeinschaft mit der Handlungs- und Haftungsverfassung der Personengesellschaft – sei im Vereinsrecht ohne Parallele.[731]
Auch Reichert hält die Nachfolge der Erbengemeinschaft für möglich. Er begründet das durch Verweis auf das Recht der eingetragenen Genossenschaft.[732]
Den letztgenannten Auffassungen ist zuzustimmen. Weder die im Personengesellschaftsrecht gegen die Mitgliedschaft der Erbengemeinschaft vorgebrachten Einwände noch andere stehen der Mitgliedschaft im Verein entgegen, wie sich im Folgenden zeigen wird.

(1) Hinreichende Handlungsfähigkeit der Erbengemeinschaft

Die relative Unbeweglichkeit und Schwerfälligkeit der Willensbildung und Handlung der Erbengemeinschaft (§§ 2038, 2040 BGB) wirkt sich in einem Verein kaum negativ aus.
Der Verein wird durch den Vorstand geleitet und vertreten (§§ 26, 27 BGB). Entsprechend dem Prinzip der Fremdorganschaft ist Vereinsmitgliedschaft keine notwendige Qualifikation der Vorstandsmitglieder.[733] Die Mitarbeit der Vereinsmitglieder kann sich auf die Beschlussfassung in der Mitgliederversammlung beschränken (§ 32 BGB). Die Miterben haben hier eine Stimme, nämlich die des Erblassers. Handelt es sich bei der Abstimmung um eine Maßnahme der ordnungsmäßigen Verwaltung des Nachlasses, so entscheiden die Miterben intern nach dem Mehrheitsgrundsatz darüber, in welche Richtung sie ihr Stimmrecht im Verein ausüben (§§ 2038 II, 745 I BGB). Für die Frage, ob es um eine Maßnahme der ordnungsmäßigen Verwaltung geht, kommt es auf den jeweiligen Beschlussgegenstand an.[734]
Im ungünstigsten Fall müssen sich die Miterben einigen, wie sie abstimmen wollen (§ 2038 S. 1, § 2040 BGB). Erzielen sie keine Einigung, so können sie halt nicht abstimmen, dann entfällt das Stimmrecht.[735] Nennenswerte Nachteile für den Verein sind dann nicht ersichtlich. Angesichts der typischerweise großen Zahl von Mitgliedern erfolgt die Willensbildung weitestgehend nach dem Mehr-

---

731 MünchKomm/ Reuter, § 38 Rn 65.
732 Reichert, Handbuch des Vereins- und Verbandsrechts, 9. Aufl., 2003, Rn 485, enthält sich jeder Begründung und begnügt sich mit dem Verweis auf Lang/ Weidmüller/ Schaffland, § 77 GenG Rn 7.
733 Kübler, Gesellschaftsrecht, S. 121.
734 S. o. Kapitel § 4 III 4.
735 Reichert, Handbuch des Vereins- und Verbandsrechts, 9. Aufl., 2003, S. 167, Rn 485. Mitglieder, die sich der Stimme enthalten, werden wie nicht erschienene behandelt, vgl. Palandt/ Heinrichs, § 32 Rn 7.

heitsprinzip, d. h., Beschlüsse werden in der Mitgliederversammlung mit Mehrheit gefasst, es entscheidet die Mehrheit der erschienenen Mitglieder (§ 32 I 3 BGB). Selbst über Satzungsänderungen wird mit Mehrheit entschieden, wenn auch mit qualifizierter (§ 33 I 1 BGB). Nur für die Änderung des Vereinszwecks, ein Fall, der zumindest nicht regelmäßig eintreten wird, ist die Einstimmigkeit aller Mitglieder erforderlich.
Das ganz überwiegend geltende Mehrheitsprinzip verhindert Nachteile durch eine in sich unentschlossene Miterbengemeinschaft selbst in dem Fall, dass die Miterben sich nie einigen können, mithin dem ungünstigsten. Um Unsicherheiten zu vermeiden, kann der Erbengemeinschaft vorgeschrieben werden, die Mitgliedschaftsrechte durch einen Vertreter auszuüben.[736]

(2) Das Recht auf Auseinandersetzung (§ 2040 Abs. 1 BGB)

Das Recht der Miterben, jederzeit die Auseinandersetzung verlangen zu können (§ 2042 I BGB), steht der Mitgliedschaft im Verein nicht entgegen. Dieser ist mit seiner körperschaftlichen Struktur geradezu auf den Wechsel der Mitglieder angelegt. Anders als bei den Personengesellschaften können bisherige Mitglieder austreten und neue Mitglieder aufgenommen werden, ohne dass es dazu einer vorherigen Ermächtigung durch die Satzung oder ihrer Abänderung im Einzelfall bedürfte.[737] Zu den zwingenden Vorschriften des Vereinsrechts gehört das Recht der Mitglieder, aus dem Verein auszutreten (§ 39 BGB).

(3) Das Verfügungsrechts nach § 2033 Abs. 1 S. 1 BGB

Auch das Recht der Miterben, über ihren Anteil am Nachlass zu verfügen (§ 2033 Abs. 1 S. 1 BGB), dürfte sich in der Regel kaum störend auf den Verein auswirken. Angesichts dessen, dass die Mitwirkung sich meist auf die Teilnahme an der Mitgliederversammlung beschränken wird, ist der Einfluss von Veränderungen in der Zusammensetzung der Erbengemeinschaft gering.
Für den Fall, dass der spezielle Zweck des Vereins doch die Mitarbeit der Mitglieder erfordert oder sonst irgendwie deren Persönlichkeit von Bedeutung ist, ist es dem Verein unbenommen, in der Satzung eine entsprechende Regelung zu treffen. So kann bestimmt werden, dass ein Mitglied ausscheidet, wenn ein bestimmter Umstand eintritt, z. B. Wechsel des Berufs, Änderung des Wohnsitzes usw.[738] So könnte in der Satzung etwa festgelegt werden, dass eine Erbengemeinschaft ausscheidet, wenn sich deren personelle Zusammensetzung ändert.

---

[736] Analog § 77 Abs. 1 S. 3 GenG. Vgl. MünchKomm/ Reuter, § 38 Rn 24.
[737] Kübler, Gesellschaftsrecht, S. 113.
[738] Soergel/ Hadding, § 38 Rn 14.

(4) Der Haftungsaspekt

Auch das Haftungsrecht der Erbengemeinschaft (§§ 2058 ff.) widerspricht der Gesamtrechtsnachfolge nicht. Der Verein ist als juristische Person Zuordnungspunkt für Rechte und Pflichten. Für die Verbindlichkeiten des Vereins haftet nur dieser selbst. Die Gläubiger haben keine Möglichkeit, sich wegen der Vereinsschulden an die Privatvermögen der Vereinsmitglieder zu halten.[739]
Für den Erbfall folgt daraus: Der Erblasser haftete den Vereinsgläubigern nicht persönlich für die Vereinsverbindlichkeiten. Gleiches gilt für die Miterben, die durch Universalsukzession in die Mitgliedschaft nachfolgen. Die Möglichkeit der Einrede aus § 2059 I 1 BGB kann hier nicht stören.
Noch offene Beitragsschulden des Erblassers sind Nachlassschulden (§ 1967 BGB). Dafür haften die Miterben gesamtschuldnerisch (§ 2058 BGB). Dass sie ihre Haftung bis zur Auseinandersetzung auf den Nachlass beschränken können (§ 2059 I 1 BGB), steht der Mitgliedschaft nicht entgegen. Dem Verein steht mit dem Nachlass dasselbe Haftungssubstrat zur Verfügung, wie ohne den Eintritt des Erbfalls. Eine vereinsrechtliche Vorschrift, die eine unbeschränkte persönliche Haftung des Eintretenden für Altschulden anordnet, gibt es nicht.
Werden erst nach dem Eintritt der Erbengemeinschaft Beiträge beschlossen, so sind das Nachlasserbenschulden oder Eigenschulden der Miterben, für die diese zumindest auch persönlich haften.[740]

(5) Der Mangel an Rechtsfähigkeit

Dass die mangelnde Rechtsfähigkeit grundsätzlich der Mitgliedsfähigkeit der Erbengemeinschaft in einer juristischen Person nicht entgegensteht, lässt sich aus § 18 GmbH und § 69 AktG ablesen.[741]

(6) Einwand der fehlenden passiven Parteifähigkeit

Kühr will die Mitgliedsfähigkeit im Verein an dem Kriterium der passiven Parteifähigkeit messen. Dann ergäben sich keine Schwierigkeiten bei der Einberufung zur Mitgliederversammlung, bei der Ausübung der Mitgliedschaftsrechte sowie in dem Fall, dass der Verein sein Mitglied auf Leistung des Vereinsbeitrages verklagen muss. Da der Erbengemeinschaft die passive Parteifähigkeit

---

[739] Kübler, Gesellschaftsrecht, S. 113.
[740] S. o. Kapitel § 4 III (2) b.
[741] Nach MünchKomm/ Reuter, § 38 Rn 23, gibt es keinen Grund, die Mitgliedsfähigkeit für den BGB-Verein nichts anderes zu bestimmen, als für die AG und GmbH.

fehle, müsse ihr die Mitgliedschaft versagt werden. Nur die einzelnen Miterben, könnten jeder für sich, die Mitgliedschaft erwerben.[742]

Das kann nicht überzeugen. Richtig ist zwar, dass die Erbengemeinschaft weder rechts- noch parteifähig ist.[743] Das hindert aber die Mitgliedsfähigkeit im Verein nicht. Das zeigt sich, wenn man sich die konkreten Auswirkungen der mangelnden passiven Parteifähigkeit näher ansieht.

a. Einberufung der Mitgliederversammlung

Die mangelnde passive Parteifähigkeit wird sich im Rahmen der Einberufung der Mitgliederversammlung nur in seltenen Fällen auswirken.
Die Teilnahme an Mitgliederversammlungen ist ein Recht der Vereinsmitglieder,[744] zugleich aber auch eine Pflicht.[745] Die Form der Einberufung ist nach § 58 Nr. 4 BGB in der Satzung zu regeln. In Betracht kommen je nach Lage des Einzelfalls die mündliche und die schriftliche Ladung, die Einberufung durch Aushang und die Veröffentlichung in der Vereinszeitschrift oder in der Lokalpresse.[746]
Für die Ladung an sich ergeben sich aus Sicht des Vereins keine Nachteile wegen der Mitgliedschaft der Erbengemeinschaft.[747] Die mangelnde passive Parteifähigkeit wirkt sich nur aus, wenn ein Verein die Teilnahme der Miterben einklagt. Das dürfte in der Praxis aber ein seltener Ausnahmefall sein.[748] Dagegen spricht im gesetzestypischen Verein, dass keine Anforderungen an die Beschlussfähigkeit gestellt werden. Erscheint auch nur ein Mitglied, so kann es wirksame Beschlüsse fassen.[749] Für die Mehrheitsverhältnisse sind auch nur die abgegebenen Stimmen relevant (§ 32 Abs. I S. 3 BGB[750]).

---

742 Reichert/ Dannecker/ Kühr, Handbuch des Vereins- und Verbandsrechts, 3. Aufl. 1984 Rn 318.
743 S. o. Kapitel § 4 I.
744 MünchKomm/ Reuter, § 38 Rn 26.
745 MünchKomm/ Reuter, § 38 Rn 39; Soergel/ Hadding, § 38 Rn 22.
746 MünchKomm/ Reuter, § 32 Rn 15.
747 Falls jedes Mitglied individuell geladen werden soll, ist die Lage nicht anders, als wenn die Miterben einzeln, jeder für sich (gewissermaßen als "Privatmann"), Mitglied wäre.
748 Vgl. nur OLGZ 1981, 391 (393). Das OLG Frankfurt war mit einem Großverein befasst, zu dessen Mitgliederversammlungen stets maximal 2% der Mitglieder erschienen.
749 MünchKomm/ Reuter, § 32 Rn 46; Palandt/ Heinrichs, § 32 Rn 6.
750 Die hM deutet den Wortlaut "erschienen Mitglieder" als "abgegebene Stimmen", so dass Enthaltungen als nicht erschienene Mitglieder gelten. Vgl. MünchKomm/ Reuter, § 32 Rn 48. Ein Verein hat nichts gewonnen, wenn er ein Mitglied gerichtlich zur Versammlung zitiert und dieses sich dann der Stimme enthält.

b. Ausübung der Mitgliedschaftsrechte

Wie sich das Fehlen der passiven Parteifähigkeit auf die Ausübung der Mitgliedschaftsrechte auswirken soll, ist nicht ersichtlich. Insofern könnte sich im Prozessfall allenfalls der Mangel an aktiver Parteifähigkeit bemerkbar machen, denn die Miterben sind es ja, die ihre Mitgliedschaftsrechte dann klageweise geltend machen wollen. Das aber unterfällt der allgemeinen Sachlage, dass die Miterben ihre Rechte entsprechend den Verwaltungsregeln, die das Gesetz für die Erbengemeinschaft bestimmt, wahrnehmen müssen. Sofern sie sich untereinander einigen müssen, wie sie die aus der Mitgliedschaft fließenden Rechte geltend machen wollen, obliegt es ihrer Parteiautonomie. Wenn ihnen das zu beschwerlich ist, liegt es bei ihnen, die Konsequenzen zu ziehen und etwa auszutreten.

c. Leistung des Vereinsbeitrages

Gemessen an der praktischen Häufigkeit wird sich die mangelnde passive Parteifähigkeit wohl am ehesten beim Einklagen von Vereinsbeiträgen (§ 58 Nr. 2 BGB) bemerkbar machen. Dann kann der Verein nicht die Erbengemeinschaft als solche verklagen, sondern muss entweder Gesamthands- oder Gesamtschuldklage[751] erheben. Das mag – im Vergleich zum Prozess gegen einen einzigen parteifähigen Beklagten – etwas beschwerlicher sein, kann aber die Mitgliedsfähigkeit nicht hindern. Das zeigt schon das Beispiel der GmbH. Als Kapitalgesellschaft ist diese auf Mitgliedsbeiträge weit mehr angewiesen als der BGB-Verein. Trotzdem ist die Mitgliedsfähigkeit der Erbengemeinschaft gesetzlich anerkannt (§ 18 GmbHG).[752]
Grundsätzlich spricht gegen Kührs Argumentation schon die Tatsache, dass den Miterben in ihrer gesamthänderischen Bindung überhaupt die Fähigkeit zur Teilnahme am Rechtsleben und dem Tätigen von Rechtsgeschäften vom Gesetz (§§ 2038 ff. BGB) zugestanden wird. Denn mit der Notwendigkeit einer gerichtlichen Durchsetzung von Ansprüchen ist dabei immer zu rechnen. Gesamtschuld- oder Gesamthandsklage werden den Geschäftspartnern vom Gesetz offensichtlich zugemutet. Warum aber sollte das für einen Verein dann unzumutbar sein? Das gilt insbesondere deswegen, weil die Erbengemeinschaft nicht qua Gesetz in die Mitgliedsstellung einrückt, sondern die Entscheidung darüber in der Satzung getroffen wird, also beim Verein liegt.

---

[751] Vgl. zu den Einzelheiten Lange/ Kuchinke, Erbrecht, S. 1285 ff.
[752] Gleiches gilt für die Aktiengesellschaft, vgl. § 69 AktG.

(7) Verfassungsrechtliche Gründe für Mitgliedsfähigkeit der Erbengemeinschaft

Reuter hat darauf hingewiesen, dass die Mitgliedsfähigkeit der Erbengemeinschaft auch aus verfassungsrechtlichen Gründen Anerkennung verdient. Dem liegt der Gedanke zu Grunde, dass eine Erbengemeinschaft anerkanntermaßen ein ererbtes Unternehmen weiterführen kann. Damit sei auch nicht ausgeschlossen, dass Arbeitnehmer beschäftigt würden. Wer mit Arbeitnehmern einen Arbeitsvertrag schließe, sei aber Arbeitgeber und habe nach Art. 9 III 1 GG das verfassungsrechtlich verbürgte Recht, einem Arbeitgeberverband beizutreten. Da die Arbeitgeberverbände ausnahmslos BGB-Vereine seien, müsse den Erbengemeinschaften auch die Mitgliedsfähigkeit zugestanden werden, andernfalls wären sie an der Wahrnehmung ihrer verfassungsmäßigen Rechte gehindert. Außerdem stehe das Vereinsrecht grundsätzlich nicht der Mitgliedschaft von Gesamthandsgemeinschaften entgegen, sondern höchstens die Satzung des konkreten e. V. begrenze – ausdrücklich oder konkludent – die Mitgliedsfähigkeit.[753]

2. Erwerb außerhalb des Erbgangs

Die Erbengemeinschaft kann sich an der Gründung eines Vereins beteiligen. Das wird zwar von der Literatur – soweit zu dieser Frage Stellung genommen wird – einhellig abgelehnt, die Argumente überzeugen aber nicht.
Soweit die Ablehnung überhaupt begründet wird[754], stützt man sich auf die mangelnde Rechtsfähigkeit der Erbengemeinschaft[755] und auf das Argument, sie seien keine organisierte Personengemeinschaft, sondern eine auf Auflösung gerichtete Zwangsgemeinschaft.[756] Dass diese Einwände nicht überzeugen, hat sich schon erwiesen. Darauf soll hier nicht noch einmal eingegangen werden.[757]

Die Erbengemeinschaft kann die Mitgliedschaft durch Aufnahme erwerben. Die Mitgliedschaft entsteht dann durch Vertrag zwischen Verein und neuem Mitglied.[758] Der Verein ist in seiner Entscheidung darüber, ob er den Antrag auf

---

753 Reuter, ZHR 145 (1981), 273 (276 f.); weniger ausführlich MünchKomm/ Reuter, § 38 Rn 23.

754 Gegen die Beteiligung an der Vereinsgründung Reichert, Handbuch des Vereins- und Verbandsrechts, 9. Aufl. 2003, Rn 62, und Stöber, Handbuch zum Vereinsrecht, 1997, S. 11, jeweils ohne Begründung.

755 Erman/ Schlüter, § 2032 Rn 4.

756 Kraft/ Kreutz, Gesellschaftsrecht, S. 36.

757 S. o. Kapitel § 4 III 3.

758 MünchKomm/ Reuter, § 38 Rn 58; Erman/ Westermann, § 38 Rn 4.

Aufnahme annimmt, weitgehend frei. Dies gilt selbst dann, wenn der Beitrittswillige die satzungsmäßigen Voraussetzungen erfüllt.[759]
In der Literatur[760] wird die Mitgliedschaft der Erbengemeinschaft im Verein unter Berufung auf einen Beschluss des Kammergerichts[761] zum Beitritt einer Erbengemeinschaft zu einer Genossenschaft abgelehnt.
Das ist überholt. Das Kammergericht stützte sich in seinem Beschluss auf eine Auslegung des § 43 Abs. 4 GenG, die heute nicht mehr vertreten wird.[762]

Denkbar ist auch der Erwerb der Mitgliedschaft durch Übertragung. Diese ist zwar – ebenso wie die Vererbung – mangels abweichender Satzungsregelung ausgeschlossen (§ 38 S.1 BGB). Wird die Übertragung durch entsprechende Bestimmung in der Satzung (§ 40 BGB) ausnahmsweise zugelassen[763], so ist nicht ersichtlich, warum diese Möglichkeit nicht auch für die Erbengemeinschaft offen stehen soll. Erforderlich ist ein Vertrag mit dem Übertragenden und – je nach Satzungsregelung – auch mit dem Verein.[764]

3. Ergebnis

Regelmäßig wird die Mitgliedschaft in einem Verein mit dem Tod des Mitgliedes enden. Sollte die Mitgliedschaft ausnahmsweise in der Satzung vererblich gestellt sein, so bestehen keine durchgreifenden Bedenken dagegen, dass die Erbengemeinschaft in die Mitgliedsstellung eintritt. Außerdem kann sich eine Erbengemeinschaft an der Gründung eines eingetragenen Verein beteiligen oder diesem später beitreten.

XII. Mitgliedschaft in einem nichtrechtsfähigen Verein

1. Mitgliedschaft in einem nichtrechtsfähigen Idealverein

Der nichtrechtsfähige Verein ist vom Gesetzgeber des BGB in stiefmütterlicher Weise mit nur einer einzigen Norm bedacht worden (§ 54 BGB), die in das

---

[759] Soergel/ Hadding, § 38 Rn 12.
[760] Sauter/ Schweyer/ Waldner, Der eingetragene Verein, 1997, S. 6, verneint die Mitgliedsfähigkeit der Erbengemeinschaft im rechtsfähigen Verein überhaupt; unter Berufung auf OLG-Rechsprechung 40, 200.
[761] Beschluss vom 19. Dezember 1919, OLG-Rechtsprechung 40, 200 = KGJ 52, 101.
[762] Siehe Kapitel § XIII 3.
[763] Das ist in der Praxis wohl eher selten der Fall. Vgl. MünchKomm/ Reuter, § 38 Rn 65; Grunewald, Gesellschaftsrecht, 5. Aufl., S. 212.
[764] Für die Einzelheiten vgl. Reichert, Handbuch des Vereins- und Verbandsrechts, 9. Aufl. 2003, S. 166 Rn 482 f.; Soergel/ Hadding, § 38 Rn 28.

Recht der Gesellschaft verweist.[765] Inzwischen hat sich in einem von der Natur der Sache geleiteten Rechtsfortbildungsprozess[766] ein ausdifferenziertes Sonderrecht des nichtrechtsfähigen Vereins entwickelt. Für den nichtrechtsfähigen Idealverein hat dies zur Folge, dass im Zweifel die Vorschriften des eingetragenen Vereins entsprechend heranzuziehen sind, mit Ausnahme jener Vorschriften, welche die Eintragung voraussetzen (namentlich §§ 68 ff. BGB).[767] Grundsätzlich kann man sagen, dass die Rechtsstellung des Mitglieds eines nichtrechtsfähigen Idealvereins mit derjenigen des Mitglieds eines rechtsfähigen Idealvereins übereinstimmt.[768]

Für die hier interessierende Mitgliedschaft ist damit auf § 38 S.1 BGB[769] abzustellen. Daraus folgt, dass die Mitgliedschaft als höchstpersönliche Rechtsstellung weder vererblich noch übertragbar ist. Es steht den Vereinsmitgliedern jedoch frei, in der Satzung eine andere Regelung zu treffen (§ 40 BGB). Ist die Vereinsmitgliedschaft vererblich gestellt, so steht der erbrechtlichen Gesamtrechtsnachfolge der Erbengemeinschaft in die Mitgliedsstellung des Erblassers nichts im Wege.

(1) Haftungsrechtlicher Aspekt

Der nichtrechtsfähige Idealverein ist selbst Verpflichtungssubjekt und haftet demzufolge Dritten gegenüber mit seinem Vereinsvermögen.[770] Eine Haftung der Mitglieder kommt – wie beim rechtsfähigen Idealverein – nach einhelliger Meinung[771] nicht in Betracht. Die Mitglieder haften nicht für die Vereinsschulden. Das gilt dann auch für die gesamthänderisch gebundenen Miterben, wenn diese im Erbgang in die Mitgliedschaft des Erblassers nachfolgen. Ein Konflikt zwischen erbrechtlich zulässiger Haftungsbeschränkung auf den Nachlass (insbesondere § 2059 BGB) und zwingender vereins- oder gesellschaftsrechtlicher Haftung auch mit dem Privatvermögen ist ausgeschlossen.

---

[765] Außerhalb des BGB gelten §§ 50 II, 735 ZPO, § 11 I 2 InsO. Zu den rechtspolitischen Gründen, die zu § 54 BGB geführt haben, vgl. Schöpflin, Der nichtrechtsfähige Verein, 2003, S. 21 ff.

[766] Larenz, Methodenlehre der Rechtswissenschaft, 1992, S. 307 f.; K. Schmidt, Gesellschaftsrecht, S. 740 f.

[767] MünchKomm/ Reuter, § 54 Rn 4 ff.; Erman/ Westermann, § 54 Rn 1, 6; Bamberg/ Roth/ Schwarz, § 54 Rn 11.

[768] MünchKomm/ Reuter, § 54 Rn 39.

[769] Für die entsprechende Anwendung des § 38 S.1 BGB z. B. MünchKomm/ Leipold, § 1922 Rn 31; K. Schmidt, Gesellschaftsrecht, S. 742.

[770] Bamberger/ Roth/ Schwarz, § 54 Rn 18; K. Schmidt, Gesellschaftsrecht, S. 743 f.

[771] Statt aller: Grunewald, Gesellschaftsecht, S. 221; Bamberger/ Roth/ Schwarz, BGB, § 54 Rn 19.

Nichts anderes ergibt sich aus der Handelndenhaftung nach § 54 S.2 BGB. Diese entspricht ihrem Inhalt nach zwar der handelsrechtlichen Gesellschafterhaftung nach §§ 128 ff. HGB[772], so dass auf den ersten Blick der Gedanke an eine Singularsukzession[773] nahe liegen könnte. Zu denken ist an den Fall, dass der Erblasser als Vereinsmitglied für den Verein gehandelt hat.
Wer im Namen des Vereins einem Dritten gegenüber ein Rechtsgeschäft vorgenommen hat, haftet persönlich und unbeschränkt (§ 54 S. 2 BGB).[774] Ein Haftungsausschluss kann auch nicht durch eine entsprechende Klausel in der Satzung erreicht werden. Vielmehr bedarf es dafür einer entsprechenden Abrede mit dem Beteiligten des konkreten Rechtsgeschäfts.[775]
Dies steht dem Mitgliedschaftserwerb im Erbgang nicht entgegen. Die Handelndenhaftung ist nicht an die Mitgliedschaft gebunden. Nach § 54 S.2 BGB haftet auch jedes Nichtmitglied, das im Namen des Vereins Rechtsgeschäfte abschließt.[776] Fehlte ihm die Vertretungsmacht, so haftet nur er allein, nicht auch der Verein.[777] Im Erbfall gelten dann die Vorschriften des Erbrechts, d. h., dem oder den Erben stehen die erbrechtlichen Haftungsbeschränkungsmöglichkeiten zur Verfügung (§§ 1975 ff., 2059 BGB). Dass § 54 S. 2 BGB davon eine Ausnahme machen soll, ist nicht ersichtlich.
War der Erblasser Vereinsmitglied und Handelnder i. S. d. § 54 S. 2 BGB, so gehen noch offene Verbindlichkeiten nach § 1967 BGB auf die Miterben über. Für diese Nachlassverbindlichkeiten (Erblasserschulden)[778] haften sie als Gesamtschuldner (§§ 2058 ff. BGB). Daneben ergibt sich kein weiterer Haftungsgrund, mit dem es zu einem Konflikt, vergleichbar dem im Personengesellschaftsrecht, kommen kann.

(2) Organisationsrechtlicher Aspekt

Auch die grundsätzlich konsensgebundene Handlungs- und Entscheidungsstruktur der Erbengemeinschaft (§§ 2038, 2040 BGB) steht der Mitgliedschaft nicht entgegen. Der nichtrechtsfähige Verein ist per definitionem körperschaftlich strukturiert.[779] Die Angelegenheiten des Vereins werden vom Vorstand wahrgenommen (§ 26 BGB), der nach dem Prinzip der Fremdorganschaft auch mit

---

[772] MünchKomm/ Reuter, § 54 Rn 66; Soergel/ Hadding, § 54 Rn 29.
[773] S. o. Kapitel § 4 III 1.
[774] Soergel/ Hadding, § 54 Rn 29.
[775] Soergel/ Hadding, § 54 Rn 30; MünchKomm/ Reuter, § 54 Rn 67.
[776] MünchKomm/ Reuter, § 54 Rn 54; Soergel/ Hadding, § 54 Rn 28.
[777] MünchKomm/ Reuter, § 54 Rn 54. Der Normzweck des § 54 S. 2 BGB besteht darin, den Partnern des nichtrechtsfähigen Idealvereins einen Ausgleich für die fehlende Registerpublizität zu verschaffen. Vgl. MünchKomm/ Reuter, § 54 Rn 58.
[778] S. o. Kapitel § 4 III 1 (2) b.
[779] Vgl. K. Schmidt, Gesellschaftsrecht, S. 734 ff.

Nichtmitgliedern besetzt werden kann.[780] Die Mitwirkung des einzelnen Vereinsmitgliedes, also auch des Mitgliedes "Erbengemeinschaft", beschränkt sich in der Regel auf die Beteiligung an der Beschlussfassung in der Mitgliederversammlung (§ 32 BGB). Besondere Anforderungen an die Handlungsfähigkeit des Mitgliedes bestehen damit nicht.
Die auf eine Vielzahl an Mitgliedern angelegte Struktur des nichtrechtsfähigen Vereins und die Unabhängigkeit vom Mitgliederwechsel führt auch zu dessen weitgehender „Immunität" gegen die Folgen der Nachlassauseinandersetzung oder Veränderungen in der Zusammensetzung der Erbengemeinschaft. Somit steht auch das Recht der Miterben, jederzeit die Auseinandersetzung der Gemeinschaft verlangen zu können (§ 2042 I BGB), der Mitgliedschaft nicht entgegen. Gleiches gilt für das Recht eines jeden Miterben, über seinen Anteil am Nachlass zu verfügen (§ 2033 I BGB).[781]

Im Falle der Vererblichstellung der Mitgliedschaft steht dem Eintritt der Erbengemeinschaft im Wege der erbrechtlichen Universalsukzession nichts entgegen. Für eine Singularsukzession besteht kein Grund. Ebenso möglich ist ein rechtsgeschäftlicher Erwerb der Mitgliedschaft. Insofern kann auf die vergleichbare Lage beim eingetragenen Verein verwiesen werden.[782]

2. Mitgliedschaft in einem nichtrechtsfähigen wirtschaftlichen Verein

(1) Sondernachfolge

Der nichtrechtsfähige wirtschaftliche Verein teilt mit dem nichtrechtsfähigen Idealverein die körperschaftliche Struktur. Er unterscheidet sich vom Idealverein durch den wirtschaftlichen Zweck der Vereinigung und in der Haftungsordnung. Für die Frage der Mitgliedsfähigkeit ist Letzteres von entscheidender Bedeutung.
Für Verpflichtungen des nichtrechtsfähigen Idealvereins haftet ausschließlich dieser selbst. Dagegen tritt neben die Haftung des nichtrechtsfähigen wirtschaftlichen Vereins diejenige der Mitglieder. Diese haften für die Schulden des Vereins gem. § 54 S. 1 BGB wie die Gesellschafter bürgerlichen Rechts für die Gesellschaftsschulden, also entsprechend §§ 128 ff. HGB persönlich und unbeschränkt mit ihrem Privatvermögen.[783]

---

780 MünchKomm/ Reuter, § 54 Rn 39 f.
781 S. o. Kapitel § 4 XI 1.
782 S. o. Kapitel § 4 XI 2.
783 BGHZ 146, 190 (201); Soergel/ Hadding, § 54 Rn 25; Staudinger/ Weick, § 54 Rn 54; MünchKomm/ Reuter, § 54 Rn 52; Bamberger/ Roth/ Schwarz, § 54 Rn 20.

Damit ergibt sich für die Frage der Mitgliedsfähigkeit der Erbengemeinschaft – haftungsrechtlich – eine parallele Problemlage zur BGB-Außengesellschaft.
Der in den nichtrechtsfähigen wirtschaftlichen Verein Eintretende haftet für die Altverbindlichkeiten des Vereins persönlich und unbeschränkt (§ 54 S. 1 BGB, § 130 HGB analog). Gleiches gilt für den Erben eines Mitgliedes.[784] Ist die Mitgliedschaft vererblich gestellt (§§ 38 S. 1, 40 BGB), so haftet der Erbe gem. § 1967 BGB mit den erbrechtlichen Beschränkungsmöglichkeiten (§§ 1975 ff. BGB). Daneben tritt, wie bei dem Erben des Gesellschafters einer Außen-GbR, die unbeschränkte persönliche Haftung entsprechend § 130 HGB für die Altverbindlichkeiten des Vereins. Hat der Erblasser mehrere Erben, so ergibt sich für die Nachfolge der Erbengemeinschaft derselbe Haftungskonflikt wie im Recht der Außen-GbR, offenen Handelsgesellschaft und Kommanditgesellschaft. Das Gesellschaftsrecht verlangt die unbeschränkte Haftung der Miterben für die Altschulden des nichtrechtsfähigen Vereins (§ 54 S. 1 BGB, § 130 HGB analog), das Erbrecht gewährt den Miterben dagegen die Einrede der Haftungsbeschränkung auf den Nachlass (§ 2059 I 1 BGB).[785]
Das hat zur Folge, dass der Erbengemeinschaft – wie bei der Außen-GbR und anders als beim Idealverein – die erbrechtliche Gesamtrechtsnachfolge in die Vereinsmitgliedschaft zu versagen ist. Vielmehr können die Erben nur einzeln durch Singularsukzession in den Verein eintreten.

(2) Erwerb der Mitgliedschaft außerhalb des Erbgangs

Ebenso wie die Vererbung ist die Übertragung der Mitgliedschaft im gesetzlichen Regelfall ausgeschlossen (§ 38 S. 1 BGB). Wird die Übertragung in der Satzung aber zugelassen (§ 40 BGB), so steht dem Erwerb der Mitgliedschaft durch eine Erbengemeinschaft nichts entgegen. Dasselbe gilt für die Beteiligung an der Gründung und den späteren Eintritt.
In all diesen Fällen stellt sich das Haftungsproblem nicht. Die Lage ist wie bei der Außen-GbR, insofern kann auf die an anderer Stelle entwickelten Gedanken verwiesen werden.[786]
Noch weniger als im Falle der Personengesellschaften[787] beeindrucken hier die Einwände, die sich auf die Unbeweglichkeit der Erbengemeinschaft, das Recht auf Auseinandersetzung und das Verfügungsrecht der Miterben stützen. Die

---

[784] Wie im Recht der BGB-Gesellschaft und im Recht der oHG/ KG, so ist auch hier die Nachfolge im Erbgang als "Eintritt" i. S. d. § 130 HGB zu verstehen. Für die GbR s. o. Kapitel § 4 III 1 (2).
[785] Für weitere Einzelheiten s. o. Kapitel § 4 III.
[786] S. o. Kapitel § 4 III 4.
[787] Eine Ausnahme bildet die Partenreederei mit ihrer körperschaftlich geprägten Struktur; siehe Kapitel § 4 VII.

körperschaftliche Struktur des Vereins ist, ohne dass es erst der gesellschaftsvertraglichen Anpassung dispositiven Rechts bedürfte, wenig anfällig für die damit einhergehenden Folgen. Die Rechtslage entspricht jener, wie sie für den eingetragenen Verein bereits erörtert wurde.[788]

3. Ergebnis

Zusammenfassend ist festzuhalten, dass eine Erbengemeinschaft grundsätzlich Mitglied eines nichtrechtsfähigen Vereins, sei es nun ein Idealverein oder ein Wirtschaftsverein, sein kann. Zulässig ist etwa die Beteiligung an der Gründung oder der Beitritt. Für den Fall der erbrechtlichen Nachfolge ist zu differenzieren: War der Erblasser Mitglied eines Idealvereins, so können seine Erben als Erbengemeinschaft an seine Stelle treten. War er hingegen Mitglied eines nichtrechtsfähigen wirtschaftlichen Vereins, so folgen die Miterben einzeln, im Wege der Singularsukzession, in seine Mitgliedsstellung nach, falls die Mitgliedschaft vererblich gestellt wurde.

XIII. Mitgliedschaft in einer eingetragenen Genossenschaft

1. Erwerb der Mitgliedschaft im Erbgang

Die eingetragene Genossenschaft ist eine juristische Person (§ 17 Abs. 1 GenG) mit personalistischen Elementen. Die Genossenschaftsverfassung ist geprägt vom Gedanken der Selbsthilfe. Diese Vereinigung personalistischer und körperschaftlicher Elemente hatte lange für Spannungen gesorgt, mit Wirkungen auch für die Vererbung von Genossenschaftsanteilen.[789] Nach dem GenG des Norddeutschen Bundes vom 4. Juli 1868[790] war der Genossenschaftsanteil unvererblich, es war den Genossen aber gestattet, davon statutarisch abzuweichen. Nach starker Kritik aus der Literatur, die Eintrittsklauseln mit dem personalistischen Wesen der Genossenschaft für unvereinbar ansah, regelte das Reichsgesetz des Jahres 1889[791]die Frage in § 75 neu: Die Möglichkeit, statutarisch über die Anteilsvererbung zu disponieren, entfiel. Statt dessen wurde bestimmt, dass der

---

[788] S. o. Kapitel § 4 XI.
[789] Vgl. Ann, Die Erbengemeinschaft, 2001, S. 374 f.
[790] § 38 Abs. 2 S. 2 des Gesetzes, betreffend die privatrechtliche Stellung der Erwerbs- und Wirtschaftsgenossenschaften, GBl. des Norddeutschen Bundes 1868, S. 415.
[791] Gesetz, betreffend die Erwerbs- und Wirtschaftsgenossenschaften, vom 1. Mai 1889, RGBl. S. 55.

verstorbene Genosse mit dem Ende des Todesjahres als ausgeschieden gilt. Bis zu diesem Zeitpunkt sollten die Erben die Mitgliedschaft fortführen.[792]
Seit Inkrafttreten des Genossenschaftsrechtsänderungsgesetzes vom 9. Oktober 1973[793] regelt der vollständig neugefasste § 77 GenG die Vererbung von Genossenschaftsanteilen. Darin wird die Genossenfähigkeit der Erbengemeinschaft vom Gesetz ausdrücklich anerkannt. Nach § 77 I GenG geht die Mitgliedschaft mit dem Tode eines Genossen auf dessen Erben über. Wird der Genosse von mehreren Personen beerbt, so werden nach allgemeiner Meinung[794] diese in ihrer gesamthänderischer Verbundenheit als Erbengemeinschaft Mitglied der Genossenschaft. Das ergibt sich aus der Regelung des § 77 II S. 3 GenG, denn diese Bestimmung setzt voraus, dass die Mitgliedschaft der Erbengemeinschaft zugewiesen ist.[795] Eine Singularsukzession wie bei Personengesellschaften findet nicht statt.
Die Mitgliedschaft ist im gesetzestypischen Fall allerdings nicht von Dauer. Sie endet regelmäßig mit dem Schluss des Geschäftsjahres, in dem der Erbfall eingetreten ist (§ 77 I S. 2 GenG). Eine dauerhafte Mitgliedschaft der Erbengemeinschaft ist dann möglich, wenn das Statut eine Fortsetzungsklausel enthält (§ 77 II GenG).[796]
Die Verwaltung des Genossenschaftsanteils durch die Miterben, insbesondere die Frage der Einstimmigkeits- oder Mehrheitsverwaltung, richtet sich nach den §§ 2038 ff. BGB.[797] In der Generalversammlung können die Miterben ihr gemeinsames Stimmrecht nur durch einen gemeinschaftlichen Vertreter ausüben (§ 77 I 3 GenG), wobei auch ein Dritter Vertreter sein kann.[798]

2. Beteiligung an der Gründung

Nicht gesetzlich geregelt und umstritten[799] ist die Frage, ob sich die Erbengemeinschaft an der Gründung einer Genossenschaft beteiligen kann. Dies ist zu

---

[792] § 77 der Fassung der Bekanntmachung vom 20. Mai 1898, RGBl. S. 369, 810.
[793] Gesetz zur Änderung des Gesetzes betreffend die Erwerbs- und Wirtschaftsgenossenschaften, BGBl. I 1451.
[794] Statt aller: Müller, GenG, Bd. IV, 2000, § 77 Rn 2 u. 4.
[795] Müller, GenG, Band IV, 2000, § 77 Rn 2.
[796] Müller, GenG, Band IV, 2000, § 77 Rn 14; Hettrich/ Pöhlmann, GenG, § 77 Rn 9. Zur Haftung der Miterben im Fall der Beendigung der Mitgliedschaft und der Fortsetzung, vgl. M. Brazel, Die Rechtsstellung der Genossen-Erben gegenüber der eG und ihre Nachschusspflicht im Genossenschaftskonkurs - Ein Beitrag zum Problem der Vererbung der Mitgliedschaft, Stuttgart 1983.
[797] S. o. Kapitel § 4 III 4 (3).
[798] Müller, GenG, Bd. IV, 2000, § 77 Rn 4.
[799] Bejahend: K. Müller, GenG, Erster Band, 1991, § 5 Rn 14; ablehnend: Erman/ Schlüter, § 2032 Rn 4; generell gegen die Gründerfähigkeit der Erbengemeinschaft: Kraft/ Kreutz, Gesellschaftsrecht, S. 36.

bejahen. Die dagegen vorgebrachten Einwände sind dieselben, die überhaupt gegen die Gründerfähigkeit der Erbengemeinschaft ins Feld geführt werden.

(1) Einwand der mangelnden Rechtsfähigkeit

Nach Auffassung Schlüters steht der Beteiligung der Erbengemeinschaft an der Gründung einer eingetragenen Genossenschaft die mangelnde Rechtspersönlichkeit der Erbengemeinschaft entgegen.[800]
Dem ist zu widersprechen. Die mangelnde Rechtsfähigkeit der Erbengemeinschaft steht dem Abschluss eines Gesellschaftsvertrages grundsätzlich nicht entgegen. Die genossenschaftliche Satzung ist, wie jeder andere Gesellschaftsvertrag einer privatrechtlichen Gesellschaft, schuldrechtlicher Vertrag und zugleich Organisationsvertrag.[801] Insofern ergibt sich kein Unterschied zum Abschluss anderer Gesellschaftsverträge und es kann auf die bereits an anderer Stelle dargelegten Ausführungen verwiesen werden.[802]

(2) Einwand der Gründerunfähigkeit aufgrund des Charakters als einer auf Auflösung gerichteten Zwangsgemeinschaft

Kraft/ Kreutz sprechen der Erbengemeinschaft die Gründerfähigkeit ab, weil sie eine auf Auflösung gerichtete Zwangsgemeinschaft sei.[803]

Die grundsätzlichen Schwächen dieses Arguments wurden schon nachgewiesen.[804] Aus dem Recht der eingetragenen Genossenschaft ergeben sich keine Gesichtspunkte, die eine andere Beurteilung rechtfertigen könnten.
Zwar geht das Gesetz von dem Normalfall aus, dass die Mitgliedschaft des Alleinerben wie der Erbengemeinschaft ein Geschäftsjahr nicht überdauert (§ 77 I GenG). Doch sieht es die Möglichkeit einer dauerhaften Mitgliedschaft ausdrücklich vor und überlässt die Entscheidung darüber den Genossen. Diese befinden darüber nicht erst zum Zeitpunkt des Eintritts des Todesfalles, gewissermaßen "ad hoc" , sondern bereits im Gründungsvertrag (§ 77 II GenG).
Wenn es aber vom Gesetz ausdrücklich der Privatautonomie der Gründer-Genossen anheim gestellt ist, sich bei der Gründung für die später eintretende dauerhafte Mitgliedschaft einer Erbengemeinschaft zu entscheiden, warum soll-

[800] Erman/ Schlüter, § 2032 Rn 4.
[801] Steding, Genossenschaftsrecht, S. 85.
[802] S. o. Kapitel § 4 III 3.
[803] Kraft/ Kreutz, Gesellschaftsrecht, S. 36.
[804] S. o. Kapitel § 4 III 3 (2).

ten sie sich dann nicht auch für die Mitgliedschaft von Beginn an entscheiden können ?

Das Argument, die Erbengemeinschaft sei auf Auflösung gerichtet und deswegen daran gehindert, sich an der Gründung zu beteiligen, impliziert, dass die Auseinandersetzung der Erbengemeinschaft – inakzeptable – Nachteile für die Genossenschaft mit sich bringt. Dies ist jedoch nicht der Fall. Auf den Bestand der Genossenschaft hat das Ausscheiden der Erbengemeinschaft keine Auswirkungen.[805] Auch eine Beeinträchtigung der Funktionstüchtigkeit der Genossenschaft ist unwahrscheinlich. Zwar unterscheidet sich die Genossenschaft von anderen juristischen Personen dadurch, dass der Vorstand, also das Leitungsorgan, nicht durch Außenstehende besetzt werden kann, sondern aus Genossen bestehen muss (§ 9 II GenG)[806]. Dafür kommen aber sowieso nur natürliche Personen in Betracht, da andernfalls die erforderliche Handlungsfähigkeit nicht gewährleistet ist.[807] Doch ist nicht anzunehmen, dass eine Genossenschaft einen der beiden Vorstandssitze (§ 24 II GenG) mit einer Erbengemeinschaft besetzt. Da zur Gründung einer Genossenschaft mindestens 7 Genossen erforderlich sind (§ 4 GenG), dürfte dazu auch keine Notwendigkeit aus Mangel an Alternativen bestehen.

3. Eintritt in eine Genossenschaft

Die Mitgliedschaft in einer eingetragenen Genossenschaft gilt als grundsätzlich unübertragbar. Gefolgert wird das aus den §§ 76, 77 GenG.[808] Nach § 76 Abs. 1 S. 1 GenG vermag der Genosse nur sein Geschäftsguthaben auf einen Mitgenossen oder einen Außenstehenden, der an seiner Stelle Mitglied wird, zu übertragen. Letzterer erwirbt die Mitgliedschaft durch Beitrittserklärung (§ 15 GenG). Das GenG kennt zwar auch den Begriff des Geschäftsanteils. Doch anders als im Recht der GmbH (§§ 14, 15 GmbHG) ist damit nicht die Mitgliedschaft benannt, sondern nur die Höchstgrenze der Beteiligung an einer eG (§ 7 Nr. 1 GenG).

---

[805] K. Müller, GenG, Erster Band, 1991, § 1 Rn 4.

[806] Die Genossenschaftsrechtsliteratur spricht von "Selbstorganschaft", z. B. Steding, Genossenschaftsrecht, S. 35. Der Begriff ist insofern nicht deckungsgleich mit jenem im Personengesellschaftsrecht, als dort die Gesellschafter "geborene" Organe sind, während die Organe der Genossenschaft "gekorene" Organe sind. Zwar können nur Genossen Organwalter sein, doch müssen sie erst dazu bestellt werden.

[807] Metz/ Schaffland, GenG, 2. Aufl., 1999, § 24, S. 57.

[808] K. Müller, GenG, Erster Band, 1991, § 18 Rn 66; Hettrich/ Pöhlmann, GenG, § 18 Rn 4; Beuthien, AG 2002, 266 ff. (267), der die Übertragbarkeit – de lege ferenda – für möglich und aus rechtsdogmatischen Gründen empfehlenswert hält.

Ein Weg in die eingetragene Genossenschaft ist der Beitritt. Voraussetzung ist eine schriftliche Beitrittserklärung und die Zulassung des Beitritts durch die Genossenschaft (§§ 15, 15a GenG). Die Zulassung kann mangels anderweitiger statutarischer Festlegung auch konkludent erfolgen.[809]
Ein praktisches Bedürfnis für die Beteiligung an einer Genossenschaft kann für eine Erbengemeinschaft durchaus bestehen. Zu denken ist etwa daran, dass zum Gesamthandsvermögen einer Erbengemeinschaft Mietwohnungen gehören und eine Genossenschaft für einen Häuserblock eine Gemeinschaftseinrichtung verwaltet. Möglich ist auch die Beteiligung an einer Kreditgenossenschaft, um die Geschäfte der Erbengemeinschaft hierüber abzuwickeln.[810] Ob die Erbengemeinschaft in eine eingetragene Genossenschaft eintreten kann, ist umstritten.[811]

(1) Einwand aus § 77 Abs. 1 S. 2 GenG

Nach Steding kann eine Erbengemeinschaft einer eG nicht beitreten. Dies ergebe sich schon aus § 77 I 2 GenG, demzufolge die Mitgliedschaft der Erbengemeinschaft mit dem Schluss des Geschäftsjahres ende, in dem der Erbfall eingetreten ist.[812]

Diese Auffassung übersieht, dass das Gesetz in § 77 II GenG die dauerhafte Mitgliedschaft der Erbengemeinschaft vorsieht. Es wird ausdrücklich dem Willen der Genossen anheim gestellt, ob sie die Erbengemeinschaft als – nicht nur vorübergehenden – Genossen akzeptieren oder nicht.
Diese Entscheidungsfreiheit ist auch beim Beitritt einer Erbengemeinschaft gewährleistet. Denn jeder Beitritt verlangt die Zulassung durch die Genossenschaft, in der Regel vertreten durch den Vorstand. Die Genossenschaft kann im Statut die genauen Voraussetzungen definieren, die ein Beitrittskandidat erfüllen muss. Aber selbst wenn der Beitrittswillige die vorausgesetzten Kriterien erfüllt, hat er keinen Aufnahmeanspruch. Auch dann noch ist die Genossenschaft grundsätzlich frei darin, den Beitritt abzulehnen.[813]

---

[809] K. Müller, GenG, Erster Band, 1991, § 15 Rn 34.
[810] K. Müller, GenG, Erster Band, 1991, § 5 Rn 14.
[811] Ablehnend: Steding, Genossenschaftsrecht, S. 105; KGJ 52, 101; Lang/ Weidmüller/ Schaffland, GenG, 32. Aufl., 1988,§ 15 Rn 8; einschränkend aber jetzt Schaffland in Metz/ Schaffland, Genossenschaftsgesetz, 2. Aufl., 1999, § 15, S. 36, für den Fall, dass die Erbengemeinschaft "(ausnahmsweise) auf Dauer angelegt" sei; bejahend: Hettrich/ Pöhlmann, GenG, § 15 Rn 6, trotz Bedenken, da die Erbengemeinschaft nicht auf Dauer angelegt sei; K. Müller, GenG, Erster Band, 1991, § 15 Rn 15; bejahend unter der Voraussetzung, dass das Statut einen Beitritt ausdrücklich zulässt, Beuthien, GenG, § 15 Rn 9.
[812] Steding, Genossenschaftsrecht, 105.
[813] K. Müller, GenG, Erster Band, 1991, § 15 Rn 36 ff.

Um ein praktisches Beispiel zu geben: Wenn eine Genossenschaft die Unterstützung von Milchbauern zu ihrem Förderungszweck erhoben hat und als Beitrittsvoraussetzung die Unterhaltung eines Milchbetriebes festgelegt ist, so ist die Genossenschaft trotzdem frei darin, dem Aufnahmebegehren einer Erbengemeinschaft, die ein entsprechendes Unternehmen betreibt und auch sonstige statutarische Voraussetzungen erfüllt, nicht zu entsprechen.

(2) Einwand aus den §§ 43 IV, 9 II GenG

Das Kammergericht lehnte in seinem Beschluss vom 19. Dezember 1919[814] den Beitritt einer Erbengemeinschaft zu einer eingetragenen Genossenschaft ab.
Darin vertritt das Gericht die Auffassung, dass nur die in den § 43 Abs. 4, § 9 Abs. 2 GenG genannten Personenmehrheiten einer Genossenschaft beitreten könnten.[815]

Diese Argumentation kann als überholt gelten. Heute besteht Einigkeit darüber, dass der § 43 Abs. 4 GenG keine abschließende Aufzählung möglicher Genossen enthält.[816] Mittlerweile ist auch die Mitgliedsfähigkeit der dort nicht genannten BGB-Gesellschaft anerkannt.[817]
Hinzu kommt, dass sich inzwischen des Gesetzeslage geändert hat. In der im Entscheidungszeitpunkt geltenden Fassung des GenG bestimmte § 75 GenG noch, dass die Mitgliedschaft des verstorbenen Genossen durch die Erben nur bis zum Ende des Geschäftsjahres fortgeführt werden kann.[818] Die Möglichkeit der Fortsetzung mit den Erben über diesen Zeitpunkt hinaus (§ 77 II GenG) wurde erst mit der GenG-Novelle vom Jahre 1973 eingefügt

4. Ergebnis

Eine Erbengemeinschaft kann Mitglied einer eG werden. Im gesetzestypischen Fall wird sie es im Wege der Gesamtrechtsnachfolge nur vorübergehend, bis zum Ende des Geschäftsjahres, in dem der Erbfall eingetreten ist. Möglich ist aber auch eine dauerhafte Mitgliedschaft, die durch erbrechtliche Universalsukzession oder mittels Beteiligung an der Gründung einer bzw. dem Beitritt zu einer eingetragenen Genossenschaft erlangt werden kann.

---

[814] KGJ 52, 101.
[815] KGJ 52, 101, 102.
[816] Beuthien, Genossenschaftsgesetz, § 15 Rn 7. Der Gesetzgeber hat dies mit der Neufassung des § 30 II 1 Nr.1 GenG mit den Worten "bei anderen" ausdrücklich klargestellt.
[817] BGH, WM 1992, 12.
[818] RGBl. 1889, S. 73. Der damalige § 75 GenG entspricht dem heutigen § 77 I GenG.

XIV. Mitgliedschaft in einem Versicherungsverein auf Gegenseitigkeit

1. Grundlagen

Der Versicherungsverein auf Gegenseitigkeit ist eine der drei zulässigen Gesellschaftsformen, denen in Deutschland der Betrieb von Versicherungsgeschäften gestattet ist (§ 7 Abs. 1 VAG).[819]
Die Grundidee des Versicherungsvereins findet sich bereits in der Antike, in der Gestalt genossenschaftlicher Zusammenschlüsse zur Unterstützung notleidender Mitglieder, und setzt sich fort in den mittelalterlichen Gilden und Zünften, deren Mitglieder für die berufsspezifischen Risiken ihrer Gemeinschaft füreinander solidarisch eintraten. Die ersten echten VVaG in Deutschland, die beliebigen Mitgliedern Versicherungsschutz gegen Entgelt anboten, entstanden in der ersten Hälfte des 19. Jahrhunderts. Den Anfang machten die Gothaer Feuerversicherungsbank (1820) und die Gothaer Lebensversicherungsbank (1827).[820]

Der VVaG ist eine eigens zu dem Zweck des Betriebs eines Versicherungsunternehmens geschaffene Rechtsform, kann also nur als Träger eines Versicherungsunternehmens existieren.[821] Aus wirtschaftlicher Sicht ist er trotzdem keine zu vernachlässigende Größe. Von den im Jahre 2001 unter Aufsicht stehenden 666 Versicherungsunternehmen hatten 299 die Rechtsform des VVaG, mit Beitragseinnahmen in Höhe von 30 Mrd. Euro im Jahre 2002.[822]

Mit dieser beachtlichen wirtschaftlichen Bedeutung kontrastiert das Mauerblümchendasein des VVaG im wissenschaftlichen Schrifttum des Gesellschaftsrechts. In einigen Standardlehrbüchern kommt er überhaupt nicht vor[823], in anderen muss er sich mit geringstem Raum begnügen.[824] Damit hinwieder konform geht die Ausblendung der Frage der Mitgliedsfähigkeit von Gesamthandsgemeinschaften. Das wird selbst in umfangreicheren Monographien[825] nicht be-

[819] Aktiengesellschaften, Körperschaften und Anstalten des öffentlichen Rechts, VVaG.
[820] Brenzel, Der Versicherungsverein auf Gegenseitigkeit, 1975, S. 6 f.; Benkel, Der Versicherungsverein auf Gegenseitigkeit, 2002, S. 20 ff.
[821] BGH, ZIP 1995, 1272; Benkel, Versicherungsverein auf Gegenseitigkeit, 2002, S. 65 f.
[822] Reiff, ZHR 168 (2004), 97 (97). Umfangreiche Angaben zu Beitragseinnahmen mit Stand 31. 12. 1998 macht Benkel, Der Versicherungsverein auf Gegenseitigkeit, 2002, Anhang S. 327 ff.
[823] Vgl. Kübler, Gesellschaftsrecht; Hueck/ Windbichler, Gesellschaftsrecht.
[824] Vgl. K. Schmidt, Gesellschaftsrecht, S. 1278 – 1282; Kraft/ Kreutz, Gesellschaftsrecht, S. 392 f., geben nur Literaturhinweise.
[825] Heidelbach, Der kleinere Versicherungsverein auf Gegenseitigkeit, 1994; Benkel, Der Versicherungsverein auf Gegenseitigkeit, 2002.

handelt und auch die versicherungsrechtliche Kommentarliteratur[826] schweigt sich aus. Nimmt man das Schrifttum beim Wort, so kommen als Mitglieder nur natürliche und juristische Personen in Betracht.[827]

Es soll zunächst untersucht werden, ob die Erbengemeinschaft im Wege der Gesamtrechtsnachfolge in die Mitgliedschaft des Vereinsmitgliedes nachfolgen kann (1922 I, 2032 BGB). Dem schließt sich dann die Prüfung der Frage an, ob die Erbengemeinschaft einem VVaG beitreten kann.

2. Vererblichkeit der Mitgliedschaft

Rechtsgrundlage des VVaG sind die §§ 15 – 53b des VAG. Man unterscheidet zwischen großen (§§ 15 – 52 VAG) und kleinen VVaG (§§ 53 – 53b VAG). Letztere sind solche mit einem sachlich, örtlich oder dem Personenkreis nach eng begrenzten Wirkungskreis.[828]
Die originären Vorschriften des VVaG enthalten umfangreiche Verweise in das Aktienrecht für den großen VVaG und in das Recht des BGB-Vereins und der eingetragenen Genossenschaft für den kleinen VVaG.
Bestimmungen über die Vererblichkeit der Mitgliedschaft sucht man in den §§ 15 – 53b VAG vergebens. Da der VVaG seinem Wesen nach ein rechtsfähiger Verein ist, kommen ergänzend die Vorschriften des BGB-Vereinsrechts zur Anwendung.[829] Für den kleinen VVaG folgt dies schon aus § 53 Abs. 2 VAG.
Damit stellt sich die Frage, ob § 38 S. 1 BGB auch für den VVaG Geltung beanspruchen kann. Die Anwendung der Vorschrift würde die Vererbung der Mitgliedschaft regelmäßig, d. h. mangels anderslautender Satzungsbestimmung, ausschließen. Das soll nach ganz herrschender Meinung nicht der Fall sein.[830] Begründen lässt sich das für den großen VVaG mit der mangelnden Verweisung

[826] Fahr/ Kaulbach, VAG; Prölls/ Schmidt, VAG; Goldberg/ Müller, VAG, § 20 Rn 2, äußert sich nur hinsichtlich der Mitgliedschaft eines nichtrechtsfähigen Vereins.
[827] Vgl. Kisch, Das Recht des Versicherungsvereins auf Gegenseitigkeit, 1951, S. 113; Benkel, Der Versicherungsverein auf Gegenseitigkeit, 2002, S. 115; Goldberg/ Müller, VAG, § 20 Rn 2; Prölls/ Schmidt/ Weigel, VAG, § 20 Rn 1; Heidelbach, Der kleinere Versicherungsverein auf Gegenseitigkeit, 1994, S. 53 u. 72.
[828] Heidelbach, Der kleinere Versicherungsverein auf Gegenseitigkeit, 1994, S. 28 ff.
[829] Prölls/ Schmidt/ Weigel, VAG, vor § 15 Rn 26, § 15 Rn 6; Fahr/ Kaulbach, VAG, § 15 Rn 6; Reiff, ZHR 168 (2004), 97 (98).
[830] Prölls/ Schmidt/ Weigel, VAG, § 15 Rn 6, § 20 Rn 17, § 53 Rn 20; Kisch, Das Recht des Versicherungsvereins auf Gegenseitigkeit, 1951, S. 125 f.; Heidelbach, Der kleinere Versicherungsverein, 1994, S. 102; für den Fall, dass das Versicherungsverhältnis auf den Erben übergeht auch Goldberg/ Müller, VAG, § 20 Rn 4 und Gierke, Die Versicherungsvereine auf Gegenseitigkeit nach deutschem Recht, 1942, S. 43.

auf diese Vorschrift.[831] Gegen die Unvererblichkeit der Mitgliedschaft im kleineren VVaG sprechen versicherungsrechtliche Besonderheiten, namentlich die §§ 69 ff. VVG und die Kopplung von Mitgliedschaft und Versicherungsverhältnis.[832]
Festzuhalten bleibt, dass die Mitgliedschaft in einem VVaG – auch ohne besondere Satzungsregelung – vererblich ist.[833]

3. Keine Sondernachfolge

Sind mehrere Erben vorhanden, so müsste die Mitgliedschaft gemeinsam mit den übrigen Nachlassgegenständen nach den allgemeinen Vorschriften auf die Erbengemeinschaft übergehen (§§ 1922, 2032 BGB). Die Sondernachfolge in die Mitgliedschaft anderer Verbände und die Tatsache, dass die einhellige versicherungsrechtliche Literatur ausschließlich natürliche und juristische Personen für mitgliedsfähig hält[834], lässt eine nähere Betrachtung angebracht erscheinen. Es ist mithin zu untersuchen, ob es Gründe gibt, von dem Grundsatz der erbrechtlichen Gesamtrechtsnachfolge abzuweichen.

(1) Organisationsstruktur des großen VVaG

Die Organisationsstruktur des großen VVaG ähnelt jener einer Aktiengesellschaft. Die Zuständigkeit für Leitung, Geschäftsführung und Vertretung des Vereins liegen beim Vorstand. Die Rechtsstellung des Vorstandes bestimmt sich zu einem guten Teil nach dem AktG (§ 34 VAG). Daraus folgt, dass seine Bestellung und Abberufung in die Kompetenz des Aufsichtsrates fällt (§ 34 VAG i. V. m. § 84 AktG).[835]

---

[831] So Benkel, Der Versicherungsverein auf Gegenseitigkeit, 2002, S. 114.
[832] Vgl. Heidelbach, Der kleinere Versicherungsverein auf Gegenseitigkeit, 1994, S. 100 ff.
[833] Prölls/ Schmidt/ Weigel, VAG, § 15 Rn 6, § 20 Rn 17, § 53 Rn 20; Kisch, Das Recht des Versicherungsvereins auf Gegenseitigkeit, 1951, S. 125 f.; Heidelbach, Der kleinere Versicherungsverein, 1994, S. 102; Gierke, Die Versicherungsvereine auf Gegenseitigkeit nach deutschem Recht, 1942, S. 43; Goldberg/ Müller, VAG, § 20 Rn 4, wenn das in der Satzung vorgesehen.
[834] Prölls/ Schmidt/ Weigel, VAG, § 20 Rn 1; Kisch, Das Recht des Versicherungsvereins auf Gegenseitigkeit, 1951, S. 113; Benkel, Der Versicherungsverein auf Gegenseitigkeit, 2002, S. 115; Goldberg/ Müller, VAG, § 20 Rn 2; Heidelbach, Der kleinere Versicherungsverein auf Gegenseitigkeit, 1994, S. 53 u. 72; Brunn, Die privatrechtliche Gegenseitigkeitsversicherung in sechs Mitgliedstaaten der EWG, 1973, S. 104.
[835] Einzelheiten bei Benkel, Der Versicherungsverein auf Gegenseitigkeit, 2002, S. 147 ff.

Auch die Rechtsstellung des Aufsichtsrates, der ein notwendiges Organ des großen VVaG ist, richtet sich im wesentlichen nach dem Recht der Aktiengesellschaft (§ 35 Abs. 3 VAG).
Gewählt werden die Mitglieder des Aufsichtsrats von der obersten Vertretung (§ 35 VAG i. V. m. § 101 I AktG).
Als „oberstes Organ" und „oberste Vertretung" des VVaG bezeichnet das Gesetz die Mitglieder- oder die Vertreterversammlung (§ 29 VAG). Diese Terminologie ist missverständlich. Zwar hat die oberste Vertretung durch die Wahl des Aufsichtsrats (§ 36 VAG i. V. m. § 101 AktG) auch indirekt Einfluss auf die Zusammensetzung des Vorstandes und ihr steht die Befugnis zur Entlastung der Mitglieder des Vorstands und des Aufsichtsrats zu (§ 36 VAG i. V. m. § 120 AktG). Die oberste Vertretung ist aber nicht den anderen Organen in dem Sinne übergeordnet, dass sie ihnen Weisungen erteilen oder Aufgaben an sich ziehen könnte. Es bleibt bei der strengen Teilung der Funktionen zwischen Vorstand, Aufsichtsrat und Versammlung des obersten Organs, wie sie auch das AktG für die Organe der AG vorsieht. Über Angelegenheiten der Geschäftsführung kann das oberste Organ nur unter den Voraussetzungen von § 36 i. V. m. § 119 II AktG entscheiden.[836]
Oberstes Organ ist entweder die Versammlung der Mitglieder oder eine Versammlung von Vertretern der Mitglieder (§ 29 VAG). Bei den großen VVaG überwiegt aus praktischen Gründen die Vertreterversammlung ganz eindeutig.[837]
Die Teilhaberechte der Vereinsmitglieder beruhen auf der Satzung, sie differieren nach der Struktur des jeweiligen VVaG als Verein mit Mitgliederversammlung oder Verein mit Mitgliedervertreterversammlung. Sieht die Satzung die Mitgliederversammlung als oberstes Organ vor, so haben die einzelnen Mitglieder – satzungsmäßig verankerte – Teilnahme- und Stimmrechte, Antragsrechte sowie Auskunftsrechte in Vereinsangelegenheiten.
Schwächer ausgestattet ist die Mitgliederstellung, wenn als oberstes Organ eine Mitgliedervertreterversammlung eingerichtet ist. In diesem Fall sehen die Satzungen im Allgemeinen keine Individualrechte vor, sondern Kollektivrechte, d. h. Minderheitsrechte. Das einzelne Mitglied hat kein Teilnahmerecht an der Mitgliedervertreterversammlung, sondern nur der Mitgliedervertreter. Auch ein Stimmrecht im obersten Organ steht nur dem Mitgliedervertreter zu, nicht aber den einzelnen Mitgliedern. Die Satzungen räumen den Mitgliedern im Allgemeinen ein Antragsrecht ein, das in der Regel als Kollektivrecht ausgestaltet ist. Mit einer Mindestunterstützerzahl von 100 bis 500 antragsberechtigten Mitgliedern können etwa Vorschläge für die Wahlen zur Mitgliedervertretung gemacht

---

[836] Prölls/ Schmidt/ Weigel, § 29 Rn 4.
[837] Prölls/ Schmidt/ Weigel, § 29 Rn 5; Benkel, Der Versicherungsverein auf Gegenseitigkeit, 2002, S. 76, eine Auflistung einzelner Versicherungen nach Maßgabe der Art des obersten Organs findet sich im Anhang auf S. 335 f.

oder Anträge zur Behandlung und Beschlussfassung durch die Mitgliedervertretung eingereicht werden.[838]
Die Teilhaberechte der einzelnen Mitglieder richten sich auch danach, wie die Mitgliedervertreterversammlung ihre Mitglieder rekrutiert. Im Rahmen der Satzungsautonomie haben sich als Wahlverfahren das System der Urwahl, das Einspruchssystem, die Kooptation und das gemischte System ausgebildet. Alle Satzungen bzw. Wahlordnungen stimmen darin überein, dass den Mitgliedern das Recht eingeräumt wird, Wahlvorschläge für die Mitgliedervertreterversammlung zu unterbreiten. Häufig wird eine bestimmte Anzahl von Unterschriften pro Vorschlag verlangt. Ansonsten richtet sich der Einfluss der einzelnen Mitglieder nach dem Wahlsystem, am größten ist er beim Urwahlverfahren, gegen Null tendiert er bei der – weit verbreiteten – Kooptation.[839]

Zusammenfassend kann festgehalten werden, dass die Leitung des Unternehmens, wie bei der AG, in den Händen des Vorstands liegt. Der Einfluss der einfachen Mitglieder in dem Verein ist denkbar gering. Im Schrifttum ist deshalb die Frage gestellt worden, ob man überhaupt noch von einer mitgliedschaftlichen Stellung sprechen könne.[840] Der Grund liegt in der Beseitigung des Stimmrechts durch das System der Kooptation und darin, dass der Mitgliederwille auch bei anderen Wahlverfahren in aller Regel nur mittelbar, durch die Mitgliedervertreter, zum Tragen kommt. In der Literatur wird denn auch das damit korrespondierende Desinteresse der Mitglieder an den Angelegenheiten des Vereins als Strukturmerkmal des großen VVaG angesehen.[841]

(2) Organisationsstruktur des kleinen VVaG

Anders als beim großen VVaG verfügt der kleine VVaG nur über zwei notwendige Organe, die oberste Vertretung und den Vorstand. Daneben kann ein Aufsichtsrat gebildet werden, sofern die Satzung dies vorschreibt. Die Stellung der beiden letztgenannten Organe richtet sich – im Unterschied zum großen VVaG – nicht nach den Vorschriften des Aktiengesetzes, sondern nach den Regeln des BGB für den Vereinsvorstand bzw. dem Genossenschaftsgesetz für den Aufsichtsrat (§ 53 II, III VAG).[842] Dem Vorstand des VVaG obliegt demnach die

---

[838] Vgl. zum Vorstehenden Benkel, Der Versicherungsverein auf Gegenseitigkeit, 2002, S. 133 ff.
[839] Vgl. zu den Organisationstypen des VVaG und den Wahlmodi Benkel, Der Versicherungsverein auf Gegenseitigkeit, 2002, S. 75 ff.
[840] Hübner, Grundlagen des Versicherungsvereins auf Gegenseitigkeit, S. 158 (159).
[841] Benkel, Der Versicherungsverein auf Gegenseitigkeit, 2002, S. 72.
[842] Dazu Heidelbach, Der kleinere Versicherungsverein auf Gegenseitigkeit, 1994, S. 113 ff.

Geschäftsführung und Vertretung des Vereins (§ 53 II VAG i. V. m. §§ 26 II, 27 III BGB).

Die oberste Vertretung ist – anders als beim großen VVaG – nicht nur dem Namen nach das höchste Organ, sondern auch seiner rechtlichen Stellung nach.[843] Nach § 53 II VAG i. V. m. § 32 I 1 BGB verfügt sie über eine allumfassende Zuständigkeit. Ebenso wie beim großen VVaG fungiert als oberste Vertretung die Mitgliederversammlung, es kann aber auch eine Mitgliedervertreterversammlung[844] gebildet werden. Da nun aber die Anzahl der Mitglieder bei kleineren Vereinen geringer ist, besteht für die Errichtung einer Vertreterversammlung ein geringeres Bedürfnis als bei den großen Vereinen.[845] Aus der recht umfangreichen Verweisung in das Recht des BGB-Vereins (§ 53 II VAG i. V. m. §§ 24 – 53 BGB) folgt eine weitgehende Übereinstimmung hinsichtlich der den Mitgliedern zustehenden Mitverwaltungsrechte im BGB-Verein und kleinen VVaG.[846]

(3) Schlussfolgerungen für die Erbengemeinschaft

Wenn eine Erbengemeinschaft Mitglied ist, so richtet sich die Wahrnehmung der Mitverwaltungsrechte nach den §§ 2038, 2040 BGB. Bedenken, etwa aufgrund des grundsätzlichen Einstimmigkeitserfordernisses, bestehen nicht. In den großen VVaG ist die verbandsrechtliche Stellung so gering ausgeprägt, dass es auf die Handlungsfähigkeit der einzelnen Mitglieder kaum ankommt. Aber auch die etwas stärker entwickelte Rechtstellung des Mitgliedes der kleinen Vereine, steht der Mitgliedschaft einer Erbengemeinschaft nicht entgegen. Denn auch dort beruht die Aktionsfähigkeit des Vereins auf dem Handeln des Vorstandes. Die Partizipation der Mitglieder beschränkt sich, falls nicht gar eine Mitgliedervertreterversammlung eingerichtet ist, weitgehend auf die Teilnahme an der Beschlussfassung der Mitgliederversammlung (§ 53 II VAG i. V. m. § 32 BGB).

(4) Haftungsordnung des VVaG

a. Haftung für die Verbindlichkeiten des VVaG

Der Versicherungsverein auf Gegenseitigkeit ist ein wirtschaftlicher Verein, der seine Rechtsfähigkeit nach dem Konzessionssystem mit der behördlichen Er-

---

[843] Heidelbach, Der kleinere Versicherungsverein auf Gegenseitigkeit, 1994, S. 104 ff.

[844] HM, vgl. Prölls/ Schmidt/ Weigel, VAG, § 53 Rn 46; obwohl § 53 I VAG nicht auf § 29 VAG verweist.

[845] Heidelbach, Der kleinere Versicherungsverein auf Gegenseitigkeit, 1994, S. 105.

[846] Vgl. Heidelbach, Der kleinere Versicherungsverein auf Gegenseitigkeit, 1994, S. 107 ff.

laubnis erhält (§ 15 VAG).[847] Als juristische Person ist der Verein Träger eines eigenen Vermögens, mit dem er seinen Gläubigern haftet (§ 19 S. 1 VAG).
Auf die Vereinsmitglieder bzw. deren Vermögen haben die Gläubiger des VVaG keinen Zugriff. Dazu heißt es im Gesetz: „ Die Mitglieder haften den Vereinsgläubigern nicht." (§ 19 S. 2 VAG). Die Vorschrift ist zwingend und soll verhindern, dass „eine mit dem Wesen der juristischen Person durchaus vereinbare Haftung der Mitglieder neben der des Vereins festgesetzt werde, sei es als prinzipale oder als gleichgeordnete oder als subsidiäre, sei es als eine geteilte".[848]

b. Beitragspflichten der Mitglieder des VVaG

Eine Finanzierungspflicht in der Weise, dass die Mitglieder eine feste Einlage zu erbringen haben, um überhaupt Mitglied des VVaG werden zu können, ist – und dies ist rechtsformtypisch – beim Versicherungsverein auf Gegenseitigkeit gesetzlich nicht vorgesehen. Insbesondere die Nichtausstattung mit einem festen Eigenkapital unterscheidet den VVaG von anderen Gesellschaftsformen. Der Gesetzgeber geht vielmehr davon aus, dass sich der Versicherungsverein aus einmaligen oder laufenden Beiträgen, die je nach Satzung und darauf beruhender versicherungsvertraglicher Vereinbarung fest, vor- oder nachschüssig zu zahlen sind, finanzieren kann (§ 24 VAG).[849]
Welche konkrete Beitragsleistung vom Mitglied zu erbringen ist, richtet sich nach dem mit dem Mitglied abgeschlossenen Versicherungsvertrag (§ 1 VVG). Dieser regelt, welche Leistungen das Vereinsmitglied als Versicherungsnehmer für den Versicherungsschutz zu erbringen hat und welche Leistungen der VVaG als Versicherer verspricht. Bei Versicherungsvereinen auf Gegenseitigkeit hat die Satzung zu bestimmen, „ob die Ausgaben gedeckt werden sollen durch einmalige oder wiederkehrende Beiträge, die im voraus erhoben werden, oder durch Beiträge, die umgelegt werden je nach Bedarf" (§ 24 Abs. 1 VAG). Üblich ist heute die Erhebung eines im voraus fälligen, einmaligen oder laufenden Beitrags.[850]Der Wettbewerb auf dem Versicherungsmarkt hat dazu geführt, dass sich VVaG wie Aktiengesellschaften verhalten und Versicherungsverträge zum „Festpreis" abschließen. In diesem Fall beschränkt sich die Finanzierungspflicht des Mitglieds auf die Zahlung dieses vereinbarten Beitrags.[851]

---

[847] K. Schmidt, Gesellschaftsrecht, S. 1280.
[848] Kisch, Das Recht des Versicherungsvereins auf Gegenseitigkeit, 1951, S. 23. Vgl. auch Prölls/ Schmidt/ Weigel, VAG, § 19 Rn 2; Goldberg/ Müller, VAG, § 19 Rn 3.
[849] Benkel, Der Versicherungsverein auf Gegenseitigkeit, 2002, S. 128.
[850] Benkel, Der Versicherungsverein auf Gegenseitigkeit, 2002, S. 126 f.
[851] Benkel, Der Versicherungsverein auf Gegenseitigkeit, 2002, S. 129.

Mit darüber hinaus gehenden Zahlungspflichten muss das Mitglied dann rechnen, wenn der VVaG in der Satzung bestimmt hat, dass Nachschüsse vorbehalten sind (§ 24 Abs. 2 VAG).[852] Bei großen Lebensversicherungsvereinen ist das heute nicht mehr anzutreffen, während sich große Versicherungsvereine auf Gegenseitigkeit, die in der Sachversicherung tätig sind, die Erhebung von Nachschüssen oft vorbehalten.[853]

(5) Folgerungen für die Mitgliedsfähigkeit der Erbengemeinschaft

Angesichts der üblichen Praxis, Beiträge im voraus zu verlangen, wird der Erblasser seine Beiträge in der Regel entrichtet haben, so dass die Miterben insoweit nicht haften. Sofern noch Beitrags- oder Nachschussverpflichtungen des Erblasser offen sind, müssen die Miterben nach den allgemeinen Regeln (§§ 1922, 1967 I, 2058 ff. BGB) dafür einstehen. Spezielle Leistungspflichten aus dem Recht des VVaG, die mit den erbrechtlichen Haftungsbeschränkungsmöglichkeiten der Miterben (bes. nach § 2059 BGB) unvereinbar wären, bestehen nicht. Insbesondere haften die Miterben nicht für Schulden des Vereins.
Auch aus haftungsrechtlicher Sicht spricht demnach nichts gegen den Eintritt der Erbengemeinschaft im Erbgang.

4. Erwerb der Mitgliedschaft durch Beitritt

(1) Grundlagen

Kennzeichnend für die Rechtsform des Versicherungsvereins auf Gegenseitigkeit ist, dass seine Mitglieder als Versicherungsnehmer zugleich seine Kunden sind.[854] In § 20 VAG S. 2 heißt es dazu: „Mitglied kann nur werden, wer ein Versicherungsverhältnis mit dem Verein begründet."
Das Versicherungsverhältnis ist für die Begründung der Mitgliedschaft konstitutiv.[855] Zulässig ist aber, dass der Versicherungsnehmer schrittweise in die volle mitgliedschaftliche Position „hineinwächst", d. h., dass ihm die mit der Mitgliedschaft verbundenen Rechte, etwa das Stimmrecht in der Mitgliederversammlung, erst nach einer bestimmten Frist oder etwa der Zahlung der ersten Prämie gewährt werden.[856]

---

[852] Vgl. Prölls/ Schmidt/ Weigel, § 24 Rn 7 f.
[853] Vgl. Benkel, Der Versicherungsverein auf Gegenseitigkeit, 2002, S. 129 f.
[854] Benkel, Der Versicherungsverein auf Gegenseitigkeit, 2002, S. 72.
[855] Prölls/ Schmidt/ Weigel, VAG, § 20 Rn 2.
[856] Fahr/ Kaulbach, VAG, § 20 Rn 1; Prölls/ Schmidt/ Weigel, VAG, § 20 Rn 10.

Möglich ist auch, dass es nach der Entstehung des Versicherungs- und Mitgliedschaftsverhältnisses zu eine Fortführung der Mitgliedschaft kommt, auch wenn das Versicherungsverhältnis beendet ist. Voraussetzung ist eine entsprechende Regelung in der Satzung (§ 20 S.3 VAG).[857]
Eine weitere Ausnahme von dem auf Mitgliedschaft beruhenden Gegenseitigkeitsprinzip bildet schließlich die Versicherung von Nichtmitgliedern zu fester Prämie. Großen Versicherungsvereinen auf Gegenseitigkeit ist der Betrieb von Versicherungsgeschäften mit Nichtmitgliedern unter der Voraussetzung eine ausdrücklichen Regelung in der Satzung gestattet (§ 21 II VAG), solange dies nur ein Nebenzweck ist.[858] Dem kleinen Versicherungsverein auf Gegenseitigkeit ist dieses Geschäftsfeld verschlossen (vgl. § 53 I VAG).

Umstritten und Gegenstand mehrerer Theorien ist das Verhältnis von Versicherung und Mitgliedschaft.[859] Nach der wohl noch herrschenden[860] Mitgliedschaftstheorie handelt es sich um ein einheitliches Mitgliedschaftsverhältnis, das sowohl ein Versicherungsverhältnis als auch ein gesellschaftsrechtliches Verhältnis umschließt. Die vertragsrechtlichen Ansprüche haben danach ihre Grundlage allein in der Mitgliedschaft.[861]
Eine neuere Tendenz betont hingegen, dass es sich bei der Mitgliedschaft und der Versicherungsnehmerstellung um zwei Rechtsverhältnisse handelt, die während ihres Bestehens in einem engen, sich gegenseitig bedingenden Verhältnis stehen.[862]

Beide Theorien stimmen darin überein, dass die Mitgliedschaft und das Versicherungsverhältnis durch einen einheitlichen Beitrittsvertrag zwischen dem Beitretenden und dem Verein begründet wird.[863]

(2) Beitritt einer Erbengemeinschaft

Folgt man der einschlägigen Literatur, so können nur „rechtsfähige natürliche oder juristische Personen Mitglied eines VVaG werden".[864] Ein Interesse an ei-

---

[857] Eine Anwendungsfall dafür sind Bestandsübertragungen, vgl. Prölls/ Schmidt/ Weigel, § 20 Rn 22, § 15 Rn 10.
[858] Benkel, Der Versicherungsverein auf Gegenseitigkeit, 2002, S. 65.
[859] Ausführlich zu den unterschiedlichen Theorien Benkel, 2002, S. 116 ff.
[860] So jedenfalls Prölls/ Schmidt/ Weigel, VAG, § 20 Rn 7.
[861] Z. B. BGH, VersR 64, 497 (499); Goldberg/ Müller, VAG, § 20 Rn 9.
[862] Vgl. Prölls/ Schmidt/ Weigel, VAG, § 20 Rn 7 ff.; ausführlich zu den – auch den hier nicht genannten – Theorien Benkel, Der Versicherungsverein auf Gegenseitigkeit, 2002, S. 116 ff., der selbst Anhänger dieser neueren Tendenz, die auch als Trennungs- oder Mehrheitstheorie bezeichnet wird, ist.
[863] Goldberg/ Müller, VAG, § 20 Rn 1f.; Prölls/ Schmidt/ Weigel, VAG, § 20 Rn 3 f.

ner Mitgliedschaft in einem VVaG kann auch eine Erbengemeinschaft haben. Wenn sich im Nachlass etwa Mietsgebäude befinden, über die sich die Miterben nicht auseinandersetzen, sondern die sie weiterhin gesamthänderisch verwalten, so mag die Erbengemeinschaft etwa am Abschluss einer Sachversicherung interessiert sein. Es ist dann nicht ersichtlich, was dem Beitritt zu einem VVaG entgegenstehen sollte. Dass sich die Organisations- und Haftungsstruktur der Erbengemeinschaft mit der Mitgliedschaft in einem VVaG verträgt, hat sich schon erwiesen.

Auch aus der Form des Mitgliedschaftserwerbs, dem Beitritt, ergeben sich keine Bedenken. Die Mitgliedschaft und das Versicherungsverhältnis werden durch einen einheitlichen Beitrittsvertrag zwischen dem Beitretenden und dem Verein begründet.[865] In der Praxis geschieht dies in der Regel durch Abschluss des Versicherungsvertrages, der auf die Satzung des Versicherungsvereins verweist, wo bestimmt ist, dass Mitglied ist, wer einen Versicherungsvertrag mit dem Versicherungsverein abgeschlossen hat.[866] Für den Beitrittsvertrag gelten die gewöhnlichen Regeln über Rechtsgeschäfte.[867]

Dass die Miterben als Gesamthandsgemeinschaft schuldrechtliche Verträge abschließen können, insbesondere auch Versicherungsverträge, die Sachversicherungen zum Inhalt haben, ist unbestritten.[868] Erforderlich ist nur, dass die Beitrittserklärung, d. h. der Antrag auf Abschluss des Versicherungsvertrages und den damit verbundenen Beitritt, im Namen der Erbengemeinschaft, d. h. der gesamthänderisch verbundenen Miterben, erfolgt. Mit der Annahme des Antrags durch den Verein, vertreten durch dessen Vorstand (§ 34 VAG i. V. § 78 AktG für den großen VVaG; § 53 I VAG i. V. m. § 26 II BGB für den kleineren VVaG) wird die Erbengemeinschaft dann Versicherungsnehmer und Mitglied des VVaG. Für die entstehenden Beitragspflichten können sich die Miterben freilich nicht auf die erbrechtliche Haftungsbeschränkung berufen, denn es handelt sich nicht um Nachlassverbindlichkeiten, sondern um Nachlasserbenschulden oder Eigenverbindlichkeiten.

---

[864] Prölls/ Schmidt/ Weigel, VAG, § 20 Rn 1; Kisch, Das Recht des Versicherungsvereins auf Gegenseitigkeit, 1951, S. 113; Benkel, Der Versicherungsverein auf Gegenseitigkeit, 2002, S. 115; Goldberg/ Müller, VAG, § 20 Rn 2; Brunn, Die privatrechtliche Gegenseitigkeitsversicherung in sechs Mitgliedstaaten der EWG, 1973, S. 104; Heidelbach, Der kleinere Versicherungsverein auf Gegenseitigkeit, 1994, S. 72.
[865] Goldberg/ Müller, VAG, § 20 Rn 1f.; Prölls/ Schmidt/ Weigel, VAG, § 20 Rn 3 f.
[866] Benkel, Der Versicherungsverein auf Gegenseitigkeit, 2002, S. 114.
[867] Prölls/ Schmidt/ Weigel, VAG, § 20 Rn 4.
[868] Vgl. Hofmann, Privatversicherungsrecht, 1991, S. 42.

5. Ergebnis

Verstirbt das Mitglied eines großen oder kleinen VVaG, so können die Miterben als Gesamthandsgemeinschaft in dessen Mitgliedsstellung nachfolgen. Für die Annahme einer Sondernachfolge besteht kein Grund. Die Organisations- und Haftungsstruktur der Erbengemeinschaft verträgt sich ohne weiteres mit der Mitgliedsstellung in einem VVaG. Neben dem Erwerb der Mitgliedschaft im Erbgang ist es einer Erbengemeinschaft auch unbenommen, einem VVaG beizutreten.

Damit steht freilich nur die grundsätzliche Mitgliedsfähigkeit der Erbengemeinschaft fest. Besonders die kleineren VVaG machen in ihren Satzungen häufig das Vorliegen bestimmter Eigenschaften zur Voraussetzung der Mitgliedschaft.[869] Diese können sich dann natürlich als Hindernis auch für die Mitgliedschaft einer Erbengemeinschaft erweisen. Möglich ist auch, dass einer bestimmten Versicherungsart das Wesen der Erbengemeinschaft als Personenmehrheit entgegensteht, weil naturgemäß nur Einzelpersonen ein bestimmtes zu versicherndes Interesse haben können.[870]

XV. Mitgliedschaft in einer Partnerschaftsgesellschaft

Der Tod eines Partners führt nicht zur Auflösung der Partnerschaftsgesellschaft[871], sondern der Partner scheidet aus. Die Beteiligung ist nicht vererblich (§ 9 Abs. IV S. 1 PartGG). Die Rechtsfolgen des Ausscheidens ergeben sich aus den §§ 738 – 740 BGB. Danach wächst der Anteil des Verstorbenen den übrigen Partnern zu, und in den Nachlass fällt der Auseinandersetzungsanspruch (§ 1 Abs. 4 i. V. m. § 738 Abs. 1 S. 2 BGB).[872]

Abweichend von der gesetzlichen Regelung können die Partner die Vererblichkeit der Mitgliedschaft vereinbaren. Voraussetzung für den Eintritt des Erben ist aber, dass er über die erforderliche berufliche Qualifikation verfügt (§ 9 IV S. 2 PartGG).[873]

Die Partnerfähigkeit einer Erbengemeinschaft scheitert neben dem Berufsrecht auch daran, dass nach § 1 Abs. 1 S. 3 PartGG nur natürliche Personen Partner sein können.

---

869 Vgl. Heidelbach, Der kleinere Versicherungsverein auf Gegenseitigkeit, 1994, S. 29 ff.

870 Vgl. Hofmann, Privatversicherungsrecht, 1991, S. 42.

871 § 9 Abs. 1 PartGG, § 131 Abs. 3 Nr. 1 HGB.

872 Meilicke/ Graf v. Westphalen/ Hoffmann/ Lenz, Partnerschaftsgesellschaftsgesetz, § 9 Rn 38.

873 MünchKomm/ Ulmer, § 9 PartGG Rn 24 ff.

§ 5 Gesellschafterfähigkeit der ehelichen Gütergemeinschaft

I. Die Gütergemeinschaft als Gesellschafterin einer Außen-GbR, oHG und KG

1. Grundlagen

(1) Güterordnung

Kennzeichen der Gütergemeinschaft ist die Bildung eines gesamthänderisch gebundenen gemeinschaftlichen Vermögens der Ehegatten, des Gesamtguts. Voraussetzung für das Entstehen der Gütergemeinschaft als Gesamthandsgemeinschaft ist der Abschluss eines Ehevertrages, in dem der Güterstand der Gütergemeinschaft vereinbart wird (§ 1415 BGB). Von den Ausnahmen der §§ 1417 und 1418 BGB abgesehen[1], hat das zur Folge, dass die Vermögensgegenstände des Mannes und der Frau kraft Gesetzes – ohne einzelne Übertragungsakte – gemeinschaftliches Vermögen der Ehegatten werden, d. h. in das Gesamtgut fallen (§ 1416 I, II BGB). Dasselbe gilt für das später erworbene Vermögen (§ 1416 I S. 2 BGB).

Einem praktischen Bedürfnis entsprechend, lässt es das Gesetz zu, dass die Partner Gegenstände durch Ehevertrag vom Gesamtgut ausnehmen. Diese fallen dann in das *Vorbehaltsgut* (§ 1418 II Nr. 1 BGB). Daneben können später noch weitere Gegenstände in das Vorbehaltsgut gelangen, etwa durch Schenkung Dritter (§ 1418 Nr. 2 BGB) oder kraft Surrogation für zerstörte Vorbehaltsgegenstände (§ 1418 Nr., 3 BGB). Entscheidend ist, dass jeder Ehegatte sein Vorbehaltsgut selbstständig und für eigene Rechnung verwaltet (§ 1418 III BGB). Das Vorbehaltsgut unterscheidet sich in seiner Rechtszuordnung nicht von der allgemeinen Zuordnung im gesetzlichen Güterstand und unter Fremden.[2]

Eine weitere Ausnahme vom gemeinschaftlichen Vermögen bildet das *Sondergut* (§ 1417 BGB). In das Sondergut fallen jene Gegenstände, die nicht durch Rechtsgeschäft übertragen werden können (§ 1417 II BGB). Diese können nicht in das Gesamtgut eingebracht werden. Sie bleiben bei dem Ehegatten, zu dessen Eigentum sie gehören. Der verwaltet sie selbstständig, allerdings für Rechnung des Gesamtgutes (§ 1417 III BGB).

---

[1] Ist sämtlich vorhandenes Vermögen zu Vorbehaltsgut erklärt oder fällt es in das Sondergut, so entsteht vorerst die Gütergemeinschaft als Güterstand, ohne Gesamtgut und folglich ohne Gesamthandsgemeinschaft zu sein. Gesamtgut und Gesamthandsgemeinschaft entstehen erst nachfolgend. Vgl. Staudinger/ Thiele, § 1416 Rn 2.

[2] MünchKomm/ Kanzleiter, § 1418 Rn 1.

Zu unterscheiden ist davon der Fall, dass das unübertragbare Recht unmittelbar für die gesamthänderisch gebundenen Ehegatten begründet wird. Dann fällt es in das Gesamtgut.[3]

Alle Gegenstände, die nicht Vorbehalts- oder Sondergut sind, fallen in das Gesamtgut, also in das gesamthänderisch gebundene Vermögen. Die *Gesamthandsbindung* ist vergleichsweise weitgehend. Nach § 1419 I BGB kann ein Ehegatte weder über seinen Anteil an den einzelnen Gegenständen noch – anders als z. B. die Miterben (§ 2033 I BGB) – am Gesamtgut insgesamt verfügen. Darüber hinaus ist er nicht berechtigt, während der bestehenden Gütergemeinschaft Teilung zu verlangen.
Die Gütergemeinschaft endet durch Auflösung der Ehe, durch Aufhebung der Gütergemeinschaft mittels ehevertraglicher Vereinbarung oder durch Urteil.[4]

(2) Keine Rechtsfähigkeit

Träger der zum Gesamtgut gehörenden Rechte und Verbindlichkeiten sind nur die Ehegatten. Es entsteht mit der Gütergemeinschaft kein von den Ehegatten gesonderter Rechtsträger.[5] Der in der Literatur[6] vereinzelt vertretenen These, die Gütergemeinschaft sei ein von den Ehegatten getrenntes Rechtssubjekt, ist aus folgenden Gründen zu widersprechen:

Aus dem Gesetzestext selbst ergibt sich nichts für ein von den Ehegatten gesondertes Subjekt als Träger des Gesamtgutes. Vielmehr spricht das Gesetz vom Gesamtgut als dem gemeinschaftlichen Vermögen „beider Ehegatten" (§ 1416 I 1 BGB), nicht aber von dem Vermögen eines dritten Rechtsträgers. Gegen die Rechtsfähigkeit der Gesamthand spricht auch, dass ein Ehegatte nicht über „sei-

---

[3] Staudinger/ Thiele, § 1417 Rn 3; RGRK/ Finke, § 1417 Rn 3 m. w. N.
[4] Vgl. RGRK/ Finke, § 1415 Rn 3 ff.
[5] RGZ 89, 364; Staudinger/ Thiele, § 1416 Rn 3 u. 5; MünchKomm/ Kanzleiter, § 1416 Rn 3; RGRK/ Finke, § 1416 Rn 3; Palandt/ Brudermüller, § 1416 Rn 1; Soergel/ Gaul, § 1416 Rn 3; Gernhuber/ Coester-Waltjen, Lehrbuch des Familienrechts, S. 589 f.; Rauscher, Familienrecht, S. 280; Schulze-Osterloh, Das Prinzip der gesamthänderischen Bindung, 1972, S. 8 ff., 26, 85 f.; Habersack, JuS 1990, 179 (181); Schlegelberger/ K. Schmidt, § 105 Rn 80; ders., Gutachten und Vorschläge zur Überarbeitung des Schuldrechts, Band III, S. 471; ders., NJW 2001, 993 (996); ders., Gesellschaftsrecht, S. 201; anders noch ders., FamRZ 1976, 683, für den speziellen Fall der Vorerbschaft eines Ehegatten beim Todesfall.
[6] Buchda, Geschichte und Kritik der deutschen Gesamthandslehre, 1936, S. 301; Fabricius, Relativität der Rechtsfähigkeit, 1963, S. 152 ff.; Hennecke, Das Sondervermögen der Gesamthand, 1976, S. 98 ff.; Schünemann, FamRZ 1976, 137 (138); Flume, ZHR 136 (1972), 177 (179); Jaschke, Gesamthand und Grundbuchrecht, 1991, S. 47; Weipert, ZEV 2002, 300 (301); wohl auch Staub/ Brüggemann, HGB, § 1 Rn 39 ff.

nen" Anteil am Gesamtgut verfügen kann (§ 1419 I BGB). Andernfalls hätte kein Ehegatte einen Anteil am Gesamtgut, sondern dieses stünde der Gesamthand selbst zu.

Auch die Haftungsregelung knüpft nicht an eine selbstständige Einheit der Gütergemeinschaft an. Die Haftung des Gesamtgutes wird grundsätzlich[7] erst durch die persönliche Haftung eines (§ 1437 I BGB) oder beider Ehegatten (§ 1459 I BGB) vermittelt. Dass dies nicht so recht mit der These von der Rechtsfähigkeit der Gütergemeinschaft harmoniert, erkennen auch deren Protagonisten, wenn sie „beklagen", dass die Entstehung einer Gesamthandsschuld als primärer Schuld – etwa aufgrund eines rechtsgeschäftlichen Tatbestandes – im Gesetz nicht angesprochen werde.[8]

Als Indiz gegen die Rechtsfähigkeit kann auch das Fehlen einer auf Personifikation hindeutenden Handlungsorganisation und Identitätsausstattung gewertet werden.[9] Das heißt freilich nicht, dass nicht gewisse Verselbstständigungstendenzen der Gesamthand auch in den Handlungsregeln zu erkennen wären. Zu denken ist etwa daran, dass die Verwaltungszuständigkeit auch auf einen der beiden Gesamthänder übertragen werden kann (§§ 1422 ff.).[10] Eine andere, mit der Rechtsfähigkeit nicht zu verwechselnde Frage ist auch, ob die Gesamthand im Sinne der Handlungsfähigkeit ausreichend organisiert ist, d. h., ob sie für bestimmte Rechtspositionen, etwa als Mitglied eines Verbandes, mit hinreichendem Handlungsvermögen begabt ist.
Dieselbe Unterscheidung ist für die Identitätsausstattung zu treffen. Die Gütergemeinschaft hat, wenn man von der unternehmenstragenden Gütergemeinschaft absieht[11], keine selbstständige, d. h. von den Namen der Ehegatten losgelöste, Identitätsausstattung.[12] Das heißt aber nicht, dass die Gesamthand durch das Auftreten im Namen der beiden Ehegatten mit dem Zusatz „in Gütergemeinschaft" ihre Identität als Gesamthand, als eine unterhalb der Rechtsfähigkeit verselbstständigte Einheit, nicht nach außen kommunizieren könnte.

---

[7] Zur Ausnahme im Fall der ungerechtfertigten Bereicherung des Gesamtgutes gem. §§ 1434, 1457 BGB vgl. Staudinger/ Thiele, § 1416 Rn 7.
[8] Hennecke, Das Sondervermögen der Gesamthand, 1976, S. 112.
[9] K. Schmidt, Gutachten und Vorschläge zur Überarbeitung des Schuldrechts, Band III, 1983, S. 469; ähnlich Staudinger/ Thiele, § 1416 Rn 6.
[10] Differenzierend auch John, Die organisierte Rechtsperson, 1977, S. 184 ff.
[11] Zur Firmenfähigkeit der unternehmenstragenden Gütergemeinschaft vgl. BayObLG, BB 1991, 1731.
[12] Vgl. John, Die organisierte Rechtsperson, 1977, S. 187.

Habersack zufolge spricht auch die umfassende und willensunabhängige Haftung des Gesamtguts gem. §§ 1437 I, 1459 I BGB gegen die Rechtssubjektivität.[13]

Die These von der Rechtsfähigkeit lässt sich – entgegen der Auffassung Jaschkes[14] – auch nicht auf die Gesetzesmaterialien stützen. Der Gesetzgeber hat sich bei der Konstruktion der Gütergemeinschaft an der „Kategorie des deutschrechtlichen Miteigenthumes" orientiert, „ d. h. eines Miteigenthumes, bei dem im Gegensatze zu dem auf dem Prinzipe der Freiheit der einzelnen Teilhaber beruhenden römischen Miteigenthume die Antheile der einzelnen Theilhaber während der Dauer der Gemeinschaft zum Zwecke der letzteren gebunden sind und deshalb als selbständige Vermögensrechte nicht geltend gemacht werden können".[15] Zur Vermögensträgerschaft heißt es recht deutlich, „daß das so zu einem Ganzen vereinigte Vermögen gemeinschaftliches Vermögen beider Ehegatten (Gesammtgut) wird, beide Ehegatten mithin Subjekte des Gesammtgutes sind (...)".[16] Indizien, die auf die Rechtsfähigkeit der Gütergemeinschaft selbst schließen lassen, finden sich in den Gesetzesmaterialien nicht.[17]

Ergibt sich für die Rechtsfähigkeit der Gütergemeinschaft nichts aus dem Gesetz, so bleibt die rechtsfortbildende Anerkennung. Dafür ist aber kein Bedürfnis erkennbar.[18] Zum einen ist nicht ersichtlich, dass damit irgendein Begründungsvorteil verbunden wäre.[19] Nach Karsten Schmidt wäre es „sinnloser Konstruktivismus", den Eheleuten nur um des Sondervermögens willen eine dritte Rechtsperson zuzugesellen.[20]
Zum anderen spielt die Gütergemeinschaft in der Praxis heute neben den anderen Güterständen eine eher marginale Rolle. Ihre Verbreitung wird als gering eingeschätzt, am ehesten ist sie in landwirtschaftlich geprägten Gebieten anzutreffen.[21] Der Literatur gilt die Gütergemeinschaft als „alternder Güterstand"[22].

---

[13] Habersack, JuS 1990, 179 (181 Fn 40).
[14] Vgl. Jaschke, Gesamthand und Grundbuchrecht, 1991, S. 46 f., zur „Gruppe der Eheleute", die man als „eine Person" zu begreifen habe. Zur Ablehnung der von Jaschke durchgeführten Herleitung der Rechtssubjektivität aller Gesamthandsgemeinschaften aus den Gesetzesmaterialien siehe auch Kapitel § 4 I 2.
[15] Motive zum BGB, Bd. IV, S. 330.
[16] Motive zum BGB, Bd. IV, S. 335.
[17] Vgl. Motive zum BGB, Bd. IV, S. 326 ff.; Mugdan, Protokolle, Bd. IV, S. 797 ff.
[18] Ebenso MünchKomm/ Ulmer, § 705 Rn 292.
[19] In der Familienrechtsliteratur hat man sich entschieden gegen die Anerkennung der Rechtsfähigkeit ausgesprochen, vgl. Staudinger/ Thiele, § 1416 Rn 3 ff.; Gernhuber/ Coester – Waltjen, Lehrbuch des Familienrechts, 1994, S. 589 f.
[20] K. Schmidt, Gesellschaftsrecht, 2002, S. 201.
[21] MünchKomm/ Kanzleiter, Vor § 1415 Rn 22.
[22] Gernhuber/ Coester-Waltjen, Lehrbuch des Familienrechts, 1994, S. 589.

Wie die Rechsprechung[23] zeigt, scheint für die Beteiligung an Personengesellschaften aber durchaus ein Interesse zu bestehen. Ein praktisches Bedürfnis für die Fortbildung zum Rechtssubjekt ist jedenfalls nicht erkennbar.

Wenn im Folgenden von der Gesellschafterfähigkeit der Gütergemeinschaft die Rede ist, so sind damit immer die gesamthänderisch gebundenen Ehegatten gemeint, wobei die Ehegatten die einzigen Rechtssubjekte sind.

2. Meinungsstand bezüglich der Mitgliedschaft in Personengesellschaften

Vereinbaren zwei Ehegatten ehevertraglich den Güterstand der Gütergemeinschaft, so hat das zu Folge, dass die Vermögensgegenstände beider im Wege der Universalsukzession zu Gesamtgut werden, mithin fortan gesamthänderisch gebunden sind. Ausgenommen sind jene Gegenstände, die zu Vorbehaltsgut erklärt wurden (§ 1418 BGB)[24] und solche, die nicht durch Rechtsgeschäft übertragbar sind und deswegen kraft Gesetzes zu Sondergut werden (§ 1417 BGB).

War ein Ehegatte vor Vertragsschluss Gesellschafter einer Außen-BGB-Gesellschaft, so stellt sich die Frage, in welches Vermögen der Gesellschaftsanteil fällt. Unproblematisch ist der Fall, dass die Mitgliedschaft vereinbarungsgemäß im Vorbehaltsgut des Ehegatten verbleiben soll. Dann bleibt dieser allein Mitglied; er verwaltet den Anteil allein und für eigene Rechnung (§ 1418 III BGB). Die Gesellschafterstellung ist in diesem Fall nicht betroffen.

Umstritten sind die Folgen, wenn die Mitgliedschaft nicht zu Vorbehaltsgut erklärt wurde. Nach herrschender Meinung[25] soll dann der Gesellschaftsanteil

---

[23] So hatte das Bayrische Oberlandesgericht jüngst über die Eintragung einer ehelichen Gütergemeinschaft als Kommanditistin zu entscheiden, und zwar gleich für drei (!) Kommanditgesellschaften. Vgl. BayObLG, ZIP 2003, 480.

[24] Später können weitere Gegenstände ins Vorbehaltsgut gelangen. Vgl. § 1418 BGB.

[25] MünchKomm/ Ulmer, § 705 Rn 74 f., 82; Soergel/ Hadding, § 705 Rn 23, 25; K. Schmidt, Gesellschaftsrecht, S. 1727 Fn 3; Hueck/ Windbichler, Gesellschaftsrecht, S. 56; Bamberger/ Roth/ Timm/ Schöne, § 705 Rn 55; Staudinger/ Thiele, § 1416 Rn 14, generell für Personengesellschaften; Rauscher, Familienrecht, S. 281 f., für Personengesellschaften; unklar Erman/ Westermann, verneinend in § 705 Rn 22, geht aber in Rn 20 von der Zugehörigkeit des Anteils zum Gesamtgut aus; aA: Flume, Die Personengesellschaft, 1977, S. 65; Gernhuber/ Coester-Waltjen, Lehrbuch des Familienrechts, S. 592 f., MünchKomm/ Kanzleiter, § 1416 Rn 9; Dölle, Familienrecht, 1964, S. 884 f.; Kipp/ Wolff, Familienrecht, 1928, S. 236; Weipert, FS-Bezzenberger, 2000, 439 (445); Lüderitz, Familienrecht, S. 163, will die Entscheidung den Gesellschaftern überlassen. Mit Ausnahme von Flume wird nicht zwischen den einzelnen Rechtsformen der Personengesellschaften unterschieden, sondern die Aussagen der Mitgliedschaftsbefürworter beziehen sich jeweils auf die Mitgliedschaft in Personengesellschaften überhaupt.

nicht in das Gesamtgut fallen, sondern in das Sondergut, und zwar immer. Das heißt mit anderen Worten, dass die Gütergemeinschaft – jedenfalls auf diesem Wege[26] – nicht Mitglied einer Gesellschaft bürgerlichen Rechts werden kann. Derselbe Streit besteht für die Mitgliedschaft in einer offenen Handelsgesellschaft[27] und einer Kommanditgesellschaft[28]. In den Stellungnahmen ist häufig nur von Personengesellschaften die Rede, ohne eine Differenzierung nach der Rechtsform. Auch werden dieselben Einwände gegen die Mitgliedschaft in einer GbR, oHG und KG erhoben. Das ist, sieht man von der Beteiligung als Kommanditist einmal ab, grundsätzlich auch sachgerecht, denn in den angesprochenen Kritikpunkten besteht weitgehende Übereinstimmung zwischen diesen Gesellschaften. Es erscheint deshalb gerechtfertigt, die drei Gesellschaften hier auch gemeinsam zu untersuchen. Das erspart unnötige Wiederholungen oder Verweise.

---

[26] Für die überwiegend ablehnende Auffassung ist der Erwerbsweg unerheblich, denn es wird die Unfähigkeit zur Mitgliedschaft behauptet.

[27] Die Mitgliedschaft ablehnend: KG, DNotZ 1935, 988 (989); Kölling, Gesamthandsgemeinschaften als Mitglieder von Personalgesellschaften des Handelsrechts, 1938, S. 78 f.; Großkommentar/ Fischer, HGB, § 105 Anm. 25 f., 28; Koller/ Roth/ Morck, HGB, § 105 Rn 16; Baumbach/ Hopt/ Merkt, § 105 Rn 29; Staub/ Ulmer, § 105 Rn 100; H. Westermann, Personengesellschaftsrecht, 1978, S. 86; Flume, Die Personengesellschaft, 1977, S. 64 f.; Hueck/ Windbichler, Gesellschaftsrecht, S. 128; Reuter/ Kunath, JuS 1977, 376 (379); Erman/ Heckelmann, § 1417 Rn 2; Soergel/ Gaul, § 1416 Rn 6, § 1417 Rn 4; Staudinger/ Thiele, § 1416 Rn 14; Rauscher, Familienrecht, S. 281 f.; mit ablehnender Tendenz Schlegelberger/ K. Schmidt, § 105 Rn 80; Lutter, AcP 161 (1962), 163 (173); BGHZ 65, 79, für die Gründung einer OHG der Ehegatten unter sich;
bejahend: Gildemeister, ZHR 54 (1904), 99 (112 ff.); Buchner, FS-Beitzke, 1979, 153 (157 f.); RGRK/ Weipert, 2. Aufl., 1950, § 105 Anm. 25; Fabricius, Relativität der Rechtsfähigkeit, 1963, S. 157 f.; Heymann/ Emmerich, HGB, § 105 Rn 42; Gernhuber/ Coester-Waltjen, Lehrbuch des Familienrechts, S. 592 f.; Lüderitz, Familienrecht, S. 163, will Entscheidung den Gesellschaftern überlassen; Tiedke, FamRZ 1975, 675 (678); MünchKomm/ Kanzleiter, § 1416 Rn 9; RGRK/ Finke, § 1416 Rn 7, § 1417 Rn 6; Weipert, FS-Bezzenberger, 2000, 439 (445); BayObLGZ 1980, 414 (419); BFH, BB 1969, 571 (572); Schlegelberger/ Geßler, 4. Aufl., § 105 Rn 55 d. MünchKomm/ Kanzleiter, § 1416 Rn 9 Fn 17, reklamiert auch BGH LM § 260 Nr. 1 für seine Auffassung. Das erscheint insofern zweifelhaft, als das Gericht (Nr. 1 Bl. 4) den Geschäftanteil an einer OHG wegen §§ 717, 719 BGB, also wegen Unübertragbarkeit, in das Sondergut fallen ließ. Darüber, ob im Fall vereinbarter Übertragbarkeit anders entschieden worden wäre, fehlt jedes Indiz.

[28] Ablehnend: BayObLG, ZIP 2003, 480; Schlegelberger/ Martens, § 161 Rn 39; Baumbach/ Hopt/ Merkt, HGB, § 161 Rn 4; MünchHdBGesR/ Happ, KG § 1 Rn 46; Heymann/ Horn, § 161 Rn 42 f.; Kölling, Gesamthandsgemeinschaften als Mitglieder von Personalgesellschaften des Handelsrechts, 1938, S. 80; sowie jene Stimmen aus Fn 25, die gegen die Mitgliedschaft in Personengesellschaften überhaupt wenden; bejahend: RGRK/ Finke, § 1417 Rn 6, Kanzleiter, DnotZ 2003, 422 (425 f.); Griwotz, ZIP 2003, 848 (848 f.); Großkomm/ Schilling, HGB, § 161 Rn 27; sowie jene aus Fn 25, die sich generell für die Mitgliedschaft in Personengesellschaften ausgesprochen haben.

3. Folgen der Unübertragbarkeit des Gesellschaftsanteils

Nach § 1417 Abs. 2 BGB fallen alle jene Gegenstände, die nicht durch Rechtsgeschäft übertragen werden können, in das Sondergut. Dem liegt die Intention zugrunde, Wertungswidersprüche zu vermeiden. Die Vorschrift knüpft an § 1416 BGB an, wo geregelt ist, dass das Vermögen des Mannes und das der Frau Gesamtgut werden. Der Übergang in das Gesamtgut vollzieht sich kraft Gesetzes, beruht aber auf dem Ehevertrag und ist insofern Rechtsnachfolge. Wenn ein dem Mann oder der Frau gehörender Gegenstand nicht durch Rechtsgeschäft übertragbar ist, wäre es widersprüchlich, wenn er infolge der ehevertraglichen Begründung der Gütergemeinschaft in das Gesamtgut und damit die Rechtszuständigkeit beider Ehegatten als Gesamthänder fallen könnte.[29] Das Sondergut ist gewissermaßen eine „Notgütermasse zur Beseitigung von Widersprüchen".[30] Anders als das Vorbehaltsgut hat das Sondergut nicht die Aufgabe, den Ehegatten eine Sphäre der Ungebundenheit zu sichern. Deshalb fallen Nutzungen aus der Verwaltung des Sonderguts und Surrogate in das Gesamtgut, es sei denn, sie sind ebenfalls unübertragbar (§ 1417 III 1 BGB).[31]

Zu einem früheren Stand der Rechtsentwicklung galt der Anteil an einer Personengesellschaft als unübertragbar.[32] Daraus zog die Rechtsprechung konsequenterweise den Schluss, dass die Mitgliedschaft eines Ehegatten nicht ins Gesamtgut fallen könne. In das gemeinsame Vermögen sollten nur die übertragbaren Ansprüche aus dem Gesellschaftsverhältnis fallen, nämlich der Gewinnanteil und das Auseinandersetzungsguthaben.[33]
Inzwischen ist die Übertragbarkeit eines Personengesellschaftsanteils allgemein anerkannt.[34] Das hindert allerdings die Anwendbarkeit des § 1417 Abs. 2 BGB grundsätzlich nicht, denn als nicht übertragbar im Sinne dieser Vorschrift gelten auch jene Gegenstände, deren Übertragbarkeit der Zustimmung Dritter bedarf.[35] Unter diese Kategorie fallen auch Personengesellschaftsanteile. Aus dem persönlichen Charakter des Zusammenschlusses in der Personengesellschaft er-

---

[29] Staudinger/ Thiele, § 1417 Rn 2.
[30] Lutter, AcP 161 (1962), 161 (167).
[31] Gernhuber/ Coester-Waltjen, Lehrbuch des Familienrechts, S. 597 f.
[32] K. Schmidt, Gesellschaftsrecht, S. 1321; Habersack, Die Mitgliedschaft – subjektives und „sonstiges" Recht, 1996, S. 16 f., 29 ff.
[33] KG, DNotZ 1935, 988 (989), für die oHG.
[34] BGHZ 13, 179 (182 ff.); BGHZ 44, 229 (231); K. Schmidt, Gesellschaftsrecht, S. 1321 f. Umstritten sind noch die Rechtsnatur der Mitgliedschaft und der rechtstechnische Weg der Übertragung: Hadding, FS-Steindorff, 1990, 31 (39) für Vertragsübernahme der Stellung im Gesellschaftsverhältnis; Habersack, Die Mitgliedschaft – subjektives und „sonstiges" Recht, 1996, 104 ff., und die hL für die Übertragung als einzelner Gegenstand nach §§ 413, 398 BGB.
[35] Lutter, AcP 161 (1962), 163 (165).

gibt sich die Zustimmungsbedürftigkeit der Verfügung über Personengesellschaftsanteile.[36] Fehlt die Zustimmung der anderen Gesellschafter, so ist die Verfügung schwebend und bei definitiver Zustimmungsverweigerung endgültig unwirksam.[37]
Im Falle der fehlenden Zustimmung fällt der Personengesellschaftsanteil nach einhelliger Auffassung unter die Vorschrift des § 1417 BGB.[38] Die Anwendung des § 1417 II BGB ist auch sachgerecht. Andernfalls bestünde die Gefahr, dass ein Gesellschafter, der mit seinem Ehegatten Gütergemeinschaft vereinbart, den übrigen Gesellschaftern ein neues Mitglied aufdrängen könnte, nämlich den Ehegatten.[39]

Umstritten ist die Anwendung der Vorschrift auf jene Fälle, in denen über die Übertragung unter allen Gesellschaftern Einverständnis besteht. Möglich ist etwa, dass die Zustimmung in allgemeiner Form schon im Gesellschaftsvertrag erteilt wird, ohne irgendwelche Einschränkungen.[40] Dann ist der Gesellschaftsanteil durch Rechtsgeschäft übertragbar und es fehlt an sich an den Voraussetzungen der Vorschrift des § 1417 II BGB. Folgerichtig schließt ein Teil der Literatur[41] daraus, dass der Anteil dann in das Gesamtgut fällt.
Nach überwiegender Auffassung[42] soll der Gesellschaftsanteil auch unter diesen Voraussetzungen in das Sondergut fallen. Die Begründungen sind vielfältig. Sie sind im Folgenden zu untersuchen.

4. Argument der mangelnden Rechtsfähigkeit

Nach Auffassung Lutters[43] kann der Anteil an einer Personengesellschaft nicht in das Gesamtgut fallen, weil die Gütergemeinschaft keine Person sei. Nur Personen könnten Mitglied einer Personengesellschaft sein. Deswegen sei ein Personengesellschaftsanteil immer Sondergut. Aus der in Bezug genommenen Lite-

---

[36] Statt vieler: Staudinger/ Habermeier, § 719 Rn 8. Nach Hadding, FS – Steindorff, 1990, 31 (39), beruht die Zustimmungsbedürftigkeit – konsequenterweise – auf dem Verständnis der Übertragung als Vertragsübernahme.
[37] BGHZ 13, 179 (187); BGH, WM 1964, 878 (879).
[38] MünchKomm/ Kanzleiter, § 1417 Rn 4; RGRK/ Finke, § 1417 Rn 6; Staudinger/ Thiele, § 1417 Rn 5; Erman/ Heckelmann, § 1417 Rn 2; H. Westermann, Personengesellschaftsrecht, S. 86; mit teilweise unterschiedlichen Begründungen.
[39] Tiedtke, FamRZ 1975, 675 (677).
[40] MünchKomm/ Ulmer, § 719 Rn 27; Staudinger/ Habermeier, § 719 Rn 8, 11.
[41] Die die in Fn 25, 27 und 28 aufgeführten Befürworter der Gesellschafterfähigkeit.
[42] Siehe die Fn 25, 27 und 28 Genannten.
[43] Lutter, AcP 161 (1962), 163 (171 ff.).

ratur[44] wird erkennbar, dass damit nicht nur natürliche Personen, sondern allgemein Rechtssubjekte gemeint sind.
Dasselbe ist häufig gemeint, wenn in Rechtsprechung[45] und Literatur[46] davon die Rede ist, die Gütergemeinschaft könne nicht als geschlossene Einheit auftreten und sei deswegen nicht mitgliedsfähig.

Daran ist richtig, dass Gesellschafterfähigkeit Rechtsfähigkeit voraussetzt, denn irgendjemandem müssen die damit verbundenen Rechte und Pflichten zugeordnet werden können. Nicht erforderlich ist, dass die Gesamthand selbst rechtsfähig ist.[47] Dafür kommen die Eheleute in Betracht. Sie sind Träger des Gesamtgutes und damit auch des darin enthaltenen Gesellschaftsanteils, also des Bündels an Rechten und Pflichten. Die Mitgliedschaft eines Rechtssubjektes „Gütergemeinschaft“ steht hier nicht zur Debatte, denn das gibt es – nach hier vertretener Auffassung – nicht.[48]

Interpretiert man den Einwand der mangelnden Einheit als Unfähigkeit, sich nach außen als Gesamthand darzustellen, so ist dem zu widersprechen. Die Ehegatten werden im Grundbuch unter dem Namen der Ehegatten mit dem Zusatz „in Gütergemeinschaft“ eingetragen (§ 47 GBO)[49], ebenso in der Gesellschafterliste einer GmbH[50]. Sie können auch ein Handelsunternehmen betreiben und die Firma aus den Vor- und Familiennamen mit dem Zusatz „in Gütergemeinschaft“ bilden.[51] Es steht auch nichts entgegen, die Ehegatten mit dem entsprechenden Zusatz als Gesellschafter einer OHG oder KG in das Handelsregister einzutragen. Freilich sind die Ehegatten bezüglich der Daten wie natürliche Personen

[44] A. Hueck, Recht der oHG, 2. Aufl., § 2 Ziff. 3 d (S. 17), der die Mitgliedschaft der Gütergemeinschaft in einer OHG ebenfalls wegen deren mangelnder Rechtsfähigkeit ablehnt.
[45] Deutlich in diesem Sinne BayObLG, ZIP 2003, 480, u. a. deswegen die Kommanditbeteiligung ablehnend.
[46] Mit diesem Argument gegen die Mitgliedschaft in einer oHG: Großkommentar, HGB/ Fischer, § 105 Anm. 25 f., 28; Kölling, Gesamthandsgemeinschaften als Mitglieder von Personalgesellschaften des Handelsrechts, 1938, S. 78 f., der deswegen auch die Beteiligung als Kommanditist ablehnt (S. 80); gegen die Beteiligung als Kommanditist: Schlegelberger/ Martens, § 161 Rn 39; Baumbach/ Hopt/ Merkt, HGB, § 161 Rn 4; MünchHdBGesR/ Happ, KG § 1 Rn 46; Ensthaler/ Fahse, GK-HGB, § 161 Rn 12.
[47] Auch nach Schlegelberger/ K. Schmidt, § 105 Rn 62, kann eine nichtrechtsfähige Gesamthand Gesellschafter einer OHG/ KG sein.
[48] In diesem Sinne auch Tiedtke, FamRZ 1975, 675 (677). Dagegen soll nach Grziwotz, ZIP 2003, 848 die Gütergemeinschaft wohl als eigenständiges Subjekt Kommanditistin sein. Der Hinweis auf eine neuere Ansicht in der Literatur, die die Rechtsfähigkeit von Gesamthands*gemeinschaften* anerkenne und die beigefügte beispielhafte Aufzählung von Gesamthands*gesellschaften*, lässt allerdings die erforderliche Differenzierung vermissen.
[49] MünchKomm/ Kanzleiter, § 1416 Rn 24.
[50] Michalski/ Heyder, GmbHG, § 8 Rn 10.
[51] BayObLG, BB 1991, 1731, wobei der Zusatz nicht zwingend erforderlich ist.

anzumelden[52], denn die Gütergemeinschaft ist selbst kein Rechtssubjekt.[53] Die Ehegatten sind also sehr wohl in der Lage, ihre gesamthänderische Existenz Außenstehenden zu kommunizieren.[54]

5. Argument der Störung der Einheitlichkeit des Personenverbandes

Nach Horn[55] bestehen keine Probleme für die Mitgliedschaft in einer Kommanditgesellschaft für einheitlich und – wie eine Person – geschlossen handelnde Verbände. Dagegen würde die Einheitlichkeit des Personenverbandes durch Untergruppen in Gestalt loser Personenverbände von gemeinsam Beteiligten, wie der ehelichen Gütergemeinschaft als schlichter Gesamthand, gestört. Eine Kommanditbeteiligung könne deshalb nur zum Vorbehaltsgut gehören, nicht zum Gesamtgut.

Die Beschreibung der Gütergemeinschaft als „losen Personenverband“ wird der gesetzlichen Ausgestaltung dieser Gesamthandsgemeinschaft nicht gerecht. Davon abgesehen, dass der Begriff des Verbandes auf ein Zweipersonenverhältnis nicht so recht passt, ist die eheliche Gütergemeinschaft eine vergleichsweise eng geknüpfte Gemeinschaft. Anders als bei Personengesellschaften kann es, auch mit Einverständnis des anderen Partners, zu keinem Gesamthänderwechsel kommen (§ 1419 I BGB). Die eheliche Gütergemeinschaft ist unter dem Aspekt der personellen Zusammensetzung geradezu der Prototyp eines „festen Verbandes“.

Ist im Ehevertrag keine Regelung für die Verwaltungszuständigkeit getroffen, so greift das Prinzip der gemeinschaftlichen Verwaltung ein (§ 1421 S. 2 BGB). Das bedeutet im Grundsatz konsensuale Willensbildung und gemeinschaftliches Handeln (§§ 1450 ff). Der Zwang zum Konsens harmoniert ebenfalls wenig mit der Charakterisierung der Gütergemeinschaft als einem „losen Verband“, er begründet vielmehr mit Notwendigkeit Geschlossenheit.

Gegen Horns Einwand spricht darüber hinaus, dass Personengesellschaften selbst Gesellschafter in anderen Personengesellschaften sein können. Eine offene Handelsgesellschaft kann sich nach dem Prinzip der Gesamtvertretung organisieren (§ 125 II HGB) und auch den Wechsel ihrer Mitglieder zulassen. Trotz-

---

[52] Vgl. Koller/ Roth/ Morck, HGB, § 106 Rn 2.
[53] Weipert, FS-Bezzenberger, 2000, 439 (445) stützt sich auf die Eintragung im Güterrechtsregister. Das ist aber höchst zweifelhaft, denn die dortige Eintragung ist freiwillig und erfolgt nur ausnahmsweise. Vgl. Palandt/ Brudermüller, § 1412 Rn 1.
[54] Ebenso Fabricius, Relativität der Rechtsfähigkeit, 1963, S. 157.
[55] Heymann/ Horn, HGB, § 161 Rn 42 f.

dem ist ihre Fähigkeit, sich an einer anderen oHG zu beteiligen, heute unbestritten.[56]

In Anbetracht des nach dem gesetzlichen Leitbild in das Gesellschaftsleben gering integrierten Kommanditisten erscheint es auch einigermaßen befremdlich, der Gütergemeinschaft gerade die Beteiligung mit einer Kommanditeinlage zu verwehren.[57]
Die wenigen Mitverwaltungsrechte des Kommanditisten (§§ 164 S. 1 HS. 2, 166 HGB) und die damit korrespondierende Vererblichkeit der Mitgliedschaft (§ 177 HGB) weisen gerade für diese Stellung auf die geringe Bedeutung der Person hin. Das gilt erst recht, wenn man an das Phänomen der Publikumskommanditgesellschaften denkt.

6. Argument der ungenügenden Organisation

Gegen die Mitgliedschaft in Personengesellschaften wird von der Literatur auch folgender Einwand erhoben: „Die Gütergemeinschaft kann als schlichte Gesamthandsgemeinschaft nicht selbstständig am Rechtsverkehr teilnehmen und daher auch nicht das personenrechtliche Element der Mitgliedschaft in ihren Verwaltungsregeln wahrnehmen."[58]
Gemeint ist damit wohl, dass die Gütergemeinschaft nicht in der Lage sei, die ihr obliegenden mitverwaltungsrechtlichen Rechte und Pflichten wahrzunehmen.[59] Diesbezügliche Bedenken werden auch sonst in der Literatur, gerade für die Mitgliedschaft in der oHG, erhoben.[60]

---

[56] Ähnlich auch Grziwotz, ZIP 2003, 448, für die Zulässigkeit der Kommanditbeteiligung einer Gütergemeinschaft.
[57] So aber Heymann/ Horn, HGB, § 161 Rn 42 f.
[58] Rauscher, Familienrecht, 2001, S. 281.
[59] Die Literatur verwendet den Begriff des „personenrechtlichen" Elements nicht einheitlich. Einmal bezieht man sich auf die Mitverwaltungsrechte der Gesellschafter (i. d. R. in Abgrenzung zu den Vermögensrechten), so etwa Wiedemann, Die Übertragung und Vererbung von Mitgliedschaftsrechten bei Handelsgesellschaften, 1965, S. 32 ff., und auch Liebisch, ZHR 116 (1954), 128 (135 f.). Eine andere Bedeutung lässt sich mit den Stichworten „Personenbezogenheit", „persönliche Eigenschaften der Gesellschafter" und „Vertrauensverhältnis" umschreiben (synonym häufig auch „personalistisch"). Als Beispiel seien Reuter/ Kunath genannt, vgl. dazu Kapitel § 5 I 9. Eine dritte Bedeutung erhält der Begriff bei Flume, ZHR 136 (1972), 177 (190), wenn dieser damit ausdrückt, dass „die Gesellschafter als Personengruppe Bezugspunkt der Rechtsbeziehungen der Gesellschaft sind,...". Nach Buchda, Geschichte und Kritik der deutschen Gesamthandlehre, 1936, S. 240 ff. hinwieder ist jedes Schuldverhältnis „personenrechtlich" und – auf eine völlig andere, eher natürliche Art und mit unterschiedlicher Intensität – Gesamthandsgemeinschaften.
[60] H. Westermann, Gesellschaftsrecht, 1978, S. 86, meint, die das Gesamtgut gemeinschaftlich verwaltenden Ehegatten seien nicht in der Lage, die Gesellschafterrechte in einer OHG

Dem ist zu widersprechen. Die Verwaltung des Gesamtgutes regeln die Ehegatten im Ehevertrag; sie kann dem Mann oder der Frau übertragen oder gemeinschaftlich ausgeübt werden. Enthält der Ehevertrag keine Bestimmung, so verwalten die Ehegatten das Gesamtgut gemeinschaftlich (§ 1421 S. 2 BGB).
Gemeinschaftliche Verwaltung bedeutet, dass die beiden Ehegatten rechtserhebliche Erklärungen und Handlungen nur gemeinsam vornehmen können, wenn diese für das Gesamtgut wirksam sein sollen.[61] Insbesondere sind die Ehegatten nur gemeinschaftlich berechtigt, über das Gesamtgut zu verfügen (§ 1450 I 1 BGB). Nicht erforderlich ist, dass die Ehegatten gleichzeitig auftreten. Es genügt das Handeln eines Ehegatten mit Vollmacht des anderen oder die – auch konkludente – Zustimmung des Nichthandelnden.[62] Verweigert ein Partner ohne ausreichenden Grund die Zustimmung zu einem Rechtsgeschäft, das zur ordnungsmäßigen Verwaltung erforderlich ist, so kann das Vormundschaftsgericht die Zustimmung ersetzen (§ 1452 I BGB).
Zur Erleichterung des Rechtsverkehrs ist es ausreichend, wenn für beide Ehegatten bestimmte Willenserklärungen gegenüber einem abgegeben werden (§ 1450 BGB).
Die gemeinschaftliche Verwaltung entspricht der ganz überwiegenden Praxis. Anders als der erste Anschein vielleicht vermuten lässt, hat sie sich nicht als schwerfällig und unpraktikabel erwiesen.[63]

Befindet sich der Anteil an einer Personengesellschaft im Gesamtgut, so richtet sich dessen Verwaltung nach den §§ 1450 ff. BGB.[64] Daraus folgt, dass die Ehegatten sich über die Wahrnehmung ihrer Rechte einigen müssen. Besondere Beschwerlichkeiten für die Handlungsfähigkeit der Gesellschaft, der die Ablehnung der Mitgliedsfähigkeit rechtfertigen kann, erwachsen daraus nicht.
Wenn man sich überlegt, dass auch eine GbR Gesellschafter einer anderen Personengesellschaft sein kann[65] und diese häufig mehr als nur zwei Mitglieder hat, die gemeinschaftlich handeln und entscheiden (§ 709 I BGB), so ist nicht einzusehen, warum die Mitgliedschaft der Gütergemeinschaft eine besondere Belastung sein soll.[66] Die Möglichkeit der Flexibilisierung der Verwaltung besteht bei beiden Gesamthandsgemeinschaften. Z. B. können Ehegatten die Verwaltung des Gesamtguts auch einem von ihnen übertragen (§§ 1422 ff. BGB).

---

auszuüben. Nach Schlegelberger/ K. Schmidt, § 105 Rn 80, sprechen strukturelle Argumente gegen die Zulassung als OHG-Gesellschafter, die Gütergemeinschaft sei hierfür nicht hinreichend organisiert.

[61] Ausnahmen von diesem Grundsatz enthält § 1455 BGB.

[62] Staudinger/ Thiele, § 1450 Rn 6 ff.

[63] MünchKomm/ Kanzleiter, § 1450 Rn 3; Behmer, FamRZ 1988, 339 (341, 343).

[64] Gernhuber/ Coester-Waltjen, Lehrbuch des Familienrechts, 1994, S. 593.

[65] Siehe Kapitel § 7.

[66] So auch Kanzleiter, DnotZ 2003, 422 (425).

Auch lässt das Gesetz erkennen, dass die Fähigkeit zur Geschäftsführung und Vertretung nicht Voraussetzung für die Mitgliedschaft ist. Sowohl das Recht der Gesellschaft bürgerlichen Rechts (§§ 710 S. 1, 714 BGB) als auch das der oHG (§§, 114 II, 125 I HGB) und KG (§§ 161 II, 114 II, 125 I HGB) sehen die Möglichkeit vor, einzelne Gesellschafter von der Geschäftsführung und Vertretung fernzuhalten. Der Kommanditist ist schon nach dem gesetzlichen Regelfall von der Mitwirkung weitgehend ausgeschlossen (§§ 164, 170 HGB).
Stellt man auf jene Mitverwaltungsrechte ab, die keinen unmittelbaren Bezug zur Geschäftsführung bzw. Vertretung haben, also etwa Kontroll- und Informationsrechte (§ 716 BGB, §§ 118, 166 HGB), so sind davon in erster Linie die Interessen der Ehegatten selbst betroffen. Es kann ihnen überlassen bleiben, deren Wahrnehmung zu organisieren.

7. Haftungsargument

Von Teilen der Literatur wird die Mitgliedschaft in Personengesellschaften mit dem Argument abgelehnt, der Gütergemeinschaft fehle die unbeschränkte Haftung.[67] Wie sich im Folgenden erweisen wird, handelt es sich dabei um nicht mehr als eine falsifizierbare These.

(1) Haftungsordnung der Gütergemeinschaft

a. Bei gemeinschaftlicher Verwaltung

Die Einzelheiten der gütergemeinschaftlichen Haftung bestimmen sich nach der von den Ehegatten gewählten Verwaltungszuständigkeit. Nach der gesetzlichen Regel und der ganz überwiegenden Praxis wird das Gesamtgut gemeinschaftlich verwaltet (§§ 1421 S. 2, 1450 ff. BGB).[68] Für diesen Fall bestehen folgende Haftungsvorschriften:
Für sämtliche Verbindlichkeiten des Ehemannes und der Ehefrau, die bereits vor Entstehen der Gütergemeinschaft begründet wurden, haftet das Gesamtgut (§ 1459 I BGB). Dasselbe gilt grundsätzlich für Verbindlichkeiten der Ehegatten, die während der Gütergemeinschaft entstehen. Ausgenommen davon sind – für die Mitgliedschaftsfrage nicht relevante – Verbindlichkeiten, die durch den Erwerb zum Vorbehalts- oder Sondergut eines Ehegatten entstanden sind

---

[67] MünchHdBGesR/ Happ, KG § 1 Rn 46, gegen die Kommanditistenstellung; Bärwaldt/ Müller, Beck`sches Handbuch der Personengesellschaften, § 4 Rn 6, gegen die Mitgliedschaft in oHG und KG; H. Westermann, Gesellschaftsrecht, S. 86, spricht – für die oHG – allgemein von Schwierigkeiten bei der Haftung, ohne konkrete zu nennen.
[68] MünchKomm/ Kanzleiter, § 1450 Rn 3.

(§§ 1461, 1462 BGB) sowie Verbindlichkeiten aus einem Rechtsgeschäft, das ein Ehegatte ohne Zustimmung des anderen vornimmt und das ohne Zustimmung für das Gesamtgut auch nicht wirksam ist (§ 1460 I BGB).
Für die genannten Verbindlichkeiten (Gesamtgutsverbindlichkeiten) haften die Ehegatten auch persönlich als Gesamtschuldner (§ 1459 II 1 BGB). Das von § 1459 Abs. 2 S. 2 BGB angeordnete Erlöschen der persönlichen Haftung eines Ehegatten bei Beendigung der Gütergemeinschaft betrifft Tatbestände, die für die Frage der Mitgliedsfähigkeit ohne Bedeutung sind.[69]

b. Bei Verwaltung des Gesamtguts durch den Mann oder die Frau

Auch wenn die Ehegatten die Verwaltung einem von ihnen allein übertragen haben, haftet das Gesamtgut für sämtliche Verbindlichkeiten beider Ehegatten, die vor dem Entstehen der Gütergemeinschaft begründet worden sind (§ 1437 I BGB). Dasselbe gilt – mit wenigen Einschränkungen[70] – auch für die während der Gütergemeinschaft entstandenen Verbindlichkeiten.
Neben die Haftung mit dem Gesamtgut tritt die persönliche Haftung des verwaltenden Ehegatten mit seinem Sonder- und Vorbehaltsgut (§ 1437 II 1 BGB).

(2) Folgerungen für die Gesellschafterfähigkeit

Für die Haftung der Gütergemeinschaft als Gesellschafter ergibt sich Folgendes: Für die Verbindlichkeiten der Außen-GbR bzw. oHG oder KG haften beide Ehegatten persönlich mit ihrem jeweiligen Vorbehaltsgut und Sondergut (entsprechend § 128 bzw. § 128 HGB oder §§ 161 II, 128 HGB, 1459 II 1 BGB). Daneben haftet das Gesamtgut (§ 1459 I bzw. § 1437 I BGB).[71]
Mit allen drei Vermögensmassen haben die Ehegatten auch dann einzustehen, wenn sich im Gesamtgut ein Kommanditanteil befindet und die Hafteinlage nicht oder nicht vollständig geleistet oder zurückerhalten wurde (§§ 171 I, 172 IV HGB). Das ergibt sich aus der Mitgliedschaft beider Ehegatten, wenn auch in gesamthänderischer Bindung. Denn die Gütergemeinschaft selbst ist kein Rechtssubjekt, kann also die Mitgliedschaft nicht tragen und ist auch nicht verpflichtungsfähig. Schuldner können nur die beiden Ehegatten sein.

---

[69] Vgl. §§ 1463 – 1465 BGB.
[70] Dabei handelt es sich im Wesentlichen um Parallelvorschriften zu jenen Ausnahmeregelungen bei der gemeinschaftlichen Verwaltung, vgl. §§ 1438 – 1440 BGB.
[71] Ebenso Gernhuber/ Coester-Waltjen, Lehrbuch des Familienrechts, S. 593.

Das Gesamtgut haftet nach § 1459 I BGB für die Verpflichtungen der Ehegatten nur, soweit sich aus den §§ 1460 bis 1462 BGB nichts anderes ergibt.[72] Widersprüche zu der in § 128 HGB angeordneten unbeschränkten Haftung entstehen dadurch nicht. Die genannten Vorschriften betreffen den vorliegenden Fall nicht. § 1460 BGB enthält eine Beschränkung nur für rechtsgeschäftliche Verbindlichkeiten, während die Haftung nach § 128 HGB für die Schulden der Gesellschaft eine gesetzliche ist.[73]
§ 1462 BGB könnte nur eingreifen, wenn der Gesellschaftsanteil – in Übereinstimmung mit der herrschenden Meinung – im Sondergut oder Vorbehaltsgut zu verorten wäre. Das ist nach hier vertretener Auffassung nicht der Fall.

Probleme entstehen auch nicht bezüglich der Haftung für *Altschulden.*
Dafür muss man sich noch einmal die hier untersuchte Situation ins Gedächtnis rufen: Es geht um den Fall, dass ein Ehegatte Personengesellschafter gewesen ist, bevor die Gütergemeinschaft in Kraft tritt. Dann stellt sich die Frage, ob der Ehegatte, der zuvor nicht an der Gesellschaft beteiligt war, nun auch für die zu diesem Zeitpunkt bestehenden Verbindlichkeiten der Gesellschaft persönlich einzustehen hat.
Nach § 130 HGB[74] bzw. § 173 HGB[75], bei noch offener Hafteinlage auf einen Kommanditanteil, haftet der in die Gesellschaft Eintretende für die Altverbindlichkeiten der Gesellschaft persönlich. Dies gilt auch für den Ehegatten, der sich mit einem Personengesellschafter gütergemeinschaftlich verbindet.
Zwar erlangt der Ehegatte die Beteiligung an der Gesellschaft nicht durch Eintritt im technischen Sinne, sondern kraft Gesetzes (§ 1416 II BGB). Das hindert aber die Anwendbarkeit der Vorschriften nicht. Die §§ 130, 173 HGB sollen sicherstellen, dass jeder neue Gesellschafter ebenso wie alle anderen Gesellschafter für sämtliche Gesellschaftsschulden einheitlich haftet, für Altverbindlichkeiten wie für Neuverbindlichkeiten.[76] Nach diesem Zweck ist jeder Fall erfasst, in dem ein neuer Gesellschafter vorhanden ist. Auf einen Eintritt im technischen Sinne kommt es nicht an.[77]

Man könnte nun daran denken, dass der – gewissermaßen in die Gesellschaft einheiratende – Ehegatte damit einem unangemessenen Haftungsrisiko ausgesetzt ist, denn die Gesellschaft könnte ja erhebliche Schulden angehäuft haben. Derartige Bedenken zerstreuen sich aber, wenn man in Betracht zieht, dass der

[72] Für die Alleinverwaltung eines Ehegatten gelten die Vorschriften der §§ 1438-1440 BGB.
[73] Schlegelberger/ K. Schmidt, § 128 Rn 2.
[74] Im Falle einer Außen-GbR ist dann § 130 HGB entsprechend anzuwenden.
[75] Mangels Eintragung des Ehegatten als Kommanditist kann sich eine Haftung aus § 176 I HGB ergeben.
[76] Schlegelberger/ K. Schmidt, § 130 Rn 1, § 173 Rn 5.
[77] Schlegelberger/ K. Schmidt, § 130 Rn 12, § 173 Rn 5.

Ehegatte für die Altschulden der Gesellschaft nicht nur aufgrund gesellschaftsrechtlicher Haftungsvorschriften einstehen muss, sondern auch aufgrund des Haftungsrechts der Gütergemeinschaft. Denn bei den Gesellschaftsschulden handelt es sich auch um Verpflichtungen des Ehegatten, der schon zuvor Gesellschafter war (§ 128 HGB)[78]. Persönliche Verbindlichkeiten der Ehegatten aus der Zeit vor der Gütergemeinschaft zählen aber zu den Gesamtgutsverbindlichkeiten (§ 1459 I BGB). Für diese hinwieder haften beide Ehegatten, also auch der Neugesellschafter, persönlich als Gesamtschuldner (§ 1459 II 1 BGB).
Dies gilt für den Fall der gemeinschaftlichen Verwaltung des Gesamtguts. Haben die Ehegatten ausnahmsweise die Verwaltung nur einem von ihnen übertragen, so haftet der andere Ehegatte nicht persönlich für die Verbindlichkeiten des verwaltenden Ehegatten aus der Zeit vor der Gütergemeinschaft. Insofern hat die gesellschaftsrechtliche Haftung im ehelichen Güterrecht keine Parallele. In diesem Fall mag die Einhaltung der für den Ehevertrag vorgesehenen Formvorschriften (§ 1409 BGB) ausreichen, um vor unüberlegtem Handeln zu bewahren.[79]

Festzustellen bleibt, dass aus haftungsrechtlicher Sicht keine Hindernisse für die Mitgliedschaft der gesamthänderisch gebundenen Ehegatten erkennbar sind.

8. Argument der Doppelzugehörigkeit von Gegenständen

Beteiligt sich ein Ehepartner mit Mitteln des Gesamtgutes an einer GbR, so kann die Beteiligung nach einer in der Literatur vertretenen Auffassung deswegen nicht in das Gesamtgut fallen, weil ein und derselbe Gegenstand nicht zugleich mehreren Gesamthandsgemeinschaften – etwa einer GbR und einer Gütergemeinschaft – angehören könne. Die Beteiligung werde vielmehr Sondergut des Ehegatten, auf dessen Namen sie erworben wurde. [80]

Giefers/ Ott ist darin zuzustimmen, dass Gegenstände des Gesellschaftsvermögens nicht unmittelbar auch solche des Gesamtguts sein können.[81] In der älteren Literatur[82] wurde für den Fall, dass in Gütergemeinschaft lebende Ehegatten eine OHG oder GbR gründen, vertreten, dass das Gesellschaftsvermögen – als ein

[78] Bzw. entsprechend § 128; §§ 161 II, 128; §§ 171, 172 HGB.
[79] Im Falle des gemeinsamen Eintritts in die Gesellschaft tritt das Problem freilich sowieso nicht auf.
[80] Giefers/ Ott, Die Gesellschaft bürgerlichen Rechts, 2000, S. 58.
[81] Vgl. BGHZ 65, 79 (82).
[82] Gildemeister, ZHR 54 (1904), 99 (112 ff.); Düringer-Hachenburg/ Geiler, HGB, 3. Aufl., Allg. Einleitung Rn 86.

Sondervermögen – gleichzeitig Teil des Gesamtguts ist. Die Gegenstände des OHG-Vermögens sollten nach dieser Auffassung auch Gegenstände des Gesamtguts sein.
Auf dem Boden der traditionellen Gesamthandslehre mag das durchaus diskutabel sein. Wenn man jeweils nur die natürlichen Personen als Rechtsträger ansieht, sind die Gegenstände beider Vermögen letztlich konsequenterweise denselben Personen zuzuordnen.

Nach dem heutigen Stand der Rechtsentwicklung steht dem entgegen, dass es sich bei den Personenaußengesellschaften um rechtsfähige Gebilde handelt. Die oHG oder Außen-GbR sind jeweils selbst Träger der Gesellschaftsvermögen. Den Gesellschaftern dagegen sind nur Anteile an der Gesellschaft zugeordnet, d. h. die in der Mitgliedschaft gebündelten Rechte und Pflichten. Rechte an einzelnen Gegenständen haben sie nicht.

Nicht zugestimmt wird der von Giefers/ Ott daraus gezogenen Konsequenz. Es ist nämlich nicht ersichtlich, warum das den Weg des Gesellschaftsanteils in das Gesamtgut blockieren soll. Ein konkretes Beispiel macht das deutlich: Tritt ein in Gütergemeinschaft lebender Ehegatte als Gesellschafter einer unternehmerisch tätigen Außen-GbR bei, so gelangt mangels sonstiger Hindernisse[83] die Mitgliedschaft in das Gesamtgut. Damit erlangt der Ehegatte weder eine Mitberechtigung an einzelnen Vermögensgegenständen noch am Vermögen der GbR überhaupt.[84] Folglich gelangen solche Rechte auch nicht in das Gesamtgut.
Bringt der Ehegatte nun etwa einen Gegenstand aus dem Gesamtgut als Beitrag in das Gesellschaftsvermögen ein, so verlieren die Ehegatten die Rechte daran.[85] Berechtigter ist nun die Gesellschaft. Es kommt also zu keiner Überschneidung der Zuordnungssphären. Gegenstände sind entweder im Gesamtgut oder im Gesellschaftsvermögen.

9. Argumentation aus dem personenrechtlichen Charakter der Gesellschaft

Insbesondere die gesellschaftsrechtliche Kommentarliteratur hält die vermögensrechtliche Struktur der Gütergemeinschaft für unvereinbar mit den personenrechtlichen Elementen eines Personengesellschaftsanteils.[86] An Stelle einer

---

[83] Z. B. Unübertragbarkeit des Anteils oder Vereinbarung von Vorbehaltsgut.
[84] Vgl. K. Schmidt, Gesellschaftsrecht, S. 208.
[85] Selbst bei Überlassung nur zum Gebrauch verlieren sie vorübergehend die Gebrauchsrechte.
[86] Soergel/ Hadding, § 705 Rn 23, 25; MünchKomm/ Ulmer, § 705 Rn 74 f., 82; Erman/ Westermann, § 705 Rn 22; Bamberger/ Roth/ Timm/ Schöne, BGB, § 705 Rn 55; Rauscher, Familienrecht, S. 281 f.

näheren Erläuterung oder gar Begründung folgt dann meist ein Verweis auf einen Aufsatz von Reuter und Kunath[87], die – soweit ersichtlich – den einzigen substantiellen Beitrag zur Stützung dieser These geliefert haben.
Zu der Frage, ob ein OHG-Anteil in das Gesamtgut gelangen kann, wird in dem Beitrag wie folgt argumentiert:
Die Mitgliedschaft in der OHG sei kein reines Vermögensrecht, sondern weise einen aus vermögens- und personenrechtlichen Elementen gemischten Charakter auf. Wer als Gesellschafter am Unternehmen einer OHG mitwirke, tue dies nicht nur als Kapitalinhaber, sondern auch als Person. Er suche nicht nur eine Kapitalanlage, sondern auch ein mehr oder weniger weites Betätigungsfeld. Umgekehrt werde er von den Mitgesellschaftern zumindest im normtypischen Fall der OHG nicht allein wegen seines Vermögensbeitrages, sondern auch wegen seiner persönlichen Eigenschaften und Fähigkeiten akzeptiert. Die Gütergemeinschaft sei reine Vermögensgemeinschaft und könne das personenrechtliche Element der Mitgliedschaft nicht integrieren, der Übergang der Gesellschaftsanteile ins Gesamtgut sei mit Rücksicht auf die personenrechtlichen Elemente zu verneinen.[88]

Der Aufsatz hat Weipert – 23 Jahre später – zu der rhetorischen Frage angeregt, ob unsere Rechtsordnung wirklich eine gesamthänderische Personenverbindung kenne, deren personenrechtlichen Merkmale stärker seien als die für die eheliche Gütergemeinschaft vorausgesetzten ?[89]

Für die Beantwortung der Frage ist Folgendes ins Gedächtnis zu rufen:

Erstens sollte man sich vergegenwärtigen, dass es sich bei der ehelichen Gütergemeinschaft weder um ein Rechtssubjekt noch um die bloße Anhäufung von Vermögensgegenständen handelt.
Einige Gesamthandsgemeinschaften sind nach nunmehr herrschender Ansicht selbst Rechtssubjekte, etwa Personenaußengesellschaften. Entscheidend befördert wurde die – Jahrzehnte dauernde – diskursive Durchsetzung dieser Auffassung durch die theoretischen Arbeiten Flumes. In Anlehnung an die Gesamthandstheorie der Germanisten, insbesondere Otto von Gierkes, hat er die sog. Gruppenlehre entwickelt. Danach soll die Gruppe der Gesamthänder als solche rechtsfähig sein. Dargestellt hat Flume das am Beispiel der BGB-Gesellschaft, Geltung sollte das Modell aber für alle Gesamthandsgemeinschaften haben, einschließlich der ehelichen Gütergemeinschaft.[90]

---

[87] Reuter/ Kunath, JuS 1977, 376.
[88] Reuter/ Kunath, JuS 1977, 376 (379 f.). Später, in ZHR 145 (1981), 273 (275 f.), hat Reuter dann allerdings die Mitgliedschaft der Gütergemeinschaft im Idealverein vertreten.
[89] Weipert, FS-Bezzenberger, 2000, 439 (445).
[90] Vgl. Flume, ZHR 136 (1972), 177 (179).

Nach der hier vertretenen Auffassung ist die eheliche Gütergemeinschaft kein Rechtssubjekt. Insoweit besteht auch Einigkeit mit jenen, die die Gesellschafterfähigkeit der Gütergemeinschaft ablehnen.[91]
Problematisch ist das Gesamthandsmodell, das der Argumentation Reuters und Kunaths zugrunde zu liegen scheint. Übersetzt man die vorgebrachten Einwände ins Bildhafte, so ist die eheliche Gütergemeinschaft – pointiert ausgedrückt – nichts weiter als ein Sack voll Geld. Ihr wird die Fähigkeit zugestanden, Vermögensleistungen zu erbringen, wie das auch ein Geldsack kann. Jeder anderen Betätigung, namentlich solcher, die mit menschlichen Eigenschaften und Fähigkeiten verbunden sind, soll sie nicht fähig sein.

Dieses Bild wird der ehelichen Gütergemeinschaft nicht gerecht.
Man muss der Flumeschen Gruppenlehre nicht soweit folgen, die Gütergemeinschaft als Rechtssubjekt zu verselbstständigen. Zutreffend ist aber der Gedanke, dass es sich bei den Gesamthändern um eine Personengruppe handelt, eben um eine Gesamthands*gemeinschaft*. Das ist freilich nicht neu, muss aber anlässlich der hier von Reuter und Kunath vorgetragenen Einwände mal in das Gedächtnis gerufen werden. Die Gesamthandsgemeinschaften als realhistorische Gebilde wurzeln in der germanischen Hausgenossenschaft, mithin in der Familie.[92] Es handelte sich immer um menschliche Gemeinschaften, auch als sie später auf vertraglicher Grundlage entstanden.[93]
Auch in der theoretischen Erfassung des Phänomens der Gesamthand wurden die mehr oder weniger engen persönlichen Beziehungen der Gesamthänder untereinander immer wieder thematisiert.[94]

Nun wurde in einer jüngst veröffentlichten Arbeit nachgewiesen, dass sich der BGB-Gesetzgeber nicht an der Tradition der Gesamthandsgemeinschaften orientiert und diese gezielt in das Gesetz aufgenommen hat, sondern das Gesamthandsprinzip nach reinen Zweckmäßigkeitserwägungen eingesetzt hat.[95]
Daraus folgt aber nicht, dass sich die Gütergemeinschaft auf das Gesamtgut reduziert. Zweck der Einführung des Gesamthandsprinzips war es, die vollständige Lebensgemeinschaft auch in vermögensrechtlicher Hinsicht zu Geltung zu

---

[91] Vgl. nur MünchKomm/ Ulmer, § 705 Rn 292.
[92] Gierke, Deutsches Privatrecht, I. Bd., 1895, S. 664.
[93] Vgl. Heusler, Institutionen des Deutschen Privatrechts, 1885, S. 227 ff.; Gierke, Deutsches Privatrecht, I. Band, 1895, S. 663 ff.
[94] Vgl. Gierke, Deutsches Privatrecht, I. Bd., 1895, S. 664, 674 ff.; Heusler, Institutionen des Deutschen Privatrechts, 1885, S. 250 f.; Buchda, Geschichte und Kritik der deutschen Gesamthandlehre, 1936, S. 169 ff.
[95] Vgl. Wächter, Die Aufnahme der Gesamthandsgemeinschaften in das Bürgerliche Gesetzbuch, 2002, S. 307 f.

bringen.[96] Die Gütergemeinschaft ist insofern integrativer Bestandteil der ehelichen Lebensgemeinschaft, also der umfassenden Gemeinschaft der Ehegatten.

Wie eng die Beziehung der Gesamthänder zueinander ist, darauf kommt es aber letztlich nicht an. Für die Frage der Gesellschafterfähigkeit ist – jedenfalls wohl nach der Auffassung von Reuter und Kunath – wichtig, dass die Persönlichkeiten der Gesamthänder zum Tragen kommen. Das ergibt sich aber nicht aus irgendeinem Gesamthandsmodell, sondern aus dem positiven Recht.[97] Es kommt insofern nicht darauf an, wie sehr man den Gruppencharakter und damit den Einheitsgedanken verwirklicht sieht oder eine Prävalenz der Vielheit der Gesamthänder beobachtet. Auch die Charakterisierung der Gesamthand als bloßes Sondervermögen der Gesamthänder ist insofern ohne entscheidende Bedeutung.

Ausschlaggebend ist vielmehr, dass die Persönlichkeiten der einzelnen Gesamthänder über die Verwaltungsregeln, also das positive Recht, Eingang in die Gesellschaft finden.
Sofern im Ehevertrag nichts anderes bestimmt ist, verwalten die Partner das Vermögen gemeinsam (§ 1421 S. 2 BGB)[98] und sind zur Mitwirkung auch verpflichtet (§ 1451 BGB). Verletzt ein Gemeinschafter seine Mitwirkungspflicht, so fließt ein etwaiger Schadensersatz wieder in das Gesamtgut (entsprechend § 1435 S. 3 BGB).[99]
Verwaltung bedeutet nicht nur die Vornahme von Rechtsgeschäften, sondern umfasst ebenso tatsächliches Handeln.[100] Befindet sich im Gesamtgut beispielsweise ein landwirtschaftlicher Betrieb, was bei dem in ländlichen Regionen noch am ehesten verbreiteten Güterstand nicht unwahrscheinlich ist, so sind die Ehegatten auch zur Mitwirkung an der Versorgung des Viehs und der Bestellung der Felder verpflichtet.[101] Unvermeidlich fließen dann die persönlichen Eigenschaften und Fähigkeiten der Partner in die Verwaltung des Gesamtguts mit ein. Befindet sich nun ein Personengesellschaftsanteil im Gesamtgut, so ist das nicht anders. Zur Verwaltung des Gesamtgutes gehört die Mitwirkung in der Gesell-

---

[96] Denkschrift zum Entwurf eines Bürgerlichen Gesetzbuchs nebst drei Anlagen, 4. Aufl., 1896, S. 290.
[97] Der langanhaltende und vehemente Widerstand gegen die Gruppenlehre Flumes beruhte gerade auf deren Unvereinbarkeit mit dem Wortlaut des Gesetzes; vgl. nur Zöllner, FS-Kraft, 1998, S. 701 (702). Weber-Grellet, ZHR 182 (1982), 316, hat den Streit wegen dessen Entfernung vom Gesetzestext als „Mysterienspiel" bezeichnet.
[98] In der Praxis dominiert die gemeinschaftliche Verwaltung ganz eindeutig. Vgl. MünchKomm/ Kanzleiter, § 1450 Rn 3.
[99] MünchKomm/ Kanzleiter, § 1451 Rn 9.
[100] Jauernig/ Chr. Berger, 1422 Rn 4.
[101] BGH, FamRZ 1986, 40 (42); MünchKomm/ Kanzleiter, § 1451 Rn 2; Staudinger/ Thiele, § 1450 Rn 22.

schaft. Auch in diesem Fall bringen die Ehegatten ihre persönlichen Eigenheiten, Fähigkeiten etc. ein.
Würde der landwirtschaftliche Betrieb etwa von einer GbR betrieben, in der die Ehegatten in Gütergemeinschaft Gesellschafter wären, so würden sie bei der Unterhaltung des Betriebes die gleichen Fähigkeiten einbringen. Die Trennung von Vermögen (Gesamtgut) und Personen (Ehegatten als Vermögensträger) erscheint ausgesprochen künstlich und nicht sachgerecht.

Zweitens ist zu bedenken, dass die Gütergemeinschaft unbestrittenermaßen Gesellschafter einer GmbH sein kann.[102] Nun ist die Mitgliedschaft in einer GmbH nach dem gesetzlichen Leitbild zweifellos weniger personalistisch angelegt als die in einer Personengesellschaft.[103] Beispielhaft stehen dafür etwa die mögliche Besetzung der Geschäftsführung mit Nichtgesellschaftern (Fremdorganschaft), die Stimmgewichtung nach Kapitalbeteiligung und die freie Übertragbarkeit der Mitgliedschaft.[104] Angesichts dessen, dass die Geschäftsführung und Vertretung in den Händen eines besonderen Organs liegen (§§ 6, 35 GmbHG), wird man auch sagen können, dass die vermögensrechtliche Beteiligung im Vordergrund steht. Nicht zu übersehen ist jedoch, dass der Geschäftsanteil ebenso Mitverwaltungsrechte vermittelt, wie ein Personengesellschaftsanteil. Die GmbH-Gesellschafter haben beispielsweise ebenso Teilnahmerechte an Gesellschafterversammlungen, Stimmrechte, Kontroll- und Informationsrechte und sie haben das Recht, durch Weisungen an die Geschäftsführer sehr weitgehend in die Geschäftsführung einzugreifen. Das verträgt sich nicht mit der Auffassung, die Gütergemeinschaft könnte nur Vermögensrechte integrieren. Die Fähigkeit der Gütergemeinschaft zur Wahrnehmung ihrer Mitverwaltungsrechte- und pflichten in einer GmbH ist völlig außer Streit.[105]
Hinzu kommt, dass die in der Praxis vorherrschende Form der GmbH die personalistisch strukturierte ist, mit einem Anteil von ca. 65 %.[106]Trotzdem sind bisher keine Stimmen dahingehend laut geworden, dass die Beteiligung von in Gütergemeinschaft lebenden Partnern unzulässig wäre, weil sie das personalistische Element nicht ausfüllen könnten.

Drittens stellt sich die Frage, inwiefern überhaupt „persönliche Eigenschaften und Fähigkeiten" Voraussetzung für die Mitgliedsfähigkeit sind. Wenn Reuter/Kunath vom normtypischen Fall der OHG sprechen, räumen sie selbst ein, dass dies auch anders und also nicht gesetzliche Voraussetzung sein kann.

---

[102] Statt aller: Roth/ Altmeppen, GmbHG, § 18 Rn 2.
[103] Eine Ausnahme ist für die Partenreederei und für die Kommanditbeteiligung zu machen.
[104] Vgl. § 6 III GmbHG;47 II GmbHG ; § 15 I GmbHG.
[105] Vgl. nur Hachenburg/ Zutt, GmbHG, § 18 Rn 9.
[106] Zahlen aus Michalski, GmbHG, 2002, Syst. Darst. 1 Rn 135 f.

Schon vor der höchstrichterlichen Anerkennung der Mitgliedschaft einer juristischen Person in einer oHG hat Pinner geschrieben, dass der Gesetzgeber in erster Linie zwar an physische Personen als Mitglieder gedacht habe, aber kein zwingender Grund vorliege, den juristischen Personen die Mitgliedschaft zu versagen.[107]
Wenn das Gesetz ausdrücklich den Ausschluss einzelner Gesellschafter von der Geschäftsführung vorsieht (§ 114 Abs. 2 HGB) und somit eine im Wesentlichen nur kapitalmäßige Beteiligung zugelassen ist, so ist dem zu entnehmen, dass die Mitarbeit aller Gesellschafter keineswegs vorausgesetzt ist.[108]

Dasselbe Argument streitet auch für die Mitgliedschaft in der Gesellschaft bürgerlichen Rechts. Zwar bindet das Gesetz die Existenz des Verbandes hier am stärksten an die personelle Zusammensetzung, indem es für den Todesfall die Auflösung anordnet (§ 727 I BGB). Auch ist für den Regelfall gemeinschaftliche Vertretung und Geschäftsführung vorgesehen (§ 709 I, 714 BGB). Doch lässt das Gesetz auch ausdrücklich den Ausschluss einzelner Gesellschafter von der Geschäftsführung und Vertretung (§§ 710 S. 1, 714 BGB) zu und gibt damit zu erkennen, dass die dafür benötigten Fähigkeiten keine Voraussetzung für die Mitgliedschaft sind. Auch die Auflösung im Todesfall ist gesellschaftsvertraglich abdingbar (§ 727 I 2. HS BGB).
Unter den vielfältigen Erscheinungsformen der Außen-GbR finden sich denn auch etliche, bei denen es auf die Person des Gesellschafters nicht ankommt. So steht etwa bei Publikums – BGB – Gesellschaften mit Hunderten von Mitgliedern[109] die kapitalmäßige Beteiligung derart im Vordergrund, dass weder die Gesellschaft noch die anderen Gesellschafter ein Interesse an den persönlichen Eigenschaften und Fähigkeiten des einzelnen Mitgliedes haben, jedenfalls wenn man von der Zahlungsfähigkeit absieht. Üblicherweise werden sie sich nicht einmal gegenseitig kennen. Persönliche Eigenschaften dürften auch beim Zusammenschluss von Gesellschaften zu BGB-Gesellschaften in Form von Arbeitsgemeinschaften[110] oder Konsortien[111] keine Rolle spielen.

Das personenrechtliche Element spielte auch in einem jüngst zur Mitgliedschaft einer Gütergemeinschaft in einer Kommanditgesellschaft ergangenen Beschluss des Bayrischen Oberlandesgerichts[112] eine tragende Rolle. Das Gericht hat die Eintragung einer ehelichen Gütergemeinschaft als Kommanditistin abgelehnt.

---

[107] Staub/ Pinner, HGB, 10. Auflage, 1920, § 105 Anm. 22 A.
[108] A. Hueck, Das Recht der OHG, 1971, S. 21.
[109] Vgl. etwa BGH, NJW 1994, 491: über 350 Gesellschafter.
[110] Vgl. MünchKomm/ Ulmer, Vor § 705 Rn 43 ff.
[111] Vgl. MünchKomm/ Ulmer, Vor § 705 Rn 51 ff.
[112] BayObLG, Beschl. v. 22. 1. 2003 – 3Z BR 238/ 02, ZIP 2003, 480.

Es glaubt sich mit einer „nahezu einhelligen“ Meinung in Rechtsprechung[113] und Literatur darin einig, dass die Gütergemeinschaft nicht die Fähigkeit zur Kommanditistin habe. In der Begründung stützt man sich auf das – hier bereits untersuchte – Argument der mangelnden Einheit.[114] Darüber hinaus heißt es in den Gründen: „Die Gütergemeinschaft als (bloße) Vermögensgemeinschaft aber kann das personenrechtliche Element der Mitgliedschaft in der Personenhandelsgesellschaft nicht integrieren (...).“[115]
Das ist schlicht nicht nachvollziehbar:
Die gesetzliche Regelung der oHG und GbR geht von dem Grundsatz aus, dass die persönlichen Eigenheiten und Fähigkeiten der Gesellschafter für den Zusammenschluss von Bedeutung sind. Das Gesetz anerkennt aber auch, dass dies nicht immer der Fall ist und überlässt es den Gesellschaftern, die rechtlichen Beziehungen an ihre Bedürfnisse anzupassen.
Umgekehrt liegt der Fall bei der Kommanditgesellschaft. Für die Stellung des Kommanditisten sieht das Gesetz die weitgehende Beschränkung auf eine kapitalmäßige Beteiligung vor (§§ 164, 170 HGB). Die vorgesehene Mitwirkung des Kommanditisten beschränkt sich auf die Leistung der Einlagen, die Wahrnehmung der Kontrollrechte und das Widerspruchsrecht bei außergewöhnlichen Geschäften. Der gesetzestypische Ausschluss von der Geschäftsführung kann von den Gesellschaftern aber auch völlig aufgehoben und dem Kommanditisten die Alleingeschäftsführung übertragen werden.[116]
Die einzige Eigenschaft des Kommanditisten, auf die es nach der gesetzlichen Regelung wirklich ankommt, ist das Verfügen über ausreichend Kapital für die Einlagenleistung.[117] Mindestens diese Eigenschaft hat aber die Gütergemeinschaft wohl selbst nach Auffassung des Gerichts, jedenfalls lässt die Bezeichnung als „(bloße) Vermögensgemeinschaft“ darauf schließen.
Selbst aus den Reihen jener, die die Kommanditistenfähigkeit der Gütergemeinschaft bestreiten, wird konzediert, dass das Erfordernis der persönlichen Mitwirkung am Gesellschaftsleben für die Frage der Gesellschafterfähigkeit der Gütergemeinschaft nicht entscheidend ist.[118]

---

[113] Dabei führt das Gericht irrtümlich BayObLGZ 1980, 414 (418) an, obwohl es in den Gründen zu jenem Beschluss die Bildung eine GbR oder oHG zwischen der Gütergemeinschaft und einem Dritten für den Fall der Übertragbarkeit der Gesellschaftsanteile für möglich gehalten hatte. Vgl. dazu Kanzleiter, DnotZ 2003, 422; Grziwotz, ZIP 2003, 848.
[114] BayObLG, ZIP 2003, 480 (480 f.).
[115] BayObLG, ZIP 2003, 480 (480 f.).
[116] Koller/ Roth/ Morck, HGB, § 164 Rn 1, 3.
[117] Das gilt erst recht für die Publikums-KG.
[118] Heymann/ Horn, § 161 Rn 43. Anzumerken ist auch, dass zwar das Oberlandesgericht den Aufsatz von Reuter/ Kunath als Nachweis anführt, dass sich diese aber mit der oHG befassen. Die *gesetzestypische* oHG ist aber gerade in Bezug auf das hier in Frage stehende personenrechtliche Element nicht mit der *gesetzestypischen* Kommanditistenstellung vergleichbar.

10. Ergebnis

Es gibt keine überzeugenden Gründe gegen die Mitgliedschaft einer ehelichen Gütergemeinschaft in einer Außen-GbR, oHG oder KG. Auf der anderen Seite besteht aber offensichtlich ein Bedürfnis für eine solche Beteiligung.[119] Ist einmal erkannt, dass die Gütergemeinschaft Personengesellschafter sein kann, so steht dem Erwerb der Mitgliedschaft auch auf anderem Wege grundsätzlich nichts entgegen. Die Gütergemeinschaft kann sich an der Gründung einer Personengesellschaft beteiligen, in eine solche eintreten oder die Mitgliedschaft nach §§ 398, 413 BGB erwerben.

II. Als Gesellschafterin einer BGB-Innengesellschaft

In den Stellungnahmen zur Mitgliedschaft von Gütergemeinschaften in Gesellschaften bürgerlichen Rechts findet eine Differenzierung zwischen Außen- und Innengesellschaften nicht statt. Deswegen kann für den Streitstand auf die im Rahmen der Untersuchung der Außen-GbR nachgewiesenen Pro- und Kontra-Stimmen verwiesen werden.[120]

Die Mitgliedschaft der Gütergemeinschaft stößt auch für die Innen-GbR auf keine unüberwindlichen Hindernisse. Vielmehr ist festzustellen, dass die Einwände der überwiegenden Meinung aufgrund der besonderen Struktur der Innengesellschaft weniger Ansatzpunkte finden.
Eingegangen werden soll nur auf Besonderheiten, die sich aus den besonderen Merkmalen der Gesellschaft als Innengesellschaft ergeben. Im Übrigen wird auf die Darlegungen im Rahmen der Außengesellschaft verwiesen.
Als BGB-Innengesellschaften werden mit der hM solche begriffen, die über kein Gesamthandsvermögen verfügen[121] und nach ihrer gesellschaftsvertraglichen Vereinbarung als solche nicht nach außen in Erscheinung treten sollen.[122]

---

[119] BayObLG, ZIP 2003, 480.
[120] S. o. Kapitel § 5 I.
[121] K. Schmidt, Gesellschaftsrecht, S. 1290, 1696 f.; Timm, NJW 1995, S. 3209 ff., 3216; Blaurock, Unterbeteiligung und Treuhand an Gesellschaftsanteilen, 1982, S. 100; G. Hueck, Gesellschaftsrecht, 1991, S. 43; Groh, DB 1987, 1006 (1009); Flume, Die Personengesellschaft, 1977, S. 5 f.; MünchKomm/ Ulmer, § 705 Rn 282 für "Innengesellschaften im engeren Sinne"; Staudinger/ Habermeier, § 705 Rn 58 ff., insbesondere Rn 61; Hueck/ Windbichler, Gesellschaftsrecht, S. 61; aA Erman/ H. P. Westermann, vor § 705 Rn 24; Hadding, ZGR 2001, S. 712 ff., 715; Ulmer/ MünchKomm, § 705 Rn 279, für "Innengesellschaften im weiteren Sinne".
[122] BGH WM 1966, 31 (32); Hachenburg/ Ulmer, § 2 Fn 145; ders., MünchKomm, § 705 Rn 279; Erman/ H. P. Westermann, vor § 705 Rn 24; wohl auch Hadding, der auf den Gesellschaftszweck abstellt, ZGR 2001, S. 713 (714); K. Schmidt, Gesellschaftsrecht, S. 1696.

1. Wahrnehmung der Rechte und Pflichten

Art und Umfang der von den Gesellschaftern einer BGB-Innengesellschaft wahrzunehmenden Aufgaben richtet sich nach der jeweiligen Ausgestaltung der Gesellschaft, und diese kann gerade bei Innengesellschaften stark variieren. Innengesellschaften können sich in einem reinen Schuldverhältnis zweier Vertragsparteien erschöpfen, man denke nur an die Beteiligung an einem nichtkaufmännischen Unternehmen als bürgerlich-rechtlicher Variante der stillen Gesellschaft.[123] Sie können aber auch verbandsmäßig organisiert sein.[124] Geschäftsführungsaufgaben fallen zwar grundsätzlich auch bei Innengesellschaften an.[125] Doch angesichts der mangelnden Unternehmensträgerschaft und des fehlenden Gesamthandvermögens werden diese regelmäßig weniger Ansprüche an die Fähigkeiten der Gesellschafter stellen. Vertretungsbefugnisse und -pflichten entfallen typischerweise völlig.[126] Die Gesellschafter treten im Rechtsverkehr nicht anders auf, als sie das ohne die gesellschaftsvertragliche Bindung tun. Auch deswegen stellt die Stellung in einer Innengesellschaft geringere Anforderungen an die Person des Gesellschafters. Bedenken, die Gütergemeinschaft könne eine solche Stellung nicht ausfüllen, bestehen grundsätzlich nicht.

2. Haftung

Die von Stimmen der Literatur hinsichtlich der Mitgliedschaft in Personenhandelsgesellschaften vorgetragenen Bedenken, der Gütergemeinschaft fehle die unbeschränkte Haftung[127], stehen der Beteiligung an eine Innen-GbR schon deswegen nicht entgegen, weil Gesellschaftsverbindlichkeiten nicht entstehen. Typisches Merkmal von BGB-Innengesellschaften ist, dass sie als solche am Rechtsverkehr nicht teilnehmen. Vielmehr handeln die Gesellschafter im eigenen Namen oder als Vertreter anderer Gesellschafter, nicht aber der Gesellschaft. Das hat zu Folge, dass keine Gesellschaftsverbindlichkeiten begründet werden, für die die Gesellschafter einstehen müssten.[128] Die gesamthänderisch gebundenen Ehegatten haften folglich nur nach den allgemeinen Regeln, nicht nach Gesellschaftsrecht.

---

[123] Vgl. MünchKomm/ Ulmer, § 705 Rn 286 ff.

[124] K. Schmidt, Gesellschaftsrecht, S. 170 f.

[125] Vgl. zur Anwendbarkeit der Geschäftsführungsvorschriften MünchKomm/ Ulmer, § 705 Rn 284.

[126] MünchKomm/ Ulmer, § 705 Rn 284.

[127] MünchHdBGesR/ Happ, KG § 1 Rn 46; Bärwaldt/ Müller, Beck'sches Handbuch der Personengesellschaften, § 4 Rn 6; H. Westermann, Gesellschaftsrecht, S. 86, der nur etwas vage von Schwierigkeiten bei der Haftung spricht.

[128] MünchKomm/ Ulmer, § 705 Rn 284.

3. Argument der Doppelzugehörigkeit von Gegenständen

Der gerade gegen die Mitgliedschaft in der GbR vorgetragene Einwand, Gegenstände könnten nicht gleichzeitig dem Gesamtgut und dem Gesamthandsvermögen der GbR angehören[129], greift hier schon deswegen nicht, weil die Innengesellschaft nicht Trägerin von Gesamthandsvermögen ist.

4. Ergebnis

Zusammenfassend ist festzustellen, dass die Gütergemeinschaft auch Gesellschafterin einer BGB-Innengesellschaft sein kann.

III. Als Gesellschafterin einer stillen Gesellschaft

1. Gütergemeinschaft als Geschäftsinhaber

Ein Handelsgewerbe konnte bis zum 1. 4. 1953 – dem Inkrafttreten des Gleichberechtigungsgrundsatzes gemäß Art. 3 Abs. 2, 117 Abs. 1 GG – nicht in Gütergemeinschaft betrieben werden.[130] Das Handelsgeschäft durfte zwar gesamthänderisch gebundenes Eigentum der Ehegatten sein. Für die handelsrechtliche Inhabereigenschaft kommt es indessen nicht auf die Eigentumsverhältnisse an, maßgebend ist vielmehr das Betreiben des Geschäfts im eigenen Namen.[131]
Die Verwaltung des Gesamtgutes stand vor dem April 1953 von Gesetzes wegen unabdingbar allein dem Ehemann zu (§ 1443 BGB a. F.). Dementsprechend konnte – kraft seines Verwaltungsrechts – nur der Mann das zum Gesamtgut gehörende Unternehmen betreiben, wenn nicht ausnahmsweise die Ehefrau zum selbstständigen Betrieb des Handelsgeschäfts (§§ 1452, 1405 BGB a. F.) berechtigt war.[132]
Nach heute geltendem Recht steht den Ehegatten die Entscheidung frei, wem von beiden die Verwaltung übertragen wird, im Zweifel wird das Gesamtgut gemeinschaftlich verwaltet (§ 1421 BGB). Ist im Ehevertrag die Alleinverwaltung durch den Mann oder die Frau bestimmt und befindet sich im Gesamtgut ein Handelsunternehmen, so ist nur diese Person Kaufmann und Inhaber.[133] Haben die Ehegatten dagegen gemeinschaftliche Verwaltung vereinbart oder gar

[129] Giefers/ Ott, Die Gesellschaft bürgerlichen Rechts, 2000, S. 58.
[130] Düringer-Hachenburg/ Geiler, 3. Aufl. 1930, Allg. Einleitung z. HGB, Anm. 86; Beck, DNotZ 1962, 348.
[131] Koller/ Roth/ Morck, HGB, § 1 Rn 17.
[132] Beck, DNotZ 1962, 348.
[133] Baumbach/ Hopt/ Merkt, HGB, § 1 Rn 48; Koller/ Roth/ Morck, HGB, § 1 Rn 18.

keine Regelung getroffen, so gelten beide als Kaufleute und Unternehmensinhaber. Die Gütergemeinschaft ist eine zulässige Form der Mitunternehmerschaft.[134] Rechtsträgerin des Unternehmens ist dann nicht die Gütergemeinschaft als solche, denn der mangelt es an Rechtsfähigkeit, sondern die Ehegatten. Sie werden als gemeinschaftliche Inhaber in das Handelsregister eingetragen.[135]

(1) Aufnahme eines stillen Gesellschafters durch die Ehegatten

Betreiben die in Gütergemeinschaft lebenden Ehegatten gemeinschaftlich ein Handelsgewerbe, so erfüllen sie damit eine wesentliche Voraussetzung für die Beteiligung eines stillen Gesellschafters (§ 230 I HGB). Gemeinschaftlich können sie mit diesem einen Gesellschaftsvertrag abschließen (§ 1450 I BGB).[136] Vertragspartner des stillen Gesellschafters wird – mangels Rechtsfähigkeit – nicht die Gütergemeinschaft an sich, sondern nur die Ehegatten als Unternehmensträger.[137]
Die Gesellschafterstellung fällt in das Gesamtgut. Probleme unter dem Gesichtspunkt der rechtsgeschäftlichen Unübertragbarkeit der Gesellschafterposition mit der Folge der Zugehörigkeit zum Sondergut (§ 1417 BGB) treten nicht auf. Anerkanntermaßen fallen unübertragbare Rechte, die unmittelbar für die gesamthänderisch gebundenen Ehegatten begründet werden, in das Gesamtgut.[138] Diese Voraussetzungen liegen dann vor, wenn die Gütergemeinschaft bereits besteht und die Ehegatten als Gesamthänder einen entsprechenden Gesellschaftsvertrag mit dem stillen Gesellschafter abschließen.

Die Pflichten der Geschäftsinhaber bestehen im Wesentlichen darin, die dem Stillen zustehenden Ansprüche auf Gewinnbeteiligung (§ 231 HGB) und Auseinandersetzungsguthaben (§ 235 HGB) zu erfüllen. Beide Ehegatten haften dafür persönlich mit ihrem Sonder- und Vorbehaltsgut sowie mit dem Gesamtgut (§ 1459 BGB).
Daneben besteht für die Geschäftsinhaber vor allem die Pflicht, das Unternehmen so zu führen, wie es ihrem und des Stillen gemeinsamen Interesse ent-

---

[134] Statt Vieler: BGHZ 65, 79 (80, 85); BayObLG, FamRZ 1992, 61 (61 f.); Baumbach/ Hopt/ Merkt, HGB, § 1 Rn 48; Erman/ Heckelmann, § 1416 Rn 3; kritisch K. Schmidt, Handelsrecht, S. 107.
[135] BayObLG, FamRZ 1992, 61 (62).
[136] Freilich sind auch Bevollmächtigung und Ermächtigung möglich, vgl. dazu MünchKomm/ Kanzleiter, § 1450 Rn 8.
[137] Ebenso für die Außen-GbR vor Anerkennung ihrer Rechtsfähigkeit: Schlegelberger/ Geßler, HGB, 4. Aufl., § 335 Rn 9; Paulick, Handbuch der stillen Gesellschaft, 3. Aufl. 1981, S. 54.
[138] Staudinger/ Thiele, § 1417 Rn 3; RGRK/ Finke, § 1417 Rn 3; BayObLGZ 1967, 480.

spricht.[139] Bedenken gegen die Gesellschafterfähigkeit bestehen auch in sofern nicht. Falls man wegen der gemeinschaftlichen Verwaltung eine gewisse Schwergängigkeit in der Unternehmensführung zugrundelegt, so sind daraus erwachsende Nachteile für den Stillen nur die Folge von dessen privatautonomer Entscheidung.

(2) Entstehung der Gütergemeinschaft nach der stillen Gesellschaft

Problematischer ist der Fall, wenn ein Ehegatte schon vor Errichtung der Gütergemeinschaft Inhaber eines Handelsgeschäfts und als solcher Gesellschafter einer stillen Gesellschaft war.

Ist für das Handelsunternehmen nicht Vorbehaltsgut vereinbart, so fällt es mit Inkrafttreten des Ehevertrages durch Universalsukzession in das Gesamtgut (§ 1416 I 1, II BGB).[140] Im Falle gemeinschaftlicher Verwaltungskompetenz ist nun auch der andere Ehegatte als Mitinhaber und Kaufmann im Handelsregister einzutragen[141]

Damit stellt sich die Frage, ob auch die Gesellschafterstellung des Geschäftsinhabers Teil des Gesamtguts wird. Das ist, jedenfalls für den Normalfall, wegen der Unübertragbarkeit der Gesellschafterstellung abzulehnen.

Dafür muss man sich klar machen, dass das Gesellschaftsverhältnis gerade aus Sicht des Stillen auf besonderem Vertrauen beruht. Denn seine mitgliedschaftlichen Rechte beschränken sich in der gesetzestypischen stillen Gesellschaft - abgesehen von den Vermögensrechten - auf Kontrollrechte (§ 233 HGB). Auf die Geschäftsführung hat er überhaupt keinen Einfluss. Hier kann er nur auf den Charakter und die Fähigkeiten des Geschäftsinhabers vertrauen. Gerade deswegen wird es ihm auf die Person des Inhabers besonders ankommen.

Niederschlag hat dieses Interesse in der gesetzlichen Regelung gefunden, dass der Tod des Geschäftsinhabers die Auflösung der stillen Gesellschaft zur Folge hat (§ 727 I BGB).[142]

Aus dem personalistischen Charakter des Zusammenschlusses, namentlich aus Sicht des stillen Gesellschafters, resultiert die grundsätzliche Unübertragbarkeit der Gesellschafterposition des Geschäftsinhabers.[143] Demzufolge fällt sie nicht in das Gesamtgut, sondern in das Sondergut desjenigen Ehegatten, der zuvor Geschäftsinhaber war (§ 1417 II BGB). Den Weg des Unternehmens in das Gesamtgut wird der stille Gesellschafter nicht verhindern können. Das kann aber

---

[139] BGH, NJW 1995, 1354; Koller/ Roth/ Morck, § 230 Rn 20.

[140] Staudinger/ Thiele, § 1416 Rn 16; MünchKomm/ Kanzleiter, § 1416 Rn 8.

[141] BayObLG, FamRZ 1992, 61 (61 f.).

[142] Koller/ Roth/ Morck, HGB, § 234 Rn 7.

[143] Nach Koller/ Roth/ Morck, HGB, § 230 Rn 25, sind nur der Anspruch auf Einlage sowie die in § 717 S. 2 BGB genannten Rechte übertragbar.

im Einzelfall einen wichtigen Grund darstellen, der den Stillen zur Kündigung berechtigt (§§ 234 I, 133 HGB).[144]
Eine gesellschaftsvertragliche Regelung, die die Übertragung der Stellung des Geschäftsinhabers erlaubt, dürfte wohl eine äußerst seltene Ausnahme sein. Stimmt aber der stille Gesellschafter der Beteiligung des zweiten Ehegatten am Gesellschaftsverhältnis zu, dann besteht kein Grund, die Mitgliedschaft nicht in das Gesamtgut fallen zu lassen. Denn dann sind jene Widersprüche, die zu vermeiden Sinn und Zweck der Vorschrift des § 1417 BGB ist, nicht zu gewärtigen.

2. Die Gütergemeinschaft als stiller Gesellschafter

Das Gesetz stellt an den stillen Gesellschafter keine besonderen Anforderungen. Stiller Gesellschafter kann jeder sein, der sich durch schuldrechtliche Verträge verpflichten kann. Dazu gehören auch die in Gütergemeinschaft lebenden Ehegatten.[145] Entscheidend für die Beteiligung der Gütergemeinschaft ist, dass der Gesellschaftsvertrag mit dem Geschäftsinhaber im Namen der gesamthänderisch gebundenen Ehegatten abgeschlossen wird. In diesem Fall stellt sich die Frage der Universalsukzession nach § 1416 II BGB nicht.
Die Wahrnehmung der Rechte und Pflichten des Gesellschaftsverhältnisses, insbesondere die Leistung der Einlage[146] und die Wahrnehmung der Vermögens- und Kontrollrechte (§§ 232 I, 233 HGB) richten sich nach den von den Ehegatten gewählten Verwaltungsregeln (§§ 1422 ff. oder §§ 1450 ff. BGB). Es dürfte einer Gütergemeinschaft auch nicht schwer fallen, die mit Rechten und Pflichten recht spartanisch ausgestattete Stellung eines stillen Gesellschafters auszufüllen.

Erheblich differieren können Rechte und Pflichten des Stillen, wenn dieser in größerem Umfang an der Geschäftsführung des Unternehmens beteiligt ist und es sich um einen größeren, möglicherweise differenziert organisierten Verband handelt.[147] Auch das steht der Mitgliedschaft der Gütergemeinschaft nicht entgegen. Zweifel könnten sich hier allenfalls daraus ergeben, dass die Ehegatten mangels anderweitiger Regelung grundsätzlich nur gemeinschaftlich handeln können (§§ 1450 ff. BGB).[148] Insofern ist aber zu bedenken, dass die Güterge-

---

[144] Koller/ Roth/ Morck, HGB, § 234 Rn 3, für den Fall, dass der Inhaber das Handelsgeschäft verkauft.
[145] MünchKommGesR/ K. Schmidt, § 230 Rn 34.
[146] Entscheidend ist allerdings nicht die Leistung einer Einlage, sondern das Halten einer Einlage. Ausreichend ist also auch die Zuwendung in Form der Einbuchung. Vgl. Koller/ Roth/ Morck, HGB, § 230 Rn 10.
[147] Für einen Einblick in die Gestaltungsvielfalt vgl. Paulick/ Blaurock, Handbuch der Stillen Gesellschaft, 1998, S. 63 ff., 82 ff.
[148] In diesem Sinne argumentiert Rauscher, Familienrecht, 2001, S. 281, gegen die Mitgliedschaft in Personengesellschaften.

meinschaft schließlich auch sonst zur Führung eines Unternehmens in der Lage ist und als Geschäftsinhaber Gesellschafter einer stillen Gesellschaft sein kann. Aber selbst wenn man von einer Ungeeignetheit ausgeht, ist zu berücksichtigen, dass die Beteiligung an der Geschäftsführung eine Abweichung von der gesetzlich vorgesehenen Regelung ist, also Ergebnis privatautonomer Gestaltung. Dann kann es auch den Gesellschaftern überlassen bleiben, wie sie das intern regeln oder im konkreten Fall eben keine Gütergemeinschaft aufnehmen. Die gemeinschaftliche Beteiligung der Ehegatten als stille Gesellschafter ist also grundsätzlich möglich, auch in atypisch ausgestalteten stillen Gesellschaften.

Anders stellt sich die Lage dar, wenn ein Ehegatte bereits vor dem Wirksamwerden des Ehevertrages stiller Gesellschafter war. Für die Frage, ob die Beteiligung in das Gesamtgut fällt, kommt es dann entscheidend auf das Kriterium der rechtsgeschäftlichen Übertragbarkeit an (§ 1417 Abs. 2 BGB). Dies ist nach allgemeiner Meinung[149] grundsätzlich nicht der Fall. Übertragbar sind nach § 717 S. 2 BGB nur die Einzelansprüche auf Gewinnauszahlung und auf Auszahlung der stillen Einlage im Auseinandersetzungsfall.[150] Unübertragbarkeit bedeutet auch hier lediglich, dass die Mitgliedschaft nicht ohne Zustimmung der anderen Gesellschafter übertragen werden kann. Es steht den Beteiligten frei, Übertragbarkeit der Beteiligung zu vereinbaren.[151] In der verbandsmäßig organisierten stillen Gesellschaft ist die Zustimmung lediglich des Geschäftsinhabers nicht ausreichend. Die Übertragung der atypisch stillen Beteiligung stellt einen Eingriff in die Gesamtorganisation dar, weshalb auch die anderen stillen Gesellschafter zustimmen müssen. Die Zustimmungserklärungen können in den Verträgen vorweggenommen werden. Dann ist die stille Beteiligung nach näherer Maßgabe der Vertragsregelung übertragbar.[152]
Ist die Übertragbarkeit vereinbart, so besteht auch kein Grund, die Beteiligung in das Sondergut zu leiten. Die Voraussetzung des § 1417 Abs. 2 BGB, die rechtsgeschäftliche Unübertragbarkeit, ist dann nicht gegeben. Vielmehr fällt die Mitgliedschaft in das Gesamtgut der Ehegatten, so dass beide in gesamthänderischer Verbundenheit zum stillen Gesellschafter werden.

---

[149] Statt aller: BGH, WM 1998, 555 (557); K. Schmidt, Gesellschaftsrecht, S. 1857; Koller/ Roth/ Morck, HGB, § 230 Rn 25.
[150] BGH, WM 1998, 555 (557); MünchKommGesR/ K. Schmidt, § 230 Rn 174.
[151] BGH, WM 1998, 555 (557); MünchKommGesR/ K. Schmidt, § 230 Rn 175; Koller/ Roth/ Morck, HGB, § 230 Rn 25.
[152] MünchKommGesR/ K. Schmidt, § 230 Rn 175.

3. Ergebnis

Als Ergebnis ist festzuhalten, dass die Gütergemeinschaft als Geschäftsinhaber einen stillen Gesellschafter aufnehmen und sich auch selbst mit einer stillen Einlage am Handelsgeschäft eines anderen beteiligen kann.

IV. Mitgliedschaft in einer Partenreederei

Zur Mitgliedsfähigkeit in einer Partenreederei gibt die Literatur wie folgt Auskunft: „Mitreeder können natürliche und juristische Personen sein; als Mitreeder können sich aber auch Personengesellschaften des Handelsrechts beteiligen, weil sie unter ihrer Firma Rechte erwerben und Verbindlichkeiten eingehen können (§§ 124 Abs. 1, 161 Abs. 2 HGB) und damit weitgehend rechtlich verselbständigt sind."[153]
Dass diese Aufzählung nicht vollständig und durch nichtrechtsfähige Personenmehrheiten zu ergänzen ist, hat sich am Beispiel der Erbengemeinschaft schon erwiesen. Im Folgenden ist zu untersuchen, ob die Liste möglicher Mitreeder auch durch die in Gütergemeinschaft lebenden Ehegatten zu erweitern ist.

Aus dem Gesetz ergibt sich für die Frage unmittelbar nichts. Dort ist ausschließlich von „Personen" die Rede.[154] Daraus lässt sich schließen, dass jedenfalls jeder Ehegatte einzeln Mitreeder sein kann. Von diesem gesicherten Terrain ausgehend soll zunächst der Fall untersucht werden, dass ein Ehegatte vor Inkrafttreten der Gütergemeinschaft Mitreeder gewesen ist und für die Schiffspart kein Vorbehaltsgut vereinbart wurde. Dann stellt sich die Frage, ob mit Wirksamwerden des Ehevertrages die Part in das Gesamtgut (§ 1416 BGB) oder in das Sondergut (§ 1417 BGB) fällt.

1. Familienrechtliche Perspektive

Aus Sicht der Ehegatten besteht ein Interesse daran, die Part in das Gesamtgut fallen zu lassen. Anderenfalls hätten sie dafür Vorbehaltsgut (§ 1418 BGB) vereinbart. Die entscheidende Weiche für die Befriedigung dieses Interesses wird im ehelichen Güterrecht durch die Vorschrift des § 1417 II BGB gestellt, durch das Kriterium der rechtsgeschäftlichen Unübertragbarkeit. Es kommt also darauf an, ob die Part durch Rechtsgeschäft übertragen werden kann.

---

[153] MünchHdBGesR I/ Bote, § 87 Rn 9; ähnlich Schaps-Abraham, Das deutsche Seerecht, § 489 Anm. 7.
[154] Vgl. §§ 489 I, 491 I, 505 I, 509 I HGB.

(1) Übertragbarkeit der Schiffspart

Das Gesetz spricht dazu eine deutliche Sprache: „Jeder Mitreeder kann seine Schiffspart jederzeit und ohne Einwilligung der übrigen Mitreeder ganz oder teilweise veräußern.“ (§ 503 I 1 HGB). Nur wenn infolge der Veräußerung das Schiff das Recht, die „Reichsflagge“ zu führen, verlieren würde, bedarf es der Zustimmung aller Mitreeder.[155]

Nach einer nunmehr überholten Rechtsauffassung deutete man die Schiffspart primär als Bruchteil am Schiff. Als Kernbestandteil der Part galt der bruchteilsmäßige Eigentumsanteil des Mitreeders am Schiff und dem Zubehör, einem entsprechend großen Anteil am übrigen Reedereivermögen, und – als Quasizubehör – kam dazu ein Komplex von gesellschaftlichen Mitgliedsrechten, Pflichten und Verbindlichkeiten.[156] Veräußerung der Part bedeutete nach diesem Verständnis vor allem die Übertragung der Eigentumsquote am Schiff. Gewissermaßen als Anhängsel sollten dann die Anteile an den sonstigen Gegenständen und Rechten übergehen, sowie Mitgliedschaftsrechte und –pflichten.[157]

Nach heutiger Auffassung[158] beschreibt die Schiffpart die Mitgliedschaft in dem Verband, der Partenreederei. Veräußerung im Sinne des § 503 Abs. 1 und 2 HGB bezieht sich auf einen einheitlichen Rechtgegenstand, die Mitgliedschaft. Der Erwerber erlangt keinen Bruchteil am Schiff und den anderen Gegenständen, sondern die Mitgliedschaft in einem Verband.
So gesehen besagt die Vorschrift des § 503 I 1 HGB, dass die Mitgliedschaft in der Partenreederei frei, d. h. auch ohne die Zustimmung der übrigen Mitreeder, übertragen werden kann.

Die hier stehende Frage ist somit dahin gehend zu beantworten, dass § 1417 II BGB nicht eingreift. Aus Sicht des ehelichen Güterrechts besteht folglich kein

---

[155] Das Recht zur Führung der Bundesflagge geht verloren, wenn keine Part mehr im Eigentum von Deutschen seht. (§ 2 II a FlagRG) ; vgl. Prüssmann/ Rabe, Seehandelsrecht, § 503 Rn 4.
[156] So noch Wüstendörfer, Neuzeitliches Seehandelsrecht, 1947, S. 142 f. Abraham, Das Seerecht, 1974, S. 84 f. unterscheidet zwischen der Schiffspart im engeren und im weiteren Sinne, wobei die Part im engeren Sinne den bruchteilsmäßigen Miteigentumsanteil des Mitreeders am Schiff beschreibt.
[157] Vgl. dazu: Wüstendörfer, Neuzeitliches Seehandelsrecht, 1947, S. 153.
[158] Ruhwedel, Die Partenreederei, 1973, S. 107 ff., insbes. S. 116; K. Schmidt, Die Partenreederei als Handelsgesellschaft: Integration einer Sonderrechtsform in das Unternehmensrecht, 1995, S. 33; Prüssmann/ Rabe, Seehandelsrecht, § 489 Rn 9; Bünz/ Neubauer, TranspR 1983, 85 (87 Fn 22); MünchHdBGesR I/ Bote, § 92 Rn 6; aA Puttfarken, Seehandelsrecht, 1997, S. 220.

Grund, die Part des Ehegatten mit Wirksamwerden des Ehevertrages nicht durch Universalsukzession in das Gesamtgut fallen zu lassen (§ 1416 BGB).

(2) Rechtslage bei der Baureederei

Das Recht der Partenreederei ist vollständig erst anwendbar, wenn die Gesellschaft ein einsatzbereites Seeschiff ihr eigen nennen kann. Erst dann handelt es sich um eine Partenreederei im Sinne des § 489 I HGB.
Dem geht als Vorstadium die Baureederei voran (§ 509 HGB). Es handelt sich dabei um das Frühstadium der Partenreederei, mit dem Zweck des Baus oder Umbaus des Schiffs, das dann zum Erwerb durch Seefahrt benutzt werden soll. Für die Baureederei begründete Rechtsverhältnisse setzen sich nach Inbetriebnahme des fertigen Schiffes kontinuierlich in der Partenreederei fort.[159]

Auf die Baureederei finden die Vorschriften der Partenreederei stufenweise Anwendung, mit dem Abschluss des Baureedereivertrages, der Ablieferung des Seeschiffes und mit der Aufnahme des Reedereibetriebes (§ 509 HGB).
Zu jenen Vorschriften, die erst ab der Ablieferung des vollendeten Neubaus oder Umbaus anwendbar sind, zählt § 503 I HGB, also die freie Übertragbarkeit der Part (§ 509 I HGB). Wie bei anderen Personengesellschaften bedeutet dies nur, dass der Gesellschaftsanteil mangels entgegenstehender Vertragsabrede vinkuliert ist. Mit Einverständnis der anderen Mitbaureeder kann die Part übertragen werden.[160]

Für die Mitgliedschaft der Gütergemeinschaft ergibt sich damit Folgendes:
Ist ein Ehegatte bei Wirksamwerden des Ehevertrages Baumitreeder und ist im Baureedereivertrag die freie Übertragbarkeit der Schiffspart vereinbart, so fällt diese in das Gesamtgut der Ehegatten. Dasselbe gilt, auch ohne Einverständnis der übrigen Mitreeder, wenn die Werft das fertige Seeschiff bereits übergeben hat, aber der Reedereibetrieb noch nicht aufgenommen wurde. Denn mit Abgabe des Schiffes entfaltet die Vorschrift des § 503 I HGB ihre Wirkung.

Fehlt es – bei sonst gleichen Umständen – an einer entsprechenden Vereinbarung, so dass der gesetzliche Regelfall der Unübertragbarkeit vorliegt, dann fällt die Mitgliedschaft als rechtsgeschäftlich unübertragbarer Gegenstand in das Sondergut des Mitreederehegatten (§ 1417 BGB). Die Gesamthand wird in diesem Fall nicht Gesellschafter der Baureederei.

---

159 Prüssmann/ Rabe, Seehandelsrecht, § 509 Rn 3.
160 Ruhwedel, Die Partenreederei, 1973, S. 453; Prüssmann/ Rabe, Seehandelsrecht, § 509 Rn 9; K. Schmidt, Die Partenreederei als Handelsgesellschaft, 1995, S. 105.

Dies gilt allerdings nur vorübergehend. Eine Wendung nimmt das Schicksal der Mitgliedschaft zum Zeitpunkt der Schiffsablieferung. Das hat seinen Grund in der ratio legis des § 1417 BGB, lediglich Widersprüche im System zu vermeiden, die entstünden, würden ansonsten rechtsgeschäftlich nicht übertragbare Rechte nun doch aufgrund des Ehevertrages, auf den die Universalsukzession nach § 1416 BGB letztlich zurückgeht, übergehen.
Wegen dieses Zweckes ist es den Ehegatten nicht möglich, Gegenstände des Sonderguts per Ehevertrag in das Gesamtgut zu überführen.[161] Der Zweck entfällt aber, wenn ein Gegenstand des Sonderguts später übertragbar wird, weil z. B. die Bindung nach § 399 2. Alt. BGB aufgehoben wird. Tritt dieser Fall ein, so wandelt sich der Gegenstand von Sondergut zu Gesamtgut.[162]
Für die Mitgliedschaft in der Baureederei folgt daraus, dass diese mit Übergabe des fertigen Schiffes und dem damit eintretenden Wegfall der Vinkulierung (§§ 509 I, 503 I HGB) in das Gesamtgut der Ehegatten fällt. Die gesamthänderisch gebundenen Ehegatten können im gesetzestypischen Fall aus Sicht des Ehegüterrechts also Baumitreeder werden, spätestens im letzten Stadium der Baureederei, nach Abgabe des Schiffes.

2. Seehandelsrechtliche Perspektive

(1) Haftungsverfassung und Folgerungen für die Mitgliedschaft der Gütergemeinschaft

Für Verbindlichkeiten, die in ihrem Namen durch Rechtsgeschäft begründet werden oder aus anderen Rechtsgründen entstehen, haftet die Partenreederei mit ihrem Vermögen (§ 494 HGB). Daneben haften den Gläubigern der Reederei die Mitreeder unmittelbar und primär, und zwar nach dem Verhältnis der Größe der Schiffsparten (§ 507 I HGB).
Weitere Leistungspflichten können sich für die Mitreeder aus dem abgeschlossenen Reedereivertrag ergeben (§ 490 HGB). Abweichend von einem sonst im Gesellschaftsrecht geltenden Grundsatz[163], können für die Mitreeder auch noch Nachschusspflichten entstehen (§ 500 HGB). Unterschiede zwischen dem Stadium der Baureederei und der späteren Partenreederei gibt es hinsichtlich der Haftung nicht.[164] Auch die Nachschusspflicht nach § 500 HGB besteht schon für die Baumitreeder von Vertragsschluss an (§ 509 I HGB).

---

[161] Staudinger/ Thiele, § 1417 Rn 11.
[162] Staudinger/ Thiele, § 1417 Rn 13; MünchKomm/ Kanzleiter, § 1417 Rn 5; Soergel/ Gaul, § 1417 Rn 4.
[163] Vgl. § 707 BGB.
[164] Prüssmann/ Rabe, Seehandelsrecht, § 509 Rn 10; Ruhwedel, Die Partenreederei, 1973, S. 453 f.

Sind beide Ehegatten an der Partenreederei derart beteiligt, dass die Schiffspart Teil des Gesamtguts ist, so haften sie für die genannten Verbindlichkeiten jeweils persönlich mit ihrem jeweiligen Vorbehalts- und Sondergut sowie dem Gesamtgut (§ 1459 BGB).

Bemerkenswert ist eine Besonderheit, die im Hinblick auf die Haftung für Altschulden besteht. Nach ganz herrschender Meinung[165] hat der Erwerber einer Schiffspart nicht für die zu diesem Zeitpunkt bestehenden Verbindlichkeiten der Reederei einzustehen. Ist nun ein Ehegatte bereits Mitreeder und fällt aufgrund des Ehevertrages die Part in das Gesamtgut, so liegt es nahe, dies auch auf die persönliche Haftung des anderen Ehegatten anzuwenden. Dann würde der nach dem Seehandelsrecht nicht mit seinem Sonder- und Vorbehaltsgut für die Altverbindlichkeiten der Reederei haften. Eine Erleichterung bringt ihm das nicht. Denn in diesem Fall folgt die Haftung aus § 1459 II 1 BGB. Nach der Vorschrift haften die Ehegatten bei gemeinschaftlicher Verwaltung für Gesamtgutsverbindlichkeiten persönlich als Gesamtschuldner. Zu den Gesamtgutsverbindlichkeiten zählen auch alle Verbindlichkeiten des Ehegatten aus der Zeit vor Inkrafttreten des Ehevertrages, also auch die Haftung des Ehegatten nach § 507 I HGB.

(2) Organisationsverfassung und Folgerungen für die Mitgliedschaft der Gütergemeinschaft

Zweifel an der Mitreederfähigkeit der Gütergemeinschaft könnten unter dem Gesichtspunkt der Geschäftsführung und Vertretung dann aufkommen, wenn die Verwaltung des Gesamtguts – wie das regelmäßig der Fall ist – gemeinschaftlich erfolgt. Dann richtet sich die Verwaltung der Schiffspart nach den §§ 1450 ff. BGB. Demnach nehmen die Ehegatten ihre Mitreederrechte und -pflichten gemeinschaftlich war, was sie nicht unbedingt für die Stellung eines Geschäftsführers oder Vertreters der Reederei prädestiniert.

Derartige Bedenken zerstreuen sich jedoch, wenn man die Organisation der Partenreederei und insbesondere die Rolle der Mitreeder in den Blick nimmt.
Die Zuständigkeitsverteilung in der Partenreederei wurde an anderer Stelle bereits ausführlich dargestellt.[166] Dabei hat sich gezeigt, dass den Mitreedern vom Gesetz eine Allzuständigkeit für die Geschäftsführung und Vertretung zugewiesen ist, wobei die Willensbildung in allen normalen Angelegenheiten nach dem Mehrheitsprinzip erfolgt. Die Mehrheit berechnet sich, anders als es bei Perso-

---

[165] BGH, NJW 1991, 3148; Prüssmann/ Rabe, Seehandelsrecht, § 507 Rn 1 und 6 f.; Ruhwedel, Die Partenreederei, 1973, S. 347; Schaps-Abraham, Das Seerecht, § 507 Anm. 6.
[166] S. o. Kapitel § 4 VII 5.

nengesellschaften sonst die gesetzliche Regel ist, nach der Größe der Anteile (§ 491 HGB).
Daneben besteht zwingend eine Geschäftsführungs- und Vertretungskompetenz des Kapitäns, überwiegend beschränkt auf die Zeit nach Verlassen des Heimathafens, wobei der Vertretungsfunktion auf Grund der modernen Kommunikationsmittel heute nur noch geringe praktische Bedeutung zukommt (§§ 526 ff. HGB).
Fakultativ, heute aber die absolute Regel, ist die Bestellung eines Korrespondentreeders (§ 492 HGB). Dessen Geschäftsführungs- und Vertretungsbefugnis umfasst nach den Vorstellungen des Gesetzes solche Maßnahmen, die der Geschäftsbetrieb einer Reederei gewöhnlich mit sich bringt (§ 496 I i. V. m. § 493 I HGB). Das Merkmal „gewöhnlich" wurde schon vom Reichsgericht weit ausgelegt.[167] Moderne Reedereiverträge räumen dem Korrespondentreeder auch die Befugnis zur Eingehung von Darlehens- und Wechselverbindlichkeiten und zum Abschluss von Versicherungsverträgen ein.[168] Kurz gesagt: Die Leitung der Partenreederei liegt heute weitestgehend in den Händen des Korrespondentreeders. Daraus lässt sich schließen, dass eine ausgeprägte Handlungsfähigkeit keine Eigenschaft ist, über die ein Mitreeder notwendig verfügen muss.

Bestätigt wird das durch einen Blick auf die regelmäßige Mitgliederstruktur einer Partenreederei. Dabei handelt es sich nicht um Mitunternehmer, etwa Kaufleute, die möglicherweise auch noch etwas von der Seefahrt verstehen. Sondern der typische Mitreeder ist Anlegergesellschafter, der weder Interesse an der Geschäftsführung hat, noch die notwendige Fachkompetenz dafür mitbringt.[169]

Als Anlegergesellschafter taugt auch die Gütergemeinschaft.
Über die nicht der Geschäftsführung unterfallenden Angelegenheiten entscheiden die Mitreeder. Eine Form schreibt das Gesetz für Reedereibeschlüsse nicht vor. In den Reedereiverträgen wird ein formalisiertes Beschlussverfahren vielfach nur für ungewöhnliche Geschäfte vorgesehen.[170] Ganz überwiegend richtet sich die Willensbildung nach dem Mehrheitsgrundsatz, maßgebend ist die Größe der Anteile (§ 491 I 3 HGB). Nur für wenige Beschlussgegenstände schreibt das Gesetz Einstimmigkeit vor, etwa für wesentliche Abänderungen des Reedereivertrags (§ 491 II HGB) oder die Bestellung eines Nichtmitreeders zum Korrespondentreeder (§ 492 I 2 HGB).[171]

---

[167] RGZ 42, 69.
[168] Diese Kompetenzen nimmt das – dispositive – Gesetz ausdrücklich aus. Vgl. § 496 II HGB; § 496 I i. V. m. § 493 V HGB.
[169] Puttfarken, Seehandelsrecht, 1997, S. 220.
[170] Prüssmann/ Rabe, Seehandelsrecht, § 491 Rn 4 f.
[171] Vgl. außerdem: §§ 499 S. 2, 501 I, 503 I, 506 I; § 503 II; § 506 II HGB.

Selbst wenn man den konsensverpflichteten Ehegatten (§§ 1450 ff. BGB) eine gewisse Schwerfälligkeit in der Willensbildung unterstellt, so wird sich das kaum auswirken. Können sich die Ehegatten über die Stimmabgabe nicht einigen, dann bleibt die Stimme unberücksichtigt.[172] Dies wird durch das Mehrheitsprinzip bei der Beschlussfassung neutralisiert. Im Übrigen sind Angelegenheiten außerhalb der Geschäftsführung regelmäßig nicht von solcher Dringlichkeit, dass aus kleinen Verzögerungen Nachteile für die Reederei entstehen.

(3) Die untergeordnete Bedeutung des personenrechtlichen Elements

Die hL[173] lehnt die Beteiligung der in Gütergemeinschaft lebenden Ehegatten an einer Personengesellschaft mit dem Argument ab, die vermögensrechtliche Struktur der Gütergemeinschaft sei mit den personenrechtlichen Elementen eines Personengesellschaftsanteils nicht vereinbar. Der Begriff des personenrechtlichen Elements beschreibt in diesem Zusammenhang den Tatbestand, dass die Beziehung der Gesellschafter untereinander geprägt ist von deren persönlichen Eigenschaften und Fähigkeiten und dass die Gesellschafter nicht nur eine Kapitalanlagemöglichkeit suchen, sondern ein mehr oder weniger weites Betätigungsfeld.[174]

Nach hier vertretener Auffassung sind die gesamthänderisch gebundenen Ehegatten durchaus in der Lage, das personenrechtliche Element von Personengesellschaften zu integrieren.[175] Aber auch wenn man dem nicht folgt und stattdessen die Auffassung der hL grundsätzlich für zutreffend hält, so wäre für die Partenreederei eine Ausnahme zu machen. Denn zum einen lässt die gesetzlich vorgegebene Struktur der Partenreederei erkennen, dass das Gesetz der Individualität der Mitreeder keine besondere Bedeutung beimisst. Zum anderen zeigt auch die Praxis kein Interesse an den individuellen Eigenschaften und Fähigkeiten der Personen.

Die Partenreederei stimmt mit anderen Personengesellschaften darin überein, dass alle Angelegenheiten der Gesellschaft grundsätzlich immer in der Zuständigkeit der Gesellschafter selbst liegen, diese mithin immer für Geschäftsführung und Vertretung zuständig sind. Daraus kann man schlussfolgern, dass die Fähigkeiten und Eigenschaften der Mitreeder nicht ohne Bedeutung sind.

---

[172] So für die GmbH: Rowedder/ Schmidt-Leithoff/ Pentz, GmbHG, § 18 Rn 9.
[173] Soergel/ Hadding, § 705 Rn 23, 25; MünchKomm/ Ulmer, § 705 Rn 74 f., 82; Erman/ Westermann, § 705 Rn 22; Bamberger/ Roth/ Timm/ Schöne, BGB, § 705 Rn 55; Reuter/ Kunath, JuS 1977, 376.
[174] Reuter/ Kunath, JuS 1977, 376 (379 f.).
[175] S. o. Kapitel § 5 I 9.

Daneben aber – und darin liegt die Besonderheit – sieht das Gesetz die Möglichkeit vor, ein besonderes Leitungsorgan zu schaffen, den Korrespondentreeder. Dieser übernimmt dann die Geschäftsführung und Vertretung und macht eine besondere fachliche und charakterliche Qualifikation und auch Einsatzbereitschaft der Mitreeder überflüssig. Da zum Korrespondentreeder auch Außenstehende bestellt werden können (Prinzip der Fremdorganschaft), muss letztlich überhaupt kein Mitreeder über unternehmerischen Sachverstand verfügen. Der Reedereibetrieb kann vollständig externer Sachkompetenz überantwortet werden.
Dieser Regelung ist jedenfalls zu entnehmen, dass das Gesetz hier in Alternativen „denkt" und dass die Persönlichkeit der Mitreeder nur bei einer dieser Alternativen zum Tragen kommt.

Ein deutlicher Hinweis auf die geringe Bedeutung, die das Gesetz der Person des Mitreeders zumisst, ist der Vorschrift des § 503 HGB zu entnehmen, die die freie Übertragbarkeit der Schiffspart regelt. Der Gesetzgeber ging davon aus, dass es den Mitreedern nicht auf die Person der jeweiligen Mitgesellschafter ankommt, so dass sie weder vor dem Verlust eines befähigten Mitarbeiters noch gegen das Eindringen Dritter geschützt werden müssen.[176]
Das gilt – trotz gegensätzlicher Regelung – auch für die Baureederei. Die Vinkulierung der Schiffspart bis zur Ablieferung des vollendeten Schiffes (§ 509 I i. V. m. § 503 I HGB) hat ihren Grund nicht im besonderen Vertrauensverhältnis unter den Baumitreedern oder etwa einer arbeitsgemeinschaftlichen Zusammenarbeit, wie das sonst für Personengesellschaften angenommen wird.[177]
Der dahinterstehende Gedanke ist vielmehr, dass in der finanziell meist angespannten Aufbauzeit kein Mitbaureeder den anderen einen kapitalschwachen Nachfolger aufdrängen soll.[178] Von Bedeutung ist nicht die Persönlichkeit, sondern das Portemonnaie.

Erkennbar ist der eher kapitalistische denn personalistische Charakter der Mitgliedschaft auch daran, dass nicht jeder Mitreeder das gleiche Stimmgewicht „auf die Waage bringt", wie das sonst bei Personengesellschaften typischerweise der Fall ist.[179] Maßgebend ist vielmehr die Größe der Anteile (§ 491 Abs. 1 S. 3 HGB).

---

[176] S. o. Kapitel § 4 VII 3.
[177] Vgl. nur Wiedemann, Die Übertragung und Vererbung von Mitgliedschaftsrechten bei Handelsgesellschaften, 1965, S. 58.
[178] Ruhwedel, Die Partenreederei, 1973, S. 453; Schulz, Die Entstehung des Seerechts des Allgemeinen Deutschen Handelsgesetzbuches unter besonderer Berücksichtigung der Bestimmungen über die Reederei, den Schiffer und die Schiffsmannschaft, 1987, S. 96; Lutz, Protokolle, Band IV, S. 1646 f.
[179] Vgl. nur § 709 II BGB; § 119 II HGB.

Schließlich zeigt sich die Verzichtbarkeit des einzelnen Mitreeders darin, dass die Reederei – anders als die GbR[180] – von dessen Tod unbeeindruckt fortbesteht (§ 505 II HGB).

Auch in der Praxis spielt die Persönlichkeit des Mitreeders nur eine untergeordnete Rolle. Der typische Mitreeder ist kein Mitunternehmergesellschafter, sondern reiner Kapitalgeber. Wobei die Zahl der Anleger erheblich sein kann.[181]

3. Ergebnis

Als Ergebnis kann festgehalten werden, dass sich weder aus dem ehelichen Güterrecht noch aus dem Seehandelsrecht überzeugende Einwände gegen die Mitreederfähigkeit der Gütergemeinschaft ergeben. War ein Ehegatte vor Entstehung der Gütergemeinschaft Mitreeder, so fällt die Schiffspart in das Gesamtgut, wenn insofern kein Vorbehaltsgut vereinbart wurde (§ 1416 BGB). Beide Ehegatten werden als Gütergemeinschaft zu Mitreedern.

4. Beteiligung an der Gründung einer Partenreederei

Darüber hinaus spricht auch nichts dagegen, dass sich die Ehegatten als Gesamthandsgemeinschaft an der Gründung einer Partenreederei beteiligen oder zu einem späteren Zeitpunkt eine Schiffspart rechtsgeschäftlich erwerben.
Nachdem sich die Gütergemeinschaft als mitreederfähig erwiesen hat, können sich Hindernisse nur noch aus speziellen Anforderungen der Gründung oder der Anteilsübertragung ergeben.

Die Gründung der Partenreederei erfolgt durch Abschluss eines Gesellschaftsvertrages, in dem vereinbart wird, ein bestimmtes Seeschiff zum Erwerb durch die Seefahrt für gemeinschaftliche Rechnung zu verwenden (§ 489 I HGB). Häufig wird zunächst der Zusammenschluss für den Bau und Erwerb eines Schiffes vereinbart (Baureedereivertrag), wodurch die Baureederei entsteht. Daneben enthält der Vertrag bereits das Statut für die künftige Partenreederei (Reedereivertrag). Der – aufschiebend bedingt abgeschlossene – Reedereivertrag tritt mit Ablieferung des Schiffes (§ 509 I HGB) in Kraft. Die Registrierung im Seeschiffsregister hat nur ausnahmsweise Einfluss auf die Wirksamkeit des Reedereivertrages.[182]

---

[180] Vgl. § 727 I BGB.
[181] BGH, WM 1991, 384 (386): 715 Mitreeder.
[182] Prüssmann/ Rabe, Seehandelsrecht, § 490 Rn 2 ff.; § 509 Rn 3. Eine Eintragung im Handelsregister erfolgt nicht; vgl. ebenda, § 490 Rn 8.

Der Reedereivertrag unterscheidet sich zwar inhaltlich von anderen Personengesellschaftsverträgen.[183] Wie jeder andere Gesellschaftsvertrag ist der Abschluss des Reedereivertrages aber ein Rechtsgeschäft und setzt somit die Fähigkeit zu rechtsgeschäftlichem Handeln voraus. Dass die Ehegatten in gesamthänderischer Verbundenheit dazu in der Lage sind, steht außer Zweifel. Entscheidend ist nur, dass erkennbar als Gesamthand gehandelt wird.[184]
Tritt ein Ehegatte bei der Gründung im eigenen Namen auf, so ist nur er Gründungsbeteiligter. Dann fällt die Schiffspart kraft Gesetzes in das Gesamtgut, wenn kein Vorbehaltsgut vereinbart ist (§ 1416 I 2, II BGB).[185] Das gilt freilich nur für die Partenreederei, nicht für die Baureederei. Denn die Mitgliedschaft in dieser ist nach der gesetzlichen Regelung bis zur Übergabe des Schiffs unübertragbar (§§ 509 I, 503 I HGB). Wird zunächst ein Baureedereivertrag abgeschlossen und handelt ein Ehegatte als Vertragspartner im eigenen Namen, so fällt die Beteiligung in dessen Sondergut (§ 1417 II BGB).

5. Derivativer Erwerb der Mitgliedschaft durch Rechtsgeschäft

Auch der spätere rechtsgeschäftliche Erwerb einer Schiffspart stößt auf keine Schwierigkeiten. Erforderlich ist die Einigung der Ehegatten und des veräußernden Mitreeders über den Eigentumsübergang an der Part (§§ 413, 398 BGB).[186] Treten beide Ehegatten gemeinsam als Erwerber auf oder einer in beider Namen, so fällt die Schiffspart unmittelbar in das Gesamtgut.[187] Erwirbt dagegen ein Ehegatte die Mitgliedschaft im eigenen Namen, so wird nur er Vertragspartner, die Part gelangt dann gemäß § 1416 Abs. 1 S. 2 BGB in das Gesamtgut.[188]
Für Verbindlichkeiten der Partenreederei, die vor der Übertragung begründet wurden, haften weder die Ehegatten persönlich mit ihrem jeweiligen Sonder- oder Vorbehaltsgut noch haftet das Gesamtgut.[189]

---

183 Wobei – je nach konkreter Ausgestaltung – durchaus „Verwechselungsgefahr" mit einer oHG bestehen kann. Die Mitreeder müssen im Vertrag deshalb deutlich machen, dass eine Partenreederei gewollt ist. Vgl. MünchHdBGesR I/ Bote, § 88 Rn 3.
184 Vgl. nur MünchKomm/ Kanzleiter, § 1416 Rn 22; Staudinger/ Thiele, § 1450 Rn 8 ff.
185 Vgl. Staudinger/ Thiele, § 1450 Rn 21; MünchKomm/ Kanzleiter, § 1416 Rn 22.
186 Unter bestimmten Voraussetzungen ist auch die Eintragung in das Schiffsregister erforderlich, vgl. Prüssmann/ Rabe, § 503 Rn 3.
187 Vgl. zum rechtsgeschäftlichen Handeln bei gemeinsamer Verwaltung Staudinger/ Thiele, § 1450 Rn 8 ff.
188 Vgl. Staudinger/ Thiele, § 1450 Rn 21.
189 S. o. Kapitel § 4 VII 6 (2).

6. Gesamtergebnis

Wie sich gezeigt hat, kann die Schiffspart eines vor Inkrafttreten der ehelichen Gütergemeinschaft an einer Partenreederei beteiligten Ehegatten kraft Gesetzes in das Gesamtgut fallen. Darüber hinaus bestehen keine Bedenken gegen die Beteiligung der Gütergemeinschaft an der Gründung einer Partenreederei oder dem späteren Erwerb der Mitgliedschaft.

V. Als Gesellschafterin einer GmbH

Nach allgemeiner Meinung können die in Gütergemeinschaft lebenden Ehegatten gemeinsam Anteile an einer GmbH halten.[190] War ein Ehegatte vor Inkrafttreten der Gütergemeinschaft Gesellschafter einer GmbH, so fällt der Geschäftsanteil in das Gesamtgut, wenn dafür nicht Vorbehaltsgut vereinbart wurde (§ 1418 BGB) oder der Anteil durch eine entsprechende Regelung in der Satzung (§ 15 V GmbHG) vinkuliert ist und die Zustimmung versagt wird.[191] Unbestritten ist auch die Fähigkeit einer Gütergemeinschaft, sich an der Gründung einer GmbH zu beteiligen.[192]
Die Zuständigkeit für die Ausübung der Gesellschafterrechte richtet sich danach, ob das Gesamtgut gemeinschaftlich (§§ 1450 ff. BGB) oder von einem der Ehegatten (§§ 1422 ff. BGB) verwaltet wird. Im Falle der gemeinschaftlichen Verwaltung müssen sich die Ehegatten über die Ausübung des Stimmrechts (§ 47 GmbHG) einigen. Gelingt ihnen das nicht, bleibt die Stimme unberücksichtigt.[193]
An der Fähigkeit der Gütergemeinschaft, sich als Gesellschafter an einer GmbH zu beteiligen, bestehen also keine Zweifel.

VI. Mitgliedschaft in einer Aktiengesellschaft

Die in Gütergemeinschaft lebenden Ehegatten können nach einhelliger Meinung[194] Gesellschafter einer Aktiengesellschaft sein. War ein Ehegatte vor Wirksamwerden der Gütergemeinschaft Aktionär, so fällt die Aktie in das Ge-

---

[190] Statt aller: Hachenburg/ Zutt, § 18 Rn 8; Michalski/ Ebbing, GmbHG, § 18 Rn 21.
[191] Hachenburg/ Zutt, GmbHG, § 18 Rn 8; Erman/ Heckelmann, § 1417 Rn 2.
[192] Hachenburg/ Ulmer, § 2 Rn 82; Scholz/ Emmerich, GmbHG, § 2 Rn 45; Rowedder/ Schmidt – Leithoff, GmbHG, § 2 Rn 24; Roth/ Altmeppen, § 1 Rn 24; Baumbach/ Hueck/ Fastrich, GmbHG, § 1 Rn 36, unter Aufzählung der möglichen Varianten; MünchKomm/ Kanzleiter, § 1416 Rn 10.
[193] Rowedder/ Schmidt-Leithoff/ Pentz, GmbHG, § 18 Rn 9.
[194] Kölner Komm/ Lutter, AktG, § 69 Rn 8; MünchKomm/ Bayer, AktG, § 69 Rn 10; Geßler/ Eckardt/ Hefermehl/ Kropff/ Bungeroth, AktG, § 69 Rn 8.

samtgut (§ 1416 BGB). Möglich ist auch die Beteiligung der in Gütergemeinschaft lebenden Ehegatten an der Gründung einer Aktiengesellschaft. Die damit entstehenden Mitgliedschaftsrechte und Pflichten fallen in das Gesamtgut.[195]

Das wird von Heider mit dem Argument bestritten, die Gütergemeinschaft bilde, anders als die GbR und die Erbengemeinschaft, keine organisatorische Einheit. Dem nach außen nicht in Erscheinung tretenden Sondervermögen sei eine eigenständige Gründerfähigkeit abzusprechen.[196]

Dem ist zuzugeben, dass das Sondervermögen „Gesamtgut" keine eigenständige Gründerfähigkeit besitzt. Dem steht schon die mangelnde Rechtsfähigkeit des Gesamtgutes oder der Gütergemeinschaft entgegen. Dem Hinweis auf die Erbengemeinschaft, deren Gründerfähigkeit Heider bejaht, ohne die fehlende Rechtssubjektivität zu bemängeln[197], ist zu entnehmen, dass auf die fehlende Rechtsfähigkeit auch nicht abstellt werden soll. Der Einwand enthält wohl eher die These, die gesamthänderisch gebundenen Ehegatten seien aufgrund einer defizitären Handlungsregelung gründungsunfähig.

Dass die Gütergemeinschaft nicht ausreichend organisiert ist, um sich an der Gründung einer Aktiengesellschaft zu beteiligen, ist zu bestreiten. Ein kurzer Blick auf die Gründung einer AG unter mehreren Beteiligten verdeutlicht die Unhaltbarkeit dieser Auffassung:
Die Gründung einer AG erfolgt durch den Abschluss eines Gesellschaftsvertrages (§ 2 AktG), der der notariellen Beurkundung bedarf (§ 23 AktG). Die Gründer müssen darin die Aktien übernehmen (§§ 2, 29 AktG) und daraufhin einen Teil des Kapitals einzahlen (§§ 36 II, 36 a AktG). Des weiteren ist der Aufsichtsrat zu bestellen (§ 30 AktG), ein Gründungsbericht ist zu erstellen (§ 32 AktG) und schließlich haben sämtliche Gründer die Anmeldung zum Handelsregister vorzunehmen (§§ 36 f. AktG).

Besteht für das Gesamtgut gemeinschaftliche Verwaltung (§§ 1421 S. 2, 1450 ff. BGB), so müssen die Ehegatten übereinstimmende Willenserklärungen abgeben und die sonst erforderlichen Handlungen, etwa den Gang zum Notar, gemeinschaftlich vornehmen (§ 1450 I BGB). Es spricht nichts dagegen, dass ein Ehegatte den anderen bevollmächtigt; insofern gelten die allgemeinen Rechtsgrundsätze.[198] Für die notarielle Beurkundung bedarf es dann einer notariell beglaubigten Vollmacht (§ 23 Abs. 1 S. 2 AktG).

---

[195] AktG/ Hüffer, § 2 Rn 11; GroßkommAktG/ Brändel, § 2 Rn 33; Kölner Komm/ Kraft, § 2 Rn 32; aA: MünchKomm/ Heider, AktG, § 2 Rn 20.
[196] MünchKomm/ Heider, AktG, § 2 Rn 20.
[197] MünchKomm/ Heider, AktG, § 2 Rn 18.
[198] MünchKomm/ Kanzleiter, § 1450 Rn 8.

Es dürfte den Ehegatten keine besonderen Schwierigkeiten bereiten, den Vertragspartnern deutlich zu machen, dass sie als Gesamthand handeln. In die Satzung ist der Name der Ehegatten mit dem Zusatz „in Gütergemeinschaft“ einzutragen (§ 23 II Nr. 1 AktG).
Für die Leistungen auf die übernommenen Aktien haften beide Ehegatten persönlich mit ihrem jeweiligen Vorbehalts- und Sondergut sowie dem Gesamtgut.[199]
Es ist auch für die im weiteren vorzunehmenden Rechtshandlungen, etwa die Bestellung des ersten Aufsichtsrats (§ 30 Abs. 1 AktG) und die Erstellung des Gründungsberichts (§ 32 AktG), nicht ersichtlich, warum die Beteiligung der Gütergemeinschaft an deren angeblich mangelhafter organisatorischer Ausstattung scheitern sollte. Verglichen mit einer aus mehreren Gesellschaftern bestehenden und gesetzestypisch organisierten Außen-GbR ist der Koordinationsaufwand in einer Zwei-Personengemeinschaft bemerkenswert gering.
Es ist also bei bestem Willen nicht erkennbar, warum die gesamthänderisch gebundenen Ehegatten sich nicht an der Gründung einer Aktiengesellschaft beteiligen können sollen. Die Gründerfähigkeit der Gütergemeinschaft ist demnach mit der überwiegenden Meinung zu bejahen.

VII. Mitgliedschaft in einer Kommanditgesellschaft auf Aktien

Die Kommanditgesellschaft auf Aktien ist ihrer Struktur nach eine Mischform aus Kommanditgesellschaft und Aktiengesellschaft.[200] Ihr gehören zwei Gruppen von Gesellschaftern an, einmal die persönlich haftenden Gesellschafter, für die sich auch bei der KGaA der Begriff des Komplementärs eingebürgert hat.[201] Zum Zweiten sind zu nennen die Kommanditaktionäre (§ 278 I AktG). Die Rechtsstellung der Gesellschafter entspricht im Wesentlichen der von Aktionären einer Aktiengesellschaft bzw. – wenn man von dem Fehlen einer gesamthänderischen Mitberechtigung absieht[202] – von Komplementären einer Kommanditgesellschaft. Das hat zur Folge, dass sich auch die Fragen zur Gesellschafterfähigkeit der Gütergemeinschaft gleichen, weshalb – in Übereinstimmung mit der Kommentarpraxis[203] – auf die Untersuchung zur Mitgliedschaft in der AG und KG verwiesen werden kann und die Problematik hier in angemessener Kürze erörtert werden soll.

---

[199] So für den Fall eines gemeinschaftlich vorgenommenen Rechtsgeschäfts Staudinger/ Thiele, § 1450 Rn 19.
[200] K. Schmidt, Gesellschaftsrecht, S. 972.
[201] Vgl. nur Hüffer, AktG, § 278, Rn 8 ff.
[202] MünchKommAktG/ Semler/ Perlitt, § 278 Rn 14.
[203] Vgl. MünchKommAktG/ Semler/ Perlitt, § 278 Rn 38; Geßler/ Hefermehl/ Eckardt/ Kropff/ Semler, AktG, § 278 Rn 38; GroßkommAktG/ Assmann/ Sethe, § 278 Rn 42.

1. Als Kommanditaktionär

Die Rechtsstellung der Kommanditaktionäre entspricht weitestgehend derjenigen der Aktionäre einer Aktiengesellschaft (§ 278 III AktG)[204]; wer Aktionär sein kann, kann auch Kommanditaktionär sein.[205] Insbesondere vollzieht sich der Erwerb der Aktionärsstellung nach denselben Regeln wie bei der Aktiengesellschaft.[206] Soweit es sich nicht um vinkulierte Namensaktien handelt (§§ 278 III, 68 II AktG), ist die Mitgliedschaft frei übertragbar.[207]
Das hat zur Konsequenz, dass die Vorschrift des § 1417 Abs. 2 BGB nicht eingreift. War ein Ehegatte zuvor Kommanditaktionär, so fällt die Mitgliedschaft mit Inkrafttreten der Gütergemeinschaft in das Gesamtgut der Ehegatten (§ 1416 BGB). Die gesamthänderisch gebundenen Ehegatten erlangen damit eine gemeinschaftliche Berechtigung (§§ 278 III, 69 AktG), ebenso wie bei einer Aktiengesellschaft. Es steht auch nichts entgegen, dass sich die Gütergemeinschaft als Kommanditaktionär an der Gründung einer KGaA beteiligt[208] oder später Aktien erwirbt.

2. Als persönlich haftender Gesellschafter

(1) Einwände aus dem Recht der KGaA

Für die Stellung des persönlich haftenden Gesellschafters einer KGaA verweist § 278 Abs. 2 AktG in das Recht der Kommanditgesellschaft. Daraus folgt, dass die Rechtsstellung des persönlich haftenden Gesellschafters weitgehend mit der des Komplementärs einer KG übereinstimmt, namentlich was die Haftung für die Gesellschaftsschulden (§ 278 II AktG, §§ 128 ff. HGB)[209] und die Geschäftsführungs- und Vertretungsbefugnisse (§ 278 II AktG, §§ 114 ff. HGB)[210] anbelangt.
Das traditionelle Leitbild der KGaA wird durch selbstständig handelnde, mit großem unternehmerischen Freiraum ausgestattete persönlich haftende Gesellschafter und regelmäßig nicht an der laufenden Geschäftsführung mitwirkende, das notwendige Kapital beisteuernde Kommanditaktionäre bestimmt.[211] Durch

---

[204] GroßkommAktG/ Assmann/ Sethe, § 278 Rn 82 ff.
[205] MünchKommAktG/ Semler/ Perlitt, § 278 Rn 94; MünchHdBGesR IV/ Herfs, § 76 Rn 42.
[206] MünchKommAktG/ Semler/ Perlitt, § 278 Rn 98 ff.
[207] Vgl. Raiser/ Veil, Recht der Kapitalgesellschaften, 2001, S. 120 ff.
[208] GroßkommAktG/ Assmann/ Sethe, § 280 Rn 18 unter Verweis auf GroßkommAktG/ Brändel, § 2 Rn 29 ff.
[209] Hüffer, AktG, § 278 Rn 10.
[210] Hüffer, AktG, § 278 Rn 11.
[211] MünchKommAktG/ Semler/ Perlitt, § 278 Rn 30; Raiser/ Veil, Recht der Kapitalgesellschaften, 2001, S. 360.

Verweisung auf die Vorschriften des Handelsgesetzbuches (§ 278 Abs. 2 AktG) ist ein Abweichen von der Satzungsstrenge des Aktiengesetzes (§ 23 V AktG) zugelassen. Entsprechend der dadurch entstehenden Gestaltungsfreiheit, kann die rechtliche Struktur der Gesellschaften von dem traditionellen Leitbild abweichen, namentlich durch die Verstärkung der Kompetenzen des Komplementärs oder der Kommanditaktionäre.[212]
Das Rechtsverhältnis der persönlich haftenden Gesellschafter untereinander und gegenüber der Gesamtheit der Kommanditaktionäre bestimmt sich nach den Vorschriften des Handelsgesetzbuches über die Kommanditgesellschaft (§ 278 Abs. 2 AktG). Die geschäftsführungsbefugten und vertretungsberechtigten persönlich haftenden Gesellschafter handeln als Mitgesellschafter der Kommanditaktionäre für die KGaA. Sie sind den anderen Komplementären und den Kommanditaktionären personengesellschaftsrechtlich verbunden.[213]
Die besondere Verbundenheit zwischen den Komplementären folgt zwar nicht aus einer gesamthänderischen Vermögensbeteiligung, aber die gemeinsame Geschäftsführungspflicht und vor allem die gemeinsame Haftung fordern notwendig ein hohes Maß gegenseitigen Vertrauens. Die personenrechtliche Bedeutung der Komplementäre für die Kommanditaktionäre folgt daraus, dass der Erfolg der Gesellschaft vor allem durch die Tätigkeit der Komplementäre bewirkt werden muss.
Sollen nach der Gründung der KGaA neue Komplementäre aufgenommen werden, so richtet sich das Verfahren in erster Linie nach der Satzung.[214] Fehlen entsprechende Satzungsbestimmungen, so setzt die Neuaufnahme von Komplementären die Änderung der Satzung voraus. Dazu bedarf es, sofern die Satzung für satzungsändernde Beschlüsse nicht von der gesetzlichen Regelung abweicht, eines entsprechenden Beschlusses der Hauptversammlung (§ 179 AktG) sowie der Zustimmung aller persönlich haftenden Gesellschafter (§ 285 Abs. 2 S. 1 AktG).[215] Dementsprechend kann die Mitgliedschaft eines persönlich haftenden Gesellschafters auch nicht frei übertragbar sein. Vielmehr bestehen für die Übertragung die gleichen Zustimmungsvoraussetzungen wie für die Neuaufnahme.

Für die Komplementärsfähigkeit der Gütergemeinschaft folgt daraus:
War ein Ehegatte vor Inkrafttreten der Gütergemeinschaft persönlich haftender Gesellschafter einer KGaA, so fällt dessen Mitgliedschaft grundsätzlich nicht in das Gesamtgut. Die Gesellschafterstellung bleibt in diesem Fall als unübertragbares Recht im Sondervermögen des Ehepartners (§ 1417 II BGB).

---

[212] MünchKommAktG/ Semler/ Perlitt, § 278 Rn 31 ff.
[213] MünchKommAktG/ Semler/ Perlitt, § 278 Rn 18.
[214] GroßkommAktG/ Assmann/ Sethe, § 278 Rn 46.
[215] GroßkommAktG/ Assmann/ Sethe, § 278 Rn 49; MünchKommAktG/ Semler/ Perlitt, § 278 Rn 66.

Ist die Übertragung der Mitgliedschaft aber in der Satzung zugelassen oder willigen die anderen Gesellschafter ein, so fällt sie in das Gesamtgut (§ 1416 Abs. 1 BGB). Das wird möglicherweise dann in Betracht kommen, wenn der Ehepartner nicht an der Geschäftsführung oder Vertretung beteiligt war. Existenznotwendig ist das Vorhandensein wenigstens eines persönlich haftenden Gesellschafters, der gleichzeitig geschäftsführungs- und vertretungsberechtigt ist. Im Übrigen steht es den Gesellschaftern frei, daneben weitere Komplementäre zuzulassen, die auch ohne weiteres teilweise oder ganz von der Geschäftsführung und Vertretung ausgeschlossen sein können. Die Befähigung zur Geschäftsführung und Vertretung ist keine unverzichtbare Voraussetzung für die Stellung als Komplementär ist.[216]

Ohne Bedeutung ist die Übertragbarkeit der Komplementärsstellung beim unmittelbaren Erwerb durch gemeinschaftliche Gründungsbeteiligung oder gemeinschaftlichen Beitritt. Denn in diesem Fall können auch unübertragbare Rechte in das Gesamtgut erworben werden.[217]

(2) Personengesellschaftsrechtliche Einwände

a. Kein Entgegenstehen von BGHZ 65, 79

Die Fähigkeit der ehelichen Gütergemeinschaft, Komplementär einer KGaA zu sein, wird von Assmann/ Sethe[218] unter Verweis auf die Rechtssprechung im Personengesellschaftsrecht bestritten. Die von den Autoren in Bezug genommene Entscheidung (BGHZ 65, 79)[219] kann aber deren ablehnende Haltung nicht tragen.

In der Urteilsformel heißt es, dass in Gütergemeinschaft lebende Ehegatten „unter sich eine offene Handelsgesellschaft rechtswirksam nur durch Begründung von Vorbehaltsgut errichten“ können.[220] Dem lag im Kern der Sachverhalt zugrunde, dass die in Gütergemeinschaft lebenden Ehegatten, zu deren Gesamtgut ein Handelsgeschäft gehörte, miteinander einen Gesellschaftsvertrag abschlossen. In das Vorbehaltsgut der jeweiligen Ehepartner konnten die Gesellschaftsanteile nicht fallen, weil eine entsprechende formgültige (§§ 1418, 1410 BGB) Vereinbarung fehlte. Nach Auffassung des Gerichts wurden die Anteile auch nicht zu Sondergut (§ 1417 BGB), da dies eine rechtsgeschäftliche Erklärung bestimmter Vermögensgegenstände zu Sondergut bedeutet hätte, was aus Rechtsgründen nicht zulässig sei, denn zu Sondergut würden Gegenstände kraft

---

[216] MünchKommAktG/ Semler/ Perlitt, § 278 Rn 24 ff.
[217] Staudinger/ Thiele, § 1417 Rn 3; RGRK/ Finke, § 1417 Rn 3.
[218] GroßkommAktG/ Assmann/ Sethe, § 278 Rn 42.
[219] GroßkommAktG/ Assmann/ Sethe, § 278 Rn 42 Fn 94.
[220] BGHZ 65, 79.

Gesetzes.[221] Für die Argumentation von Assmann/ Sethe allein relevant ist die Frage nach der Beteiligung der Gütergemeinschaft, d. h. nicht des Sonder- oder Vorbehaltsguts. Insofern vertrat das Gericht die Auffassung, dass die beiden Gesellschaftsanteile sich im Gesamtgut vereinigen würden. Da es eine Ein-Mann-Personengesellschaft nicht gebe, höre die Gesellschaft damit auf zu bestehen. Es würde auch keine Gesellschaft entstehen, wenn zwei in Gütergemeinschaft lebende Eheleute keine selbstständigen Mitgliedschaftsrechte begründen, die aus der gütergemeinschaftlichen Verbundenheit herausgelöst wären.[222]
Die Auffassung des Gerichts steht der Komplementärseigenschaft der Gütergemeinschaft überhaupt nicht entgegen. Abgesehen davon, dass die Entscheidung unter dem Gesichtspunkt der Beteiligungsfähigkeit nur die Ein-Personengesellschaft betrifft und insofern auch dort – und nicht in Besonderheiten der Gütergemeinschaft – ihren Grund hat, denn auch eine juristische Person kann nicht Alleingesellschafter einer Personengesellschaft sein, ist über die Gründung einer oHG durch eine Gütergemeinschaft gemeinsam mit Dritten damit überhaupt nichts ausgesagt.
Für den Bestand einer KGaA bedarf es lediglich eines persönlich haftenden Gesellschafters und eines Kommanditaktionärs, wobei Personenidentität zulässig ist.[223] Das gilt jedenfalls für die Nachgründungsphase, für die Gründung selbst ist das strittig (vgl. § 280 Abs. 1 AktG).[224] Anders als bei Personengesellschaften ist das Herabsinken des Gesellschafterbestandes auf einen einzigen Gesellschafter also für die KGaA nicht existenzbeendend.[225] Es steht insofern auch nichts entgegen, dass eine Gütergemeinschaft als einzige Komplementärin einer KGaA fungiert.

b. Keine Doppelzugehörigkeit von Gegenständen

Gegen die Mitgliedschaft einer Gütergemeinschaft in Personengesellschaften wird eingewandt, dass dann Gegenstände sowohl Teil des Gesamtguts als auch des Gesellschaftsvermögens wären, was rechtlich nicht möglich sei. Deswegen würden die Gesellschaftsanteile in das Sondergut fallen.[226]
Nach hier vertretener Auffassung ist diese Meinung unzutreffend.[227] Darüber hinaus greift dieser Gedanke hier schon deswegen nicht, weil die Beteiligung einer Gütergemeinschaft als persönlich haftender Gesellschafter an einer KGaA

---

221 BGHZ, 65, 79 (84); zur Kritik an dieser Auffassung vgl. Beitzke, FamRZ 1975, 574 (575).
222 BGHZ 65, 79 (82 f.).
223 GroßkommAktG/ Assmann/ Sethe, § 278 Rn 18.
224 GroßkommAktG/ Assmann/ Sethe, § 280 Rn 4 ff.
225 GroßkommAktG/ Assmann/ Sethe, § 278 Rn 18.
226 Giefers/ Ott, Die Gesellschaft bürgerlichen Rechts, 2000, S. 58.
227 S. o. Kapitel § 5 I 8.

nicht zu einer Verbindung zweier Gesamthandsgemeinschaften führt. Soweit sich der Komplementär mit einer Einlage beteiligt, was keineswegs notwendig ist, geht diese in das Vermögen der juristischen Person über.[228] Der Komplementär ist daran nicht mehr beteiligt.

3. Ergebnis

Die eheliche Gütergemeinschaft kann Kommanditaktionär sein. Ebenso bestehen keine durchgreifenden Bedenken gegen die Beteiligung als persönlich haftender Gesellschafter. Der Erwerb nach § 1416 BGB setzt allerdings die Zustimmung der übrigen Gesellschafter voraus.

VIII. Mitgliedschaft in einem nichtrechtsfähigen Verein

1. Anwendbares Recht

Die mitgliedschaftsrechtlichen Beziehungen in einem nichtrechtsfähigen Verein richten sich in erster Linie nach der Satzung. Darüber hinaus sind auf den nichtrechtsfähigen Verein die Vorschriften des eingetragenen Vereins entsprechend anzuwenden, mit Ausnahme jener Normen, welche die Eintragung voraussetzen.[229] Insbesondere ist auf nichtrechtsfähige Vereine wegen ihrer körperschaftlichen Organisation § 38 BGB entsprechend anwendbar.[230]

Dank überwiegender Dispositivität der anwendbaren Vorschriften entstehen in der Praxis seit geraumer Zeit Vereinigungen, die sowohl Typusmerkmale eines Vereins als auch solche einer Personengesellschaft aufweisen, die also Mischformen sind. Aus der grundsätzlichen Qualifizierung des Verbandes als körperschaftlich strukturierte Personengesellschaft oder als nichtrechtsfähiger Verein folgt im Einzelfall nicht zwingend die Anwendung einer vereins- oder personengesellschaftsrechtlichen Vorschrift. Vielmehr kann es sachgerechter sein, für verschiedene Regelungsbereiche ein und derselben Vereinigung teils Normen des Vereinsrechts, teils solche des Gesellschaftsrechts anzuwenden.[231]

---

[228] MünchKommAktG/ Semler/ Perlitt, § 278 Rn 14.
[229] Bamberger/ Roth/ Schwarz, BGB, § 54 Rn 7, 11; MünchKomm/ Reuter, § 54 Rn 4 ff., für den Idealverein; Soergel/ Hadding, § 54 Rn 7 ff., § 38 Rn 1, jedenfalls für das Organisationsrecht und insbesondere die mitgliedschaftsrechtlichen Regeln.
[230] Soergel/ Hadding, § 38 Rn 1.
[231] BGH, NJW 1979, 2304 (2305).

Die Untersuchung der Mitgliedsfähigkeit der Gütergemeinschaft erfolgt hier auf der Grundlage des typisch körperschaftlich strukturierten Verbandes. Es wird von der weitgehenden Anwendung der vereinsrechtlichen Vorschriften ausgegangen. Ergibt sich für den Verband mit typischem Vereinscharakter die Mitgliedsfähigkeit der Gütergemeinschaft, dann besteht wohl eine berechtigte Vermutung, dass auch für Mischformen nichts Gegenteiliges gilt, denn nach hier vertretener Auffassung kann die Gütergemeinschaft auch Personengesellschafterin sein.

2. Mitgliedschaft der Gütergemeinschaft

Äußerungen zur Mitgliedschaft einer ehelichen Gütergemeinschaft in einem nichtrechtsfähigen Verein sind rar. Soweit sie erfolgen, sind sie ablehnend.[232]

(1) Einwand der mangelnden Rechtsfähigkeit

Nach einer in der Literatur vertretenen Auffassung[233] kann die Gütergemeinschaft wegen mangelnder Rechtsfähigkeit nicht Mitglied eines nichtrechtsfähigen Vereins sein. Die Mitgliedschaft soll vielmehr in das Sondergut des jeweiligen Ehegatten fallen.

Den vereinsrechtlichen Vorschriften (§§ 21 ff. BGB) ist unmittelbar nichts für oder gegen die Mitgliedsfähigkeit der ehelichen Gütergemeinschaft zu entnehmen. Genauso wenig lassen sie erkennen, dass der Mitgliederkreis auf rechtsfähige Vereinigungen beschränkt sein soll. Darüber hinaus fördert eine systematische Sicht zu Tage, dass die Mitgliedschaft nichtrechtsfähiger Gesamthandsgemeinschaften in körperschaftlich strukturierten Verbänden vom Gesetz gewollt ist. So gehen die Vorschriften der §§18 III GmbHG, 69 III AktG und 77 II 3 GenG deutlich von der Mitgliedschaft einer Erbengemeinschaft aus. Die einhellige Meinung entnimmt den §§ 18 GmbHG und 69 AktG auch die Fähigkeit der Gütergemeinschaft, GmbH- Anteile oder Aktien zu halten.[234]

Die Übereinstimmung in der körperschaftlichen Struktur zwischen dem nichtrechtsfähigen Verein und den Kapitalgesellschaften bzw. der eingetragenen Genossenschaft indiziert die Neigung des Gesetzes, die Mitgliedschaft nichtrechtsfähiger Gesamthandsgemeinschaften – wie eben auch der ehelichen Gütergemeinschaft – in körperschaftlich strukturierten Verbänden zuzulassen. Damit ist

[232] Lutter, AcP 161 (1962), 163, (176 Fn 54); wohl auch Reichert, Handbuch des Vereins- und Verbandsrechts, 2003, S. 998.
[233] Lutter, AcP 161 (1962), 163, (176 Fn 54).
[234] S. o. Kapitel § 5 V und VI.

im Folgenden zu überprüfen, ob vereinspezifische Anforderungen an die Mitgliedschaft entgegenstehen.

(2) Wahrnehmung der mitgliedschaftlichen Pflichten

Ein nichtrechtsfähiger Verein stellt typischerweise weniger Ansprüche an die Person des Mitglieds, als das bei den meisten Personengesellschaften der Fall ist. Anders als etwa die gesetzestypische oHG beruht der nichtrechtsfähige Verein nicht auf einem besonderen Vertrauensverhältnis weniger Personen. Als Körperschaft ist er vielmehr auf eine Vielzahl von Mitgliedern angelegt sowie auf einen Wechsel des Mitgliederbestandes durch Ein- und Austritt.
Der nichtrechtsfähige Verein erwartet von seinen Mitgliedern auch nicht die Beteiligung an der Geschäftsführung und Vertretung. Diese liegen in den Händen eines nach dem Grundsatz der Fremdorganschaft besetzten Vorstandes (§§ 26, 27 BGB).[235] Über Geschäftsführungsfähigkeiten muss ein Vereinsmitglied folglich nicht verfügen.

Den Mitgliedern eines nichtrechtsfähigen Vereins können in der Satzung Beitragspflichten auferlegt werden (§ 58 Nr. 2 BGB). Die Beitragspflicht ist in der Regel als eine vermögensrechtliche Pflicht darauf gerichtet, eine Geldleistung in bestimmter Höhe einmalig oder wiederkehrend in das Vereinsvermögen zu erbringen.
Als Beiträge kommen aber nicht nur Geldleistungen in Betracht. Vielmehr kann die Beitragspflicht auf jedes primär geschuldete Tun oder Unterlassen gerichtet sein, das geeignet ist, die Verfolgung des Vereinszwecks zu fördern. Als Beiträge können insbesondere Dienst- oder Werkleistungen geschuldet sein.[236]

Aus dem Rechtsverhältnis zum Verein können für das einzelne Mitglied durch Beschluss der Mitgliederversammlung oder Entscheidung eines sonst hierfür zuständigen Organs Mitverwaltungspflichten entstehen. In Betracht kommt z. B. die Pflicht zur Teilnahme an der internen Willensbildung des Vereins in der Mitgliederversammlung oder auch die Pflicht, an Veranstaltungen des Vereins durch Wahrnehmung bestimmter Aufgaben organisatorisch oder sonst helfend mitzuwirken.[237]

Diesen Anforderungen ist eine Gütergemeinschaft sehr wohl gewachsen.
Geldleistungspflichten erfüllen die Ehegatten entweder aus dem Gesamtgut oder aus ihren jeweiligen Sonder- oder Vorbehaltsgütern (§§ 1416, 1417, 1418

[235] Soergel/ Hadding, § 54 Rn 14.
[236] Soergel/ Hadding, § 38 Rn 21 a.
[237] Soergel/ Hadding, § 38 Rn 22.

BGB). Soweit von den Vereinsmitgliedern Dienst- oder Werkleistungen oder sonstige Mitwirkungshandlungen gefordert sind, ist die Gütergemeinschaft grundsätzlich auch dazu fähig. Befindet sich der Anteil am nichtrechtsfähigen Verein im Gesamtgut, so erfolgen die Handlungen der Gütergemeinschaft für den Verein im Rahmen der Gesamtgutsverwaltung. Verwaltung bedeutet die Vornahme von Rechtsgeschäften und tatsächliches Handeln.[238] Im Rahmen der regelmäßig[239] vorliegenden gemeinschaftlichen Verwaltung ist der jeweils andere Ehegatte zur Mitwirkung auch verpflichtet (§ 1451 BGB). Die Koordinationsprobleme dürften schon aufgrund dessen, dass es sich nur um zwei Personen handelt, die sich einigen und ihr Handeln abstimmen müssen, nicht größer sein, als bei vielgliedrigen Personengesellschaften, deren Mitgliedsfähigkeit unbestritten ist.
Probleme bei der Erfüllung spezifischer Anforderungen, etwa aufgrund mangelnder handwerklicher oder sonstiger Fertigkeiten, haben ihren Grund nicht in Eigenheiten der Gütergemeinschaft, sondern in den konkreten Personen der Ehegatten und würden auch bei Einzelmitgliedschaft auftreten. Dasselbe gilt, wenn die Satzung bestimmte Eigenschaften zur Voraussetzung der Mitgliedschaft im konkreten nichtrechtsfähigen Verein erhebt.

Auch für die Wahrnehmung von Pflichten im Rahmen der Willensbildung des Vereins sind keine besonderen Schwierigkeiten ersichtlich. Möglich ist zwar, dass die Ehegatten bezüglich eines konkreten Beschlussgegenstandes keine Einigkeit über ihr Abstimmungsverhalten erzielen. Dies gehört aber auch nicht zu den Voraussetzungen der Mitgliedschaft. Mitglieder, die sich der Stimme enthalten, werden wie nicht erschienene behandelt.[240] Die Willensbildung vollzieht sich nach dem Mehrheitsprinzip, wobei sich die Mehrheit auf der Grundlage der zur Mitgliederversammlung erschienenen Mitglieder berechnet (§ 32 Abs. 1 S. 3 BGB). Da die Beschlussfähigkeit schon bei Erscheinen eines Mitgliedes gegeben ist[241], können die Auswirkungen solcher Unentschiedenheit der Ehegatten auf den Verein vernachlässigt werden.

(3) Persönliche Voraussetzungen der Mitglieder

Die grundsätzliche Fähigkeit zur Erfüllung der mitgliedschaftlichen Pflichten sagt freilich nichts über die Mitgliedsfähigkeit im Einzelfall aus. In der Satzung kann die Mitgliedschaft von besonderen Voraussetzungen oder persönlichen Ei-

---

[238] Jauernig/ Chr. Berger, 1422 Rn 4.
[239] MünchKomm/ Kanzleiter, § 1450 Rn 3.
[240] Palandt/ Heinrichs, § 32 Rn 7.
[241] Palandt/ Heinrichs, § 32 Rn 6.

genschaften abhängig gemacht werden.[242] Da gibt es zweifellos welche, die nur von natürlichen Personen erfüllt werden können. Derartige Hindernisse bestehen dann aber nicht nur für die Mitgliedschaft der Gütergemeinschaft, sondern ebenso für Personengesellschaften oder juristische Personen.
Andererseits ist nicht ersichtlich, warum z. B. eine Gütergemeinschaft, in deren Gesamtgut sich ein Kleingarten befindet, nicht Mitglied eines als nichtrechtsfähiger Verein organisierten Kleingärtnervereins[243] sein soll. Möglicherweise wird der nichtrechtsfähige Verein sogar ein Interesse daran haben, nicht nur einen der Ehegatten zu seinen Mitgliedern zählen zu dürfen. Wenn nämlich in der Satzung bestimmte Bepflanzungs– oder Pflegerichtlinien festgelegt sind, könnte ein Ehegatte denen ohne Mitwirkung oder wenigstens Zustimmung des anderen möglicherweise gar nicht nachkommen. Ein ähnliches Szenario ist denkbar für die Mitgliedschaft in einer Waldinteressengemeinschaft[244], wenn unter den Ehegatten gesamthänderisches Eigentum (§ 1416 BGB) am Wald besteht. Im Einzelnen wird da freilich Vieles von dem jeweiligen Inhalt der Satzung abhängen.

(4) Wahrnehmung der mitgliedschaftlichen Rechte

Zum Inhalt der Mitgliedschaft gehören neben den Pflichten auch Rechte. Man unterscheidet Mitverwaltungsrechte und Vorteilsrechte. Auch insofern ergeben sich keine Bedenken gegen die Mitgliedsfähigkeit.
Die Mitverwaltungsrechte, also vor allem die Teilnahme an der vereinsinternen Willensbildung (§§ 27 I, 32, 33 I, 41 BGB), nehmen die Ehegatten bei gemeinschaftlicher Verwaltung des Gesamtguts gemeinsam wahr (§§ 1450 ff. BGB). Dasselbe gilt für die Teilhabe an den Vorteilen aus der Verfolgung des Vereinszwecks, d. h. in erster Linie das Recht, Vereinseinrichtungen und Vereinsgegenstände zu benutzen sowie an Vereinsveranstaltungen teilzunehmen.[245]

(5) Haftung für Verbindlichkeiten des nichtrechtsfähigen Vereins

Der nichtrechtsfähige Verein ist selbst Verpflichtungssubjekt und haftet mit seinem eigenen Vermögen.[246] Handelt es sich um einen nichtrechtsfähigen Idealverein, so bleibt es bei der alleinigen Haftung des Vereins. Die Mitglieder haften für Vereinsverbindlichkeiten nicht.[247]

---

242 Soergel/ Hadding, § 38 Rn 5.
243 In BSGE 17, 211 wird ein Kleingärtnerverein als nr Verein gedeutet.
244 Bamberger/ Roth/ Schwarz, BGB, § 54 Rn 10.
245 Soergel/ Hadding, § 38 Rn 17 f.
246 Bamberger/ Roth/ Schwarz, BGB, § 54 Rn 18; K. Schmidt, Gesellschaftsrecht, S. 743 f.
247 Statt aller: Bamberger/ Roth/ Schwarz, BGB, § 54 Rn 19.

Anders ist die Haftungslage für die Mitglieder eines nichtrechtsfähigen wirtschaftlichen Vereins. Diese haften gem. § 54 S. 1 BGB wie die Gesellschafter bürgerlichen Rechts für die Gesellschaftsschulden, also entsprechend §§ 128 ff. HGB persönlich und unbeschränkt mit ihrem Privatvermögen.[248]

Aus der Mitgliedschaft in einem nichtrechtsfähigen Idealverein entstehen unter dem Aspekt der Außenhaftung somit keine Anforderungen an die Gütergemeinschaft. Sind die ehelichen Gesamthänder Mitglied eines nichtrechtsfähigen wirtschaftlichen Vereins, so haften sie mit dem Gesamtgut und ihrem jeweiligen Vorbehalts- und Sondergut. Dass insofern keine Hindernisse bestehen, hat sich an anderer Stelle schon herausgestellt, darauf sei hier verwiesen.[249]

3. Erwerb der Mitgliedschaft

Ein spezifisch familienrechtlicher Erwerb der Vereinsmitgliedschaft (§ 1416 I 1, II BGB) ist nach der gesetzlichen Regel nicht möglich, denn die Mitgliedschaft in einem nichtrechtsfähigen Verein ist entsprechend § 38 S. 1 BGB nicht übertragbar. Sie entsteht und endet stets in der Person des einen Mitglieds und gilt deshalb als „höchstpersönlich“[250]. In der Konsequenz fällt die Mitgliedschaft eines Ehegatten mit Inkrafttreten der Gütergemeinschaft als unübertragbarer Gegenstand in dessen Sondergut (§ 1417 II BGB). Anderes gilt, wenn in der Satzung die Übertragbarkeit zugelassen ist (entsprechend §§ 40, 38 BGB). Die Satzung kann für den Kreis der Personen, an welche die Mitgliedschaft übertragbar ist, bestimmte Voraussetzungen festlegen. Ist dies nicht geschehen oder verfügt der Ehegatte über die vorausgesetzten Eigenschaften, so fällt die Mitgliedschaft kraft Gesetzes in das Gesamtgut (§ 1416 I 1, II BGB).

Der gängigste Weg in einen nichtrechtsfähigen Verein ist der Eintritt. Maßgebend ist in erster Linie die Satzung, die entsprechend § 58 Nr. 1 BGB darüber Bestimmungen enthalten soll. Der Eintritt findet durch Aufnahmevertrag zwischen dem Beitrittswilligen und dem nichtrechtsfähigen Verein statt, wobei letzter durch den Vorstand vertreten wird.[251]
Für die Aufnahme der Gütergemeinschaft wird es darauf ankommen, dass die Eheleute den Willen, als Gesamthand aufgenommen zu werden, in ihrer Beitrittserklärung deutlich machen. Denn nur so kann ein unübertragbares Recht in

[248] BGHZ 146, 190 (201); MünchKomm/ Reuter, § 54 Rn 52; Soergel/ Hadding, § 54 Rn 25.
[249] S. o. Kapitel § 5 I 7.
[250] Soergel/ Hadding, § 38 Rn 27.
[251] Soergel/ Hadding, § 54 Rn 10.

das Gesamtgut fallen.[252] Für die Annahme ist es ausreichend, wenn die Aufnahmeerklärung gegenüber einem der Ehegatten erfolgt (§ 1450 II BGB).

4. Ergebnis

Die Untersuchung hat ergeben, dass eine Gütergemeinschaft Mitglied eines nichtrechtsfähigen Vereins sein kann, egal ob es sich um einen Idealverein oder einen wirtschaftlichen Verein handelt.

IX. Mitgliedschaft in einem eingetragenen Verein

1. Einwand der mangelnden Rechtsfähigkeit

Die Mitgliedschaft einer Gütergemeinschaft im eingetragenen Verein (§§ 21, 22 BGB) wird überwiegend abgelehnt.[253] Begründet wird das allein mit der mangelnden Rechtsfähigkeit der Gütergemeinschaft.[254]
Der überwiegenden Meinung ist insofern zuzustimmen, als sie zugrunde legt, dass die eheliche Gütergemeinschaft nicht rechtssubjektiv verselbstständigt ist. Zu bestreiten ist der daraus gezogene Schluss auf die Gesellschafterunfähigkeit dieser Gesamthandsgemeinschaft.
Dass die Rechtsfähigkeit einer Gesamthandsgemeinschaft keine Voraussetzung für die Beteiligung an Verbänden ist, lässt sich dem Aktiengesetz (§ 69 AktG) und dem GmbHG (§ 18 GmbHG) entnehmen.
Es ist auch nicht ersichtlich, warum die Mitgliedschaft in einem BGB-Verein insofern anders zu beurteilen sein sollte, als die in einer AG oder GmbH. Diesen Verbänden ist die körperschaftliche Struktur und das Wesen als juristische Person gemein.

Zwischen dem eingetragenen Verein und dem nichtrechtsfähigen Verein besteht weitestgehende organisationsrechtliche Übereinstimmung. Wie sich infolge der Untersuchung zur Mitgliedschaft im nichtrechtsfähigen Verein herausgestellt hat[255], ist die Gütergemeinschaft auch grundsätzlich in der Lage, die mitgliedschaftlichen Rechte und Pflichten wahrzunehmen.

---

[252] Vgl. Staudinger/ Thiele, § 1417 Rn 3; RGRK/ Finke, § 1417 Rn 3.
[253] Lutter, AcP 161 (1962), 163 (175 f.); Bamberger/ Roth/ Schwarz, BGB, § 38 Rn 6; Soergel/ Hadding, § 38 Rn 5; Reichert, Handbuch d. Vereinsrechts, Rn 62, gegen Gründungsbeteiligung; aA Reuter, ZHR 145 (1981), 273 (276 f.).
[254] Lutter, AcP 161 (1962), 163 (175 f.); Bamberger/ Roth/ Schwarz, BGB, § 38 Rn 6; Soergel/ Hadding, § 38 Rn 5.
[255] S. o. Kapitel § 5 VIII 2 (4).

2. Vermögenscharakter der Mitgliedschaft im Idealverein

Die Genossenfähigkeit der Gütergemeinschaft wird – unzutreffenderweise – mit dem mangelnden Vermögenscharakter der Mitgliedschaft in einer eingetragenen Genossenschaft bestritten. Näher liegt es auf den ersten Blick, mit diesem Argument die Fähigkeit der Gütergemeinschaft zur Mitgliedschaft in einem Idealverein anzuzweifeln. Ebenso wie im Genossenschaftsrecht wäre der Einwand auch hier verfehlt.

Idealvereine sind – anders als der Name vielleicht suggerieren mag – nicht per se arm. Von Wirtschaftsverbänden unterscheiden sie sich nach § 21 BGB dadurch, dass sie ihrem Zweck nach nicht auf den Betrieb eines wirtschaftlichen Unternehmens gerichtet sind. Die Realität zeigt jedoch, das sie dank ihres sog. Nebenzweckprivilegs den Wirtschaftsverbänden im Einzelfall an ökonomischer Stärke nicht nachstehen müssen.[256] Für den Vermögenscharakter der Mitgliedschaft sagt dies freilich noch nicht viel aus, denn der eingetragene Verein ist als juristische Person Alleininhaber des Vereinsvermögens.
Der Vermögenswert der Vereinsmitgliedschaft resultiert – anders als bei Handelsgesellschaften – nicht aus Gewinnausschüttungen, auch nicht im Rahmen des Nebenzweckprivilegs. Diese sind gesetzlich nicht vorgesehen und würden der Eintragungsfähigkeit im Sinne des § 21 BGB entgegenstehen.[257] Rechte an der Substanz oder dem Wert der Gegenstände des Vereinsvermögens sind mit der Mitgliedschaft während des Aktivstadiums des Vereins auch nicht verbunden. Erst bei der Auflösung des Vereins oder der Entziehung der Rechtsfähigkeit fällt das Vereinsvermögen an die in der Satzung bestimmten Personen (§ 45 BGB). Der vermögensrechtliche Zuweisungsgehalt der Mitgliedschaft für das Abwicklungsstadium kann also in der Satzung festgelegt werden.[258]
Während des Aktivstadiums des Idealvereins besteht der vermögensrechtliche Zuweisungsgehalt der Mitgliedschaft in dem damit regelmäßig verbundenen Recht auf Benutzung der Vereinseinrichtungen und -gegenstände.[259]

Es zeigt sich also, dass auch der Mitgliedschaft im Idealverein ein Vermögenscharakter nicht abzusprechen ist und sie somit auch in das Gesamtvermögen der Ehegatten fallen kann.

---

[256] Lettl, Das Wertrecht der Mitgliedschaft beim Ideal-Verein, 1999, S. 30 f.
[257] Lettl, Das Wertrecht der Mitgliedschaft beim Ideal-Verein, 1999, S. 57 ff., bes. S. 72, 75.
[258] Lettl, Das Wertrecht der Mitgliedschaft beim Ideal-Verein, 1999, S. 49 ff.
[259] Lettl, Das Wertrecht der Mitgliedschaft beim Ideal-Verein, 1999, S. 92 ff., bes. S. 95.

3. Verfassungsrechtliche Gründe für die Mitgliedsfähigkeit

Reuter hat dargetan, dass die Mitgliedsfähigkeit der Gütergemeinschaft auch aus verfassungsrechtlichen Gründen Anerkennung verdient. Da die Eheleute als Gütergemeinschaft zulässigerweise ein Unternehmen betreiben könnten, sei es nicht ausgeschlossen, dass Arbeitnehmer beschäftigt würden. Wer mit Arbeitnehmern einen Arbeitsvertrag schließe, sei aber Arbeitgeber und habe nach Art. 9 III 1 GG das verfassungsrechtlich verbürgte Recht, einem Arbeitgeberverband beizutreten. Da die Arbeitgeberverbände BGB-Vereine seien, müsse den Gütergemeinschaften auch die Mitgliedsfähigkeit zugestanden werden, andernfalls wären sie an der Wahrnehmung ihrer verfassungsmäßigen Rechte gehindert. Im Übrigen stehe das Vereinsrecht grundsätzlich nicht der Mitgliedschaft von Gesamthandsgemeinschaften entgegen, sondern höchstens die Satzung des konkreten e. V. begrenze – ausdrücklich oder konkludent – die Mitgliedsfähigkeit.[260]

4. Ergebnis

Als Ergebnis ist festzustellen, dass die Gütergemeinschaft auch Mitglied eines eingetragenen Vereins sein kann. Der Erwerb der Mitgliedschaft vollzieht sich in derselben Weise und nach denselben Regeln wie beim nichtrechtsfähigen Verein. Auf die dort gemachten Ausführungen kann hier verwiesen werden.

X. Mitgliedschaft in einer eingetragenen Genossenschaft

Die Genossenfähigkeit der Gütergemeinschaft ist – soweit ersichtlich – bisher nirgends thematisiert worden. Nur im Zusammenhang mit der Inhaltsbestimmung des Sonderguts findet man ausnahmsweise die Bemerkung, ein Genossenschaftsanteil falle in das Sondergut.[261]

1. Kein Erwerb der Mitgliedschaft kraft Gesetzes (§ 1416 I, II BGB)

Der Auffassung Thieles[262] ist im Ergebnis für den Fall zuzustimmen, dass ein Ehegatte bereits vor Inkrafttreten der Gütergemeinschaft Mitglied einer einge-

---

[260] Reuter, ZHR 145 (1981), 273 (276 f.).

[261] Staudinger/ Thiele, § 1417 Rn 5.

[262] Staudinger/ Thiele, § 1417 Rn 5, der irrtümlich auf Lutter, AcP 161 (1962), 163 Fn 1, verweist. Lutter führt die Mitgliedschaft in der Genossenschaft a. a. O. zwar als Beispiel für einen unübertragbaren Gegenstand an. In Fn 53 (S. 175 f.) macht er jedoch deutlich, dass die Mitgliedschaft in der Genossenschaft nicht in das Sondergut fallen soll.

tragenen Genossenschaft war. Wurde die Mitgliedschaft nicht zum Vorbehaltsgut erklärt, dann müsste sie nach dem normalen Gang der Dinge in das Gesamtgut (§ 1416 BGB) fallen. Dem steht entgegen, dass die Zugehörigkeit zu einer eG unübertragbar ist.[263] Das ist den §§ 18 und 76 GenG zu entnehmen. Nach § 18 Satz 1 GenG richtet sich das Verhältnis der Genossenschaft und der Genossen nach dem Statut, das nach Satz 2 von den Bestimmungen des GenG nur dann abweichen darf, wenn dies ausdrücklich zugelassen ist. Die Abtretung der Mitgliedschaft ist weder geregelt, noch ist ausdrücklich eine Ausnahme von den geregelten Formen des Erwerbs oder Verlusts der Mitgliedschaft zugelassen. Der Erwerb erfolgt durch Teilnahme an der Gründung oder durch Eintritt, der Verlust durch Austritt. Abtretbar ist gemäß § 76 I GenG lediglich das aus Einlage und Gewinn bestehende Geschäftsguthaben des einzelnen Genossen.
Es ist den Genossen auch nicht möglich, die Übertragbarkeit der Mitgliedschaft statutarisch herzustellen.[264] Aus der Unübertragbarkeit folgt, dass der Genossenschaftsanteil in das Sondergut (§ 1417 II BGB) fällt.

Dasselbe gilt auch für den Fall, dass ein in Gütergemeinschaft lebender Ehegatte in eine Genossenschaft eintritt und dabei im eigenen Namen handelt. Dann wird nur er Vertragspartner der Genossenschaft und die Mitgliedschaft kann nur – nach einer „logischen Sekunde“ – kraft Gesetzes in das Gesamtgut fallen (§ 1416 Abs. 1 S. 2 BGB).[265] Dem steht auch hier die Unübertragbarkeit entgegen und leitet den Genossenschaftsanteil in das Sondergut (§ 1417 II BGB).

2. Gemeinschaftlicher Eintritt

(1) Unmittelbarer Erwerb in das Gesamtgut

Auch ein unübertragbarer Gegenstand gelangt aber dann in das Gesamtgut, wenn das Erwerbsgeschäft im Namen beider Ehegatten in ihrer gesamthänderischen Verbundenheit abgeschlossen wird. Die Ehegatten erwerben dann unmittelbar zum Gesamtgut. So kann ein unübertragbares Recht durch Rechtsgeschäft mit einem Dritten von vornherein für die Gesamthand der Ehegatten begründet werden.[266] Daraus ist zu schließen, dass der Erwerb der Mitgliedschaft aus Sicht des Normgefüges der §§ 1416, 1417 BGB grundsätzlich möglich erscheint, mit-

---

[263] RGZ 87, 408 (409 f.); Meyer/ Meulenbergh/ Beuthien, § 18 Rn 6; ders., AG 2002, 266 (267).
[264] RGZ 87, 408 (410).
[265] So nach der herrschenden Durchgangstheorie, vgl. Staudinger/ Thiele, § 1416 Rn 24 m. w. N.
[266] Staudinger/ Thiele, § 1416 Rn 23; § 1417 Rn 3; BayObLGZ 1967, 480; RGRK/ Finke, § 1417 Rn 3 m. w. N.

hin die mit dem Eintritt in die Genossenschaft für die gesamthänderisch gebundenen Ehegatten entstehende Mitgliedschaft unmittelbar in das Gesamtgut fällt. Es ist zu untersuchen, ob dem andere Hindernisse, insbesondere aus genossenschaftsrechtlicher Perspektive, entgegenstehen.

(2) Kein entgegenstehender Wille des Gesetzes

Eine gesetzliche Regel, wonach die gesamthänderisch verbundenen Ehegatten nicht Mitglied einer Genossenschaft sein könnten, ist den Bestimmungen des Genossenschaftsgesetzes nicht zu entnehmen. Vielmehr zeigen die §§ 43 IV, 77, 77a GenG, dass der Gesetzgeber grundsätzlich von der Möglichkeit ausgeht, dass auch Gesamthandsgemeinschaften Mitglied einer Genossenschaft sein können. Daraus, dass das Genossenschaftsgesetz nur Personengesellschaften des Handelsrechts und die Erbengemeinschaft ausdrücklich erwähnt, kann nicht der Schluss gezogen werden, dass damit anderen Gesamthandsgemeinschaften die Fähigkeit zur Mitgliedschaft in einer Genossenschaft versagt werden soll.[267] Es besteht auch Einigkeit darüber, dass § 43 IV GenG keine abschließende Aufzählung möglicher Genossen enthält.[268]

(3) Der personalistische Charakter der Genossenschaft

In der juristischen Literatur kann man lesen, die Genossenschaft habe einen personalistischen Charakter.[269] Da mag der Gedanke nahe liegen, den im Personengesellschaftsrecht verbreiteten Einwand, die Gütergemeinschaft könne das personalistische Element nicht integrieren[270], auch gegen die Genossenfähigkeit der Gütergemeinschaft zu richten.
Wer allerdings mit dem Terminus des personalistischen Charakters arbeitsgemeinschaftliches Zusammenwirken assoziiert[271], ist hier gewiss auf der falschen Fährte. Zwar weist die Genossenschaft Elemente auf, die denen von Personengesellschaften vergleichbar sind; beispielsweise ist die Mitgliedschaft nicht übertragbar, der Vorstand wird ausschließlich mit Genossen besetzt (§ 9 GenG) und jeder Genosse hat grundsätzlich nur eine Stimme, unabhängig von der Anzahl seiner Geschäftsanteile (§ 43 III GenG)[272].

---

[267] BGH, WM 1992, 12.
[268] Vgl. statt aller: Hettrich/ Pöhlmann, Genossenschaftsgesetz, § 15 Rn 6.
[269] Statt vieler: Müller, GenG, § 1 Rn 3; Meyer/ Meulenbergh/ Beuthien, GenG, § 18 Rn 36.
[270] S. o. Kapitel § 5 I 9.
[271] Mit diesem Inhalt verwenden Reuter/ Kunath, JuS 1977, 376 (379), ihn.
[272] Als Ausnahme kann im Statut jenen Genossen bis maximal drei Stimmen gewährt werden, die den Geschäftsbetrieb der Genossenschaft besonders fördern. Vgl. § 43 III GenG.

Die personalistische Ausgestaltung bedeutet aber nicht, dass die Förderung des Erwerbs oder der Wirtschaft der Genossen unmittelbar von diesen selbst durch persönlichen Einsatz zu leisten ist. Nach § 1 Abs. 2 GenG fördern die Genossen ihren Erwerb und ihre Wirtschaft nicht unmittelbar gegenseitig. Vielmehr ist dies allein Sache der Genossenschaft als solcher. Die Mitgenossen handeln hiervon unabhängig und eigenverantwortlich und treten sich sogar häufig als Wettbewerber gegenüber.[273]
Ebenso wenig verpflichtet das Genossenschaftsgesetz die Genossen, an der Generalversammlung teilzunehmen, dort ihr Stimmrecht auszuüben, Genossenschaftsämter anzunehmen oder sonstwie in Verwaltung oder Geschäftsbetrieb der Genossenschaft persönlich mitzuarbeiten.[274]
Maßgeblich für den genossenschaftlichen Förderzweck (§ 1 Abs. 1 GenG) ist vielmehr die Fähigkeit und Bereitschaft des Mitglieds, sich von der eG fördern zu lassen.[275] Jeder, der über diese grundsätzliche Fördereignung verfügt, vermag Mitglied der betreffenden eG zu werden. Auf eine unverwechselbare Persönlichkeit des Mitglieds kommt es nicht an.[276]

Eine grundsätzliche Fördereignung wird man der Gütergemeinschaft nicht absprechen können. Betreiben beispielsweise die in Gütergemeinschaft lebenden Ehegatten einen landwirtschaftlichen Milchviehbetrieb[277], so können sie ein Interesse an der Mitgliedschaft in einer Genossenschaft haben, die Futter von Dritten erwirbt und an sie weitergibt (Bezugsgenossenschaft) oder die Milch von ihnen bezieht und an Dritte veräußert (Absatzgenossenschaft). Zu den erforderlichen Handlungen, Futterabnahme oder Milchlieferung, sind die Ehegatten ohne weiteres in der Lage.

Neben der Inanspruchnahme der genossenschaftlichen Förderung besteht die Anteilnahme an den Angelegenheiten der Genossenschaft in der Beteiligung an der Willensbildung. Diese erfolgt, soweit nicht der Vorstand zuständig ist, in der Generalversammlung (§ 43 GenG). Das Stimmrecht müssen die Ehegatten gemeinschaftlich ausüben (§ 1450 BGB). Nach § 43 Abs. 4 S. 1 GenG soll der Genosse sein Stimmrecht persönlich ausüben; unbenommen ist aber auch die Erteilung von Stimmvollmacht, in schriftlicher Form (§ 43 Abs. 5 S. 1 u. 2 GenG). Auch insofern bestehen keine Zweifel an der Fähigkeit der Ehegatten zur Mitwirkung an der Willensbildung.

---

[273] BGH, WM 1992, 12 (13).
[274] Meyer/ Meulenbergh/ Beuthien, GenG, § 18 Rn 25; BGH, WM 1992, 12 (13).
[275] Eine passive Förderpflicht der Genossen besteht aber kraft Gesetzes nicht, auch nicht aus der genossenschaftlichen Treuepflicht; der Beitritt eröffnet nur eine Fördermöglichkeit. Vgl. Meyer/ Meulenbergh/ Beuthien, GenG, § 18 Rn 25 f.
[276] Beuthien, AG, 2002, 266 (272).
[277] Vgl. BGH, FamRZ 1986, 40.

(4) Fähigkeit zur Erfüllung der genossenschaftlichen Pflichten

Voraussetzung für den Beitritt zu einer eG ist zunächst die Abgabe einer Beitrittserklärung (§§ 15 I, 15a GenG). Im Falle der gemeinschaftlichen Verwaltung des Gesamtguts müssen die Ehegatten die Willenserklärung gemeinschaftlich vornehmen (§ 1450 I BGB), freilich mit der Möglichkeit der Vertretung nach den allgemeinen Regeln[278]. Dass die Ehegatten dazu – etwa aus Mangel an einheitlichem Auftreten – nicht in der Lage wären, ist nicht ersichtlich. Insbesondere wenn sie mit einem firmenfähigen Unternehmen, also zur Förderung des „Erwerbs" und nicht der „Wirtschaft" (§ 1 Abs. 1 GenG)[279], beitreten, wird es ihnen nicht schwer fallen, ihre Identität als Gesamthand der Genossenschaft gegenüber deutlich zu machen.

Unmittelbar mit dem Eintritt verbunden ist zunächst die Entrichtung eines möglicherweise statutarisch festgelegten Beitrittsgeldes[280] sowie – nach Maßgabe des satzungsmäßig bestimmten Termins und Betrages – die Einzahlung auf den Geschäftsanteil (§§ 7, 7a GenG). Dafür haften beide Ehegatten persönlich mit ihrem Vorbehalts- und Sondergut sowie mit dem Gesamtgut (§ 1459 I BGB). Dasselbe gilt für die Pflicht zur Deckung des Fehlbetrages beim Ausscheiden aus der Gesellschaft nach § 73 Abs. 2 GenG und für den Fall der Insolvenz der Genossenschaft, wenn im Statut eine Nachschusspflicht nicht ausgeschlossen ist (§§ 105 ff. GenG).[281] Die Verpflichtung zu den genannten Leistungen übernehmen die Ehegatten ausdrücklich in ihrer Beitrittserklärung (§ 15 a GenG). Eine irgendwie geartete Haftungsbeschränkung, die im Recht der Gütergemeinschaft begründet wäre[282], steht den Ehegatten nicht zur Verfügung. Aus haftungsrechtlicher Sicht spricht nichts gegen die Genossenfähigkeit der Gütergemeinschaft.

Je nach Art und Zweck der Genossenschaft kann die Satzung den Mitgliedern noch andere Pflichten auferlegen, etwa die Pflicht bestimmte Produkte zu liefern oder abzunehmen. Das spielt vor allem im Bereich des ländlichen Genossen-

---

[278] MünchKomm/ Kanzleiter, § 1450 Rn 7 ff.

[279] Der Begriff der „Wirtschaft" bezeichnet die private Haushaltsführung im weitesten Sinne, nicht aber die Erwerbstätigkeit, vgl. Müller, GenG, § 1 Rn 25.

[280] Das Eintrittsgeld kann auch erst später fällig werden, vgl. Müller, GenG, § 15 Rn 36; § 7 Rn 24.

[281] Unabhängig von den finanziellen Leistungspflichten aus dem korporationsrechtlichen Verhältnis können Vergütungspflichten für Leistungen der Genossenschaft entstehen, vgl. Müller, GenG, § 18 Rn 9.

[282] Eine Haftungsbeschränkung im Sinne keiner oder einer nur beschränkten Nachschusspflicht im Insolvenzfall hat ihren Grund im Genossenschaftsrecht (§ 6 Nr. 3 GenG) und kommt nicht nur der Gesamthand zugute.

schaftswesens eine Rolle.[283] Die Fähigkeit und Bereitschaft der Genossen kann schon durch die Formulierung bestimmter Beitrittsvoraussetzungen sichergestellt werden, indem etwa die Ausübung eines bestimmten Gewerbes zur Bedingung gemacht wird.[284] Die Schwierigkeiten eines in Gütergemeinschaft geführten Unternehmens zur Erfüllung derartiger Pflichten werden nicht höher zu veranschlagen sein, als dies bei von Einzelkaufleuten, Gesamthandsgesellschaften oder juristischen Personen getragenen Unternehmen der Fall ist.

(5) Grundsatz der Identität von Mitglied und Kunde

Wie bei jeder wirtschaftlich tätigen Gesellschaft besteht auch zur Genossenschaft eine zweifache Beziehung: als Kapitalgeber und Kunde. Während bei der Kapitalgesellschaft Kapitalgeber und Kunden strukturell verschiedene Personen mit gegensätzlichen Interessen sind, besteht bei der Genossenschaft grundsätzlich Personenidentität mit dem einheitlichen Interesse der wirtschaftlichen Förderung. Der genossenschaftliche Grundsatz der Identität von Mitglied und Kunde ist unmittelbare Folge des Auftrags zur Förderung von Erwerb oder Wirtschaft. Dadurch kommt der dienende Charakter der Genossenschaft zum Ausdruck. Die Identität setzt voraus, dass die Mitglieder grundsätzlich in der Lage und bereit sind, die Einrichtungen der Genossenschaft in Anspruch zu nehmen.[285]

Dieser Grundsatz spricht für die Zulassung namentlich der unternehmenstragenden Gütergemeinschaft. Anerkanntermaßen ist die Gütergemeinschaft eine zulässige Form der Mitunternehmerschaft.[286] Daraus kann das Bedürfnis erwachsen, sich mit seinem Unternehmen zum Zwecke der Förderung des Erwerbes (§ 1 Abs. 1 GenG) an einer Genossenschaft zu beteiligen. Im Falle der Nichtzulassung der gemeinschaftlichen Beteiligung bliebe den Ehegatten der Weg der persönlichen Mitgliedschaft jedes Ehegatten für sich. Das verstieße aber gegen den Grundsatz der Identität von Kunde und Mitglied. Die Systemwidrigkeit eines Zwanges zur Einzelmitgliedschaft zeigt sich u. a. in den Auswirkungen auf die Stimmrechtsverhältnisse. Die Einzelmitgliedschaft der Ehegatten liefe unter Störung der in § 43 Abs. 3 GenG vorgesehenen Regelung darauf hinaus, dass sie für ihr Unternehmen in der Generalversammlung der Genossenschaft über zwei Stimmen verfügten, während andere Genossen, selbst wenn es sich um größere juristische Personen oder Personengesellschafen des

[283] Metz/ Schaffland, GenG, 2. Aufl., 1999, § 18, S. 47 f.
[284] Metz/ Schaffland, GenG, 2. Aufl., 1999, § 15, S. 37.
[285] Metz/ Schaffland, GenG, 2. Aufl., 1999, S. 3; Meyer/ Meulenbergh/ Beuthien, GenG, § 1 Rn 31, 35.
[286] Statt Vieler: BGHZ 65, 79 (80, 85); BayObLG, FamRZ 1992, 61 (61 f.); Baumbach/ Hopt/ Merkt, HGB, § 1 Rn 48.

juristische Personen oder Personengesellschafen des Handelsrechts handelt, nur eine Stimme haben.[287]
Der genossenschaftliche Grundsatz der Identität von Mitglied und Kunde spricht also für die Mitgliedsfähigkeit wenigstens der unternehmenstragenden Gütergemeinschaft.

(6) Einwand, die Mitgliedschaft in der Genossenschaft sei ein nichtvermögenswertes Recht

Nach Lutter[288] unterfällt die Mitgliedschaft in einer Genossenschaft überhaupt nicht den §§ 1416 ff. BGB und ist folglich weder Vorbehalts- oder Sondergut noch Gesamtgut.[289] Die Mitgliedschaft sei losgelöst vom Geschäftsguthaben (§ 76 GenG) und demzufolge ein nichtvermögenswertes Recht. Gegenstand im Sinne dieser Vorschriften sei nur das Geschäftsguthaben, das zum Sondergut gehöre.

Zu dieser Auffassung kann man eigentlich nur gelangen, wenn man die Genossenschaft durch die Brille des Kapitalgesellschaftsrechts betrachtet. Ein Indiz dafür ist das ausschließliche Abstellen auf das Geschäftsguthaben des Genossen.

Im Recht der eingetragenen Genossenschaft hat man es mit drei Begriffen zu tun, die deutlich unterschieden werden müssen: Da ist zunächst zu nennen die – nicht übertragbare – Mitgliedschaft (Genossenschaftsanteil), als Inbegriff der mitgliedschaftlichen Rechte und Pflichten.[290] Davon zu unterscheiden ist der – ebenfalls nicht übertragbare – Geschäftsanteil (§ 7 GenG). Dabei handelt es sich lediglich um eine, in der Satzung festzulegende, abstrakte Beteiligungsgröße, die den Höchstbetrag der Einlage bezeichnet, unabhängig von der Möglichkeit, mehrere Geschäftsanteile zu übernehmen.[291] Der Geschäftsanteil gibt also nicht die reale finanzielle Beteiligung des Genossen an der Genossenschaft an.[292]
Diese, also die tatsächliche finanzielle Einlage eines Genossen, stellt sich als Geschäftsguthaben dar. Das setzt sich zusammen aus den finanziellen Leistungen des Genossen sowie den Gewinnzuweisungen unter Abzug von Verlustabschreibungen. Das Geschäftsguthaben darf den Betrag des Geschäftsanteils nicht

---

[287] Ähnlich für die Frage der Mitgliedschaft einer GbR in einer eG BGH, WM 1992, 12 (13).
[288] Lutter, AcP 161 (1962), 163 (176 Rn 53).
[289] Das übersieht Staudinger/ Thiele, § 1417 Rn 5.
[290] Nach überwiegender Auffassung ist – auch – die genossenschaftliche Mitgliedschaft ein Rechtsgegenstand und subjektives Recht, vgl. K. Schmidt, Gesellschaftsrecht, S. 549 f.; Habersack, Die Mitgliedschaft subjektives und „sonstiges" Recht, 1996, S. 62 ff., 117 ff., aA Meyer/ Meulenbergh/ Beuthien, GenG, § 18 Rn 6; ders., AG, 2002, 266 (268).
[291] Metz/ Schaffland, GenG, 2. Aufl., 1999, § 7, S. 20.
[292] Müller, GenG, § 7 Rn 1.

überschreiten. Soweit dies, etwa aufgrund von Gewinnzuweisungen, geschieht, handelt es sich nicht mehr um Geschäftsguthaben, sondern um Forderungen des Genossen gegen die Genossenschaft, die nicht den für das Geschäftsguthaben bestehenden Regeln unterworfen sind. Diese Verbindlichkeiten sind von der Genossenschaft grundsätzlich sofort zu erfüllen.[293] Ein Anspruch auf Auszahlung des Geschäftsguthabens besteht nach Beendigung der Mitgliedschaft (§ 73 GenG).
Zur Erleichterung des Mitgliederaustritts und auch mit dem Zweck der Vereinfachung des Mitgliederwechsels gestattet das Gesetz die Übertragung des Geschäftsguthabens (§ 76 GenG).[294] Nach § 76 Abs. 1 S. 1 GenG vermag der Genosse sein Geschäftsguthaben auf einen Mitgenossen oder an einen Außenstehenden, der an seiner Stelle Mitglied wird, zu übertragen. Im ersten Fall erhöht sich der wirtschaftliche Wert der bereits vorhandenen Mitgliedschaft des Erwerbers; im zweiten Fall beruht der Erwerb der Mitgliedschaft auf der Beitrittserklärung, die der Erwerber abgeben muss (§ 15 GenG). Zu dem Zeitpunkt, in dem die Übertragung wirksam wird, scheidet der Veräußerer aus der Genossenschaft aus.[295]

Dem skizzierten Regelungsgefüge ist zu entnehmen, dass die Mitgliedschaft mit dem Geschäftsvermögen verknüpft ist. Im Falle des Austritts wird es als Auseinandersetzungsguthaben ausgezahlt, und im Fall der Abtretung erhält der Genosse nach dem zugrunde liegenden Kausalgeschäft ein entsprechend werthaltiges Äquivalent von dem Erwerber. Warum die Mitgliedschaft keinen Vermögenswert haben soll, ist folglich nicht ersichtlich. Mit der isolierten Abtretbarkeit des Geschäftsguthabens ist das jedenfalls plausibel nicht begründbar.

Problematisch ist darüber hinaus, dass Lutter ausschließlich auf das Geschäftsguthaben abstellt. Das lässt die Besonderheit der genossenschaftlichen Rechtsform, die sie namentlich von den Kapitalgesellschaften abhebt, außer acht, nämlich die Ausrichtung auf naturale Förderung.[296]
Im Unterschied zu Aktiengesellschaft und GmbH darf die Genossenschaft keine kapitalistischen Ziele verfolgen. Die Förderung kann daher nicht darin bestehen, dass ein aus Geschäften mit einem beliebigen Personenkreis erwirtschafteter Unternehmensgewinn den Genossen in Form einer Kapitaldividende o. ä. zugeleitet wird. Vielmehr muss die Sach- oder Dienstleistung des genossenschaftlichen Unternehmens den Einzelwirtschaften der Mitglieder derart zugute kommen, dass diese dadurch in ihrer beruflichen oder privaten Lebensstellung unmittelbar unterstützt werden. Die Genossenschaft muss den von ihr erwirtschaf-

---

[293] Müller, GenG, § 7 Rn 8.
[294] Beuthien, GenG, § 76 Rn 1.
[295] Müller, GenG, § 76 Rn 11.
[296] Meyer/ Meulenbergh/ Beuthien, GenG, § 1 Rn 6 u. 8; § 18 Rn 17.

teten Überschuss so weitgehend wie möglich in naturale Förderleistung an ihre Mitglieder umsetzen.[297]
Damit korrespondiert die Gewichtung der in der Mitgliedschaft enthaltenen vermögensrechtlichen Positionen: Das wichtigste mitgliedschaftliche Vermögensrecht ist das Recht zur Benutzung der gemeinschaftlichen Fördereinrichtungen, also vor allem das Recht auf Teilnahme am Geschäftsverkehr mit der Genossenschaft.[298] Der Förderanspruch ist so eng mit der Mitgliedschaft verbunden, dass er selbst innerhalb der Genossenschaft ein höchstpersönlicher Anspruch ist. Deshalb kann ein Genosse z. B. nicht sein Lieferkontingent an einen Mitgenossen abtreten oder verpachten.[299] Gegenüber dem Recht auf Förderleistungen treten die anderen mitgliedschaftlichen Vermögensrechte zurück.[300]

Es zeigt sich also, dass die Mitgliedschaft in einer eingetragenen Genossenschaft einen Vermögenswert schon und vor allem aufgrund des Rechts zur Benutzung der gemeinschaftlichen Fördereinrichtungen hat. Selbst wenn man von der Mitgliedschaft das Geschäftsguthaben „abzieht", bleibt diese werthaltig. In diesem Sinne hat denn auch schon das Reichsgericht richtig festgestellt, die Mitgliedschaft stelle „...trotz ihrer Unveräußerlichkeit immerhin insofern einen Vermögensgegenstand dar, als sie dem Mitgliede durch die Möglichkeit des geschäftlichen Verkehrs mit der Genossenschaft wirtschaftliche Vorteile bietet."[301]
Damit ist sie auch tauglicher Gegenstand des Vorbehalts,- Sonder- oder Gesamtvermögens der Ehegatten.

(7) Ergebnis

Zusammenfassend kann festgestellt werden, dass die Eheleute als eheliche Gütergemeinschaft grundsätzlich, d. h., wenn keine satzungsförmig bestimmten Voraussetzungen die Mitgliedschaft hindern, einer eingetragenen Genossenschaft beitreten können.

XI. Mitgliedschaft in einem VVaG

Die Antwort auf die Frage, ob eine Gütergemeinschaft Mitglied in einem VVaG sein kann, hängt im Einzelfall von vielen Faktoren ab. Da spielt das versicherte Interesse ebenso eine Rolle wie satzungsmäßig aufgestellte Mitgliedschaftsvor-

[297] Meyer/ Meulenbergh/ Beuthien, GenG, § 1 Rn 8.
[298] Meyer/ Meulenbergh/ Beuthien, GenG, § 18 Rn 16.
[299] LG Stuttgart, ZfG, 1970, 412; Meyer/ Meulenbergh/ Beuthien, GenG, § 18 Rn 16.
[300] Meyer/ Meulenbergh/ Beuthien, GenG, § 18 Rn 17.
[301] RGZ 87, 408 (411).

aussetzungen, die namentlich bei kleineren VVaG schon aufgrund der engeren örtlichen, personellen und sachlichen Begrenzung differieren.[302] Im Folgenden soll die Mitgliedsfähigkeit der Gütergemeinschaft am Beispiel einer Sachversicherung untersucht werden. Im Falle eines positiven Ergebnisses kann dann von einer grundsätzlichen Mitgliedsfähigkeit der ehelichen Gütergemeinschaft gesprochen werden.

1. Versicherter Gegenstand wird durch Ehevertrag Gesamtgut

War ein Ehegatte Eigentümer einer Sache und wurde für diese im Ehevertrag keine besondere Vereinbarung getroffen, so entsteht mit dem Inkrafttreten der Gütergemeinschaft Gesamthandseigentum an der Sache (§ 1416 I 1, II BGB). Hatte der Ehegatte den Gegenstand bei einem VVaG versichert und war er – was bei großen VVaG regelmäßig und bei kleinen VVaG zwingend der Fall ist – Mitglied dieses Vereins, so stellt sich die Frage, ob, gemeinsam mit dem versicherten Gegenstand, auch die Mitgliedschaft in das Gesamtgut fällt.

(1) Verknüpfung von Versicherungsverhältnis und Mitgliedschaft

Rechtsformtypisch für den VVaG ist die Verknüpfung von Versicherungsverhältnis und Mitgliedschaft. Nach § 20 S. 1 VAG kann Mitglied eines VVaG nur werden, wer mit dem Verein ein Versicherungsverhältnis begründet. Für den kleineren VVaG ist die Begründung des Versicherungsverhältnisses zwingende[303] Voraussetzung für die Mitgliedschaft. Große Versicherungsvereine auf Gegenseitigkeit dürfen das Versicherungsgeschäft mit Nichtmitgliedern dann betreiben, wenn dies in der Satzung ausdrücklich zugelassen ist (§ 21 Abs. 2 VAG). Aber auch unter dieser Voraussetzung darf das Nichtmitgliedergeschäft den Rahmen eines unbedeutenden Geschäftszweigs nicht überschreiten.[304]
Bei beiden Vereinsarten kann die Mitgliedschaft ausnahmsweise nach Beendigung des Versicherungsverhältnisses fortbestehen, wenn dies in der Satzung so verankert ist (§ 20 S. 3 VAG).[305]

---

[302] Vgl. Heidelbach, Der kleinere Versicherungsverein auf Gegenseitigkeit, 1994, S. 28 ff.
[303] Das folgt daraus, dass § 53 Abs. 1 nur auf § 21 Abs. 1 VAG verweist, den Abs. 2 derselben Norm aber ausnimmt.
[304] Prölls/ Schmidt/ Weigel, VAG, § 22 Rn 15: gestattet sind bislang bis zu einem Zehntel der gesamten Beitragseinnahmen.
[305] Prölls/ Schmidt/ Weigel, VAG, § 22 Rn 19.

(2) Übergang des Versicherungsverhältnisses und der Mitgliedschaft

Wird eine versicherte Sache von dem Versicherungsnehmer veräußert, so tritt an die Stelle des Veräußerers der Erwerber in die während der Dauer seines Eigentums aus dem Versicherungsverhältnis sich ergebenden Rechte und Pflichten des Versicherungsnehmers ein (§ 69 Abs. 1 VVG). Der Anwendungsbereich dieser Vorschrift ist auf den rechtsgeschäftlichen Eigentumsübergang beschränkt.[306] Bei Gesamtrechtsnachfolge gilt § 69 VVG nicht, diese vollzieht sich vielmehr nach allgemeinen Grundsätzen. Demnach richtet sich das Schicksal des Versicherungsverhältnisses bei Begründung einer Gütergemeinschaft nach den §§ 1415 ff. BGB.[307] Für das hier gewählte Beispiel der Sachversicherung folgt aus § 1416 I 1, II BGB), dass die Rechte und Pflichten aus dem Versicherungsverhältnis gemeinsam mit der zuvor im Alleineigentum eines Ehegatten stehenden Sache in das Gesamtgut fallen.

Damit stellt sich die Frage, ob die Mitgliedsstellung im Versicherungsverein dieses Schicksal teilt oder ob sie nach § 1417 Abs. 2 BGB in das Sondergut fällt. Für den Fall der Veräußerung der versicherten Sache nimmt die ganz herrschende Meinung an, dass dann auch die Mitgliedschaft auf den Erwerber übergeht.[308] Die Vorschrift des § 38 S. 1 BGB, nach der die Mitgliedschaft in einem Verein nicht übertragbar ist, steht dem nicht entgegen. Auf den großen VVaG ist die Norm mangels Verweisung nicht anwendbar.[309] Für den kleineren VVaG verweist das Gesetz (§ 53 Abs. 2 VAG) zwar auf die §§ 24 – 53 BGB, doch geht die speziellere Regelung des § 69 VVG vor.[310]
Der Übergang der Mitgliedschaft ist nicht auf den rechtsgeschäftlichen Erwerb der versicherten Sache beschränkt, sondern er gilt für alle Fälle, in denen das versicherte Interesse wechselt, mithin auch für die Gesamtrechtsnachfolge.[311] Daraus folgt für die Gütergemeinschaft, dass mit der Versichertenstellung auch die Mitgliedschaft im VVaG in das Gesamtgut (§ 1416 BGB) fällt, sofern nicht besondere Gesichtspunkte, etwa satzungsförmig bestimmte Mitgliedschaftsvoraussetzungen, dagegen stehen.

---

[306] Prölls/ Martin/ Kollhosser, VVG, § 69 Rn 16.
[307] Prölls/ Martin/ Kollhosser, VVG, § 69 Rn 19.
[308] Hübner, Grundlagen des Versicherungsvereins auf Gegenseitigkeit, 1995, S. 161; Kisch, Das Recht des VVaG, 1951, S. 126 u. 166; Prölls/ Schmidt/ Weigel, VAG, § 20 Rn 17; Heidelbach, Der kleinere Versicherungsverein auf Gegenseitigkeit, 1994, S. 100 ff.; Gierke, Die Versicherungsvereine auf Gegenseitigkeit nach deutschem Recht, 1942, S. 43.
[309] Prölls/ Schmidt/ Weigel, VAG, § 20 Rn 17.
[310] Heidelbach, Der kleinere Versicherungsverein auf Gegenseitigkeit, 1994, S. 100 ff. (bes. S. 102); Prölls/ Schmidt/ Weigel, VAG, § 20 Rn 17.
[311] Prölls/ Schmidt/ Weigel, VAG, § 20 Rn 17, der als Beispiel Erbfolge nennt.

(3) Keine Einwände aus dem Wesen der Gütergemeinschaft als Gesamthand

Das Versicherungsverhältnis bildet faktisch den Hauptinhalt der Mitgliedschaft, während die Mitgliedschaftsrechte eher von untergeordneter Natur sind.[312] Das zeigt sich in der bestehenden Konzentration von Leitungs- und Entscheidungsmacht bei der Unternehmensführung eines VVaG. Mitverwaltungsrechte bzw. – aus Sicht des Vereins – Mitverwaltungspflichten bestehen bei großen VVaG kaum.[313] Sofern die Mitglieder dazu berufen sind, in der Mitgliederversammlung oder der Mitgliedervertreterversammlung an Beschlussfassungen mitzuwirken oder Wahlvorschläge zu unterbreiten, bestehen an der Fähigkeit der gesamthänderisch verbundenen Ehegatten keine Zweifel. Die Willensbildung der Ehegatten und die Wahrnehmung der mitgliedschaftlichen Rechte und Pflichten richten sich nach den Vorschriften für die Verwaltung des Gesamtguts (§§ 1422 ff. bzw. 1450 ff. BGB).
Die gemeinschaftlich verbundenen Ehegatten sind zweifellos auch fähig, ihre mitgliedschaftliche Stellung im kleineren VVaG auszufüllen. Zwar bestehen hier für die Mitglieder größere Einflussmöglichkeiten, daraus folgen aber nicht zugleich höhere Anforderungen an deren Fähigkeiten. Denn auch der kleinere Verein ist Körperschaft, d. h., er wird von einem Vorstand geleitet (§ 34 VAG) und die Mitverwaltungspflichten der Mitglieder entsprechen etwa denen von Mitgliedern eines BGB-Vereins (§ 53 II VAG i. V. m. §§ 24 – 53 BGB).
Bei kleineren VVaG werden die Mitglieder oft verpflichtet, bei Bedarf ehrenamtlich zusätzliche Funktionen in der Verwaltung des Vereins zu übernehmen.[314] Sofern die Ehegatten aufgrund ihrer Handlungsregeln bei der Erfüllung dieser Aufgaben Schwierigkeiten haben, ist das grundsätzlich nicht anders zu bewerten, als im Fall der in den jeweiligen Satzungen aufgestellten Aufnahmevoraussetzungen. Die Gütergemeinschaft ist dann nur unfähig oder ungeeignet für die Mitgliedschaft in dem konkreten VVaG, nicht aber generell.

Die Hauptpflicht der Mitglieder besteht in der Entrichtung der Beiträge (§ 24 VAG).[315] Dafür haften die Ehegatten mit dem Gesamtgut (§ 1416 BGB) und, bei gemeinsamer Verwaltung, mit ihrem Vorbehalts- und Sondergut §§ 1417 f. BGB). Für Schulden des Vereins haften sie nicht (§ 19 S. 1 VAG).

---

[312] Hübner, Grundlagen des Versicherungsvereins auf Gegenseitigkeit, 1995, 161.
[313] S. o. Kapitel § 4 XIV 3 (1).
[314] Heidelbach, Der kleinere Versicherungsverein auf Gegenseitigkeit, 1994, S. 91.
[315] Näher dazu Kapitel § 4 XIV 3 (4).

2. Ergebnis

Die eheliche Gütergemeinschaft kann Mitglied eines VVaG sein.

§ 6 Die Gesellschafterfähigkeit der fortgesetzten Gütergemeinschaft

I. Grundlagen

Der praktische Regelfall ist die Beendigung der ehelichen Gütergemeinschaft durch den Tod eines Ehegatten.[1] Ausnahmsweise kann die Gesamthandsgemeinschaft mit den Abkömmlingen als fortgesetzte Gütergemeinschaft weiterexistieren, wenn dies ehevertraglich vereinbart worden ist.
Mit der Einführung der fortgesetzten Gütergemeinschaft hatten die Schöpfer des BGB kein neuartiges Rechtsinstitut geschaffen, sondern lediglich der vorgefundenen Rechtswirklichkeit Rechnung getragen.[2]
In den meisten Rechtsgebieten Deutschlands, in denen die allgemeine Gütergemeinschaft der gesetzliche Güterstand war oder mindestens neben anderen Güterständen als Wahlgüterstand Geltung hatte, namentlich im nordwest- und mitteldeutschen Raum, hatte sich „aus dem Bedürfnisse des Lebens heraus eine Fortsetzung des bestehenden Güterrechtsverhältnisses bis zum Tode des überlebenden Ehegatten oder bis zur Wiederverheiratung desselben in verschiedenen Formen entwickelt."[3]
Der weiten Verbreitung der fortgesetzten Gütergemeinschaft in den verschiedensten Teilen Deutschlands und unter den verschiedensten Verhältnissen entnahmen die Gesetzgeber, „daß eine so intensive Verbindung zwischen dem überlebenden Ehegatten und den gemeinschaftlichen Abkömmlingen, ..., auch den Lebensverhältnissen und den sozialen Anschauungen der Bevölkerung ..." entspreche.[4] Um zu vermeiden, dass die Gütergemeinschaft des Gesetzbuches ein „todter Buchstabe"[5] bleibe, bedürfe es der Orientierung am mutmaßlichen Willen der Bevölkerung, wie er in deren Gewohnheiten zum Ausdruck komme.[6]

Die soziale Wirklichkeit, an der sich die Väter des BGB bei der Regelung der fortgesetzten Gütergemeinschaft orientierten, waren die Lebensbedingungen der Gutsbesitzer, der selbstständigen Handwerker und der Kaufleute, die mit ihrem Vermögen das standesgemäße Leben der jeweils folgenden Generation zu si-

---

[1] Langenfeld, Handbuch der Eheverträge und Scheidungsvereinbarungen, 2000, S. 170.
[2] Vgl. Motive zum BGB, Bd. IV, S. 424 ff.
[3] Bemerkungen des Königlich Preußischen Justizministers, 1891, S. 259; vgl. auch Dölle, Familienrecht, S. 981; für die vor Inkrafttreten des BGB verbreiteten Systeme beerbter Ehe vgl. Rohr, Die fortgesetzte Gütergemeinschaft unter Berücksichtigung ihres Verhältnisses zur Beerbung und anderer rechtlicher Ausgestaltungsmöglichkeiten, 1999, S. 19 ff.
[4] Motive zum BGB, Bd. IV, S. 429.
[5] Motive zum BGB, Bd. IV, S. 429.
[6] Motive zum BGB, Bd. IV, S. 429.

chern hatten. Die Eltern bildeten mit den Kindern nicht nur eine persönliche, sondern auch eine wirtschaftliche Lebensgemeinschaft.[7]
Mit der Fortsetzung der allgemeinen Gütergemeinschaft sollten nicht nur die Interessen des überlebenden Ehegatten gesichert werden, sondern ermöglicht werden sollte auch die Weiterexistenz der übrigen Familienmitglieder auf der bisherigen wirtschaftlichen Grundlage.[8]

Eine weitere Intention war die Stärkung der Stellung des überlebenden Ehegatten. Fände nämlich unmittelbar nach dem Tod des erstversterbenden Ehegatten die Auseinandersetzung des Gesamtguts statt, so wäre der überlebende Ehegatte gezwungen, den gemeinsamen Abkömmlingen ihren Erbteil an dem Gesamtgut herauszugeben. Das widerspräche nach Auffassung des Gesetzgebers aber dem Wesen und Zweck der vorangehenden allgemeinen Gütergemeinschaft, namentlich der durch diese vollzogenen intensiven Vereinigung der Vermögen beider Ehegatten zum Gesamtvermögen, das als Vermögen sowohl des einen als auch des anderen Ehegatten diene. Diesen Charakter verliere das Vermögen erst mit dem Tod beider Ehegatten. Als besonders unbillig empfand der Gesetzgeber das in den Fällen, in denen das gemeinschaftliche Vermögen allein oder doch überwiegend von dem überlebenden Ehegatten herrührt.[9]

Zusammenfassend kann gesagt werden, dass die Fortsetzung der allgemeinen Gütergemeinschaft die bisherige Lebensführung des überlebenden Ehegatten gewährleisten, die sozialpolitischen Vorstellungen von der Einheit der Familie und des Hauses verwirklichen sowie den Familienfrieden sichern und die Zerschlagung von Vermögenseinheiten verhindern sollte.[10]

Schon bald nach Inkrafttreten des BGB war festzustellen, dass die Regelung in der Rechtspraxis auf wenig und abnehmende Resonanz stieß.[11] 1951 durchgeführte Umfragen bei Notaren[12] führten zu der Erkenntnis, dass der gesetzliche Regelfall, nämlich der automatische Eintritt der fortgesetzten Gütergemeinschaft bei Versterben eines in Gütergemeinschaft lebenden Ehegatten und dem Vor-

---

[7] Vgl. Martin, Die fortgesetzte Gütergemeinschaft – ein erhaltenswertes Institut ?, 1972, S. 11 f. m. w. N.
[8] Bemerkungen des Königlich Preußischen Justizministers, 1891, S. 260.
[9] Motive zum BGB, Bd. IV, S. 426 f.
[10] Vgl., auch für weitere gesetzgeberische Gründe für die Einführung der fortgesetzten Gütergemeinschaft, Martin, Die fortgesetzte Gütergemeinschaft – ein erhaltenswertes Institut ?, 1972, S. 6 ff.; Rohr, Die fortgesetzte Gütergemeinschaft unter Berücksichtigung ihres Verhältnisses zur Beerbung und anderer rechtlicher Ausgestaltungsmöglichkeiten, 1999, S. 22 ff.
[11] Staudinger/ Thiele, Vorbem. zu §§ 1483 ff. Rn 4.
[12] Umfrage der Rheinischen Notarkammer sowie des Württembergischen und Bayerischen Notarvereins, Reg. Entw. II, BT-Drucksache Nr. 224, 2. WP 1953, S. 54; Staudinger/ Thiele, Vorbem. zu §§ 1483 ff. Rn 4.

handensein gemeinsamer Kinder, ganz überwiegend ehevertraglich ausgeschlossen wurde. Der in der Praxis vollzogenen Umkehrung des Regel-Ausnahme-Verhältnisses folgte der Gesetzgeber, indem er mit dem Inkrafttreten des Gleichberechtigungsgesetzes am 1.7.1958[13] den Eintritt der fortgesetzten Gütergemeinschaft von einer ausdrücklichen ehevertraglichen Vereinbarung der Ehegatten abhängig machte. Wenige Jahre nach der Gesetzesänderung hat Dölle sich zu folgendem vernichtenden Urteil und pessimistischer Prognose veranlasst gesehen: „...und so haftet auch der fortgesetzten Gütergemeinschaft des Gleichberechtigungsgesetzes der Makel einer von der sozialen und wirtschaftlichen Entwicklung überholten, ‚senilen' Rechtsform an. Sie wird daher genauso vergehen wie bereits vor ihr das funktionsgleiche Rechtsinstitut der Anwachsung des Gesamtguts an den überlebenden Gatten mit bloßer Vinkulierung der Liegenschaften zugunsten der Kinder."[14]

Aus heutiger Sicht kann man feststellen, dass Dölle mit seiner düsteren Prognose Recht behalten hat. Zwar existieren zur aktuellen Verbreitung der fortgesetzten Gütergemeinschaft keine verlässlichen Zahlen. Es besteht aber Einigkeit darüber, dass die Vereinbarung einer fortgesetzten Gütergemeinschaft in der Praxis ein außerordentlich seltener Fall ist.[15] Rohr[16] und Mayer[17] nehmen an, dass überhaupt nur noch einige Altverträge existieren und keine neuen abgeschlossen werden. Die fortgesetzte Gütergemeinschaft sei in der Praxis „fast ausgestorben".[18]
Die Ursachen für die Unbeliebtheit dieses Rechtsinstituts sind sowohl im sozialen Wandel zu suchen, als auch darin, dass vertragliche Regelungen möglich sind, die den jeweiligen Bedürfnissen besser gerecht werden.[19] Zudem raten Notare aufgrund der äußerst komplizierten Ausgestaltung der fortgesetzten Gütergemeinschaft von der Vereinbarung ab.[20]

---

[13] BGBl. I 1957, S. 609.
[14] Dölle, Familienrecht, 1964, S. 983.
[15] MünchKomm/ Kanzleiter, Vor § 1483 Rn 7; Gernhuber/ Coester-Waltjen, Lehrbuch des Familienrechts, 1994, S. 633. Von 2313 zwischen 1958 und 1965 untersuchten Eheverträgen hatten nur 10,9 % Gütergemeinschaft vereinbart und davon hinwieder nur 1,6 % fortgesetzte Gütergemeinschaft. Vgl. zur Quelle Staudinger/ Thiele, Vorbem. §§ 1483 ff. Rn 5.
[16] Rohr, Die fortgesetzte Gütergemeinschaft unter Berücksichtigung ihres Verhältnisses zur Beerbung und anderer rechtlicher Ausgestaltungsmöglichkeiten, 1999, S. 173.
[17] Bamberger/ Roth/ J. Mayer, BGB, § 1483 Rn 6.
[18] Bamberger/ Roth/ J. Mayer, BGB, § 1483 Rn 6.
[19] Ausführlich dazu: Martin, Die fortgesetzte Gütergemeinschaft – ein erhaltenswertes Institut ?, 1972, S. 14 ff.; Rohr, Die fortgesetzte Gütergemeinschaft unter Berücksichtigung ihres Verhältnisses zur Beerbung und anderer rechtlicher Ausgestaltungsmöglichkeiten, 1999, S. 164 ff.
[20] Behmer, FamRZ 1988, 339 (342); Langenfeld, Handbuch der Eheverträge und Scheidungsvereinbarungen, 2000, S. 169; MünchKomm/ Kanzleiter, Vorb. zu §§ 1483 ff. Rn 5; Vor § 1483 Rn 7.

Die außerordentlich geringe Bedeutung dieses Rechtsinstituts in der Praxis lässt es vertretbar erscheinen, auf die Gesellschafterfähigkeit der fortgesetzten Gütergemeinschaft hier nur insoweit einzugehen, als sich entscheidende Abweichungen gegenüber der allgemeinen Gütergemeinschaft ergeben.

II. Entstehung der fortgesetzten Gütergemeinschaft

Nach heute geltendem Recht tritt die fortgesetzte Gütergemeinschaft ein, wenn die im Güterstand der Gütergemeinschaft lebenden Ehegatten die fortgesetzte Gütergemeinschaft ehevertraglich vereinbart haben, ein Ehegatte stirbt und zu gesetzlichen Erben berufene gemeinschaftliche Abkömmlinge vorhanden sind (§ 1483 Abs.1 S.1 und 2 BGB).[21]
Beim Tod eines anteilsberechtigten Abkömmlings vor oder nach Eintritt der Fortsetzung treten gemäß § 1490 S.3 BGB die eintrittsberechtigten Deszendenten an seine Stelle. Hinterlässt er keine eintrittsberechtigten Abkömmlinge, dann wächst der Anteil den übrigen anteilsberechtigten Abkömmlingen zu (§ 1490 S. 3 BGB).

Liegen diese Voraussetzungen vor, so erfährt die Gesamthand der Gütergemeinschaft kraft Gesetzes einen Mitgliederwechsel. An die Stelle des verstorbenen Ehegatten treten die gemeinschaftlichen Abkömmlinge, wobei die Gesamthand ihre Identität behält.[22] Das Gesamtgut der ehelichen Gütergemeinschaft wird mit Eintritt der fortgesetzten Gütergemeinschaft deren Gesamtgut (§ 1485 I, III BGB). Dasselbe gilt für jene Gegenstände, die der Ehegatte während der fortgesetzten Gütergemeinschaft erwirbt, soweit sie nicht zu Vorbehalts- oder Sondergut werden (§ 1486 BGB). Das Gesamtgut ist gesamthänderisch gebunden, d. h., über ihren Anteil an einzelnen Gegenständen des Gesamtguts oder am Gesamtgut insgesamt können weder der überlebende Ehegatte noch die Abkömmlinge verfügen (§§ 1487 I, 1419 I BGB).

III. Verwaltung des Gesamtguts und die Folgen für die Gesellschafterfähigkeit

Die Verwaltung des Gesamtguts weicht von der heute in der allgemeinen Gütergemeinschaft gängigen Praxis der gemeinsamen Verwaltung durch beide Ehegatten ab. Sie liegt allein in den Händen des überlebenden Elternteils, dessen Rechtsstellung im Grunde der des allein verwaltenden Ehegatten bei der Güter-

---

[21] Staudinger/ Thiele, Vorbem. zu §§ 1483 ff. Rn 7.
[22] MünchKomm/ Kanzleiter, § 1483 Rn 9.

gemeinschaft entspricht, im Detail aber noch darüber hinaus geht. Den Abkömmlingen ist im wesentlichen die Position des nicht verwaltenden Ehegatten der allgemeinen Gütergemeinschaft zugewiesen (§ 1487 Abs. 1 BGB). Diese Ordnung kann auch nicht durch Vertrag geändert werden, wobei es dem überlebenden Ehegatten freilich unbenommen ist, einem Abkömmling Vollmacht oder Auftrag zu erteilen und damit die Verwaltung bei bleibender eigener Verantwortung in andere Hände zu legen.[23]

Inhalt und Umfang der Alleinverwaltung des überlebenden Ehegatten ergibt sich aus den §§ 1422 ff. BGB. In den Grenzen der §§ 1422 – 1425 BGB ist er befugt, über Gesamtgutsgegenstände im eigenen Namen zu verfügen und Rechtsstreitigkeiten im eigenen Namen zu führen. Darüber hinaus genießt er nach § 1422 BGB als unmittelbarer Besitzer auch gegenüber den Abkömmlingen Besitzschutz.[24]
Die Alleinverwaltung des überlebenden Ehegatten wird durch die Zustimmungserfordernisse zu den Rechtsgeschäften, die den §§ 1423 – 1425 BGB unterfallen, beschränkt, wobei die Zustimmung aller anteilsberechtigten Abkömmlinge erforderlich ist (§§ 1426 f. BGB).

Die Stellung der Abkömmlinge in der fortgesetzten Gütergemeinschaft ist gegenüber jener des nicht verwaltenden Ehegatten der allgemeinen Gütergemeinschaft insofern schwächer, als ihnen gem. § 1487 I BGB kein Notverwaltungsrecht (§ 1429 BGB) zusteht. Diese Regelung wurde getroffen, weil der Gesetzgeber davon ausging, dass eine sinnvolle und zügige Ausübung bei einer möglichen Vielzahl der Abkömmlinge nicht zu erwarten sei, wobei hierbei zu berücksichtigen ist, dass die Abkömmlinge als Gesamtheit die Stellung des nichtverwaltenden Ehegatten einnehmen, so dass sie notwendig einstimmig und gemeinsam handeln müssen.[25]

Darüber hinaus ist die Rechtsstellung der Abkömmlinge dadurch geschwächt, dass nach § 1487 Abs. 1 BGB die Vorschrift des § 1435 S. 2 BGB nicht gilt und somit der überlebende Ehegatte ihnen gegenüber nicht zur Unterrichtung und Auskunft über die Angelegenheiten der Verwaltung verpflichtet ist.[26]

Unter dem Aspekt der Entscheidungs- und Handlungsfähigkeit ist – zusammenfassend – festzustellen, dass diese aufgrund der Einpersonenverwaltung höher veranschlagt werden kann, als es bei der allgemeinen Gütergemeinschaft regel-

---

[23] Gernhuber/ Coester-Waltjen, Lehrbuch des Familienrechts, S. 639.
[24] Palandt/ Brudermüller, § 1422 Rn 2.
[25] Soergel/ Gaul, § 1487 Rn 13; MünchKomm/ Kanzleiter, § 1487 Rn 9; Staudinger/ Thiele, § 1487 Rn 29.
[26] Gernhuber/ Coester-Waltjen, Lehrbuch des Familienrechts, S. 639.

mäßig der Fall ist. Daraus folgt eine generell höhere Eignung zur Mitgliedschaft in einem Verband. Die in den §§ 1423 – 1425 BGB enthaltenden Zustimmungstatbestände dürften für die Wahrnehmung der Gesellschafterrechte und -pflichten kaum je relevant werden. Die mitgliedschaftlichen Rechte und Pflichten der fortgesetzten Gütergemeinschaft werden von dem überlebenden Ehegatten mit großer Entscheidungsfreiheit allein wahrgenommen. Als Gesellschafter ist die fortgesetzte Gütergemeinschaft damit unter dem Gesichtspunkt der Mitwirkungsfähigkeit kaum weniger geeignet, als eine natürliche Person. Auch die Fähigkeit zum mitunternehmerisch aktiven Personengesellschafter wird man ihr insofern kaum absprechen können.
Für die Mitgliedschaft in einer GmbH oder Aktiengesellschaft hat das zur Konsequenz, dass für die Anwendung des § 18 Abs. 1 und 3 GmbHG bzw. § 69 Abs. 1 und 3 AktG kein Bedürfnis besteht. Denn für die Gesellschaft entstehen bei Alleinverwaltung keine Unsicherheiten im Umgang mit der Gesellschafterin.[27]

IV. Haftungsordnung der fortgesetzten Gütergemeinschaft

1. Haftung des überlebenden Ehegatten und des Gesamtguts

Nach § 1488 BGB haftet das Gesamtgut für alle Verbindlichkeiten des verstorbenen Ehegatten, soweit diese schon während der Gütergemeinschaft Gesamtgutsverbindlichkeiten waren. Außerdem gehören zu den Gesamtgutsverbindlichkeiten alle Verbindlichkeiten des überlebenden Ehegatten. Ohne Bedeutung ist, ob die Verbindlichkeiten vor oder nach Eintritt der fortgesetzten Gütergemeinschaft entstanden sind und ob das eheliche Gesamtgut für sie haftete.[28]

Daneben haftet der überlebende Ehegatte gemäß § 1489 I BGB für alle Gesamtgutsverbindlichkeiten auch persönlich, also mit seinem Vorbehaltsgut und seinem Sondergut. Soweit ihn diese persönliche Haftung nur infolge des Eintritts der fortgesetzten Gütergemeinschaft trifft, sind die Vorschriften der §§ 1967 ff. BGB anwendbar (§ 1489 II BGB), d. h., die Haftung ist auf das Gesamtgut beschränkbar. Dabei handelt es sich um Fälle, bei denen Gesamtgutsverbindlichkeiten im Innenverhältnis der Ehegatten nur einem der beiden zur Last fallen. Dem liegen andere Entstehungstatbestände als die Mitgliedschaft der Gütergemeinschaft in einem Verband zugrunde, so dass sie hier nicht weiter interessieren.[29]

---

[27] Ebenso Michalski/ Ebbing, GmbHG, § 18 Rn 22, für den Fall der Alleinverwaltung bei der allgemeinen Gütergemeinschaft.
[28] Staudinger/ Thiele, § 1488 Rn 2 ff.
[29] Vgl. §§ 1441 – 1444, §§ 1463 – 1466 BGB.

Das Schrifttum sieht in der weitreichenden persönlichen Haftung des überlebenden Ehegatten einen gravierenden Nachteil des Rechtsinstituts der fortgesetzten Gütergemeinschaft.[30]

2. Haftung der Abkömmlinge

Die gesamthänderisch beteiligten Abkömmlinge sind verpflichtet, sich die Berichtigung der Gesamtgutsverbindlichkeiten aus dem Gesamtgut gefallen zu lassen (§ 1988 BGB); sie müssen also gegebenenfalls die Zwangsvollstreckung in das Gesamthandsvermögen dulden.[31]

Eine persönliche Haftung der anteilsberechtigten Abkömmlinge für die Verbindlichkeiten des verstorbenen oder des überlebenden Ehegatten wird durch die fortgesetzte Gütergemeinschaft gem. § 1489 Abs. 3 BGB nicht begründet.[32] Eine persönliche Haftung folgt im Fortgang der fortgesetzten Gütergemeinschaft auch nicht aus den Verwaltungshandlungen des überlebenden Ehegatten (§ 1422 S. 2 BGB). Das ist der Ausgleich dafür, dass die Abkömmlinge auf die Verwaltung des Gesamtguts kaum Einfluss nehmen können.[33]

Nach Auffassung des Gesetzgebers ergibt sich der Ausschluss der persönlichen Haftung in Ermangelung einer entgegenstehenden Bestimmung schon aus allgemeinen Grundsätzen.[34] Trotzdem hielt der die Regelung für so wichtig, dass er sie in den Gesetzestext aufnahm. In den Motiven heißt es dazu: „Wegen der praktischen Wichtigkeit der hier in Rede stehenden Bestimmung und, um dem Mißverständnisse entgegenzutreten, als ob der Eintritt der fortgesetzten Gütergemeinschaft eine Art Universalsukzession mit Uebergang der Schulden begründe, ist es als rathsam erachtet, jene Bestimmung im Gesetze ausdrücklich hervorzuheben."[35]

Nicht von § 1489 Abs. 3 BGB erfasst wird die persönliche Haftung der Abkömmlinge aus anderen Gründen, etwa auf Grund einer von diesen für den überlebenden Ehegatten übernommenen Bürgschaft oder unerlaubter Handlung.[36]

---

[30] Vgl. Rohr, Die fortgesetzte Gütergemeinschaft unter Berücksichtigung ihres Verhältnisses zur Beerbung und anderer rechtlicher Ausgestaltungsmöglichkeiten, 1999, S. 190.
[31] RGZ 148, 243 (250); RGRK/ Finke, § 1489 Rn 14.
[32] Staudinger/ Thiele, § 1489 Rn 12.
[33] Bamberger/ Roth/ J. Mayer, BGB, § 1487 Rn 6; § 1489 Rn 7.
[34] Motive zum BGB, Bd. 4, S. 433.
[35] Motive zum BGB, Bd. 4, S. 433.
[36] Bamberger/ Roth/ J. Mayer, BGB, § 1489 Rn 7; RGRK/ Finke, § 1489 Rn 14.

V. Folgen für die Gesellschafterfähigkeit

1. Mitgliedschaft in einer Außen-GbR, OHG, KG, einem nichtrechtsfähigen wirtschaftlichen Verein und als persönlich haftender Gesellschafter einer KGaA

Nach § 130 HGB[37] haftet derjenige, der in eine Gesellschaft eintritt, persönlich unbeschränkt für die Altschulden der Gesellschaft. Entsprechend dem Sinn und Zweck der Vorschrift, keinen Unterschied zwischen Alt- und Neugesellschaftern zu machen, tritt die Haftung nicht nur beim Eintritt im technischen Sinne ein, sondern erfasst jeden Fall, in dem ein neuer Gesellschafter vorhanden ist.[38] Grundsätzlich ebenso ergeht es dem eintretenden Kommanditisten (vgl. § 173 HGB).

Nimmt man – hypothetisch – den Fall an, dass eine Gütergemeinschaft Gesellschafter einer Außen-GbR, oHG, KG oder Komplementär einer KGaA war, oder Mitglied eines nichtrechtsfähigen Wirtschaftsvereins, und diese sich mit dem Tod eines Ehegatten in eine fortgesetzte Gütergemeinschaft wandelt, welche die Mitgliedschaft fortführen könnte, so folgt daraus eine Haftung der Abkömmlinge nach § 130 bzw. § 173 HGB. Denn die fortgesetzte Gütergemeinschaft selbst ist nicht rechtsfähig, kann also als solche nicht haften. Träger des Gesellschaftsanteils und Haftungssubjekt sind vielmehr der überlebende Ehegatte in gesamthänderischer Verbindung mit den Abkömmlingen. Die Abkömmlinge müssten folglich den Gläubigern der Gesellschaft für deren vor Eintritt der fortgesetzten Gütergemeinschaft entstandene Verbindlichkeiten persönlich haften, d. h. nicht nur mit ihrem Anteil am Gesamtgut, sondern auch mit ihrem sonstigen Vermögen.

Diese Haftungsfolgen stehen im Widerspruch zu der Regelung in § 1489 Abs. 3 BGB, wonach durch den Eintritt der fortgesetzten Gütergemeinschaft gerade keine persönliche Haftung der Abkömmlinge begründet werden soll.

Der Widerspruch ist auch nicht über den Gedanken lösbar, dass eine persönliche Haftung der Abkömmlinge aus anderen Gründen durch § 1489 Abs. 3 BGB nicht ausgeschlossen ist. Denn man müsste dem bloßen Verbleiben der Abkömmlinge in der fortgesetzten Gütergemeinschaft die Bedeutung eines rechtsgeschäftlichen Eintritts in die Gesellschaft beimessen, was reine Fiktion wäre.

---

[37] Für den Komplementär einer KGaA verweist § 278 Abs. 2 AktG auf die Haftungsvorschriften der KG bzw. oHG; zur entsprechenden Anwendung der Vorschrift auf die Außen-GbR und den nichtrechtsfähigen wirtschaftlichen Verein siehe Kapitel § 7 II 2 und § 11.

[38] MünchKommHGB/ K. Schmidt, § 130 Rn 12.

Insofern ist auch zu berücksichtigen, dass sich die Abkömmlinge ihrer Gesellschaftsbeteiligung – und damit des Haftungsrisikos – nicht ohne weiteres entledigen können. Über ihren Anteil an einzelnen Gegenständen des Gesamtguts, also etwa an der Gesellschaftsbeteiligung, und am Gesamtgut insgesamt können sie nicht verfügen (§§ 1487 I, 1419 I BGB). Das schließt die Unmöglichkeit ein, auf den Anteil an der Gesellschaftsbeteiligung zu verzichten. Als Ausnahme lässt das Gesetz nur den Verzicht auf den Anteil am Gesamtgut insgesamt zu, entweder vor Eintritt der fortgesetzten Gütergemeinschaft (§ 1517 BGB) oder nachher (§ 1491 BGB). Wollten die Abkömmlinge der persönlichen Haftung entkommen, so müssten sie also auf ihren Anteil am Gesamtgut insgesamt verzichten. Dass ein solcher, durch drohende persönliche Haftung motivierter Verzicht, nicht dem Willen des Gesetzes entspricht, ist der Vorschrift des § 1489 Abs. 3 BGB zu entnehmen.

Ein vergleichbares Problem besteht für die Verbindlichkeiten der Gesellschaft bzw. des nichtrechtsfähigen wirtschaftlichen Vereins, die nach dem Eintritt der fortgesetzten Gütergemeinschaft begründet werden. Dafür haften die Gesellschafter bzw. die Vereinsmitglieder als Folge der unmittelbaren oder entsprechenden Anwendung des § 128 HGB persönlich. Aus den schon dargelegten Gründen trifft diese Haftung im Fall der Mitgliedschaft der fortgesetzten Gütergemeinschaft auch die Abkömmlinge, womit wiederum ein Konflikt zur Vorschrift des § 1489 Abs. 3 BGB entsteht.

Wollte man die Fortführung der Mitgliedschaft einer Gütergemeinschaft durch die fortgesetzte Gütergemeinschaft zulassen, so müssten die skizzierten Haftungsdisparitäten zwischen Familien- und Gesellschaftsrecht rechtsfortbildend überwunden werden. Da eine gewisse Parallelität zur erbrechtlichen Nachfolge in die Gesellschafterstellung besteht, könnte man etwa an eine analoge Anwendung des § 139 HGB denken, was den Abkömmlingen einen weniger schmerzhaften Ausstieg als den völligen Verzicht auf ihren Gesamthandsanteil ermöglichte. Solche Konstruktionen wären wegen des Zusammenspiels von Familien-, Erb- und Gesellschaftsrecht aber höchst kompliziert. Die Gemengelage von fortgesetzter Gütergemeinschaft und erbrechtlicher Nachfolge führt auch ohne Gesellschaftsbeteiligung, insbesondere dann, wenn Vorbehaltsgut und Sondergut vorhanden sind, und wenn neben gemeinschaftlichen Abkömmlingen auch noch einseitige Abkömmlinge des erstversterbenden Ehegatten vorhanden sind, zu einer kaum zu überblickenden Rechtslage.[39] Angesichts der gegen null tendierenden Bedeutung der fortgesetzten Gütergemeinschaft in der Praxis, besteht auch keinerlei Bedürfnis für eine Rechtsfortbildung.

---

[39] Vgl. Langenfeld, Handbuch der Eheverträge und Scheidungsvereinbarungen, 2000, S. 171.

Im Ergebnis ist festzuhalten, dass eine fortgesetzte Gütergemeinschaft nicht Mitglied einer Außen-GbR[40], einer oHG[41], einer KG[42] und eines nichtrechtsfähigen wirtschaftlichen Vereins sein kann. Auch die Beteiligung als persönlich haftender Gesellschafter einer KGaA ist ihr nicht möglich.

2. Mitgliedschaft in einer Partenreederei

Die Frage nach der Kompatibilität der Haftungsordnungen stellt sich grundsätzlich auch im Fall der Mitgliedschaft einer fortgesetzten Gütergemeinschaft in der Partenreederei.
Die Haftung der Mitreeder für die Verbindlichkeiten der Partenreederei unterscheidet sich von jener der persönlich haftenden Personenhandelsgesellschafter darin, dass sie im Falle des Eintritts in die Reederei nach ganz herrschender Meinung nicht für deren Altverbindlichkeiten[43] und für die danach entstehenden Verbindlichkeiten nur pro rata haften (§ 507 I HGB).

War ursprünglich die eheliche Gütergemeinschaft Mitreeder, so hat der Eintritt der fortgesetzten Gütergemeinschaft keine persönliche Haftung der Abkömmlinge für Altverbindlichkeiten der Partenreederei zu Folge. Insofern besteht zwischen der Haftung nach Familienrecht (§ 1489 Abs. 3 BGB) und nach Seehandelsrecht Harmonie.
Ein Konflikt entsteht aber auch hier im Hinblick auf die Neuverbindlichkeiten. Dafür müssten die Abkömmlinge entgegen § 1489 Abs. 3 BGB nach § 507 Abs. 1 HGB persönlich haften. Abgesehen von der quotenmäßigen Beschränkung entspricht die Lage derjenigen, die für die Außen-GbR, oHG, KG, KGaA und den nichtrechtsfähigen Wirtschaftsverein beschrieben wurde.
Dementsprechend kann eine fortgesetzte Gütergemeinschaft auch nicht Mitreeder sein.

3. Mitgliedschaft in anderen Gesellschaften

Für die Mitgliedschaft in Gesellschaften, deren Recht keine persönliche Außenhaftung der Gesellschafter für die Verbandsschulden bestimmt, kann auf die Ausführungen zur Gütergemeinschaft verwiesen werden. Sollte die Frage der

---

[40] Im Ergebnis ebenso MünchHdBGesR I/ Happ, § 5 Rn 24.
[41] Im Ergebnis ebenso H. Westermann, Personengesellschaftsrecht, 1978, S. 85.
[42] Wegen mangelnder geschlossener Einheit und unbeschränkter Haftung ebenso MünchHdBGesR II/ Happ, KG § 1 Rn 46; H. Westermann, Personengesellschaftsrecht, 1978, S. 85.
[43] Siehe Kapitel § 10 III.

Mitgliedschaft der fortgesetzten Gütergemeinschaft in diesen Gesellschaften jemals praktisch relevant werden, so bestehen dagegen keine Bedenken.[44] Die Alleinverwaltung des Gesamtguts macht die fortgesetzte Gütergemeinschaft zu einem sehr handlungsfähigen Gesellschafter.

4. Ergebnis

Als Ergebnis ist festzuhalten, dass die fortgesetzte Gütergemeinschaft nicht Gesellschafter einer Außen-GbR, oHG und KG sein kann. Darüber hinaus ist die Beteiligung als Mitreeder, als persönlich haftende Gesellschafterin einer KGaA und die Mitgliedschaft in einem nichtrechtsfähigen wirtschaftlichen Verein ausgeschlossen. Hinzu kommt die Unfähigkeit zur Partnerschaft (§ 1 Abs. 1 S. 3 PartGG). Dagegen bestehen keine Bedenken bezüglich der Mitgliedschaft in anderen Verbänden.

---

[44] Für die Mitgliedschaft in einer GmbH Hachenburg/ Zutt, GmbHG, § 18 Rn 8.

§ 7 Die Gesellschafterfähigkeit der GbR

I. Eingrenzung des Untersuchungsgegenstandes: BGB-Innen- und Außengesellschaften

Die BGB-Gesellschaft ist, wie sich aus § 705 BGB ergibt, eine vertragliche Verbindung mehrerer Personen zur Förderung eines gemeinsamen Zwecks. Nicht zur gesetzlichen Mindestausstattung einer GbR gehört ein Gesamthandsvermögen. Dem entspricht die Beobachtung des rechtstatsächlichen Vorkommens vermögensloser BGB-Gesellschaften. Bei diesen handelt es sich durchweg um Innengesellschaften.
Innengesellschaften bürgerlichen Rechts sind gekennzeichnet dadurch, dass sie nach ihrer gesellschaftsvertraglichen Vereinbarung[1] nicht als solche am Rechtsverkehr teilnehmen.[2] Vielmehr treten die Gesellschafter im eigenen Namen auf und werden selbst Forderungsinhaber und -schuldner. Tritt der Geschäftsführer nicht im eigenen Namen sondern für einen anderen Gesellschafter auf, so wird nur dieser verpflichtet.[3] Da Innengesellschaften nach außen nicht in Erscheinung treten, können sie sich auch nicht als Gesellschafter an Verbänden beteiligen.[4] Zu unterscheiden ist davon der Fall, dass mehrere Außengesellschaften gemeinsam eine Innengesellschaft bilden, was natürlich möglich ist. Ebenso denkbar ist, dass die Mitglieder einer Innengesellschaft gleichzeitig Beteiligte einer BGB-Außengesellschaft, Personenhandelsgesellschaft oder einer Kapitalgesellschaft sind. Dann sind aber nur die Privatpersonen beteiligt, nicht etwa die Innengesellschaft. Nach überwiegender Ansicht, der hier gefolgt wird, sind Innengesellschaften auch niemals Gesamthandsgemeinschaften, d.h., sie verfügen über kein Gesamthandsvermögen.[5]

---

[1] Typisch ist das Fehlen einer Vertretungsregelung im Gesellschaftsvertrag; vgl. Staudinger/ Habermeier, § 705 Rn 58.
[2] BGH, WM 1966, 31 (32); MünchKomm/ Ulmer, § 705 Rn 275; Erman/ H. P. Westermann, vor § 705 Rn 28; wohl auch Hadding, der auf den Gesellschaftszweck abstellt, ZGR 2001, 713 (714); K. Schmidt, Gesellschaftsrecht, S. 1696, mit der Betonung, dass sie als Rechtsträgerin nicht am Rechtsverkehr teilnimmt.
[3] Grunewald, Gesellschaftsrecht, S. 52 f.
[4] G. Hueck, Gesellschaftsrecht, 1991, S. 94; K. Schmidt, Gesellschaftsrecht, S. 1311 f.; Kübler, Gesellschaftsrecht, S. 66, für die stille Gesellschaft; Lang/ Weidmüller/ Schaffland, GenG, § 15 Rn 8. Nach Wertenbruch, BB, 2001, 737 (739) kann sich eine Innengesellschaft zwar an einer KG beteiligen, wandelt sich damit aber zwingend in eine Außengesellschaft.
[5] RGZ 166, 160 (163); BGH, WM 1965, 793 (794); BGH, NJW 1982, 99 (100); BGHZ 126, 226 (234); K. Schmidt, Gesellschaftsrecht, S. 1290, 1696 f.; Timm, NJW 1995, S. 3209 ff. (3216); Blaurock, Unterbeteiligung und Treuhand an Gesellschaftsanteilen, 1982, S. 100; G. Hueck, Gesellschaftsrecht, 1991, S. 43; Groh, DB 1987, 1006 (1009); Ballerstedt, JuS 1963, 253 (255); RGRK/ v. Gamm, § 718 Rn 11; Flume, Die Personengesellschaft, 1977, S. 5 f.; Staudinger/ Habermeier, § 705 Rn 58 ff., insbesondere Rn 61; Hueck/ Windbichler, Gesellschaftsrecht, S. 61; MünchKomm/ Ulmer, § 705 Rn 282 für .; "Innengesellschaften im enge-

BGB-Innengesellschaften sind hier folglich aus zwei Gründen nicht Untersuchungsgegenstand: Zum einen sind sie keine Gesamthandsgemeinschaften und zum anderen treten sie nach außen nicht in Erscheinung und können sich deshalb nicht als Gesellschafter an Verbänden beteiligen.

II. Die Außen-GbR

1. Rechtsfähigkeit

Die GbR wurde, auch soweit sie über Gesamthandsvermögen verfügt, jahrzehntelang von der herrschenden Meinung als Schuldverhältnis der Gesellschafter mit einem ihnen gemeinsam zugeordneten Sondervermögen angesehen.[6] Als Zuordnungssubjekt und Inhaber der zum Sondervermögen gehörenden Gegenstände gelten nach dieser traditionellen Lehre[7] die Gesellschafter in ihrer gesamthänderischen Verbundenheit. Sie sind Berechtigte und Verpflichtete aus den namens der GbR geschlossenen Rechtsgeschäften, nicht etwa die GbR als solche. Eine starke Stütze findet diese Lehre im Gesetzeswortlaut.[8]

Beginnend mit der Zeit nach 1970 wurde diese traditionelle Auffassung zunehmend durch die erstmals von Flume[9] vertretene sog. Gruppenlehre in Frage gestellt. Anknüpfend an die Betrachtungen Otto von Gierkes[10] entwickelte Flume den Gedanken, die Gesellschaften bürgerlichen Rechts, die über Gesamthandsvermögen verfügen, als eigenständiges, von den Gesellschaftern zu unterscheidendes Zuordnungssubjekt von Rechten und Verbindlichkeiten anzusehen. Träger des Gesellschaftsvermögens war danach die (teil-)rechtsfähige GbR als solche, unabhängig von der jeweiligen Zusammensetzung des Gesellschafterkrei-

---

ren Sinne"; aA Erman/ H. P. Westermann, § 718 Rn 2; Hadding, ZGR 2001, 712 (715); MünchKomm/ Ulmer § 705 Rn 279, für "Innengesellschaften im weiteren Sinne".

[6] So bis in die jüngste Vergangenheit bzw. noch heute: Jauernig/ Stürner, 10. Aufl., 2003, § 705 Rn 1; Kraft/ Kreutz, Gesellschaftsrecht, 11. Aufl., 2000, S. 102 ff.; Beuthien/ Ernst, ZHR 156 (1992), 227 (229 ff.); Cordes, JZ 1998, 545 (545 ff.); Heil, MittRhNotK 1998, 348 (356 f.); Berndt/ Boin, NJW 1998, 2854 (2855 ff.); G. Hueck, FS-Zöllner, 1998, Bd. I, S. 275 (275 ff.); Zöllner, FS-Kraft, 1998, 701 (701 ff.); Kübler, Gesellschaftsrecht, 1998, S. 27, S. 49 ff.; Schöpflin, Der nichtrechtsfähige Verein, 2003, S. 95 ff.; Prütting, FS-Wiedemann, 2002, 1177 (1177 ff.): „Rechtsfortbildung contra legem" (S. 195 f.), namentlich gegen Parteifähigkeit gerichtet.

[7] Ausführlich dazu: Kraft/ Kreutz, Gesellschaftsrecht, 11. Aufl., 2000, S. 102 ff., die selbst Protagonisten dieser Lehre sind; ebenso G. Hueck, Gesellschaftsrecht, 19. Aufl. 1991, S. 40 ff.

[8] Vgl. z. B. §§ 706 II, 714, 718 I, 719 I BGB; § 736 ZPO; jetzt aber § 14 II BGB.

[9] Flume, ZHR 136 (1972), 177 ff.; ders., Die Personengesellschaft, 1977.

[10] Gierke, Deutsches Privatrecht Bd. 1 , 1895, S. 660 ff.

ses. Dementsprechend richteten sich auch die Verbindlichkeiten – als Gesamthandschulden – nach dieser Ansicht primär gegen die Gesellschaft als solche, während die persönliche Haftung der Gesellschafter von einem besonderen Verpflichtungsgrund auf ihrer Seite abhing. Darüber, ob dieser Grund in der vertraglichen Mitverpflichtung der Gesellschafter auf Seiten der GbR oder in der akzessorischen Haftung analog § 128 HGB zu finden sei, gingen die Ansichten auseinander.[11] Bis zur Jahrtausendwende hatte sich die Gruppenlehre im gesellschaftsrechtlichen Schrifttum weitgehend durchgesetzt; auch in der höchstrichterlichen Rechtsprechung hatte sich ein bevorstehender Wandel angedeutet.[12] Nachdem der moderne Gesetzgeber mit der Insolvenzordnung von 1994 das Insolvenzverfahren über das Vermögen der GbR ebenso für zulässig erklärt hat, wie im Fall einer OHG oder KG (§ 11 II Nr. 1 InsO)[13], in dem neugeschaffenen Umwandlungsrecht[14] die GbR als Rechtsträger bezeichnet wird (§ 191 Abs. 2 UmwG)[15] und das BGB seit dem Jahr 2000 den Begriff der rechtsfähigen Personengesellschaften kennt (§ 14 II BGB), kam die höchstrichterliche Rechtsprechung zur grundsätzlich uneingeschränkten Bejahung der Rechtsfähigkeit der Außen-GbR.[16] In seinem Urteil vom 29. 1. 2001 hat der II. Zivilsenat des BGH die Außen-GbR als rechts- und parteifähig anerkannt.[17] Die Entscheidung ist in der Literatur überwiegend auf Zustimmung gestoßen.[18] Vereinzelt wird empfohlen, das Zugeständnis der Rechts- und Parteifähigkeit an das Vorliegen bestimmter Merkmale zu knüpfen. So möchte etwa Ulmer die Anerkennung nur solchen Außengesellschaften zuteil werden lassen, die über eine eigene Identitätsausstattung verfügen, also einen Namen und Sitz.[19]

---

[11] Siehe den folgenden Abschnitt.

[12] Vgl. z. B. BGHZ 116, 86 (88); BGHZ 136, 254 (257).

[13] Nach traditioneller Auffassung war die GbR unter Geltung der Konkursordnung nicht konkursfähig; vgl. K. Schmidt, Gesellschaftsrecht, S. 1816 f.

[14] Gesetz zur Bereinigung des Umwandlungsrechts vom 28. 10. 1994, BGBl. I S. 3210.

[15] Das spricht nach Mülbert, AcP 199 (1999), 38 (62 ff.) für die Rechtsfähigkeit aller Personengesellschaften.

[16] Für eine genauere Nachzeichnung des Streitverlaufs vgl. MünchKomm/ Ulmer, § 705 Rn 289 ff.; K. Schmidt, NJW 2001, 993.

[17] NJW 2001, 1056.

[18] Z. B. K. Schmidt, NJW 2001, 993; Ulmer, ZIP 2001, 585; Habersack, BB 2001, 477; Hadding, ZGR 2001, 712; überwiegend kritisch: Heil, NZG 2001, 300 (303 f.); Peifer, NGZ 2001, 296 (296 ff.); kritisch bezüglich der Interpretation der Gesetzesmaterialien durch Flume, die ihm nachfolgenden Protagonisten der Gruppenlehre sowie den BGH seinem Urteil vom 29.1.2001, NJW 2001, 1056 (1056 f.) Wächter, Die Aufnahme der Gesamthandsgemeinschaften in das Bürgerliche Gesetzbuch, 2002, S. 310 ff., 317.

[19] MünchKomm/ Ulmer, § 705 Rn 305, 320; ders., ZIP 2001, 585 (594); ähnlich auch Derleder, BB, 2001, 2485 (2488 ff.).

In der vorliegenden Untersuchung wird der höchstrichterlichen Rechtsprechung[20] und der ganz überwiegenden Meinung im Schrifttum[21] darin gefolgt, dass alle BGB-Außengesellschaften rechtsfähig sind.[22] Es wird mit der herrschenden Meinung auch davon ausgegangen, dass es sich bei der Außen-GbR nicht um eine juristische Person, sondern eine Gesamthandsgemeinschaft handelt, so dass diese hier Gegenstand der Untersuchung ist.[23]

2. Haftungsverfassung der GbR

Wie die Untersuchung zur Erbengemeinschaft gezeigt hat, gehört die Frage der Haftung zu den neuralgischen Punkten der Gesellschafterfähigkeit. So wird denn auch gegen die Mitgliedschaft der GbR der Einwand ungenügender Haftung erhoben.[24]

Der Gesetzgeber hat die Frage der persönlichen Gesellschafterhaftung für Schulden der Gesellschaft bürgerlichen Rechts nicht geklärt.[25] Darauf hat die Literatur mit der Entwicklung von Theorien reagiert, die sich heute auf zwei konkurrierende Meinungen vereinfachen lassen.[26]

(1) Doppelverpflichtungstheorie

Herrschend[27] war zunächst die sog. Doppelverpflichtungstheorie, der sich auch

---

[20] Das Urteil (BGH, NJW 2001, 1056) ist dahingehend zu verstehen, dass ohne Unterschied allen Außen-GbR Rechts- und Parteifähigkeit zukommen soll. Vgl. Wertenbruch, NJW 2002, 324 (328 ff.); Staudinger/ Habermeier, Vorbem. zu §§ 705-740 Rn 11.

[21] Staudinger/ Habermeier, Vorbem. zu §§ 705-740 Rn 11; Hadding, ZGR 2001, 712 (716 f.); Gesmann-Nuissl, WM 2001, 973 (974); Wertenbruch, NJW 2002, 324 (328); Habersack, BB 2001, 477 (478); Grunewald, Gesellschaftsrecht, S. 50.

[22] Eine völlig andere Frage ist es, ob im konkreten Fall die Außen-GbR als solche handelt oder, was bei zivilistischen Gesellschaften nicht selten sein wird, die Gesellschafter sich als Gesamtschuldner verpflichten. Vgl. dazu K. Schmidt, Gesellschaftsrecht, S. 1768.

[23] S. o. Kapitel § 2.

[24] Deswegen gegen die Mitgliedschaft in einer OHG/ KG: MünchHdBGesR/ Happ, KG § 1 Rn 38; Fabricius, Relativität der Rechtsfähigkeit, 1963, S. 160 f.; Soergel/ Schultze-v. Lasaulx, § 705 Rn 18; OLG Zweibrücken, OLGZ 18 (1982), 155 (157); H. Westermann, Gesellschaftsrecht, 1978, S. 85; Hartmann/ Hartmann, FS-Werner, 1984, 217 (223 f.).

[25] Zu den Gründen vgl. K. Schmidt, Gesellschaftsrecht, S. 1790 ff.; Kübler, Gesellschaftsrecht, S. 54.

[26] Eine dritte Lehre, die am Gesetzeswortlaut orientierte sog. traditionelle Theorie, wird heute nur noch ausnahmsweise vertreten, z. B. von Kraft/ Kreutz, Gesellschaftsrecht, 11. Aufl., 2000, S. 141, 144 ff.

[27] Kübler, Gesellschaftsrecht, S. 55; MünchKomm/ Ulmer, 3. Aufl., § 714 Rn 30; Erman/ H. P. Westermann, vor § 705 Rn 18.

der BGH[28] angeschlossen hatte. Diese Theorie konstruiert zwei Verpflichtungen. Durch das rechtsgeschäftliche Handeln im Namen der GbR wird diese selbst und zusätzlich jeder Gesellschafter persönlich verpflichtet.[29] Da bei der GbR, anders als bei der OHG und KG, die organschaftliche Vertretungsmacht beliebig einschränkbar ist (§ 714 BGB im Gegensatz zu § 126 HGB), kann im Gesellschaftsvertrag festgelegt werden, dass sie sich nur auf Verbindlichkeiten erstreckt, für die ausschließlich das Gesellschaftsvermögen haftet. Die drohende Haftung aus Anscheins- oder Duldungsvollmacht kann dadurch verhindert werden, dass die Beschränkung der Vertretungsmacht dem Geschäftspartner erkennbar gemacht wird.[30] Dafür reichte es anerkanntermaßen[31] aus, auf Briefbögen oder sonstigen den Gläubigern zugänglichen Geschäftspapieren Zusätze wie "mbH" oder – ausformuliert – "GbR mit beschränkter Haftung" anzubringen.[32] Auf diese Weise war es den Gesellschaftern möglich, sich der persönlichen Haftung für die Schulden der GbR zu entziehen.[33]

(2) Akzessorietätstheorie

Nach der heute herrschenden, wesentlich auf Flume zurückgehenden[34], sog. Akzessorietätstheorie haften die Gesellschafter einer Außen-GbR entsprechend den §§ 128 ff. HGB.[35] Dem hat sich mittlerweile auch der BGH angeschlossen[36] und die Haftungsstruktur der Außen-GbR jener der OHG gleichgestellt.

---

[28] BGHZ 74, 240 (242); 79, 374 (377). In BGHZ 117, 168 (176) und in BGH NJW 1998, 2904 f. wurde eine akzessorische Gesellschafterhaftung analog §§ 128 ff. HGB noch klar abgelehnt.

[29] MünchKomm/ Ulmer, 3. Aufl., § 714 Rn 25 ff.

[30] Kübler, Gesellschaftsrecht, S. 54 ff.

[31] BGH, WM 1989, 377 (379); BGH, WM 1994, 237 (238), weitere Hinweise bei MünchKomm/ Ulmer, 3. Aufl., § 714 Fn 78. Zu den rechtspolitischen Hintergründen vgl. K. Schmidt, Gesellschaftsrecht, S. 1795.

[32] MünchKomm/ Ulmer, 3. Aufl., § 714 Rn 34 u. 39.

[33] Probleme hatte diese Theorie mit der Begründung der Haftung für gesetzliche Verpflichtungen; vgl. K. Schmidt, Gesellschaftsrecht, S. 1802 ff.; ders. NJW 2003, 1897 (1898 ff.).

[34] Flume, Die Personengesellschaft, 1977, S. 314 ff., der die akzessorische Haftung der Gesellschafter mit dem Wesen der Gesamthand begründete (S. 326 f.).

[35] K. Schmidt, Gesellschaftsrecht, S. 1790 ff.; Grunewald, Gesellschaftsrecht, S. 53; Dauner-Lieb, Unternehmen in Sondervermögen, 1998, S. 43 ff., 547; MünchKomm/ Ulmer, § 714 Rn 34 ff.; ders., ZIP 2001, 586 (590, 596 ff.); Bamberger/ Roth/ Timm/ Schöne, § 714 Rn 24; Staudinger/ Habermeier, Vorbem. zu §§ 705-740, Rn 35 ff., mit Ausnahme von Idealgesellschaften und wirtschaftlich wenig bedeutsamen Gelegenheitsgesellschaften.

[36] Schon in BGHZ 142, 315 wird von einer gesetzlichen Gesellschafterhaftung gesprochen. Der dritte Leitsatz bei BGHZ 146, 341 lautet: "Soweit der Gesellschafter für Verbindlichkeiten der GbR persönlich haftet, entspricht das Verhältnis zwischen der Verbindlichkeit der Gesellschaft und der Haftung des Gesellschafters derjenigen bei der offenen Handelsgesell-

Besonders umstritten war die Frage, ob der in die Gesellschaft Eintretende auch für die Altverbindlichen der Gesellschaft haften sollte. Die damit einhergehende Haftungsverschärfung[37] wird von Teilen der Literatur als unangemessen empfunden, jedenfalls was die Anwendung auf alle Arten von BGB-Außengesellschaften anbetrifft.[38] Anlass hatte der BGH dadurch gegeben, dass er in seinem Urteil zur Rechtsfähigkeit der Außen-GbR von der akzessorischen Gesellschafterhaftung gem. §§ 128 f. HGB sprach, so dass die Anwendung des § 130 HGB offen geblieben war.[39]
Auch das ist jetzt im Grundsatz geklärt. Mit der Rechtsprechung[40] und der überwiegenden Meinung in der Literatur[41] ist davon auszugehen, dass der Eintretende persönlich für die Altschulden der GbR haftet.
Keine völlige Einigkeit besteht innerhalb der herrschenden Meinung über die dogmatischen Grundlagen. Während sich die Literatur überwiegend auf eine analoge Anwendung der §§ 128 ff. HGB stützt[42], spricht der BGH von einem „allgemeinen Grundsatz des bürgerlichen Rechts und des Handelsrechts, dass derjenige, der als Einzelperson oder in Gemeinschaft mit anderen Geschäfte betreibt, für die daraus entstehenden Verpflichtungen mit seinem gesamten Vermögen haftet, ...“[43].
Für die hier vorzunehmende Untersuchung sind in erster Linie die Rechtsfolgen entscheidend und insofern besteht jedenfalls im Grundsätzlichen weitgehend Übereinstimmung. Von der Rechtsprechung[44] und der Literatur[45] werden ver-

---

schaft (Akzessorietät)." Kritisiert wird daran das Fehlen einer Gesetzeslücke als Voraussetzung für die analoge Anwendung des § 128 HGB. So bis vor kurzem der BGH selbst in NJW 1992, 1615, 1617; jetzt etwa: Heil, NGZ 2001, 300, 304.

[37] Nach der bisherigen Rechtslage kam eine Haftung des Eintretenden allenfalls bei Schuldübernahme in Betracht. Vgl. BGHZ 72, 240.

[38] Nachweise bei MünchKomm/ Ulmer, § 714 Rn 72 Fn 166 f.

[39] Vgl. BGH, NJW 2001, 1056 (1061).

[40] BGH, NJW 2003, 1803.

[41] K. Schmidt, Gesellschaftsrecht, S. 1797 f.; ders., NJW 2003, 1897 (1901 f.); MünchKomm/ Ulmer, § 714 Rn 73; Erman/ H. P. Westermann, § 714 Rn 17; Bamberger/ Roth/ Timm/ Schöne, § 714 Rn 47; Timm, NJW 1995, 3209 (3216); Grunewald, Gesellschaftsrecht, S. 64; Flume, Personengesellschaftsrecht, S. 344 f.; Habersack, BB 2001, 477 (482); Hasenkamp, DB 2002, 2632 (2634 ff.); Derleder, BB 2001, 2485 (2492) aA z. B. Staudinger/ Habermeier, Vorbem. zu §§ 705-740 Rn 32 ff., der die Anwendung auf unternehmenstragende BGB-Gesellschaften beschränken will.

[42] Z. B. MünchKomm/ Ulmer, § 714 Rn 5 f. Teilweise wird – methodenkritisch – auf das Fehlen einer unbewussten Gesetzeslücke als Analogievoraussetzung hingewiesen. Vgl. Hadding, ZGR 2001, 712 (736 ff.); Heil, NGZ 2001, 300 (304); so auch noch BGH, NJW 1992, 1615 (1617).

[43] BGHZ 142, 315 (319).

[44] BGH, NJW 2002, 1642: Haftungsbeschränkung für Anlagegesellschafter geschlossener Immobilienfonds in GbR-Form.

[45] Vgl. nur Staudinger/ Habermeier, Vorbem. zu §§ 705-740 Rn 36 ff.

schiedentlich Ausnahmen von der unbeschränkten persönlichen Haftung der Gesellschafter gemacht.
Diese Differenzierungen bleiben hier unberücksichtigt. Vielmehr wird in der vorliegenden Untersuchung die Haftung der Gesellschafter für die Verbindlichkeiten der Gesellschaften entsprechend den §§ 128 ff. HGB zu Grunde gelegt. Abweichende Sonderfälle bleiben außen vor.

III. Die Außen-GbR als Gesellschafterin einer anderen BGB-Gesellschaft

Die Fähigkeit der BGB-Gesellschaft Gesellschafterin einer anderen GbR zu sein, wird von Rechtsprechung[46] und Schrifttum[47] seit langem fast einhellig bejaht. Ablehnend steht dem – soweit ersichtlich – nur v. Gamm gegenüber.[48] Nach seiner Meinung kann zwar eine Personenhandelsgesellschaft aufgrund ihrer Fähigkeit, selbstständig im Verkehr aufzutreten und Verbindlichkeiten einzugehen (§ 124 HGB), Gesellschafter einer BGB-Gesellschaft sein, nicht aber eine GbR.
Diese Auffassung ist durch die Anerkennung der Außen-GbR als Rechtssubjekt überholt. Die Außen-GbR kann unter einem Namen am Rechtsverkehr teilnehmen und in diesem Namen auch Verbindlichkeiten begründen.[49]

Durchgreifende Bedenken gegen die Mitgliedschaft sind nicht erkennbar. Zwar mag die gesetzlich vorgesehene Gesamtgeschäftsführung und -vertretung (§§ 709 I, 714 BGB) die Handlungsfähigkeit der GbR nicht gerade befördern. Derartige Probleme sind aber nach dem Prinzip der Vertragsfreiheit den Partnern zu überantworten, denn sie brauchen sich schließlich nicht darauf einlassen.[50]
Dasselbe gilt hinsichtlich einer – aufgrund der mangelnden Registerfähigkeit der GbR – nicht auszuschließenden Unsicherheit für den Rechtsverkehr. Nach Auffassung der Literatur wird die Klärung der Beteiligungsverhältnisse für den Rechtsverkehr nicht dadurch unverhältnismäßig erschwert, dass er es nicht mit einer einfachen sondern mit einer doppelstöckigen GbR zu tun hat.[51]

---

[46] RGZ 136, 236 (240); BGH, NJW 98, 376.
[47] Statt vieler: MünchKomm/ Ulmer, § 705 Rn 79; Erman/ H.P. Westermann, § 705 Rn 21; Grunewald, Gesellschaftsrecht, S. 51; K. Schmidt, Gesellschaftsrecht, S. 1311; Soergel/ Hadding, § 705 Rn 24; Staudinger/ Habermeier, § 705 Rn 28; aA RGRK/ v. Gamm, § 705 Rn 12.
[48] RGRK/ v. Gamm, § 705 Rn 12.
[49] BGH, NJW 2001, 1056.
[50] H.P. Westermann, NZG 2001, 289 (294). In diesem Sinn für den gleichen Problemkreis im Falle der Beteiligung einer GbR an der Gründung einer GmbH auch BGHZ 78, 311 (314 f.).
[51] MünchKomm/ Ulmer, § 705 Rn 79.

Ebenso wie einer BGB-Außengesellschaft kann die GbR auch einer BGB-Innengesellschaft angehören.[52]

IV. Als Gesellschafterin einer OHG bzw. als Komplementärin

Die OHG ist eine rechtsfähige[53] Personengesellschaft, die in den §§ 105 ff. HGB geregelt ist. Auf dieselben Vorschriften verweist § 161 Abs. 2 HGB für die Kommanditgesellschaft. Diese stellt eine Modifikation der oHG dar[54], bei der zwei Arten von Gesellschaftern zu unterscheiden sind: Der Komplementär als geschäftsführender und unbeschränkt haftender Gesellschafter und der – regelmäßig summenmäßig beschränkt haftende – Kommanditist. Die Rechtsstellung des Komplementärs entspricht weitgehend der des oHG-Gesellschafters[55] Das lässt es vertretbar erscheinen, beide hier gemeinsam zu behandeln.

Die Beteiligungsfähigkeit der GbR an einer oHG bzw. als Komplementärin wird von der überwiegenden Rechtsprechung[56] und Literatur[57] abgelehnt. Seit einiger Zeit ist der Meinungsstand jedoch in Bewegung geraten und die Gesellschafterfähigkeit wird zunehmend bejaht.[58]

---

[52] MünchKomm/ Ulmer, § 705 Rn 79; Erman/ H. P. Westermann, § 705 Rn 21.

[53] Grunewald, Gesellschaftsrecht, S. 101; Schlegelberger/ K. Schmidt, § 124 Rn 1.

[54] K. Schmidt, Gesellschaftsrecht, S. 1529.

[55] Vgl. § 161 II HGB.

[56] BGHZ 46, 291 (296); BGH, WM 1966, 188 (190); BGH, WM 1986, 1280; OLG Zweibrücken, OLGZ 1982, 155; ausdrücklich offen gelassen von BGH, NJW-RR 1990, 798; aA LG Berlin, GmbHR 2003, 719.

[57] Großkommentar/ Fischer, HGB, § 105, Anm. 28; Heymann/ Emmerich, HGB, § 105 Rn 46; Flume, Personengesellschaft, 1977, S. 63; A. Hueck, Das Recht der OHG, 1971, S. 18; H. Westermann, Personengesellschaftsrecht, Rn 166; Wiedemann, Gesellschaftsrecht I, 1980, S. 262; Hohner, NJW 1975, 718; Breuninger, Die BGB-Gesellschaft als Rechtssubjekt im Wirtschaftsverkehr, 1991, S. 71; Koller/ Roth/ Morck, HGB, § 105 Rn 19; Hueck/ Windbichler, Gesellschaftsrecht, S. 128; Staub/ Ulmer, § 105 Rn 96; ders., ZIP 2001, 585 (596); MünchKomm/ Ulmer, § 705 Rn 317; Ensthaler/ Entsthaler, GK-HGB, § 105 Rn 9.

[58] Baumbach/ Hopt/ Merkt, HGB, Einl vor § 105 Rn 14, § 105 Rn 28; Grunewald, Gesellschaftsrecht, S. 51; Habersack, JuS 1990, 179 (183); Klamroth, BB 1983, 796 (799 ff.); Brodersen, Die Beteiligung der BGB-Gesellschaft an den Personenhandelsgesellschaften, 1988, S. 15 ff., 98 ff.; Autenrieth, BB 1989, 305 (308); Buchwald, AcP 154 (1955), 22 (26 Fn 10); Schlegelberger/ Schmidt, HGB, § 105 Rn 71; ders., DB 1990, 93 (94 ff.); ders., Gesellschaftsrecht, S. 1356 u. 1773; Steinbeck, DStR 2001, 1162 (1164 f.); Weipert, FS-Bezzenberger, 2000, S. 439 ff.; Erman/ H. P. Westermann, § 705 Rn 21; MünchKommHGB/ Langhein, § 106 Rn 19; Eisenhardt, Gesellschaftsrecht, S. 45.

1. Argumente gegen die Gesellschafterfähigkeit

(1) Einwand der ungenügenden Haftung

Die Beteiligungsfähigkeit wird mit dem Argument abgelehnt, die GbR könne den haftungsrechtlichen Anforderungen, die an einen OHG-Gesellschafter bzw. den Komplementär gestellt würden, nicht entsprechen.[59]

Diesem Einwand ist mit der Anerkennung der Außen-GbR als Rechtssubjekt und der akzessorischen Haftung ihrer Gesellschafter die Grundlage entzogen.
Als Kernnorm des Haftungsrechts für oHG und KG[60] ordnet § 128 HGB zwingend[61] die unmittelbare, primäre und unbeschränkte Haftung der Gesellschafter an. Gehaftet wird für sämtliche Gesellschaftsschulden, gleichgültig auf welchem Rechtsgrund sie beruhen, also sowohl für rechtsgeschäftliche als auch für gesetzliche Verpflichtungen der oHG.
Der Schutzzweck der persönlichen Haftung besteht vor allem in der Sicherung der Gläubiger der OHG, die Haftung dient deren Interesse an der Befriedigung ihrer Forderungen gegen die OHG.[62] Die unbeschränkte Haftung ist gleichsam der Preis, den die Gesellschafter dafür zahlen, dass sie keine Gesellschaftsform mit gesetzlicher Kapitalsicherung gewählt haben.[63] Außerdem dient die strenge Haftung der Sicherung der Kreditfähigkeit, d. h. der Wertschätzung, die der OHG im Rechtsverkehr zuteil wird.[64]
Mit dem Zweck dieses Haftungsregimes wäre es unvereinbar, wenn die Gesellschafter der an der oHG beteiligten GbR sich der unbeschränkten Haftung entziehen könnten. In einem solchen Fall liefe die in § 128 OHG angeordnete Haftung leer.
Diese Gefahr besteht im Falle der Mitgliedschaft einer GbR jedoch nicht. Diese haftet als Rechtssubjekt mit ihrem eigenen Gesellschaftsvermögen für die Verpflichtungen der oHG. Damit tritt die Rechtsfolge der §§ 128 ff. HGB ungehindert ein. Zweifel, die sich aus Gläubigerschutzgesichtspunkten ergeben, weil die GbR anders als Kapitalgesellschaften über kein gesetzlich geschütztes Mindestkapital verfügt, sind unbegründet, da nach Durchsetzung der Akzessorietätstheorie nunmehr auch die Gesellschafter der BGB-Gesellschaft

---

[59] MünchHdBGesR/ Happ, KG § 1 Rn 38; Fabricius, Relativität der Rechtsfähigkeit, 1963, S. 160 f.; Soergel/ Schultze-v. Lasaulx, § 705 Rn 18; OLG Zweibrücken, OLGZ 18 (1982), 155 (157); H. Westermann, Gesellschaftsrecht, 1978, S. 85; Hartmann/ Hartmann, FS-Werner, 1984, 217 (223 f.).
[60] §§ 161 II, 128 HGB
[61] Der Gläubiger kann freilich im Vertrag oder später auf Inanspruchnahme der Gesellschafter verzichten. Kübler, Gesellschaftsrecht, S. 80.
[62] BGHZ 23, 302 (305).
[63] K. Schmidt, Gesellschaftsrecht, S. 1409 ff.
[64] BGHZ 23, 302 (305); BGHZ 73, 217 (221); Kübler, Gesellschaftsrecht, S. 80.

analog §§ 128 ff. HGB persönlich unbeschränkt haften. Das Haftungsrecht steht der Beteiligung an einer OHG/ KG folglich nicht entgegen.[65]

(2) Einwand der mangelnden Registerpublizität

Ein Grund für die seit langem anerkannte Fähigkeit der GbR, Gesellschafter eines Verbandes derselben Rechtsform zu sein, liegt darin, dass das Gesetz für die GbR keine Durchsichtigkeit des Gesellschafterbestandes für den Rechtsverkehr fordert. Somit stört die mangelnde Registerfähigkeit der GbR nicht.[66] Dagegen sollen die Mitgliedschafts- und Vertretungsverhältnisse der Personenhandelsgesellschaften aus dem Handelsregister erkennbar sein. Hieran knüpft die überwiegende Meinung den Einwand, bei Zulassung der Beteiligung einer GbR an einer OHG und KG könnten sich im Falle des Gesellschafterwechsels in der GbR sowie hinsichtlich der Vertretungsregelung Unklarheiten ergeben.[67]

Dabei handelt es sich um ein rein praktisches Problem, für das sich die Literatur schon seit längerem um Lösungen bemüht.[68] Die Publizitätsfrage stellte sich bis vor kurzem auch im Falle der Kommanditbeteiligung einer GbR. Nachdem der BGH in seinem Beschluss vom 16.7.2001[69] entschieden hat, dass die Publizitätsregelungen (§§ 162, 106 ff. HGB) nicht nur auf die GbR selbst, sondern auf jeden einzelnen Gesellschafter der GbR entsprechend anzuwenden sind, ist dem auch der Gesetzgeber gefolgt, indem er die gesetzlichen Voraussetzungen für die Eintragung des Gesellschafterwechsels innerhalb der GbR geschaffen hat (§ 162 Abs. 1 S. 2 n. F. HGB)[70].
Die mangelnde Registerfähigkeit der GbR stellt für deren Mitgliedschaft in einer OHG kein unüberwindliches Hindernis dar, wie im Folgenden zu zeigen ist.

---

[65] Ebenso MünchKommHGB/ K. Schmidt, § 105 Rn 98,103.
[66] Soergel/ Hadding, § 705 Rn 24.
[67] G. Hueck, Gesellschaftsrecht, 1991, S. 94; Staub/ Ulmer, § 105 Rn 96; MünchKomm/ Ulmer, § 705 Rn 317; Hohner, NJW 1975, S. 718 f.; Soergel/ Hadding, § 705 Rn 24; Breuninger, Die BGB-Gesellschaft als Rechtssubjekt im Wirtschaftsverkehr, 1991, S. 70 f.; Flume, Personengesellschaft, 1977, S. 63 f.; H. Westermann, Personengesellschaftsrecht, S. 85; MünchHdBGesR/ Happ, KG § 1 Rn 38; wohl auch Hueck/ Windbichler, Gesellschaftsrecht, S. 128.
[68] Vgl. Klamroth, BB 1983, 796 (801 f.); Brodersen, Die Beteiligung der BGB-Gesellschaft an den Personenhandelsgesellschaften, 1988, S. 89 ff.
[69] NZG, 2001, 1132.
[70] Eingefügt durch Art. 1 ERJuKoG v. 10. 12. 2001, BGBl. I, S. 3422.

a. Der ursprüngliche Gesellschafterbestand der GbR

Ist eine GbR als Gesellschafterin an der Gründung einer OHG beteiligt, dann ist deren Name gem. § 106 II Nr.1 HGB eine ins Handelsregister einzutragende Tatsache. Im Falle späterer Aufnahme richtet sich die Eintragung nach § 107 HGB.
Nun betreibt die GbR kein Handelsgewerbe und ist demgemäß nicht Kaufmann, woraus folgt, dass sie keine Firma (§ 17 HGB) führt, unter der sie im Handelsregister einzutragen wäre. Vielmehr wird die GbR im Rechtsverkehr mit dem Namen ihrer Gesellschafter bezeichnet, mit einem Zusatz wie "in Gesellschaft bürgerlichen Rechts". Die Eintragung dieser Bezeichnung führt dazu, dass gleichzeitig auch die Zusammensetzung der GbR in das Handelsregister eingetragen wird. Möglich ist auch, dass die GbR unter einem Gesamtnamen auftritt, so dass die einzelnen Gesellschafter nicht erkennbar sind.[71]
Dies ist aber nicht überall zulässig. In Sondergebieten, in denen die formellen Anforderungen an Klarheit und Eindeutigkeit der Personenbezeichnung besonders hoch sind, wie etwa im Grundbuchrecht (§ 47 GBO), sind – nach bisher überwiegender Auffassung – die Namen sämtlicher Gesellschafter aufzuführen.[72]
Wie im Grundbuch kommt es auch im Handelsregister darauf an, Dritte über die Zusammensetzung der GbR zu informieren. Daher darf sich die GbR bei Eintragung ihrer Gesellschafterstellung bei einer oHG im Handelsregister gleichfalls nicht allein eines Gesamtnamens bedienen, sondern hat die Namen aller Gesellschafter mit dem Zusatz "in Gesellschaft bürgerlichen Rechts" aufzuführen.[73] Dies entspricht der Eintragung, wie sie jetzt auch für die Kommanditisten-GbR gesetzlich vorgeschrieben ist (§ 162 I 2, 106 II HGB).[74]

b. Gesellschafterwechsel bei der GbR

Ist die GbR Kommandantistin einer KG, so muss nach § 162 Abs. 2 S. 2 HGB jeder Gesellschafterwechsel innerhalb der GbR zur Handelsregistereintragung angemeldet werden. Derselbe Rechtszustand bestand aufgrund der entsprechen-

---

[71] MünchKomm/ Ulmer, § 705 Rn 270 ff.
[72] Zum Streitstand vgl. MünchKomm/ Ulmer, § 705 Rn 312 ff., der selbst eine andere Auffassung vertritt.
[73] LG Berlin, GmbHR 2003, 720; Baumbach/ Hopt/ Merkt, § 106 Rn 6 (entspr. § 106 II, 162 I 2 HGB); MünchKommHGB/ Langhein, § 106 Rn 19 (entspr. § 106 II HGB); K. Schmidt, Gesellschaftsrecht, S. 1356 f.; Schlegelberger/ K. Schmidt, § 105 Rn 72; Wertenbruch, BB 2001, 737 (740); Klamroth, BB 1983, 796 (803); Brodersen, Die Beteiligung der BGB-Gesellschaft an den Personenhandelsgesellschaften, 1988, S. 96 f.
[74] MünchKommGesR/ Grunewald, § 162 Rn 1.

den Anwendung der §§ 162, 106 HGB auch schon vor der Neufassung des § 162 II HGB.[75]
Gleiches muss auch gelten, wenn eine GbR als Komplementär an einer KG oder an einer OHG beteiligt ist. Auch dann ist jeder Gesellschafterwechsel, der innerhalb der GbR stattfindet, zur Registereintragung anzumelden.[76]

c. Publizität der Vertretungsverhältnisse

In einer OHG ist grundsätzlich jeder Gesellschafter zur Vertretung der Gesellschaft ermächtigt (§ 125 I HGB), bei der KG sind dies die Komplementäre (§ 161 II i. V. m. 125 I HGB). Nach §§ 106 Abs. 2 Nr. 4, 107 HGB ist die Vertretungsmacht der Gesellschafter zur Eintragung in das Handelsregister anzumelden.
Ist nun eine BGB-Gesellschaft an einer OHG oder als Komplementärin an einer KG beteiligt, dann ist diese vertretungsberechtigt und als solche ins Handelsregister einzutragen. Dem Rechtsverkehr wäre dann erkennbar, dass die GbR als Gesellschafterin die OHG/ KG vertreten kann. Nicht dem Register zu entnehmen wäre aber, wer wiederum zur Vertretung der GbR berechtigt ist. Zwar sind nach der gesetzlichen Regel nur alle Gesellschafter gemeinsam zur Vertretung berechtigt (§§ 709, 714 BGB), doch sind diese Vorschriften dispositiv. Damit können Unklarheiten entstehen, für deren Beseitigung von der Literatur verschieden Wege ersonnen wurden.

Möglich ist zunächst, die Zulässigkeit der Beteiligung davon abhängig zu machen, dass die GbR von der Vertretung gänzlich ausgeschlossen wird (§ 125 I 2. HS HGB).[77] Das hätte zweifellos die Beseitigung jeder Unklarheit zur Folge. Damit würde aber auch eine Hürde aufgebaut, die potentiell beteiligungsinteressierte BGB-Gesellschaften wohl eher abschreckte.[78]

Brodersen zufolge besteht insofern überhaupt kein Publizitätsproblem. Wenn die GbR im Register eingetragen ist, müssten eben die Geschäftspartner der OHG

---

[75] BGH, NZG 2001, 1132.
[76] LG Berlin, GmbHR 2003, 720; MünchKommHGB/ Langhein, § 106 Rn 19; Schlegelberger/ K. Schmidt, § 105 Rn 72; Baumbach/ Hopt/ Merkt, § 107 Rn 1; im Ergebnis ebenso Brodersen, Die Beteiligung der BGB-Gesellschaft an den Personenhandelsgesellschaften, 1988, S. 98 ff.
[77] So der Vorschlag von Klamroth, BB 1983, 796 (802).
[78] Ob der Vorschlag allerdings schon deswegen abzulehnen ist, weil er dem gesetzlichen Leitbild von der Rechtsstellung des Komplementärs zuwider läuft, wie Steinbeck, DStR 2001, 1162 (1165) meint, erscheint zweifelhaft. Denn es handelt sich eben nur um ein „Leitbild" und das Gesetz sieht die Möglichkeit des Ausschlusses von der Vertretung ausdrücklich vor (§ 125 I 2. HS HGB).

von der Gesamtvertretungsbefugnis aller GbR-Gesellschafter ausgehen. Selbst wenn die Vertretung der GbR abweichend vom gesetzlichen Leitbild geregelt sei, wären unter allen Gesellschaftern in jedem Fall auch die vertretungsberechtigten.[79]
Das ist in der Sache zwar richtig, führt aber bei mitgliedsstarken BGB-Gesellschaften zu Praktikabilitätsproblemen. Außerdem widerspräche das dem Willen des Gesetzes. Der Regelung der §§ § 106 Abs. 2 Nr. 4 und 107 HGB ist zu entnehmen, dass der Verkehr die tatsächlichen Vertretungsverhältnisse aus dem Handelsregister erkennen können soll. Mit der vorgeschlagenen Lösung wird die vom Gesetz beabsichtigte Klarheit und Übersichtlichkeit der Vertretungsverhältnisse nicht gewährleistet, da aus dem Handelsregister nicht die tatsächlichen Vertretungsverhältnisse erkennbar sind, sondern der Dritte darauf verwiesen wird, sicherheitshalber die Beteiligung sämtlicher Gesellschafter der GbR einzufordern, und zwar gerade unabhängig von den tatsächlichen Vertretungsverhältnissen.[80]

Vorzugswürdig ist der von der Rechtsprechung schon vor der Neufassung des § 162 I HGB für die Eintragung der GbR als Kommanditist[81] und jetzt auch für die Eintragung als Komplementär oder OHG-Gesellschafter eingeschlagene Weg, die Publizitätsvorschriften auf die GbR entsprechend anzuwenden.[82] Mit der Eintragung der Vertretungsverhältnisse der GbR (entsprechend §§ 106 Abs. 2 Nr. 4, 107 HGB)[83] ist dem Sinn und Zweck der §§ 106, 107 HGB, dass die tatsächlichen Vertretungsverhältnisse bei einer Personenhandelsgesellschaft dem Rechtsverkehr aus dem Handelsregister erkennbar sein sollen, entsprochen.

(3) Einwand des Mangels an geschlossenem Auftreten

Ein Einwand, der gegen die Mitgliedschaft der GbR[84] in einer Personenhandels-

[79] Brodersen, Die Beteiligung der BGB-Gesellschaft an den Personenhandelsgesellschaften, 1988, S. 106 f.
[80] So zu Recht Breuninger, Die BGB-Gesellschaft als Rechtssubjekt im Wirtschaftsverkehr, 1991, S. 70; Steinbeck, DStR 2001, 1162 (1165).
[81] BGH, NZG 2001, 1132.
[82] LG Berlin, GmbHR 2003, 719 (720 f.).
[83] Baumbach/ Hopt/ Merkt, § 106 Rn 12; MünchKommHGB/ K. Schmidt, § 105 Rn 102; für die Eintragung nur bei Abweichung vom gesetzlichen Regelfall der Gesamtvertretung: LG Berlin, GmbHR 2003, 719 (720 f.); so noch zum Zeitpunkt der Geltung des § 125 IV HGB: Schlegelberger/ K. Schmidt, § 105 Rn 74; Piepenstock, JZ 2001, 419 (420); Steinbeck, DStR 2001, 1162 (1165); vgl. aber die neu eingeführte Regelung des § 106 II Nr. 4 HGB.
[84] Großkommentar/ Fischer, HGB, § 105 Anm. 28; MünchHdBGesR/ Happ, KG § 1 Rn 38; Breuninger, Die BGb-Gesellschaft als Rechtssubjekt im Wirtschaftsverkehr, 1991, S. 62 f. für BGB-Außengesellschaften ohne selbstständige Identitätsausstattung.

gesellschaft vorgebracht wird, lautet dahingehend, die GbR könne nach außen nicht als geschlossene Einheit auftreten. Partner des Gesellschaftsvertrages könnten immer nur die einzelnen Gesellschafter sein, nicht aber die Gesellschaft selbst, in deren Namen der Gesellschaftsvertrag gar nicht geschlossen werden könne.[85]

Der Einwand bezieht sich auf die vormals mangelnde Rechtsfähigkeit der Außen-GbR. Das ist auch gemeint, wenn Breuninger eine selbstständige Identitätsausstattung zum unverzichtbaren Erfordernis für die Mitgliedsfähigkeit in einer Personenhandelsgesellschaft erhebt.[86] Denn Breuninger stellt – unter Verarbeitung der von John entwickelten Personifikationskriterien[87] – einen Zusammenhang zwischen Rechtsfähigkeit und Identitätsausstattung her. Er will nur jenen BGB-Außengesellschaften Rechtsfähigkeit zubilligen, die unter einem Gesamtnamen auftreten (selbstständige Identitätsausstattung)[88] und nicht nur unter Nennung sämtlicher Gesellschafternamen zuzüglich eines entsprechenden Rechtsformzusatzes (unselbstständige Identitätsausstattung)[89].

Der Einwand des fehlenden einheitlichen Außenauftritts ist seit der Anerkennung der Außen-GbR als Rechtsperson[90] überholt.[91] Es macht auch keinen Unterschied, ob die jeweilige Außengesellschaft bürgerlichen Rechts unter dem Namen sämtlicher Gesellschafter mit einem Rechtsformzusatz oder einem Gesamtnamen, d. h. ohne Nennung der Gesellschafternamen, auftritt.

(4) Einwand der Kaufmannseigenschaft

Nach einer im Schrifttum vertretenen Auffassung steht der Mitgliedschaft entgegen, dass die GbR mit der Mitgliedschaft zum Kaufmann werde.[92]
Diese Auffassung beruht auf der von der Rechtsprechung[93] und Teilen des Schrifttums[94] vertretenen Prämisse, dass die Gesellschafter einer OHG bzw. der

---

[85] Großkommentar zum HGB/ Fischer, § 105 Anm. 28.
[86] Breuninger, Die BGB-Gesellschaft als Rechtssubjekt im Wirtschaftsverkehr, 1991, S. 62.
[87] Vgl. John, Die organisierte Rechtsperson, 1977, S. 92 ff., 159.
[88] Breuninger, Die BGB-Gesellschaft als Rechtssubjekt im Wirtschaftsverkehr, 1991 S. 36 f.
[89] Breuninger, Die BGB-Gesellschaft als Rechtssubjekt im Wirtschaftsverkehr, 1991 S. 46.
[90] BGH, NJW 2001, 1056.
[91] Ebenso MünchKommHGB/ K. Schmidt, § 105 Rn 98.
[92] A. Hueck, Das Recht der offenen Handelsgesellschaft, 1971, S. 23 f.; H. Westermann, Personengesellschaftsrecht, 1978, S. 85.
[93] BGHZ 34, 293 (296 f.); 45, 284 (285); OLG Karlsruhe, DB 1991, 903.
[94] H. Westermann, Personengesellschaftsrecht, 1978, S. 85; Heymann/ Emmerich, HGB, § 1 Rn 15; Ballerstedt, JuS 1963, 253 (259); Kübler, Gesellschaftsrecht, S. 67; Canaris, Handelsrecht, S. 29 f.; G. Hueck, Gesellschaftsrecht, S. 88; Schlegelberger/ Martens, § 161 Rn 46,

Komplementär Kaufleute seien. Das wird von der wohl überwiegenden Meinung im Schrifttum abgelehnt.[95] Stattdessen wird vorgeschlagen, im Bedarfsfall einzelne Normen, die an die Kaufmannseigenschaft anknüpfen, analog anzuwenden.[96]

Die Argumentation[97] für die Kaufmannseigenschaft ist eng mit der traditionellen Gesamthandstheorie verknüpft. Als Träger des Handelsgewerbes wird nicht die oHG als solche gesehen. Vielmehr seien es die OHG-Gesellschafter, die, wenn auch in gesamthänderischer Verbundenheit, das Handelsgewerbe selbst betrieben.[98]
Eine andere Argumentationslinie[99] hebt darauf ab, dass der OHG-Gesellschafter bzw. Komplementär gemäß § 128 HGB persönlich haftet und auch ihn dadurch die Wirkungen der von der Gesellschaft eingegangenen Geschäfte grundsätzlich treffen.
Diese Auffassung beachtet zu wenig die Verselbstständigung der Gesamthand gegenüber ihren Gesellschaftern.[100] Nach der heutigen Auffassung ist die oHG als Gesamthandsgesellschaft rechtsfähig (§ 124 HGB).[101] Sie selbst ist auch Unternehmensträgerin und damit nach § 6 I HGB Kaufmann und nicht die ihr angehörenden Gesellschafter.[102] Soweit bestimmte Rechtsfolgen einzelne Gesell-

---

macht die Kaufmannseigenschaft vom Innehaben organschaftlicher Geschäftsführungsbefugnis abhängig.

[95] Staub/ Ulmer, § 705 Rn 77; Baumbach/ Hopt/ Merkt, § 105 Rn 19, § 161 Rn 5; K. Schmidt, Gesellschaftsrecht, S. 1362; ders., Handelsrecht, S. 90 f.; MünchKommHGB/ K. Schmidt, § 105 Rn 11 ff.; Klamroth, BB 1983, 796 (799 f.); Lieb, DB 1967, 759 (762); Hdb. d. PersG./ Müller, § 4 Rn 10; Brodersen, Die Beteiligung der BGB-Gesellschaft an den Personenhandelsgesellschaften, 1988, S. 23; Breuninger, Die BGB-Gesellschaft als Rechtssubjekt im Wirtschaftsverkehr, 1991, S. 63 f.; Zöllner, DB 1964, 795 (796 f.); MünchKommAktG/ Semler/ Perlitt, § 278 Rn 41; zweifelnd auch Kraft/ Kreutz, Gesellschaftsrecht, S. 181; Hüffer, Gesellschaftsrecht, S. 131; Reinhardt/ Schultz, Gesellschaftsrecht, S. 56; Hohner, NJW 1975, 718 (719); jedenfalls soweit auf die bloße Gesellschafterstellung abgestellt wird, Blaurock, Unterbeteiligung und Treuhand an Gesellschaftsanteilen, 1982, S. 106 f.

[96] Hüffer, Gesellschaftsrecht, S. 131; Baumbach/ Hopt/ Merkt, § 105 Rn 20 ff.

[97] Ausführlich werden die Argumente bei Brodersen, Die Beteiligung der BGB-Gesellschaft an den Personenhandelsgesellschaften, 1988, S. 15 ff., referiert.

[98] Ballerstedt, JuS 1963, 253 (259); Großkommentar/ Fischer, HGB, § 105 Anm. 60 a; A. Hueck, Das Recht der offenen Handelsgesellschaft, 1971, S. 29.

[99] Canaris, Handelsrecht, S. 29 f. Ebenso Schlegelberger/ Martens, § 161 Rn 46, der die Kaufmannseigenschaft außerdem an die organschaftliche Geschäftsführungsbefugnis knüpfen will, um dem Tatbestandsmerkmal des Betreibens eines Handelsgewerbes Genüge zu tun. Das ist jedoch zweifelhaft, da es insofern darauf ankommt, wer aus den Geschäften berechtigt und verpflichtet wird.

[100] Baumbach/ Hopt/ Merkt, § 105 Rn 19; Klamroth, BB 1983, 796 (799).

[101] Statt vieler: K. Schmidt, Gesellschaftsrecht, S. 1362.

[102] MünchKommHGB/ K. Schmidt, § 105 Rn 11 ff.; ders., Handelsrecht, S. 90 f.

schafter treffen, beruht dies nicht auf ihrer Kaufmannseigenschaft, sondern auf Sinn und Zweck der jeweils in Frage stehenden Normen.[103]
Eine Kaufmannseigenschaft der Gesellschafter-GbR lässt sich aus der Komplementärstellung bzw. OHG-Gesellschafterstellung nicht herleiten. Damit kann aus diesem Gesichtspunkt nicht die Unzulässigkeit bzw. rechtliche Unmöglichkeit der Beteiligung einer GbR an einer oHG oder als Komplementärin abgeleitet werden.[104]

(5) Keine gesetzgeberische Entscheidung gegen die Komplementärfähigkeit der GbR

Aus der Tatsache, dass mit der Neufassung des § 162 Abs. 1 HGB[105] nur eine Regelung für die Kommanditbeteiligung geschaffen wurde, ohne auch eine entsprechende Vorschrift für den OHG-Gesellschafter bzw. den Komplementär in den § 106 HGB einzufügen, hat man im Schrifttum auf eine Entscheidung des Gesetzgebers gegen die Komplementärfähigkeit der GbR geschlossen.[106]
Das ist eine Interpretation des gesetzgeberischen Willens, der hier nicht gefolgt wird. Ausweislich der Gesetzesmaterialien[107] sollten mit der Einfügung des § 162 Abs. 1 S. 2 HGB lediglich die formellen Konsequenzen aus dem Urteil BGHZ 148, 291 gezogen werden, also aus der höchstrichterlichen Anerkennung der Kommanditistenfähigkeit einer GbR. Weitergehende Aussagen waren damit nicht beabsichtigt.[108]

2. Ergebnis

Als das einzig ernsthafte Problem, das mit der Beteiligung verbunden ist, hat sich die mangelnde Registerpublizität der GbR erwiesen. Dieses Problem ist, wie sich gezeigt hat, lösbar. Im Ergebnis wird die Beteiligung an einer oHG und KG deshalb für zulässig erachtet.

---

[103] K. Schmidt, DB 1990, 93 (94).
[104] Im Ergebnis ebenso, Breuninger, Die BGB-Gesellschaft als Rechtssubjekt im Wirtschaftsverkehr, 1991, S. 63 f., Brodersen, Die Beteiligung der BGB-Gesellschaft an den Personenhandelsgesellschaften, 1988, S. 23; Hohner, NJW 1975, 718 (719); Klamroth, BB 1983, 796 (799); Hartmann/ Hartmann, FS-Werner, 217 (223). Auch H. P. Westermann ,NGZ 2001, 289 (294), hält die Begründung der Ablehnung der Mitgliedsfähigkeit mit dem Argument der Kaufmannseigenschaft von OHG-Gesellschaftern für "fraglich".
[105] Art. 1 ERJuKoG v. 10. 12. 2001 (BGBl. I S. 3422).
[106] Hueck/ Windbichler, Gesellschaftsrecht, S. 128.
[107] Beschlussempfehlung des Rechtsausschusses, BT-Drucks. 14/ 7348 S. 29.
[108] Ebenso LG Berlin, GmbHR 2003, 720 (721); MünchKommHGB/ K. Schmidt, § 105 Rn 98.

V. Als Kommanditistin

Die Kommanditgesellschaft unterscheidet sich von der oHG dadurch, dass neben dem sog. persönlich haftenden Gesellschafter wenigstens ein weiterer Gesellschafter vorhanden ist, der nur beschränkt haftet (§ 161 I HGB). Die Beteiligung des Kommanditisten ist vor allem eine kapitalmäßige. Seine Position ist, was die Verwaltungsrechte anbetrifft, wesentlich schwächer als die des Komplementärs. So ist er – nach dem gesetzlichen Leitbild – insbesondere von der Geschäftsführung (§ 164 HGB) und der organschaftlichen Vertretungsmacht (§ 170 HGB) ausgeschlossen.

Bis vor kurzem wurde die Kommanditistenstellung einer GbR von Rechtsprechung[109] und der überwiegenden Lehre[110] abgelehnt. In der Regel wurde dabei nicht zwischen der Stellung als Komplementär und der als Kommanditist unterschieden. Demzufolge glichen sich auch die Argumente. So begründet das OLG Zweibrücken[111] die Ablehnung der Beteiligungsfähigkeit der GbR als Kommanditistin damit, dass sie rechtlich in keiner Weise verselbstständigt sei[112], die persönliche Haftung der Gesellschafter durch Beschränkung der Vertretungsmacht begrenzt werden könne[113] und der jeweils aktuelle Gesellschafterbestand mangels Registerpflicht nicht erkennbar sei.[114]

Nachdem der BGH im Jahre 1991 festgestellt hatte, dass die Außen-GbR grundsätzlich jede Rechtsposition einnehmen könne, sofern nicht spezielle Gesichtspunkte entgegenstünden[115], wurde ihr mit Beschluss vom 16.7. 2001[116] nun auch die Beteiligungsfähigkeit als Kommanditistin zuerkannt.
In diesem Zusammenhang musste sich das Gericht auch mit der mangelnden Publizität der GbR befassen und entschied die entsprechende Anwendung der Publizitätsregelungen (§§ 106, 162 HGB) auf die einzelnen Gesellschafter der

[109] BGHZ 46, 291 (296); BGH, NJW-RR 1987, 416; BGH, WM 1990, 586 (587).
[110] Kübler, Gesellschaftsrecht, S. 66; Staub/ Ulmer, HGB, § 105 Rn 96; Schlegelberger/ Martens, HGB, § 161 Rn 33a; Röhricht/Graf v. Westphalen/ v. Gerkan, HGB, § 161 Rn 18; Heymann/ Horn, HGB, § 161 Rn 42 f.; MünchHdBGesR/ Happ, KG § 1 Rn 38; Ensthaler/ Fahse, GK-HGB, § 161 Rn 12; a.A. K. Schmidt, Gesellschaftsrecht, S. 1311 f.; Erman/ H. P. Westermann, § 705 Rn 21; Soergel/ Hadding, § 705 Rn 21; Brodersen, Die Beteiligung der BGB-Gesellschaft an den Personenhandelsgesellschaften, 1988, S. 23; Klamroth, BB 1983, 796 (803); Breuninger, Die BGB-Gesellschaft als Rechtssubjekt im Wirtschaftsverkehr, 1991, S. 63 f.; Baumbach/ Hopt/ Merkt, HGB, Einl v. § 105 Rn 14, § 161 Rn 4; Koller/ Roth/ Morck, HGB, § 105 Rn 19.
[111] OLG Zweibrücken, OLGZ 1982, 155.
[112] OLG Zweibrücken, OLGZ 1982, 155 (157).
[113] OLG Zweibrücken, OLGZ 1982, 155 (157 f.).
[114] OLG Zweibrücken, OLGZ 1982, 155 (158).
[115] BGHZ 116, 86 (88).
[116] BGH NZG 2001, 1132.

Gesellschafter-GbR. Demzufolge sollten die Daten der einzelnen Gesellschafter der GbR als auch deren späterer Wechsel ins Handelsregister eingetragen werden. Diese Regelung wurde nun auch vom Gesetzgeber bestätigt (§ 162 I S. 2 HGB).
Damit besteht kein Zweifel mehr, dass die Außen-GbR Kommanditistin sein kann.[117]

VI. Beteiligung an einer stillen Gesellschaft

Eine stille Gesellschaft entsteht, wenn ein stiller Gesellschafter aufgrund eines Gesellschaftsvertrages mit einer Einlage am Unternehmen eines Kaufmanns beteiligt ist (§ 230 HGB).[118]
Voraussetzung des einen Gesellschafters ist also dessen Kaufmannseigenschaft.[119] Solange der § 4 Abs. 1 HGB in Kraft war, erachtete man allgemein auch die Betätigung als Minderkaufmann für hinreichend.[120] Daraus zog die überwiegende Meinung den Schluss, dass es dann auch ausreichen müsse, wenn zwei Minderkaufleute gemeinsam als BGB-Gesellschaft ein Kleingewerbe betrieben. Auch eine minderkaufmännische GbR konnte demnach tätiger Gesellschafter einer stillen Gesellschaft sein.[121]

Diese Option ist mit der Aufhebung des § 4 Abs. 1 HGB durch das HRefG vom 22.6.1998[122] entfallen. Aus dem Wegfall des Minderkaufmanns ergibt sich für die Gesellschafterfähigkeit der GbR ein unüberwindliches Hindernis. Kaufmann ist nach § 1 I HGB, wer ein Handelsgewerbe betreibt. Das ist einer GbR nicht möglich, denn in einem solchen Fall wandelt sie sich kraft Rechtsformzwangs unabhängig vom Willen der Gesellschafter in eine OHG (§ 105 I HGB).[123] Verschlossen ist der GbR auch der Weg, durch Eintragung in das Handelsregister

[117] MünchKommHGB/ K. Schmidt, § 105 Rn 96: „für die Praxis außer Streit".
[118] MünchKommGesR/ K. Schmidt, Bd. 3, § 230 Rn 2, 3.
[119] Koller/ Roth/ Morck, HGB, § 230 Rn 8; MünchKommGesR/ K. Schmidt, Bd. 3, § 230 Rn 2, 3, 19.
[120] Koenigs, Die stille Gesellschaft, 1961, S. 6 f.; MünchHdBGesR/ Bezzenberger, Bd. 2, § 5 StG Rn 5.
[121] Koenigs, Die stille Gesellschaft, 1961, S. 13; Heymann/ Horn, § 230 Rn 4; MünchHdB-GesR/ Bezzenberger, Bd. 2 , § 5 StG Rn 8; Paulick/ Blaurock, Handbuch der Stillen Gesellschaft, 1998, S. 70; Großkomm/ Zutt, HGB, § 230 Rn 39.
[122] BGBl. I S. 1474.
[123] K. Schmidt, Gesellschaftsrecht, S. 335, 1305 f., 1371; MünchKomm/ Ulmer, vor § 705 Rn 17.

zum Kaufmann zu werden.[124] Damit kann eine GbR in der Rechtsform der stillen Gesellschaft keinen stillen Teilhaber mehr aufnehmen.[125]
Nicht ausgeschlossen ist freilich, dass sich jemand mit einer Einlage an einer Außen-GbR beteiligt. Dann handelt es sich aber nicht um eine stille Gesellschaft im Sinne der §§ 230 ff. HGB, sondern um eine BGB-Innengesellschaft. Die praktischen Auswirkungen sind freilich gering, denn nach hM sind in diesem Fall die §§ 230 HGB entsprechend anzuwenden.[126]

Keine Bedenken bestehen gegen die Beteiligung einer Außen-GbR mit einer Einlage am Handelgewerbe, das ein anderer betreibt. Die Außen-GbR kann nach einhelliger Ansicht die Stellung eines stillen Gesellschafters einnehmen.[127]

VII. Mitgliedschaft in einer Partenreederei

Keine Zweifel bestehen dahingehend, dass eine Außen-GbR Mitreeder einer Partenreederei sein kann. Die Anforderungen, die das Seehandelsrecht an den Mitreeder stellt, bereiten einer GbR keine Schwierigkeiten.

1. Mitreederhaftung

Für Verpflichtungen, die für die Partenreederei begründet wurden, haftet diese selbst, mit dem Reedereivermögen. Daneben tritt eine akzessorische Pro-rata-Haftung der Mitreeder (§ 507 I HGB).
Für die Mitgliedschaft einer GbR folgt daraus die Pro-rata-Haftung der BGB-Gesellschaft mit dem Gesellschaftsvermögen. Nach einer im Seehandelsrecht vertretenen Auffassung sollen daneben die Gesellschafter der GbR nach § 427 BGB haften.[128] Das ist insofern zutreffend, als die Gesellschafter als Gesamtschuldner für die sich nach der Beteiligungsquote berechnende Schuld der GbR persönlich haften. Allerdings richtet sich die Haftung nach den §§ 128 ff. HGB analog.[129]

---

[124] Vgl. § 105 II HGB.
[125] Ebenso Ebenroth/ Boujong/ Joost, HGB, § 230 Rn 7.
[126] MünchKommGesR/ K. Schmidt, Bd. 3, § 230 Rn 2, 24, 28.
[127] Koenigs, Die stille Gesellschaft, 1961, S. 15; Koller/ Roth/ Morck, HGB, § 230 Rn 9; MünchKommGesR/ K. Schmidt, Bd. 3, § 230 Rn 34; MünchHdBGesR/ Bezzenberger, Bd. 2, § 5 StG, Rn 17.
[128] Prüssmann/ Rabe, Seehandelsrecht, § 507 Rn 3.
[129] S. o. Kapitel § 7 II 2 (2).

Auch für vereinbarte Beiträge oder erhobene Nachschüsse (§ 500 I HGB) haftet die BGB-Gesellschaft als Mitreeder selbst sowie deren Gesellschafter entsprechend den §§ 128 ff. HGB.

2. Wahrnehmung der Mitverwaltungsrechte und -pflichten

Geschäftsführung und Vertretung der Reederei liegen regelmäßig in den Händen eines oder mehrerer Korrespondentreeder, so dass eine unternehmerische Mitwirkung der Mitreeder nicht erwartet wird (§§ 492 ff. HGB). Üblicherweise ist es ausreichend, wenn sich die Mitreeder an der Willensbildung beteiligen. Eine besondere Form sieht das Gesetz dafür nicht vor (vgl. § 491 HGB). In den Reedereiverträgen wird vielfach vereinbart, dass eine Beschlussfassung der Mitreeder nur bei ungewöhnlichen Geschäften zu erfolgen hat.[130]
Das Abstimmungsverhalten der GbR richtet sich nach deren Willensbildungs- und Handlungsregeln, im Zweifel ist Einmütigkeit erforderlich (§ 709 I BGB). Soweit für die Reederei Probleme daraus entstehen, dass die Vertretungsregeln der GbR dispositiv und die insofern getroffenen Zuständigkeitsvereinbarungen von außen nicht leicht erkennbar sind, ist es eine Frage der Privatautonomie, im Reedereivertrag entsprechende Vorkehrungen zu treffen, etwa durch Bestimmung eines Vertreters.

VIII. Als Gesellschafterin einer GmbH

Die Fähigkeit der BGB-Gesellschaft, sich an einer GmbH zu beteiligen, ist seit langem unbestritten[131] und in den Einzelheiten auch monographisch ausführlich beschrieben worden.[132] Deswegen mögen hier einige Bemerkungen zur Änderung der Rechtslage, die sich aus der Anerkennung der Rechtssubjektivität der Außen-GbR ergibt, genügen.

1. Keine Anwendung des § 18 Abs. 1 GmbHG

Traditionell, d. h., solange die GbR als nichtrechtsfähige Gesamthandsgemeinschaft galt, wurde deren Mitgliedschaft als ein Fall des § 18 GmbH angese-

[130] Prüssmann/ Rabe, Seehandelsrecht, § 491 Rn 3.
[131] Statt vieler: Baumbach/ Hueck/ Fastrich, GmbHG, § 1 Rn 32; Hachenburg/ Ulmer, GmbHG, § 2 Rn 77; OLG Saarbrücken, AG 1980, 26 (27); für die Gründungsbeteiligung: BGHZ 78, 311; Scholz/ Emmerich, GmbHG, § 2 Rn 52.
[132] Vgl. Dölle, Die Beteiligung der Gesellschaft bürgerlichen Rechts (GbR) an einer Gesellschaft mit beschränkter Haftung (GmbH), 1984.

hen.[133] Der Geschäftsanteil stand den Gesamthändern als Personenmehrheit zu, in gemeinschaftlicher Berechtigung. Dementsprechend betont der BGH in seinem Urteil, in dem er die Beteiligung einer GbR an der Errichtung einer GmbH für zulässig erklärt, dass die GbR anders als eine Personenhandelsgesellschaft unter § 18 GmbHG falle.[134]
Nachdem die Außen-GbR nun selbst als Rechtssubjekt anerkannt ist, steht der Geschäftsanteil nicht mehr „mehreren Mitberechtigten" (§ 18 I GmbHG) zu, sondern allein der Außen-GbR. Trotzdem soll nach einer in der Literatur vertretenen Auffassung die Beteiligung der GbR auch weiterhin unter die Vorschrift des § 18 GmbHG fallen.[135]
Dem ist nicht zuzustimmen.[136] Die rechtsfähige GbR erfüllt weder die in § 18 GmbHG vorausgesetzte gemeinschaftliche Beteiligung einer Personenmehrheit, noch macht der Schutzzweck der Vorschrift deren Anwendung erforderlich:

§ 18 GmbHG betrifft den Fall, dass der Geschäftsanteil mehreren Rechtssubjekten gemeinschaftlich gehört, sei es in Bruchteils- oder Gesamthandsgemeinschaft.[137] Diese Rechtslage ist nur bei nichtrechtsfähigen Gemeinschaften gegeben, Inhaber des Geschäftsanteils bei rechtsfähigen Gesamthandsgemeinschaften ist die Gemeinschaft selbst.[138] Da die Außen-GbR rechtsfähig ist, gehört ihr allein der Geschäftsanteil. Ein Fall der Zuordnung zu einer Mehrheit von Rechtssubjekten ist liegt nicht vor.

Es besteht auch kein Bedürfnis für die Anwendung der Vorschrift auf die GbR. Normzweck der Vorschrift ist, die GmbH gegen Nachteile und Erschwernisse zu schützen, die sich ergeben können, wenn ein Geschäftsanteil mehreren Rechts-

---

133 BGHZ 78, 311 (316 f.); OLG Hamm, GmbHR 1996, 363 (364); Lutter/ Hommelhoff, GmbHG, § 18 Rn 2; Baumbach/ Hueck/ Fastrich, GmbHG, § 18 Rn 2; Scholz/ Winter, GmbHG, § 18 Rn 3a; Scholz/ Emmerich, GmbHG, § 2 Rn 52; Flume, FS-Raiser, 1974, 27 (37 f.); Hachenburg/ Zutt, GmbHG, § 18 Rn 5 f.; Michalski/ Ebbing, GmbHG, §§ 2 Rn 98, 18 Rn 18 ff.; Hohner, NJW 1975, 718 (720).

134 BGHZ 78, 311 (316).

135 Michalski/ Ebbing, GmbHG, 2002, § 18 Rn 18 ff. Die anderen Stellungnahmen für die Anwendung des § 18 GmbHG stammen noch aus der Zeit vor der Entscheidung des BGH für die Rechtsfähigkeit der Außen-GbR.

136 Gegen die Anwendung des § 18 GmbHG schon zuvor: Koch, ZHR 146 (1982), 118 (127); Dölle, Die Beteiligung der Gesellschaft bürgerlichen Rechts (GbR) an einer Gesellschaft mit beschränkter Haftung (GmbH), 1984, S. 84; Hachenburg/ Ulmer, GmbHG, § 2 Rn 80; jetzt auch: Rowedder/ Schmidt-Leithoff/ Pentz, GmbHG, § 18 Rn 4; Roth/ Altmeppen, GmbHG, § 18 Rn 6.

137 Roth/ Altmeppen/ Altmeppen, GmbHG, § 18 Rn 1.

138 Michalski/ Ebbing, GmbHG, § 18 Rn 6 u. 11.

subjekten zusteht.[139] Die Nachteile, die § 18 GmbHG im Auge hat, entstehen aber für die GmbH aus der Mitgliedschaft einer GbR nicht.

§ 18 Abs. 1 GmbHG ordnet an, dass die Mitberechtigten die Rechte aus der Mitgliedschaft nur gemeinschaftlich ausüben können. Damit soll sichergestellt werden, dass die Mitberechtigten die Gesellschafterrechte einheitlich ausüben, möglicherweise auch durch Bestellung eines gemeinsamen Vertreters, und zwar nach den Regeln der jeweiligen Gemeinschaft.[140]
Die GbR ist selbst Beteiligte und nicht die einzelnen Gesamthänder. Folglich stehen auch nur ihr die Rechte aus der Mitgliedschaft zu. Da sie die einzige Inhaberin des Geschäftsanteils ist, kann sie die Rechte auch nur einheitlich ausüben.[141] Insofern ergibt sich die Regelung des Abs.1 schon aus der Anerkennung der Rechtssubjektivität der Außen-GbR.

Auch die vom Gesetz vorgesehene Gesamtvertretung der GbR (§§ 709, 714 BGB) entspricht der Regelung des § 18 I GmbHG. Probleme aus Sicht der GmbH können sich dann ergeben, wenn die Vertretung der GbR von der nur dispositiven gesetzlichen Vorschrift abweichend geregelt ist. Wegen der fehlenden Registerpublizität der GbR könnte die GmbH die Vertretungsverhältnisse möglicherweise nicht unmittelbar erkennen.[142] Dieses Problem kann durch entsprechende Vertragsgestaltung gelöst werden. So kann im Gesellschaftsvertrag die Bestellung eines gemeinsamen Vertreters verlangt werden. Auch können Regelungen für die Person des gemeinsamen Vertreters getroffen werden. Auch das "Abhandenkommen" des einmal bestellten Vertreters durch Übertragung des GmbH-Anteils auf einen Dritten dürfte angesichts der regelbaren Zustimmungsbedürftigkeit (§ 15 V GmbHG) kein unlösbares Problem darstellen.
Im Übrigen gilt das, was der BGH[143] zur Mitgliedschaft der GbR in anderen Gesellschaften wiederholt geäußert hat, dass es nämlich der Gesellschaft frei steht, ob und unter welchen Bedingungen sie die Erschwernisse, die mit der Beteiligung einer Gesellschaft bürgerlichen Rechts verbunden sein können, auf sich nehmen will.[144]

---

[139] Roth/ Altmeppen/ Altmeppen, GmbHG, § 18 Rn 6; Michalski/ Ebbing, GmbHG, § 18 Rn 1 u. 4.
[140] Roth/ Altmeppen/ Altmeppen, GmbHG, § 18 Rn 11 u. 14.
[141] So auch Rowedder/ Schmidt-Leithoff/ Pentz, GmbHG, § 18 Rn 4.
[142] Nach Ebbing ist die Ermittlung der Vertretungsregelung mit einem unzumutbaren Aufwand für die GmbH verbunden. Michalski/ Ebbing, GmbHG, § 18 Rn 19.
[143] Der BGH hat zwar seinerzeit § 18 GmbHG auf die GbR angewandt, dem lag aber noch die nun überwundene Auffassung von der mangelnden Rechtsfähigkeit der GbR zugrunde, BGHZ 78, 311 (316).
[144] Zur Beteiligung an einer GmbH: BGHZ, 78, 311 (315); zur Beteiligung an einer Genossenschaft, BGH WM 1992, 12 (14).

2. Keine Anwendung des § 18 Abs. 2 GmbHG

§ 18 Abs. 2 GmbHG regelt zwingend die solidarische Haftung der Mitberechtigten für die aus der Gesellschafterstellung der Gemeinschaft resultierenden Verbindlichkeiten, mithin die Haftung als Gesamtschuldner im Sinne des § 421 BGB.[145]
Diese Vorschrift passt schon deshalb nicht, weil es nur einen Berechtigten und Verpflichteten gibt, nämlich die GbR. Die haftet mit ihrem Gesellschaftsvermögen und daneben haften, allerdings nach § 128 HGB analog, deren Gesellschafter.[146]

3. Keine Anwendung des § 18 Abs. 3 GmbHG

§ 18 Abs. 3 GmbHG bestimmt, dass es ausreicht, wenn die GmbH Rechtshandlungen gegenüber auch nur einem der Mitberechtigten vornimmt, sofern nicht ein gemeinsamer Vertreter der Mitberechtigten bestellt ist.
Auch diese Regelung ergibt sich schon aus dem Recht der GbR. Gilt nach der gesetzlichen Regel Gesamtvertretung (§ 714 BGB), so ist trotzdem jeder Gesellschafter auch allein befugt, Willenserklärungen entgegenzunehmen.[147]

Zusammenfassend ist zu sagen, dass die GbR Gesellschafter einer GmbH sein kann und dass es kein Bedürfnis für die Anwendung des § 18 GmbHG auf die GbR gibt.

IX. Mitgliedschaft in einer Aktiengesellschaft

Die Aktionärsfähigkeit der GbR steht seit langem außer Zweifel.[148] Das ältere Schrifttum verweigerte der GbR noch die Beteiligung an der Gründung einer

---

[145] Rowedder/ Schmidt-Leithoff/ Pentz, GmbHG, § 18 Rn 19.
[146] Dass die Haftungsregelung des Absatz 2 durch die neuere Rechsprechung einen praktischen Bedeutungsverlust erlitten hat, wird auch von Michalski/ Ebbing, GmbHG, § 18 Rn 20 konzediert.
[147] RGZ 53, 227 (230 f.); BGHZ 62, 166 (173); MünchKomm/ Ulmer, § 714 Rn 27; Erman/ H. P. Westermann, § 714 Rn 8.
[148] BGHZ 118, 83; Geßler/ Eckardt/ Kropff/ Hefermehl/ Bungenroth, 69 Rn 7; KölnerKommAktG/ Lutter, § 69 Rn 7; Hüffer, AktG, § 2 Rn 10; GroßkommAktG/ Brändel, § 2 Rn 28; MünchKommAktG/ Bayer, § 69 Rn 8.

Aktiengesellschaft.[149] Das dafür vorgebrachte Argument, nämlich die mangelnde Rechtsfähigkeit der GbR, ist heute überholt.[150]
Die bisher überwiegende Meinung wendet § 69 AktG auf die GbR an.[151] Die Vorschrift passt nicht mehr, denn die Aktie steht nicht „mehreren Berechtigten" (§ 69 Abs. 1 AktG) zu, sondern allein der Außen-GbR. Auch der Schutzzweck der Vorschrift macht deren Anwendung nicht unbedingt erforderlich[152], insoweit sei auf die Ausführungen zur Anwendung der Parallelnorm des GmbHG verwiesen.[153]

X. Mitgliedschaft in einer KG aA

1. Als Kommanditaktionär

Die KGaA ist eine Kapitalgesellschaft, die zwei Arten von Gesellschaftern hat, nämlich wenigstens einen persönlich haftenden Gesellschafter (Komplementär) und einen oder mehrere Kommanditaktionäre (§ 278 I AktG).
Die Rechtsstellung eines Kommanditaktionärs richtet sich nach dem ersten Buch des Aktienrechts, d. h., sie entspricht weitgehend derjenigen des Aktionärs einer Aktiengesellschaft.[154] Dementsprechend stößt die Fähigkeit der GbR, Kommanditaktionär zu sein, ebenso wenig auf Zweifel, wie deren Aktionärsfähigkeit bei einer AG.[155]

2. Als persönlich haftende Gesellschafterin

Nach bisher fast einhelliger Meinung kann eine GbR nicht Komplementärin einer KGaA sein.[156]

---

[149] Godin/ H. Wilhelmi/ S. Wilhelmi, AktG, 4. Aufl., § 2 Anm 5; Baumbach/ Hueck/ Hueck, AktG, 13. Aufl., § 2 Rn 4.
[150] Für die Gründungsbeteiligung: Kropff/ Semler/ Heider, AktG, § 2 Rn 16; Hüffer, AktG, § 2 Rn 10; KölnerKommAktG/ Kraft, § 2 Rn 23; GroßkommAktG/ Brändel, § 2 Rn 28; MünchHdBGesR IV/ Hoffmann-Becking, § 3 Rn 4.
[151] Geßler/ Eckardt/ Kropff/ Hefermehl/ Bungenroth, 69 Rn 7; KölnerKommAktG/ Lutter, § 69 Rn 7.
[152] Gegen die Anwendung der Vorschrift Hüffer, AktG, § 69 Rn 3; MünchKommAktG/ Bayer, § 69 Rn 8, für eine analoge Anwendung der Absätze 1 und 3.
[153] Kapitel § 7 VIII.
[154] GroßkommAktG/ Assmann/ Sethe, § 278 Rn 82 ff.
[155] GroßkommAktG/ Assmann/ Sethe, § 280 Rn 18, für die Fähigkeit der GbR, sich als Kommanditaktionär an der Gründung einer KGaA zu beteiligen.
[156] MünchKommAktG/ Semler/ Perlitt, § 278 Rn 36; Geßler/ Hefermehl/ Eckardt/ Kropff/ Semler, AktG, § 278 Rn 38; GroßkommAktG/ Assmann/ Sethe, § 278 Rn 42; K. Schmidt, ZHR 160 (1996), 265 (280 u. 287), gegen Personengesellschaften; anders nun aber ders. in

(1) Einwände aus dem Personengesellschaftsrecht

Die Ablehnung stützt sich meist nicht auf Besonderheiten der KGaA, sondern verweist bezüglich der Gründe auf die Rechtslage im Personengesellschaftsrecht. Die Auffassung stützt sich also auf dieselben Einwände, die angeblich auch der Komplementärfähigkeit der GbR in der KG entgegenstehen.[157] Nach hier vertretener Meinung kann die GbR Komplementärin einer KG sein, auf die in diesem Zusammenhang gemachten Ausführungen sei hier verwiesen.[158]

(2) Einwände aus dem Recht der KGaA

Das Aktiengesetz ging bis 1998[159] in den §§ 278 ff. entsprechend den Vorstellungen des historischen Gesetzgebers davon aus, dass der persönlich haftende Gesellschafter der KGaA eine natürliche Person ist.[160] Namentlich mit Verweis auf § 76 Abs. 3 S. 1 AktG lehnte die herrschende Meinung die Komplementärfähigkeit anderer als natürlicher Personen lange Zeit ab.[161] Vertreten wurde auch, die Vorschrift nur auf geschäftsführungs- und vertretungsbefugte Komplementäre anzuwenden.[162] Die herrschende Auffassung wurde auch nicht durch einen Beschluss des OLG Hamburg[163] vom 5.12.1968, der die Zulassung einer GmbH & Co. KG als Komplementärin einer KGaA zum Inhalt hatte, erschüttert.[164]

Mitte der 90er wurde die Diskussion durch einen Disput zwischen Priester[165] und K. Schmidt[166] neu belebt. In diesem Zusammenhang hat K. Schmidt gegen die Komplementärfähigkeit von Personengesellschaften eingewandt, dass die

---

MünchKommHGB, § 124 Rn 6; ders., Gesellschaftsrecht, S. 977 ff.; KölnerKommAktG/ Mertens, § 278 Rn 14, gegen die Komplementärfähigkeit von Personengesellschaften, wenn sie zur Geschäftsführung befugt sind.

[157] Geßler/ Hefermehl/ Eckardt/ Kropff/ Semler, AktG, § 278 Rn 38; MünchKommAktG/ Semler/ Perlitt, § 278 Rn 36.

[158] Kapitel § 7 IV.

[159] Vgl. jetzt § 279 Abs. 2 AktG, neugef. durch Art. 8 HRefG v. 22. 6. 1998 (BGBl. I S. 1474).

[160] Priester, ZHR 160 (1996), 250 (257); BGHZ 134, 392 (393).

[161] GroßkommAktG/ Barz, 3. Aufl., § 278 Anm 9; Pflug, NJW 1971, 345 (350 f.); Godin/ H. Wilhelmi/ S. Wilhelmi, AktG, 4. Aufl., § 278 Anm 6; Baumbach/ G. Hueck/ A. Hueck, AktG, 13. Aufl., § 278 Rn 2.

[162] Geßler/ Hefermehl/ Eckardt/ Kropff/ Semler, AktG, § 278 Rn 16 f. u. 25; KölnerKomm AktG/ Mertens, § 278 Rn 11 und 13 f.

[163] OLG Hamburg, AG 1969, 259.

[164] Vgl. MünchKommAktG/ Semler/ Perlitt, § 278 Rn 20, m. w. N. zu der nach dem Beschluss weiterhin hM in Fn 45.

[165] Priester, ZHR 160 (1996), 250.

[166] K. Schmidt, ZHR 160 (1996), 265.

persönliche Haftung einer natürlichen Person zu den Normativbestimmungen[167] dieser Rechtsform gehöre, wie das Gesamtbild der KGaA erkennen lasse.[168] Diese Auffassung, die in ihrem Kern auch schon früher vertreten wurde[169], beruht im Wesentlichen auf einem Vergleich zwischen den Regelungen der AG und denen der KGaA.[170] Der Grundgedanke ist, dass die – verglichen mit dem Vorstand einer AG[171] – größere Entscheidungsfreiheit und Unabhängigkeit des Komplementärs einer KGaA[172] nur gerechtfertigt sei, wenn der Komplementär eine natürliche Person ist. Schmidt setzte auf die disziplinierende Wirkung der persönlichen Haftung, die ein schwer zu leugnendes Verhaltenskorrektiv darstelle und zu sorgfältiger Geschäftsführung motiviere.[173] Dabei reiche es nicht aus, wenn die Mitglieder einer Personengesellschaft, die Komplementär einer KGaA ist, persönlich haften. Erforderlich sei die Eigenhaftung des Selbstorgans der KGaA.[174]

Es erscheint müßig, die Argumentationslinien in den Einzelheiten hier nachzuzeichnen, denn die Frage ist mittlerweile höchstrichterlich entschieden.[175]
Fest steht damit, dass § 76 III 1 AktG nicht auf den persönlich haftenden Gesellschafter der KGaA anwendbar ist. Die Vorschrift regelt die Zusammensetzung des Vorstands, einen solchen gibt es jedoch bei der KGaA nicht.[176] Für den Komplementär der KGaA als geborenes, ohne zeitliche Begrenzung kraft Geset-

[167] Dazu, dass Normativbestimmungen nicht formell als Gesetz verkündet werden müssen, sondern auch durch Gewohnheitsrecht und Rechtsfortbildung entstehen können, vgl. K. Schmidt, Gesellschaftsrecht, S. 193.
[168] K. Schmidt, ZHR 160 (1996), 265 (280 f.).
[169] Vgl. Pflug, NJW 1971, 345 (349 f.); Großkommentar/ Barz, AktG, § 278 Anm. 9; KölnerKomm AktG/ Mertens, § 278 Rn 13. Es wurde im wesentlichen mit denselben Argumenten für die Anwendung des § 76 III AktG auf die KGaA gestritten.
[170] Vgl. K. Schmidt, ZHR 160 (1996), 265 ff.
[171] Vgl. zur Abhängigkeit des Vorstandes vom Aufsichtsrat §§ 84 I u. III, 77 II, 111 IV 2 AktG.
[172] Vgl. §§ 280 f. AktG; § 278 II AktG.
[173] K. Schmidt, ZHR 160 (1996), 265 (279); in diese Richtung auch KölnerKommAktG/ Mertens, § 278 Rn 13. Keine Rolle spielt die Haftung dagegen für den individuellen Gläubigerschutz, denn es gelten die aktienrechtlichen Kapitalaufbringungs- und Kapitalerhaltungsvorschriften, die das von den Kommanditaktionären aufgebrachte Grundkapital schützen. Vgl. K. Schmidt, ZHR 160 (1996), 265 (277 f.); BGHZ 134, 392 (397).
[174] K. Schmidt, ZHR 160 (1996), 265 (280 u. 287); Zweifel an der verhaltenssteuernden Wirkung persönlicher Haftung dagegen bei Priester, ZHR 160 (1996), 250 (260 f.); BGHZ 134, 392 (398).
[175] Vgl. BGHZ 134, 392. Nach MünchKommAktG/ Semler/ Perlitt, § 278 Rn 21, kann die Frage als geklärt angesehen werden; in diesem Sinne auch GroßkommAktG/ Assmann/ Sethe, § 278 Rn 30, dort auch umfangreiche Nachweise; vgl. auch K. Schmidt, Gesellschaftsrecht, S. 977 f.
[176] Mit diesem Argument lehnt Hüffer, AktG, § 278 Rn 9, die Anwendung des § 76 III 1 AktG ab.

zes zur Leitung der Gesellschaft berufenes Geschäftsführungs- und Vertretungsorgan gilt nach § 278 II AktG das Recht der Kommanditgesellschaft (§§ 161 ff., 105 ff. HGB).[177]

Die Beschränkung der Komplementärstellung auf natürliche Personen gehört auch nicht zu den Normativbestimmungen der KGaA. Die Kommanditgesellschaft auf Aktien ist keine bloße Spielart der Aktiengesellschaft. Sie ist vielmehr eine eigenständige Gesellschaftsform, deren Führungsstruktur sich nicht nach aktienrechtlichen Prinzipien richtet, sondern nach dem Recht der Kommanditgesellschaft (§ 278 II AktG).[178] Da aktienrechtliche Maßstäbe insofern nicht gelten, muss auch die größere Selbstständigkeit des Komplementärs der KGaA gegenüber dem Vorstand der AG nicht kompensiert werden. Eine ausschließliche Zulassung natürlicher Einzelpersonen als Komplementär einer KGaA lässt sich damit nicht begründen.
Inzwischen hat auch der Gesetzgeber anerkannt, dass nicht nur natürliche Personen als persönlich haftende Gesellschafter einer KGaA in Betracht kommen (vgl. § 279 II AktG).

Für das neuere Schrifttum steht nunmehr außer Frage, dass nicht nur juristische Personen persönlich haftende Gesellschafter sein können[179], sondern auch Personenhandelsgesellschaften[180] und Personengesellschaften[181].
Damit ist auch eine entscheidende Hürde für die Mitgliedschaft einer GbR gefallen. Nunmehr ist auch aus Sicht des Rechts der KGaA kein Grund ersichtlich, warum eine Außen-GbR nicht persönlich haftende Gesellschafterin einer Kommanditgesellschaft auf Aktien sein sollte.

3. Ergebnis

Die GbR kann Kommanditaktionär und Komplementär einer KGaA sein.

---

[177] BGHZ 134, 392 (394); Priester, ZHR 160 (1996), 250 (254 f.).
[178] BGHZ 134, 392 (398); Priester, ZHR 160 (1996), 250 (259 f.).
[179] BGHZ 134, 392 betrifft die Komplementärsfähigkeit einer GmbH.
[180] GroßkommAktG/ Assmann/ Sethe, § 278 Rn 42; Hennerkes/ Lorz, DB 1997, 1388 (1389); Henn, Handbuch des Aktienrechts, 2002, S. 75.
[181] MünchHdBGesR IV/ Herfs, § 76 Rn 10.

XI. Mitgliedschaft im eingetragenen Verein

1. Meinungsstand im Schrifttum

Die GbR kann nach ganz überwiegender Meinung im Schrifttum[182] Mitglied in einem eingetragenen Verein sein. Die vereinzelte Ablehnung stützt sich darauf, dass die für notwendig erachtete[183] passive Parteifähigkeit des Mitgliedes bei der GbR nicht gegeben sei.
Ungeachtet dessen, ob die passive Parteifähigkeit tatsächlich erforderlich ist[184], kann diese Voraussetzung aufgrund der jüngsten Rechtsprechung[185] als erfüllt gelten, d.h., die GbR ist passiv und aktiv parteifähig.

2. Auffassung der Rechtsprechung

Von Seiten der Rechtsprechung ist die Frage – soweit ersichtlich [186]– bisher nur vom LG Bonn[187] entschieden worden. Dieses hat sich dezidiert gegen die Mitgliedsfähigkeit der GbR im rechtsfähigen Verein ausgesprochen. Das Gericht stützt seinen Beschluss auf folgende Argumente:

Der Annahme einer so weitgehenden Verselbstständigung der BGB-Gesellschaft stünden grundsätzliche dogmatische Bedenken entgegen. Das Gesetz unterscheide die GbR sowohl von der rechtsfähigen als auch von der nichtrechtsfähigen Körperschaft und erfasse in den §§ 705 ff. BGB insoweit die Gesamthänder lediglich in ihrer vermögensmäßigen Verbundenheit. Sie sei weder parteifähig noch habe sie als solche die Fähigkeit, selbstständig Träger von Rechten und Pflichten zu sein.[188]
Vor allem aber führe die Bejahung der Mitgliedsfähigkeit auch zu praktisch kaum oder nur äußerst schwer überwindbaren Problemen bei der Wahrnehmung

---

[182] Soergel/ Hadding, § 38 Rn 5; MünchKomm/ Reuter, § 38 Rn 23; ders., ZHR 145 (1981), 272 (276 f.); Palandt, § 38 Rn 4; K. Schmidt, Gesellschaftsrecht, S. 702; Larenz/ Wolf, BGB AT, S. 220; Reichert, Handbuch des Vereins- und Verbandsrechts, 2003, Rn 62; wohl auch Erman/ H. P. Westermann, § 38 Rn 5, der zwar schreibt, mitgliedsfähig seien natürliche und juristische Personen, dann aber auch meint, dass das LG Bonn zu unrecht generell die Mitgliedsfähigkeit der GbR leugne; ablehnend: Reichert/ Dannecker/ Kühr, Handbuch des Vereins- und Verbandsrechts, 1984, Rn 318.
[183] Reichert/ Dannecker/ Kühr, Handbuch des Vereins- und Verbandsrechts, 1984, Rn 318.
[184] S. o. Kapitel § 4 XI 1 (6).
[185] BGH NJW 2001, 1056.
[186] Vgl. MünchKomm/ Reuter, § 38 Rn 22 f. und Fn 63; Soergel/ Hadding, § 38 Rn 5 u. Fn 30.
[187] LG Bonn NJW 1988, 1596; offen LG Köln NJW 1989, 173.
[188] LG Bonn NJW 1988, 1596 (1597).

des Stimmrechts und anderer Verwaltungs- und Kontrollrechte. Zu diesen Rechten gehöre auch das zwingende Austrittsrecht (§ 39 BGB). Die Annahme einer verselbstständigten Mitgliedschaft der BGB-Gesellschaft führe gerade in dieser Beziehung u. U. zu unlösbaren Problemen.
Da es der Gesellschaft an einer organschaftlichen Vertretung fehle, sei eine gemeinsame Willensbildung nicht gewährleistet und die notwendige gemeinschaftliche Rechtsausübung in der Praxis überhaupt ausgeschlossen oder immer nur im Falle der völlig übereinstimmenden Willensbildung möglich. Die Schwierigkeiten einer gemeinschaftlichen Willensbildung und Willensentscheidung ergäben sich bereits aus dem häufig nur losen Zusammenschluss von Interessengemeinschaften als BGB-Gesellschafter.
Kontroversen der BGB-Gesellschafter untereinander könnten zu unterschiedlichen und kontroversen Abstimmungsverhalten bei der Wahrnehmung des – einheitlich auszuübenden – Stimmrechts im Verein führen, welche eine ordnungsgemäße Beschlussfassung unmöglich mache. Das gleiche gelte im Hinblick auf die Ausübung sonstiger Kontroll- und Verwaltungsrechte.
Außerdem wendet das Gericht ein, die Existenz der BGB-Gesellschaft ende bereits mit dem Ausscheiden eines einzigen Mitglieds und führe zur Auflösung der Gesellschaft. Deswegen sei die Mitgliedsfähigkeit jederzeit infrage gestellt, wenn einzelne Mitglieder ausschieden.[189]
Das LG wendet sich auch ausdrücklich gegen die Übertragbarkeit der Rechtsprechung des BGH[190] zur Beteiligungsfähigkeit der BGB-Gesellschaft an der Gründung einer GmbH.

3. Stellungnahme

Der Einwand der mangelnden Rechts- und Parteifähigkeit der BGB-Gesellschaft kann als überholt gelten.[191] Auch die anderen Argumente des LG Bonn überzeugen nicht.
Soweit das Gericht unüberwindbare Probleme im Zusammenhang mit der Wahrnehmung der Mitverwaltungsrechte erwartet, überschätzt es die Bedeutung des einzelnen Mitglieds für die Funktionsfähigkeit des Vereins.
Der Verein ist das Musterbeispiel eines körperschaftlich strukturierten Verbandes, d. h. unter anderem, dass die Geschäftsführung und Vertretung in den Händen des Vorstandes liegen (§§ 26, 27 BGB), der weitgehend selbstständig agiert. Die Mitwirkung der Mitglieder beschränkt sich im wesentlichen auf die Teilnahme an der Beschlussfassung der Mitgliederversammlung (§ 32 BGB).[192] Ge-

---

[189] LG Bonn NJW 1988, 1596 (1597).
[190] BGHZ 78, 311.
[191] BGH, NJW 2001, 1056.
[192] Soergel/ Hadding, § 32 Rn 6.

genstand der Willensbildung in der Mitgliederversammlung sind nicht die alltäglichen Vereinsgeschäfte, sondern die Grundlagen des Vereins (§ 33 BGB), seine Auflösung (§ 41 BGB) und die Bestellung und Abberufung des Vorstands (§ 27 BGB).
Soweit die Mitglieder zur Mitwirkung berufen sind, erfolgt die Willensbildung nach dem Mehrheitsprinzip. Die Mehrheit bemisst sich nach den erschienen Mitgliedern, wobei schon ein anwesendes Mitglied für die Beschlussfähigkeit ausreicht (§ 32 Abs. 1 S. 3 BGB).[193]

Aus all dem folgt, dass die Mitwirkung des einzelnen Mitglieds für die Funktionsfähigkeit des Vereins von eher untergeordneter Bedeutung ist. Selbst wenn man – als ungünstigsten Fall – annimmt, dass die Mitwirkung der Mitglieds-GbR wegen der permanenten Uneinigkeit ihrer Mitglieder blockiert wäre, so wären die Auswirkungen auf das Vereinswohl regelmäßig gering anzusetzen.

Denkbar ist, dass es beim Verein zu Unklarheiten über die Vertretungsbefugnisse der GbR kommt. Zwar besteht nach der gesetzestypischen Regelung gemeinschaftliche Vertretung (§§ 714, 709 I BGB), doch sind die Vorschriften dispositiv. Solche Unsicherheiten könnten sich vor allem bei der Beschlussfassung bemerkbar machen.
Der Verein ist dem jedoch nicht hilflos ausgeliefert. Entsprechend dem Grundsatz der Vereinsautonomie kann der Verein seine Rechtsverhältnisse und die Organisation im Rahmen des zwingenden gesetzlichen Rechts frei gestalten.[194] So ist er bei der Festlegung von Voraussetzungen für den Erwerb der Mitgliedschaft, etwa bestimmten Eigenschaften des Beitrittskandidaten, grundsätzlich frei.[195] Selbst bei Erfüllung der Voraussetzungen besteht in der Regel keine Aufnahmepflicht.[196] Demzufolge ist es dem Verein auch möglich, die Aufnahme einer GbR an Bedingungen zu knüpfen, etwa an die Bestellung eines Vertreters, der die Verwaltungsrechte wahrnimmt. Damit entstünde für den Verein ausreichende Rechtsklarheit. Solche Regelungen sind dem Verbandsrecht auch nicht fremd, wie die §§ 18 I GmbHG und 69 AktG zeigen.

Unzutreffend ist auch die Behauptung des Gerichts, der GbR fehle die organschaftliche Vertretung. Diese – früher überwiegend vertretene[197] – Meinung beruht darauf, dass die Gesamthand nur in ihren vermögensrechtlichen Aspekten, nicht aber als eigenständiges Zuordnungsobjekt gewürdigt wird.[198]

---

[193] Soergel/ Hadding, § 32 Rn 29.
[194] Soergel/ Hadding, vor § 21 Rn 79.
[195] Palandt/ Heinrichs, § 25 Rn 10; Soegel/ Hadding, § 38 Rn 5.
[196] Soergel/ Hadding, § 38 Rn 12; zum ausnahmsweise geltenden Aufnahmezwang, Rn 13.
[197] Nachweise bei MünchKomm/ Ulmer, § 714 Rn 16 Fn 32.
[198] MünchKomm/ Ulmer, § 714 Rn 16.

Organschaftlich handeln Personen, die den Willen eines im Rechtsverkehr als rechtsfähig anerkannten Verbandes bilden und in die Tat umsetzen. Dementsprechend ist die Organqualität der vertretungsberechtigten Geschäftsführer der Außen-GbR heute überwiegend anerkannt.[199]

Auf falschen Prämissen beruhen auch die vom Landgericht geäußerten Bedenken zum Austrittsrecht. Nach der Vorschrift des § 39 BGB ist das Mitglied eines BGB-Vereins jederzeit zum Austritt berechtigt. Dieser – zwingenden – Regelung widerspricht es nicht, wenn einzelne Gesellschafter der GbR das Ausscheiden aus dem Verein anstreben, sich in der gesellschaftsinternen Willensbildung aber nicht durchsetzen können. Denn Mitglied im Verein ist nur die GbR selbst, nicht etwa deren Gesellschafter. Die Vorschrift des § 39 BGB gilt also auch nur für den Willen des Verbandes, der das Ergebnis des internen Willensbildungsprozesses ist.

Entgegen der Auffassung des Landgerichts kann auch in der – zumindest theoretisch – geringen Stabilität der GbR kein überzeugendes Hindernis für die Mitgliedsfähigkeit gesehen werden. Zuzugeben ist dem Einwand, dass ein Gesellschafter die nicht für eine bestimmte Zeit eingegangene BGB-Gesellschaft jederzeit kündigen kann (§ 723 I 1 BGB). Dies führt mangels abweichender Vereinbarung auch zur Auflösung der Gesellschaft.[200] Die sofortige Beendigung hat dies aber nur bei vermögenslosen Gesellschaften zur Folge. Im Falle der Vereinsmitgliedschaft wandelt sich die werbende GbR unter Beibehaltung ihrer Identität in eine Abwicklungsgesellschaft, so dass die ordnungsgemäße Abwicklung der mit der Mitgliedschaft verbundenen Angelegenheiten gewährleistet ist (§§ 730 ff. BGB).
Der Verein wird auch nicht dadurch unvertretbar beeinträchtigt, dass er durch die leichte Auflösbarkeit der GbR permanent Gefahr läuft, ein Mitglied zu verlieren. Denn der Mitgliederwechsel lässt die Existenz eines Vereins nicht nur völlig unbeeindruckt, sondern der Verein ist seinem Wesen als Körperschaft entsprechend darauf angelegt, wofür die zwingende Charakter des Austrittsrechts (§ 39 I BGB) ein Indiz ist.

Im Übrigen ist es nach dem Grundsatz der Vertragsfreiheit den Parteien, d. h. dem Verein und der GbR, zu überlassen, ob sie eine Verbindung eingehen und wie sie denkbare Schwierigkeiten durch entsprechende Satzungs- oder Gesellschaftsvertragsgestaltung bewältigen.

---

[199] MünchKomm/ Ulmer, § 714 Rn 17 m.w. N. in Fn 36.
[200] Staudinger/ Habermeier, § 723 Rn 4.

4. Ergebnis

Als Ergebnis ist festzuhalten, dass eine GbR Mitglied eines eingetragenen Vereins sein kann.

XII. Mitgliedschaft im nichtrechtsfähigen Verein

Der nichtrechtsfähige Verein ist ebenso „Verein" wie der eingetragene Verein, d. h. ebenso körperschaftlich strukturiert. Entgegen der Verweisung in das Recht der Gesellschaft (§ 54 S. 1 BGB) besteht Einigkeit darüber, dass auf den nichtrechtsfähigen Verein weitgehend die §§ 21 ff. BGB anzuwenden sind.[201] Daraus folgt, dass die Stellung des Mitgliedes im Verband mit der im eingetragenen Verein übereinstimmt.[202] Für die Mitgliedschaft der GbR im nichtrechtsfähigen Verein kann deshalb insofern auf die Ausführungen beim eingetragenen Verein verwiesen werden. Angemerkt sei, dass die Mitgliedschaft der GbR insofern deswegen weitgehend problemlos ist, weil die Last der Geschäftsführung und Vertretung auch beim nichtrechtsfähigen Verein auf dem Vorstand ruht (§§ 26, 27 BGB)[203], so dass die Mitwirkung der einzelnen Mitglieder auf die Beschlussfassung in der Mitgliederversammlung beschränkt ist, woraus wiederum folgt, dass besondere Ansprüche an die Handlungsfähigkeit oder andere Eigenschaften regelmäßig nicht bestehen.

Besonderheiten bestehen hinsichtlich der Haftung. Handelt es sich um einen nichtrechtsfähigen Idealverein[204], so haftet für die Verbindlichkeiten des Vereins nur dieser selbst, nicht die Mitglieder persönlich.[205] Daraus folgt, dass auch eine Mitglieds-GbR nicht für die Schulden des Vereins einstehen muss. Eine Haftung kann sich aus § 54 S. 2 BGB ergeben, wenn die Gesellschaft für den Verein im Sinne der Vorschrift „handelt".[206] In der Praxis wird dies – angesichts der größeren Flexibilität von Einzelpersonen – wohl eher selten der Fall sein.

Eine Haftung für Verbindlichkeiten des nichtrechtfähigen Vereins trifft die Gesellschaft dann, wenn sie Mitglied eines wirtschaftlichen Vereins ist. Für dessen rechtsgeschäftliche und gesetzliche Verpflichtungen haften nach einhelliger

---

[201] Erman/ Westermann, § 54 Rn 1, 6.
[202] Vgl. MünchKomm/ Reuter, § 54 Rn 69; Erman/ Westermann, § 54 Rn 7.
[203] Vgl. Schöpflin, Der nichtrechtsfähige Verein, 2003, S. 246 ff.
[204] Zur Abgrenzung des Ideal- vom Wirtschaftsverein vgl. Erman/ Westermann, § 21 Rn 3 ff.
[205] MünchKomm/ Reuter, § 54 Rn 46; Soergel/ Hadding, § 54 Rn 24.
[206] Vgl. MünchKomm/ Reuter, § 54 Rn 46.

Meinung[207] die Vereinsmitglieder persönlich. Das hat zur Konsequenz, dass auch die GbR mit ihrem Vermögen und – akzessorisch – deren Gesellschafter entsprechend den §§ 128 ff. HGB haften.
Es sind keine Gesichtspunkte erkennbar, die gegen die Mitgliedschaft einer Außen-GbR in einem nichtrechtsfähigen Verein sprechen. Die GbR kann folglich Mitglied eines nichtrechtsfähigen Vereins sein.[208]

XIII. Mitgliedschaft in einer eingetragenen Genossenschaft

Die Außen-GbR kann nach heute in der Rechsprechung[209] und der Literatur[210] einhelliger Meinung einer eingetragenen Genossenschaft beitreten.
Dem ist zuzustimmen. Den Bestimmungen des Genossenschaftsgesetzes ist nichts Gegenteiliges zu entnehmen. Insbesondere kann daraus, dass im Genossenschaftsgesetz von den Gesamthandsgemeinschaften nur die Personengesellschaften des Handelsrechts (§§ 43 IV, 77a GenG) und die Erbengemeinschaft (§§ 77, 77a GenG) erwähnt sind, nicht darauf geschlossen werden, dass anderen Gesamthandsgemeinschaften die Mitgliedschaft versagt werden soll.[211]
Hinsichtlich der mit der Mitgliedschaft in einer eingetragenen Genossenschaft verbundenen Pflichten ergeben sich keine Bedenken.
Eine Verpflichtung der Genossen, in Verwaltung und Geschäftsbetrieb der Genossenschaft persönlich mitzuarbeiten, besteht nach dem Gesetz nicht. Ebenso wenig sind die Genossen gesetzlich verpflichtet, Förderleistungen der Genossenschaft in Anspruch zu nehmen. Derartige Pflichten ergeben sich allenfalls aus dem Statut.[212] Die Fähigkeit zur Einzahlung auf den Geschäftsanteil (§ 7 GenG) oder der Erfüllung einer Nachschusspflicht, falls eine solche statutarisch festgelegt ist (§§ 6 Nr. 3, 105 ff. GenG), hat die GbR.

Sofern sich aus der Ausübung der Mitgliedschaftsrechte Erschwernisse für die Genossenschaft ergeben, etwa weil bei der Ausübung des Stimmrechts die Vertretungsregelung der Gesellschaft nicht leicht erkennbar ist, steht es der Genossenschaft frei, ob und unter welchen Bedingungen sie solche Erschwernisse auf sich nehmen will.[213]

---

[207] Statt vieler: BGHZ 146, 190 (201); Soergel/ Hadding, § 54 Rn 25; Staudinger/ Weick, § 54 Rn 54.
[208] Ebenso Schöpflin, Der nichtrechtsfähige Verein, 2003, S. 276.
[209] BGH WM 1992, 12.
[210] Statt aller: Beuthien, GenG, § 15 Rn 7; Müller, GenG, § 15 Rn 14; Metz/ Schaffland, GenG, § 15, S. 36; K. Schmidt, Gesellschaftsrecht, S. 1273 f.; Kraft/ Kreutz, Gesellschaftsrecht, S. 391; Grunewald, Gesellschaftsrecht, S. 51
[211] BGH, WM 1992, 12 (12 f.).
[212] Beuthien, GenG, § 18 Rn 25 ff.
[213] BGH, WM 1992, 12 (14).

Im Ergebnis ist also festzuhalten, dass die GbR Mitglied eine eingetragenen Genossenschaft sein kann.

XIV. Mitgliedschaft in einem VVaG

Als mögliche Mitglieder eines VVaG werden im Schrifttum nur natürliche und juristische Personen genannt.[214] Soweit damit Ausschließlichkeit beansprucht wird, ist dem nicht zu folgen. In seinem Beschluss zur Mitgliedsfähigkeit der Außen-GbR in einer eingetragenen Genossenschaft hat der BGH die Auffassung vertreten, die BGB-Gesellschaft könne „als Teilnehmer am Rechtsverkehr grundsätzlich, d. h. soweit nicht spezielle rechtliche Gesichtspunkte entgegenstehen, jede Rechtsposition einnehmen (...)".[215] Auch ihre grundsätzliche Fähigkeit, Gesellschafter eine juristischen Person zu sein, stehe nicht mehr in Frage.[216]
Spezielle rechtliche Gesichtspunkte, die der Mitgliedschaft in einem VVaG entgegen stehen könnten, sind nicht erkennbar.

1. Keine entgegenstehenden Anzeichen im Gesetz

Das Recht des VVaG setzt sich aufgrund umfangreicher Verweisungen[217] aus Vorschriften des VAG, des AktG, des GenG und des BGB zusammen. Keine dieser Bestimmungen lässt erkennen, dass die Mitgliedschaft auf natürliche und juristische Personen beschränkt sein soll. Ebenso wenig ist dem Gesetz zu entnehmen, dass Gesellschaften bürgerlichen Rechts die Mitgliedschaft verschlossen ist.

2. Begründung eines Versicherungsverhältnisses

Sieht man davon ab, dass große[218] Versicherungsvereine auf Gegenseitigkeit in geringem Maße das Nichtmitgliedergeschäft betreiben dürfen (§ 21 Abs. 2 VAG), so ist Voraussetzung für die Mitgliedschaft in einem VVaG die Begrün-

---

[214] Prölls/ Schmidt/ Weigel, VAG, § 20 Rn 1; Kisch, Das Recht des Versicherungsvereins auf Gegenseitigkeit, 1951, S. 113; Benkel, Der Versicherungsverein auf Gegenseitigkeit, 2002, S. 115; Goldberg/ Müller, VAG, § 20 Rn 2; Brunn, Die privatrechtliche Gegenseitigkeitsversicherung in sechs Mitgliedstaaten der EWG, 1973, S. 104; Heidelbach, Der kleinere Versicherungsverein auf Gegenseitigkeit, 1994, S. 72.
[215] BGH, WM 1992, 12 (12).
[216] BGH, WM 1992, 12 (12).
[217] Vgl. nur die §§ 34 S.1, 35 Abs. 3, 36, 53 Abs. 2 und 3 VAG.
[218] Der kleinere VVaG darf keine Nichtmitglieder versichern; vgl. § 53 Abs. 1 VAG.

dung eines Versicherungsverhältnisses mit dem jeweiligen Versicherungsverein (§ 20 S. 1 VAG). Für eine Außen-GbR entstehen daraus keine Probleme. Als Rechtssubjekt ist sie ohne weiteres in der Lage, Versicherungsverhältnisse einzugehen.[219]

3. Wahrnehmung der mitgliedschaftlichen Rechte und Pflichten

Der VVaG ist körperschaftlich strukturiert, d. h., die Geschäftsführung und Vertretung obliegen dem Vorstand, der beim großen VVaG vom Aufsichtsrat kontrolliert wird (§§ 34, 35 VAG).
Für die Mitverwaltungsrechte und –pflichten der Mitglieder verweist das VAG für den kleineren Verein auf das Recht des BGB-Vereins (§ 53 II VAG i. V. m. §§ 24 – 53 BGB). Wie an anderer Stelle schon gezeigt wurde, ist die GbR fähig, diese Rechts- und Pflichtenstellung auszufüllen.[220]
Erst recht keine Zweifel bestehen für den großen VVaG, denn aufgrund der weit verbreiteten Praxis, Vertreterversammlungen einzurichten, ist die Partizipation der Vereinsmitglieder weit geringer ausgeprägt, als das in den kleineren Vereinen der Fall ist.[221]

Unproblematisch gestaltet sich auch die Wahrnehmung der vermögensrechtlichen Pflichten. Für die Entrichtung der Beiträge (§ 24 VAG) haftet die GbR mit ihrem eigenen Vermögen und daneben deren Gesellschafter entsprechend §§ 128 ff. HGB persönlich. Für die Schulden des VVaG haftet nur dieser (§ 19 S. 1 VAG).

4. Ergebnis

Als Ergebnis ist festzustellen, dass die Außen-GbR Mitglied eines VVaG sein kann.

---

[219] Zur Fähigkeit von Gesamthandsgemeinschaften, Versicherungsnehmer in der Sachversicherung zu sein, vgl. Hofmann, Privatversicherungsrecht, 1991, S. 42.
[220] S. o. Kapitel § 7 XI.
[221] S. o. Kapitel § 4 XIV 3 (2).

§ 8 Die Gesellschafterfähigkeit von oHG und KG

Der Meinungsstand zur Gesellschafterfähigkeit einer oHG und KG kann als sehr übersichtlich beschrieben werden, denn diese Gesamthandsgesellschaften können nach heute einhelliger Auffassung Beteiligte fast jedes privatrechtlichen Verbandes sein. Ausgenommen ist freilich auch hier die Mitgliedschaft in einer Partnerschaftsgesellschaft (§ 1 Abs. 1 S. 3 PartGG).

I. Als Gesellschafter von Personengesellschaften

Die Fähigkeit von OHG und KG, Gesellschafter einer GbR zu sein, ist seit den Zeiten reichsgerichtlicher Rechtsprechung anerkannt.[1] Im Schrifttum[2] wird gelegentlich auf mögliche praktische Probleme als Folge des mehrstufigen Willensbildungsprozesses aufmerksam gemacht. Habermeier ist darin Recht zu geben, dass dies kein spezielles Problem der Beteiligung von Personenhandelsgesellschaften ist und der Vertragsgestaltung bei der Beteiligungsgesellschaft sowie der beteiligten Gesellschaft überlassen werden kann.[3]

Früher wurde die Beteiligung einer oHG bzw. KG an einer anderen oHG oder KG in Praxis und Lehre abgelehnt.[4] Noch bei Geßler kann man lesen: „Völlig umstritten ist die Frage, ob eine OHG Mitglied einer anderen OHG sein kann.“[5] Gegen die Beteiligung wurde u. a. geltend gemacht, dass der Wortlaut des Gesetzes nur natürliche Personen als Gesellschafter zulasse, nicht aber eine Personenvereinigung.[6] Darüber hinaus stehe entgegen, dass die Mitglieder der eintretenden Gesellschaft jederzeit wechseln könnten und so der oHG unbestimmte Dritte als Gesellschafter aufgezwungen würden, was dem Wesen der oHG widerspräche.[7]
Diese Auffassung ist überholt. Die Beteiligungsfähigkeit einer oHG und KG an einer anderen oHG oder KG wird vom Gesetz unmissverständlich vorausgesetzt (vgl. § 129 a S. 2, § 172 Abs. 6 S. 2, § 172a S. 2 HGB). Sie entspricht heute der

---

[1] RGZ 142, 21; BGH, WM 1959, 288; RGRK/ v. Gamm, § 705 Rn 12; MünchKomm/ Ulmer, § 705 Rn 78; Soergel/ Hadding, § 705 Rn 24; Staudinger/ Habermeier, § 705 Rn 27; Erman/ H. P. Westermann, § 705 Rn 21.
[2] Z. B. MünchKomm/ Ulmer, § 705 Rn 78.
[3] Staudinger/ Habermeier, § 705 Rn 27; in diesem Sinne auch Erman/ H. P. Westermann, § 705 Rn 21.
[4] RGZ 36, 139 (140); KGJ 11, 17; Staub/ Pinner, HGB, 14. Aufl., § 105 Anm. 23; Ritter, HGB, § 105 Anm. 2b; eingehender Überblick bei Schlegelberger/ Geßler, HGB, 4. Aufl., § 105 Rn 27.
[5] Schlegelberger/ Geßler, HGB, 4. Aufl., § 105 Rn 27.
[6] Vgl. KGJ 11, 17 (20); RGZ 36, 139 (140) auch juristische Personen einbeziehend.
[7] KGJ 11, 17 (21); Staub/ Pinner, HGB, 14. Aufl., § 105 Anm. 23.

allgemeinen Meinung[8] und ist in den Einzelheiten auch schon untersucht worden.[9]
Anerkannt ist auch die Mitgliedschaft in einer Partenreederei[10] und einem nichtrechtsfähigen Verein[11]. Die oHG und KG können bei eine stillen Gesellschaft (§ 230 HGB) auf beiden Seiten beteiligt sein, sowohl auf der Seite des Geschäftsinhabers als auch auf der Seite des stillen Gesellschafters.[12]

II. Als Gesellschafter von juristischen Personen

Wie bei den Personengesellschaften, so stößt auch die Beteiligung an juristischen Personen auf allgemeine Zustimmung. Offene Handelsgesellschaften und Kommanditgesellschaften können Gesellschafter einer Aktiengesellschaft[13], einer GmbH[14], einer eingetragenen Genossenschaft[15] und eines BGB-Vereins[16] sein.
Bestritten[17] war bis in jüngere Zeit[18] die Beteiligung einer oHG oder KG als persönlich haftende Gesellschafter einer KGaA. Als zulässige Gesellschafter galten lange Zeit nur natürliche Personen.[19] Doch auch dies ist mittlerweile durch die Rechsprechung dahingehend entschieden, dass die Stellung des persönlich haftenden Gesellschafters nicht auf natürliche Personen beschränkt ist.[20] Damit be-

---

[8] Statt aller: BGH, NJW 1973, 2198; BFH, DB 1991, 889 (891); A. Hueck, Das Recht der offenen Handelsgesellschaft, 1971, S. 22; MünchKommHGB/ K. Schmidt, § 105 Rn 93; Koller/ Roth/ Morck, HGB, § 105 Rn 18; Heymann/ Emmerich, HGB, § 105 Rn 45; Schlegelberger/ Martens, HGB, § 161 Rn 33.
[9] Zemlin, Die Beteiligung einer OHG (KG) an einer anderen OHG (KG), 1971.
[10] Prüssmann/ Rabe, Seehandelsrecht, § 507 Rn 3; Ruhwedel, Die Partenreederei, 1973, S. 24.
[11] Schöpflin, Der nichtrechtsfähige Verein, 2003, S. 276.
[12] MünchKommHGB/ K. Schmidt, § 124 Rn 6; MünchHdB GesR II/ Bezzenberger, § 5 StG Rn 6, 17.
[13] GroßkommAktG/ Brändel, § 2 Rn 26; Hüffer, AktG, § 2 Rn 9; MünchKommAktG/ Heider, § 2 Rn 15;
[14] Statt aller: Roth/ Altmeppen, § 1 Rn 28.
[15] Statt aller: Hettrich/ Pöhlmann, GenG, § 15 Rn 4; Beuthien, GenG, § 15 Rn 6.
[16] Statt aller: Reichert, Handbuch des Vereins- und Verbandsrechts, S. 20; MünchKomm/ Reuter, § 38 Rn 23.
[17] Für nähere Ausführungen zu dem Streit s. o. Kapitel § 7 X.
[18] Z. B. noch Schlegelberger/ K. Schmidt, § 124 Rn 15; aM jetzt aber MünchKommHGB/ K. Schmidt, § 124 Rn 6.
[19] GroßkommAktG/ Barz, 3. Aufl., § 278 Anm 9; Pflug, NJW 1971, 345 (350 f.); Godin/ H. Wilhelmi/ S. Wilhelmi, AktG, 4. Aufl., § 278 Anm 6; Baumbach/ G. Hueck/ A. Hueck, AktG, 13. Aufl., § 278 Rn 2.
[20] Vgl. BGHZ 134, 392.

stehen auch an der Komplementärfähigkeit der oHG und KG keine Zweifel mehr.[21]

Auf Ablehnung stößt im Schrifttum auch die Mitgliedschaft einer oHG in einem Versicherungsverein auf Gegenseitigkeit.[22] Diese Meinung beruht auf der überholten Annahme, dass die OHG nicht rechtsfähig sei.[23] Abgesehen davon, dass nach hier vertretener Auffassung auch nichtrechtsfähige Personenmehrheiten wie die Erben- und die Gütergemeinschaft Mitglied eines VVaG sein können, ist die Prämisse, soweit sie die OHG betrifft, überholt. Nacht heute wohl einhelliger Meinung ist die OHG rechtsfähige Personengesellschaft.[24] Die noch häufig anzutreffende Bezeichnung der OHG als „teilrechtsfähig“ [25] soll ausdrücken, dass die OHG nicht Trägerin aller denkbaren Rechte und Pflichten sein kann, was bei juristischen Personen aber nicht anders ist.[26]
Spezielle Gesichtspunkte aus dem Recht des VVaG, die gegen die Mitgliedsfähigkeit sprechen könnten, sind nicht ersichtlich. Es kann auf die auch für die oHG und KG zutreffenden Ausführungen zur Mitgliedsfähigkeit der Außen-GbR verwiesen werden.[27]

III. Wahrnehmung der mitgliedschaftlichen Rechte und Pflichten

Nach § 124 Abs. 1 HGB kann die offene Handelsgesellschaft unter ihrer Firma Rechte erwerben und Verbindlichkeiten eingehen. Sie kann auch vor Gericht klagen und verklagt werden. Gemäß § 161 Abs. 2 HGB gilt das auch für die Kommanditgesellschaft. Daraus folgt, dass Trägerin der dem Gesellschaftsvermögen zugehörigen Rechte und Pflichten die Gesellschaft selbst ist, nicht die Gesellschafter in ihrer gesamthänderischen Verbundenheit.[28] Für die Beteiligung an privatrechtlichen Verbänden hat das zur Konsequenz, dass die oHG und KG selbst Gesellschafter sind. Es liegt deshalb z. B. kein Fall einer gemeinschaftlichen Beteiligung mehrerer Personen im Sinne der §§ 69 AktG, 18 GmbHG

---

[21] GroßkommAktG/ Assmann/ Sethe, § 278 Rn 42; Hennerkes/ Lorz, DB 1997, 1388 (1389); Henn, Handbuch des Aktienrechts, 2002, S. 75; MünchKommHGB/ K. Schmidt, § 124 Rn 6; MünchHdBGesR IV/ Herfs, § 76 Rn 10.
[22] Kisch, Das Recht des Versicherungsvereins auf Gegenseitigkeit, 1951, S. 113 Fn 2.
[23] Kisch, Das Recht des Versicherungsvereins auf Gegenseitigkeit, 1951, S. 113.
[24] Statt vieler: MünchKommHGB/ K. Schmidt, § 105 Rn 7.
[25] Vgl. z. B. Michalski/ Ebbing, GmbHG, § 18 Rn 11.
[26] MünchKommHGB/ K. Schmidt, § 105 Rn 7, deshalb zu Recht gegen die Anwendung des Begriffs der Teilrechtsfähigkeit auf die OHG.
[27] Kapitel § 7 XIV.
[28] Statt vieler: MünchKommHGB/ K. Schmidt, § 124 Rn 2, m. w. N. zur früheren Rechtsprechung, die noch von der Rechtsträgerschaft der Gesellschafter ausging.

vor.[29] Daraus folgt auch, dass die Personenhandelsgesellschaften jeweils allein eine GmbH gründen können (Einpersonengründung).[30]
Die vermögensrechtlichen Ansprüche aus dem jeweiligen Gesellschaftsverhältnis stehen der oHG bzw. KG selbst zu, und als Gesellschafter haftet diese auch selbst, mit ihrem Gesellschaftsvermögen. Daneben haften ihre Gesellschafter nach Maßgabe der §§ 128 ff. HGB bzw. §§ 171 ff. HGB.
Die Wahrnehmung der jeweiligen Mitverwaltungsrechte richtet sich nach den Organisationsregeln der oHG bzw. KG, d. h., die Personenhandelsgesellschaft wird im Zweifel in der Obergesellschaft durch jeden persönlich haftenden Gesellschafter allein vertreten (§ 125 Abs. 1 HGB; §§ 161 II, 125 I HGB).
Sofern die Mitgliedschaft mit der Eintragung in ein öffentliches Register verbunden ist, genügt – im Unterschied zur Außen-GbR und zum nichtrechtsfähigen Verein – die Eintragung der Gesellschaft selbst, ohne die Daten der Gesellschafter[31], denn die oHG und KG sind selbst registerfähig, d. h. als Subjekt in das Handelsregister einzutragen (§§ 29, 106 Abs. 2 HGB).

[29] Rowedder/ Schmidt-Leithoff/ Pentz, § 18 Rn 4; Kölner KommAktG/ Lutter, § 69 Rn 7.
[30] Roth/ Altmeppen, § 1 Rn 28.
[31] Koller/ Roth/ Morck, § 106 Rn 2.

§ 9 Die Gesellschafterfähigkeit der Partnerschaftsgesellschaft

I. Grundlagen

Zu den Gesamthandsgemeinschaften gehört auch die Partnerschaftsgesellschaft.[1] Es handelt sich um eine Personengesellschaft, in der sich Angehörige Freier Berufe zur Ausübung ihrer Berufe zusammenschließen (§ 1 Abs. 1 S. 1 PartGG). Für das anzuwendende Recht verweist § 1 IV PartGG auf die §§ 705 ff. BGB, soweit nicht das Partnerschaftsgesetz abweichende Regelungen enthält. Im Ergebnis sind allerdings aufgrund einzelner Verweisungen in erster Linie Vorschriften der oHG anzuwenden. Nach § 7 Abs. 2 PartGG ist § 124 HGB entsprechend anwendbar, woraus folgt, dass die Partnerschaft befähigt ist, unter ihrem Namen Rechte zu erwerben und Verbindlichkeiten einzugehen, Eigentum und andere Rechte an Grundstücken zu erwerben und vor Gericht zu klagen und verklagt zu werden. Mit anderen Worten: Die Partnerschaftsgesellschaft ist rechtsfähige und parteifähige Gesamthandsgesellschaft.[2]

Die Organisationsverfassung der Partnerschaft bestimmt sich für das Innenverhältnis, unter Berücksichtigung des Berufsrechts (§ 6 I PartGG), in erster Linie nach dem Partnerschaftsvertrag (§ 6 Abs. 3 S. 1 PartGG). Soweit dieser keine Regelungen enthält, sind nach § 6 Abs. 3 S. 2 PartGG die Vorschriften der oHG entsprechend anzuwenden. Auch für die Vertretungsregelung verweist § 7 Abs. 3 PartGG auf das Recht der oHG.[3] Die Partnerschaft wird von den Partnern organschaftlich vertreten, und zwar im Zweifel von jedem Partner mit Einzelvertretungsmacht (§ 7 III i. V. m. § 125 I, II HGB). Es herrscht der Grundsatz der Selbstorganschaft.[4]

Auch die Haftungsverfassung der Partnerschaft stimmt weitgehend mit der einer oHG überein. Für die Verbindlichkeiten der Partnerschaftsgesellschaft haftet diese als rechtlich verselbstständigte Organisation zunächst selbst. Daneben tritt die akzessorische Haftung der Partner als Gesamtschuldner (§ 8 Abs. 1 PartGG). Die Regelung entspricht in der Sache den §§ 128 ff. HGB.[5]
Eine Abweichung vom Recht der oHG besteht insoweit, als das Gesetz den Freiberuflern gewisse Haftungsprivilegien einräumt. Für berufliche Fehler haften nach § 8 Abs. 2 PartGG nur die Partner, die mit der Bearbeitung eines Auf-

---

[1] MünchKomm/ Ulmer, § 7 PartGG Rn 10; MünchHdBGesR I/ Seibert, § 31 Rn 1.
[2] Henssler/ Prütting, Bundesrechtsanwaltsordnung, PartGG, § 7 Rn 4; MünchKomm/ Ulmer, § 7 PartGG Rn 10.
[3] Mit Ausnahme des § 125 Abs. 3 HGB.
[4] MünchKomm/ Ulmer, § 7 PartGG Rn 13.
[5] Vgl. MünchKomm/ Ulmer, § 8 PartGG Rn 5 ff.

trags befasst waren, sofern es sich nicht um Bearbeitungsaufträge von untergeordneter Bedeutung handelt.
Darüber hinaus enthält § 8 Abs. 3 PartGG eine Ermächtigung an den Gesetzgeber, in den einzelnen berufsrechtlichen Gesetzen eine summenmäßige Beschränkung der Haftung für Ansprüche aus Schäden wegen fehlerhafter Berufsausübung zu gestatten. Als eine von nur wenigen Berufsanordnungen enthält die Bundesrechtsanwaltsordnung eine derartige Regelung (vgl. § 51 BRAO).[6]

II. Folgerungen für die Gesellschafterfähigkeit

1. Grundsätzliche Gesellschafterfähigkeit

In Anbetracht der organisations- und haftungsrechtlichen Ausgestaltung der Partnerschaft bestehen an deren grundsätzlicher Gesellschafterfähigkeit keine Zweifel.
Als selbstständiges Rechtssubjekt kann die Partnerschaft als solche Mitglied sowohl von Personengesellschaften als auch von juristischen Personen sein. Anerkannt ist das für die Mitgliedschaft in BGB-Gesellschaften[7], offenen Handelsgesellschaften[8], eingetragenen Vereinen[9] und Gesellschaften mit beschränkter Haftung[10]. Auch für die Mitgliedsfähigkeit in den nicht genannten juristischen Personen[11] sowie in Kommanditgesellschaften, Partenreedereien und nichtrechtsfähigen Vereinen bestehen keine Bedenken.
Die mit der Gesellschafterstellung verbundenen Rechte und Pflichten der Partnerschaft werden von deren organschaftlichen Vertretern, also den Partnern, wahrgenommen. Die Einzelheiten bestimmen sich nach dem Partnerschaftsvertrag. Nach der gesetzlichen Regel handelt jeder Partner allein für die Partnerschaft (§ 7 III PartGG i. V. m. § 125 I HGB).
Für Beitragspflichten, die aus der Mitgliedschaft folgen, haftet die Partnerschaft selbst; akzessorisch haften daneben die Partner (§ 8 I PartGG). Dasselbe gilt, wenn die Gesellschafter nach dem Recht der Obergesellschaft Dritten gegenüber für die Verbindlichkeiten der Gesellschaft haften müssen, wie typischerweise

---

[6] Henssler/ Prütting, Bundesrechtsanwaltsordnung, PartGG, § 8 Rn 32.
[7] Henssler/ Prütting, Bundesrechtsanwaltsordnung, PartGG, § 7 Rn 4.
[8] Koller/ Roth/ Morck, HGB, § 105 Rn 18; MünchKommHGB/ K. Schmidt, § 105 Rn 95; Hueck/ Windbichler, Gesellschaftsrecht, S. 127.
[9] Soergel/ Hadding, § 38 Rn 5; Bamberger/ Roth/ Schwarz, BGB, § 38 Rn 6; Reichert, Handbuch des Vereins- und Verbandsrechts, 2003, S. 20 f.
[10] Baumbach/ Hueck/ Fastrich, GmbHG, § 1 Rn 31; Michalski, GmbHG, § 2 Rn 97; Henssler/ Prütting, Bundesrechtsanwaltsordnung, PartGG, § 1 Rn 8.
[11] Für die Mitgliedsfähigkeit in juristischen Personen überhaupt Henssler/ Prütting, Bundesrechtsanwaltsordnung, PartGG, § 7 Rn 4.

bei den Personengesellschaften. Zu verklagen ist die Partnerschaft unter ihrem Namen (§ 7 II i. V. m. § 124 HGB).[12]

Soweit die Gesellschafterstellung die Eintragung in ein öffentliches Register erfordert, ergeben sich für die Mitgliedschaft der Partnerschaft keine Probleme. Denn für die Partnerschaftsgesellschaft ist ein besonderes Register eingeführt worden, das bei den Amtsgerichten weitgehend nach den für das Handelsregister geltenden Vorschriften geführt wird (§ 160 b FGG). Nach § 4 I PartGG sind die Partner sowie deren Vertretungsmacht einzutragen und die Daten bei Änderungen zu aktualisieren.

2. Ausnahmen

Ausnahmen von der Mitgliedsfähigkeit können sich für bestimmte Partnerschaftsgesellschaften zunächst aus dem jeweiligen Berufsrecht ergeben. Darüberhinaus ist die Beteiligung einer Partnerschaftsgesellschaft an einer anderen ausgeschlossen. Nach § 1 Abs. 1 S. 3 PartGG können nur natürliche Personen Partner einer Partnerschaftsgesellschaft sein.[13] Juristische Personen und Personengesellschaften scheiden somit als Gesellschafter aus.[14]

Umstritten ist die Frage, ob eine stille Beteiligung an der Partnerschaft zulässig ist.[15] Dazu ist zunächst festzustellen, dass der Partnerschaft die Bildung einer stillen Gesellschaft im Sinne der §§ 230 ff. HGB durch Aufnahme eines stillen Gesellschafters nicht möglich ist. Der Grund besteht darin, dass die Partnerschaftsgesellschaft mangels Kaufmannseigenschaft[16] nicht die Voraussetzungen des § 230 Abs. 1 HGB erfüllt und somit nicht unternehmenstragender Gesellschafter im Sinne dieser Vorschrift sein kann. Davon zu unterscheiden ist die Frage, ob die Partnerschaft mit einem stillen Gesellschafter eine BGB-Innengesellschaft bilden kann, auf die die §§ 230 ff. HGB entsprechend anwendbar sind. Auch das wird von Teilen des Schrifttums unter Verweis auf § 1 Abs. 1 S. 1 PartGG und die darauf bezogene Gesetzesbegründung abgelehnt.[17]

---

[12] Meilicke/ Graf v. Westphalen/ Hoffmann/ Lenz, PartGG, § 7 Rn 14.
[13] Zur Kritik an der Verortung dieser Regelung im Gesellschaftsrecht vgl. K. Schmidt, ZIP 1993, 633 (639).
[14] Henssler/ Prütting, Bundesrechtsanwaltsordnung, PartGG, § 1 Rn 8.
[15] Ablehnend z. B. Henssler/ Prütting, Bundesrechtsanwaltsordnung, PartGG, § 1 Rn 7; Bösert, DStR 1993, 1332 (1333).
[16] Koller/ Roth/ Morck, § 6 Rn 2.
[17] Henssler/ Prütting, Bundesrechtsanwaltsordnung, PartGG, § 1 Rn 7; Bösert, DStR 1993, 1332 (1333).

Nach § 1 S. 1 PartGG ist eine Partnerschaft eine Gesellschaft, in der sich Angehörige Freier Berufe zur Ausübung ihrer Berufe zusammenschließen. In der Gesetzesbegründung heißt es dazu, dass Voraussetzung für die Mitgliedschaft die aktive Ausübung des Berufs in der Partnerschaft sei. Die Partnerschaft könne den Angehörigen freier Berufe nicht als bloße Anlage oder stille Beteiligung dienen.[18]

Daraus kann man entnehmen, dass nicht Partner sein kann, wer nur eine Einlage einzahlt und ansonsten keiner Berufsausübung nachgeht. Bei einer stillen Beteiligung wird der Stille jedoch nicht Mitglied der Gesellschaft, also nicht Partner, sondern er geht mit der Partnerschaft ein neues Gesellschaftsverhältnis ein; Partnerschaftsgesellschaft und Stiller bilden eine BGB-Innengesellschaft. Das ist ein völlig anderer Tatbestand als der im Gesetzestext und seiner Begründung beschriebene. Hätte verhindert werden sollen, dass die Partnerschaft mit Dritten Verträge eingeht, welche den Dritten ähnlich wie in der stillen Gesellschaft am Gewinn beteiligt, so hätte dies im Gesetzeswortlaut seinen Ausdruck finden müssen, ähnlich wie dies in § 8 ApothekenG geschehen ist.[19]

Im Ergebnis ist deshalb festzustellen, dass die Partnerschaft mit einem Dritten eine BGB-Innengesellschaft bilden kann, auf die die §§ 230 ff. entsprechend anwendbar sind.[20]

Möglich ist auch die Beteiligung als stiller Gesellschafter i. S. d. § 230 HGB, also als Gesellschafter einer „echten“ stillen Gesellschaft.[21]

III. Keine Mitgliedschaft einer Gesamthandsgemeinschaft in einer Partnerschaft

Nach § 1 Abs. 1 S. 3 PartGG können nur natürliche Personen Mitglied einer Partnerschaftsgesellschaft sein. Daraus folgt, dass Gesamthandsgemeinschaften, seien sie nun nichtrechtsfähige Personengemeinschaften oder selbst Rechtssubjekte, nicht Partner sein können. Darüber hinaus wird wohl auch das jeweilige Berufsrecht dagegen stehen.

---

[18] BT-Drucks. 12/ 6152 S. 9. Abgedr. auch bei Feddersen/ Meyer-Landrut, Partnerschaftsgesellschaftsgesetz, 1995, S. 108 ff. (114).

[19] So zu Recht Meilicke/ Graf v. Westphalen/ Hoffmann/ Lenz, Partnerschaftsgesellschaftsgesetz, § 7 Rn 16; ähnlich auch Feddersen/ Meyer-Landrut, Partnerschaftsgesellschaftsgesetz, 1995, § 1 Rn 5.

[20] MünchKommGesR/ K. Schmidt, § 230 Rn 28; Paulick/ Blaurock, Handbuch der Stillen Gesellschaft, 1998, S. 70 f.; Meilicke/ Graf v. Westphalen/ Hoffmann/ Lenz, PartGG, § 7 Rn 16; Feddersen/ Meyer-Landrut, Partnerschaftsgesellschaftsgesetz, 1995,§ 1 Rn 5 ; aA Henssler/ Prütting, Bundesrechtsanwaltsordnung, PartGG, § 1 Rn 7; Bösert, DStR 1993, 1332 (1333).

[21] Ebenroth/ Boujong/ Joost, HGB, § 230 Rn 10; Paulick/ Blaurock, Handbuch der Stillen Gesellschaft, 1998, S. 79.

§ 10 Die Gesellschafterfähigkeit der Partenreederei

I. Rechtsnatur der Partenreederei

Die Partenreederei fand in der Rechtswissenschaft bis vor kurzem vergleichsweise wenig Beachtung. Abgesehen von der vor über 30 Jahren erschienen Monographie von Ruhwedel[1] hat sich in jüngerer Zeit allein K. Schmidt[2] ausführlicher mit dieser Rechtsform befasst. Mit dieser stiefmütterlichen Behandlung in der Wissenschaft kontrastiert die keineswegs unerhebliche Verbreitung der Partenreederei in der Seefahrtspraxis.
So gehörten 1994 von 286 Handelsschiffen (ohne Küstenschiffe) unter deutscher Flagge 46 Schiffe und damit 16,1 % einer Partenreederei. Der Anteil der Partenreederei in der Küstenschifffahrt liegt sogar noch etwas höher. Von 359 Küstenschiffen gehörten 67 einer Partenreederei, also ca. 18,7 %.[3]

Im Gesetz heißt es:
"(1) Wird von mehreren Personen ein ihnen gemeinschaftlich zustehendes Schiff zum Erwerbe durch die Seefahrt für gemeinschaftliche Rechnung verwendet, so besteht eine Reederei.
(2) Der Fall, wenn das Schiff einer Handelsgesellschaft gehört, wird durch die Vorschriften über die Reederei nicht berührt." (§ 489 HGB)

Traditionell wurde das überwiegend dahingehend gedeutet, dass es sich bei der Partenreederei um eine Gesellschaft bürgerlichen Rechts[4] oder um eine Gesellschaft eigener Art[5] handelt. Die Partenreederei war nach dieser Auffassung keine Gesamthandsgesellschaft, sondern ein gesellschaftsrechtlicher Zusammenschluss auf der Grundlage von Bruchteilseigentum[6] am Schiff und den übrigen Vermögensgegenständen.

---

[1] Ruhwedel, E.: Die Partenreederei, Bielefeld 1973. Ruhwedel hat diese Rechtsform überhaupt erst aus der wissenschaftlichen Versenkung geholt.
[2] K. Schmidt, Die Partenreederei als Handelsgesellschaft, Köln 1994; Die Partenreederei, Stiefkind des Unternehmensrechts, Hamburg 1996.
[3] Zahlen sind entnommen: MünchHdB GesR I/ Bote, § 87 Rn 33.
[4] RGZ 71, 26, 27; Schaps - Abraham, Das deutsche Seerecht, 1962, § 489 Anm. 10; ders., Das Seerecht, 1974, S. 85. Abraham spricht zwar auch von einer "Erwerbsgesellschaft eigener Art" (Schaps-Abraham, § 489 Anm. 13), was aber keinen sachlichen Unterschied bedeutet.
[5] Wüstendörfer, Neuzeitliches Seehandelsrecht mit besonderer Berücksichtigung des angloamerikanischen und internationalen Rechts, 1950, S. 148 f., 170, sah darin eine Gesellschaftsform eigener Art, die der Bruchteilsgemeinschaft näher stehe, als der GbR, weshalb nicht die §§ 705 ff. BGB, sondern die §§ 741 ff. BGB ergänzend heranzuziehen seien; ähnlich Schlegelberger/ Liesecke, Seehandelsrecht, § 489 Rn 1, § 491 Rn 1 f.
[6] Urteil des ROHG v. 24.4. 1875 (ROHG, Bd. 16, 380, 382) unter Herrschaft des gleichlautenden § 456 ADHGB; Wüstendörfer, Neuzeitliches Seehandelsrecht mit besonderer Berücksichtigung des angloamerikanischen und internationalen Rechts, 1950, S. 149; Schaps-

Diese Auffassung konnte sich darauf stützen, dass sich die Verpfändung einer Schiffspart nach den Bestimmungen[7] über die Verpfändung eingetragener Schiffe, also von Sachen, richtete.[8]
Einen gesetzlichen Anhalt bot auch der bis zum Jahre 1940 geltende § 474 HGB, der die Schiffspart ausdrücklich als "Anteil an einem zum Erwerb durch die Seefahrt bestimmten Schiff" definierte.[9]
Diese Stützen entfielen mit einer am 1.1. 1941 in Kraft getretenen Gesetzesänderung.[10] Nach dem neugefassten § 503 HGB richtet sich die Belastung der Schiffsparten nicht mehr nach den Vorschriften über die Belastung beweglicher Sachen, sondern denen über die Belastung von Rechten.[11]
Außerdem wurde § 491 HGB geändert. Hieß es zuvor, dass bei Beschlussfassungen die Stimmen der Mitreeder nach der Größe der "Schiffsparten" berechnet werden, was nach der Definition des damaligen § 474 HGB nur eine Bezugnahme auf die Anteile am Schiff selbst bedeuten konnte, so formuliert § 491 HGB in seiner Neufassung neutral, dass die Stimmen nach der Größe der "Anteile der Mitreeder (Schiffsparten)" berechnet werden.[12]

Besonders deutlich wird die mit der Novellierung angestrebte Änderung des Schiffspartenbegriffs in der dem Gesetzeswerk beigefügten amtlichen Begründung[13]. Dort[14] heißt es:
"... Es kann nur durch eine Umgestaltung des Rechts der Partenreederei Abhilfe geschaffen werden. Es ist deshalb in Aussicht genommen, das Recht der Parten-

---

Abraham, Das deutsche Seerecht, 1962, § 489 Rn 4; Abraham, Das Seerecht, 1974, S. 84; Schlegelberger/ Liesecke, Seehandelsrecht, § 489 Rn 1; Ballerstedt, JuS 1963, 253 (260); aus jüngerer Zeit: Kaempfe, MDR 1982, 975; Puttfarken, Seehandelsrecht, 1997, S. 220 ff. Nachweise für Stimmen, die bereits unter Geltung des ADHGB Gesamthandseigentum annahmen, finden sich bei Schulze-Osterloh, Das Prinzip der gesamthänderischen Bindung, 1972, S. 140 f. Fn. 26 f.

[7] Nach § 1272 BGB sollten für die Verpfändung einer Schiffspart die Vorschriften über die Verpfändung eines Schiffes (§§ 1260 - 1271 BGB) entsprechend gelten.

[8] Ruhwedel, Die Partenreederei, 1973, S. 104; Schulze-Osterloh, Das Prinzip der gesamthänderischen Bindung, 1972, S. 139.

[9] Ruhwedel, Die Partenreederei, 1973, S. 104.

[10] Art. 1 der "Verordnung zur Durchführung des Gesetzes über Rechte an eingetragenen Schiffen und Schiffsbauwerken" vom 21. Dezember 1940, RGBl. I, S. 1609 ff., bestimmt das Außerkrafttreten der §§ 1259 bis 1272 BGB sowie des § 474 HGB; Art. 4 ändert die §§ 491 und 503 HGB.

[11] RGBl. I 1940, 1612: "2. § 503 erhält folgende Fassung: § 503
...Für die Belastung einer Schiffspart gelten die Vorschriften über die Belastung von Rechten."

[12] RGBl. I 1940, S. 1611.

[13] Amtliche Begründung zum Gesetz über Rechte an eingetragenen Schiffen und Schiffsbauwerken vom 15. November 1940 (RGBl. I 1940, 1499), Deutsche Justiz 1940, 1329 ff.

[14] Deutsche Justiz, 1940, S. 1329 (1331).

reederei neu dahin zu regeln, daß an Stelle des Bruchteilseigentums am Schiff ein gesellschaftsrechtlicher Anteil am Reedereivermögen tritt und damit nicht mehr der Anteil am Schiff, sondern nur der Anteil am Reedereivermögen Gegenstand des Pfandrechts sein kann."

Ebenso heißt es in den Ausführungen des federführenden Ministerialbeamten im Reichsjustizministerium Krieger[15]:

"Durch die Neufassung des § 491 Abs. 1 HGB in Art. 4 Nr. 1 wird der Ausdruck 'Schiffpart' nicht mehr für den 'Anteil an einem zum Erwerb durch die Seefahrt bestimmten Schiff' (bisher § 474 HGB), sondern für den 'Anteil der Mitreeder' – d. h. an der Reederei – verwandt. Das *gesellschafts*rechtliche Band der Mitreeder untereinander steht also im Vordergrund: Schiffspart ist nicht der Anteil am Schiff, sondern der Anteil am Reedereivermögen. Zu diesem Vermögen gehört auch, aber nicht allein das Schiff. Das Schiff steht deshalb nicht mehr im Bruchteilseigentum, sondern ist Teil des Gesellschaftsvermögens im Gesamthandseigentum der Mitreeder."[16]

Heute besteht weitgehend Einigkeit[17] darüber, dass es sich bei der Partenreederei um eine Gesamthandsgesellschaft handelt, die als solche Trägerin von Rechten und Pflichten ist (§ 507 I HGB).[18] Sie kann vor Gericht klagen und verklagt werden (§ 493 III HGB)[19] und sie ist auch insolvenzfähig (§ 11 II Nr. 1 InsO). Im Rechtsverkehr tritt die Partenreederei unter einem eigenen Namen auf, so etwa als "Reederei des Dampfers Käthe" im Fall RGZ 71, 26.[20]

---

[15] Wegen der Stellung Kriegers im Reichsjustizministerium spricht die seerechtliche Literatur häufig von einer "halbamtlichen" Begründung. Vgl. Wüstendörfer, Neuzeitliches Seehandelsrecht mit besonderer Berücksichtigung des angloamerikanischen und internationalen Rechts, 1950, S. 150; Ruhwedel, Die Partenreederei, 1973, S. 106.

[16] Krieger, Deutsche Justiz 1941, 209 (211); Hervorhebung im Original.

[17] Hamburger Schiedsspruch, TranspR 1989, 76 (77); Prüssmann/ Rabe, Seehandelsrecht, § 489 Rn 7 f.; Ruhwedel, Die Partenreederei, 1973, S. 98 ff., insbes. S. 124; Bünz/ Neubauer, TransportR 1983, 85 (86); MünchHdb GesR I/ Bote, § 87, Rn 16; Schulze-Osterloh, Das Prinzip der gesamthänderischen Bindung, 1972, S. 137 ff.; Dißars, TranspR 1997, 143 f.; K. Schmidt, Gesellschaftsrecht, S. 1894; ders., Die Partenreederei als Handelsgesellschaft: Integration einer Sonderrechtsform in das Unternehmensrecht, 1995, S. 23 ff.; Herber, Seehandelsrecht, 1999, S. 141 f., allerdings nur für das neben dem Schiff vorhandene Vermögen, während er für das Schiff Bruchteilseigentum annimmt; für Bruchteilseigentum auch Puttfarken, Seehandelsrecht, 1997, S. 220 f.

[18] K. Schmidt, Gesellschaftsrecht, S. 1895; ders., Die Partenreederei als Handelsgesellschaft, 1995, S. 41 f.; Ruhwedel, Die Partenreederei, 1973, S. 334; MünchHdB GesR I/ Bote, § 91 Rn 1 ff.; Prüssmann/ Rabe, Seehandelsrecht, § 489 Rn 5 u.18; Herber, Seehandelsrecht, 1999, S. 142.

[19] Prüssmann/ Rabe, Seehandelsrecht, § 489 Rn 14; K. Schmidt, Gesellschaftsrecht, S. 1895.

[20] RGZ 71, 26; weitere Nachweise bei Ruhwedel, Die Partenreederei, 1973, S. 314 f. Der von K. Schmidt, Die Partenreederei als Handelsgesellschaft, 1995, passim, und ders., Gesellschaftsrecht, S. 1895 f., gemachte Vorschlag, die Partenreederei als Handelsgesellschaft anzu-

In der Literatur[21] ist gelegentlich von einer „stillen Reederei“ die Rede. Dabei handelt es sich nicht um eine Partenreederei i. S. d. § 489 HGB, sondern um eine atypische stille Gesellschaft, die lediglich im Innenverhältnis schuldrechtlich wie eine Partenreederei ausgestaltet ist.[22] Sie ist keine Gesamthandsgesellschaft und folglich hier nicht zu untersuchen.

Eine Partenreederei ist gegeben, wenn mehrere Personen – auf gesellschaftsvertraglicher Grundlage – ein ihnen gemeinschaftlich zustehendes Schiff zum Erwerb durch die Seefahrt für gemeinschaftliche Rechnung verwenden (§ 489 I HGB). Zu unterscheiden davon ist der Fall, dass das Schiff einer Handelsgesellschaft gehört (§ 489 II HGB). Ein in der Praxis zu beobachtender Fall ist, dass Kommanditgesellschaften ein eigenes Schiff zum Erwerb durch Seefahrt verwenden.[23] Diese sind dann Reeder i. S. d. § 484 HGB[24].

Für die Frage der Gesellschafterfähigkeit ist die Handlungs- und Haftungsverfassung der jeweiligen Gesamthand von besonderer Bedeutung, wie die Untersuchung zur Erben- und Gütergemeinschaft gezeigt hat. Deswegen sollen zunächst einige Ausführungen zu diesen Regelungsbereichen erfolgen.
Hinsichtlich der Geschäftsführung und Vertretung reicht eine Beschränkung auf das Wesentliche, für eine ausführlichere Darstellung kann auf die Ausführungen im Rahmen der Untersuchung zur Erbengemeinschaft verwiesen werden[25], wo sie wegen der massiven Einwände gegen die Handlungsfähigkeit der Erbengemeinschaft besonders wichtig waren. Für die Partenreederei wie für die anderen rechtsfähigen Personengesellschaften gilt, dass ihre eigene Gesellschafterfähigkeit unproblematischer ist als die Mitgliedschaft der nichtrechtsfähigen Gesamthandsgemeinschaften in diesen Gesellschaften.

---

sehen, ist überwiegend auf Ablehnung gestoßen. Vgl. dazu Herber, Seehandelsrecht, 1999, S. 139; Puttfarken, Seehandelsrecht, 1997, S. 221 f.; Prüssmann/ Rabe, Seehandelsrecht, § 489 Rn 3 ff.; grundsätzlich zustimmend, aber kritisch zu einzelnen Konsequenzen, allein Ruhwedel, DZWiR, 1996, 393 (394 f.).

[21] Wüstendörfer, Neuzeitliches Seehandelsrecht mit besonderer Berücksichtigung des angloamerikanischen und internationalen Rechts, 1950, S. 171; Prüssmann/ Rabe, Seehandelsrecht, § 489 Rn 22 f.

[22] K. Schmidt, Gesellschaftsrecht, S. 1892 f. Nach Herber, Seehandelsrecht, 1999, S. 141, handelt es sich dann um eine BGB-Gesellschaft.

[23] Puttfarken, Seehandelsrecht, 1997, S. 222 f.; MünchHdBGesR I/ Bote, § 87 Rn 33 ff.

[24] § 484 HGB: "Reeder ist der Eigentümer eines ihm zum Erwerbe durch die Seefahrt dienenden Schiffes."

[25] Kapitel § 4 VII 5.

II. Geschäftsführung und Vertretung

Geschäftsführung und Vertretung der Partenreederei verteilen sich auf drei verschiedene Träger. Immer und überall legitimiert ist die Gemeinschaft der Mitreeder (§ 491 HGB). Daneben besteht eine Kompetenz des Kapitäns, die sich wesentlich auf die Zeit nach Verlassen des Heimathafens beschränkt (§ 534 HGB). Schließlich besteht für die Mitreeder die Möglichkeit, einen Korrespondentreeder zu bestellen (§ 492).
Von dieser Möglichkeit macht die Praxis in aller Regel Gebrauch. Somit liegen Geschäftsführung und Vertretung üblicherweise in der Hand des Korrespondentreeders. Dieser ist zwar – vergleichbar dem Geschäftsführer einer GmbH – an die Beschlüsse der Mitreedergemeinschaft gebunden (§ 496 HGB). Da die Mitreeder heute aber überwiegend branchenfremde Anlegergesellschafter sind, fehlt diesen meist das Interesse und die nötige Kompetenz für sachgerechte Entscheidungen. Der Korrespondentreeder ist häufig der "wahre Herr des Unternehmens".[26]

III. Haftungsordnung

1. Haftung der Partenreederei

Die Partenreederei ist selbst Gläubigerin der Forderungen und Schuldnerin der Verbindlichkeiten, die in ihrem Namen durch Rechtsgeschäft begründet werden oder aus anderen Rechtsgründen entstehen. Dies folgt schon unmittelbar aus dem Wortlaut der §§ 494 HGB[27] und 507 Abs. 1 HGB[28]. Auch für unerlaubte Handlungen ihrer Organe, in erster Linie des Korrespondentreeders, haftet sie entsprechend § 31 BGB[29] mit ihrem Gesellschaftsvermögen.[30]
Eine Besonderheit des Seerechts besteht in der Möglichkeit, die Haftung für bestimmte Tatbestände zu beschränken. Rechtsgrundlage ist die CONVENTION ON LIMITATION OF LIABILITY FOR MARITIME CLAIMS[31] aus dem Jahr

---

[26] Puttfarken, Seehandelsrecht, 1997, S. 220.
[27] § 494 HGB: "Durch ein Rechtsgeschäft, welches der Korrespondentreeder als solcher innerhalb der Grenzen seiner Befugnisse schließt, wird die Reederei dem Dritten gegenüber auch dann berechtigt und verpflichtet,...".
[28] § 507 HGB: (1) "Die Mitreeder haften für Verbindlichkeiten der Reederei ...".
[29] Prüßmann/ Rabe, Seehandelsrecht, § 494 Rn 6; Schaps-Abraham, Das deutsche Seerecht, 1962, § 494 Rn 5; Ruhwedel, Die Partenreederei, 1973, S. 337; Wüstendörfer, Neuzeitliches Seehandelsrecht mit besonderer Berücksichtigung des angloamerikanischen und internationalen Rechts, 1950, § 15 IV 1 b; MünchHdb GesR I/ Bote, § 91 Rn 4; Bünz/ Neubauer, TranspR 1983, 85 (93).
[30] MünchHdb GesR I/ Bote, § 91 Rn 4.
[31] Abgekürzt: LondonHBÜ.

1976[32], die nach § 486 I HGB unmittelbar anwendbares Recht[33] beinhaltet. Darüber hinaus sind Einzelheiten in der Schifffahrtrechtlichen Verteilungsordnung (SVertVO) geregelt.[34]

Die Tatbestände einer möglichen Haftungsbeschränkung sind in Artikel 2 London HBÜ niedergelegt:

Artikel 2:
(1) Vorbehaltlich der Artikel 3 und 4 unterliegen folgende Ansprüche, ungeachtet des Grundes der Haftung, der Haftungsbeschränkung:
a) Ansprüche wegen Tod oder Körperverletzung oder wegen Verlust oder Beschädigung von Sachen (einschließlich Beschädigung von Hafenanlagen, Hafenbecken, Wasserstraßen und Navigationshilfen),die an Bord oder in unmittelbarem Zusammenhang mit dem Betrieb des Schiffes oder mit Bergungs- oder Hilfeleistungsarbeiten eintreten, sowie wegen daraus entstehender weiterer Schäden;
b) Ansprüche wegen Schäden infolge Verspätung bei der Beförderung von Gütern, Reisenden oder deren Gepäck auf See;
c) Ansprüche wegen sonstiger Schäden, die sich aus der Verletzung nichtvertraglicher Rechte ergeben und in unmittelbarem Zusammenhang mit dem Betrieb des Schiffes oder mit Bergungs-oder Hilfeleistungen stehen;
d) Ansprüche aus der Hebung, Beseitigung, Vernichtung oder Unschädlichmachung eines gesunkenen, havarierten, gestrandeten oder verlassenen Schiffes, samt allem, was sich an Bord eines solchen Schiffes befindet oder befunden hat;
e) Ansprüche aus der Beseitigung, Vernichtung oder Unschädlichmachung der Ladung des Schiffes;
f) Ansprüche einer anderen Person als des Haftpflichtigen wegen Maßnahmen, die ergriffen wurden, um Schäden, für die der Haftpflichtige seine Haftung nach diesem Übereinkommen beschränken kann, abzuwenden oder zu verringern, sowie wegen weiterer durch solche Maßnahmen entstandener Schäden.

(2) Die in Absatz 1 angeführten Ansprüche unterliegen auch dann der Haftungsbeschränkung, wenn sie auf Grund eines Vertrags oder sonstwie als Rückgriffs- oder Entschädigungsansprüche geltend gemacht werden. Die in Absatz 1 Buchstaben d, e und f angeführten Ansprüche unterliegen jedoch nicht der Haftungsbeschränkung, soweit sie ein mit dem Haftpflichtigen vertraglich vereinbartes Entgelt betreffen.

Die Haftpflichtbeschränkung kann auf zwei Wegen geltend gemacht werden. Regelmäßig erfolgt dies durch Errichtung eines Haftungsfonds in dem Staat, in

---

[32] Auf einer von der Inter-Governmental Maritime Consultative Organization einberufenen Konferenz wurden 1996 die Haftsummen erhöht. Text in TranspR 97, 462.
[33] Prüssmann/ Rabe, Seehandelsrecht, Vor § 484 Rn 16.
[34] Beide sind abgedruckt in Prüssmann/ Rabe, Seehandelsrecht, 4. Aufl., S. 83 ff. bzw. S. 159 ff.

dem ein gerichtliches Verfahren wegen der Beschränkung unterliegender Ansprüche eingeleitet worden ist (Art. 11 LondonHBÜ).[35] Die Haftungshöchstsummen berechnen sich nach der Bruttoraumzahl des Schiffes. Hinzu kommt eine Differenzierung nach der Art der Schäden und der haftenden Personen (Art. 6 und 7 LondonHBÜ).
Mit der Eröffnung des Verteilungsverfahrens gilt der Fonds als errichtet. Die Haftung ist dann gegenständlich auf die geleistete Haftungssumme beschränkt (§ 8 I S.2 SVertO). Eine Vollstreckung in anderes Vermögen des Schuldners ist nicht möglich.[36]
Auch ohne Errichtung eines Haftungsfonds kann der Schuldner eine Haftungsbeschränkung dadurch herbeiführen, dass er vor Beginn oder während eines Rechtsstreits Einrede erhebt (Art. 10 Abs.1 S. 1 LondonHBÜ).[37]
Beruft sich die Partenreederei[38] auf das Haftungsbeschränkungsübereinkommen, so wird sie also für die dort bestimmten Tatbestände nur bis zur entsprechenden Haftungshöchstsumme einstehen müssen.

2. Haftung der Mitreeder

(1) Beiträge der Mitreeder

Die Beitragspflichten der Mitreeder ergeben sich in erster Linie aus dem Gesellschaftsvertrag. Sie können in Form von Geldmitteln oder in Gestalt von Sach- und Dienstleistungen erbracht werden, als Gesellschaftseinlage kommt namentlich das Partenschiff selbst in Betracht.[39]

Eine Besonderheit der Partenreederei besteht darin, dass das Gesetz für die Mitreeder eine Nachschusspflicht vorsieht. Nach § 500 I HGB hat jeder Mitreeder nach dem Verhältnis seiner Schiffspart zu den Ausgaben der Reederei, insbesondere zu den Kosten der Ausrüstung und der Reparatur des Schiffes beizutragen. Wenn die flüssigen Mittel der Reederei nicht ausreichen, um die laufenden Ausgaben zu bestreiten oder die durch Reedereibeschluss festgelegten Maßnahmen zu decken, so hat jeder Mitreeder pro rata seiner Part zu den Ausgaben beizutragen.[40] Diese – für das Personengesellschaftsrecht untypische Regelung[41] –

---

[35] Prüssmann/ Rabe, Art. 11 LondonHBÜ Rn 3.
[36] Prüssmann/ Rabe, Art. 10 LondonHBÜ Rn 3.
[37] Prüssmann/ Rabe, Art. 10 LondonHBÜ Rn 1 ff.
[38] Nach Art. 1 Abs.1-3 London HBÜ gehören Schiffseigentümer, Charterer, Reeder und Ausrüster eines Seeschiffes zum privilegierten Personenkreis. Vgl. Prüssmann/ Rabe, Seehandelsrecht, S. 85 ff.
[39] Ruhwedel, Die Partenreederei, 1973, S. 136.
[40] Prüssmann/ Rabe, Seehandelsrecht, § 500 Rn 1.
[41] Vgl. nur § 707 BGB.

entsprach den praktischen Bedürfnissen in historischer Zeit. Das Gesetz sieht die Bildung von Betriebsmittel- und Reservefonds nicht vor. Der gesetzestypische Planungshorizont beschränkt sich auf Einzelfahrten.[42] Die dadurch fehlenden Reserven sollen durch die Nachschusspflicht kompensiert werden.

Der Abwehr dieser Nachschusspflicht dient das Abandonrecht. Unter in § 501 HGB bestimmten Voraussetzungen kann jeder Mitreeder seine Schiffspart aufgeben und aus der Gesellschaft ausscheiden. Die aufgegebene Schiffspart wächst den übrigen Mitreedern pro rata ihrer Parten an (§ 501 Abs. 3 HGB). Der Aufgebende erhält hierfür kein Entgelt, sondern wird allein von seiner Beitragspflicht befreit. Es handelt sich um einen spezialgesetzlich geregelten Fall der Anwachsung.[43] Daran zeigt sich auch der Erklärungsvorteil der Gesamthandslehre gegenüber der Bruchteilstheorie.

(2) Außenhaftung der Mitreeder

Für die Verbindlichkeiten der Reederei gegenüber Dritten haften neben dieser unmittelbar und primär auch die Mitreeder (§ 507 I HGB)[44].
Die Haftung ist im Unterschied zu der anderer Personengesellschafter keine gesamtschuldnerische, sondern sie richtet sich nach dem Verhältnis der Größe der Schiffsparten, ist also eine Pro-rata-Haftung. Der Mitreeder haftet mit seinem gesamten Vermögen für alle Verbindlichkeiten der Partenreederei mit einer bestimmten Quote. Er kann also auch nur auf einen Teilbetrag erfolgreich verklagt werden.
Die Haftung ist akzessorisch in dem Sinne, dass sie sich stets nach dem Stand der Reedereiverbindlichkeit richtet. Wie der Gesellschafter einer OHG nach § 129 HGB, hat der Mitreeder alle Einwendungen, die gegenüber der Reedereischuld bestehen (§ 129 HGB analog).[45] Das gewinnt namentlich dann Bedeutung, wenn die Reederei für bestimmte Seeforderungen einen Haftungsfonds errichtet oder die Einrede der beschränkten Haftung erhoben hat. Dann beschränkt sich die Haftung der Reederei auf die Haftsumme.[46]

---

[42] Das Gesetz sieht z. B. Gewinnausschüttung nach jeder Reise vor (§ 502 II HGB).

[43] K. Schmidt, Die Partenreederei als Handelsgesellschaft, 1995, S. 32; Ruhwedel, Seehandelsrecht, 1973, S. 308 f.

[44] § 507 HGB: (1) Die Mitreeder haften für die Verbindlichkeiten der Reederei persönlich, jedoch nur nach dem Verhältnis der Größe ihrer Schiffsparten.

[45] Ruhwedel, Die Partenreederei, 1973, S. 347 f.; Prüssmann/ Rabe, Seehandelsrecht, § 507 Rn 2; K. Schmidt, Die Partenreederei als Handelsgesellschaft, 1995, S. 70.

[46] MünchHdb GesR I/ Bote, § 91 Rn 11 f.; Ruhwedel, Die Partenreederei, 1973, S. 348.

Wird ein Mitreeder primär in Anspruch genommen, so kann auch er von der Möglichkeit der Haftungsbeschränkung Gebrauch machen, indem er die Einrede der beschränkten Haftung erhebt.[47]

Die Reedereivorschriften weisen keine der Bestimmung des § 128 S.2 HGB entsprechende Regelung auf. Daraus folgert Ruhwedel[48], dass die Mitreeder ihre persönliche Haftung aus § 507 HGB beschränken oder auch vollständig ausschließen könnten. Sie bräuchten zu diesem Zweck nur die Vertretungsmacht ihres Korrespondentreeders in dem entsprechenden Maß einzuengen. Dadurch könnte erreicht werden, dass nur das Reedereivermögen haftet.
Zum Schutz der Vertragspartner der Reederei will Ruhwedel den § 495 HGB entsprechend anwenden. Die Mitreeder könnten einen derartigen Ausschluss der persönlichen Haftung einer Inanspruchnahme nur entgegensetzen, wenn dies dem Vertragspartner im Zeitpunkt des Geschäftsabschlusses bekannt war.[49]

Dieser Auffassung ist nicht zu folgen. Eine Haftungsbeschränkung auf das Reedereivermögen durch Vollmachtsbeschränkung ist nicht möglich. Die Haftung der Mitreeder für die Verpflichtungen der Reederei beruht nicht auf der rechtsgeschäftlichen Vertretung der Mitreeder durch den Korrespondentreeder, wie das die Verfechter der sog. Doppelverpflichtungstheorie[50] für die Haftung von GbR-Gesellschaftern vertreten. Vielmehr ordnet § 507 I HGB wie auch § 128 HGB von Gesetzes wegen eine akzessorische Haftung an, die also nicht rechtsgeschäftlich begründet werden muss.
Eine Haftungsbeschränkung für die persönliche Haftung der Mitreeder muss ebenso wie bei der OHG vereinbart werden. Erforderlich ist ein vertraglicher Haftungsausschluss mit dem jeweiligen Gläubiger.[51]

[47] Prüssmann/ Rabe, Seehandelsrecht, § 507 Rn 5, sich auf § 487 d II HGB stützend. Da die Norm sich dem Wortlaut nach nur auf Personenhandelsgesellschaften bezieht, kommt mit Ruhwedel, Die Partenreederei, 1973, S. 351, eine analoge Anwendung in Betracht.
[48] Ruhwedel, Die Partenreederei, 1973, S. 344. Unklar Bünz/ Neubauer, TranspR 1983, 85 (93), die die "Vollmacht einschränken" wollen, um so die ausschließliche Haftung des Reedereivermögens zu erreichen, aber auch meinen, die Haftungsbeschränkung sei vom Korrespondentreeder "zu vereinbaren".
[49] Schaps-Abraham, Das deutsche Seerecht, 1962, § 495 Anm. 3, will für die Anwendung des § 495 HGB nicht erst positive Kenntnis, sondern schon grob fahrlässige Unkenntnis von der Vollmachtsbeschränkung ausreichen lassen.
[50] S. o. Kapitel § 7 II 2.
[51] Ebenso Reiff, Die Haftungsverfassungen nichtrechtsfähiger unternehmenstragender Verbände, 1996, S. 43. Das ergibt sich auch aus BGHZ 142, 315 (318 ff.). Danach entspricht es einem allgemeinen Grundsatz des bürgerlichen Rechts und des Handelsrechts, dass derjenige, der als Einzelperson oder in Gemeinschaft mit anderen Geschäfte betreibt, für die daraus entstehenden Verpflichtungen mit seinem gesamten Vermögen haftet, solange sich aus dem Gesetz nichts anderes ergibt oder mit dem Vertragspartner keine Haftungsbeschränkung vereinbart wird (S. 319).

IV. Mitgliedschaft in Personengesellschaften

Nach ganz herrschender Meinung kann eine Partenreederei jeweils nur ein einziges Schiff ihr eigen nennen. Da vermag der gesellschaftliche Zusammenschluss mehrerer Reedereien wirtschaftlich durchaus sinnvoll sein und zu einer wesentlichen Verbesserung der Ertragschancen sämtlicher Beteiligter führen. In der Praxis geht man dann häufig den Weg, dass mehrere Partenreedereien lediglich ihre Geschäftsleitung in die Hände ein und desselben Korrespondentreeders legen, ohne dabei untereinander selbst in ein Gesellschaftsverhältnis einzutreten.[52] Wo indessen die Koordination der Geschäftsleitung nicht ausreicht, stellt sich die Frage nach einem echten gesellschaftlichen Verbund.

Einen „Streitstand" zur Frage der Mitgliedsfähigkeit der Partenreederei in Personengesellschaften bzw. überhaupt in Gesellschaften gibt es – soweit ersichtlich – nicht.
Zu erwähnen ist ein Urteil des OLG Kiel vom 19. März 1934, in dem das Gericht den Zusammenschluss von zwei Partenreedereien zu einer Gesellschaft bürgerlichen Rechts anerkannt hat.[53] Auch Ruhwedel hält die Mitgliedschaft in der BGB-Gesellschaft und – darüber hinaus –, wenn auch mit leichten Zweifeln wegen möglicher seerechtlicher Haftungsbeschränkungen, in Personenhandelsgesellschaften für zulässig.[54] Nach K. Schmidt besteht für die Mitgliedschaft in der OHG ein Problem allenfalls in der Frage, ob das Seehandelsrecht der Partenreederei das Halten von Anteilen gestattet.[55] Jedenfalls hält er es für zulässig, dass die Partenreederei neben dem Schiff auch eine Schiffspart in ihrem Vermögen hat und damit selbst Mitreeder in einer anderen Partenreederei ist.[56]
Die Untersuchung kann sich im Wesentlichen auf die wenigen Zweifel, die an der Mitgliedsfähigkeit bestehen, beschränken.

1. Keine dingliche Beschränkung des Reedereivermögens auf das Seeschiff

Ein seerechtliches Hindernis würde der Beteiligung dann entgegenstehen, wenn das Reedereivermögen auf ein Seeschiff begrenzt wäre.
Das Gesetz trifft nur sparsame Aussagen zum Reedereivermögen. Nach § 489 Abs. 1 HGB gehört dazu zwingend ein Schiff. Eine Partenreederei entsteht erst mit dem Erwerb eines verwendungsfähigen Schiffes. Solange das Schiff noch im Bau ist, kann allenfalls eine Baureederei bestehen (§ 509 HGB). Andererseits

[52] Ruhwedel, Die Partenreederei, 1973, S. 320.
[53] OLG Kiel, HansRGZ 1934 B, Nr. 101, Sp. 335 (Sp. 338).
[54] Ruhwedel, Die Partenreederei, 1973, S. 320 ff.
[55] Schlegelberger/ K. Schmidt, § 105 Rn 77.
[56] K. Schmidt, Die Partenreederei als Handelsgesellschaft, 1995, S. 100.

führt der Verlust des Schiffes, also der unrettbare Untergang oder die Veräußerung, zur Auflösung der Gesellschaft (§ 506 HGB). Nach ganz herrschender Meinung[57] gehört zu jeder Partenreederei nur ein Schiff. Sind mehrere Schiffe vorhanden, so bestehen so viele Partenreedereien wie Schiffe.[58]
Dagegen will K. Schmidt der Partenreederei auch den Betrieb einer kleinen Flotte zugestehen.[59] Die Anzahl der möglichen Schiffe ist für die Frage der Mitgliedsfähigkeit unerheblich und kann hier deswegen dahinstehen.
Von Relevanz ist dagegen die Frage, ob das Reedereivermögen neben dem Seeschiff noch weitere Gegenstände umfassen kann. Hinweise darauf sind den §§ 489 ff. HGB nicht zu entnehmen.

Nach dem vom Gesetzgeber gezeichneten Normalbild der Partenreederei kann es zu einer solchen Vermögensbildung praktisch nicht kommen. Jeder erwirtschaftete Gewinn ist gemäß § 502 HGB sofort nach Beendigung der einzelnen Seereisen an die Mitreeder auszuschütten, anderweitig eingehendes Geld ist sogar vorher zu verteilen (§ 502 Abs. 3 HGB). Weder wird den Mitreedern zugemutet, auf den erzielten Gewinn ganz oder teilweise zugunsten eines ständigen gemeinschaftlichen Betriebsfonds zu verzichten, noch soll ihnen aus anderen Gründen ihr Profit länger als notwendig entzogen sein. Selbst die Bildung von Rücklagen für eventuelle Schiffsreparaturen sieht das Gesetz nicht vor. Es soll genügen, wenn die Mitreeder benötigte Geldmittel gemäß § 500 Abs. 1 HGB durch Nachschüsse aufbringen.

Die in den §§ 489 ff. HGB zu Grunde gelegten Wirtschafts- und Betriebsverhältnisse sind indessen längst überholt. So wird vor allem die obengenannte Bestimmung des § 502 HGB über die unverzügliche Gewinnausschüttung in den heutigen Reedereiverträgen generell abbedungen und die Gewinne werden thesauriert. Die im Wirtschaftsleben allgemein übliche Rechnungseinheit des Geschäftsjahres hat sich inzwischen auch bei der Partenreederei durchgesetzt[60] und die "beuteähnliche"[61] Verteilung sämtlicher anfallender Unternehmenserträge ist durch eine solide Geschäftspolitik mit Rücklagenbildung und steuerlichen Abschreibungen abgelöst worden. Die Vermögensansammlung stellt sich bei der

---

[57] Puttfarken, Seehandelsrecht, 1997, S. 219; Prüssmann/ Rabe, Seehandelsrecht, § 489 Rn 12; Bünz/ Neubauer, TranspR 1983, 85; Schaps-Abraham, Das deutsche Seerecht, 1962, § 489 Anm. 2; Herber, Seehandelsrecht, 1999, S. 141; Wüstendörfer, Neuzeitliches Seehandelsrecht mit besonderer Berücksichtigung des angloamerikanischen und internationalen Rechts, 1950, S. 149; MünchHdB GesR I/ Bote, § 87 Rn 12 ff.
[58] Puttfarken, Seehandelsrecht, 1997, S. 219.
[59] K. Schmidt, Die Partenreederei als Handelsgesellschaft, 1995, S. 88 ff.; ausdrücklich ablehnend Ruhwedel, DZWir 1996, 393 (395).
[60] Prüssmann/ Rabe, Seehandelsrecht, § 499 Rn 3.
[61] Ruhwedel, Die Partenreederei, 1973, S. 99.

Partenreederei heute deshalb keineswegs mehr als Zufallsprodukt einer verzögerten Ertragsausschüttung dar.[62]
So besteht das Vermögen üblicherweise auch aus Betriebsmittel- und Reservefonds und der Büroeinrichtung einer etwa vorhandenen eigenen Landniederlassung der Reederei. Selbst Betriebsgrundstücke, Kraftfahrzeuge für Zubringerdienste und dergleichen mehr können Ziel und Ergebnis einer vom Gesetz unberücksichtigten Vermögensbildung sein.[63]
Die Partenreederei kann In- und Auslandsvermögen hinzuerwerben, Gegenstände beliebiger Art, neben dem einen Seeschiff unstrittig auch Binnenschiffe.[64]

Zusammenfassend kann festgestellt werden, dass die Vermögensbildung der Partenreederei im Gesetz nicht ausdrücklich geregelt ist. Anerkanntermaßen kann die Partenreederei Gegenstände beliebiger Art[65] in das Reedereivermögen hinein erwerben. Somit steht auch dem Erwerb eines Gesellschaftsanteils nichts entgegen.

2. Wahrnehmung der Mitverwaltungsrechte als Personengesellschafter

Hat die Partenreederei einen Korrespondentreeder bestellt, so nimmt dieser für die Reederei deren Rechte und Pflichten als Gesellschafterin war.
Als problematisch kann sich allein der höchst seltene Umstand erweisen, dass die Reederei keinen Korrespondentreeder bestellt hat und stattdessen die Mitreeder selbst die Geschäfte führen und die Reederei nach außen vertreten (§ 491 I HGB). Das kann realistischerweise nur angenommen werden, wenn die Zahl der Mitreeder gering ist. Diese entscheiden über die Wahrnehmung ihrer Gesellschafterrechte in der Personengesellschaft nach dem Mehrheitsprinzip nach Maßgabe der Größe ihrer Schiffsparten (§ 491 I 2, 3 HGB).
Insoweit dies zu Beschwernissen für die Gesellschaft führt, kann es dieser überlassen werden, ihre innere Organisation entsprechend zu gestalten, der Partenreederei etwa die Auflage zur Bestimmung eines Vertreters zu erteilen, oder so organisierte Reedereien eben nicht als Gesellschafter aufzunehmen. Ein Hindernis für die grundsätzliche Mitgliedsfähigkeit kann darin nicht gesehen werden.

---

[62] Ruhwedel, Die Partenreederei, 1973, S. 98 f.
[63] Ruhwedel, Die Partenreederei, 1973, S. 99 f.; Herber, Seehandelsrecht, 1999, S. 138.
[64] K. Schmidt, Die Partenreederei als Handelsgesellschaft, 1995, S. 89.
[65] Jedenfalls soweit es sich nicht um ein weiteres Seeschiff handelt.

3. Haftung als Personengesellschafter

Haftungsrechtliche Bedenken gegen die Mitgliedsfähigkeit der Partenreederei können allenfalls für die Mitgliedschaft in Außengesellschaften bestehen. Als unternehmenstragender Gesellschafter einer stillen Gesellschaft (§ 230 HGB) haftet die Reederei nicht anders als ohne dieses Gesellschaftsverhältnis, als stille Gesellschafterin haftet sie Dritten gegenüber überhaupt nicht, jedenfalls nicht in ihrer Eigenschaft als Gesellschafterin. Nicht anders ist die Haftungslage, wenn die Partenreederei mit anderen eine BGB-Innengesellschaft bildet. Auch dann entstehen keine Gesellschaftsverbindlichkeiten, für die sie einstehen müsste.

Es bleibt die Frage, ob die Mitgliedschaft der Partenreederei in der Außen-GbR und den Personenhandelsgesellschaften im Hinblick auf die Haftungsanforderungen der §§ 128 ff. HGB bzw. §§ 171 ff. HGB zu unüberwindlichen Problemen führt.

Als selbstständiges Rechtssubjekt haftet die Partenreederei als Gesellschafterin für die Schulden der Gesellschaft mit ihrem eigenen Vermögen, d. h. mit dem – immer vorhandenen – Seeschiff und den übrigen Vermögensgegenständen. Daneben haften die Mitreeder pro rata persönlich (§§ 489, 507 HGB).

4. Keine Haftungsbeschränkung nach LondonHBÜ

Ein Problem kann man Ruhwedel[66] zufolge darin sehen, dass die Reederei im Falle der Inanspruchnahme als Gesellschafterin möglicherweise von der ihr in den §§ 486 ff. HGB eingeräumten Vergünstigung der Haftungsbeschränkbarkeit auf einen bestimmten Fond Gebrauch macht und ihre an sich unbegrenzte Haftung damit sofort hinfällig werde.
In Anbetracht der allgemein anerkannten Mitgliedschaft von Aktiengesellschaften und Gesellschaften m. b. H. in Personenhandelsgesellschaften könne der Umstand der Haftungsbeschränkung auf einen Fond aber keinen überzeugenden Hinderungsgrund für die Mitgliedschaft darstellen. § 487 a Abs. 2 HGB schreibe als Berechnungsbasis einen Mindestraumgehalt von dreihundert Tonnen vor, so dass auch bei der Reederei ein bestimmtes Minimum an Haftungsmasse gesichert sei. Im Übrigen könne nur die Haftung für solche Ansprüche beschränkt werden, die aus der Verwendung des Schiffes entstanden sind (§ 486 I HGB) und schließlich hafteten zusätzlich die Mitreeder.

---

[66] Ruhwedel, Die Partenreederei, 1973, S. 321.

Dem ist zuzustimmen. Dass die Möglichkeit der Haftungsbeschränkung nach § 486 HGB i. V. m. LondonHBÜ der Mitgliedschaft nicht entgegensteht, soll an drei Beispielen verdeutlicht werden:
Denkbar ist zunächst der Fall, dass die Partenreederei selbst – mit ihrem Schiff – einen Haftungstatbestand verwirklicht. Dann kann sie ihre Haftung für die daraus entstehenden Verbindlichkeiten nach Maßgabe des LondonHBÜ beschränken. Unberührt davon bleibt die unbeschränkte Haftung als Gesellschafterin für die Verbindlichkeiten der Personengesellschaft.

Wenn die Rechtsform der Partenreederei nach § 489 I HGB voraussetzt, dass mehrere Personen ein Schiff zum Erwerb durch Seefahrt verwenden, so heißt das nach allgemeiner Meinung nicht, dass die Partenreederei mit dem eigenen Schiff selbst Frachtfahrt o. ä. betreiben muss. Ausreichend ist vielmehr auch das Verchartern des Schiffes an Dritte.[67]
Vorstellbar ist nun der Fall, dass die Personengesellschaft, der die Partenreederei als Mitglied angehört, das Schiff von dieser chartert und einen der in Artikel 2 London HBÜ niedergelegten Haftungstatbestände verwirklicht.
Nach Art 1 Abs. 2 LondonHBÜ gelten die Haftungsbeschränkungsmöglichkeiten auch für Charterer. Macht die Gesellschaft von diesem Recht Bebrauch (§ 486 HGB i. V. m. London HBÜ), dann kann sich nach § 129 HGB (bzw. entsprechend § 129 HGB)[68] auch die Partenreederei darauf berufen.

Letztlich unproblematisch ist es auch, falls es – auf den ersten Blick – zu keinem Gleichlauf zwischen der Haftung der Personengesellschaft und der Partenreederei als deren Gesellschafter kommt.
Wenn bei vorgenannter Sachlage die Gesellschaft als Charterer ihre Haftung nicht durch Errichtung eines Fonds beschränken kann, weil etwa einer der Ausschlusstatbestände des Art. 4 LondonHBÜ erfüllt ist, müssten sie und ihre Gesellschafter (§§ 128 ff. HGB) voll haften.
Kann in diesem Fall aber die Partenreederei als Eigentümerin des Schiffes ihr Recht auf Haftungsbeschränkung in Anspruch nehmen, so hindert das ihre Haftung für die Gesellschaftsverbindlichkeiten nicht. Denn es ist zwischen ihrer Rolle als Gesellschafter mit der daraus folgenden Haftung und ihrer Rolle als Eigentümer und Vercharterer zu unterscheiden.
Zusammenfassend kann festgestellt werden, dass haftungsrechtliche Gründe der Mitgliedschaft in Personengesellschaften nicht entgegenstehen.[69]

---

[67] Prüssmann/ Rabe, Seehandelsrecht, § 484 Rn 4.
[68] Vgl. BGH NJW 2001, 1056 (1061).
[69] Ebenso Ruhwedel, Die Partenreederei, 1973, S. 321 f.

5. Ergebnis

Es hat sich gezeigt, dass gegen die Mitgliedschaft einer Partenreederei in Personengesellschaften keine Bedenken bestehen. Eine Ausnahme bildet freilich auch hier die Partnerschaftsgesellschaft, die nur natürliche Personen als Gesellschafter aufnehmen kann (§ 1 Abs. 1 PartGG).

V. Mitgliedschaft in juristischen Personen

Keine Bedenken bestehen gegen die Mitgliedschaft einer Partenreederei in Verbänden in der Rechtsform juristischer Personen.[70] Praktisch bedeutsam ist die Mitgliedschaft in eingetragenen Vereinen (§§ 21 ff. BGB). Namentlich Berufsvereinigungen der deutschen Seeschifffahrt, die überwiegend in der Rechtsform eines eingetragenen Vereins organisiert sind, zählen heute eine nicht geringe Anzahl von Partenreedereien zu ihren Mitgliedern.[71]

---

[70] Ebenso Ruhwedel, Die Partenreederei, 1973, S. 320 f. bezogen auf die Mitgliedschaft im eingetragenen Verein.

[71] Die Mitgliederliste des Verbandes Deutscher Küstenschiffer e. V. in Hamburg, wies am 1. Mai 1970 als Mitglieder 176 Partenreedereien aus. Zahlen nach Ruhwedel, S. 321.

§ 11 Gesellschafterfähigkeit des nichtrechtsfähigen Vereins

I. Grundlagen

Der nichtrechtsfähigen Verein (§ 54 BGB) wird als eine auf Dauer angelegte Vereinigung einer größeren Anzahl von Personen mit körperschaftlicher Organisation, Vorstand und Mitgliederversammlung, die vom Mitgliederwechsel unabhängig ist und einen Gesamtnamen führt, definiert.[1] Er zählt zu den Gesamthandsgemeinschaften.[2]
Entgegen dem, was die geläufige Bezeichnung vermuten lässt, ist heute die Rechtsfähigkeit des „nichtrechtsfähigen" Vereins ganz überwiegend anerkannt.[3] Das Merkmal „nicht rechtsfähig" besagt nur, dass diese Personenvereinigung keine juristische Person ist und ihre Rechtsfähigkeit weder durch Eintragung in das Vereinsregister (§ 21 BGB) noch durch staatliche Verleihung (§§ 22 f. BGB) erlangt.[4] Der Verein selbst ist Träger von Rechten und Pflichten, ihm selbst gehört das Vereinsvermögen und er kann Gläubiger und Schuldner rechtsgeschäftlicher und gesetzlicher Schuldverhältnisse sein.[5]

Für die auf den nichtrechtsfähigen Verein anwendbaren Vorschriften verweist § 54 S. 1 BGB auf das Recht der Gesellschaft. Dass dieses für die Vereine nicht angemessen ist, wussten schon die Verfasser des BGB.[6] Inzwischen hat sich in einem von der Natur der Sache geleiteten Rechtsfortbildungsprozess[7] ein Sonderrecht des nichtrechtsfähigen Vereins entwickelt.

---

[1] Vgl. RGZ 165, 140 (143); 143, 212 (213); 95, 192 (193 f.); 74, 371 (372); BGHZ 25, 311 (313); Schöpflin, Der nichtrechtsfähige Verein, 2003, S. 153, 180; MünchKomm/ Reuter, § 54 Rn 1; Zur – praktisch schwierigen – Abgrenzung von der GbR vgl. Schöpflin, Der nichtrechtsfähige Verein, 2003, S. 154 ff.; K. Schmidt, Gesellschaftsrecht, S. 733 ff.
[2] Vgl. RGZ 143, 212 (213, 215); BGHZ 50, 325 (329); K. Schmidt, Gesellschaftsrecht, S. 736 ff.; Schöpflin, Der nichtrechtsfähige Verein, 2003, S. 95 ff.; Soergel/ Hadding, § 54 Rn 16; Erman/ Westermann, § 54 Rn 8.
[3] BGHZ 50, 325 (329); 146, 190; MünchKomm/ Reuter, § 54 Rn 15; K. Schmidt, Gesellschaftsrecht, S. 736 ff.; Reichert, Handbuch des Vereins- und Verbandsrechts, Rn 2441; Bamberger/ Roth/ Schwarz, BGB, § 54 Rn 3; Soergel/ Hadding, § 54 Rn 16, vor § 21 Rn 3; für Teilrechtsfähigkeit: Palandt/ Heinrichs, § 54 Rn 7; Staudinger/ Weick, § 54 Rn 2; aA Larenz/ Wolf, BGB AT, S. 237; Kübler, Gesellschaftsrecht, S. 127; Bork, BGB AT, S. 222; Schöpflin, Der nichtrechtsfähige Verein, 2003, S. 313 ff.
[4] Soergel/ Hadding, § 54 Rn 16; K. Schmidt, Gesellschaftsrecht, S. 736.
[5] K. Schmidt, Gesellschaftsrecht, S. 736 f.; Bamberger/ Roth/ Schwarz, BGB, § 54 Rn 13 ff.
[6] Mugdan, Protokolle, Bd. I, S. 640 ff. Zu den rechtspolitischen Gründen, die zu § 54 BGB geführt haben sowie überhaupt zum Entstehungsprozess dieser Vorschrift, vgl. Schöpflin, Der nichtrechtsfähige Verein, 2003, S. 23 ff.
[7] Larenz, Methodenlehre der Rechtswissenschaft, 1992, S. 307 f.; K. Schmidt, Gesellschaftsrecht, S. 740 f.

Für den nichtrechtsfähigen Idealverein hat dies zur Folge, dass im Zweifel die Vorschriften des eingetragenen Vereins entsprechend heranzuziehen sind, mit Ausnahme jener Normen, welche die Eintragung voraussetzen (namentlich §§ 68 ff. BGB).[8] Das gilt auch hinsichtlich der Haftungsverfassung. Ebenso wenig wie die Mitglieder eines eingetragenen Vereins haften diejenigen eines nichtrechtsfähigen Idealvereins für dessen Verbindlichkeiten persönlich.[9]

Teilweise anderes gilt für den nichtrechtsfähigen Wirtschaftsverein. Die Abgrenzung des Wirtschafsvereins vom Idealverein erfolgt nach einer teleologisch-typologischen Methode, die hier nicht näher erläutert zu werden braucht.[10] Um keinen nichtrechtsfähigen Verein handelt es sich bei einem Verband, der als wirtschaftlicher Verein auftritt und ein Handelsgewerbe betreibt. In diesem Fall ist kraft Rechtsformzwangs eine OHG gegeben.[11]
Die Mitglieder eines nichtrechtsfähigen Wirtschaftsvereins haften nach allgemeiner Meinung für die Verbindlichkeiten des Vereins auch persönlich, ebenso wie die Gesellschafter einer Außen-GbR (§ 54 S. 1 BGB, §§ 128 ff. HGB analog).[12]

Neben die Haftung des nichtrechtsfähigen Vereins selbst[13] sowie die seiner Mitglieder tritt die sog. Handelndenhaftung nach § 54 S. 2 BGB, unabhängig von einer wirtschaftlichen Betätigung des Vereins. Danach haftet derjenige persönlich, der im Namen des Vereins ein Rechtsgeschäft vornimmt. Es entsteht dann ein gesetzliches Schuldverhältnis zwischen dem Handelnden und dem Beteiligten des Rechtsgeschäfts. Ein Haftungsausschluss durch eine entsprechende Sat-

---

8 MünchKomm/ Reuter, § 54 Rn 4 ff.; Erman/ Westermann, § 54 Rn 1, 6; Bamberg/ Roth/ Schwarz, § 54 Rn 11; K. Schmidt, Gesellschaftsrecht, S. 743.

9 Statt aller: Bamberger/ Roth/ Schwarz, BGB, § 54 Rn 19.

10 Vgl. K. Schmidt, Gesellschaftsrecht, S. 668 ff.

11 BGHZ 22, 240 (244); Soergel/ Hadding; § 54 Rn 3; Staudinger/ Weick, § 54 Rn 29; K. Schmidt, Gesellschaftsrecht, S. 734; Reiff, Die Haftungsverfassungen nichtrechtsfähiger unternehmenstragender Verbände, 1996, S. 79; Kübler, Gesellschaftsrecht, S. 128; Reichert, Handbuch des Vereins- und Verbandsrechts, Rn 2466; Flume, ZHR 148 (1984), 503 (517); Koller/ Roth/ Morck, HGB, § 1 Rn 27; wie eine OHG behandeln wollen ihn z. B.: Erman/ Westermann, § 54 Rn 3; Kraft/ Kreutz, Gesellschaftsrecht, S. 311; MünchKomm/ Reuter, § 54 Rn 49.

12 BGHZ 146, 190, 201; Soergel/ Hadding, § 54 Rn 25; Staudinger/ Weick, § 54 Rn 54; MünchKomm/ Reuter, § 54 Rn 52; Palandt/ Heinrichs, § 54 Rn 12; Kübler, Gesellschaftsrecht, S. 129; K. Schmidt, Gesellschaftsrecht, S. 734; Flume, ZHR 148 (1984), 503 (518); Wiedemann, Gesellschaftsrecht I, S. 94; Reichert, Handbuch des Vereins- und Verbandsrechts, 2003, Rn 2466 u. 2510; Kraft/ Kreutz, Gesellschaftsrecht, S. 310 f.; Grunewald, Gesellschaftsrecht, S. 217; aA Heckelmann, AcP 179 (1979), 1 (11), der "in der Regel" von einer Beschränkung auf das Vereinsvermögen ausgeht; Reuter, FS- Semler,1993, 933 (949 ff.), der diese Auffassung aber inzwischen aufgegeben hat.

13 Statt aller: Soergel/ Hadding, § 54 Rn 22.

zungsgestaltung ist nicht möglich[14], das kann nur mittels ausdrücklicher Vereinbarung zwischen den Beteiligten des Rechtsgeschäfts erreicht werden.[15] Handelnder im Sinne von § 54 S.2 BGB ist jeder, der als Vertreter des nicht eingetragenen Vereins tätig wird. Handelnde können außer Vorstandsmitgliedern auch besondere Vertreter (§ 30 BGB) oder nur Bevollmächtigte sein.[16]

II. Als Gesellschafter einer GbR

Die Fähigkeit des nichtrechtsfähigen Vereins, Gesellschafter einer GbR zu sein, ist allgemein anerkannt.[17]
Dank der körperschaftlichen Struktur des Vereins bestehen hinsichtlich der Wahrnehmung der Gesellschafterrechte und –pflichten keine Bedenken. Zwar verfügt der nichtrechtsfähige Verein typischerweise über eine Vielzahl von Mitgliedern, doch führt das zu keinen unvertretbaren Beschwerlichkeiten für die Gesellschaft, denn der Verein handelt auch in der Gesellschaft durch seinen Vorstand (§§ 26 f. BGB).
Der nichtrechtsfähige wirtschaftliche Verein haftet mit dem Vereinsvermögen für die Verbindlichkeiten der GbR entsprechend §§ 128 ff. HGB. Daneben tritt die Haftung der Vereinsmitglieder nach § 54 S.1 BGB, §§ 128 ff. HGB analog. Handelt es sich um einen Idealverein, der sich im Rahmen seines Nebenzweckprivilegs an einer GbR beteiligt, so haften die Vereinsmitglieder den Gläubigern der GbR nicht persönlich.[18] Eine persönliche Haftung trifft aber den Vereinsvorstand, soweit der an der Geschäftsführung der GbR beteiligt ist (§ 54 S. 2 BGB).[19]
Die Haftung mit dem Vereinsvermögen und die Handelndenhaftung sieht die überwiegende Meinung als ausreichend an.[20] Dagegen zieht Habermeier in Erwägung, die Mitglieder des nichtrechtsfähigen Vereins, der sich an einer wirtschaftlich oder unternehmerisch tätigen GbR beteiligt, aus Gläubigerschutzgründen in jedem Fall den Gläubigern der GbR persönlich haften zu lassen.[21]
Diese Auffassung ist problematisch, denn sie steht im Widerspruch zu der Gesellschafterfähigkeit des eingetragenen Idealvereins. Der e. V. garantiert dem

---

[14] BGH, NJW 57, 1186.
[15] Soergel/ Hadding, § 54 Rn 29 f.
[16] Soergel/ Hadding, § 54 Rn 28.
[17] MünchKomm/ Ulmer, § 705 Rn 80; Soergel/ Hadding, § 705 Rn 25; Staudinger/ Habermeier, § 705 Rn 29; Bamberger/ Roth/ Timm/ Schöne, BGB, § 705 Rn 54; Erman/ H. P. Westermann, § 705 Rn 22.
[18] MünchKomm/ Ulmer, § 705 Rn 80; Soergel/ Hadding, § 705 Rn 25.
[19] MünchKomm/ Ulmer, § 705 Rn 80.
[20] MünchKomm/ Ulmer, § 705 Rn 80; Erman/ H. P. Westermann, § 705 Rn 22; Soergel/ Hadding, § 705 Rn 25.
[21] Staudinger/ Habermeier, § 705 Rn 29.

Rechtsverkehr auch kein haftendes Kapital und kann sich trotzdem im Rahmen seines Nebenzweckprivilegs an einer unternehmenstragenden oder sonst wirtschaftlich tätigen GbR beteiligen, ohne dass dies zur Haftung der Vereinsmitglieder führt.[22]
Als Ergebnis ist jedenfalls festzuhalten, dass ein nichtrechtsfähiger Verein Gesellschafter einer GbR sein kann.

III. Als Gesellschafter einer oHG und KG

Die Fähigkeit eines nichtrechtsfähigen Vereins, sich an einer OHG oder als persönlich haftender Gesellschafter einer KG zu beteiligen, wird bisher fast einhellig bestritten.[23] Vereinzelte Gegenstimmen sind erst in jüngster Zeit zu registrieren.[24] Im Grunde ähnelt die Problemlage jener, die schon für die Beteiligung der BGB-Gesellschaft an einer oHG/ KG beschrieben wurde, nur ist die praktische Relevanz wohl geringer und demzufolge die Thematisierung in der Literatur seltener. Die ablehnende Haltung stützt sich auf folgende Argumente:

1. Einwand der mangelnden Rechtsfähigkeit

Gegen die Mitgliedsfähigkeit wird mit dem Argument gestritten, es mangele dem nichtrechtsfähigen Verein an selbstständiger Verpflichtungsfähigkeit[25] bzw. er könne nach außen nicht als geschlossene Einheit auftreten.[26]

Dem ersten Einwand ist mit der ganz überwiegenden Erkenntnis, dass der nichtrechtsfähige Verein Träger von Rechten und Pflichten und als solcher verpflichtungsfähig ist, der Boden entzogen. Der Verein haftet für sämtliche Schulden, sowohl rechtsgeschäftlich als auch gesetzlich begründete, selbst, mit sei-

---

[22] Mit diesem Argument Schöpflin, Der nichtrechtsfähige Verein, 2003, S. 344, gegen die persönliche Haftung der Mitglieder eines nr Idealvereins, der OHG-Gesellschafter ist.
[23] Koller/ Roth/ Morck, HGB, § 105 Rn 19; Kübler, Gesellschaftsrecht, S. 66; Hueck/ Windbichler, Gesellschaftsrecht, S. 128; GroßkommHGB/ Fischer, 3. Aufl., § 105 Anm. 28; Hueck, Das Recht der OHG, 1971, S. 23; GroßkommHGB/ Ulmer, § 105 Rn 97; Heymann/ Emmerich, § 105 Rn 46; H. Westermann, Personengesellschaftsrecht, S. 85; Graf Hardenberg, Die Beteiligung von nichtrechtsfähigen Vereinen an Gesellschaften und Körperschaften, 1969, S. 35 ff.; Ensthaler/ Ensthaler, GK-HGB, § 105 Rn 9.
[24] Baumbach/ Hopt/ Merkt, HGB, § 105 Rn 28; Schöpflin, Der nichtrechtsfähige Verein, 2003, S. 343 f.; Schlegelberger/ K. Schmidt, § 105 Rn 76; ders., MünchKommHGB, § 105 Rn 87, zweifelnd aber für die Stellung als vertretungsberechtigter Gesellschafter.
[25] A. Hueck, Das Recht der OHG, 1971, S. 23.
[26] Großkommentar zum HGB/ Fischer, 3. Aufl., § 105 Anm. 28.

nem Vermögen.[27] Selbst jene, die an der mangelnden Rechtsfähigkeit festhalten, sehen darin kein Hindernis für die Beteiligungsfähigkeit an einer OHG oder KG.[28]

Der zweite Einwand geht schon deswegen fehl, weil es zu den typischen Merkmalen[29] des nichtrechtsfähigen Vereins gehört, im Rechtsverkehr unter einem eigenen Namen aufzutreten.

2. Einwand fehlender Handelsregisterpublizität

Ein weiteres Bedenken, das gegen die Beteiligung des nichtrechtfähigen Vereins vorgebracht wird, ist dessen mangelnde Registerfähigkeit.[30]
Daran ist richtig, dass der nichtrechtsfähige Verein – wie auch die GbR – einer eigenen Registereintragung entbehrt. Deshalb wird die durch die §§ 106, 107 HGB angestrebte Rechtsklarheit nicht erreicht, wenn als Gesellschafter der OHG oder KG allein der Verein unter seinem Namen erscheint. Vielmehr ist der Verein mit sämtlichen Mitgliedern in das Handelsregister einzutragen (§ 106 II HGB) und auch jeder Mitgliederwechsel (§§ 106, 107, 143 II, 161 II, 162 HGB).[31]
Ist der nichtrechtsfähigen Verein nicht ausnahmsweise von der Vertretungsmacht ausgeschlossen (§ 125 I HS 2 HGB), so muss auch die Vertretungsmacht der Vorstandsmitglieder eingetragen werden (entsprechend §§ 106 Nr. 4, 107 HGB).
Die Eintragung sämtlicher Mitglieder ist bei Vereinen mit großen Mitgliederzahlen wenig praktikabel. Das spricht aber nicht gegen die Gesellschafterstellung nichtrechtsfähiger Vereine an sich.[32]

---

[27] Soergel/ Hadding, § 54 Rn 22.
[28] Schöpflin, Der nichtrechtsfähige Verein, 2003, S. 95 ff., 342 ff., lehnt die Rechtsfähigkeit zwar ab, hält den nr Verein aber für rechtsverkehrsfähig und gesellschafterfähig.
[29] RGZ 60, 94 (99); BGHZ 25, 311 (313); Schöpflin, Der nichtrechtsfähige Verein, 2003, S. 162 f.
[30] GroßkommHGB/ Ulmer, § 105 Rn 97; H. Westermann, Personengesellschaftsrecht, S. 85; Schlegelberger/ Martens, § 161 Rn 35.
[31] Schlegelberger/ K. Schmidt, § 105 Rn 76; ders., MünchKommHGB, § 105 Rn 87; Schöpflin, Der nichtrechtsfähige Verein, 2003, S. 344.
[32] Vgl. Schöpflin, Der nichtrechtsfähige Verein, 2003, S. 344.

3. Einwand ungenügender organisatorischer Verfestigung

Der Mitgliedschaft in einer OHG wird mit dem Argument der ungenügenden organisatorischen Verfestigung des nichtrechtsfähigen Vereins entgegengetreten. Dieser sei zur Geschäftsführung und Vertretung ungeeignet.[33]

Aus Sicht der OHG/ KG ist zunächst festzustellen, dass die Fähigkeit zur Geschäftsführung und Vertretung keine unabdingbare Voraussetzung der Gesellschafterfähigkeit ist. Das lässt das Gesetz erkennen, wenn es den Ausschluss einzelner Gesellschafter von diesen Organfunktionen vorsieht (§§ 114 II; 125 I HGB).

Aus Sicht des nichtrechtsfähigen Vereins ist dessen Unfähigkeit zur Wahrnehmung der Geschäftsführungs- und Vertretungsfunktionen zu bestreiten.
Der Verein ist der Prototyp körperschaftlich strukturierter Verbände. Er verfügt mit dem Vorstand über ein handlungsstarkes Leitungsorgan, das die aus der Gesellschafterstellung fließenden Rechte und Pflichten in der OHG wahrzunehmen in der Lage ist.
Im Übrigen ist der nichtrechtsfähige Verein genauso organisiert wie der eingetragene Verein. Dessen Fähigkeit, Gesellschafter einer OHG/ KG zu sein, ist aber unbestritten.[34]

4. Keine Kaufmannseigenschaft

Wie schon gegen die Gesellschafterfähigkeit der GbR, so wird auch die Mitgliedsfähigkeit eines nichtrechtsfähigen Vereins in einer OHG bzw. als Komplementär mit dem Argument abgelehnt, dass der Verein dann zum Kaufmann würde, weil der OHG-Gesellschafter Kaufmann sei. Die Rechtsordnung lasse erkennen, dass nur Gesellschaftsformen des Handelsrechts Kaufmann sein sollten, nicht aber solche des BGB.[35]
Auch dieser Einwand überzeugt nicht. Kaufmann ist nur die OHG bzw. KG selbst, nicht aber deren Gesellschafter.[36]

---

[33] So Kübler, Gesellschaftsrecht, S. 66, gegen die Gesellschafterfähigkeit von GbR, nr Verein und Erbengemeinschaft.
[34] Vgl. nur Koller/ Roth/ Morck, § 105 Rn 17; Schlegelberger/ K. Schmidt, § 105 Rn 56.
[35] Graf Hardenberg, Die Beteiligung von nicht rechtsfähigen Vereinen an Gesellschaften und Körperschaften, 1969, S. 44 ff., 53.
[36] K. Schmidt, Handelsrecht, S. 90 f. Siehe auch Kapitel § 7 IV 1 (4).

5. Haftung des nichtrechtsfähigen Vereins und der Mitglieder

Die jüngere Rechtsentwicklung hat zu einer Angleichung des Haftungsrechts der Außen-GbR an das der oHG geführt, so dass sich für die Gesellschafterhaftung in den jeweiligen Verbänden dieselben Konsequenzen ergeben (vgl. §§ 128 ff. HGB). Wegen der übereinstimmenden Haftungslage kann auf die für die Mitgliedschaft des nichtrechtsfähigen Vereins in der Außen-GbR gemachten Ausführungen verwiesen werden.

6. Ergebnis

Unter Praktikabilitätsgesichtspunkten, namentlich bei der Registereintragung mitgliederstarker Vereine, wird man die Beteiligung an einer oHG/ KG kaum für zweckmäßig halten können. Ein zwingendes Bedürfnis ist auch nicht erkennbar, denn zum einen ist es möglich, dass der Verein einen Treuhänder zum Gesellschafter macht, zum anderen kann er selbst die Rechtsfähigkeit erlangen.[37] Das lässt den Schluss zu, dass die Beteiligung eines nichtrechtsfähigen Vereins bei einer oHG/ KG unzweckmäßig ist, unzulässig ist sie aber nicht. Denn wie die Untersuchung gezeigt hat, stehen keine unüberwindlichen Hindernisse entgegen.

IV. Der nichtrechtsfähige Verein als Kommanditist

Zur Frage der Beteiligungsfähigkeit des nichtrechtsfähigen Vereins als Kommanditist halten sich die Pro- und Kontra – Stimmen in etwa die Waage.[38]
Den Befürwortern ist beizupflichten. Die Wahrnehmung der Mitverwaltungsrechte durch den Vereinsvorstand wirft keine Fragen auf. Der regelmäßige Ausschluss von der Geschäftsführung und die zwingende Fernhaltung von der organschaftlichen Vertretung hat zur Folge, dass an die Handlungsfähigkeit des Vereins nur geringe Anforderungen gestellt sind, so dass der Einwand unzureichender organisatorischer Verfestigung des nichtrechtsfähigen Vereins[39] nicht durchgreift.

---

[37] Vgl. Schöpflin, Der nichtrechtsfähige Verein, 2003, S. 345.
[38] Dafür: Graf Hardenberg, Die Beteiligung von nichtrechtsfähigen Vereinen an Gesellschaften und Körperschaften, 1969, S. 54 ff.; Schöpflin, Der nichtrechtsfähige Verein, 2003, S. 343 f.; Koller/ Roth/ Morck, HGB, § 105 Rn 19; MünchKommHGB/ K. Schmidt, § 105 Rn 87; dagegen: Schlegelberger/ Martens, § 161 Rn 35; Heymann/ Horn, § 161 Rn 42 f.; Ensthaler/ Fahse, GK-HGB, § 161 Rn 12.
[39] Vgl. Kübler, Gesellschaftsrecht, S. 66.

Das einzige ernsthafte Problem ist die mangelnde Registerpublizität des nichtrechtsfähigen Vereins.[40] Das ist hier genauso zu lösen wie bei der oHG, nämlich durch Eintragung des Vereins zuzüglich aller Vereinsmitglieder einschließlich der Veränderungen im Mitgliederbestand.[41] Diesen Weg weist das Gesetz jetzt auch für die GbR, die zuvor mit der gleichen Schwierigkeit zu kämpfen hatte (§ 162 Abs. 1 S. 2 HGB).
Im Ergebnis kann der nichtrechtsfähige Verein auch Kommanditist einer KG sein.

V. Als Gesellschafter einer stillen Gesellschaft

Eine stille Gesellschaft entsteht, wenn sich ein stiller Gesellschafter aufgrund eines Gesellschaftsvertrages mit einer Einlage am Unternehmen eines Kaufmanns beteiligt (§ 230 HGB).[42] Ebenso wenig wie eine GbR ist ein nichtrechtsfähiger Verein Kaufmann. Nach herrschender Auffassung ist ein Verband, der ein Handelsgewerbe betreibt, kraft Rechtsformzwangs eine OHG oder KG.[43] Das gilt auch dann, wenn er eine ausgeprägte körperschaftliche Struktur hat. Möglich ist allenfalls, dass der nichtrechtsfähige Verein ein nichtkaufmännisches Unternehmen betreibt und die Beteiligung eines stillen Gesellschafters zulässt. Dann sind die §§ 230 ff. HGB entsprechend anwendbar, so dass die praktischen Auswirkungen gering sind.[44] Um eine stille Gesellschaft im Rechtssinne handelt es sich nicht.
Der nichtrechtsfähige Verein kann also nicht als Unternehmensträger Gesellschafter einer stillen Gesellschaft sein.[45]

Nach einhelliger Auffassung zulässig[46] und zudem unproblematisch ist die Beteiligung des nichtrechtsfähigen Vereins als stiller Gesellschafter.

---

[40] Diesen Einwand erhebt Schlegelberger/ Martens, § 161 Rn 35.

[41] Schlegelberger/ K. Schmidt, § 105 Rn 76; ders., MünchKommHGB, § 105 Rn 87; Schöpflin, Der nichtrechtsfähige Verein, 2003, S. 344.

[42] MünchKommGesR/ K. Schmidt, Bd. 3, § 230 Rn 2, 3.

[43] K. Schmidt, Gesellschaftsrecht, S. 335, 1305 f., 1371; MünchKomm/ Ulmer, vor § 705 Rn 17.

[44] Vgl. MünchKommGesR/ K. Schmidt, Bd. 3, § 230 Rn 2, 24, 28, zur Innen-GbR.

[45] Ebenso Hardenberg, Die Beteiligung von nicht rechtsfähigen Vereinen an Gesellschaften und Körperschaften, 1969, S. 64.

[46] MünchHdBGesR II/ Bezzenberger, § 5 StG, Rn 17; Paulick/ Blaurock, Handbuch der Stillen Gesellschaft, 1998, S. 80; Hardenberg, Die Beteiligung von nicht rechtsfähigen Vereinen an Gesellschaften und Körperschaften, 1969, S. 65.

VI. Als Mitglied einer Partenreederei

Der Mitgliedschaft eines nichtrechtsfähigen Vereins in einer Partenreederei stehen keine Hindernisse entgegen. Sowohl die an den Mitreeder gestellten haftungsrechtlichen Anforderungen als auch solche bezüglich der Mitverwaltung vermag der nichtrechtsfähige Verein zu erfüllen, wie im Folgenden zu zeigen ist.

1. Mitreederhaftung

(1) Haftung für Verbindlichkeiten der Reederei

Die Haftung der Mitreeder für Verbindlichkeiten der Gesellschaft beschränkt sich, anders als jene der BGB-und Personenhandelsgesellschafter, auf eine Pro-rata-Haftung. Die Mitreeder haften den Reedereigläubigern unmittelbar und primär nach dem Verhältnis der Größe ihrer Schiffsparten (§ 507 I HGB).

Für die Mitreedereigenschaft des nichtrechtsfähigen Vereins folgt daraus zunächst die Haftung des Vereins selbst. Hinsichtlich der Haftung der Vereinsmitglieder gilt das allgemeine Haftungsstatut des nichtrechtsfähigen Vereins.[47] Bei Idealvereinen haften demnach die Mitglieder nicht, solange sich die Beteiligung an der Partenreederei im Rahmen des Nebenzweckprivilegs hält und der nichtrechtsfähige Idealverein nicht zum wirtschaftlichen Verein geworden ist. Die fehlende Mitgliederhaftung spricht nicht gegen die Mitreederstellung des nichtrechtsfähigen Idealvereins, da auch der eingetragene Verein als juristische Person, der dem Rechtsverkehr kein haftendes Kapital garantiert, wenigstens im Rahmen des Nebenzweckprivilegs Mitreeder sein kann.[48]
Beim wirtschaftlichen nichtrechtsfähigen Verein haften die Mitglieder persönlich, so dass der Gläubigerschutz besonders gut gewährleistet ist (§ 54 S. 1 BGB, §§ 128 ff. HGB analog). Unter Umständen tritt daneben noch die Handelndenhaftung nach § 54 S.2 BGB.

(2) Haftung für Beiträge und Nachschussverpflichtungen

Der Reederei gegenüber haftet der nichtrechtsfähige Verein allein (Idealverein) oder neben seinen Mitgliedern (wirtschaftlicher Verein) für gesellschaftsvertraglich vereinbarte Beitrags- und Nachschusspflichten (§ 500 I HGB). Daneben

---

[47] S. o. Kapitel § 11 I.
[48] Zur Mitreederschaft juristischer Personen in der heutigen seewirtschaftlichen Praxis vgl. Ruhwedel, Die Partenreederei, 1973, S. 24.

kann die Reederei den oder die für den nichtrechtsfähigen Verein Handelnden in Anspruch nehmen (§ 54 S. 2 BGB).

2. Wahrnehmung der Mitverwaltungsrechte und -pflichten

Regelmäßig obliegen Geschäftsführung und Vertretung der Reederei dem Korrespondentreeder, so dass eine unternehmerische Mitwirkung der Mitreeder nicht gefordert ist (§§ 492 ff. HGB). Sie beschränkt sich vielmehr auf die Beteiligung an der Willensbildung durch Beschlussfassung, für die eine Form – etwa eine Gesellschafterversammlung – vom Gesetz nicht vorgesehen ist (§ 491 HGB). In den Reedereiverträgen wird vielfach vorgesehen, dass eine Beschlussfassung der Mitreeder nur bei ungewöhnlichen Geschäften erforderlich ist.[49]
Der nichtrechtsfähige Verein handelt als Mitreeder durch seinen Vorstand (§ 26 f. BGB). Da besondere Fähigkeiten für die Mitreederschaft nicht erforderlich sind, dürften hierbei auch keine Probleme auftreten.

VII. Mitgliedschaft in einem anderen nichtrechtsfähigen Verein

Nach allgemeiner Meinung kann ein nichtrechtsfähiger Verein Mitglied eines anderen nichtrechtsfähigen Vereins sein.[50]
Durch seine körperschaftliche Organisation, insbesondere durch seinen Vorstand, ist der nichtsrechtsfähige Verein ausreichend handlungsfähig. Sofern die Mitgliedschaft in einem wirtschaftlichen Verein in Frage steht, haftet der Mitgliedsverein – entsprechend seiner Rechtsfähigkeit[51] – selbst, mit seinem Vereinsvermögen. Da er gemäß § 50 II ZPO passiv parteifähig ist, können Rechte gegen den nichtrechtsfähigen Verein als Mitglied eines anderen nichtrechtsfähigen Vereins grundsätzlich auch durchgesetzt werden. Mangels Registereintragung verlangt der nichtrechtsfähige Verein keine Durchsichtigkeit des Mitgliederbestandes für den Rechtsverkehr. Somit wird die ohnehin vorhandene Unübersichtlichkeit durch den Beitritt lediglich verstärkt.[52]

---

[49] Prüssmann/ Rabe, Seehandelsrecht, § 491 Rn 3.
[50] RGZ 73, 92 (96 f.); Staudinger/ Weick, § 54 Rn 5; Soergel/ Hadding, § 54 Rn 10; RGRK/ Steffen, § 54 Rn 13; Schöpflin, Der nichtrechtsfähige Verein, 2003, S. 340.
[51] K. Schmidt, Gesellschaftsrecht, S. 736 f.; Bamberger/ Roth/ Schwarz, BGB, § 54 Rn 13 ff.
[52] So zu Recht Schöpflin, Der nichtrechtsfähige Verein, 2003, S. 340.

VIII. Mitgliedschaft in Juristischen Personen

Die Fähigkeit des nichtrechtsfähigen Vereins zur Mitgliedschaft in juristischen Personen wird für fast alle Verbandsformen einhellig bejaht, so für die GmbH[53], die Aktiengesellschaft[54], die eingetragene Genossenschaft[55] und den BGB-Verein[56].

Der Grund ist zum einen bei den juristischen Personen selbst zu suchen. Diese sind so weit gegenüber ihren Mitgliedern verselbstständigt, dass es auf deren Eigenschaften kaum ankommt. Allenfalls aus dem konkret verfolgten Zweck des jeweiligen Verbandes kann ein qualifikatorisches Anforderungsprofil entstehen, namentlich bei eingetragenen Genossenschaften. Die körperschaftliche Struktur der juristischen Personen macht diese unabhängig von den Fähigkeiten und Eigenheiten ihrer Mitglieder. Die Geschäftsführung und Vertretung durch ein überwiegend[57] nach dem Prinzip der Fremdorganschaft organisiertes Leitungsorgan gewährleistet das Funktionieren der Verbandsperson. Darüber hinaus sichert das Mehrheitsprinzip, nach dem die mitgliedschaftliche Willensbildung sich vollzieht, dass selbst das Obstruktionsverhalten eines Mitgliedes oder gar einer größeren Minderheit weitgehend wirkungslos bleibt.
Neben den organisationsrechtlichen Gesichtspunkten ist für die grundsätzliche Offenheit juristischer Personen für Beteiligungen deren Haftungsverfassung verantwortlich. Namentlich die Tatsache, dass – von der Ausnahme der KGaA abgesehen – die Mitglieder nicht für die Verbindlichkeiten der juristischen Person haften, führt zu einer erheblichen Verringerung der Beteiligungsvoraussetzungen.

Auf der anderen Seite beruht die ausgeprägte Mitgliedsfähigkeit des nichtrechtsfähigen Vereins auf dessen organisationsrechtlicher Verfassung. Zwar verfügt

---

[53] Roth/ Altmeppen, GmbHG, § 1 Rn 30; Rowedder/ Schmidt-Leithoff, § 2 Rn 24; Baumbach/ Hueck/ Fastrich, GmbHG, § 1 Rn 34; Michalski, GmbHG, § 2 Rn 98; Hardenberg, Die Beteiligung von nicht rechtsfähigen Vereinen an Gesellschaften und Körperschaften, 1969, S. 66 ff.; Schöpflin, Der nichtrechtsfähige Verein, 2003, S. 338.

[54] Hüffer, AktG, § 2 Rn 10; GroßkommAktG/ Brändel, § 2 Rn 31; MünchKommAktG/ Bayer, § 69 Rn 9; Graf Hardenberg, Die Beteiligung von nicht rechtsfähigen Vereinen an Gesellschaften und Körperschaften, 1969, S. 74 ff.; Schöpflin, Der nichtrechtsfähige Verein, 2003, S. 338.

[55] Hettrich/ Pöhlmann, GenG, § 15 Rn 6; Müller, GenG, § 15 Rn 13; Lang/ Weidmüller/ Metz/ Schaffland, GenG, § 15 Rn 6; Beuthien, GenG, § 15 Rn 8; Schöpflin, Der nichtrechtsfähige Verein, 2003, S. 338.

[56] Soergel/ Hadding, § 38 Rn 5; Staudinger/ Weick, § 32 Rn 33; Reichert, Handbuch des Vereins- und Verbandsrechts, S. 20 f.; Sauter/ Schweyer/ Waldner, Der eingetragene Verein, S. 6; Stöber, Handbuch des Vereinsrechts, S. 10 u. S. 96; Schöpflin, Der nichtrechtsfähige Verein, 2003, S. 338.

[57] Auszunehmen sind insofern die eingetragene Genossenschaft und die KGaA.

ein nichtrechtsfähiger Verein typischerweise über eine nicht unerhebliche Mitgliederzahl, doch wird das durch die körperschaftliche Struktur ausgeglichen. Für die Mitwirkung in der jeweiligen juristischen Person wird der Verein durch den Vorstand vertreten (§ 26 II BGB).[58] Die Anwendung der §§ 69 I AktG, 18 I und III 3 GmbHG, wonach die Rechte aus der Aktie bzw. dem Geschäftsanteil nur durch einen gemeinschaftlichen Vertreter bzw. nur gemeinschaftlich ausgeübt werden können, ist somit entbehrlich. Die §§ 18 GmbHG und 69 AktG passen auch deshalb nicht, weil hier nicht die Mitgliedschaft der Vereinsmitglieder als am Geschäftsanteil oder der Aktie Mitberechtigte in Frage steht, sondern die Beteiligung des nichtrechtrechtsfähigen Vereins selbst.[59]

IX. Als Gesellschafter einer KGaA

Keine Zweifel bestehen an der Fähigkeit eines nichtrechtsfähigen Vereins, Kommanditaktionär einer KGaA zu sein. Die Rechtsstellung des Kommanditaktionär richtet sich weitgehend nach den Vorschriften, die auch für den Gesellschafter einer Aktiengesellschaft gelten (§ 278 Abs. 3 Akt), so dass jeder, der Aktionär sein kann, auch als Kommanditaktionär in Betracht kommt.[60] Stellungnahmen des Schrifttums zu dieser Frage sind nicht ersichtlich, immerhin ist aber die Aktionärsfähigkeit des nichtrechtsfähigen Vereins allgemein anerkannt.[61]

Bestritten ist dagegen die Fähigkeit des nichtrechtsfähigen Vereins, persönlich haftender Gesellschafter zu sein.[62] Dem liegen keine speziellen Bedenken aus dem Recht der KGaA zu Grunde, die Ablehnung stützt sich ausschließlich auf die herrschende Meinung im Personengesellschaftsrecht.
Nach hier vertretener Auffassung kann der nichtrechtsfähige Verein Komplementär einer Kommanditgesellschaft sein. Da die Rechtsstellung des Komplementärs einer KG weitgehend mit derjenigen des persönlich haftenden Gesell-

---

[58] Nach Beuthien, GenG, § 15 Rn 8, ist der nr Verein deswegen besser imstande, seine mitgliedschaftlichen Rechte und Pflichten wahrzunehmen, als eine GbR.

[59] Gegen die Anwendung des § 18 GmbH: Baumbach/ Hueck/ Fastrich, § 18 Rn 2; Hachenburg/ Zutt, § 18 Rn 12; Hachenburg/ Ulmer, § 2 Rn 80; Lutter/ Hommelhoff, § 18 Rn 2; Roth/ Altmeppen, § 18 Rn 5; gegen d. Anw. v. § 69 AktG : Hüffer, AktG, § 69 Rn 3; Kölner KommAktG/ Lutter, § 69 Rn 8; gegen die Anwendung der §§ 18 GmbHG und § 69 AktG, allerdings ablehnend gegenüber der Rechtsfähigkeit des nr Vereins und mit Stellungnahme zur Haftung des nr Idealvereins, Schöpflin, Der nichtrechtsfähige Verein, 2003, S. 338 f.

[60] MünchKommAktG/ Semler/ Perlitt, § 278 Rn 94; MünchHdBGesR IV/ Herfs, § 76 Rn 42.

[61] Hüffer, AktG, § 2 Rn 10; GroßkommAktG/ Brändel, § 2 Rn 31; MünchKommAktG/ Bayer, § 69 Rn 9; Graf Hardenberg, Die Beteiligung von nicht rechtsfähigen Vereinen an Gesellschaften und Körperschaften, 1969, S. 74 ff.; Schöpflin, Der nichtrechtsfähige Verein, 2003, S. 338.

[62] MünchKommAktG/ Semler/ Perlitt, § 278 Rn 36.

schafters der KGaA übereinstimmt[63] und folglich auch die gleichen Fragen zu diskutieren sind, soll auf die dort angestellten Überlegungen verwiesen werden.[64]
Im Ergebnis ist die Fähigkeit des nichtrechtsfähige Vereins zu bejahen, sich sowohl als Kommanditaktionär als auch als persönlich haftender Gesellschafter zu beteiligen.

X. Mitgliedschaft in einem VVaG

1. Meinungsstand

Die Mitgliedsfähigkeit in einem VVaG wird von der einhelligen Literatur auf natürliche und juristische Personen beschränkt.[65] Namentlich die Mitgliedschaft des nichtrechtsfähigen Vereins stößt auf Ablehnung.[66]
Eine Begründung wird dafür nicht gegeben. Bei Kisch heißt es aber immerhin, dass ein nichtrechtsfähiger Verein als „solcher" nicht Mitglied sein könne. Wären aber Gegenstände seines Vermögens im Wege der Gegenseitigkeit versichert, so träten in Wahrheit die einzelnen Mitglieder in den VVaG ein, wobei ihre Rechte und ihre Haftung „durch das unter ihnen bestehende genossenschaftliche Band in der gewöhnlichen Weise beeinflußt" würden.[67]
Geht man davon aus, dass mit dem „genossenschaftlichen Band" die Gesamthandsregeln gemeint sind, so wird man Kisch dahingehend zu interpretieren haben, dass er die gesamthänderisch verbundenen Mitglieder des nichtrechtsfähigen Vereins für fähig hält, als nichtrechtsfähige Gesamthandsgemeinschaft Mitglied eines VVaG zu sein. Ablehnend steht er dann nur der Mitgliedsfähigkeit des Rechtssubjekts „nichtrechtsfähiger Verein" gegenüber, weil er dessen mangelnde Rechtsfähigkeit zugrunde legt.

Ein Hinweis, dass die Mitgliedschaft eines nichtrechtsfähigen Vereins ausgeschlossen sein soll, ist dem Gesetz nicht zu entnehmen, weder dem VAG, noch den Vorschriften des Aktiengesetzes, Genossenschaftsgesetzes oder des BGB,

---

[63] Hüffer, AktG, § 278 Rn 6 ff.
[64] S. o. Kapitel § 11 III.
[65] Prölls/ Schmidt/ Weigel, VAG, § 20 Rn 1; Kisch, Das Recht des Versicherungsvereins auf Gegenseitigkeit, 1951, S. 113; Benkel, Der Versicherungsverein auf Gegenseitigkeit, 2002, S. 115; Goldberg/ Müller, VAG, § 20 Rn 2; Brunn, Die privatrechtliche Gegenseitigkeitsversicherung in sechs Mitgliedstaaten der EWG, 1973, S. 104; Heidelbach, Der kleinere Versicherungsverein auf Gegenseitigkeit, 1994, S. 72.
[66] Goldberg/ Müller, VAG, § 20 Rn 2; Kisch, Das Recht des Versicherungsvereins auf Gegenseitigkeit, 1951, S. 113.
[67] Kisch, Das Recht des Versicherungsvereins auf Gegenseitigkeit, 1951, S. 113.

auf die das VAG für den Versicherungsverein auf Gegenseitigkeit verweist.[68] Eine Ablehnung lässt sich somit nur dann rechtfertigen, wenn ein nichtrechtsfähiger Verein die Voraussetzungen, die generell an die Mitgliedschaft in einem VVaG gestellt werden, nicht erfüllen kann.

2. Begründung eines Versicherungsverhältnisses

Voraussetzung für die Mitgliedschaft in einem VVaG ist, dass mit diesem ein Versicherungsverhältnis begründet wird (§ 20 S. 1 VAG). Nur dem großen VVaG ist es in geringem Maße gestattet, auch Nichtmitglieder zu versichern (§ 21 Abs. 2 VAG). Dem kleineren VVaG ist dieses Geschäftsfeld verschlossen.[69]

Nach hier vertretener Auffassung ist der nichtrechtsfähige Verein selbst Träger von Rechten und Pflichten. Als Rechtssubjekt kann er auch Versicherungsverhältnisse eingehen.[70] Insoweit bestehen also keine Bedenken gegen die Mitgliedsfähigkeit.

3. Wahrnehmung der mitgliedschaftlichen Rechte und Pflichten

Die Mitverwaltungsrechte und -pflichten in einem VVaG sind äußerst beschränkt, im großen VVaG tendieren sie gegen null.[71]
Soweit die Mitwirkung der Mitglieder gefordert ist, handelt der nichtrechtsfähige Verein durch seinen Vorstand (§ 26 II BGB). Da der nichtrechtsfähige Verein genauso strukturiert und handlungsfähig ist wie der eingetragene Verein, ergeben sich insoweit keine Unterschiede. Die strukturelle Übereinstimmung mit dem eingetragenen Verein spricht unter diesem Gesichtspunkt auch für die Mitgliedsfähigkeit des nichtrechtsfähigen Vereins, denn die Mitgliedschaft juristischer Personen, also auch des eingetragenen Vereins, ist allgemein anerkannt.[72]

Die Hauptpflicht des Mitglieds eines VVaG besteht in der Entrichtung der Beiträge (§ 24 VAG). Dafür haftet der nichtrechtsfähige Verein mit seinem eigenen Vermögen. Daneben tritt die Handelndenhaftung (§ 54 S. 2 BGB) und, falls es

---

[68] Vgl. nur die §§ 34 S.1, 35 Abs. 3, 36, 53 Abs. 2 und 3 VAG.
[69] Das folgt daraus, dass § 53 Abs. 1 nur auf § 21 Abs. 1 VAG verweist, den Abs. 2 derselben Norm aber ausnimmt.
[70] Zur Fähigkeit von Gesamthandsgemeinschaften, Versicherungsnehmer in der Sachversicherung zu sein, vgl. Hofmann, Privatversicherungsrecht, 1991, S. 42.
[71] S. o. Kapitel § 4 XIV 3.
[72] Statt aller: Prölls/ Schmidt/ Weigel, VAG, § 20 Rn 1.

sich um einen wirtschaftlichen Verein handelt, die persönliche Haftung der Mitglieder (§§ 54 S. 1 BGB, 128 ff. HGB). Zwar haften die Mitglieder eines nichtrechtsfähigen Idealvereins nicht persönlich, doch hindert das die Mitgliedschaft nicht. Denn soweit die Interessen des VVaG dadurch betroffen sind, trägt er das Risiko, möglicherweise insolvente Mitglieder aufgenommen zu haben. Schützenswerte Interessen Dritter sind hingegen nicht berührt, denn § 19 S. 1 VVaG stellt ausdrücklich klar, dass die Mitglieder des VVaG nicht für dessen Schulden haften.

4. Ergebnis

Im Ergebnis ist festzustellen, dass der nichtrechtsfähige Verein Mitglied eines VVaG sein kann.

§ 12 Die Gesellschafterfähigkeit von Vorgesellschaften

I. Grundlagen

Die Entstehung juristischer Personen vollzieht sich in mehreren Schritten. Das kann damit beginnen, dass sich die Gründer zunächst verpflichten, das Entstehen einer juristischen Person gemeinsam zu bewirken. Aus dieser Vereinbarung geht ein Gesellschaftsverhältnis hervor, das als Vorgründungsgesellschaft bezeichnet wird und im Regelfall eine BGB-Gesellschaft ist, gelegentlich auch eine OHG.[1] Dem schließt sich das hier interessierende Stadium der Vorgesellschaft an. Hierunter versteht man den durch Rechtsgeschäft (Gesellschaftsvertrag[2], Satzung[3], Statut[4]) der Gründer bereits errichteten, aber noch nicht in das Handels-, Genossenschafts- oder Vereinsregister eingetragenen Verband. Die Vorgesellschaft beginnt also mit dem wirksamen Vertragsschluss und endet, falls die Gründung nicht zuvor – etwa aufgrund eines Sinneswandels der Gründer – scheitert[5], mit der Registrierung. Mit der Eintragung[6] oder– nach dem Konzessionssystem – mit der Erlaubniserteilung[7] entsteht die juristische Person.
Die Vorgesellschaften bereiteten lange Zeit größte Schwierigkeiten, weil der Gesetzgeber sie so gut wie nicht geregelt hat, sondern fast alle Fragen Wissenschaft und Rechtsprechung zur Klärung überließ.[8] Die gesetzlichen Bestimmungen beschränken sich meist auf die Feststellung, dass vor der Eintragung die juristische Person „als solche nicht besteht“[9].
Früher wurden Vorgesellschaften als Gesellschaft bürgerlichen Rechts[10], als nichtrechtsfähiger Verein[11] oder als offene Handelsgesellschaft[12] angesehen.
Heute besteht weitgehend Einigkeit darüber, dass es sich bei der Vorgesellschaft um eine Rechtsform eigener Art handelt, auf die weitgehend das Recht der je-

---

[1] Kübler, Gesellschaftsrecht, S. 320; Roth/ Altmeppen, GmbHG, § 11 Rn 68 ff.
[2] §§ 2, 3 GmbH.
[3] §§ 2, 23 I 1 AktG; § 17 VAG; § 25 BGB.
[4] §§ 5, 6, 7 GenG.
[5] Vgl. Roth/ Altmeppen, GmbHG, § 11 Rn 58 f.; Hüffer, AktG, § 41 Rn 3.
[6] Roth/ Altmeppen, GmbHG, § 11 Rn 60.
[7] Vgl. § 15 VAG sowie Prölls/ Schmidt/ Weigel, VAG, § 15 Rn 20 ff.
[8] Rittner, Die werdende juristische Person, 1973, S. 7, mit Nachweisen in Fn 24.
[9] §§ 41 Abs. 1 S. 1 AktG, 11 Abs. 1 GmbHG; ähnlich auch § 13 GenG.
[10] RGZ 58, 55 (56); 83, 370 (373); RGZ 105, 228 (229); RGZ 151, 86 (91).
[11] Flume, Die juristische Person, 1983, S. 155; ders. FS-Gessler, 1970, S. 3 (25, 27 f.).
[12] OLG Frankfurt, NJW 1947/ 48, 429 (429); OLG Hamburg, JZ 1952, 436 (436); OLG Oldenburg, BB 1955, 713 (713); BayObLG, BB 1978, 1685 (1685); in jüngerer Zeit Kießling, Die Struktur der Vorgründungs- und der Vorgesellschaft zu AG, GmbH, e. G. und e. V. sowie die Kontinuität der Entstehungsphasen, 1999, S. 282 ff., nach dessen Auffassung bei entsprechenden Merkmalen im Einzelfall auch eine GbR oder KG vorliegen kann.

weiligen juristischen Person anzuwenden ist.[13] Eine Ausnahme soll nach überwiegender Auffassung für den Vor-Verein[14] und den Vor-VVaG[15] gelten. Hier hält man einen Rückgriff auf eine besondere Rechtsform für überflüssig, weil die Rechtsfigur des nichtrechtsfähigen Vereins zu Verfügung stehe. In der Sache dürften daraus aber kaum Differenzen folgen, denn auf den nichtrechtsfähigen Verein wird – soweit passend – das Recht des eingetragenen Vereins angewendet.[16]

Die Rechtsprechung[17] und die ganz überwiegende Literatur[18] behandeln die Vorgesellschaften als Gesamthandsgemeinschaften. Dies stößt im jüngeren Schrifttum zunehmend auf Zweifel. K. Schmidt sieht die Rechtsnatur der Vorgesellschaft als durch Kontinuität geprägt. Es bestehe eine vollständige Zweck- und Organisationsidentität des Verbands vor und nach seiner Eintragung bzw. Konzessionierung.[19] Andere sprechen von einem „Sondervermögen eigener Art“, das der Vorgesellschaft zustehe und mit der Eintragung in das Handelsregister zum Vermögen der juristischen Person werde, bei der Entwicklung zur unechten Vorgesellschaft aber auch zum Vermögen einer Gesamthand, nämlich

---

[13] BGH in std. Rspr., vgl. BGHZ 21, 242 (246); 51, 30 (32); BGHZ 72, 45 (48); BGH, NJW 1993, 459; BGH, NJW 2000, 1193 (1194); Wiedemann, Gesellschaftsrecht I, S. 146; Roth/ Altmeppen, GmbHG, § 11 Rn 39; Hüffer, AktG, § 41 Rn 4; Hueck/ Windbichler, Gesellschaftsrecht, S. 468 f.; Beuthien, GenG, § 13 Rn 4: „besonderer nichtrechtsfähiger Wirtschaftsverein“; K. Schmidt, Gesellschaftsrecht, S. 298 ff.: „werdende juristische Person“ (S. 298).

[14] Schöpflin, Der nichtrechtsfähige Verein, 2003, S. 149; Palandt/ Heinrichs, § 21 Rn 10; § 54 Rn 2; BayObLGZ 1972, 29 (32 f.); Bamberger/ Roth/ Schwarz, BGB, § 21 Rn 30; Reichert, Handbuch des Vereins- und Verbandsrechts, 2003, S. 26 f.; Stöber, Handbuch zum Vereinsrecht, 1997, S. 13 f.; Staudinger/ Weick, § 21 Rn 31; Beuthien, ZIP 1996, 305 (307); Flume, FS-Geßler, 1970, S. 3 (23); wohl auch Soergel/ Hadding, vor § 21 Rn 67; aA K. Schmidt, Gesellschaftsrecht, S. 298 Fn. 22.

[15] Benkel, Der Versicherungsverein auf Gegenseitigkeit, 2002, S. 110; Prölss/ Schmidt/ Weigel, VAG, § 15 Rn 20; Goldberg/ Müller, VAG, § 15 Rn 5.

[16] S. o. Kapitel § 11.

[17] BGHZ 80, 129 (135).

[18] Kübler, Gesellschaftsrecht, S. 320; Hueck/ Windbichler, Gesellschaftsrecht, S. 265, 469; John, Die organisierte Rechtsperson, 1977, S. 311 ff.; Hachenburg/ Ulmer, GmbHG, § 11 Rn 30; Baumbach/ Hueck/ Fastrich, GmbHG, § 11 Rn 7; Roth/ Altmeppen, GmbHG, § 11 Rn 4, 37 f.; Lutter/ Hommelhoff, GmbHG, § 11 Rn 3; Lieb, DB 1970, 961 (964 f.); Geßler/ Hefermehl/Eckardt/ Kropff, AktG, § 29 Rn 20; Kölner KommAktG/ Kraft, § 41 Rn 22; Hüffer, AktG, § 41 Rn 4; Soergel/ Hadding, vor § 21 Rn 42, 64 ff.; Bamberger/ Roth/ Schwarz, BGB, § 21 Rn 30 ff.; Beuthien, GenG, § 13 Rn 4 f.; Steding, Genossenschaftsrecht, 2002, S. 84; Wiedemann, Gesellschaftsrecht I, S. 145 ff.; Flume, Die juristische Person, 1983, S. 156; Habersack, JuS 1990, 179 (181); Kraft/ Kreutz, Gesellschaftsrecht, S. 45.

[19] K. Schmidt, Gesellschaftsrecht, S. 301 ff.; ders., Scholz/ K. Schmidt, GmbHG, § 11 Rn 27 f.; ähnlich Raiser, Recht der Kapitalgesellschaften, 2001, S. 440; Weimar, AG 1992, 69 (70).

einer OHG oder BGB-Gesellschaft werden könne.[20] Zuzugeben ist diesem Modell, dass es das in der Literatur hinsichtlich der Einpersonen-Gesellschaften beklagte Erklärungsdefizit des Gesamthandkonzepts überwindet.[21] Trotzdem sollen die Vorgesellschaften von der vorliegenden Untersuchung nicht ausgeschlossen werden, zumal in den einzelnen Rechtsfragen weitgehend Einigkeit besteht, jedenfalls soweit ihnen für die Frage der Gesellschafterfähigkeit Relevanz zukommt.[22]
Unabhängig von den unterschiedlichen Erklärungsmodellen können die folgenden Daten heute als gesicherte Erkenntnis hier zugrunde gelegt werden:

Die Vorgesellschaften sind rechtsfähig in dem Sinne, dass sie Träger von Rechten und Pflichten sind.[23] Soweit in der Literatur von der nichtrechtsfähigen Vorgesellschaft[24] oder von „beschränkter Rechtsfähigkeit"[25] oder Teilrechtsfähigkeit[26] gesprochen wird, ist damit in der Regel nur gemeint, dass sie keine juristische Person ist.[27] Vorgesellschaften sind auch aktiv und passiv parteifähig.[28] Sie unterstehen bereits dem Recht der juristischen Person, soweit dieses nicht die Eintragung oder Konzessionierung voraussetzt.[29] Rechte und Pflichten, die für die Vorgesellschaft begründet wurden, gehen, ohne dass ein Übertragungsakt erforderlich wäre, ipso iure auf die juristische Person über[30] bzw. setzen sich in der juristischen Person fort.[31]

---

[20] Rowedder/ Schmidt-Leithoff, GmbHG, § 11 Rn 59 ff., 142 f.; ähnlich Michalski, GmbHG, § 11 Rn 58.
[21] So zu Recht Rowedder/ Schmidt-Leithoff, GmbHG, § 11 Rn 142 f.
[22] Vgl. GroßkommAktG/ K. Schmidt, § 41 Rn 42 f.
[23] Statt vieler: Michalski, GmbHG, § 11 Rn 58; Scholz/ K. Schmidt,GmbHG, § 11 Rn 27 f.; Hüffer, AktG, § 41 Rn 4; Grunewald, Gesellschaftsrecht, S. 324; Reichert, Handbuch des Vereins- und Verbandsrechts, 2003, S. 27.
[24] Vgl. etwa Beuthien, GenG, § 13 Rn 4, zur Vor-Genossenschaft.
[25] Rowedder/ Schmidt-Leithoff, GmbHG, § 11 Rn 74, 82.
[26] Michalski, GmbHG, § 11 Rn 58: Vor-GmbH als eines „teilrechtsfähigen Verbandes".
[27] Vgl. z. B. Rowedder/ Schmidt-Leithoff, GmbHG, § 11 Rn 59 ff.
[28] BGHZ 79, 239 (241); BGH, DB 98, 302 (303); OLG Köln, GmbHR 1997, 601; Rowedder/ Schmidt-Leithoff, GmbHG, § 11 Rn 81 m. w. N. ; Beuthien, GenG, § 13 Rn 4; Soergel/ Hadding, vor § 21 Rn 67.
[29] BGHZ, 20, 281 (285 f., für die eG); 21, 242 (246); 45, 338 (347); 51, 30 (32) jeweils für die GmbH; K. Schmidt, Gesellschaftsrecht, S. 682, 789, 1017; Wiedemann, Gesellschaftsrecht I, S. 146 f.
[30] BGHZ 80, 129 (137 f.); Lutter/ Hommelhoff, GmbHG, § 11 Rn 3; Hüffer, AktG, § 41 Rn 16 a; Soergel/ Hadding, vor § 21 Rn 72; Prölls/ Schmidt/ Weigel, VAG, § 15 Rn 20; zu den unterschiedlichen dogmatischen Begründungen (Gesamtrechtsnachfolge, Rechtsformwechsel bei fortbestehender Identität etc.) vgl. Roth/ Altmeppen, § 11 Rn 6, 19.
[31] K. Schmidt, Gesellschaftsrecht, S. 303, 306 f.; wegen der Identität von Vor-AG und AG gegen den Begriff des „Übergangs" ausdrücklich Weimar, AG 1992, 69 (70).

II. Gesellschafterfähigkeit

Grundsätzliche Bedenken gegen die Gesellschafterfähigkeit der Vorgesellschaften bestehen nicht. Als Rechtssubjekte sind sie selbst Träger der Mitgliedschaft und als Vermögensträger haften sie in ihrer Funktion als Gesellschafter selbst. Wie die juristischen Personen so sind auch die Vorgesellschaften schon körperschaftlich strukturiert. Sie haben einen Vorstand[32] oder Geschäftsführer[33], durch den sie handeln, so dass sie zur Wahrnehmung der Rechte und Pflichten, die mit der Mitgliedschaft in einer Gesellschaft verbunden sind, in der Lage sind.

Unsicherheit bestand früher hinsichtlich der Fähigkeit von Vorgesellschaften, sich als Personengesellschafter zu betätigen. Namentlich die Beteiligung der Vor-GmbH an Personenhandelsgesellschaften stand im Focus des Interesses und wurde bestritten.[34] Die ablehnende Haltung beruhte auf haftungsrechtlichen Erwägungen. Der Anerkennung ihrer Beteiligungsfähigkeit stand das sog. Vorbelastungsverbot entgegen, d. h. der Grundsatz, dass die später eingetragene Gesellschaft „nur in solche vor ihrer Eintragung eingegangenen Verbindlichkeiten ohne weiteres eintritt, die in Gesetz und Satzung eine klare Grundlage haben, also bei Sachgründungen mit der Übernahme eines eingebrachten Gegenstandes, z. B. eines Handelsgeschäfts, für Rechnung der Gesellschaft notwendig zusammenhängen“[35]. Um die juristische Person von der Haftung für vor der Eintragung begründete Verbindlichkeiten freizuhalten, wurde die Vertretungsmacht der Gründungsgeschäftsführer bzw. des Gründungsvorstandes auf solche Rechtsgeschäfte beschränkt, durch die die Eintragung herbeigeführt werden sollte. Alle anderen, in der Gründungsphase abgeschlossenen Verträge, sollten für die eingetragene Körperschaft nur dadurch wirksam werden, dass diese ihnen nach Erlangung der Rechtsfähigkeit ihre Genehmigung erteilt.[36]

Als der BGH[37] im März 1981 darüber zu entscheiden hatte, ob eine Vor-GmbH persönlich haftende Gesellschafterin einer Kommanditgesellschaft sein kann, gab er das Vorbelastungsverbot auf und bejahte – in Abkehr von seiner bisherigen Rechtsprechung – die Gesellschafterfähigkeit der Vor-GmbH. Seitdem gehen alle Verbindlichkeiten der Vorgesellschaft mit der Eintragung ipso iure auf die juristische Person über. Nach der gleichzeitig eingeführten Differenzhaf-

---

[32] Vgl. § 59 I BGB, § 36 I AktG, § 11 I GenG.
[33] Vgl. § 7 I GmbHG.
[34] Vgl. BGHZ 63, 45 (47); BGH, WM 1968, 509 (509 f.).
[35] BGHZ 80, 129 (133 f.).
[36] BGHZ 17, 385 (391); 53, 210 (212); vgl. auch Kübler, Gesellschaftsrecht, S. 321 f.
[37] BGHZ 80, 129.

tung[38] sind die Gesellschafter der Gesellschaft gegenüber zur Deckung der Differenz zwischen Stammkapital und Wert des Gesellschaftsvermögens im Zeitpunkt der Eintragung verpflichtet.[39]

Voraussetzung der Beteiligung ist allerdings eine entsprechende Vertretungsbefugnis des in der Vorgesellschaft zuständigen Vertretungsorgans.[40] Weitgehend anerkannt ist, dass die Vorgesellschaften durch ihren jeweiligen Vorstand bzw. Geschäftsführer vertreten werden, wobei diese als Organe der Vorgesellschaft handeln.[41] Nach herrschender Meinung ist die Vertretungsmacht der Organe auf die zur Gründung erforderlichen Maßnahmen beschränkt, wobei Sachgründungen eine Erweiterung implizieren. Ferner kann bei Aufnahme von Geschäftstätigkeit die Vertretungsmacht durch den einstimmigen, aber formlos und auch konkludent erklärbaren Gesellschafterwillen erweitert werden.[42]

Heute besteht Einigkeit darüber, dass Vorgesellschaften Gesellschafter einer BGB-Gesellschaft[43], einer OHG bzw. persönlich haftende Gesellschafter einer KG[44] und auch Kommanditisten[45] sein können. Auch die Stellung als Geschäftsinhaber einer stillen Gesellschaft[46] oder die Beteiligung als Stiller ist den Vorgesellschaften grundsätzlich möglich. Dasselbe gilt für die Stellung als Mitreeder.[47]

---

[38] BGHZ 80, 129 (140 ff.).

[39] BGHZ 80, 129 (141); zur heute geltenden unbeschränkten Verlustdeckungshaftung als Innenhaftung vgl. BGHZ 134, 133; für Außenhaftung dagegen GroßkommAktG/ K. Schmidt, § 41 Rn 84 ff.

[40] MünchHdBGesR II/ Happ, KG § 1 Rn 30; Schlegelberger/ Martens, HGB, § 161 Rn 36; Erman/ H. P. Westermann, § 705 Rn 17.

[41] Hachenburg/ Ulmer, GmbHG, § 11 Rn 31; Hüffer, AktG, § 41 Rn 11; Meyer/ Meulenbergh/ Beuthien, GenG, § 13 Rn 5; Prölls/ Schmidt/ Weigel, VAG, § 15 Rn 20.

[42] BGHZ 80, 129 (139 f.); Roth/ Altmeppen, GmbHG, § 11 Rn 47; Baumbach/ Hueck/ Fastrich, GmbHG, § 11 Rn 18 f.; Hachenburg/ Ulmer, GmbHG, § 11 Rn 54; Lutter/ Hommelhoff, GmbHG, § 11 Rn 8; Hüffer, AktG, § 41 Rn 11; für weitergehende Vertretungsmacht z. B.: Scholz/ K. Schmidt, GmbHG, § 11 Rn 64; ders., Gesellschaftsrecht, S. 1020 f.; Meyer/ Meulenbergh/ Beuthien, GenG, § 13 Rn 5.

[43] Für Vor-AG und Vor-GmbH: Soergel/ Hadding, § 705 Rn 27; Staudinger/ Habermeier, § 705 Rn 26; Bamberger/ Roth/ Timm/ Schöne, BGB, § 705 Rn 54; MünchKomm/ Ulmer, § 705 Rn 77, auch für andere in Entstehung begriffene juristische Personen vergleichbarer Struktur; Erman/ Westermann, § 705 Rn 17, für die Vor-GmbH.

[44] BGHZ 80, 129 (132); BGH, WM 1985, 165; Hueck/ Windbichler, Gesellschaftsrecht, S. 127; Baumbach/ Hopt/ Merkt, HGB, § 105 Rn 28; GroßkommHGB/ Ulmer, HGB, § 105 Rn 93, für Vor-AG, Vor-GmbH und andere Vorgesellschaften vergleichbarer Struktur; Schlegelberger/ K. Schmidt, HGB, § 105 Rn 55.

[45] Schlegelberger/ Martens, HGB, § 161 Rn 36.

[46] Paulick/ Blaurock, Das Handbuch der Stillen Gesellschaft, 1998, S. 74.

[47] Nicht in Betracht kommt die Mitgliedschaft in einer Partnerschaftsgesellschaft; vgl. § 1 Abs. 1 S. 3 PartGG.

Anerkannt ist auch die Fähigkeit zur Mitgliedschaft in juristischen Personen; so für die AG[48], die GmbH[49], den eingetragenen Verein[50] und die eingetragene Genossenschaft[51]. Nachdem die Komplementärfähigkeit juristischer Personen in der KGaA anerkannt ist[52], werden sich Vorgesellschaften auch insofern beteiligen können.

Angesichts dessen, dass die Vorgesellschaften rechtsfähig sind, sie weitestgehend schon dem Recht der juristischen Personen unterstellt sind und ihre Rechtsbeziehungen sich in der juristischen Person fortsetzen, wird man annehmen können, dass die einzelnen Vorgesellschaften hinsichtlich der Gesellschafterfähigkeit der jeweiligen „fertigen" juristischen Person grundsätzlich nicht nachstehen. Im Umkehrschluss heißt das aber auch, dass ihnen die Mitgliedschaft dort verwehrt ist, wo die jeweilige juristische Person nicht Gesellschafter sein kann.
Das soll an zwei Fällen exemplifiziert werden, nämlich an der – früher umstrittenen – Fähigkeit der Vor-Genossenschaft, die Position des Geschäftsinhabers einer stillen Gesellschaft (§ 230 HGB) einzunehmen, sowie an der Unfähigkeit des Vor-VVaG zur selben Rechtsstellung.

1. Vor-Genossenschaft als Unternehmer-Gesellschafter einer stillen Gesellschaft (§ 230 HGB)

Nach § 230 I HGB setzt die stille Gesellschaft voraus, dass sich jemand an dem Handelsgewerbe, das ein anderer betreibt, mit einer Vermögenseinlage beteiligt. Nach heute einhelliger Meinung kommt es darauf an, dass das Unternehmen ein Handelsgewerbe i. S. d. §§ 1-6 I, 105 II, 161 HGB betreibt. Bei Formkaufleuten (§ 6 HGB) ist eine gewerbliche Betätigung nicht erforderlich.[53]
Sofern die Vorgesellschaften ein Gewerbe i. S. d. § 1 Abs. 2 HGB betreiben, erfüllen sie die Voraussetzungen des § 230 I HGB und können ohne weiteres einen stillen Gesellschafter aufnehmen. Betreiben sie kein Gewerbe, so erfüllen sie zwar den Tatbestand nicht, denn naturgemäß fehlt ihnen auch die Eintragung im Handelsregister, die ihnen die Eigenschaft als Formkaufmann bescheren

[48] Vor-AG u. Vor-GmbH: MünchKomm/ Heider, AktG, § 2 Rn 17; Hüffer, AktG, § 2 Rn 10.
[49] Vor-GmbH; Vor-AG, Vor-KGaA: Baumbach/ Hueck/ Fastrich, GmbHG, § 1 Rn 30.
[50] MünchKomm/ Reuter, § 38 Rn 22 f.: Gesamthandsgemeinschaften.
[51] Vor-Genossenschaft: Hettrich/ Pöhlmann, § 15 Rn 6; Müller, GenG, § 15 Rn 13; Meyer/ Meulenbergh/ Beuthien, GenG, § 15 Rn 8; aA Lang/ Weidmüller/ Schaffland, § 15 Rn 8; Vor-Verein: Meyer/ Meulenbergh/ Beuthien, GenG, § 15 Rn 8; Vor-GmbH: Müller, GenG, § 5 Rn 13.
[52] BGHZ 134, 392, zur GmbH.
[53] Koller/ Roth/ Morck, HGB, § 230 Rn 8.

würde.[54] Trotzdem ist die stille Beteiligung an einer Vorgesellschaft nach einhelliger Meinung zulässig.[55]

Die Fähigkeit von eingetragenen Genossenschaften, einen stillen Gesellschafter aufzunehmen, war lange Zeit umstritten. Die Bedenken ergaben sich aus der charakteristischen Förderungsaufgabe der Erwerbs- und Wirtschaftsgenossenschaften, denen es nach § 1 Abs. 1 GenG obliegt, den Erwerb oder die Wirtschaft ihrer Mitglieder mittels gemeinschaftlichen Geschäftsbetriebs zu fördern. Dagegen sollen sie nicht zum Zwecke der Gewinnerzielung am allgemeinen Güteraustausch teilnehmen. Aus diesem Grund wurde überwiegend die Auffassung vertreten, eine stille Beteiligung an einer Genossenschaft sei mit dem Wesen und der Aufgabenstellung der eingetragenen Genossenschaft nicht vereinbar. Außerdem wurde ins Feld geführt, dass die §§ 19, 20 i. V. m. § 18 S. 2 GenG zwingend und abschließend die Gewinnverwendung regelten, so dass eine Gewinnausschüttung an Nichtmitglieder unmöglich sei.[56]
Diese Bedenken sind heute überholt. Die eingetragenen Genossenschaften haben sich zu echten Unternehmen entwickelt, die zur Erhaltung der Wettbewerbsfähigkeit auf Gewinnerzielung nicht verzichten können. Wegen ihrer gesetzlich beschränkten Kapitalverhältnisse[57] müssen sie mehr als andere Unternehmen auf die Stärkung ihres Betriebskapitals bedacht sein. Die Gewinnerzielungsabsicht ist heute für die eingetragene Genossenschaft nicht nur unverzichtbar, sondern sie ist vielmehr auf Gewinnerzielung angelegt (§ 19 I GenG). Lediglich die Art und Weise der Gewinnverwendung muss dem gesetzlichen Förderungszweck entsprechen.[58] § 19 Abs. 1 GenG, der eine Verteilung des Jahresgewinns auf die Genossen vorsieht, regelt nur die Verteilung des Bilanzgewinns, von dem der Gewinnanteil des stillen Gesellschafters vorher abzuziehen ist.[59]

Heute besteht weitgehende Einigkeit darüber, dass eingetragene Genossenschaften stille Gesellschafter aufnehmen können.[60] Daraus folgt für die Vor-Genossenschaft, dass das genossenschaftliche Prinzip auch ihrer Beteiligungsfä-

---

[54] Koller/ Roth/ Morck, HGB, § 6 Rn 4.
[55] Paulick/ Blaurock, Handbuch der Stillen Gesellschaft, 1998, S. 74; MünchKommGesR/ K. Schmidt, § 230 Rn 27; Ebenroth/ Boujong/ Joost, HGB, 230 Rn 8.
[56] Vgl. Paulick, Das Recht der eingetragenen Genossenschaft, 1954, S. 144.; Schnorr von Carolsfeld, ZfG 9 (1959), 50 (80 ff); Lang/ Weidmüller/ Metz, § 1 GenG, Rn 269 a; K. Schmidt, DB 1976, 1705 (1707).
[57] Vgl. Meyer/ Meulenbergh/ Beuthien, GenG, § 1 Rn 61.
[58] Meyer/ Meulenbergh/ Beuthien, GenG, § 1 Rn 8.
[59] Vgl. Hadding, ZIP 1984, 1295 (1300 ff.); Paulick/ Blaurock, Das Handbuch der Stillen Gesellschaft, 1998, S. 74 f.; MünchHdBGesR II/ Bezzenberger, § 5 StG, Rn 11.
[60] Paulick/ Blaurock, Handbuch der Stillen Gesellschaft, 1998, S. 74 f.; MünchHdBGesR II/ Bezzenberger, StG § 5 Rn 11; Heymann/ Horn, HGB, § 230 Rn 4; Hadding, ZIP 1984, 1295 (1300 ff.); aA Lang/ Weidmüller/ Metz, GenG § 1 Rn 269a.

higkeit nicht entgegensteht. Andere Gesichtspunkte, die gegen die Gesellschafterfähigkeit sprechen könnten, sind nicht ersichtlich. Somit kann auch die Vor-Genossenschaft stille Gesellschafter i. S. d. § 230 HGB aufnehmen.[61]

2. Mangelnde Gesellschafterfähigkeit des Vor-VVaG als Geschäftsinhaber einer stillen Gesellschaft

Wie andere juristische Personen, so entsteht auch der VVaG erst nach Durchlaufen des Stadiums der Vorgesellschaft. Dieses beginnt mit der Feststellung der Satzung in notarieller Form (§ 17 Abs. 2 VAG)[62] durch die Gründer und mündet schließlich mit der Erteilung der behördlichen Erlaubnis zur Aufnahme des Geschäftsbetriebs (§ 15 VAG) in die juristische Person, den VVaG. Verbindlichkeiten, die das Vermögen des Vor-VVaG belastet haben, setzten sich als Verbindlichkeiten des fertigen VVaG fort, dasselbe gilt für das Vermögen der Vorgesellschaft.[63]

Die Fähigkeit des VVaG, als Geschäftsinhaber einen stillen Gesellschafter zu beteiligen, wird in der Literatur abgelehnt. Begründet wird das mit der mangelnden Kaufmannseigenschaft und damit, dass er nicht die Absicht eigener Gewinnerzielung verfolge, sondern Vorteile für seine Mitglieder anstrebe.[64] Dem ist im Ergebnis zuzustimmen. Zweifelhaft ist die These des mangelnden Gewinnstrebens.
Der VVaG beruht auf dem Grundsatz, dass die Versicherungsnehmer gleichzeitig Mitglieder sind (§ 20 S. 2 VAG). Das Gesetz gestattet dem großen Versicherungsverein auf Gegenseitigkeit jedoch – als Nebenzweck – auch die Nichtmitgliederversicherung (§ 21 II VAG). Auf dem Versicherungsmarkt tritt der große VVaG heute in Konkurrenz zu Versicherungs-Aktiengesellschaften und ist schon aus Wettbewerbsgründen gezwungen, Gewinne zu erzielen.[65]
Zuzugestehen ist jedoch, dass die historisch gewachsene Vorstellung von der fehlenden Erwerbsabsicht auch bei der Entstehung des § 16 VAG Pate stand.[66] Nach dieser Vorschrift gilt das Recht des HGB entsprechend für Versicherungsvereine auf Gegenseitigkeit, ausgenommen sind u. a. aber ausdrücklich die §§ 1

---

[61] Ebenso Schlegelberger/ K. Schmidt, § 335 (§230 n. F.) Rn 25; ders. in MünchKommGesR III, § 230 Rn 27.
[62] Beim kleinen VVaG wird keine Form verlangt; vgl. § 53 I 2 VAG.
[63] Vgl. zum Gründungsablauf Benkel, Der Versicherungsverein auf Gegenseitigkeit, 2002, S. 105 ff.; Prölls/ Schmidt/ Weigel, VAG, § 15 Rn 16 ff.
[64] MünchHdBGesR II/ Bezzenberger, StG § 5 Rn 12.
[65] Prölss/ Schmidt/ Weigel, VAG, § 16 Rn 2; Benkel, Der Versicherungsverein auf Gegenseitigkeit, 2002, S. 62 ff.
[66] Prölss/ Schmidt, VAG, § 16 Rn 2; Benkel, Der Versicherungsverein auf Gegenseitigkeit, 2002, S. 62 ff.

bis 7 HGB. Für den kleinen VVaG folgt die Nichtanwendung dieser Vorschriften schon aus § 53 Abs. 1 S. 1 VAG. Dem kleinen Verein ist im Unterschied zum großen auch das Nichtmitgliedergeschäft verwehrt (§ 53 Abs. 1 S. 2 VAG). Es ist deshalb davon auszugehen, dass der Versicherungsverein auf Gegenseitigkeit nicht Kaufmann i. S. d. §§ 1 bis 7 HGB ist und das HGB für den VVaG nur in dem Umfang gilt, den das VAG vorsieht.[67]
Bezzenberger[68] ist also darin zuzustimmen, dass der VVaG mangels Kaufmannseigenschaft keinen stillen Gesellschafter mit einer Einlage beteiligen und folglich nicht als Geschäftsinhaber Gesellschafter einer stillen Gesellschaft (§ 230 HGB) sein kann. Hat der VVaG mit einem stillen Gesellschafter ein Einlageverhältnis begründet, so ist eine Innen-GbR entstanden, auf die die §§ 230 ff. HGB entsprechend anwendbar sind.[69]

Dasselbe wird auch für den Vor-VVaG zu gelten haben. Kaufmann kraft Rechtsform ist der Vor-VVaG schon mangels Registereintragung nicht. Kaufmann i. S. d. § 1 HGB ist der Vor-VVaG auch dann nicht, wenn man mit einer im versicherungsrechtlichen Schrifttum[70] verbreiteten Auffassung, die Gewinnerzielungsabsicht des VVaG bejaht. Denn mangels behördlicher Erlaubnis darf der Vor-VVaG noch keine Versicherungsgeschäfte betreiben.[71] Im Übrigen ist auf den Vor-VVaG – soweit passend – schon das Recht der juristischen Person anzuwenden, mithin auch § 16 S. 1 VAG, der die Anwendung der §§ 1 bis 7 HGB ausschließt.
Unabhängig von der Kaufmannseigenschaft ist die Fähigkeit zur Aufnahme eines stillen Gesellschafters i. S. d. § 230 HGB auch nicht im Hinblick auf die nachfolgende Existenzform als juristische Person, gewissermaßen als Vorwirkung, zu bejahen. Denn im Unterschied zu anderen juristischen Personen ist ja der „fertige“ VVaG auch kein tauglicher Partner eines Stillen.
Im Ergebnis bleibt festzustellen, dass der Vor-VVaG nicht als Geschäftsinhaber Gesellschafter einer stillen Gesellschaft (§ 230 HGB) sein kann.

---

67 Fahr/ Kaulbach, VAG, § 16 Rn 2; Koller/ Roth/ Morck, HGB, § 6 Rn 2, 5 f.; für den VVaG ohne Nichtmitgliederversicherung auch: Prölss/ Schmidt, VAG, § 16 Rn 2; Kisch, Das Recht des Versicherungsvereins auf Gegenseitigkeit, 1951, S. 31; Goldberg/ Müller, VAG, § 16 Rn 1; Brenzel, Der Versicherungsverein auf Gegenseitigkeit, 1975, S. 8.
68 MünchHdBGesR II/ Bezzenberger, StG § 5 Rn 12.
69 Vgl. zur entsprechenden Anwendung der §§ 230 ff. HGB bei der Beteiligung an nichtkaufmännischen Unternehmen MünchKommGesR III/ K. Schmidt, § 230 Rn 19, 23 ff.
70 Prölss/ Schmidt/ Weigel, VAG, § 16 Rn 2; Benkel, Der Versicherungsverein auf Gegenseitigkeit, 2002, S. 62 ff.; Fahr/ Kaulbach, VAG, § 16 Rn 1.
71 Der Betrieb eines Versicherungsunternehmens ohne Erlaubnis ist gem. § 140 VAG eine Straftat.

§ 13 Die Gesellschafterfähigkeit der Urhebergemeinschaft

I. Die Urhebergemeinschaft als Gesamthandsgemeinschaft

Haben mehrere ein Werk gemeinsam geschaffen, ohne dass sich ihre Anteile gesondert verwerten lassen, so sind sie nach § 8 Abs. 1 UrhG Miturheber des Werkes. Nach Abs. 2 steht ihnen das Veröffentlichungs- und Verwertungsrecht zur gesamten Hand zu.

Die Kulturgeschichte kennt zahllose Beispiele für die gemeinsame Erstellung eines Werkes. Zur Miturheberschaft führten etwa die gemeinsame Arbeit von Goethe und Schiller an den Xenien und die Shakespeare-Übersetzungen von Tieck und Schlegel. Heute sind Enzyklopädien, Filmwerke und Computerprogramme die typischen Beispiele für § 8 UrhG.[1]
Umstritten ist die Art der Gemeinschaft, die dadurch entsteht. Die überwiegende Meinung sieht in der Miturhebergemeinschaft das Gesamthandsprinzip verwirklicht.[2] Nach anderer Auffassung handelt es sich um eine Bruchteilsgemeinschaft[3] oder um eine Gemeinschaft besonderer Art[4].

Hier wird der herrschenden Auffassung gefolgt. Für diese spricht vor allem der Gesetzeswortlaut. Stützen kann sie sich auch auf Ergebnisse einer systematischen Auslegung sowie auf die Motive des Gesetzgebers, wie sie in den Gesetzesmaterialien deutlich werden. Darauf ist im Folgenden näher einzugehen.

---

[1] Fromm/ Nordemann, UrhG, § 8 Rn 1.

[2] Fromm/ Nordemann, UrhG, § 8 Rn 14; v. Gamm, UrhG, § 8 Rn 12 ff.; Gerstenberg, Die Urheberrechte an Werken der Kunst, der Architektur und der Photographie, 1968, S. 69; Hirsch Ballin, UFiTA 46, (1966), 52 (61, 63); Möhring/ Nicolini, UrhG, § 8 Anm. 6a; RGRK/ v. Gamm, Vor § 705 Rn 12; Rehbinder, Urheberrecht, S. 125 f.; Riedel/ Schuhmann, UrhG, § 8, Erl. B 2; Soergel/ Hadding, § 741 Rn 11; Sontag, Das Miturheberrecht, 1972, S. 15; Staudinger/ Huber, BGB, § 741 Rn 72; Steffen, Die Miturhebergemeinschaft, 1988, S. 37; Stroh, Werkeinheit und Werkmehrheit im Urheberrecht, 1969, S. 168; Studienkommentar/ Hadding, BGB, § 742 Anm.1; Waldenberger, Die Miturhebergemeinschaft im Rechtsvergleich, 1991, S. 40; Werner, BB 1982, 280; Dreier/ Schulze, UrhG, § 8 Rn 12 ff.; Dreyer/ Kotthoff/ Meckel/ Zeisberg, Urheberrecht, § 8 Rn 20 f.; Orth, Die Besonderheiten der BGB-Gesellschaften im Urheberrecht, 1981, S. 20.

[3] Schulze-Osterloh, Das Prinzip der gesamthänderischen Bindung, 1972, S. 6 Fn 7, S. 133 ff.; für eine modifizierte Bruchteilsgemeinschaft MünchKomm/ K. Schmidt, § 741 Rn 65; ders., Gutachten und Vorschläge zur Überarbeitung des Schuldrechts, 1983, S. 437.

[4] E. Ulmer, Urheber- und Verlagsrecht, 1980, S. 191; Wandtke/ Bullinger/ Thum, Praxiskommentar zum Urheberrecht, § 8 Rn 21; MünchKomm/ Ulmer, vor § 705 Rn 128; Schricker/ Loewenheim, Urheberrecht, § 8 Rn 1.

1. Gesetzeswortlaut

Für das Verständnis als Gesamthandsgemeinschaft spricht der klare Wortlaut des Gesetzes. In § 8 Abs. 2. S. 1 UrhG heißt es: "Das Recht zur Veröffentlichung und zur Verwertung des Werkes steht den Miturhebern zur gesamten Hand zu; ...".

2. Gesamthandsprinzip und Gesetzessystematik

Die Verwendung des Gesamthandbegriffs in § 8 Abs. 2 UrhG ist in der Literatur auf Kritik gestoßen. Erst wenn sich eine rechtsdogmatische Figur zu einer unmissverständlichen Rechtsfolgenabbreviatur verfestigt habe, könne sie auch als Norminhaltsformulierung dienen. Die Verweisung auf ungesicherte Rechtsfiguren sei dagegen verfehlt. Die tiefe Zerstrittenheit der Gesamthandslehre verbiete die Verwendung des Gesamthandbegriffs in gesetzlichen Rechtsfolgenanordnungen.[5]

Die hier angesprochene Unsicherheit über die Figur der Gesamthand macht es erforderlich, an den Anfang einer systematischen Auslegung eine Klärung der Frage zu stellen, welche Rechtsfolgen daraus abzuleiten sind, dass das Veröffentlichungs- und Verwertungsrecht den Miturhebern „zur gesamten Hand „ zusteht. Erst in einem zweiten Schritt kann dann untersucht werden, ob das Ergebnis zu Widersprüchen mit konkreten Rechtsfolgenanordnungen im systematischen Umfeld des § 8 Abs. 2 S. 1 UrhG führt, was dann Anlass zu einer „Umdeutung“ der dogmatischen Einordnung der Urhebergemeinschaft, etwa in eine Bruchteilsgemeinschaft oder eine Gemeinschaft eigener Art geben könnte.

(1) Rechtsfolgen aus der Anordnung der gesamthänderischen Bindung

Wenn es in § 8 Abs. 2. S. 1 UrhG heißt, dass das Recht zur Veröffentlichung und zur Verwertung des Werkes den Miturhebern zur gesamten Hand zusteht, so ist das zunächst einmal dahingehend zu verstehen, dass die genannten Rechte den Miturhebern gemeinsam zustehen, der einzelne Miturheber mithin in seiner Verfügungsbefugnis beschränkt ist. Genaueres muss dem Gesamthandsprinzip entnommen werden.

---

[5] K. Schmidt, Gutachten und Vorschläge zur Überarbeitung des Schuldrechts, 1983, S. 437 f.

a. Keine Verfügung des Miturhebers über seinen Anteil an einzelnen Gegenständen

Die Rechtsfigur der Gesamthand ist seit spätestes dem 14. Jahrhundert[6] Gegenstand noch immer andauernder kontroverser Diskussion. Einigkeit besteht aber darin, dass das Gesamthandsprinzip in der Erbengemeinschaft, der Gütergemeinschaft und der Gesellschaft bürgerlichen Rechts verwirklicht ist. Dies sind auch gleichzeitig die einzigen[7] Gesamthandsgemeinschaften, die vom Gesetzgeber detailliert geregelt wurden.
Gemeinsam[8] ist diesen "klassischen" Gesamthandsgemeinschaften die Regelung, dass der einzelne Gesamthänder nicht über seinen Anteil ein den einzelnen Gegenständen des Gesamtvermögens verfügen kann (§§ 719 I, 1419 I, 2033 II BGB). Die Erklärungen für dieses Phänomen sind freilich höchst unterschiedlich und differieren nach Maßgabe der jeweils vertretenen Gesamthandsdoktrin und nach Art der Gesamthandsgemeinschaft.[9]

Für die Rechte der Miturheber folgt daraus, dass diese nicht über ihren Anteil an den zum Gesamthandsvermögen gehörenden Verwertungsrechten (§§ 15 ff.UrhG), Nutzungsrechten (§§ 31 ff. UrhG) und sog. sonstigen Rechten (§§ 25 ff. UrhG) verfügen können.

b. Keine Verfügung des Miturhebers über seinen Anteil am Gesamtvermögen

Weiterhin kommt die Regelung in Betracht, dass kein Gesamthänder über seinen Anteil am gemeinschaftlichen Vermögen insgesamt verfügen kann. Diese Merkmal kennzeichnet allerdings nur die Gesellschaft bürgerlichen Rechts (§ 719 I BGB)[10] und die Gütergemeinschaft(§ 1419 I BGB).
Die abweichende Regelung bei der Erbengemeinschaft hat ihre Ursachen in erbrechtlichen Besonderheiten. Einer Anwendung auf die Urhebergemeinschaft könnten vergleichbare oder andere Besonderheiten entgegenstehen.

---

[6] Vgl. Buchda, Geschichte und Kritik der deutschen Gesamthandslehre, 1936, S. 18 ff.
[7] Die übrigen Personengesellschaften sowie der nichtrechtsfähige Verein verweisen lediglich auf die Regeln der GbR. Vgl. §§ 105 III HGB, 1 IV PartGG, 1 EWIV-AusführungsG, 54 BGB.
[8] Weber-Grellet, AcP 182 (1982), 316 (325 f.), kommt auf Grund einer Querschnittsanalyse zu dem Ergebnis, dass sich das gesamthänderische Prinzip letztlich auf dieses Merkmal reduziert.
[9] S. o. Kapitel § 2.
[10] Zum dogmatischen Verständnis dieser Vorschrift nach Anerkennung der GbR als Rechtssubjekt vgl. MünchKomm/ Ulmer, § 719 Rn 2 ff.

Das Gesetz erlaubt den Miterben über ihren Anteil am ganzen Nachlass zu verfügen (§ 2033 I BGB). Diese Abweichung von der Regelung in der GbR und Gütergemeinschaft rechtfertigt sich aus der besonderen Entstehungsweise der Erbengemeinschaft. Während die GbR und die Gütergemeinschaft ihre Existenz dem Willen der Gesamthänder zu verdanken haben, ist die Erbengemeinschaft eine Zwangsgemeinschaft. Sie geht nicht auf den Willensentschluss der Miterben zurück. Diese Zwangsbindung kann lästig sein, wenn der Erblasser die Auseinandersetzung aufgeschoben oder ausgeschlossen hat (§ 2044 BGB) oder der Eigensinn eines Miterben die Abwicklung erschwert. Deswegen hat der Gesetzgeber die Bindung weniger streng geregelt als bei anderen Gesamthandsgemeinschaften.[11]

Nimmt man nun die Miturhebergemeinschaft in den Blick, so stellt man fest, dass diese zwar nicht durch rechtsgeschäftliche Willensentscheidung der Miturheber zustande kommt. Sie entsteht aber auch nicht in der Weise unabhängig vom Willen der Urheber, wie das bei der Miterbengemeinschaft der Fall ist; sie ist mithin keine Zwangsgemeinschaft. Vielmehr beruht die Miturhebergemeinschaft auf dem natürlichen Willen der Miturheber.[12] Der natürliche Wille steht dem rechtsgeschäftlichen Willen wesentlich näher als der Fremdbestimmung. Somit besteht kein Grund für eine der Erbengemeinschaft vergleichbare Lockerung der Bindung der Gesamthänder. Auch sind keine anderen – urheberrechtsspezifischen – Gesichtspunkte erkennbar, die für eine vergleichbare Regelung sprächen. Folglich ist die strenge Bindung auch auf die Urhebergemeinschaft anzuwenden, so dass auch die Miturheber nicht über ihren Anteil am gesamthänderisch gebundenen Vermögen insgesamt verfügen können.

(2) Teilweise Doppelregelung (§ 29 I UrhG)

§ 29 I UrhG lautet: "Das Urheberrecht ist nicht übertragbar,...". [13] Das wird nach einhelliger Auffassung dahingehend verstanden, dass das Urheberrecht aufgrund der engen Verbindung des Urhebers mit seinem Werk weder als Ganzes noch in Teilen übertragbar ist.[14] Weder Verwertungsrechte noch urheberpersönlichkeitsrechtliche Befugnisse können übertragen werden.[15]

Daraus folgt, dass ein Miturheber schon wegen dieser Unübertragbarkeit weder über seinen Anteil an den Verwertungsrechten oder den urheberpersönlichkeits-

[11] Brox, Erbrecht, § 28 Rn 451.
[12] Schricker/ Loewenheim, Urheberrecht, § 8 Rn 8.
[13] Zu hier nicht interessierenden Ausnahmen vgl. § 29 I 2. HS. UrhG.
[14] Vgl. nur Rehbinder, Urheberrecht, S. 239.
[15] Rehbinder, Urheberrecht, Rn 299, 304.

rechtlichen Befugnissen noch am Urheberrecht insgesamt verfügen kann. Gleiches gilt dann auch für den Anteil am Gesamthandsvermögen insgesamt, denn der würde ja immer verwertungsrechtliche und persönlichkeitsrechtliche Elemente enthalten.

Damit folgt die Verfügungsbeschränkung sowohl aus dem Gesamthandsprinzip als auch aus der Vorschrift des § 29 I UrhG. Die eindeutige Rechtsfolgenregelung in § 29 I UrhG und die Unsicherheiten über die Rechtsfigur der Gesamthand sowie der Grundsatz, dass im Zweifel keine gesetzgeberische Doppelregelung derselben Rechtsfolgen anzunehmen ist, scheint gegen die rechtsdogmatische Einordnung der Urhebergemeinschaft als Gesamthand zu sprechen.
Der Schein trügt, denn die gesamthänderische Bindung ist keinesfalls überflüssig. Die Vorschrift des § 29 I UrhG erfasst nicht den gesamten Bereich möglicher Rechte der Miturheber. Nicht betroffen ist z. B. die Einräumung von Nutzungsrechten am Anteil des Miturhebers. Das wird aber durch die Anordnung der gesamthänderischen Bindung ausgeschlossen.[16]
Ebenso nicht von § 29 I UrhG erfasst werden die gesetzlichen Vergütungsansprüche, z. B. aus dem Folgerecht (§ 26 UrhG) und Vergütungsansprüchen für Vermietung und Verleihung (§ 27 UrhG).[17]Auch hier tritt Verfügungsbeschränkung erst durch die gesamthänderische Bindung ein.

(3) Ergebnis

Im Ergebnis ist festzustellen, dass ein Miturheber weder über Anteile am Urheberrecht insgesamt noch über Anteile an einzelnen Rechten verfügen kann.[18]
Das ergibt sich zum Teil aus dem Verfügungsverbot nach § 29 I UrhG, zum Teil ausschließlich aus § 8 II 1 UrhG. Auch eine Verfügung über den Anteil am Gesamthandsvermögen insgesamt ist ausgeschlossen.[19]
Die Gesetzessystematik steht dem Verständnis der Miturhebergemeinschaft als Gesamthandsgemeinschaft also nicht entgegen.

---

[16] Schulze-Osterloh, Das Prinzip der gesamthänderischen Bindung, 1972, S. 134; v. Gamm, UrhG, § 8 Rn 14; Steffen, Die Miturhebergemeinschaft, 1988, S. 31.
[17] V. Gamm, UrhG, § 26 Rn 4, § 27 Rn 3.
[18] Fromm/ Nordemann, § 8 Rn 15 f.; Schack, Urheber- und Urhebervertragsrecht, § 10, Rn 283; Steffen, Die Miturhebergemeinschaft, 1988, S. 28 f.
[19] V. Gamm, UrhG, § 8 Rn 14 u. 17; Schricker/ Loewenheim, Urheberrecht, § 8 Rn 11; Schack, Urheber- und Vertragsrecht, § 10 Rn 285.

3. Gesetzesmaterialien

Der Wille des Gesetzgebers, die Urhebergemeinschaft nicht als Bruchteilsgemeinschaft, sondern als Gesamthandsgemeinschaft auszugestalten, kommt in den Gesetzesmaterialien deutlich zum Ausdruck.
Vor der Neuregelung des Urheberrechts im Gesetz über Urheberrecht und verwandte Schutzrechte vom 9.11. 1965 (Urheberrechtsgesetz) war die Miturheberschaft an Sprach- und Musikwerken und an den mit ihnen verwandten Werkarten in § 6 LUG[20] und die an Werken der Bildkunst und Photographie in § 8 KUG[21] normiert. Die Gemeinschaft der Miturheber war als Gemeinschaft nach Bruchteilen geregelt. Dies wurde jedoch der Lage im Urheberrecht nicht gerecht. Erforderlich war eine stärkere Bindung der Urheber an die Gemeinschaft, als sie bei der Bruchteilsgemeinschaft besteht.[22]
In den Gesetzesmaterialien[23] heißt es dazu: "Das Rechtsverhältnis der Miturheber untereinander wird nach geltendem Recht als eine Gemeinschaft nach Bruchteilen im Sinne des Bürgerlichen Gesetzbuches angesehen (§ 6 LUG, § 8 KUG). Die entspricht jedoch nicht der Natur der Miturheberschaft als einer auf gewolltem Zusammenwirken beruhenden besonders engen Gemeinschaft. Absatz 2 bestimmt daher, dass mehrere Urheber in einer Gemeinschaft zur gesamten Hand stehen, ähnlich wie eine Gesellschaft des bürgerlichen Rechts. Die Miturheber können danach das Werk nur gemeinsam veröffentlichen, verwerten oder ändern."

4. Keine Bruchteilsgemeinschaft

Nach einer in der Literatur vertretenen Meinung, ist die Miturhebergemeinschaft als Bruchteilsgemeinschaft einzuordnen.[24] Dem wird hier nicht gefolgt.

(1) Keine Verfügung des Miturhebers über seinen Anteil an den einzelnen Rechten

Die gemeinschaftliche Rechtszuständigkeit bei der Bruchteilsgemeinschaft[25] ist der Art, dass jedem Teilhaber ein nach Bruchteilen des gemeinschaftlichen Ge-

---

[20] Gesetz betreffend das Urheberrecht an Werken der Literatur und der Tonkunst.
[21] Gesetz betreffend das Urheberrecht an Werken der bildenden Künste und der Photographie.
[22] E. Ulmer, Urheber- und Verlagsrecht, 1980, S. 190 f.
[23] RegE, BT-Drucks. IV/ 270, S. 41.
[24] Schulze-Osterloh, Das Prinzip der gesamthänderischen Bindung, 1972, S. 6 Fn 7, S. 133 ff.; für eine modifizierte Bruchteilsgemeinschaft MünchKomm/ K. Schmidt, § 741 Rn 65; ders., Gutachten und Vorschläge zur Überarbeitung des Schuldrechts, 1983, S. 437.

genstandes berechneter Anteil zugeordnet ist. Wobei es sich nicht um reale, sondern nur um ideelle, rein rechnerische Bruchteile handelt.
Von der Gesamthandsgemeinschaft unterscheidet sich die Bruchteilsgemeinschaft u. a. in der weniger engen Interessenverbindung der Berechtigten. Die Bruchteilsgemeinschaft ist Interessengemeinschaft ohne Zweckgemeinschaft zu sein. Die Interessen der Teilhaber laufen infolge der Mitberechtigung am selben Gegenstand bis zu einem bestimmten Grade gleich, ihre Ziele und Zwecke können verschieden sein.[26]
Die vergleichsweise geringere Verbundenheit der Teilhaber kommt im Gesetz dadurch zum Ausdruck, dass jeder Mitberechtigte über seinen – ideellen – Anteil am gemeinschaftlichen Gegenstand frei verfügen kann, ihn also ohne Zustimmung der übrigen Teilhaber veräußern oder belasten kann (§ 747 S. 1 BGB). Gerade darin liegt ein wesentlicher Unterschied zur Gesamthandsgemeinschaft. Die einzelnen Gesamthänder können nicht über (ihre) Anteile an den einzelnen Gegenständen verfügen.[27]

Wie die Gesetzesauslegung ergeben hat, können die Miturheber nicht über ihren Anteil an den Verwertungsrechten, am Veröffentlichungsrecht, an gesetzlichen Vergütungsansprüchen usw. verfügen. Damit fehlt ein die Bruchteilsgemeinschaft wesentlich kennzeichnendes Merkmal.

(2) Rechtsverzicht der Miturheber

Nach § 8 IV S. 1 und 2 UrhG kann ein Miturheber auf seinen Anteil an den Verwertungsrechten durch einseitige Erklärung verzichten. Der Gesetzgeber hielt diese Regelung für geboten, um besonders in den Fällen, in denen eine große Zahl von teilweise nur unbedeutend an der Schöpfung beteiligten Miturhebern vorhanden ist, eine Zusammenfassung der Verwertungsrechte in der Hand einiger weniger Miturheber zur Erleichterung der Auswertung des Werkes zu ermöglichen.[28]
Ein einseitiger Verzicht auf den Anteil am Recht ist der Gemeinschaft nach Bruchteilen grundsätzlich fremd.[29] Begründet wird das damit, dass zum Anteil auch die Lasten- und Kostentragungspflicht gehört, die bei Zulässigkeit des ein-

---

[25] Larenz/ Wolf, BGB AT, § 9 Rn 66 f.; MünchKomm/ K. Schmidt, § 741 Rn 2, 6.
[26] Palandt/ Sprau, § 741 Rn 1.
[27] MünchKomm/ K. Schmidt, § 741 Rn 6.
[28] RegE, BT-Drucks. IV/ 270, S. 41.
[29] MünchKomm/ K. Schmidt, § 741 Rn 37, § 747 Rn 16; Schulze-Osterloh, Das Prinzip der gesamthänderischen Bindung, 1972, S. 121 ff.

seitigen Verzichts von den übrigen Teilhabern zu tragen wären. Der Verzicht wäre demnach Rechtsgeschäft mit Wirkungen zu Lasten Dritter.[30]
Somit spricht § 8 IV S.1 und 2 UrhG gegen die Deutung als Bruchteilsgemeinschaft.

(3) Prinzip der Anwachsung

Gem. § 8 Abs. IV UrhG kann ein Miturheber auf seinen Anteil an den Verwertungsrechten verzichten. Als Rechtsfolge ordnet Satz 3 an:" Mit der Erklärung wächst der Anteil den anderen Miturhebern zu." Damit hat der Gesetzgeber das sog. Anwachsungsprinzip festgelegt.

Das Prinzip der An- und Abwachsung ist charakteristisch für Gesamthandsgemeinschaften.[31] Die theoretische Deutung der An- und Abwachsungsvorgänge differiert je nach vertretener Gesamthandslehre. Wer die Gesamthänder als Rechtsträger des Sondervermögens sieht, deutet An- und Abwachsung als Änderung der dinglichen Zuordnung. [32] Hält man die Gesamthand für rechtssubjektiv verselbstständigt, so ist nur sie Vermögensträger und somit allein dinglich berechtigt.[33]
Der Gesetzgeber hat den Grundsatz der Anwachsung bewusst als Merkmal von Gesamthandsgemeinschaften aufgenommen. In den Gesetzesmaterialien heißt es dazu: „Im Falle des Verzichts soll entsprechend der Gestaltung der Miturhebergemeinschaft als einer Gesamthandsgemeinschaft der Anteil den anderen Miturhebern zuwachsen.“.[34]
Der Bruchteilsgemeinschaft ist das Anwachsungsprinzip nach herrschender Meinung dagegen fremd.[35] Somit lässt sich auch § 8 IV S. 3 UrhG kein Argument für die Einordnung als Bruchteilsgemeinschaft entnehmen. Das dort verortete Anwachsungsprinzip stützt vielmehr die Deutung als Gesamthandsgemeinschaft.[36]

---

[30] Schulze-Osterloh, Das Prinzip der gesamthänderischen Bindung, 1972, S. 121 ff.
[31] S. o. Kapitel § 2; vgl. auch § 738 I 1, § 501 III HGB.
[32] So z. B. Schulze-Osterloh, Das Prinzip der gesamthänderischen Bindung, 1972, S. 127 ff.; Huber, Vermögensanteil, Kapitalanteil und Gesellschaftsanteil an Personalgesellschaften des Handelsrechts, 1970, S. 64 f.
[33] Z. B. Hennecke, Das Sondervermögen der Gesamthand, 1976, S. 138; K. Schmidt, Gesellschaftsrecht, S. 207 f., 1319, für die Gesamthandsgesellschaft.
[34] RegE, BT-Drucks. IV/ 270, S. 41.
[35] MünchKomm / K. Schmidt, § 741 Rn 37; Staudinger/ Keßler, Vorbem zu § 705 Rn 169; Palandt/ Sprau, § 747 Rn 1.
[36] MünchKomm/ K. Schmidt, § 741 Rn 41, der die Miturhebergemeinschaft als „modifizierte Bruchteilsgemeinschaft“ deutet, was mit dem Anwachsungsprinzip in § 8 IV 3 UrhG nicht recht zusammengeht, spricht deshalb von „Anwachsungswirkungen“.

(4) Gesetzesentstehung

Wie die Gesetzesmaterialien zeigen[37], ging der gesetzgeberische Wille gerade dahin, die Regelung der Urhebergemeinschaft als Bruchteilsgemeinschaft (§ 6 LUG, § 8 KUG) abzuändern.[38]

(5) Anzahl der Gegenstände

Die Miturhebergemeinschaft kommt mit der Entstehung des urheberrechtlich geschützten Werkes zustande. Das Urheberrecht erwächst kraft Gesetzes unmittelbar zur gesamten Hand der schöpferisch Beteiligten. Es bildet das zunächst einzige Gesamthandsvermögen.[39]
An den Gedanken, dass sich im Vermögen der Urhebergemeinschaft nur ein einziger Gegenstand befindet, das Urheberrecht, knüpft Schulze-Osterloh an. Nach seiner Auffassung stimmen Gesamthandsgemeinschaften und Bruchteilsgemeinschaften strukturell überein. Die Gesamthandsgemeinschaften unterscheiden sich von der Bruchteilsgemeinschaft nur dadurch, dass sich bei ihnen die gemeinschaftliche Zuständigkeit grundsätzlich auf eine Mehrzahl von Gegenständen erstrecke. Die Mitberechtigung mehrerer Teilhaber an mehreren Gegenständen, die zu einem Vermögen zusammengefasst würden, sei das entscheidende Kriterium. Das habe der Gesetzgeber nicht richtig erkannt, als er in § 8 II 1 UrhG bestimmte, dass den Miturhebern das Recht zur Veröffentlichung und zur Verwertung des gemeinschaftlichen Werkes zur gesamten Hand zusteht.[40]

Richtig ist, dass sich die Bruchteilsberechtigung jeweils auf einen Gegenstand bezieht, so dass jede Gemeinschaft stets nur an einem Rechtsgegenstand besteht.[41] Zutreffend ist wohl auch, dass das Gesamthandsvermögen im Regelfall mehrere Gegenstände enthält. Notwendig ist das nicht. Es ist durchaus denkbar, dass sich die Miterben hinsichtlich des Nachlasses mit Ausnahme eines Grundstücks auseinandersetzen.[42] Ebenso kann sich das Vermögen einer Gesellschaft auf ein Grundstück beschränken. Die Auffassung Schulze-Osterlohs ist somit zu Recht in der Literatur auf Ablehnung gestoßen.[43]

---

[37] RegE, BT-Drucksache IV/ 270, S. 41; s. o. Kap. ..
[38] So auch Dreyer/ Kotthoff/ Meckel/ Zeisberg, Urheberrecht, § 8 Rn 20.
[39] V. Gamm, UrhG, § 8 Rn 14.
[40] Schulze-Osterloh, Das Prinzip der gesamthänderischen Bindung, 1972, S. 131 ff.
[41] MünchKomm/ K. Schmidt, § 741 Rn 2, 6.
[42] Vgl. z. B. BGH NJW 1969, 92.
[43] Staudinger/ Huber, § 741 Rn 153 f.; Erman/ Westermann, vor § 705 Rn 4.

Die Tatsache, dass den Miturhebern anfangs nur das Urheberrecht zusteht, kann somit die Deutung als Bruchteilsgemeinschaft nicht begründen.

(6) Ergebnis:

Als Ergebnis ist festzuhalten, dass entscheidende Gesichtspunkte gegen die Einordnung der Urhebergemeinschaft als Bruchteilsgemeinschaft sprechen.[44]

4. Keine Gemeinschaft eigener Art

(1) Argument des Mangels an Bindungsstrenge

Verbreitet[45] ist auch die Auffassung, bei der Miturhebergemeinschaft handele es sich weder um eine Bruchteilsgemeinschaft noch um eine Gesamthandsgemeinschaft, sie sei vielmehr als Gemeinschaft besonderer Art zu qualifizieren, deren charakteristischen Züge durch urheberrechtliche Grundsätze bestimmt werden. Das wird – unter Hinweis auf die Erbengemeinschaft – damit begründet, dass eine strengere Bindung als bei der Bruchteilsgemeinschaft auch bei der Gesamthandsgemeinschaft kein wesentliches Merkmal sei. Dort aber, wo eine strenge Bindung bestehe, habe sie nicht die für die Gemeinschaft der Miturheber typische personenrechtliche Prägung.[46]

Wie oben gezeigt unterscheiden sich Gesamthandsgemeinschaften und Bruchteilsgemeinschaften in der Verfügungsbefugnis der einzelnen Gemeinschafter über ihre Anteile an den einzelnen Gegenständen bzw. Rechten. Insofern besteht bei Gesamthandsgemeinschaften eine engere Bindung.[47] Darauf, dass die Bindung bei der Urhebergemeinschaft bezüglich einiger Rechte auch aus § 29 I UrhG folgt und damit letztlich auf urheberpersönlichkeitsrechtlichen Gründen beruht, sich bezüglich anderer Rechte jedoch erst aus Anwendung des Ge-

---

[44] Staudinger/ Huber, § 741 Rn 72, betont, dass der Gesetzgeber vor allem sicherstellen wollte, dass die Miturheber nur gemeinsam über Veröffentlichung, Verwertung und Änderung des Werkes entscheiden können sowie jeder Miturheber zugunsten der übrigen verzichten kann und dass es dahin stehen könne, ob der Gesetzgeber dasselbe Ergebnis auch bei Zugrundelegung einer Bruchteilsgemeinschaft hätte erreichen können.

[45] Ulmer, Urheber- und Verlagsrecht, 1980, S. 191; Wandtke/ Bullinger/ Thum, Praxiskommentar zum Urheberrecht, § 8 Rn 21; MünchKomm/ Ulmer, vor § 705 Rn 128; Schricker/ Loewenheim, Urheberrecht, § 8 Rn 1; nach Schack, Urheber- und Urhebervertragsrecht, S. 137 Rn 283, handelt es sich nicht um eine „klassische Gesamthandsgemeinschaft", sie sei urheberrechtlich modifiziert.

[46] E. Ulmer, Urheber- und Verlagsrecht, 1980, S. 191.

[47] Vgl. §§ 719 I ; 1419; 2033 II BGB.

samthandsprinzips ergibt, wurde schon hingewiesen. Diese partielle Doppelregelung steht der Annahme einer Gesamthandsgemeinschaft nicht entgegen.

Ebenso ausgeschlossen ist bei der Urhebergemeinschaft die Verfügung über Anteile der Miturheber am Gesamthandsgut. Dies beruht auf urheberpersönlichkeitsrechtlichen Elementen und – wie die Auslegung ergeben hat – auch auf der Anordnung gesamthänderischer Bindung.
Die verschiedenen Gesamthandsgemeinschaften weisen insofern unterschiedliche Bindungsgrade auf. So können die Miterben über ihren Anteil am Nachlass frei verfügen (§ 2033 I 1 BGB), während dies bei Gesellschaftern (§ 719 I 1. HS BGB) und Ehegatten (§ 1419 I BGB) nicht der Fall ist.

(2) Argument der Unauflösbarkeit der Urhebergemeinschaft

Als Argument für die Annahme einer Gemeinschaft eigener Art wird außerdem angeführt, dass die Urhebergemeinschaft erst mit Ablauf der Schutzfrist endet und eine vorherige Aufhebung ausgeschlossen ist.[48]
Das Urheberrecht erlischt 70 Jahre nach dem Tod des Urhebers (§ 64 UrhG); steht das Urheberrecht mehreren Miturhebern zu, so erlischt es 70 Jahre[49] nach dem Tode des längstlebenden Miturhebers (§ 65 I UrhG).[50] Die Urhebergemeinschaft endet mit Ablauf dieser Schutzfrist. Die vorherige Aufhebung ist ausgeschlossen.[51] Dies ist Folge der Unübertragbarkeit des Urheberrechts, was letztlich auf der Unverfügbarkeit des persönlichkeitsrechtlichen Elements beruht.[52]
In vielen Fällen wird das Werk noch vor Ablauf dieser Zeit infolge ausgeschöpfter Absatzchancen, sei es durch Wandlung des Zeitgeschmacks oder durch Fortschreiten der Wissenschaft, unverwertbar geworden sein. Für die Urhebergemeinschaft besteht dann kein Handlungsbedarf mehr. Es wird deshalb vertreten[53], dass die Miturheber dann – unter Ausklammerung des Urheberrechts – die Möglichkeit einer Teilauseinandersetzung haben, d.h. in der Vergangenheit getätigte Geschäfte abzuschließen und auszugleichen, um somit einen vorläu-

---

[48] E. Ulmer, Urheber- und Verlagsrecht, 1980, S. 192.
[49] Dieses Ereignis kann früher eintreten, wenn die Miturheber das Werk anonym oder unter einem Decknamen, unter dem sie nicht bekannt sind, veröffentlicht haben (§ 66 UrhG).
[50] Gem. § 66 UrhG ist bei anonymen oder pseudonymen Werken ein früheres Erlöschen des Urheberrechts möglich.
[51] V. Gamm, UrhG, § 8 Rn 14.
[52] Da dieses persönlichkeitsrechtliche Element im Unterschied zu den Anteilen an den Verwertungsrechten unverzichtbar ist, ist auch nur die Konzentration der letzteren in einer Hand denkbar. Der Verzicht auf die Verwertungsrechte führt somit nicht zum Ausscheiden aus der Gemeinschaft. Vgl. Möhring/ Nicolini/ Ahlberg, UrhG, § 8 Rn 47 ff.
[53] Sontag, Das Miturheberrecht, 1972, S. 70; Steffen, Die Miturhebergemeinschaft, 1988, S. 118.

tätigte Geschäfte abzuschließen und auszugleichen, um somit einen vorläufigen Schlußstrich unter die Gemeinschaft zu ziehen.

Ein Vergleich mit anderen Gesamthandsgemeinschaften zeigt, dass die Miturhebergemeinschaft hier Besonderheiten aufweist:
Die GbR kann durch einvernehmliche Aufhebung des Gesellschaftsvertrages (Auflösungsbeschluss) jederzeit aufgelöst werden,[54] gleiches gilt für die OHG (§ 131 I Nr. 2 HGB und KG (§§ 161 II, 131 I Nr. 2 HGB). Auch der nichtrechtsfähige Verein ist jederzeit durch Beschluss der Mitgliederversammlung auflösbar (§ 41 BGB).[55]
Ebenso kann die Gütergemeinschaft jederzeit einvernehmlich durch Ehevertrag aufgehoben werden.[56]
Das gilt im Grundsatz auch für die Erbengemeinschaft. Jeder Miterbe ist berechtigt, jederzeit die Auseinandersetzung zu verlangen (§ 2042 I BGB). Andererseits ist es möglich, den Bestand der Miterbengemeinschaft unabhängig vom Willen der Miterben für längere Zeit zu sichern. So kann der Erblasser die Auseinandersetzung durch letztwillige Verfügung für einen Zeitraum von 30 Jahren oder noch länger[57] ausschließen.[58]
Das zeigt, dass zwar die Existenzdauer von Gesamthandsgemeinschaften in der Regel vom Willen der Gesamthänder abhängt, dass eine diesbezügliche Fremdbestimmung den Gesamthandsgemeinschaften aber keineswegs fremd ist.
Im Übrigen wird – soweit ersichtlich – die prinzipiell jederzeit mögliche Auflösbarkeit der Gemeinschaft nirgends als definitorisches Kriterium der Gesamthandsgemeinschaft vertreten.[59]

Es bleibt festzustellen, dass die gesetzlich angeordnete Unauflösbarkeit der Urhebergemeinschaft für einen längeren Zeitraum diese zwar von anderen Gesamthandsgemeinschaften unterscheidet, dass dies aber mit der Einordnung als Gesamthandsgemeinschaft jedenfalls nicht unvereinbar ist.

[54] Kübler, Gesellschaftsrecht, S. 59.
[55] § 41 BGB ist auch auf den nichtrechtsfähigen Verein anwendbar, vgl. K. Schmidt, Gesellschaftsrecht, S. 743.
[56] RGRK/ Finke, § 1416 Rn 6.
[57] Für den Fall, dass eine juristische Person Miterbe ist, beläuft sich die Frist auf max. 30 Jahre, bei natürlichen Personen kann der Zeitraum länger sein (§ 2044 BGB).
[58] Vgl. Lange/ Kuchinke, Erbrecht, die von der "Diktatur des Erblassers über seinen Tod hinaus" sprechen, § 44 II 3, S. 1141 ff.
[59] Vgl. z. B. Buchda, Geschichte und Kritik der deutschen Gesamthandslehre, 1936.

(3) Ergebnis

Zusammenfassend ist festzustellen, dass die Miturhebergemeinschaft – verglichen mit anderen Gesamthandsgemeinschaften – durch Eigenheiten geprägt ist, die ihren Grund in urheberrechtlichen Grundsätzen haben, namentlich im Urheberpersönlichkeitsrecht. Festzuhalten ist auch, dass Verfügungsbeschränkungen zu einem guten Teil schon aus der Nichtübertragbarkeit des Urheberrechts (§ 29 I UrhG) folgt. Nichtsdestotrotz hat das gesamthänderische Prinzip sein Wirkungsfeld, es ist nicht überflüssig. Ob man die Miturhebergemeinschaft aufgrund ihrer urheberrechtlichen Eigenheiten als Gemeinschaft besonderer Art bezeichnet, scheint eher ein terminologisches Problem. Jedenfalls geben diese Eigenheiten keinen ausreichenden Anlass, eine Gemeinschaft eigener Art zu kreieren.[60] Es ist deshalb vertretbar, auch die Urhebergemeinschaft hier als Gesamthandsgemeinschaft in die vorliegende Untersuchung einzubeziehen.

II. Keine Rechtsfähigkeit der Miturhebergemeinschaft

Die Diskussion um die Rechtsfähigkeit der Gesamthandsgemeinschaften des BGB hat auch in der Urheberrechtsliteratur Spuren hinterlassen. So hält Waldenberger[61] die Rechtssubjektivität der Miturhebergesamthand unter Berufung auf die "neuere Gesamthandslehre" für „denkbar". Und Steffen[62] beschreibt die Zuständigkeit im Außenverhältnis für der Fall, dass man "bei der Gesamthand eine eigene Rechtssubjektivität" annimmt. Für die Verfechter einer – auch bezüglich der Rechtsträgerschaft – einheitlichen dogmatischen Figur der Gesamthand[63] stellt sich die Frage nach der Rechtsfähigkeit der Urhebergemeinschaft schon deswegen, weil nunmehr die Rechtsfähigkeit der Außen-GbR anerkannt ist.

Wie sich im Laufe der Untersuchung herausgestellt hat, gibt es keine einheitlich rechtsfähige oder nichtrechtsfähige Gesamthand, solange man die Gesamthandsgesellschaften als Gesamthand begreift und nicht etwa als juristische Personen einordnet.[64]

---

[60] Gegen die Deutung als Gemeinschaft eigener Art auch Marbach, Rechtsgemeinschaften an Immaterialgütern, 1987, S. 53, mit dem Argument, im Interesse der Rechtssicherheit, sollte man auf "maßgeschneiderte Lösungen" verzichten.

[61] Waldenberger, Die Miturheberschaft im Rechtsvergleich, 1991, S. 46.

[62] Steffen, Die Miturhebergemeinschaft, 1988, S. 48; ablehnend dann aber auf S. 107.

[63] So z. B. Bork, Staudinger, Kommentar zum Bürgerlichen Gesetzbuch, 100 Jahre BGB - 100 Jahre Staudinger, 1999, S. 186, bezüglich der ehelichen Gütergemeinschaft, gewissermaßen am „Vorabend" des Grundlagenurteils vom 29.1. 2001 (BGH, NJW 2001, 1056).

[64] S. o. Kapitel § 2.

Die Urhebergemeinschaft entspricht hinsichtlich der Rechtsträgerschaft dem herkömmlichen Gesamthandsverständnis, d. h. Träger der Rechte und Pflichten sind ausschließlich die Miturheber. Für die Rechtsfähigkeit der Urhebergemeinschaft selbst gibt es, wie im Folgenden zu zeigen sein wird, keinerlei Anhaltspunkte.

1. Gesetzeswortlaut

Gegen die Rechtsfähigkeit der Urhebergemeinschaft spricht der Wortlaut der einschlägigen Vorschriften:
In § 8 Abs. 2 S. 1 UrhG heißt es, die Rechte der Veröffentlichung und der Verwertung des Werkes stehen "den Miturhebern zur gesamten Hand zu". Die Rechte werden also den Miturhebern zugeordnet, nicht der Gesamthand als solcher.
Der dritte Satz des gleichen Absatzes lautet: "Jeder Miturheber ist berechtigt, Ansprüche aus Verletzungen des gemeinsamen Urheberrechts geltend zu machen ...". Auch hier ist die Rede vom Recht der Miturheber, nicht dem der Gesamthand.

§ 8 Abs. 4 S.1 UrhG lautet: "Ein Miturheber kann auf seinen Anteil an den Verwertungsrechten (§ 15) verzichten."
Käme der Urhebergemeinschaft Rechtssubjektivität zu, dann stünde ihr das Gesamthandsvermögen zu, mithin auch die Verwertungsrechte. Die einzelnen Miturheber hätten dann keinen Anteil an den Verwertungsrechten, sondern allenfalls Anteile an der Gesamthand in toto.
Auch § 65 Abs. 1 UrhG spricht davon, dass das Urheberrecht "mehreren Miturhebern" zusteht, nicht dagegen davon, dass es der Miturhebergemeinschaft zusteht.

2. Gesetzesmaterialien

Auch den Gesetzesmaterialien ist kein Hinweis auf die Rechtssubjektivität der Miturhebergemeinschaft zu entnehmen. Man wollte lediglich die Bruchteilsregelung zugunsten des Gesamthandsprinzips abändern, weil man diese für sachgerecht hielt.[65]

---

[65] Vgl. RegE, BT-Drucksache IV/ 270, S. 41; Referentenentwürfe zur Urheberrechtsreform, 1954, S. 87 f. Das liegt im Übrigen auch deswegen fern, weil der die Diskussion um die Rechtsfähigkeit von Gesamthandsgemeinschaften anstoßende Aufsatz von Flume erst 7 Jahre nach Inkrafttreten des UrhG erschienen ist (Flume, ZHR 136 [1972], 177 ff.).

3. Keine Rechtsfortbildung

Angesichts der rechtsfortbildenden Anerkennung der Rechtsfähigkeit der Außen-GbR könnte man daran denken, auch die Miturhebergemeinschaft in diese Richtung weiterzuentwickeln. Dafür ist ein Bedürfnis jedoch nicht erkennbar. Die Urhebergemeinschaft entsteht ohne rechtsgeschäftlichen Willen aufgrund der Herstellung des urheberrechtlich geschützten Werkes. Die Rechtsfähigkeit der Gemeinschaft könnte allenfalls dann von Interesse sein, wenn die Miturheber als Gemeinschaft in nennenswertem Umfang im Rechtsverkehr auftreten wollen, namentlich im Rahmen der wirtschaftlichen Verwertung des Urheberrechts. Für eine Teilnahme am Rechtsverkehr ist aber die Miturhebergemeinschaft mangels ausreichender organisationsrechtlicher Ausstattung nicht geeignet.[66] Dafür steht ihr vielmehr der Weg zur Gründung einer Außen-GbR zur Verfügung. In der Literatur wird denn auch angenommen, dass Miturheber regelmäßig eine GbR bilden[67], und fast jede Absprache zwischen den Miturhebern, zumindest wenn sie sich auf die Verwertung bezieht[68], gilt als Indiz dafür.

Zusammenfassend kann festgehalten werden, dass es sich bei der Miturhebergemeinschaft eine nichtrechtsfähige Gesamthandsgemeinschaft handelt, die urheberrechtlich geprägt ist.

III. Gesellschafterfähigkeit

Die Gesellschafterfähigkeit der Urhebergemeinschaft ist bisher kein Thema des rechtswissenschaftlichen Diskurses gewesen. Darüber hinaus findet die Miturhebergemeinschaft – soweit ersichtlich – in der Rolle eines Gesellschafters auch nirgendwo Erwähnung, weder im rechtswissenschaftlichen Schrifttum noch in der Rechtssprechung. Das hat, wie sich zeigen wird, seine guten Gründe. Da diese nicht die Beteiligung nur an bestimmten Gesellschaftsformen betreffen, sondern die Gesellschafterfähigkeit überhaupt, ist eine differenzierende Betrachtung verzichtbar. Ausgehend vom Grundsatz der Privatautonomie ist zu untersuchen, ob es etwas gibt, was der Beteiligung der gesamthänderisch gebundenen Miturheber an Gesellschaften entgegensteht.

---

[66] Siehe Kapitel § 13 III 2.

[67] Wandtke/ Bullinger/ Thum, Praxiskommentar zum Urheberrecht, § 8 Rn 6; Werner, BB 1982, 280 (281).

[68] Vgl. MünchKomm/ Ulmer, vor § 705 Rn 129.

1.Keine inhaltlich-gegenständliche Beschränkung des Gesamthandvermögens

Die Beteiligung der Miturhebergemeinschaft setzt zunächst voraus, dass das Gesamthandsvermögen der Miturheber insoweit inhaltlich überhaupt aufnahmefähig ist und keiner gegenständlichen Beschränkung unterliegt.
Diesbezüglich ist festzustellen, dass der Umfang der gesamthänderischen Bindung bei der Miturhebergemeinschaft sehr umstritten ist. Es stehen sich grundsätzlich zwei Meinungen gegenüber:

Einmal wird die Auffassung vertreten, dass nur die in § 8 Abs. 2 S.1 UrhG ausdrücklich erwähnten Rechte der gesamthänderischer Bindung unterliegen, also das Recht zur Veröffentlichung (§ 12 UrhG) und zur Verwertung des Werkes (§§ 15 ff. UrhG).[69] Überwiegend wird auch das Änderungsrecht in die Bindung einbezogen.[70]
Die Gegenauffassung[71] will über den Gesetzeswortlaut hinaus das gesamte Urheberrecht, unter Einbeziehung der urheberpersönlichkeitsrechtlichen Befugnisse, gesamthänderisch binden.
Die erstgenannte Ansicht kann sich auf den Gesetzeswortlaut stützen. Getragen wird sie des weiteren von dem Bedenken, dass die einzelnen Miturheber in der Ausübung ihrer persönlichkeitsrechtlichen Befugnisse zu stark behindert würden, wenn man diese einer gesamthänderischen Bindung unterwürfe.[72]
Die zweite Auffassung hingegen beruft sich auf die monistische Theorie von der Einheit des Urheberrechts.
Der Streit kann hier dahingestellt bleiben, da er im Ergebnis nichts über die gesamthänderische Zuordnung von Gesellschaftsbeteiligungen aussagt. Denn eine

---

[69] Rehbinder, Urheberrecht, S. 126; Stumpf, Handbuch des Urheberrechts, S. 97 f., Dreyer/ Kotthoff/ Meckel/ Zeisberg, Urheberrecht, § 8 Rn 22, 27; die freilich alle auch die Einwilligung zu Änderungen für erforderlich halten (§ 8 II 1 Hs. 2 UrhG). Nach Ulmer, Urheber- und Verlagsrecht, 1980, sollen die Miturheber ihre Persönlichkeitsrechte selbstständig wahrnehmen, S. 192 f.

[70] Schricker/ Loewenheim, Urheberrecht, § 8 Rn 10; Schack, Urheber- und Urhebervertragsrecht, 2001, Rn 283 f; Fromm/ Nordemann, Urheberrecht, § 8 Rn 17; Wandtke/ Bullinger/ Thum, Praxiskommentar zum Urheberrecht, § 8 Rn 24 ff.; Dreier/ Schulze, UrhG, § 8 Rn 12 f.; unklar Orth, Die Besonderheiten der BGB-Gesellschaften im Urheberrecht, 1981, S. 15, der nur die genannten Befugnisse gesamthänderisch binden, die anderen aber in „gemeinsame" Rechtszuständigkeit geben will; Waldenberger, Die Miturheberschaft im Rechtsvergleich, 1991, S. 42 ff. will noch einige ungenannte Persönlichkeitsrechte in die Gesamthandsbindung einbeziehen.

[71] Möhring/ Nicolini/ Ahlberg, UrhG, § 8 Rn 28; Sontag, Das Miturheberrecht, 1972, S. 35; Stroh, Werkeinheit und Werkmehrheit im Urheberrecht, 1969, S. 168; Steffen, Die Miturhebergemeinschaft, 1988, S. 41 ff.; Werner, BB 1982, 280 (280); v. Gamm, UrhG, § 8 Rn 12 ff.

[72] Vgl. Waldenberger, Die Miturheberschaft im Rechtsvergleich, 1991, S. 48; Wandtke/ Bullinger/ Thum, Praxiskommentar zum Urheberrecht, § 8 Rn 26.

solche könnte wohl nach beiden Auffassungen als Verwertung des Werkes gelten.

Die Miturhebergemeinschaft entsteht, unabhängig von einer vertraglichen Abrede, mit der Entstehung des Werkes, mithin des Urheberrechts. Je nach der vertretenen Auffassung, besteht damit das Gesamthandsvermögen zunächst aus dem gesamten Urheberrecht[73] oder nur aus den in § 8 Abs. 2 UrhG genannten Rechten. Durch die Verwertung des Urheberrechts können sich im Laufe der Zeit auch Erträge einstellen. Dazu gehören etwa Vergütungsansprüche aus dem Folgerecht (§ 26 UrhG) oder für Vermietung und Verleihung (§ 27 UrhG). Dabei handelt es sich um obligatorische Zahlungsansprüche, die dem Gesamthandsgut zugerechnet werden.[74] Gleiches gilt für Schadensersatzleistungen.[75] Umgekehrt fallen auch etwa auftretende Verluste dem Gesamthandsvermögen zur Last.[76]

Wenn rein obligatorische Zahlungsansprüche, die zwar als Folge der Verwertung des Urheberrechts entstehen (§§ 26, 27 UrhG), im Übrigen aber nach den allgemeinen Regeln (§§ 398 ff. BGB) frei übertragbar sind[77], Bestandteil des Gesamthandvermögens sein können,[78] wird auch nicht auszuschließen sein, dass sich auch Gesellschaftsanteile darin befinden können. An einer inhaltlichen Beschränkung des Gesamthandvermögens wird die Gesellschafterfähigkeit folglich nicht scheitern.

2. Mangelhafte Ausstattung der Miturhebergemeinschaft

Die Mitgliedschaft in einem Verband setzt die Fähigkeit voraus, Mitgliedschaftsrechte und – pflichten wahrnehmen zu können. Die Anforderungen unterscheiden sich je nach der Rechtsform des Verbandes und nach der jeweiligen gesellschaftsvertraglichen Vereinbarung. Während bei Kapitalgesellschaften die vermögensrechtlichen Pflichten regelmäßig besonders ausgeprägt sind, spielen bei gesetzestypisch ausgestalteten Personengesellschaften die Mitwirkungspflichten eine größere Rolle. Damit stellt sich die grundsätzliche Frage, inwie-

[73] V. Gamm, UrhG, § 8 Rn 14.
[74] V. Gamm, UrhG, § 26 Rn 6, § 27 Rn 3; Steffen , Die Miturhebergemeinschaft, 1988, S. 88 f., Waldenberger, Die Miturhebergemeinschaft im Rechtsvergleich, 1991, S. 60.
[75] Steffen, Die Miturhebergemeinschaft, 1988, S. 89 f.
[76] V. Gamm, UrhG, § 8 Rn 14; Steffen, Die Miturhebergemeinschaft, 1988, S. 88 ff., Waldenberger, Die Miturhebergemeinschaft im Rechtsvergleich, 1991, S. 60.
[77] V. Gamm, UrhG, § 26 Rn 4, § 27 Rn 3.
[78] Das wird wohl auch von jenen vertreten, die nicht das gesamte Urheberrecht gesamthänderisch binden wollen, vgl. Wandtke/ Bullinger/ Thum, Praxiskommentar zum Urheberrecht, § 8 Rn 55.

fern die Miturhebergemeinschaft strukturell überhaupt auf die Stellung als Gesellschafter vorbereitet ist.

Der Gesetzgeber hat die Miturhebergemeinschaft hinsichtlich der Handlungsfähigkeit geradezu stiefmütterlich behandelt. Nur wenige Einzelvorschriften treffen Aussagen über die Verwaltung des Gesamthandvermögens. Einen Anhalt bietet das Gesetz durch die Anordnung der gesamthänderischen Bindung für das Recht auf Veröffentlichung und Verwertung (§ 8 Abs.2 Satz 1 Hs. 1 UrhG). Daraus ist zu schließen, dass die Miturheber über die genannten Rechte nur gemeinschaftlich verfügen können.
Des weiteren ist dem Gesetz zu entnehmen, dass Änderungen des Werkes nur mit Einwilligung aller Miturheber zulässig sind (§ 8 Abs. 2 Satz 1 Hs. 2 UrhG). Eine Auflockerung der strengen Bindung bedeutet die Zuständigkeit der einzelnen Miturheber für die Abwehr und Verfolgung von Verletzungen des gemeinsamen Urheberrechts (§ 8 Abs. 2 S. 3 UrhG). Eine zusammenhängende Regelung zur Geschäftsführung und einer gesetzlichen Vertretung der Miturheber füreinander fehlt.[79]
Angesichts der lückenhaften Regelung greift man auf die §§ 705 ff. BGB[80] oder §§ 741 ff. BGB[81] zurück. So wird etwa für die Vertretung der Miturheber § 714 BGB entsprechend herangezogen, für die Geschäftsführung § 709 BGB.[82]

Der Tatsache, dass das Gesetz letztlich nur die Verfügungsbeschränkung für das Veröffentlichungs- und Verwertungsrecht regelt, nicht aber die Verwaltung anderer Gesamthandsgegenstände und nicht die Handlungsfähigkeit der Gemeinschaft überhaupt, lässt sich entnehmen, dass die Beteiligung als Gesellschafter, die eben einen gewissen Grad an Handlungsfähigkeit erfordert, nicht vorgesehen ist.

3. Existenzielle Verknüpfung von Urhebergemeinschaft und Urheberrecht

Ein Indiz dafür, dass der Gesetzgeber eine Betätigung der Miturhebergemeinschaft als Gesellschafter nicht im Sinn hatte, kann auch darin gesehen werden,

[79] MünchKomm/ K. Schmidt, § 741 Rn 66.
[80] Dreier/ Schulze, UrhG, § 8 Rn 12; Schricker/ Loewenheim, Urheberrecht, § 8 Rn 10; Schack, Urheber- und Urhebervertragsrecht, S. 137 Rn 284; Dreyer/ Kotthoff/ Meckel/ Zeisberg, Urheberrecht, § 8 Rn 23, 30; zweifelnd MünchKomm/ Ulmer, vor § 705 Rn 128.
[81] Fromm/ Nordemann, Urheberrecht, § 8 Rn 24; MünchKomm/ K. Schmidt, § 741 Rn 66 f.
[82] Wandtke/ Bullinger/ Thum, Praxiskommentar zum Urheberrecht, § 8 Rn 32; Schricker/ Loewenheim, Urheberrecht, § 8 Rn 13; Sontag, Das Miturheberrecht, 1972, S. 38 ff., 41 ff.; Steffen, Die Miturhebergemeinschaft, 1988, S. 46 ff.

dass die Urhebergemeinschaft in ihrer Existenz an das Urheberrecht geknüpft ist.
Anders als Gesamthandsgesellschaften entsteht die Miturhebergemeinschaft nicht aufgrund rechtsgeschäftlicher Vereinbarung zwischen den Miturhebern. Sie verdankt ihre Existenz vielmehr der Entstehung des urheberrechtsfähigen Werkes.
Ist die Urhebergemeinschaft einmal in der Welt, ist es den Miturhebern auch nicht möglich, diese wieder zu beenden. Weder kann ein einzelner Miturheber sie kündigen, noch kann sie einverständlich aufgelöst werden. Sie existiert für die Dauer des Bestands des Urheberrechts.[83] Erst mit dem Erlöschen des Urheberrechts, also 70 Jahre nach dem Tod des letzten Miturhebers (§ 65 I UrhG)[84], endet auch die Gemeinschaft. Zwar können einzelne Miturheber auf ihren Anteil an den Verwertungsrechten zugunsten der anderen Miturheber verzichten (§ 8 IV UrhG), so dass sich die Verwertungsrechte schließlich in der Hand eines Miturhebers befinden können. Die Gemeinschaft endet damit jedoch nicht. Denn auf die urheberpersönlichkeitsrechtlichen Befugnisse kann nicht verzichtet werden.[85] Es ist also nicht möglich, dass sich das Urheberrecht schließlich nur noch in der Hand eines einzigen Miturhebers befindet und die Gemeinschaft endet.

4. Gesetzgeberische Motive für die Regelung als Gesamthand

(1) Monistische Theorie

Nach der dualistischen Theorie entsteht durch die Schöpfung des urheberrechtlich geschützten Werkes ein Vermögensrecht und ein – davon zu trennendes – Persönlichkeitsrecht. Das Urheberrecht ist danach kein einheitliches Recht, sondern ein Doppelrecht.[86]

Ein anderes Verständnis vom Urheberrecht folgt aus der monistischen Theorie, die zur Grundlage des Urhebergesetzes geworden ist (§ 11 UrhG).[87]
Die monistische Theorie besagt, dass es sich beim Urheberrecht um ein einheitliches Recht handelt, das vermögensrechtliche und persönlichkeitsrechtliche Elemente enthält. Dabei ist das Urheberrecht nicht nur die Summe der Befugnisse, die dem Urheber zustehen, sondern es ist ein einheitliches Recht, aus dem die

---

[83] V. Gamm, UrhG, § 8 Rn 14.
[84] Gem. § 66 UrhG ist bei anonymen oder pseudonymen Werken ein früheres Erlöschen des Urheberrechts möglich.
[85] Dreier/ Schulze, UrhG, § 8 Rn 26.
[86] Vgl. Ulmer, Urheber- und Verlagsrecht, 1980, S. 112 f.
[87] Vgl. v. Gamm, UrhG, Einf. Rn 28.

Befugnisse fließen.[88] Die Elemente sind untrennbar miteinander vermengt.[89] Ulmer[90] hat die Zusammenhänge zwischen ideellen und materiellen Interessen, den vermögensrechtlichen und persönlichkeitsrechtlichen Befugnissen, und dem Urheberrecht plastisch wie folgt dargestellt: Die beiden Interessen erscheinen, wie bei einem Baum, als die Wurzeln des Urheberrechts, und dieses selbst als der einheitliche Stamm. Die urheberrechtlichen Befugnisse aber sind den Ästen und Zweigen vergleichbar, die aus dem Stamm erwachsen. Sie ziehen die Kraft bald aus beiden, bald ganz oder vorwiegend aus einer der Wurzeln.
Daraus folgt, dass auf der einen Seite die Verwertungsrechte persönlichkeitsrechtliche Implikationen aufweisen können, auf der anderen Seite enthalten Persönlichkeitsrechte mehr oder weniger ausgeprägt auch vermögensrechtliche Komponenten. So bedeutet die gesetzliche Einteilung in Urheberpersönlichkeitsrechte und Verwertungsrechte allenfalls, dass diese vorwiegend Bedeutung für ideelle oder materielle Interessen haben, nicht aber, dass sie ausschließlich diesen dienen.
Dementsprechend weist z. B. das Veröffentlichungsrecht (§ 12 I UrhG) eine Doppelnatur auf. Als Urheberpersönlichkeitsrecht und Abwehrrecht bietet es Schutz vor der Öffentlichkeit, als Vorbedingung für die Ausübung der Verwertungsrechte teilt es deren vermögensrechtliche Natur.[91]

(2) Folgen für die Miturhebergemeinschaft und die Neuregelung der Urhebergemeinschaft

Aus den Erkenntnissen der monistischen Theorie folgt im Falle des Alleinurhebers, dass in das Werk der menschliche Geist nur seiner Person einfließt[92], es also nur zur Vermengung persönlichkeitsrechtlicher und vermögensrechtlicher Elemente einer einzigen Person kommt. Wesentlich komplexer ist die Lage bei der Miturhebergemeinschaft.

Miturheberschaft liegt dann vor, wenn mehrere ein Werk gemeinsam geschaffen haben, ohne dass sich ihre Anteile gesondert verwerten lassen (§ 8 Abs. 1 UrhG).
Wie die Alleinurheberschaft erfordert die Miturheberschaft eine eigene schöpferische Schaffenstätigkeit jedes einzelnen Miturhebers, die sachlichen Voraussetzungen stimmen überein.[93] Notwendig ist eine eigene tatsächliche Schaffenstä-

---

[88] Ulmer, Urheber- und Verlagsrecht, 1980, S. 115.
[89] Statt vieler: Ulmer, Urheber- und Verlagsrecht, 1980, S. 118.
[90] Ulmer, Urheber- und Verlagsrecht, 1980, S. 116.
[91] Schack, Urheber- und Urhebervertragsrecht, S. 157.
[92] Dreier/ Schulze, UrhG, § 7 Rn 2.
[93] V. Gamm, UrhG, § 8 Rn 7.

tigkeit aus eigener Vorstellungskraft in der individuellen Gestaltung der konkreten, einheitlichen Werkschöpfung.[94] Das gemeinsame Schaffen der Miturheber beruht wesensmäßig auf einer schöpferischen Zusammenarbeit mit einer Benutzung der von anderen beigesteuerten Gestaltungen, ihre Weiterformung, Fortbildung und ihr Verweben mit eigenen Vorstellungen.[95]
Als Folge eines solchen gemeinsamen Schöpfungsvorgangs kommt es zu einer Vermengung nicht nur der urheberpersönlichkeitsrechtlichen und vermögensrechtlichen Interessen eines Urhebers, sondern der aller Miturheber. Diese Verflechtung ist gemeint, wenn in der Begründung zum Regierungsentwurf, der der Neuregelung der Miturhebergemeinschaft als Gesamthandsgemeinschaft zu Grunde lag, von einer „besonders engen Gemeinschaft"[96] die Rede ist.

Nach §§ 6 LUG, 8 KUG hatte die Miturheberschaft eine Bruchteilsgemeinschaft zur Folge. Demnach konnten etwa Beschlüsse über die Veröffentlichung und Verwertung des Werkes mit Mehrheit gefasst werden (§ 745 BGB).[97] Dies wurde als nicht sachgerecht empfunden. Das persönlichkeitsrechtliche Element, das das Urheberrecht durchdringt, erfordert eine stärkere Bindung der Miturheber, als sie bei der Bruchteilsgemeinschaft besteht, bei der jeder Teilhaber über seinen Anteil verfügen und jederzeit die Aufhebung der Gemeinschaft verlangen kann. Die Rechtsprechung berücksichtigte die besondere Art des Gemeinschaftsverhältnisses schon vor der gesetzlichen Änderung des Urheberrechts durch die Auferlegung von Treue- und Mitwirkungspflichten.[98] Mit der Neuregelung des Gemeinschaftsverhältnisses ordnete der Gesetzgeber in § 8 II UrhG die gesamthänderische Bindung an. Der Grund war, dass man dies im Hinblick auf die besondere Natur des Urheberrechts für sachgerechter hielt. Nicht beabsichtigt war dagegen die Schaffung eines Sondervermögens zur Verwirklichung eines bestimmten Zwecks, etwa zur Ermöglichung unternehmerischer Tätigkeit der Miturheber.[99]
Demzufolge bestand natürlich auch kein Anlass, die Urhebergemeinschaft mit einer Handlungsverfassung auszustatten und damit deren Auftreten im Rechtsverkehr zu erleichtern. Der Gesetzgeber hatte mit der Einführung des Gesamthandsprinzips auch nicht die Intention, die Gesellschafterfähigkeit der Miturhebergemeinschaft als Gesamthand herzustellen.

---

[94] V. Gamm, UrhG, § 8 Rn 4.
[95] V. Gamm, UrhG, § 8 Rn 9.
[96] BT-Drucks. IV/ 270, S. 41.
[97] Wandtke/ Bullinger/ Thum, Praxiskommentar zum Urheberrecht, § 8 Rn 29.
[98] Vgl. BGHZ 33, 20 (32 ff.); BGHZ 33, 48 (52 ff.); BGH, GRUR 64, 326 (330).
[99] Vgl. Ulmer, Urheber- und Verlagsrecht, 1980, S. 190 f.; v. Gamm, UrhG, § 8 Rn 2.

5. Der natürliche Handlungswille als Grundlage der Urhebergemeinschaft

Die gemeinsame Werkschöpfung setzt gewolltes Zusammenwirken der schöpferisch Mitbeteiligten voraus.[100] Notwendig ist neben dem Schaffensakt als Realakt eine Verständigung über die gemeinsame Aufgabe und eine gegenseitige Unterordnung unter die Gesamtidee.[101] Grundlage ist ein natürlicher Handlungswille, der sich auf das gemeinsame Schaffen richtet.[102] Die Miturhebergemeinschaft beruht also nicht auf rechtsgeschäftlicher Vereinbarung, sondern nur auf einem Realakt bzw. auf natürlichem Handlungswillen, weshalb ohne weiteres auch Geschäftsunfähige Miturheber sein können.[103]
In der Literatur wird angenommen, dass bei der Schaffung eines gemeinsamen Werkes zwischen den Miturhebern immer[104] oder doch regelmäßig[105] eine BGB-Gesellschaft entsteht, weil die Miturheber dann den Veröffentlichungs- und Verwertungszweck gemeinsam verfolgen[106] oder sich über die Zusammenarbeit in bindender vertraglicher Form verständigen.[107] Vereinbarungen über eine, von der gesetzlichen Regelung in § 8 Abs. 3 UrhG abweichende, Verteilung der Erträgnisse sowie die Art der Verwertung des Werkes gelten als Hinweis auf eine BGB-Gesellschaft, eine sog. Miturhebergesellschaft.[108]
Das hat erst recht für die Beteiligung an einer Gesellschaft zu gelten. Wenn die Miturheber vereinbaren, sich als Gesellschafter zu betätigen, liegt darin eine neue Qualität der Gemeinschaft. Der natürliche Handlungswille, der in der Konsequenz zur Entstehung der Urhebergemeinschaft führt, ist auf die Herstellung des urheberrechtlich geschützten Werkes gerichtet. Die Beteiligung an einer Gesellschaft ist ein darüber hinausgehender Zweck, auf rechtsgeschäftlicher Grundlage. Beteiligen sich die Miturheber gemeinschaftlich an einer Gesellschaft, so entsteht zwischen ihnen eine gesellschaftsrechtliche Verbindung, als Miturhebergemeinschaft können sie nicht Gesellschafter werden.

---

[100] V. Gamm, UrhG, § 8 Rn 10.
[101] BGH, GRUR 1994, 39 (40); Schricker/ Loewenheim, Urheberrecht, § 8 Rn 9.
[102] Schricker/ Loewenheim, Urheberrecht, § 8 Rn 8.
[103] Wandtke/ Bullinger/ Thum, Praxiskommentar zum Urheberrecht, § 8 Rn 6.
[104] Werner, BB 1982, 280 (281).
[105] Orth, Die Besonderheiten der BGB-Gesellschaften im Urheberrecht, 1981, S. 30 f.; Wandtke/ Bullinger/ Thum, Praxiskommentar zum Urheberrecht, § 8 Rn 6; v. Gamm, UrhG, § 8 Rn 2, zufolge, wurde schon vor der Urheberrechtsreform v. 1965 regelmäßig eine GbR angenommen.
[106] Werner, BB 1982, 280 (281).
[107] Orth, Die Besonderheiten der BGB-Gesellschaften im Urheberrecht, 1981, S. 30.
[108] E. Ulmer, Urheber- und Verlagsrecht, 1980, S. 193; MünchKomm/ Ulmer, vor § 705 Rn 129; Sontag, Das Miturheberrecht, 1972, S. 73; Dreyer/ Kotthoff/ Meckel/ Zeisberg, Urheberrecht, § 8 Rn 29.

6. Ergebnis

Als Ergebnis ist festzuhalten, dass die Miturhebergemeinschaft nicht gesellschafterfähig ist. Die Miturheber können sich als urheberrechtliche Gesamthand an keiner Gesellschaftsform beteiligen. Ausschlaggebend für die Regelung der Urhebergemeinschaft nach dem Gesamthandsprinzip war die Intention, der mit dem Werk entstehenden untrennbaren Verflechtung vermögensrechtlicher und persönlichkeitsrechtlicher Interessen aller Miturheber durch die Verfügungsbeschränkung eine adäquate rechtliche Grundlage zu geben. Diesem Regelungszweck entsprechend gering ist die Aktionsfähigkeit der Gesamthand ausgebildet, so dass sie die mit der Gesellschafterstellung verbundenen Rechte und Pflichten nach ihrer gesetzlichen Ausstattung gar nicht wahrnehmen kann. Eine Betätigung der Gemeinschaft als Gesellschafter widerspricht außerdem ihrem Wesen, als einer auf natürlichem Handlungswillen basierenden und auf die Schaffung des urheberrechtlich geschützten Werkes gerichteten Personenmehrheit.

§ 14 Zusammenfassung der wesentlichen Ergebnisse

Es sollen hier nicht alle Einzelergebnisse erneut aufgeführt werden. Insofern kann auf die einzelnen Kapitel verwiesen werden, die das Ergebnis regelmäßig am Schluss ausweisen.

Die *Erbengemeinschaft* kann im Erbgang nicht Gesellschafter einer Außen-GbR, oHG und KG werden. Vielmehr rücken die Miterben im Wege der Singularsukzession einzeln in die Gesellschafterstellung des Erblassers ein; es ist also an der schon bisher ganz herrschenden Meinung festzuhalten. Dasselbe gilt für die Nachfolge in die Rechtsstellung des persönlich haftenden Gesellschafters einer KGaA und des Mitglieds eines nichtrechtsfähigen wirtschaftlichen Vereins. Die Singularsukzession ist Folge der Unvereinbarkeit von Miterben- und Gesellschafterhaftung für die Altverbindlichkeiten des Verbandes. Für die Personenhandelsgesellschaften kann sie sich außerdem auf § 139 Abs. 1 HGB stützen.

Die Singularsukzession hat Auswirkungen auch auf eine besondere Variante der GbR-Innengesellschaft, nämlich die Unterbeteiligungsgesellschaft. War deren Hauptgesellschafter Mitglied eines Verbandes, für den die Sondernachfolge gilt, dann scheidet auch die Nachfolge der Erbengemeinschaft in die Rechtsstellung des Erblassers als Hauptgesellschafter der Innengesellschaft aus.

Da die Gründe für die Singularsukzession nur den Beteiligungserwerb im Erbgang betreffen, kann eine Erbengemeinschaft auf anderen Wegen Gesellschafterin der genannten Verbände werden, nämlich durch Gründungsbeteiligung oder späteren Anteilserwerb kraft Rechtsgeschäfts. Probleme, die in den typischerweise persönlichkeitsgeprägten und auf Mitwirkung der Gesellschafter angelegten Personengesellschaften namentlich aus der Handlungsverfassung der Erbengemeinschaft erwachsen können, unterfallen dem Grundsatz der Privatautonomie. Es ist kennzeichnend für das Personengesellschaftsrecht, dass es den Gesellschaftern überlassen bleibt, wie sie ihre Gesellschaft organisieren. Die vom Gesetz bereitgestellten Gestaltungsmöglichkeiten reichen aus, als nachteilig empfundene Merkmale der Erbengemeinschaft zu neutralisieren.

In allen anderen Gesellschaften geht die Mitgliedschaft des Erblassers auf die Erbengemeinschaft über. Namentlich für die Partenreederei ist, entgegen der herrschenden Meinung im Schrifttum, die Sondernachfolge abzulehnen. Weder die Haftungsverfassung noch andere Gründe sprechen gegen die Nachfolge der Erbengemeinschaft. Vielmehr ist die Partenreederei, als Personengesellschaft mit ausgeprägt körperschaftlicher Struktur, ebenso unempfindlich gegen mögliche Handlungsdefizite ihrer Gesellschafter wie juristische Personen.

Entgegen einer im Schrifttum verbreiteten Auffassung besteht auch für die erbrechtliche Nachfolge in die Rechtsstellung des stillen Gesellschafters einer atypisch organisierten stillen Gesellschaft kein Grund für die Annahme der Singularsukzession. Vielmehr kann auch hier die Erbengemeinschaft grundsätzlich nachfolgen und es ist dem privatautonomen Gestaltungswillen der Gesellschafter zu überlassen, eventuelle Beschwerlichkeiten bei der Wahrnehmung der mitgliedschaftlichen Rechte und Pflichten organisatorisch zu bewältigen.

In einigen Verbänden, wie etwa dem BGB-Verein, ist die Mitgliedschaft nach dem gesetzlichen Regelfall unvererblich, so dass hier die Nachfolge der Erbengemeinschaft eine satzungsförmige Vererblichstellung voraussetzt. Neben der erbrechtlichen Nachfolge steht der Erbengemeinschaft grundsätzlich auch immer der rechtsgeschäftliche Erwerb der Mitgliedschaft offen.

Die *Gütergemeinschaft* kann grundsätzlich in allen Gesellschaften Mitglied sein. Einschränkungen bestehen für den spezifisch güterrechtlichen Erwerb der Gesellschafterstellung kraft Gesetzes, d. h., wenn ein Ehepartner vor Inkrafttreten der Gütergemeinschaft allein Gesellschafter war. Dann hängt der Erwerb davon ab, ob die Gesellschafterstellung im konkreten Fall übertragbar ist, wofür, namentlich im Personengesellschaftsrecht, das Einverständnis der anderen Gesellschafter ausreicht. Da diese Voraussetzung bei einer eingetragenen Genossenschaft nie vorliegen kann, scheidet dieser Weg in die Genossenschaft aus.
Unabhängig von der Übertragbarkeit der Gesellschafterstellung ist der gemeinschaftliche Erwerb der Mitgliedschaft möglich, wenn im Namen der gesamthänderisch gebundenen Ehegatten gehandelt wird. Träger der Mitgliedschaft sind immer die gesamthänderisch verbundenen Ehegatten, nie die Gütergemeinschaft als Rechtssubjekt. Die Ehegatten sind entgegen der überwiegenden Meinung sehr wohl in der Lage, die mitgliedschaftlichen Rechte und Pflichten in Personengesellschaften in ausreichendem Maße wahrzunehmen.

Die *fortgesetzte Gütergemeinschaft* gilt allgemein als eine vom Aussterben bedrohte, aber nicht schützenswerte „Art“. Sie kann ebenso wie die Gütergemeinschaft Gesellschafterin sei. Abstriche von der Gesellschafterfähigkeit sind dort zu machen, wo das Gesetz die persönliche Haftung der Gesellschafter für die Gesellschaftsverbindlichkeiten anordnet. Die fortgesetzte Gütergemeinschaft kann demzufolge nicht Gesellschafterin von Personenaußengesellschaften und nicht Mitglied eines nichtrechtsfähigen Wirtschaftsvereins sein. Gleiches gilt für die Stellung des persönlich haftenden Gesellschafters einer KGaA.

Die *Miturhebergemeinschaft* ist nicht gesellschafterfähig, d. h., die Miturheber können sich als urheberrechtliche Gesamthand an keiner Gesellschaftsform beteiligen. Ausschlaggebend für die Regelung der Urhebergemeinschaft nach dem Gesamthandsprinzip war die Intention, der mit dem Werk entstehenden untrennbaren Verflechtung vermögensrechtlicher und persönlichkeitsrechtlicher Interessen aller Miturheber durch die Verfügungsbeschränkung eine adäquate rechtliche Grundlage zu geben. Diesem Regelungszweck entsprechend gering ist die Aktionsfähigkeit der Gesamthand ausgebildet, so dass sie die mit einer Gesellschafterstellung verbundenen Rechte und Pflichten nach ihrer gesetzlichen Ausstattung ohne Rekurs auf das Recht anderer Rechtsinstitute kaum wahrnehmen kann. Eine Betätigung der Gemeinschaft als Gesellschafter widerspricht außerdem ihrem Wesen, als einer auf natürlichem Handlungswillen basierenden und auf die Schaffung des urheberrechtlich geschützten Werkes gerichteten Personenmehrheit.

Die Beteiligung einer *Außen-GbR* an privatrechtlichen Verbänden ist, von zwei Ausnahmen abgesehen, zulässig. Zum einen ist die GbR mangels Kaufmannseigenschaft daran gehindert, unternehmenstragende Gesellschafterin einer stillen Gesellschaft zu sein. Die Aufnahme eines stillen Gesellschafters führt deshalb zur Entstehung einer Innen-GbR, auf welche die Vorschriften der stillen Gesellschaft entsprechend anwendbar sind. Die zweite Ausnahme hat die GbR mit allen anderen Gesamthandsgemeinschaften und auch mit allen juristischen Personen gemein, nämlich die Unfähigkeit zur Beteiligung an einer Partnerschaftsgesellschaft.
Zulässig ist dagegen die Mitgliedschaft in einer oHG. Nachdem die GbR als Rechtssubjekt anerkannt ist und sich die akzessorische Gesellschafterhaftung durchgesetzt hat, ist als letztes ernsthaftes Problem die mangelnde Registerfähigkeit der GbR geblieben. Dieses ist durch eine entsprechende Anwendung der Publizitätsvorschriften des HGB lösbar.

Eine vergleichbare Situation besteht für den *nichtrechtsfähigen Verein*. Auch diesem ist es nicht möglich, als Geschäftsinhaber Gesellschafter einer stillen Gesellschaft zu sein, weil ein nichtrechtsfähiger Verein, der ein Handelsgewerbe betreibt, kraft Rechtsformzwangs eine oHG ist. Im Übrigen kommt dem nichtrechtsfähigen Verein grundsätzlich Beteiligungsfähigkeit zu. Schwierigkeiten, die aus der mangelnden Registrierung herrühren, sind durch entsprechende Anwendung der Publizitätsvorschriften des HGB überwindbar. Auch die regelmäßig große Mitgliederzahl steht der Beteiligungsfähigkeit nicht entgegen, da die Wahrnehmung der mitgliedschaftlichen Rechte und Pflichten dem Vorstand obliegt, was ausreichende Handlungsfähigkeit garantiert.

Die Gesellschafterfähigkeit der anderen Gesamthandsgesellschaften, also der *offenen Handelsgesellschaft, Kommanditgesellschaft, Partenreederei und Partnerschaftsgesellschaft* ist, von der Beteiligung an einer Partnerschaft abgesehen, umfassend. Unsicherheit bestand bis in jüngere Zeit nur für die Komplementärfähigkeit bei einer KGaA, weil dafür nach verbreiteter Auffassung nur natürliche Personen in Frage kommen sollten. Nachdem diese Ansicht überwunden ist, steht auch der Komplementärfähigkeit von Personenhandelsgesellschaften nichts im Wege. Einschränkungen können sich freilich für die Beteiligungsfähigkeit der Partnerschaftsgesellschaft im Einzelfall aus dem Berufsrecht ergeben.

Auch die juristischen Personen können sich schon vor der Registrierung, also im Stadium der *Vorgesellschaft,* an anderen Verbänden beteiligen. Einschränkungen bestehen dann, wenn auch der vollendeten juristischen Person im Einzelfall die Gesellschafterfähigkeit versagt ist, wie z. B. einem VVaG, der nicht unternehmenstragender Gesellschafter einer stillen Gesellschaft sein kann.

Verwehrt ist *allen* Gesamthandsgemeinschaften die Mitgliedschaft in einer Partnerschaftsgesellschaft. Das hat nichts mit der Eigenschaft dieser Gebilde als Gesamthand zu tun, sondern schlicht damit, dass nach der gesetzlichen Definition nur natürliche Personen Gesellschafter einer Partnerschaft sein können.

Die hier getroffenen Aussagen beanspruchen nur grundsätzliche Geltung. Im Einzelfall kann die Beteiligung an den besonderen Voraussetzungen, die z. B. in einer Satzung für die Mitgliedschaft aufgestellt sind, scheitern, weil die konkrete Gesamthandsgemeinschaft diese nicht erfüllt oder sie von dieser Art der Gesamthand nicht erfüllbar sind. Außerdem bedarf so mancher Weg in die Mitgliedschaft einer Abweichung von der gesetzlichen Regel[1] oder ist gar zwingend ausgeschlossen.[2]

Allgemein lässt sich feststellen, dass die Fähigkeit von Gesamthandsgemeinschaften zur Mitgliedschaft in juristischen Personen regelmäßig unproblematischer zu bejahen ist, als für die Mitgliedschaft in Personengesellschaften. Der Grund liegt in der vergleichsweise größeren Verselbstständigung gegenüber den Mitgliedern, so dass deren Eigenschaften für den Verband nur eine geringe Bedeutung haben. Die körperschaftliche Struktur der juristischen Personen macht diese weitgehend unabhängig von den Fähigkeiten und Eigenheiten ihrer Mitglieder. Die Geschäftsführung und Vertretung durch ein überwiegend[3] nach dem Prinzip der Fremdorganschaft organisiertes Leitungsorgan gewährleistet das Funktionieren der Verbandsperson, ohne dass es auf die Mitglieder ankommt. Darüber hinaus sichert das Mehrheitsprinzip, nach dem die mitgliedschaftliche Willensbildung sich vollzieht, dass selbst das Obstruktionsverhalten eines Mitgliedes oder gar einer größeren Minderheit kaum zu Beeinträchtigungen führt.

---

[1] Vgl. z. B. § 38 S. 1 BGB (dispositive Unvererblichkeit und Unübertragbarkeit).
[2] Z. B. die Unübertragbarkeit der Mitgliedschaft in einer eG.
[3] Auszunehmen sind insofern die eingetragene Genossenschaft und die KGaA.

Allenfalls aus dem konkret verfolgten Zweck des jeweiligen Verbandes mögen sich besondere Anforderungen an die Mitglieder ergeben, namentlich bei eingetragenen Genossenschaften.

Neben den organisationsrechtlichen Gesichtspunkten ist die grundsätzliche Offenheit juristischer Personen für Beteiligungen dem Haftungsregime zu verdanken. Namentlich die Tatsache, dass – von der Ausnahme der KGaA abgesehen – die Mitglieder nicht für die Verbindlichkeiten der juristischen Person haften, führt zu einer erheblichen Verringerung der Beteiligungsvoraussetzungen, was sich z. B. auf den Erwerb der Mitgliedschaft im Erbgang auswirkt.

Demgegenüber spielt die Person des Gesellschafters im Personengesellschaftsrecht, sieht man von der Partenreederei ab, typischerweise eine erhebliche Rolle. Auch aus diesem Grund ist man zu einem früheren Stand der Rechtsentwicklung der Beteiligung von Personenhandelsgesellschaften an anderen entgegengetreten. Erhalten hat sich bis heute die überwiegende Ablehnung der Beteiligungsfähigkeit von Erben- und Gütergemeinschaften.
Auch insoweit sollte die ablehnende Haltung aufgegeben und dem Grundsatz der Vertragsfreiheit die ihm zustehende Bedeutung eingeräumt werden. Da ausschließlich die Interessen der Gesellschafter berührt sind, kann es auch deren Entscheidung überlassen bleiben, mit wem sie sich gesellschaftsvertraglich verbinden und wie sie die Gesellschaft organisieren. Die Möglichkeit der Anpassung an die individuellen Verhältnisse ist gerade der Zweck, der mit der weitgehenden Dispositivität des Personengesellschaftsrechts verfolgt wird.

Literaturverzeichnis

Abraham, H. J.: Das Seerecht, 4. Auflage, Berlin 1974.
Alternativkommentar zum Bürgerlichen Gesetzbuch, Neuwied 1990.
Ann, C.: Die Erbengemeinschaft, Köln u. a. 2001.
Asmus, T.: Die vinkulierte Mitgliedschaft, Köln, Berlin, Bonn, München 2001.
Ballerstedt, K.: Der gemeinsame Zweck als Grundbegriff des Rechts der Personengesellschaften, JuS 1963, S. 253 ff.
Bamberger, H. G./ Roth, H.: Kommentar zum Bürgerlichen Gesetzbuch, München 2003.
Baumbach, A./ Hopt, K./ Merkt, H.: Handelsgesetzbuch, 31.Auflage, München 2003.
Baumbach, A./ Hueck, A.: GmbH-Gesetz, 17. Auflage, München 2000.
Baumann, W./ Schulze zur Wiesche, D.: Handbuch der Vermögensnachfolge, 6. Auflage, Berlin 2001.
Behmer, R.: Ist die Gütergemeinschaft als Wahlgüterstand „obsolet"?, FamRZ 1988, S. 339 ff.
Berndt, J./ Boin, K. T.: Zur Rechtsnatur der Gesellschaft bürgerlichen Rechts, NJW 1998, S. 2854 ff.
Benkel, G. A.: Der Versicherungsverein auf Gegenseitigkeit. Das Gesellschaftsrecht der großen konzernfreien VVaG, 2. Auflage, München 2002.
Beuthien, V.: Der genossenschaftliche Geschäftsanteil, AG 2002, S. 266 ff.
Blaurock, U.: Unterbeteiligung und Treuhand an Gesellschaftsanteilen, Baden-Baden 1982.
Bletz, R. D.: Die Mitgliedschaft der Erbengemeinschaft in der OHG, Marburg 1983.
Bork, R.: Zur Rechtsfähigkeit der Erbengemeinschaft, J. von Staudingers Kommentar zum Bürgerlichen Gesetzbuch mit Einführungsgesetz und Nebengesetzen, 100 Jahre BGB – 100 Jahre Staudinger, Beiträge zum Symposium vom 18.-20. Juni 1998 in München, Berlin 1999.
ders.: Allgemeiner Teil des Bürgerlichen Gesetzbuches, Tübingen 2001.
Börner, B.: Die Erbengemeinschaft als Gesellschafterin einer oHG, AcP 166 (1966), S. 426 ff.
Bösert, B.: Der Regierungsentwurf eines Gesetzes zur Schaffung von Partnerschaftsgesellschaften (Partnerschaftsgesellschaftsgesetz – PartGG), DStR 1993, S. 1332 ff.
Brazel, M.: Die Rechtsstellung der Genossen-Erben gegenüber der eingetragenen Genossenschaft und ihre Nachschusspflicht im Genossenschaftskonkurs - Ein Beitrag zum Problem der Vererbung der Mitgliedschaft, Mainz 1983.

Brenzel, J.: Der Versicherungsverein auf Gegenseitigkeit. Unternehmensform und Rechtsstruktur im Wandel, Karlsruhe 1975.
Breuninger, G.: Die BGB-Gesellschaft als Rechtssubjekt im Wirtschaftsverkehr, Köln 1991.
Brodersen, K.: Die Beteiligung der BGB-Gesellschaft an den Personenhandelsgesellschaften, Köln u.a. 1988.
Brox, H.: Erbrecht, 18. Aufl., Köln u. a. 2000.
Brunn, G. E.: Die privatrechtliche Gegenseitigkeitsversicherung in sechs Mitgliedstaaten der EWG, Karlsruhe 1973.
Buchda, G.: Geschichte und Kritik der deutschen Gesamthandlehre, Marburg 1936.
Buchner, H.: Gütergemeinschaft und erwerbswirtschaftliche Betätigung der Ehegatten, Festschrift für Günther Beitzke zum 70. Geburtstag am 26. April 1979, S. 153 ff., Berlin, New York 1979.
Buchwald, F.: Das Verhältnis von Erbrecht und Gesellschaftsvertrag, Juristische Rundschau 1955, S. 173 ff.
Bünz, V./ Neubauer, J.: Die Haftung des Mitreeders einer Partenreederei, Transportrecht, 1983, S. 85 ff.
Canaris, C.-W.: Handelsrecht, 23. Auflage, München 2000.
Coester-Waltjen, D.: Gesamthandsgemeinschaften, Jura 1990, S. 471 ff.
Damrau, J.: Die Fortführung des von einem Minderjährigen ererbten Handelsgeschäfts, NJW 1985, S. 2236 ff.
Dauner-Lieb, B.: Unternehmen in Sondervermögen, Tübingen 1998.
Dölle, H.: Familienrecht, Band 1, Karlsruhe 1964.
Dölle, H.-C.: Die Beteiligung der Gesellschaft bürgerlichen Rechts (GbR) an einer Gesellschaft mit beschränkter Haftung (GmbH), Karlsruhe 1984.
Dreier, T./ Schulze, G.: Urheberrechtsgesetz, München 2004.
Dreyer, G./ Kotthoff, J./ Meckel, A./ Zeisberg, H.-J.: Heidelberger Kommentar zum Urheberrecht, Heidelberg 2004.
Düringer, A./ Hachenburg, M.: Das Handelsgesetzbuch, 3. Auflage, Mannheim u. a.
Eberl-Borges, C.: Die Erbauseinandersetzung, Tübingen 2000.
Ebenroth, T.: Erbrecht, München 1992.
Eichmanns, M.: Erwerb und Verwaltung eines GmbH-Geschäftsanteils durch eine Erbengemeinschaft, Köln 1982.
Eiselt, G.: Die Vererbung der Beteiligung an einer OHG, AcP 158 (1958), S. 319 ff.
Eisenhardt, U.: Gesellschaftsrecht, 11. Auflage, München 2003.
Ensthaler, J: Gemeinschaftskommentar zum Handelsgesetzbuch, 6. Auflage, Neuwied 1999.
Erman, W.: Handkommentar zum Bürgerlichen Gesetzbuch, 11. Auflage, Münster und Köln 2004.

Ernst, A.: Haftung des Erben für neue Geschäftsverbindlichkeiten, Marburg 1992.
Flume, W.: Allgemeiner Teil des Bürgerlichen Rechts. Erster Teil. Die Personengesellschaft. Berlin, Heidelberg, New York 1977.
ders.: Allgemeiner Teil des Bürgerlichen Rechts. Zweiter Teil. Die juristische Person. Berlin u. a. 1983.
ders.: Gesellschaft und Gesamthand, ZHR 136 (1972), S. 177 ff.
ders.: Der nichtrechtsfähige Verein, ZHR 148 (1984), S. 503 ff.
ders.: Die werdende juristische Person, in: Festschrift für Ernst Gessler zum 65. Geburtstag am 5. März 1970, hrsg. von Kurt Ballerstedt und Wolfgang Hefermehl, München 1970, S. 3 ff.
Fabricius, F.: Relativität der Rechtsfähigkeit, München und Berlin 1963.
Feddersen, D./ Meyer-Landrut, A.: Partnerschaftsgesellschaftsgesetz. Kommentar und Mustervertrag, Neuwied, Kriftel, Berlin 1995.
Fischer, R.: Neue Wege im Recht der Personengesellschaften? Eine Besprechung des Buches "Die Personengesellschaft" von Werner Flume, ZGR 1979, S. 251 ff.
Fromm, K. F./ Nordemann, W./ Vinck, K./ Hertin, P. W.: Urheberrecht, 9. Auflage, Stuttgart u. a. 1998.
Gamm, O.-F. Frhr. v., Urheberrechtsgesetz, München 1968.
Ganske, J.: Das Recht der Europäischen wirtschaftlichen Interessenvereinigung (EWIV), Köln 1988.
Gernhuber, J./ Coester-Waltjen, D.: Lehrbuch des Familienrechts, 4. Auflage, München 1994.
Gerstenberg, E.: Die Urheberrechte an Werken der Kunst, der Architektur und der Photographie, München 1968.
Geßler, E./ Hefermehl, W./ Eckardt, U./ Kropff, B.: Aktiengesetz, München.
Giefers, H.-W./ Ott, H.: Die Gesellschaft bürgerlichen Rechts, 4. Auflage, Freiburg u. a. 2000.
Gierke, O.: Deutsches Privatrecht, erster Band, Leipzig 1895 (Unveränderter Neudruck 1936).
Gierke, J.: Die Versicherungsvereine auf Gegenseitigkeit nach deutschem Recht, Stuttgart 1942.
Gildemeister, A.: Offene Handelsgesellschaft zwischen Ehegatten beim Vorliegen der allgemeinen Gütergemeinschaft, ZHR 54 (1904), S. 99 ff.
Godin, R. Freiherr von/ Wilhelmi, H./ Wilhelmi, S.: Aktiengesetz, 4. Auflage, Berlin, New York 1971.
Goldberg, A./ Müller, H.: Gesetz über die Beaufsichtigung der privaten Versicherungsunternehmen. Versicherungsaufsichtsgesetz. Kommentar, Berlin, New York 1980.
Goldstein, G.: Die Miterbengemeinschaft als Organisationsform zur Fortführung des ererbten Handelsunternehmens eines Einzelkaufmannes, Köln 1972.

Grashoff, F.: Die Nachfolge von Miterben in den Anteil an einer Personengesellschaft, Konstanz 1997.
Groh, M.: Nach der Wiedereinführung der Geprägetheorie, DB 1987, S. 1006 ff.
Großkommentar, Handelsgesetzbuch, 3. und 4. Auflage Berlin, New York..
Großkommentar, Aktiengesetz, 3. und 4. Auflage, Berlin, New York.
Grunewald, B.: Die Rechtsfähigkeit der Erbengemeinschaft, AcP 197 (1997), S. 305 ff.
dies.: Gesellschaftsrecht, 5. Aufl., München 2002.
Grunsky, W.: Rezension zu Martin Jaschke, Gesamthand und Grundbuchrecht, Köln 1991, AcP 192 (1992), S. 571 ff.
Grziwotz, H.: Anmerkung zu BayObLG, Beschl. v. 22.1. 2003 – 3Z BR 238/ 02, ZIP 2003, S. 848 f.
Haas, V.: Erbengemeinschaft (Gesamthand) und Mitgliedschaft in Personengesellschaften, Kiel 1962.
Haberstumpf, H.: Handbuch des Urheberrechts, 2. Aufl., Neuwied 2000.
Habersack, M.: Zur Rechtsnatur der Gesellschaft bürgerlichen Rechts - BAG, NJW 1989, 3034, JuS 1990, S. 179 ff.
ders.: Die Mitgliedschaft – subjektives und „sonstiges" Recht, Tübingen 1996.
Hachenburg, M: Gesetz betreffend die Gesellschaften mit beschränkter Haftung (GmbHG), Großkommentar, 8. Auflage, Berlin.
Hadding, W.: Zur Rechtsfähigkeit und Parteifähigkeit der (Außen-)Gesellschaft bürgerlichen Rechts sowie zur Haftung ihrer Gesellschafter für Gesellschaftsverbindlichkeiten, ZGR 2001, S. 712 ff.
ders.: Zum Erlangen von Rechtsfähigkeit nach deutschem Zivilrecht, in: Festschrift für A. Kraft zum 70. Geburtstag, hrsg. v. Hönn u. a., Neuwied 1998, S. 137 ff.
ders.: Zur gesellschaftsrechtlichen Vereinbarkeit von stillen Vermögenseinlagen und Genussrechten mit dem Förderzweck eingetragener Kreditgenossenschaften, ZIP 1984, S. 1295 ff.
Hager, J.: Rezension zu Martin Jaschke, Gesamthand und Grundbuchrecht, Köln 1991, ZHR 156 (1992), S. 272 ff.
Hahn, C.: Mehrere Erben als Rechtsträger des einzelkaufmännischen Unternehmens, Düsseldorf 1992.
Hardenberg, C. Graf: Die Beteiligung von nicht rechtsfähigen Vereinen an Gesellschaften und Körperschaften, München 1969.
Hartmann, G./ Hartmann, A.: Zur Frage der Beteiligung einer Gesellschaft bürgerlichen Rechts an Personengesellschaften, in: Festschrift für Winfried Werner zum 65. Geburtstag am 17. Oktober 1984, hrsg. von W. Hadding u.a., S. 217 ff., Berlin, New York 1984.
Hartel, U. M.: Umwandlung einer GmbH & Co. KG in eine KG auf Aktien, DB 1992, 2329.
Heckelmann, D.: Der Idealverein als Unternehmer ?, AcP 179 (1979), S. 1 ff.

Heidelbach, A.: Der kleinere Versicherungsverein auf Gegenseitigkeit, Frankfurt a. M. u. a. 1994.
Heil, H.-J.: Parteifähigkeit der GbR - der Durchbruch der Gruppenlehre ?, NZG 2001, S. 300 ff.
ders.: Ist die Erbengemeinschaft rechtsfähig ? - Ein Zwischenruf aus der Praxis, ZEV 2002, S. 296 ff.
ders.: Die ordnungsmäßige Verwaltung eines Unternehmens im Vor- und Miterbenrecht, Bayreuth 1998.
Henn, G.: Handbuch des Aktienrechts, 7. Auflage, Heidelberg 2002.
Hennecke, B.: Das Sondervermögen der Gesamthand: Beispiel einer Vermögenssonderung im Zivil- und Handelsrecht, Berlin 1976.
Hennerkes, B.-H./ Lorz, R.: Roma locuta causa finita: Die GmbH & Co. KGaA ist zulässig, DB 1997, S. 1388 ff.
Herber, R.: Seehandelsrecht. Systematische Darstellung, Berlin, New York 1999.
Hettrich, E./ Pöhlmann, P.: Genossenschaftsgesetz, München 1995.
Heusler, A.: Institutionen des Deutschen Privatrechts, Leipzig 1885.
Heymann, E./ Horn, N.: Handelsgesetzbuch, 2. Aufl., Berlin, New York.
Hirsch Ballin, E.: Miturheberschaft – Miturheberrecht, UFITA 46 (1966), S. 52 ff.
Hoffmann, U.: Die geschichtliche Entwicklung der Erbengemeinschaft, Jura 1995, S. 125 f.
Hofmann, E.: Privatversicherungsrecht, 3. Auflage, München 1991.
Hohensee, W.: Die unternehmenstragende Erbengemeinschaft, Baden-Baden 1994.
Hohner, G.: Zur Beteiligung von Personengesellschaften an Gesellschaften, NJW 1975, S. 718 ff.
Hübner, U.: Zur Einordnung von Mitgliedschaft und Versicherungsverhältnis beim Versicherungsverein auf Gegenseitigkeit, in: Grundlagen des Versicherungsvereins auf Gegenseitigkeit: verfaßt und veröffentlicht aus Anlaß des 175jährigen Bestehens der Gothaer Versicherungsbank VVaG, am 2. Juli 1995 Grundlagen, hrsg. von Wolfgang Peiner, Köln 1995.
Hüffer, U. : Kommentar zum AktG , 6. Auflage, München 2004.
ders.: Die Fortführung des Handelsgeschäfts in ungeteilter Erbengemeinschaft und das Problem des Minderjährigenschutzes - Überlegungen zu den Entscheidungen BGHZ 92, 259 und BVerfG WM 1986, 828 -, ZGR 1986, S. 603 ff.
ders.: Gesellschaftsrecht, 6. Auflage, München 2003.
Huber, U.: Rechtsfähigkeit, juristische Person und Gesamthand, in: Festschrift für Marcus Lutter zum 70. Geburtstag. Deutsches und europäisches Gesellschafts-, Konzern- und Kapitalmarktrecht, hrsg. von Uwe Schneider u. a., Köln 2000, S. 107 ff.

Huber, U.: Vermögensanteil, Kapitalanteil und Gesellschaftsanteil an Personalgesellschaften des Handelsrechts, Heidelberg 1970.
Hueck, G.: Gesellschaftsrecht, 19. Auflage, München 1991.
Hueck, G./ Windbichler, C.: Gesellschaftsrecht, 20. Auflage, München 2003.
Jaschke, M.: Gesamthand und Grundbuchrecht, Köln 1991.
Jauernig, O., Bürgerliches Gesetzbuch, 10. Auflage, München 2003.
Joerges, E.: Zur Lehre vom Miteigenthum und der gesammten Hand nach deutschem Reichsrecht, ZHR 49 (1900), S. 140 ff.
John, U.: Die organisierte Rechtsperson, Berlin 1977.
ders.: Zur Problematik der Vor-GmbH, insbesondere bei der Einmann-Gründung, BB 1982, S. 505 ff.
ders.: Personenrecht und Verbandsrecht im Allgemeinen Teil des Bürgerlichen Rechts - Werner Flumes Buch über "Die juristische Person", AcP 185 (1985), S. 209 ff.
Kaempfe, H.: Die Partenreederei als Kaufmann - Gedanken zu einer Reform -, MDR 1982, 975 ff.
Kanzleiter, R.: Der Kommanditanteil, ein möglicher Bestandteil des Gesamtguts der Gütergemeinschaft ! – Zugleich Anmerkungen zum Beschl. des BayObLG v. 22. 1. 2003 – 3Z BR 238/ 02 und 240/ 02 - , DnotZ 2003, S. 422 ff.
Kick, S.: Die Haftung des Erben eines Personenhandelsgesellschafters, Köln u. a. 1996.
Kipp, T./ Wolff, M.: Lehrbuch des Bürgerlichen Rechts, Zweiter Band, Zweite Abteilung: Das Familienrecht, 6. Bearbeitung, Marburg 1928.
Kisch, W.: Das Recht des Versicherungsvereins auf Gegenseitigkeit, Berlin 1951.
Klamroth, S.: Beteiligung einer BGB-Gesellschaft an einer Personenhandelsgesellschaft, BB 1983, 796 ff.
dies.: Rezension zu: Brodersen, K., Die Beteiligung der BGB-Gesellschaft an den Personenhandelsgesellschaften, Köln 1988, ZHR 153 (1989), 344 ff.
Knieper/ Fromm: Erbrecht und Gesellschaftsrecht bei der Gesellschafternachfolge, NJW 1980, 2677 ff.
Köbler, G.: Die Erbengemeinschaft als Kommanditistin, DB 1972, 2241 ff.
ders.: Erbrecht und Gesellschaftsrecht, Göttingen 1974.
Koch, U.: Die Beteiligung einer Gesellschaft bürgerlichen Rechts an der GmbH-Gründung, ZHR 146 (1982), S. 118 ff.
Koenigs, F.: Die stille Gesellschaft, Berlin 1961.
Kölling, L.: Gesamthandsgemeinschaften als Mitglieder von Personalgesellschaften des Handelsrechts, Lengerich i. W. 1938.
Kölner Kommentar zum Aktiengesetz, 2. Aufl., Köln u. a.
Kübler, F.: Gesellschaftsrecht, 5. Aufl., Heidelberg 1998.
Kraft, A./ Kreutz, P.: Gesellschaftsrecht, 11. Auflage Frankfurt a. M. 2000.

Kraßer, R./ Schricker, G.: Patent - und Urhaberrecht an Hochschulen, Baden - Baden 1988.
Krieger: Die Durchführungsverordnung zum Gesetz über Rechte an eingetragenen Schiffen und Schiffsbauwerken, Deutsche Justiz 1941, S. 209 ff.
Kruse, H. W.: Die Vererbung des Mitgliedschaftsrechts an der offenen Handelsgesellschaft im Falle der Nachfolgeklausel, in: Festschrift für Franz Laufke zum 70. Geburtstag am 20. 6. 1971, dargebracht von der Juristischen Fakultät der Bayerischen Julius-Maximilian-Universität zu Würzburg, Würzburg 1971, S. 179 ff.
Lange, H.: Verwaltung, Verfügung und Auseinandersetzung bei der Erbengemeinschaft - BGH, FamRZ 1965 S. 267, JuS 1967, S. 453 ff.
Lange, H./ Kuchinke, K.: Erbrecht, 5. Auflage, München 2001.
Langenfeld, G.: Handbuch der Eheverträge und Scheidungsvereinbarungen, 4. Auflage, München 2000.
Larenz, K.: Methodenlehre der Rechtswissenschaft, 2. Aufl., Berlin u. a. 1992.
Leipold, D.: Erbrecht, 14. Auflage, Tübingen 2002.
Lettl, T.: Das Wertrecht der Mitgliedschaft beim Ideal-Verein, München 1999.
Liebisch, A.: Über die Rechtsstellung der Erben eines offenen Handelsgesellschafters, ZHR 116 (1954), S. 128 ff.
Lüderitz, A.: Familienrecht, 27. Auflage, München 1999.
Lutter, M.: Zum Umfang des Sonderguts, AcP 161 (1962), S. 163 ff.
Lutter, M./ Hommelhoff, P.: GmbH-Gesetz, Kommentar, 15. Auflage, Köln 2000.
Martin, H.: Die fortgesetzte Gütergemeinschaft – ein erhaltenswertes Institut ?, Tuttlingen 1972.
Marbach, E.: Rechtsgemeinschaften an Immaterialgütern, dargestellt am Beispiel von Erfinder- und Urhebergemeinschaften, Bern 1987.
Marotzke, W.: Anmerkung zum Urteil des BGH, vom 11. 9. 2002, Az.: XII ZR 187/ 00, ZEV 2002, S. 504 ff.
Martinek, M.: Der Kommanditanteil als Nachlaßsurrogat - ein neuer Konflikt zwischen Erb- und Gesellschaftsrecht ? -, ZGR 1991, S. 74 ff.
Medicus, D.: Allgemeiner Teil des BGB, 8. Auflage, Heidelberg 2002.
Metz, E./ Schaffland, H.-J./ Lang/ Weidmüller: Genossenschaftsgesetz, 32. Auflage, Berlin-New York 1988.
Metz, E./ Schaffland, H.-J.: Genossenschaftsgesetz, 2. Auflage, Berlin, New York 1999.
Meilicke, W./ Graf v. Westphalen, F./ Hoffmann, J./ Lenz, T.: Partnerschaftsgesellschaftsgesetz, München 1995.
Meyer, E. H./ Meulenbergh, G./ Beuthien, V.: Genossenschaftsgesetz mit Umwandlungsrecht, 13. Auflage, München 2000.
Michalski, L.: BGB - Erbrecht, 2. Auflage, Heidelberg 2001.
ders.: OHG-Recht, Köln u. a. 2000.

ders.: Kommentar zum Gesetz betreffend die Gesellschaften mit beschränkter Haftung (GmbH-Gesetz), München 2002.
Möhring-Nicolini, Urheberrechtsgesetz, 2. Aufl. Tübingen 2000.
Mülbert, P. O.: Die rechtsfähige Personengesellschaft, AcP 199 (1999), S. 38 ff.
Müller, K.: Kommentar zum Gesetz betreffend die Erwerbs- und Wirtschaftsgenossenschaften, 2. Auflage, Bielefeld 2000.
Münchener Handbuch des Gesellschaftsrechts, 2. Auflage, München 2004.
Münchener Kommentar zum Bürgerlichen Gesetzbuch, Bände 1, 2, 5-8, 4. Auflage, ansonsten 3. Auflage.
Münchener Kommentar zum Aktiengesetz, 2. Auflage.
Münchener Kommentar zum Handelsgesetzbuch.
Nordemann, W.: Das neue Urhebervertragsrecht, München 2002.
Olzen, D.: Erbrecht, Berlin, New York 2001.
Orth, H.: Die Besonderheiten der BGB-Gesellschaften im Urheberrecht, Erlangen 1981.
Palandt: Bürgerliches Gesetzbuch, 63. Auflage, München 2004.
Paulick, H./ Blaurock, U.: Handbuch der Stillen Gesellschaft, 5. Auflage, Köln 1998.
Paulick, H.: Handbuch der Stillen Gesellschaft, 3. Auflage, Köln 1981.
ders.: Die eingetragene Genossenschaft, Tübingen 1954.
Peifer, K.-N.: Rechtsfähigkeit und Rechtssubjektivität der Gesamthand - die GbR als oHG ?, NZG 2001, S. 296 ff.
ders.: Der BGH und die GbR mbH - Rückschlag oder Fortschritt auf dem Weg zum Verständnis der Gesamthand ? NZG 2001, S. 193 ff.
Priester, H.-J.: Die Kommanditgesellschaft auf Aktien ohne natürlichen Komplementär, ZHR 160 (1996), S. 250 ff.
Prüssmann, H./ Rabe, D.: Seehandelsrecht, Fünftes Buch des Handelsgesetzbuches mit Nebenvorschriften und Internationalen Übereinkommen, 4. Auflage, München 2000.
Prütting, H.: Die Parteifähigkeit der Gesellschaft bürgerlichen Rechts als Methodenproblem, in: Festschrift für Herbert Wiedemann zum 70. Geburtstag, hrsg. von Rolf Schwank u. a., München 2002, S. 1177 ff.
Puttfarken, H.-J.: Seehandelsrecht, Heidelberg 1997.
Raddatz, A.: Die Nachlasszugehörigkeit vererbter Personengesellschaftsanteile, Berlin 1991.
Raiser, T./ Veil, R.: Recht der Kapitalgesellschaften, 3. Auflage, München 2001.
Raiser, T.: Gesamthand und juristische Person im Lichte des Umwandlungsrechts, in: AcP 194 (1994), S. 495 ff.
ders.: Der Begriff der juristischen Person. Eine Neubesinnung, AcP 199 (1999), S. 104 ff.
Rehbinder, M.: Urheberrecht, 12. Auflage, München 2002.

Reichert, B.: Handbuch des Vereins- und Verbandsrechts, 9. Auflage, Neuwied, München 2003.
Reichert, B./ Dannecker, F.J./ Kühr, C.: Handbuch des Vereins- und Verbandsrechts, 3. Auflage, Neuwied, München 1984.
Reiff, P.: Die Haftungsverfassungen nichtrechtsfähiger unternehmenstragender Verbände, Tübingen 1996.
ders.: Besprechung von Gerd Andreas Benkel, Der Versicherungsverein auf Gegenseitigkeit, 2. Aufl., München 2002, ZHR 168 (2004), S. 97 ff.
Reinhardt, R./ Schultz, D.: Gesellschaftsrecht, 2. Auflage, Tübingen 1981.
Reusch, P.: Die stille Gesellschaft als Publikumspersonengesellschaft, Berlin 1989.
Reuter, D.: Der nichtrechtsfähige wirtschaftliche Verein, in: Festschrift für Johannes Semler zum 70. Geburtstag am 28. April 1993, hrsg. von Marcus Bierich u.a., Berlin, New York 1993, S. 933 ff.
ders.: Probleme der Mitgliedschaft beim Idealverein, ZHR 145 (1981), S. 273 ff.
Reuter, D./ Kunath, N.: Gütergemeinschaft und Ehegatten-OHG – BGH, NJW 1975, 1774, JuS 1977, S. 376 ff.
RGRK (Reichsgerichtsräte und Bundesrichter), Das Bürgerliche Gesetzbuch unter besonderer Berücksichtigung der Rechtsprechung des Reichsgerichts und des Bundesgerichtshofes, 12. Auflage.
Ripfel: Übernahme einer Stammeinlage durch eine Personenmehrheit, GmbH-Rundschau, 1956, S. 7 ff.
Ritter, C.: Kommentar zum Handelsgesetzbuch mit Ausschluß des Seerechts, 2. Auflage, München und Berlin 1932.
Rohr, K: Die fortgesetzte Gütergemeinschaft unter Berücksichtigung ihres Verhältnisses zur Beerbung und anderer rechtlicher Ausgestaltungsmöglichkeiten, Emmerich 1999.
Rokas, N.: Die Teilhaberschaft an der Offenen Handelsgesellschaft und ihre Vererbung, Berlin 1965.
Roth, G./ Altmeppen, H.: GmbHG, 4. Auflage, München 2003.
Rowedder, H./ Schmitt-Leithoff, C.: Gesetz betreffend die Gesellschaften mit beschränkter Haftung (GmbHG), Kommentar, 4. Auflage, München 2002.
Ruhwedel, E.: Die Partenreederei, Das Erscheinungsbild einer historisch gewachsenen Gesellschaft im modernen Recht, Bielefeld 1973.
ders.: Buchbesprechung zu: Karsten Schmidt, Die Partenreederei als Handelsgesellschaft: Integration einer Sonderrechtsform in das Unternehmensrecht, Köln 1995, DZWir 1996, S. 393 ff.
Säcker, F.-J.: Gesellschaftsvertragliche und erbrechtliche Nachfolge in Gesamthandsmitgliedschaften, Bad Homburg, Berlin, Zürich 1970.
Saenger, A.: Die stille Gesellschaft, Mannheim, Berlin, Leipzig 1924.
Sauter, E./ Schweyer, G./ Waldner, W.: Der eingetragene Verein, 16. Auflage, München 1997.

Schaps, G./ Abraham, H. J.: Das deutsche Seerecht, 3. Auflage, Berlin 1962.
Schack, H.: Urheber- und Urhebervertragsrecht, 2. Auflage Tübingen 2001.
Schlegelberger, F.: Handelsgesetzbuch, 4. und 5. Auflage, Berlin, Frankfurt a. M. und München.
Schlegelberger, F./ Liesecke, R.: Seehandelsrecht, 2. Auflage, Berlin, Frankfurt a. M. 1964.
Schmidt, K.: Gutachten und Vorschläge zur Überarbeitung des Schuldrechts, Bd. III, Köln 1983.
ders.: Gesellschaftsrecht, 4. Aufl., Köln u. a. 2002.
ders.: Handelsrecht, 5. Auflage, Köln 1999.
ders.: Handelsrechtliche Probleme der doppelstöckigen GmbH & Co. KG, DB 1990, S. 93 ff.
ders.: Deregulierung des Aktienrechts durch Denaturierung der Kommanditgesellschaft auf Aktien ? ZHR 160 (1996), S. 265 ff.
ders.: Die Erbengemeinschaft nach einem Einzelkaufmann,NJW 1985,S.2785 ff.
ders.: Die BGB-Außengesellschaft: rechts- und parteifähig, Besprechung des Grundlagenurteils II ZR 331/ 00 vom 29. 1. 2001, NJW 2001, S. 993 ff.
ders.: Die Partenreederei als Handelsgesellschaft. Integration einer Sonderrechtsform in das Unternehmensrecht, Köln u. a. 1995.
ders.: Die seerechtliche Kapitänsvertretungsmacht - normative Unstimmigkeiten und tatsächlicher Wandel, ZHR 141 (1977), S. 209 ff.
ders.: Was wird aus der unbeschränkten Kommanditistenhaftung nach § 176 HGB ? Auslegung, Vertragsgestaltung und Gesetzgebung vor einer haftungsrechtlichen Neubesinnung, GmbH Rundschau, 2002, S. 341 ff.
ders.: Sozialansprüche und actio pro socio bei der „GmbH & Still“. Zur Binnenverfassung der mehrgliedrigen stillen Gesellschaft, in: Festschrift für Gerold Bezzenberger zum 70. Geburtstag am 13. März 2000, hrsg. von H. P. Westermann und Klaus Mock, Berlin, New York 2000.
ders.: Partnerschaftsgesetzgebung zwischen Berufsrecht, Schuldrecht und Gesellschaftsrecht, ZIP 1993, S. 633 ff.
Scholz, F.: Nochmals: Übernahme einer Stammeinlage durch eine Personenmehrheit, GmbH-Rundschau 1956, S. 17 ff.
ders.: Kommentar zum GmbH-Gesetz, 9. Auflage, Köln 2000.
Schöpflin, M.: Der nichtrechtsfähige Verein, Köln, Berlin, Bonn, München 2003.
Schricker, G.: Urheberrecht, 2. Auflage, München 1999.
Schröder, J.: Stimmrechtskonsortien unter Aktionären: Gesellschafts- und erbrechtliche Probleme, ZGR 1978, S. 578 ff.
Schulz, R.: Die Entstehung des Seerechts des Allgemeinen Deutschen Handelsgesetzbuches unter besonderer Berücksichtigung der Bestimmungen über die Reederei, den Schiffer und die Schiffsmannschaft, Frankfurt a. M. u. a. 1987.

Schulze-Osterloh, J.: Das Prinzip Der Gesamthänderischen Bindung, München 1972.
Schünemann, W. B.: Ehegattengesellschaft in Gütergemeinschaft ?, FamRZ 1976, S. 137 f.
Siegmann, M.: Personengesellschaftsanteil und Erbrecht, Berlin 1991.
Soergel, Bürgerliches Gesetzbuch mit Einführungsgesetz und Nebengesetzen, 12. und 13. Auflage, Stuttgart.
Sontag, P.: Das Miturheberrecht, Köln u. a. 1972.
Statistisches Jahrbuch für die Bundesrepublik Deutschland, hrsg. vom Statistischen Bundesamt, Stuttgart 1995 und 2001.
Staub, H.: Kommentar zum Handelsgesetzbuch, 10. Auflage, Berlin und Leipzig 1920.
ders.: Kommentar zum Handelsgesetzbuch, 14. Auflage, Berlin und Leipzig 1932.
Staudinger, J. v.: Kommentar zum Bürgerlichen Gesetzbuch mit Einführungsgesetz und Nebengesetzen, Buch 2 (§§ 705 – 740) dreizehnte Bearbeitung 2003; Buch 4 (§§ 1363 – 1563) Bearbeitung 2000; Buch 5 (§§ 1967 – 2063) Bearbeitung 2002, Berlin.
ders.: Kommentar zum Bürgerlichen Gesetzbuch mit Einführungsgesetz und Nebengesetzen, 12. und 13. Auflage, Berlin.
Steding, R.: Genossenschaftsrecht, Baden - Baden 2002.
Steffen, L.: Die Miturhebergemeinschaft, Frankfurt a.M. 1988.
Steinbeck, A.: Die Gesellschaft bürgerlichen Rechts als Gesellschafterin einer Personenhandelsgesellschaft, DStR 2001, S. 1162 ff.
Stöber, K.: Handbuch zum Vereinsrecht, 7. Auflage, Köln 1997.
Stötter, V.: Nachfolge in Anteile an Personengesellschaften aufgrund Gesellschaftsvertrages oder Erbrechts, DB 1970, S. 525 ff.
Stroh, R.: Werkeinheit und Werkmehrheit im Urheberrecht, München 1969.
Teichmann, A.: Die Personengesellschaft als Rechtsträger, AcP 179 (1979), S. 495 ff.
Tiedtke, K.: Offene Handelsgesellschaft und Gütergemeinschaft, FamRZ 1975, S. 675 ff.
Timm, W.: Die Rechtsfähigkeit der Gesellschaft bürgerlichen Rechts und ihre Haftungsverfassung, NJW 1995, S. 3209 ff.
Tuhr, A. v.: Der Allgemeine Teil des Deutschen Bürgerlichen Rechts, Zweiter Band, Erste Hälfte, 1914, Nachdruck Berlin 1957.
Ulmer, E.: Urheber- und Verlagsrecht, 3. Aufl., Berlin u. a. 1980.
Ulmer, P.: Die höchstrichterlich "enträtselte" Gesellschaft bürgerlichen Rechts, ZIP 2001, S. 585 ff.
ders.: Nachlaßzugehörigkeit vererbter Personengesellschaftsbeteiligungen ? NJW 1984, S. 1497 ff.
ders.: Testamentsvollstreckung am Kommanditanteil – Voraussetzungen und

Rechtsfolgen, NJW 1990, S. 73 ff.
Wächter, T.: Die Aufnahme der Gesamthandsgemeinschaften in das Bürgerliche Gesetzbuch, Ebelsbach 2002.
Waldenberger, A.: Die Miturheberschaft im Rechtsvergleich, München 1991.
Wandke, A.-A./ Bullinger, W.: Praxiskommentar zum Urheberrecht, München 2002.
Weber-Grellet, H.: Die Gesamthand – ein Mysterienspiel ?, AcP 182 (1982), 316 ff.
Weimar, R.: Die Haftungsverhältnisse bei der Vor-AG in neuerer Sicht, AG 1992, S.69 ff.
Weipert, L.: Die Mitgliedschaft zur gesamten Hand in Personengesellschaften. Abschied von der Sondererbfolge, in: Festschrift für Gerold Bezzenberger zum 70. Geburtstag am 13. März 2000, hrsg. von H. P. Westermann und Klaus Mock, Berlin, New York 2000.
ders.: Die Erbengemeinschaft als Mitglied einer Personengesellschaft, ZEV 2002, S. 300 ff.
Werner, H. S.: Rechtsfragen der Miturhebergemeinschaften. Zugleich eine gesellschaftsrechtliche Betrachtung, BB 1982, S. 280 ff.
Westermann, H.: Personengesellschaftsrecht, 4. Aufl., Köln 1978.
Westermann, H. P.: Erste Folgerungen aus der Anerkennung der Rechtsfähigkeit der BGB-Gesellschaft, NZG 2001, S. 289 ff.
ders.: Die höchstrichterliche Regelung der Erbfolge in Beteiligungen an Personengesellschaften, JuS 1979, S. 765 ff.
Wiedemann, H.: Gesellschaftsrecht, Band I, München 1980.
ders.: Die Übertragung und Vererbung von Mitgliedschaftsrechten bei Handelsgesellschaften, München, Berlin 1965.
ders.: Zum Stand der Vererbungslehre in der Personengesellschaft, in: Festschrift für Bernhard Großfeld zum 65. Geburtstag, hrsg. von Ulrich Hübner und Werner F. Ebke, S. 1309 ff., Heidelberg 1999.
ders.: GmbH-Anteile in der Erbengemeinschaft, GmbH-Rundschau 1969, S. 247 ff.
ders.: Anmerkung zum BGH-Urteil vom 29. 1. 2001, JZ 2001, S. 661 ff.
Wolf, M.: Die Fortführung eines Handelsgeschäfts durch die Erbengemeinschaft, AcP 181 (1981), S. 480 ff.
ders.: GmbH-Gründung mit einer Erbengemeinschaft, in: Festschrift für Helmut Schippel zum 65. Geburtstag, hrsg. von der Bundesnotarkammer, S. 533 ff., München 1996.
Wüstendörfer, H.: Neuzeitliches Seehandelsrecht mit besonderer Berücksichtigung des angloamerikanischen und des internationalen Rechts, 2. Auflage, Tübingen 1950.
Zemlin, W.: Die Beteiligung einer OHG (KG) an einer anderen OHG (KG), Hamburg 1971.

Zöllner, W.: Rechtsfähigkeit der BGB-Gesellschaft – ein Sachverstands- oder Kommunikationsproblem ? in: Festschrift für Alfons Kraft zum 70. Geburtstag, hrsg. von Hönn u. a., Neuwied 1998, S. 701 ff.

Gesetzesmaterialien

Amtliche Begründung zum Gesetz über Rechte an eingetragenen Schiffen und Schiffsbauwerken vom 15. November 1940 (RGBl. I S. 1499), Deutsche Justiz, 1940, 1329 ff.

Denkschrift zum Entwurf eines Bürgerlichen Gesetzbuchs nebst drei Anlagen, 4. Auflage, Berlin 1896.

Lutz, I. (Hrsg.): Protokolle der Kommission zur Berathung eines allgemeinen deutschen Handelsgesetzbuches. IV. Theil, Würzburg 1860.

MinE: Ministerialentwurf eines Urheberrechtsgesetzes, veröffentlicht durch das Bundesjustizministerium in: Entwürfe des Bundesjustizministeriums zur Urheberrechtsreform, 1959.

Motive zu dem Entwurfe eines Bürgerlichen Gesetzbuches für das Deutsche Reich, Amtliche Ausgabe, Berlin und Leipzig 1888.

Mugdan, B. (Hrsg.): Die gesammten Materialien zum Bürgerlichen Gesetzbuch für das Deutsche Reich, Berlin 1899.

Reife: Referentenentwurf eines Urheberrechtsgesetzes, veröffentlicht durch das Bundesjustizministerium in: Referentenentwürfe zur Urheberrechtsreform, 1954.

Zum Entwurf eines Bürgerlichen Gesetzbuchs für das Deutsche Reich. Bemerkungen des Königlich Preußischen Justizministers über die in dem Rundschreiben des Reichskanzlers vom 27. Juni 1889 hervorgehobenen Punkte, Berlin 1891.

Saarbrücker Studien zum Privat- und Wirtschaftsrecht

Herausgeber:
Johann Paul Bauer, Michael Martinek und Helmut Rüßmann

Band 1 Susanne Jaschinski: Die Haftung von Schwestergesellschaften im GmbH-Unterordnungskonzern. Ein Beitrag zum Konzernverfassungsrecht. 1997.

Band 2 Roman Sascha Ahnert: Die *actio individualis*. Ein Beitrag zur verfassungsrechtlichen Fundierung der Aktionärsklage bei sogenannten Aktien-Interessenverbänden. 1997.

Band 3 Torsten Peters: Der Cateringvertrag. Rechtstatsachen, Rechtsnatur und Rechtsprobleme eines modernen Dienstleistungsvertrags. 1998.

Band 4 Michael Meissner: Persönlichkeitsschutz juristischer Personen im deutschen und US-amerikanischen Recht. Eine rechtsvergleichende Untersuchung des allgemeinen Persönlichkeitsrechts juristischer Personen. 1998.

Band 5 Thomas Tegen: Joint Venture-Vertrag und Projektträgergesellschaft im amerikanischen und deutschen Recht. 1998.

Band 6 Gerhard Wolter: Treuhandrecht im Umbruch? Ein Blick nach Frankreich, Luxemburg, in die Schweiz und in den Libanon sowie auf das Haager Trust-Übereinkommen. 1999.

Band 7 Thomas Dehlfing: Das Recht der irreführenden Werbung in Deutschland, Großbritannien und Frankreich. 1999.

Band 8 Hanno Dornseifer: Börsentermingeschäfte und Börsentermingeschäftsfähigkeit. Zur börsengesetzlichen Behandlung von finanzwirtschaftlichen Festgeschäften, Options- und Optionsscheingeschäften. 1999.

Band 9 Patrick Lenz: Absatzförderung durch *zinssubventionierte* Darlehen. Eine wettbewerbs- und kartellrechtliche Studie zur Zulässigkeit von Niedrigzins-Kreditangeboten unter besonderer Berücksichtigung des Automobilmarktes. 1999.

Band 10 Mansur Pour Rafsendjani: Der Goodwill-Ausgleichsanspruch des Franchisenehmers. Ein Vergleich des deutschen, französischen und US-amerikanischen Franchiserechts. 1999.

Band 11 Jörg Hartmann: Juristische und ökonomische Regelungsprobleme des Insiderhandels. Eine rechtsvergleichende Darstellung USA – Deutschland. 1999.

Band 12 David Altmeier: Rückstellungsbilanzierung in Deutschland und Frankreich. Eine vergleichende Untersuchung der französischen Rückstellungsbilanzierung aus der Perspektive des deutschen Bilanzrechts. 1999.

Band 13 Barbara Günther: Aktivische Bilanzierungshilfen im deutschen und französischen Bilanzrecht. 1999.

Band 14 Bernhard Glasow: Vertikale Preisbindung, Wettbewerbstheorie und Wettbewerbsrecht in den USA, Deutschland und Europa. Bestandsaufnahmen, Kritik und Zukunftsperspektiven. 2000.

Band 15 Dorota Nowak-James: Der Börsenzugang für Anleger in Deutschland und Polen. Eine rechtsvergleichende Untersuchung zum deutschen Finanzkommissionsgeschäft und zum polnischen Brokerauftragsvertrag. 2000.

Band 16 Mathias Queck: Der Nießbrauch am Anteil einer offenen Handelsgesellschaft. Eine Form der (un-)mittelbaren Unternehmensbeteiligung. 2000.

Band 17 Ina Roth: Umweltbezogene Unternehmenskommunikation im deutschen und europäischen Wettbewerbsrecht. 2000.

Band 18 Jörg Preiss: Die Anwendung des markenrechtlichen Erschöpfungsgrundsatzes auf Dienstleistungsmarken. 2000.

Band 19 Kevin M. McDonald: Der Begriff der Dienstleistung im europäischen Binnenmarkt und WTO-System (GATS). 2001.

Band 20 Carolin Opgenhoff: Die europäische Fusionskontrolle zwischen Wettbewerbsrecht und Industriepolitik. 2001.

Band 21 Susanne Schäfer: Die Deliktsfähigkeit juristischer Personen. Eine rechtsvergleichende Untersuchung zur Übertragbarkeit des englischen Modells. 2001.

Band 22 Kay Diedrich: Die Interventionswirkung – Ausprägung eines einheitlichen Konzepts zivilprozessualer Bindungswirkung. 2001.

Band 23 Michael Fröhlich: Zentrale Institutionen des deutschen Urheberrechts und des französischen Droit d'auteur auf dem Prüfstand der elektronischen Netzwerke. 2001.

Band 24 Joël Benjamin Münch: Abtretungsverbote im deutschen und französischen Recht. Rechtsvergleichende Untersuchung der Übertragungshindernisse im deutschen und französischen Forderungsverkehr als Beitrag zu einer weiteren Schuldrechtsvereinheitlichung in Europa. 2001.

Band 25 Monika Prieß: Der Begriff des Sachmangels im deutschen und englischen Kaufrecht. Reformbedarf aufgrund der Verbrauchsgüterkauf-Richtlinie 1999/44/EG. 2001.

Band 26 Katharina Siegel: Produkthaftung im polnischen, tschechischen und slowenischen Recht. 2001.

Band 27 Carolin Kühne: Die gesetzliche Form der Rechtsgeschäfte im deutschen und italienischen Recht. Eine rechtsvergleichende Untersuchung. 2002.

Band 28 Nina Scherf: Die Nachschußpflicht im Gesellschaftsrecht. Eine rechtsformübergreifende Bestandsaufnahme, Analyse und Kritik. 2002.

Band 29 Marc Laukemann: Fernsehwerbung im Programm. Die zunehmende Kommerzialisierung des Fernsehprogramms im Zeitalter einer Ökonomisierung der Aufmerksamkeit als verfassungs-, wettbewerbs- und rundfunkrechtliches Problem. 2002.

Band 30 Michael Bo Jaspers: Nachträgliche Rechtswahl im internationalen Schuldvertragsrecht. Unter besonderer Berücksichtigung der Rechtspraxis in England, Frankreich, Dänemark und Deutschland. 2002.

Band 31 Christina Pernice: Die Insolvenzverschleppung durch das Geschäftsführungsorgan der kleinen Kapitalgesellschaft im deutschen, französischen und englischen Recht. Eine rechtsvergleichende Untersuchung zur Entwicklung eines europäischen Lösungsansatzes. 2002.

Band 32 Anne Christine Janert: Der sachliche und persönliche Anwendungsbereich des deutschen Verbraucherkreditrechts und des britischen Consumer Credit Act 1974. Ein Beitrag zu den Möglichkeiten und Grenzen verbraucherrechtlicher Harmonisierung in Europa. 2002.

Band 33 Annette Trost: Faktische Sitzverlegung unter Sitz- und Gründungstheorie im Vergleich. Unter besonderer Berücksichtigung ihrer gesellschafts- und zivilrechtlichen Folgewirkungen. 2003.

Band 34 Esther Cordula Hilpert: Die Gründerhaftung in der Gesellschaft mit beschränkter Haftung in Deutschland, Frankreich und England. 2003.

Band 35 Wei-ming Liao: Die Schiedsgerichtsbarkeit in Taiwan. Unter besonderer Berücksichtigung der internationalen Handelsschiedsgerichtsbarkeit und mit Hinweisen zu der Entwicklung in Deutschland. 2003.

Band 36 Stefan Stork: Sitzverlegung von Kapitalgesellschaften in der Europäischen Union. Zur Reichweite der Niederlassungsfreiheit unter Berücksichtigung der positiven und der negativen Integration. 2003.

Band 37 Marc Pfeffer: Interbrand-Kartellverbot und Intrabrand-Vereinbarungen. Die Ablösung horizontaler und vertikaler Eingriffsmerkmale im GWB zu Gunsten einer Betrachtung produktexterner und -interner Wettbewerbsfaktoren. 2003.

Band 38 Nicole Burkardt: Der arbeitsrechtliche Aufhebungsvertrag. Einvernehmliche Beendigung von Arbeitsverhältnissen unter Berücksichtigung der Rechtslage nach der Schuldrechtsreform. 2004.

Band 39 Christian Schmeling: Die Entlastung von Mitgliedern geschäftsführender Organe im Recht der Kapitalgesellschaften. Eine rechtsvergleichende Studie zum deutschen, schweizerischen und französischen Recht. 2004.

Band 40 Andreas Wolf: Wege zur virtuellen Haupt- und Gesellschafterversammlung. Eine vergleichende Untersuchung über die Einbeziehung elektronischer Medien in die Hauptversammlung einer Aktiengesellschaft und die Gesellschafterversammlung einer GmbH. 2004.

Band 41 Bianca Natalie Baldus: Der elektronisch geschlossene Vertrag mit Schiedsabrede. Zulässigkeit und anwendbares Recht in nationalen und internationalen Schiedsverfahren. 2004.

Band 42 Vania Dilek: Der Wettbewerbsschutz in Bulgarien und in der Russischen Föderation während des Übergangs vom Dirigismus zur Privatautonomie. 2004.

Band 43 Rudolf Lenders: Treuhand am Gesellschaftsanteil. Die Einbindung des Treugebers in das gesellschaftsrechtliche Organisationsgefüge. 2004.

Band 44 Weizuo Chen: Rück- und Weiterverweisung (Renvoi) in staatsvertraglichen Kollisionsnormen. 2004.

Band 45 Stefan Hahn: Neue Ansätze im Anlegerschutz durch die Ad-hoc-Publizität des § 15 WpHG. 2004.

Band 46 Pietro Graf Fringuelli: Internet TV. Filmurheberrecht im Internet. 2004.

Band 47 Caspar Frhr. v. Schnurbein: Missbrauch von Minderheitsrechten im deutschen und italienischen Aktienrecht. 2005.

Band 48 David Kereselidze: Der allgemeine Teil des Georgischen Zivilgesetzbuches von 1997. Eine rechtsvergleichende Untersuchung. 2005.

Band 49 Miguel A. García Mateos: Das neue Recht der Namensaktie. Bestandsaufnahme, Analyse und Kritik. 2005.

Band 50 Christine Eckstein-Puhl: Prozessbetrug im Schiedsverfahren. Eine Studie zu den vom erschlichenen Schiedsspruch aufgeworfenen Fragen des Aufhebungsverfahrens gemäß § 1059 ZPO. 2005.

Band 51 Steffen Paulmann: Wirksamkeit von Haftungsausschlüssen und –begrenzungen im deutsch-französischen Warengeschäftsverkehr. Unter besonderer Berücksichtigung der UNIDROIT-Principles und der Principles of European Contract Law. 2005.

Band 52 Ina Krischek: Wirtschaftsmediation als alternatives Streitbeilegungsverfahren. Gerichtsverfahren, Schiedsverfahren und Mediation im Vergleich. 2005.

Band 53 Olaf Pick: Verkehrspflichten und Handlungsfreiheit des „Schädigers“. 2005.

Band 54 Thomas Paul: Die Gesellschafterfähigkeit von Gesamthandsgemeinschaften. 2005.

Felix Menold

Die erbrechtlichen Schranken der Gestaltung der Vererbung von Anteilen an Gesamthands-personengesellschaften (OHG, KG und Außen-GbR)

Frankfurt am Main, Berlin, Bern, Bruxelles, New York, Oxford, Wien, 2005. 226 S.
Europäische Hochschulschriften: Reihe 2, Rechtswissenschaft. Bd. 4187
ISBN 3-631-53829-4 · br. € 42.50*

Im Spannungsfeld von erbrechtlicher Universalsukzession und persönlicher Verbundenheit der Gesellschafter einer Personengesellschaft fehlt es immer noch an einem stimmigen Gesamtkonzept, das auch auf spezielle Einzelfragen klare Antworten gibt. Die wissenschaftliche Auseinandersetzung war und ist in diesem Bereich durch eine punktuelle Vorgehensweise gekennzeichnet. Die Arbeit unternimmt den Versuch, durch eine Reduzierung auf zwingende Grundsätze des Erb- und Personengesellschaftsrechts klare Vorgaben zu gewinnen und so zu harmonischen Lösungen im Einzelfall zu kommen.

Aus dem Inhalt: Erbrechtliche Vollnachfolge in die Mitgliedschaft in einer Personengesellschaft · Mischformen von Vererbung und Nichtvererbung der Mitgliedschaft – erbrechtliche Teilnachfolge · Rechte, die das Erbrecht an die Vererbung der Mitgliedschaft knüpft

Kolibri 360 GmbH
Ferdinand-Jühlke-Straße 7
99095 Erfurt, Deutschland
produktsicherheit@kolibri360.de

Druck:
CPI Druckdienstleistungen GmbH
im Auftrag der
Kolibri 360 GmbH
Ferdinand-Jühlke-Str. 7
99095 Erfurt